LA DIRECTION DU BUDGET AU MALI

Collection Etudes Eurafricaines
Dirigée par André Julien Mbem

Le Sahara et la Méditerranée, frontières entre l'Afrique et l'Europe, sont aussi des passerelles par lesquelles, depuis des siècles, au-delà des tragédies et des drames, se rapprochent et se remodèlent ces deux ensembles géographiques et leurs civilisations. La collection « Etudes Eurafricaines » encourage la diffusion d'études historiques et prospectives sur les symbioses dont cette partie du monde est l'antique théâtre.

Déjà parus

KAGAMBEGA Marcel, *Le rôle des Etats africains dans l'encadrement juridique des migrations Sud-Nord et Sud-Sud*, 2020.
BOUSSOU Vivian, *De l'efficacité des mots et concepts dans la définition des politiques économiques. Etude du cas de la Côte d'Ivoire à travers une analyse des discours*, 2020.
OVOUNDAGA Marcy Delsione, *La télévision publique gabonaise et la construction d'une communauté nationale (1963-2014)*, 2020.
AMADOU ADAMOU Bachirou, *Le constitutionnalisme à l'épreuve de l'intégration dans l'espace CEDEAO. Contribution à l'étude de la protection des droits fondamentaux depuis l'ouverture démocratique en Afrique*, 2020.
FOFANA Abdoulaye, *La direction du budget au Mali. Instrument stratégique de prévision et d'exécution de la Loi des finances*, 2020.
KYALO-OCHIENG Nuru Koki, *Le langage du dessin d'actualité. Approche sémiotique*, 2020.
FOFANA Ibrahima Sory, *Mali : enjeux des mutations et des recompositions du foncier à Bamako*, 2020.
HOUNZANDJI Aimé, *Une université nationale en Afrique occidentale. Dahomey-Bénin (1944-1974)*, 2020.
YAGONZELA LIAMBOMBA Didier, *L'avènement de la justice constitutionnelle en République démocratique du Congo. De la Cour suprême à la Cour constitutionnelle*, 2020.
TOUNKARA K. Mamoutou, *La migration des Maliens vers la France. Enjeux politiques, économiques et socioculturels*, 2020.
MOUVONDO Epiphanie, *La logistique de l'aval pétrolier dans les pays de la CEMAC. Révélateur et facteur des disparités socio-spatiales d'accès aux produits pétroliers*, 2020.
MBA MISSANG Frederik, *La professionnalisation de l'armée au Gabon*, 2019.
DJAME François Narcisse, *Aspects éthiques du droit public*, 2019.
OUMAR SAGARA Cheick, *Etudes de la confiance dans les transactions « M-banking » en Afrique. Le cas « Orange money » au Mali*, 2019.

Abdoulaye FOFANA

LA DIRECTION DU BUDGET AU MALI

Instrument stratégique de prévision et d'exécution de la Loi des finances

L'Harmattan

5-7, rue de l'École-Polytechnique, 75005 Paris

http://www.editions-harmattan.fr

ISBN : 978-2-343-19502-5
EAN : 9782343195025

DEDICACE

Par la grâce divine, je dédie cet ouvrage à mon « Oncle-père » :

El Hadj Adama KANSAYE

(frère cadet de ma mère feue Kadidia KANSAYE ; et mon père adoptif même du vivant de mon père Mahmadou FOFANA qui, fut d'ailleurs par le cours du destin, très top arraché à l'affection de nous tous) ;

qui n'a ménagé aucun effort, pour me consacrer tous les soutiens matériels, humains et spirituels requis afin de m'assurer une meilleure éducation et formation pour l'école de la vie.

Qu'il veuille trouver à travers la présente dédicace, l'expression de ma profonde et éternelle gratitude.

REMERCIEMENTS

A tout seigneur, tout honneur, dit-on !

Aussi, ai-je l'obligation morale et révérencieuse d'adresser mes premiers remerciements à mon illustre scientifique, téméraire et valeureux professeur Eloi DIARRA, qui a accepté d'encadrer avec la plus grande abnégation la thèse qui a donné lieu au présent ouvrage, malgré les énormes difficultés. Au delà de sa rigueur légendaire et de son impeccable encadrement pédagogique qui n'est point à démontrer, il s'est comporté à la fois en véritable capitaine de bateau, et en bon père de famille, afin de me permettre d'arriver à terme. Sans ses soutiens et bénédictions, mes ambitions de recherche en thèse seraient vaines. Qu'il veuille trouver ici, toute l'expression de ma profonde et éternelle gratitude.

Dans la même optique, je présente ma profonde gratitude à Madame DIARRA, maman Odile qui m'a accueilli avec toute la générosité et toute l'hospitalité nécessaire, ainsi qu'à ses enfants : Carole, Stéphane, Sophie, Emmanuel. Qu'ils veuillent accepter ici, l'expression de mes sincères remerciements, que je renouvelle également à l'endroit de : Maria et Raphaël DIARRA, qui m'ont toujours soutenu avec foi, fraternité, et humanisme.

Mes remerciements s'adressent également à ma cousine et épouse Fatoumata KANSAYE, qui a su m'accompagner avec abnégation, et compréhension durant mes moments de dures épreuves jusqu'à cette fatidique et laborieuse entreprise de recherche ; ainsi qu'à mon épouse Aminata TOURE et tous mes enfants qui ont constamment souffert de mon éloignement lors de mes éprouvants travaux de recherche.

Je remercie à titre posthume mon compagnon de Cuba et de la lutte estudiantine Abdoul Karim CAMARA surnommé Cabral, ainsi que mon ami Tidiane DJIM CAMARA, tous deux arrachés à la vie en leur année de maîtrise, et qui avaient eu la prémonition de mon orientation vers la recherche doctorale.

J'adresse mes sincères remerciements à tout le personnel de l'Université de Rouen, particulièrement à : Monsieur le Président de l'Université de Rouen, Marie-Anne PUPIN, et Laurent COUDRAY, qui ont tous accepté de m'accorder leur bienveillance.

Au demeurant, je tiens à remercier spécialement et à rendre un vibrant hommage à Philippe ROUYER, qui a toujours su me réserver un accueil exceptionnel, avec une générosité inouïe, dans l'immense bibliothèque dont il a la charge, afin de me faciliter le meilleur accès aux documents les plus convoités et les plus précieux.

Enfin, mes remerciements s'adressent à tous mes parents, soutiens, collaborateurs et condisciples, qui m'ont appuyé dans la réalisation de cette œuvre, notamment ceux de mes différentes promotions de l'ENA et de l'Université de Bamako, des années de maîtrise au DEA ; Sinaly DEMBELE et le TOKTEN ; ainsi que mon « frère jumeau » en thèse, Chienkoro DOUMBIA avec qui j'ai partagé à la fois les durs, pénibles et exaltants moments de recherche lors de nos différents séjours à la prestigieuse Université de Rouen (France).

LISTE DES PRINCIPALES ABREVIATIONS

ACCT : AGENCE COMPTABLE CENTRALE DU TRESOR

ACP : AFRIQUE CARAÏBES ET PACIFIQUE

ADIT : ACOMPTE SUR DIVERS IMPOTS ET TAXES

AFD : AGENCE FRANÇAISE DE DEVELOPPEMENT

AIEA : AGENCE INTERNATIONALE DE L'ENERGIE ATOMIQUE

AL/RS : ASSEMBLEE LEGISLATIVE REPUBLIQUE DU SOUDAN (COLONIAL)

AN/RM : ASSEMBLEE NATIONALE/REPUBLIQUE DU MALI

AMADER : AGENCE MALIENNE POUR LE DEVELOPPEMENT DE L'ENERGIE DOMESTIQUE

AMARAP : AGENCE MALIENNE DE RADIOPROTECTION

AQMI : AL QAÏDA AU MAGHREB ISLAMIQUE

BAD : BANQUE AFRICAINE DE DEVELOPPEMENT

BCEAO : BANQUE CENTRALE DES ETATS DE L'AFRIQUE DE L'OUEST

BCS : BUREAU CENTRAL DES SOLDES

BEC : BUREAU EXECUTIF CENTRAL

BIRD : BANQUE INTERNATIONALE POUR LA RECONSTRUCTION ET LE DEVELOPPEMENT

BMCD : BANQUE MALIENNE DE CREDIT ET DE DEPOT

BNDA : BANQUE NATIONALE POUR LE DEVELOPPEMENT AGRICOLE

BRGM : BUREAU D'ETUDES ET DE RECHERCHES GEOLOGIQUES ET MINIERES

BRVM : BOURSE REGIONALE DES VALEURS MOBILIERES

CARFIP : CELLULE D'APPUI A LA REFORME DES FINANCES PUBLIQUES

CBMT : CADRE BUDGETAIRE A MOYEN TERME

CCCE : CAISSE CENTRALE DE COOPERATION ECONOMIQUE

CDC : CAISSE DES DEPOTS ET CONSIGNATIONS

CEDEAO : COMMUNAUTE ECONOMIQUE DES ETATS DE L'AFRIQUE DE L'OUEST

CDI : COMMISSARIAT AU DEVELOPPEMENT INSTITUTIONNEL

CDMT : CADRE DES DEPENSES A MOYEN TERME

C.E. : CONSEIL D'ETAT (FRANÇAIS)

CEAO COMMUNAUTE ECONOMIQUE DE L'AFRIQUE DE L'OUEST

CED : CENTRE D'EDUCATION POUR LE DEVELOPPEMENT

CENI : COMMISSION ELECTORALE NATIONALE INDEPENDANTE

CF. : CONFERE (VOIR)

CFA : COMMUNAUTE FINANCIERE AFRICAINE

CFEPPSP : COMMISSION DES FINANCES, DE L'ECONOMIE, DU PLAN ET DE LA PROMOTION DU SECTEUR PRIVE

CHEFF : COMITE POUR L'HISTOIRE ECONOMIQUE ET FINANCIERE DE LA FRANCE

CIMA : CONFERENCE INTERAFRICAINE DES MARCHES D'ASSURANCE

CMLN : COMITE MILITAIRE DE LIBERATION NATIONALE

CMDT : COMPAGNIE MALIENNE POUR LE DEVELOPPEMENT DU TEXTILE

CNESOLER : CENTRE NATIONAL D'ENERGIE SOLAIRE ET DES ENERGIES RENOUVELABLES

COLL. : COLLECTION

COMANAV : COMPAGNIE MALIENNE DE NAVIGATION

COPPO : COLLECTIF DES PARTIS POLITIQUES DE L'OPPOSITION

CPM : COMITE DE PREVISION ET DE MODELISATION

CPS : CELLULES DE PLANIFICATION STRATEGIQUE

CREE : COMMISSION DE REGULATION DE L'ELECTRICITE ET DE L'EAU

CSCRP : CADRE STRATEGIQUE POUR LA CROISSANCE ET LA REDUCTION DE LA PAUVRETE

CSLP : CADRE STRATEGIQUE DE LUTTE CONTRE LA PAUVRETE

CTCPE : COMITE TECHNIQUE DE COORDINATION ET DE PLANIFICATION ECONOMIQUE

CTCPSE : COMITE TECHNIQUE DE COORDINATION ET DE PLANIFICATION DU SECTEUR DE L'ENERGIE

C.T.T. COMITE TECHNIQUE DE TRESORERIE

DAF : DIRECTION ADMINISTRATIVE ET FINANCIERE

D.E.L.C : DIVISION DES ETUDES DE LA LEGISLATION ET DU CONTENTIEUX

DFM : DIRECTION FINANCIERE ET DU MATERIEL

DGABE : DIRECTION GENERALE DE L'ADMINISTRATION DES BIENS DE L'ETAT

DGB : DIRECTION GENERALE DU BUDGET

DGD : DIRECTION GENERALE DES DOUANES

DGDP : DIRECTION GENERALE DE LA DETTE PUBLIQUE

DGI : DIRECTION GENERALE DES IMPOTS

DNDC : DIRECTION NATIONALE DES DOMAINES ET DU CADASTRE

DNDP : DIRECTION NATIONALE DE LA PLANIFICATION DU DEVELOPPEMENT

DNGM : DIRECTION NATIONALE DE LA GEOLOGIE ET DES MINES

DNTBA : DIRECTION NATIONALE DU TRESOR ET DES BANQUES ET ASSURANCES

DNTCP : DIRECTION NATIONALE DU TRESOR ET DE LA COMPTABILITE PUBLIQUE

DOB : DEBAT D'ORIENTATION BUDGETAIRE

DPBEP : DOCUMENTS DE PROGRAMMATION BUDGETAIRE ET ECONOMIQUE PLURIANNUELLE

DPPD : DOCUMENTS DE PROGRAMMATION PLURIANNUELLE DES DEPENSES

EDIM : EDITION DES IMPRIMERIES DU MALI

EDM : ENERGIE DU MALI

EDS : ENQUETE DEMOGRAPHIQUE ET DE SANTE

EMACI : ENTREPOTS MALIENS EN COTE D'IVOIRE

EMAGHA : ENTREPOTS MALIENS AU GHANA

EMAGUI : ENTREPOTS MALIENS EN GUINEE

EMAMAU : Entrepots Maliens en Mauritanie

EMASE : Entrepots Maliens au Senegal

EMATO : Entrepots Maliens au Togo

EPM : Equipement point d'eau moderne

FASR : Facilite d'ajustement structurel renforcee

FMI : Fonds monetaire international

FRPC : Facilite renforcee de reduction de la pauvrete

GAR : Gestion axee sur les resultats

GATT : General agreement on tariffs and trade

IADM : Initiative d'annulation de la dette multilaterale

IER : Institut d'economie rurale

ISCP : impots specifiques sur certains produits

HEEFI : (Institut des) hautes etudes en entreprenariat et finance internationale

INSAT : Institut national des statistiques

J.O.R.M : Journal officiel de la Republique du Mali

LMD : Licence, master doctorat

LOLF : Loi organique relative aux lois de finances (France)

LPDSP : lettre de politique de developpement du secteur prive

MATCL : Ministere de l'administration territoriale et des collectivites locales

MEALN : Ministere de l'education, de l'alphabetisation et des langues nationales

MEF : Ministere de l'Economie et des Finances

MBO : Management by objectives

MCA : Millenium challenge account

MTEF: Medium Term Expenditures Framework

MUJAO : le Mouvement pour l'Unicite et le jihad en Afrique de l'Ouest

NINA : numero d'identification nationale

OCDE : Organisation DE COOPERATION ET DE developpement economique

ODIK : Operation du developpement integre du KAarta

ODR : Operation de developpement rural

OMC : Organisation mondiale du commerce

OMD : Organisation mondiale des douanes

OMM : Operation Mil Mopti

ONAP : Office national des produits petroliers

ONU : organisation des Nations Unies

OPAM : Office des produits agricoles du Mali

OPCM : Organismes des placements collectifs en valeurs mobilieres

OPCVM : Organisme de placements collectifs en valeurs mobilieres

PADEG : Programme d'appui a la consolidation du processus democratique, l'Etat de droit et la bonne Gouvernance (Burkina Faso)

PAGAM/GFP : Plan d'actions gouvernemental pour l'amelioration et la modernisation de la gestion des finances publiques (Mali)

PAP : Projet annuel de performance

PAS : Programme d'ajustement structurel

PASA : Programme d'ajustement du secteur agricole

PASEP : Programme d'ajustement structurel des entreprises publiques

PCS : Prelevement communautaire de solidarite

PCSCS : Pacte de convergence, de stabilite, de croissance et de solidarite

P-CTSP : Presidence comite de transition pour le salut du peuple

PDES : Projet de developpement economique et social

PDDSS : Plan decennal de developpement sanitaire et social

PEFA : Public expenditure and Financial accountability (en français : depenses publiques et responsabilite financiere)

PIB : Produit interieur brut

PISE : Projet d'investissement dans le secteur educatif

PNE : Politique nationale de l'emploi

PNG : Position Nette du Gouvernement

PNUD : Programme des nations unies pour le developpement

PPBS : Planning, programming and budgeting system

PPTE : Pays pauvres tres endettes (Toujours precede de l'expression : Initiative en faveur des)

PRODEC : Programme decennal pour l'education et la culture

PRODESS : Programme DECennal de developpement sanitaire et social

PTI : PROGRAMME triennal d'investissement

RAP : rapport annuel de performance

RCB : Rationalisation des choix budgetaires

RDP : Revue de droit public (en France et a l'etranger)

RCFM : la Regie des chemins de fer du Mali

RFAP : Revue française d'administration publique

RFFP : Revue française des finances publiques

RS : redevance statistique

RSF : Revue de science financiere (qui a remplace la Revue de science et legislation financiere)

SDAB : Schema directeur d'approvisionnement en bois

SED : Strategie energie domestique

SEMA : Societe d'equipement du Mali

SHM : Societe des hotelleries du Mali

SHOT : situation hebdomadaire des operations dU tresor

SMB : SITUATION MENSUELLE BUDGETAIRE

SMOT : SITUATION MENSUELLE DES OPERATIONS DU TRESOR

SOMIKA : SOCIETE DES MINES D'OR DE KALANA SA

SOMILO : SOCIETE DES MINES D'OR DE LOULO

SEMOS : SOCIETE D'EXPLOITATION DES MINES D'OR DE SADIOLA

SOMISY : SOCIETE DES MINES D'OR DE SYAMA

SOMIEX : SOCIETE MALIENNE D'IMPORT-EXPORT

SONAREM : SOCIETE NATIONALE D'EXPLOITATION DES RESSOURCES MINIERES

SROT : SITUATION RESUMEE DES OPERATIONS DU TRESOR

SYGITAS : SYSTEME DE GESTION DES IMPOTS ET TAXES ASSIMILEES

T.A.F. : TAXE SUR LES AFFAIRES FINANCIERES

TCI : TAXE CONJONCTURELLE D'IMPORTATION

TDP : TAXE DEGRESSIVE DE PROTECTION

TF : TITRE FONCIER

TIPP : TAXE INTERIEURE SUR LES PRODUITS PETROLIERS

TOFE : TABLEAU DES OPERATIONS FINANCIERES DE L'ETAT

T.P.S. : TAXE SUR LES PRESTATIONS DE SERVICES

TEC : TARIF EXTERIEUR COMMUN

TSOT : TABLEAU SYNTHETIQUE DES OPERATIONS DU TRESOR

TUB : TRANSPORTS URBAINS DE BAMAKO

T.V.A. : TAXE SUR LA VALEUR AJOUTEE

UDAO : UNION DOUANIERE OUEST-AFRICAINE

UDEAO : UNION DOUANIERE ET ECONOMIQUE DE L'AFRIQUE DE L'OUEST

UDPM : UNION DEMOCRATIQUE DU PEUPLE MALIEN

UEMOA : UNION ECONOMIQUE ET MONETAIRE OUEST AFRICAINE

UNACEM : UNITE D'ANALYSE DE CONTROLE ET D'EVALUATION DU BUDGET DE L'ETAT DU MALI

URSS : UNION DES REPUBLIQUES SOCIALISTES ET SOVIETIQUES

USAID : UNITED STATES AID (L'AIDE DES ETATS-UNIS D'AMERIQUE)

VIH/SIDA : VIRUS IMMUNO-DEFICIENCE HUMAINE/SYNDROME IMMUNO-DEFICIENCE ACQUISE

ZBB: ZERO BASE BUDGETING

INTRODUCTION GÉNÉRALE

La direction du budget apparaît de nos jours comme la plus importante de toutes les directions du ministère de l'économie et des finances. Cette perception ne découle pas seulement de son implication dans la répartition des ressources et des charges de l'Etat, mais elle s'explique aussi par l'importance de plus en plus croissante de son rôle d'instrument[1] de prévision et de gestion stratégique des finances publiques. Ce rôle d'instrument stratégique lui permet de mettre à la disposition de tous les acteurs des politiques financières publiques un arsenal de règles et de procédures dans lequel chacun puise. C'est grâce à son expertise, surtout, qu'elle est consultée en permanence chaque fois qu'il s'agit de prendre une décision relative aux politiques financières publiques, de choisir une procédure budgétaire plutôt qu'une autre, de recourir parfois à la régulation[2] des comptes publics, de procéder à la modernisation ou à la réforme des finances publiques. Malgré cette importance, la direction du budget du Mali reste une administration mal connue ou sans historiographie, à l'image de son homologue française, comme en témoigne ce jugement sans appel de Nathalie CARRE de MALBERG [3]sur la direction du budget en France :

---

[1] Le dictionnaire *Le petit Larousse2010* définit le mot instrument ainsi qu'il suit : instrument, nom masculin (du latin *instrumentum*), désignant un objet fabriqué servant à un travail, à une opération ou considéré par rapport à sa fonction, son usage. Instrument aratoire, instrument de mesure ; personne ou chose qui est employée pour atteindre un résultat : moyen, être instrument. C'est dans un tel sens que l'on qualifie la Direction du budget comme une structure administrative créée par les pouvoirs publics en vue d'atteindre les objectifs de politique budgétaire.

[2] A la suite des évènements du 26 mars 1991, toutes les pièces comptables produites par les comptables publics de 1960 à 1991, déposées aux archives des directions du trésor du budget ont été détruites. Celles qui ont été enregistrées de 1991 à 2005, ont été entreposées à l'air libre dans la cour de la Section des comptes, faute de ressources humaines requises pour les apurer et de lieu approprié pour les conserver. C'est ainsi que le Gouvernement du Mali, a initié un projet de loi d'apurement des comptes qui fut promulguée le 15 janvier 2013, réguler les comptes publics des années citées, afin de permettre le jugement des comptes publics conformément à la loi de règlement. Cette opération d'apurement des comptes fut qualifiée de régulation des comptes publics.

[3] Nathalie CARRE de MALBERG, Introduction à : « *La direction du Budget face aux grandes mutations des années cinquante, acteur… ou témoin ?* ». Journée d'études

« Alors que, au sein du Ministère des finances, la Direction du trésor a suscité l'intérêt des historiens, de l'économie surtout, alors que de grandes directions de gestion (comptabilité publique, douanes, direction générale des contributions directes) avaient leur historiographe, alors que l'évolution des dépenses était étudiée par les économistes, alors que le droit des finances publiques aiguisait depuis longtemps l'intérêt des juristes, alors que de nombreux travaux pour l'histoire financière et institutionnelle au XXe siècle ont été menés, alors que l'histoire politique et sociale a commencé à collaborer avec les politologues à l'analyse des politiques publiques, l'histoire de la Direction du budget, elle, était restée dans l'ombre et la direction n'avait encore jamais été isolée comme acteur autonome par les historiens. De nombreuses explications peuvent être avancées : l'organisation de la discipline historique qui conduit à laisser l'histoire administrative hors de ses préoccupations ; la jeunesse de cette administration - le bureau du budget devient direction en 1919 ; la technicité de ses travaux ; l'abondance des archives qu'elle produit ou encore sa traditionnelle discrétion. Qu'elles qu'en soient les raisons, le bilan est sévère : sur la Direction du budget, ses missions - qui ne se limitent pas à la préparation du budget- ses pratiques, ses critères de jugement, ses choix et son influence réelle, aucune étude historique ni aucun souvenir d'acteur publié jusqu'en 1996, lacune d'autant plus paradoxale que ses interlocuteurs ne se sont jamais privés de critiquer son omnipotence. » Notre approche commence par prendre en compte l'omnipotence prêtée à la direction[4] du budget.

---

tenue à Bercy le 10 janvier 1997. Comité pour l'histoire économique et financière de la France. Paris Juin 1998, p. IX.

[4] Olivier GOHIN, *Institutions administratives,* « La dérive bureaucratique par le pouvoir administratif.

Le risque peut alors apparaître de l'émergence d'un véritable "*despotisme administratif*" qu'en 1840, Tocqueville dénonçait déjà dans la seconde partie de *La démocratie en Amérique*, en termes célèbres et véritablement prophétiques : au-dessus des citoyens "*s'élève un pouvoir immense et tutélaire qui se charge seul d'assurer leur jouissance et de veiller sur leur sort. Il est absolu, détaillé, régulier, prévoyant et doux*"… Il en résulte une confiscation du pouvoir politique au profit des bureaux de l'administration qui imposent à l'exécutif leurs propres solutions, au titre de la rationalité de leurs choix dus à leur compétence technique réelle ou supposée..., qui a recours à la notion d'appareil administratif dénoncé par Marx dans *Le 18 Brumaire de Louis Bonaparte* comme formé notamment d'"*une organisation bureaucratique ayant pour rôle d'être l'instrument de la classe dominante, quels que fussent d'ailleurs ses efforts pour se constituer en puissance indépendante*".

Compte tenu de celle-ci, peut-on considérer la direction du budget comme la clé de voûte[5] du ministère de l'économie et des finances dite plus pompeusement la « Citadelle » des finances de l'Etat ? Telle est notre interrogation.

En effet, ce département qui incarne d'une certaine manière le symbole de la puissance et de la responsabilité financière dans tout le pays, se sert de la direction du budget comme d'un instrument de coordination du système financier. Ainsi le rôle de la direction du budget qui évolue, parallèlement avec celui du ministère des finances, révèle une réalité institutionnelle complexe, dont la dénomination et la portée des attributions sont fixées en fonction des options de politiques publiques tracées par le Gouvernement. C'est pourquoi on est en droit de s'interroger sur le point de savoir si les diverses attributions confèrent ou non un pouvoir réel à cette direction.

Dans un article publié en 1990, Michel BAZEX[6], sur le Ministre des finances français, reprenant la définition du Dictionnaire Robert, écrit que par privilège, on doit entendre un « ... droit ou avantage particulier accordé à un seul individu ou à une seule catégorie, en dehors de la loi commune. En ce sens, et si on le compare aux autres administrations publiques, le ministère de l'économie et des finances détient bien de véritables *privilèges*, et ce tant sur le plan proprement financier qu'économique...La fonction proprement budgétaire du ministère des Finances,... résulte... d'une longue évolution historique qui a permis le

---

Mais c'est à la sociologie que l'on doit le concept de "*bureaucratie*"... La bureaucratie serait ainsi la manifestation de la rigidité administrative au sein d'une société bloquée» 3e édition, L.G.D.J, 1998, pp.31-32.

[5] Jacques CHEVALLIER, Danièle LOCHAK, *Science administrative* : « La fonction impartie à l'appareil d'Etat implique un certain type d'organisation permettant aux gouvernants de disposer d'un instrument à la fois docile et efficace. L'unité de direction constitue de ce fait la clef de voûte de toute organisation bureaucratique : elle entraîne une construction pyramidale des emplois et des tâches et la soumission des agents à une stricte discipline ; elle justifie l'autorité du supérieur hiérarchique auquel les subordonnés doivent obéir et qui supervise leur activité... Il reste que l'unité de direction et ses corollaires ne répondent pas seulement à une exigence d'efficacité, mais aussi à des considérations politiques et idéologiques ;..., tome 2, *L'administration comme organisation et système d'action.* L.G.D.J. Paris 1978, pp 12-13.

[6] Michel BAZEX, *Les prérogatives du Ministre des finances : pouvoirs ou privilèges ?* Pouvoirs n° 53, PUF, 1990, p.90

regroupement, sous l'autorité du ministre , des différents services permettant l'établissement des recettes et des dépenses, et l'alimentation des caisses... ».

Certains auteurs ont soutenu qu'aux fonctions et prérogatives du ministre s'ajoutent ce que l'on peut considérer comme les moyens administratifs de la puissance. Pour ceux-ci, les pouvoirs du ministre des finances seraient inopérants sans l'ensemble des directions et services placés sous son autorité et que l'on qualifie d'une « machine » d'experts. Selon ces mêmes auteurs : « ... De par leur ancienneté, le prestige de certains d'entre eux, le caractère stratégique de leurs attributions dans le fonctionnement de l'Etat, l'ensemble de ces services représente un système de pouvoir en soi, un "Etat dans l'Etat", comme on a pu le dire ; un système au demeurant ambivalent, aussi susceptible de décupler les pouvoirs du ministre placé à leur tête, que de réduire sa marge de manœuvre[7] ». Madame Catherine[8] BALLE commente un tel système en ces termes : « *L'analyse de système a eu une influence considérable sur les sciences humaines et sur la sociologie des organisations... Les organisations ont d'abord été étudiées comme des "systèmes fermés", plus que comme des systèmes naturels* », alors qu'elles sont en fait des « systèmes ouverts ». Scott définit l'organisation, conçue comme un système ouvert, de la manière suivante : « Les organisations sont des coalitions de groupes d'intérêts variables qui développent des buts par la négociation ; la structure de la coalition, ses activités et ses résultats sont largement influencés par des facteurs propres à leur environnement. » C'est dans cette perspective qu'il faut certainement comprendre le sens et le rôle de la direction du budget. Pour être précis, l'importance du rôle de la Direction du budget apparaît concrètement lorsqu'il s'agit de construire un Etat moderne, dans le contexte d'un Etat peu développé économiquement comme le Mali. On sait que dans un tel cadre, la capacité des administrations financières à extraire les ressources fiscales est dérisoire à côté de la mission d'une Direction du budget chargée du suivi de l'exécution des dépenses en général et de l'ensemble des finances publiques en particulier. A cet effet, le rôle de la direction du budget doit tendre à

---

[7] Michel BOUVIER, Marie-Christine ESCLASSAN, Jean-Pierre LASSALE, *Finances Publiques*. Manuel ; 6ème édition, LGDJ, 2002, Paris, p. 200.

[8] Catherine BALLE, *Sociologie des organisations*, PUF, Collection Que sais-je ? Edition 1990, p.97

structurer les organes de l'ensemble du système financier de l'Etat, afin de permettre aux finances publiques de servir de pivot dans la transformation de l'Etat. Ainsi, cette direction s'impose comme le vrai pilote innommé des finances publiques, qui sont révélatrices d'une part des indicateurs politiques et sociaux, ainsi que des indicateurs macro-économiques. Elle doit donc être à mesure d'informer les pouvoirs publics, ou de leur faire des propositions sur l'état de santé des finances publiques, qui cristallisent et traduisent à la fois l'expression des politiques publiques des gouvernants, et l'expression des besoins sociaux des citoyens et leurs collectivités.

« En tout état de cause, la construction d'un pouvoir budgétaire fort apparaît concomitante de la construction de l'Etat moderne, processus qui ira s'amplifiant avec la mise en place des Etats providence. Dans toutes les démocraties occidentales, la formation progressive de l'Etat se double de la constitution de l'administration budgétaire. Non seulement cette administration croît en taille accompagnant la croissance de l'Etat providence, mais encore ses compétences s'élargissent au point d'avoir à réguler et à coordonner, au moins financièrement, l'ensemble des actions publiques.[9] *»*.

Cette citation illustre l'importance du rôle de cette direction dans la réforme de l'Etat. En outre, il convient de préciser que la place centrale de la direction du budget dans le système financier de l'Etat, ne se justifie pas seulement dans l'évocation du rôle qu'elle joue en finances publiques pour la construction de l'Etat. Mais elle se confirme à travers la capacité de cette direction à synchroniser et coordonner[10] les relations

---

[9] Philippe BEZES et Alexandre SINE, *Gouverner (par) les finances publiques*. Presses de Sciences Po. Les Presses. Editions 2011, pp.39-40.

[10] Jean-Claude GAUTRON et Jean-Louis BALANS, *L'organisation des services de la présidence et la coordination interministérielle* : « Le terme de "coordination" est sans doute l'un des plus utilisés dans le vocabulaire politique et administratif. Il correspond en effet à une intention profonde de rationalité bureaucratique, dont la nécessité est clairement ressentie dans les pays africains. Lucien SFEZ écrit en effet : "La coordination est un mélange indistinct de pouvoir hiérarchique et de concertation, de persuasion et d'arbitrage", *L'administration prospective*, A. Colin, p. 232. En outre, la coordination s'inscrit dans un ensemble de mythes inhérents au développement politique et au développement économique. En ce sens, l'invocation de la coordination a un effet rassurant, voire mobilisateur, à la fois sur les agents administratifs et sur les administrés eux-mêmes, en dernière analyse sur l'opinion

structurantes entre les différentes administrations financières impliquées dans le processus budgétaire. Ce pouvoir que l'on peut qualifier d'occulte, n'est pas toujours régi sur la base de règles formelles, et permet à la direction du budget d'exercer un certain trafic d'influence sur les autres directions du système financier. Un tel comportement qui paraît illicite au plan de la légalité juridique, se justifie selon certaines conceptions sociologiques dans le cadre du fonctionnement des organisations.

Les sociologues comme M. CROZIER[11], n'ont pas donné de définition précise aux relations de pouvoir dans leurs analyses organisationnelles, compte tenu des incertitudes, et influences environnementales à prendre en compte. Néanmoins l'analyse faite par F. CHAZEL, semble se rapprocher au type de pouvoir dont dispose la direction du budget dans le système financier de l'Etat, à savoir : *« ... La domination est une propriété structurelle de la relation de pouvoir qui reflète l'asymétrie fondamentale des ressources sur lesquelles les acteurs peuvent*

---

publique, du moins sur l'opinion publique lorsqu'elle se forme autour d'une perception de l'administration ». Voir : *Les institutions administratives des Etats francophones d'Afrique noire* ; sous la direction de Gérard CONAC, Economica, Paris 1979, p. 20

[11] Pour M. CROZIER, le pouvoir a une mauvaise image dans nos sociétés. L'extrait de la situation qui suit traduit une partie de sa conception sur la question : « … Autant l'autorité (légitime) est valorisée et portée au pinacle, autant le pouvoir est voué aux gémonies, caché et refoulé, parce qu'il est identifié sur l'univers des magouilles, des compromissions et de l'exploitation sans limites des rapports de force, bref avec l'abus de pouvoir » et son corollaire, la poursuite d'intérêts inavouables parce que strictement égoïstes. Face à un raisonnement et à un mode d'analyse qui mettent le pouvoir au cœur de la coopération humaine en le considérant comme une dimension irréductible et donc parfaitement « normale » des rapports humains au travail, qu'ils soient harmonieux ou conflictuels, on a alors un mouvement de recul horrifié. On s'imagine le monde et l'action sociale peuplés de petits « Machiavel » parfaitement cyniques, amoraux et sans foi ni loi, pour qui rien ne serait sacré, et bousculeraient allègrement toutes les conventions, toutes les normes et tous les interdits pour satisfaire leur soif de pouvoir et pour augmenter leur emprise sur les autres. Bref, on voit se dessiner avec angoisse le monde de la Realpolitik appliquée à la vie quotidienne et à la vie au travail ». Voir Erhard FRIEDBERG, *Le pouvoir et la règle, Dynamiques de l'action organisée*. Editions du Seuil, février 1997, pp.260-264

En dépit de la violence de ton, cette citation de M. CROZIER complète celle de CHAZEL pour décrire les relations de la Direction du budget avec les autres administrations, comme si chacune d'elle se comportait de la même manière que les Etats dans les relations internationales.

s'appuyer dans leurs tractations les uns avec les autres. Cette domination, toutefois, ne s'exerce pas toujours dans le même sens (elle est par nature réversible), et, surtout, elle a besoin, pour son maintien même du jeu des relations de pouvoir. La domination n'est donc pas contradictoire avec le pouvoir, elle en est une des conditions d'exercice et ne peut se constituer qu'à travers lui, ce qui fait conclure CHAZEL, très justement, sur la destinée historique des structures de domination et la permanence du pouvoir comme dimension irréductible des rapports humains ».

En référence à cette vision sociologique citée ci-dessus, on peut dire que la domination de fait dont la direction du budget dispose dans le système financier de l'Etat n'est ni machiavélique, ni illégale. Elle reflète le pouvoir de l'administration à trouver les moyens nécessaires pour assumer ses missions régaliennes, dans un but d'intérêt général. C'est pourquoi, elle dispose d'un pouvoir de décision dans le processus budgétaire en se révélant ainsi comme un sous-système du système financier.

Ce pouvoir s'est élargi, lorsque les pouvoirs publics ont ajouté à ses prérogatives originales contenues dans sa loi de création (Loi 06-003), la mission de suivi de l'exécution du programme du Cadre stratégique pour la croissance et la réduction de la pauvreté (CSCRP). Un tel cumul de responsabilités peut paraître à vue d'œil comme le privilège d'un pouvoir omniprésent et omnipotent. Bien au contraire, la direction du budget est obligée de déployer des efforts[12], pour nouer des relations de collaboration stratégique avec les autres directions avec pragmatisme, en vue de mieux appliquer les décisions budgétaires. Avant tout, celles-ci sont des allocations de ressources qui affichent des objectifs en fonction d'un mécanisme de répartition de pouvoirs entre des secteurs

[12] ADJAHO Richard, *La faillite du contrôle des finances publiques au Bénin (1960-1990)*. « Ainsi le maintien de son existence même et son évolution ne sont que le résultat d'un effort. Si dans l'organisme vivant cet effort se traduit par un jeu complexe de mécanismes physico-chimiques, instinctuels et régulateurs, dans l'organisme social, association d'êtres humains, cet effort ne peut être que le fait d'une volonté consciente, intelligente, c'est-à-dire d'une action délibérée… Le tout premier moyen qu'il a à sa disposition pour ce faire est de commander l'exécution des actes qu'il estime concourir à ce but et cela à travers les structures hiérarchiques mises en place à cet effet. Le cerveau joue un rôle semblable dans tout organisme vivant évolué. » Les Editions du Flamboyant, mars 1992, pp.19 à 20.

sociaux et les organisations administratives. Ce mécanisme fonctionne à partir des ressources ordinaires que les pouvoirs publics obtiennent sous forme de prélèvements obligatoires divers complétés par des ressources extraordinaires. Vu sous cet angle, la direction du budget ne sert qu'à combler la place des autorités politiques (le Premier ministre ou le ministre des finances). Ou alors, en toute objectivité, elle n'est explicitement[13]qu'un outil entre leurs mains au service de la communauté nationale.

La prégnance de l'autorité de la Direction du budget sur les autres directions facilite la compréhension des diverses relations que cette dernière noue avec les autres structures organisationnelles du système financier pour accomplir sa mission. Ainsi, envers les services d'assiette chargés du recouvrement comme les directions des douanes ou des impôts elle aura des relations normatives médiatisées, ou directes comme si elles étaient conditionnées à des accords consensuels ; avec les directions du trésor ou du contrôle financier, les relations seront tantôt d'autorité ou conflictuelles, tantôt conviviales et solidaires, etc. Comme un adage sociologique affirme qu'« *il n'y a pas de systèmes sociaux entièrement réglés ou contrôlés* », on considère que les autres administrations financières ne sont pas réduites à assumer des fonctions subalternes désincarnées. Elles sont titulaires à part entière du pouvoir, à la seule différence que le système leur impose plus de contrainte, sans les dépouiller de leurs marges d'autonomie et de manœuvre dans leurs interactions avec les autres. Ainsi, le pouvoir de la direction du budget ne serait qu'un pouvoir de médiation, de coopération ou souvent de commandement, qu'elle doit utiliser avec pragmatisme et stratégie, comme le font les Etats en matière de relations internationales.

En effet, les relations internationales sont régies sur la base d'une libre adhésion d'Etats souverains à un projet ou à une organisation internationale. Dire qu'un Etat est souverain laisse sous-entendre qu'aucun autre sujet de droit international, Etat ou organisation internationale n'a le droit de se mêler de ses affaires intérieures. En imaginant que chacune des administrations financières représente un Etat, cela supposerait que la direction du budget n'aurait pas à se mêler

---

[13] Voir les œuvres de M. FOUCAULT, notamment : *Surveiller et punir*, Paris, Gallimard, 1975 ou la *Volonté de savoir*, Paris, Gallimard, 1977.

de leur gestion interne. Or paradoxalement, le droit international traduit la nécessité d'adapter ses règles à l'état de la société qu'elles régissent. Ce qui est d'ailleurs semblable à l'attitude des différentes organisations financières dans leur collaboration avec la direction du budget, qui relève plus d'une relation traditionnelle que de l'observation de règles de droit.

A ce propos, Simone DREYFUS[14]a pu écrire que : « *La coutume internationale est une pratique juridique acceptée comme étant le droit et donnant naissance, de ce fait, à une règle obligatoire qui s'applique dans les relations internationales* ». Dès lors, en se faisant une idée des règles qui organisent les relations internationales, on peut comprendre pourquoi les organisations financières qui participent au processus budgétaire, se laissent guider par la direction du budget sur la base de relations traditionnelles en dehors des lois et règlements ; que lesdites relations sont le fruit de leur propre volonté, et non celle du législateur ; et qu'elles ne sont pas hiérarchisées, mais sont simplement coutumières. D'ailleurs, même dans le contexte du droit interne, la coutume joue un rôle de grande portée certes, mais elle apparaît comme une règle de droit tirée de la tradition, des habitudes usuelles, et non pas de l'autorité d'un législateur.

Sur la base des différents constats faits au niveau de la sociologie des organisations ou des relations internationales, on déduit que la meilleure structure organisationnelle est celle qui sait adopter un comportement pour résoudre les problèmes posés. Par conséquent, les différentes administrations financières qui sont en relation avec la direction du budget dans l'organisation des finances publiques sont dans un système ouvert, qui leur permet de tisser d'autres interactions. On peut ainsi soutenir que les frontières réelles d'une organisation et sa capacité d'ouverture ou de fermeture ne sont pas stables, mais au contraire sont fluctuantes et contingentes. Il n'est donc pas surprenant que la direction du budget soit dotée de prérogatives importantes sur toutes les questions budgétaires, soit par la volonté du législateur, soit par disposition règlementaire, soit par tradition.

---

[14] Simone DREYFUS, *Droit des relations internationales*, Cujas, Synthèse. 4e édition revue et augmentée. 4e trimestre 1992, p.117.

Les textes et décrets de répartition des compétences entre les administrations centrales donnent à la direction du budget un rôle fondamental en matière budgétaire : c'est à elle que revient dans les faits la préparation des crédits de la loi de finances. Avec l'appui des autres directions du ministère des finances, elle se place au cœur même du processus de la préparation des lois de finances initiales, rectificatives, de règlement ou fiscales. Ce qui lui confère à la fois un rôle central dans la procédure budgétaire, et la maîtrise des finances publiques durant toute l'année avec l'appui des services du contrôle financier ; elle veille aussi à l'exécution correcte du budget de l'Etat. Elle est une véritable machine technocratique qui prévoit et réfléchit constamment sur l'emploi des recettes, c'est-à-dire sur les dépenses de l'Etat ; elle collabore avec tous les ministères dépensiers, et elle fait des propositions au ministre de l'économie et des finances. Elle est dotée de pouvoirs exorbitants qui lui permettent d'agir à la fois dans le domaine des fonctions[15] gouvernementales, administratives et politiques. Elle assure par conséquent, la jonction entre les pouvoirs politique et administratif au sein des administrations économique ou financière.

---

[15] Jacqueline MORAND-DEVILLER, *Cours de droit administratif* : « L'absence de différenciation organique rend délicate la distinction entre la fonction gouvernementale et la fonction administrative, encore que l'ampleur des missions, l'art de la prévision, la gravité des choix qui caractérisent la première la situent en principe, à un autre niveau que la gestion au quotidien et les tâches d'exécution propres à la seconde. Edouard LAFERRIERE, Maurice HAURIOU, Georges VEDEL ont réussi d'habiles systématisations, ce dernier mettant en valeur la place respective des droits administratif, constitutionnel et financier ». Cours. Thèmes de réflexion. Commentaires d'arrêts avec corrigés. Septième édition. Montchrestien E.J.A. 2001, p. 79.

Selon Edouard LAFERRIERE : « Administre r, c'est assurer l'application journalière des lois, veiller aux rapports des citoyens avec l'administration centrale ou locale ou des diverses administrations entre elles. Gouverner, c'est veiller à l'observation de la Constitution, au fonctionnement des grands pouvoirs publics, assurer les rapports du gouvernement avec les Chambres, ceux de l'Etat avec les puissances étrangères. », Voir Edouard LAFERRIERE, *Traité de la juridiction administrative et du recours contentieux*, 1896, t.2. Cité par J. MORAND-DEVILLER, idem p.79.

Enfin, Maurice HAURIOU a écrit : « La fonction administrative consiste essentiellement à faire les affaires courantes du public. La fonction gouvernementale consiste essentiellement à résoudre les affaires exceptionnelles qui intéressent l'unité politique et à veiller aux grands intérêts nationaux ». Voir Maurice HAURIOU, *Précis de droit administratif et de droit public*, 12 éditions 1933. Cf. Jacqueline MORAND-DEVILLER, idem.

Sentinelle infatigable, pragmatique, habile, stratège et rigoureuse, elle veille en permanence sur les missions régaliennes ; parfois même elle agit par anticipation, par exemple sur la nécessité d'augmenter ou de diminuer les impôts au gré du niveau des revenus des citoyens ou de la conjoncture économique.

Au Mali, comme ailleurs, la direction du budget se trouve à la charnière de toutes les décisions politiques et administratives : elle est saisie lorsqu'il faut recruter des agents publics et gérer ensuite leur carrière ; quelquefois, il faut créer des usines ou en supprimer (par la privatisation). En d'autres circonstances, il faut subventionner les entreprises ; elle se prononce lorsqu'il faut trouver les moyens pour lutter contre la pauvreté ; encourager la natalité ou la limiter, et même prôner l'égalité des sexes ou tenir compte de la question du genre ; promouvoir l'éducation et la scolarisation des filles, procéder à des gels de crédits budgétaires en vue d'éradiquer des crises financières systémiques… Véritable service de pointe, cette structure administrative est l'avocat principal pour la cause de l'intérêt général et du service public en incarnant le rôle, soit du bourreau, soit du prodigue altruiste pour le compte de l'appareil d'Etat en vue de la résolution des problèmes financiers et socio-économiques.

Si l'on en croit Maurice DUVERGER, « *les problèmes de l'Etat ne se situent pas seulement dans l'atmosphère éthérée des principes a priori et des raisonnements logiques, mais sur le terrain des faits, et des plus prosaïques et brutaux parmi les faits : les questions d'argent. L'étude des institutions financières apparaît ainsi comme le complément et le prolongement de celle des institutions politiques. En pratique, ces deux catégories ont été si profondément mêlées dans l'évolution humaine qu'il est difficile de les distinguer : démocratie et impôts, parlementarisme et budget se sont développés en même temps, en s'influençant réciproquement* »[16]. Ainsi de nos jours, disposer d'un budget, le gérer selon les règles de l'art est une des préoccupations essentielles des Etats contemporains. C'est ainsi que s'établit le lien entre les institutions politiques et les institutions financières. C'est donc ce point de vue, qui nous pousse à nous intéresser à la direction du

---

[16] Maurice DUVERGER, *Finances publiques,* PUF, coll. Thémis Science Politique), 1982, 11ème édition, p. 9.

budget du Mali, en tant qu'instrument de prévision et de gestion stratégique de l'ensemble du système financier de l'Etat.

En effet, l'Etat, est réputé être détenteur du monopole de la violence légitime ; mais il est également exact qu'il détient le monopole des prélèvements fiscaux et sociaux. Il utilise et redistribue entre les citoyens la plupart des richesses produites. Dans cette fonction, la direction du budget joue un rôle majeur. Il n'est donc pas exagéré d'affirmer que la création de la direction du budget est intimement liée à l'évolution de l'Etat et de sa politique financière. Parce que la fonction de l'appareil d'Etat suppose la prise en charge de dépenses nécessaires pour payer les fonctionnaires ou les fournisseurs, créer les infrastructures adéquates, entretenir les locaux et le matériel, exercer le fonctionnement régulier du service public, veiller au maintien de la tranquillité, de la sécurité ou de la salubrité dans les cités, assurer la défense du territoire national contre tout genre de menace.

Cependant, une telle prise en charge ne pourra être opérée que sur les ressources internes ordinaires ou exceptionnelles tirées des privatisations ou liquidation d'entreprises ; ou extérieures provenant de la coopération bilatérale ou multilatérale avec des partenaires techniques et financiers. D'où la nécessité, de créer un instrument stratégique pour élaborer, coordonner et contrôler la gestion des politiques[17] budgétaires, à travers l'analyse des actes de prévision et du suivi de l'exécution des opérations de recettes et de dépenses de l'Etat.

---

[17] Jean CARBONNIER, *Sociologie juridique* : Sur la distinction du juridique et du politique, dans une perspective philosophique, cf. APD, 1971 (« Le droit investi par la politique »). Ce qui obscurcit la distinction, c'est que politique est susceptible de deux acceptions au moins. On peut entendre par là une action quelconque ordonnée à une fin, et en ce sens il peut y avoir une politique du droit. Mais la politique, c'est surtout un ensemble de tactiques et de stratégies en vue de remporter la victoire dans un conflit d'intérêts, de partis, de nations ; et le droit peut être un instrument, parmi d'autres, de la politique ainsi conçue (le droit est la politique de la force, a écrit Jhering). Le marxisme, mais pas seulement lui, retient cette seconde signification et affirme que le droit n'est jamais innocent de politique (qu'il l'est encore moins quand il prétend n'en pas faire, n'être que technique). De fait, l'influence de la politique sur la législation est souvent évidente ; et sur la jurisprudence, elle peut parfois être décelée (ex. Crim. 14 janv. 1875, S, 75.1.139, Toulouse, 4 janv. 1875, S, 75.2.76, portent des reflets de l'ordre moral macmahonien). Mais il n'est guère niable qu'il existe des lois, des jurisprudences d'une technicité apolitique. Quadrige, 1ère édition 1994, avril/P.U.F. Paris, p. 59

Parce que, le problème de la manipulation des deniers publics est plus subordonné à un principe d'organisation des pouvoirs publics en démocratie qu'à une question de méthode ou de volonté.

Certes les grands principes de l'organisation budgétaire du Mali sont empruntés aux législations financières françaises, alors que ce pays est réputé avoir disposé, jadis, de brillantes civilisations. Notons au passage qu'il aurait été intéressant de connaître comment il organisait son système de collecte de fonds publics pour effectuer des dépenses en ces temps anciens

Comment la direction du budget du Mali est-elle organisée? Au seuil de cette étude, cette interrogation est capitale. Le concept d'organisation reçoit plusieurs définitions.

Pour notre part, nous retenons que les organisations sont des structures créées soit par les individus soit par des collectivités privées ou publiques pour accomplir certaines fonctions ou missions afin d'atteindre certains buts.

La République du Mali, en accédant à la souveraineté internationale le 22 septembre 1960, n'a fait que conserver les systèmes juridiques hérités de la métropole : les services financiers de l'ancien Soudan relevaient de la direction générale des finances de Dakar, qui était à son tour placée sous la tutelle du ministre des Finances français.

Pays enclavé, situé au cœur de l'Afrique de l'Ouest, le Mali qui s'étend sur une superficie de 1241.000 Km2, connaît d'énormes défis environnementaux, sociaux et institutionnels.

Sa population a été évaluée à 12,500 millions d'habitants en 2005 et à près de 16 millions en 2012, avec un taux de croissance annuelle de plus de trois pour cent (+3%) en milieu rural et plus de quatre pour cent (+4%) en milieu urbain. Classé, par le PNUD, parmi les pays à faibles revenus, avec 490 dollars de revenu annuel par habitant, ce pays tire l'essentiel de ses revenus des activités liées à :

- l'agriculture, l'élevage, la pêche, la sylviculture pour près de 35% du PIB ;

- l'extraction minière, la manufacture, les bâtiments et travaux publics (BTP) pour près de 25% du PIB ;
- et les services pour près de 40% du PIB.

Il convient de préciser que le pays qui a une tradition séculaire d'émigration, tire annuellement près de 120 à 150 milliards de francs CFA, de transferts en provenance des Maliens de l'extérieur selon les sources provenant des circuits financiers officiels. La direction du budget intègre toutes ces données dans son rapport de présentation de la loi de finances pour justifier les hypothèses des choix budgétaires.

Pour mieux appréhender l'organisation et l'importance de la direction du budget du Mali indépendant, il convient d'en faire l'historique. Ainsi plusieurs textes sont intervenus.

Trois textes fondamentaux jalonnent la vie de l'institution.

Tout d'abord, s'inspirant de l'expérience française où la direction du budget a été créée pour la première fois en 1919, le Mali, par la loi du 13 avril 1967[18] portant fixation de la liste des directions nationales[19] institue une direction nationale du budget.

Aux termes des dispositions de ce premier texte, la direction du budget, sous l'autorité du ministre des Finances est chargée de la conception de la politique budgétaire, de la coordination et du contrôle des activités des services financiers. Cette loi avait prévu, en son article 6, un service du budget doté de quatre bureaux : le bureau des budgets, études et comptes, le bureau du personnel, de la réglementation et du contentieux, le bureau matériel, de la comptabilité matière et des marchés publics et le bureau des liaisons avec le Plan, les Sociétés et Entreprises d'Etat.

---

[18] Loi n°67-12/AN-RM du 13 avril 1967 portant fixation de la liste des directions nationales des services publics, a créé par la même occasion la direction nationale du budget dont les principes d'organisation ont été fixés par le Décret n° 67-169/PG-RM du 29 septembre 1967. Confère Abdoulaye. S. TOURE : « *Evolution de la structure de la Direction Nationale du Budget* », publication de la Direction nationale du budget du Mali ; juin 2005, p. 2.

[19] Dans le système français on appelle de telles directions, des directions centrales.

Cette loi est suivie du décret n° 67-169/PG-RM du 29 novembre 1967 portant organisation de la direction nationale du budget ; celui-ci est abrogé dix ans plus tard, par le décret[20] n° 77-251/PG-RM du 29 décembre 1977, qui réorganise la direction nationale du budget. Ainsi, l'article 2 de ce texte dispose qu'elle concourt à la conception, à la coordination et au contrôle de la politique de la réglementation budgétaire de l'Etat.

L'article 6 de la loi apporte une innovation spécifique en structurant la direction du budget en sept divisions : la division des études, de la législation et du contentieux (D.E.L.C.) ; la division des budgets ; la division des comptes ; la division des recettes ; la division des marchés et de la comptabilité matière ; la division des dépenses engagées et de l'ordonnancement ; la division des aides extérieures et de la dette publique. Elle comprenait en outre une régie centrale des dépenses placée auprès du directeur général. Par ailleurs, les sous-ordonnancements régionaux et le transit administratif relevaient de celle-ci.

Il convient de noter ici que l'arrêté n° 316/MFC-CAB (ministère des finances et du commerce-cabinet) a été pris à l'époque pour déterminer avec précision les règles de fonctionnement des services prévus par le décret du 29 novembre 1977. Le deuxième texte est la loi n° 87-100/AN-RM du 9 février 1986 portant création de la Direction nationale du budget. Elle est complétée par le décret n° 87-067/PG-RM du 20 mars 1987, en ce qui concerne son organisation et ses modalités de fonctionnement[21]. Ce décret a conçu la direction comme un service central avec les sept divisions précédentes. La première innovation introduite par ce texte est la création des représentations régionales ; la deuxième nouveauté est l'apparition de deux services rattachés, le

[20] Décret n° 67-169 PG-RM du 29 novembre abrogé à son tour par le Décret n°77-251-PG-RM du 29 décembre 1977 portant réorganisation de la Direction nationale du budget. Ce dernier texte a lui-même été abrogé par le Décret n° 87-67/PG-RM du 20 mars 1987

[21] Loi n° 86-100 AN-RM du 9 février 1986 portant création de la Direction nationale du budget, complétée par le Décret N°87-067 du 20 mars 1990 fixant l'organisation et les modalités de fonctionnement de la Direction nationale du budget, qui fut abrogé par le Décret n° 90-202/P-RM du 18 mai 1990. Ce dernier fut abrogé à son tour par le Décret n° 91-047/P-RM du 5 février 1991 fixant l'organisation et les modalités de fonctionnement de la Direction nationale du budget.

Transit administratif et le Bureau central des soldes. Le décret de 1987 est modifié par le décret n° 90-202/PRM du 18 mai 1990 et le décret n° 91-47/P-RM du 5 février 1991 fixant l'organisation et les modalités de fonctionnement de la Direction nationale du budget qui introduit une division chargée des contrats plans et des liquidations.

Le dernier texte est celui qui est en vigueur, à savoir la loi n° 06-03du 6 janvier 2006, portant création de la direction générale du budget. Selon ce texte, la direction générale du budget a pour mission d'élaborer les éléments de la politique nationale en matière budgétaire, et d'assurer la coordination et le contrôle de sa mise en œuvre. A ce titre, elle : coordonne la préparation du projet de loi de finances ; suit l'exécution du budget de l'Etat ; assure l'analyse et formule les avis et des propositions sur les mesures comportant ou susceptibles d'avoir une incidence financière sur les finances publiques ; elle veille à la mise en œuvre des actions de modernisation de la gestion budgétaire.

Le décret n° 06-50 P-RM du 6 février 2006, fixe l'organisation et les modalités de fonctionnement de cette direction. Selon ce texte, la direction générale du budget comprend en staff la cellule informatique et une régie d'avances, d'une part ; et cinq sous-directions d'autre part : la sous-direction cadrage budgétaire, la sous-direction préparation et suivi du budget, la sous-direction aides extérieures, la sous-direction engagements et ordonnancements, la sous-direction affaires générales.

Au-delà de la présentation de ces trois textes, la réforme institutionnelle de la direction du budget est surtout une illustration de la volonté des autorités publiques, de prévenir avec la stratégie appropriée les crises budgétaires futuristes.

Déjà, Marcel WALINE avait noté en son temps que « *le droit budgétaire subit actuellement une crise profonde, en ce sens que tous les principes admis depuis 1816 pour l'établissement et pour l'exécution du budget de l'Etat sont remis en question : ou bien on les tourne, ou bien on les met de côté de propos délibéré ; et il y a même une école de novateurs qui doctrine cet abandon, répand des idées selon lesquelles ces principes, qui étaient devenus traditionnels, auraient fait leur temps, et que leur observation serait aujourd'hui beaucoup plus nuisible qu'utile* ».[22] C'est la même logique de réforme, qui justifie le processus de changement qui incite de plus en plus théoriciens et professionnels des finances publiques à modifier et adapter les structures budgétaires à leur environnement.

Ainsi, l'innovation apportée par la loi en vigueur permettra de mieux structurer la direction du budget avec des sous-directions répondant mieux aux exigences des missions budgétaires. Par conséquent, elle disposera d'une véritable technostructure de pointe performante, composée d'analystes et d'experts polyvalents, qui seront repartis entre le staff et lesdites sous-directions. On voit là, une tendance à évoluer vers une nouvelle idéologie[23] administrative permettant à des managers, comme dans l'entreprise privée, de gérer cette direction et en se distinguant à travers la division des tâches et la coordination des activités afin de bien accomplir les missions. C'est ce qui semble impressionnant dans l'organisation des sous-directions, qu'il faut présenter brièvement à travers leur spécialisation par division.

Dans cette optique, un rôle important et primordial est réservé à la Sous-direction du cadrage budgétaire qui est chargée de l'élaboration des éléments relatifs à la définition des objectifs et des contraintes de la préparation du budget. Par conséquent, elle est dotée de deux divisions[24] : la division des prévisions budgétaires et la division des programmes.

---

[22] Marcel WALINE, *Le Budget in LAFERRIERE-WALINE*, Traité Elémentaire de Science et de Législation Financières, 1952, p.25 et s. Cité par Paul AMSELEK, *le Budget de l'Etat sous la Ve République*, LGDJ 1966, p.12.

[23] Jean-Michel PLANE, *Théorie des organisations* « … L'idéologie se nourrit des traditions, des normes et des valeurs dominantes, des croyances de l'organisation… c'est-à-dire tout ce qui la distingue d'une autre et qui insuffle une certaine existence à la structure organisationnelle.

Pour H.MINTZBERG, toute activité humaine, de la création d'une poterie à l'envoi d'un homme sur la lune, donne naissance à deux besoins fondamentaux et contradictoires : la division du travail entre différentes tâches et la coordination de ces tâches pour accomplir une activité. Dans cette optique, il distingue des mécanismes de coordination par lesquels les organisations peuvent coordonner leur travail. », Dunod, Paris, 2000, p. 70

[24] Aux termes du Décret n° 050/P-RM du 06 février 2006,

Article 10 : la Division des prévisions budgétaires est chargée de :

- élaborer le cadrage macro-économique du budget ;
- concevoir les modèles de prévision et de simulation budgétaires ;

La division prévision budgétaire est chargée d'élaborer le cadrage macro-économique du budget, de concevoir des modèles de prévision et de simulations budgétaires, de préparer, suivre et évaluer le cadre budgétaire à moyen terme ; d'appuyer les départements sectoriels dans l'élaboration de leur cadre de dépenses à moyen terme ; de faire la synthèse périodique de l'évolution de la situation économique et menaces éventuelles pesant sur l'équilibre budgétaire.

La division des programmes est chargée de suivre les aspects budgétaires d'intégration régionale, de faire la synthèse périodique de l'état de mise en œuvre des conditionnalités des conventions de financement se rapportant à la gestion financière.

La sous-direction de la préparation et suivi du budget, classée en deuxième position dans l'organigramme est, en fait, la plus impliquée dans le suivi de l'exécution de la loi de finances. Elle est composée des cinq divisions suivantes : (1) synthèse et études ; (2) recettes ; (3) économie et infrastructures ; (4) socioculturelle ; (5) souveraineté et institutions. Deux de ces divisions exercent un travail stratégique indispensable dans tout le processus de prévision budgétaire en général et dans le suivi de l'exécution des recettes et des dépenses en particulier. Il s'agit des divisions synthèse et études et division recettes.

La division synthèse et études est chargée de préparer les éléments de la politique budgétaire, de faire la synthèse des projets de budgets annuels de moyens et de programmes, et suivre l'exécution du budget ; de veiller à l'exécution des recommandations issues de la session budgétaire ; de participer à la mise en œuvre de la politique de restructuration du secteur public et parapublic ; de suivre et évaluer la mise en œuvre de la politique de restructuration du secteur public et parapublic ; suivre et évaluer la mise en œuvre de la modernisation de

---

- préparer, suivre et évaluer le cadre budgétaire à moyen terme ;
- appuyer les départements sectoriels dans l'élaboration de leur cadre de dépenses à moyen terme ;
- faire la synthèse périodique de l'évolution de la situation économique et des menaces éventuelles pesant sur l'équilibre budgétaire.

Article 11 : La division programmes est chargée de :

- Suivre les aspects budgétaires des programmes d'intégration régionale ;
- Faire la synthèse périodique de l'état de mise en œuvre des conditionnalités des conventions de financement se rapportant à la gestion budgétaire.

la gestion budgétaire ; réaliser des études dans le domaine des finances publiques.

La sous-direction aides extérieures, chargée du suivi de la gestion des aides extérieures, comprend deux divisions : une division « prêts » et une division « dons ».

La sous-direction engagements et ordonnancements, peu visible dans l'organigramme, occupe une place stratégique vitale dans le processus budgétaire. Chargée de l'élaboration de l'avant-projet de budget relatif aux charges communes, la préparation de l'arrêté d'ouverture des crédits et le suivi de l'exécution des dépenses des charges communes, elle est organisée autour des deux divisions suivantes :

- la division notification est chargée de préparer et suivre l'exécution de l'arrêté d'ouverture des crédits ; analyser, notifier et suivre les requêtes de crédits des ordonnateurs secondaires ;
- la division engagements et ordonnancements est chargée de préparer l'avant-projet du budget relatif aux dépenses des charges communes ; engager, ordonnancer et suivre les dépenses sur les crédits des charges communes ; analyser et contrôler les budgets des départements ministériels relatifs aux missions à l'extérieur.

Enfin, la sous-direction affaires générales est chargée de la préparation et du suivi des marchés et contrats imputés sur les charges communes, de la gestion de la documentation de la direction et du suivi, en liaison avec les directions financières et du matériel ainsi que des ressources humaines du ministère chargé du budget, de la gestion du matériel et du personnel de la direction. Elle comprend les deux divisions suivantes : la division des ressources humaines et la division matériel et documentation.

Aussi, cette présentation est-elle suffisante, pour justifier que la direction du budget, est bien une direction d'état-major omniprésente qui intervient dans tous les secteurs de l'Etat, et, a son mot à dire à tous les niveaux. Il faut ajouter à cela, la qualité des agents qui animent cette direction comme des moines-soldats ou des experts, toujours efficaces, disponibles et discrets. Ils sont considérés aussi, comme des sommités intellectuelles au sein des cadres de l'administration publique, avec un sens inouï de la sauvegarde des intérêts suprêmes de l'Etat. Selon son organigramme, la direction du budget comprend quatre-vingt-quatorze (94) agents sur la base du contrôle physique effectué courant 2007. Tous ces facteurs font de cette direction une machine de la puissance animée d'une compétence polyvalente.

Ce n'est pas le lieu de s'appesantir sur toutes les compétences de la direction ; on aura l'occasion d'y revenir. En tout cas, le décret de 2006 montre bien la fonction stratégique de la direction du budget, tant dans la préparation que dans l'exécution des budgets de l'Etat. Ainsi, de façon générale, on peut dire que la direction du budget est chargée d'élaborer les éléments de politique nationale en matière budgétaire et d'en assurer la coordination et le contrôle de sa mise en œuvre. La loi du 6 janvier 2006 fait donc de la direction du budget, l'instrument central dans la réalisation des politiques publiques entre les mains des Gouvernants ; c'est de là qu'elle tire tous ses titres de noblesse.

Pour tout organe administratif, les compétences se distinguent des fonctions. En l'occurrence, quelles sont à présent les fonctions de la Direction générale du budget ? A priori, elle est l'exécutrice des ordres du ministre chargé des finances et au-delà, du Gouvernement. Encore qu'une bonne connaissance des structures administratives montre que celles-ci peuvent avoir leur propre rationalité ou même leurs propres objectifs. Mais ce n'est pas le lieu pour nous d'entrer dans ce débat. En tout état de cause, en agissant, la direction du budget doit disposer d'une certaine stratégie. Le stratège[25] est celui qui, après avoir pris connaissance de la nature d'un terrain, ou d'un problème est capable de mettre en œuvre des moyens coordonnés afin de vaincre l'adversaire ou de résoudre le problème posé.

Aussi, l'expérience a-t-elle montré qu'il y a inévitablement entre la stratégie et les réalités quotidiennes, un élément de différence de nature. A savoir le passage de la stratégie à la tactique, c'est-à-dire à

---

[25] Jean-Philippe DENIS et Franck TANNERY, *Que peut la stratégie* ? : « La stratégie consiste essentiellement à concevoir, réunir et manœuvrer les forces-énergies de façon délibérée, pour introduire des changements jugés avantageux dans la situation conflictuelle identifiée afin de réaliser efficacement le projet politique de l'acteur concerné ». Mélanges en l'honneur du Professeur Alain Charles MARTINET : *Stratégies et Pouvoirs*. Collection éditée avec la Fondation nationale pour l'enseignement de la gestion des entreprises. Librairie Vuibert, octobre 2008, p. 114.

l'engagement à court terme. Intéressé par les questions de stratégie, en aucun cas un ministre dépensier ne doit pas être bloqué dans sa tactique. Dans une telle optique, il n'est donc pas convenable que chaque acteur ait à sa disposition, de manière précoce la totalité des moyens budgétaires appropriés pour la réalisation des objectifs qui lui sont assignés. Surtout que l'existence de mécanismes financiers susceptibles de contrarier l'initiative gouvernementale ou parlementaire, et d'hypothéquer l'avenir, pourrait conduire le Premier ministre ou le ministre des finances et de l'économie à opter pour des choix douloureux. Dans ce contexte Jean-François SOUMET[26] estime que : « Le Ministère de l'Economie, des Finances et de l'industrie a longtemps été perçu comme un ministère "dérogatoire" du droit commun, en particulier pour ce qui concerne son budget ». Ce qui peut imposer le choix d'autres stratégies manichéennes pouvant imposer soit la renonciation à des engagements pris antérieurement afin de maintenir l'équilibre budgétaire, soit le maintien de tels engagements tout en sachant le risque néfaste qu'il peut entraîner dans la gestion des finances publiques. « *Dans le même ordre d'idées, la Direction du budget devrait être plus souvent amenée à retenir des objectifs à moyen terme, de caractère stratégique. Elle contribuerait ainsi à une plus grande convergence de la démarche budgétaire... Eviter des mesures qui peuvent se contrarier, voire s'annihiler, constitue certes une contrainte certaine au plan global, mais assure une meilleure efficacité des décisions* »[27].

Or cette direction du budget doit également faire face à une multitude de questions : quelle politique budgétaire mettre en œuvre une année donnée ? Quelles ressources faut-il à l'Etat pour financer ses dépenses ? Quelles ressources faut-il pour aider les entreprises publiques ou privées ? Quels contrôles faudrait-il assurer pour éviter la déperdition des ressources publiques ? En effet, toutes ces préoccupations sont celles qui animent la direction du budget. Par ses différents choix, elle se conduit en véritable stratège. Cette fonction stratégique se manifeste sur plusieurs plans.

---

[26] Jean-François SOUMET, *Transparence et performance dans le budget du Minéfi*. RFFP. N° 89. Réformes au MINEFI : adaptation ou mutation ? LGDJ, février 2005, p. 35.

[27] Michel PAUL, *la pluriannualité et la décision budgétaire : de nouvelles règles du jeu*. R.F.F.P. N° 39 : *Prévision et pluri annualité budgétaire*. L.G.D.J. 1992, p. 109.

Elle se manifeste sur le plan de la *prévision budgétaire* au regard des missions imparties aux différentes divisions. Selon le décret de 2006, la direction du budget, à travers ses différentes sous-directions et leurs divisions, doit élaborer le cadre macro-économique du budget, préparer, suivre et évaluer le cadre budgétaire à moyen terme, appuyer les départements ministériels dans l'élaboration de leur cadre de dépenses ; elle doit préparer les éléments de la politique budgétaire en matière de recettes et, mieux préparer le projet de budget annuel en moyens ou missions. Pour ce faire, la direction du budget suit les ordres reçus du ministre chargé des finances ; mais elle doit aussi mettre en œuvre une stratégie permettant l'accomplissement de ces missions.

La fonction stratégique se manifeste aussi au stade de *l'exécution du budget*. En effet la sous-direction des engagements et ordonnancements, est chargée de préparer et suivre l'exécution de l'arrêté d'ouverture des crédits, d'analyser, de notifier et de suivre les requêtes de crédits des ordonnateurs secondaires, de préparer l'avant-projet de budget des dépenses des charges communes, ou même de les engager.

Comme on peut le constater, le rôle de la direction du budget est fondamental dans le fonctionnement de l'ensemble de l'appareil administratif.

Quels intérêts s'attachent alors à l'étude d'un sujet portant sur la direction générale du budget ? Il semble qu'on puisse en relever plusieurs :

- Tout d'abord, au plan institutionnel[28], cette recherche peut permettre de montrer la complémentarité entre les institutions

---

[28] Bernard TRICOT, Raphaël HADAS-LEBEL, *Les institutions politiques françaises* : « Définir signifiant aussi délimiter, nous nous garderons de proposer dès les premières pages une définition des institutions politiques françaises ». Ce serait méconnaître qu'entre les règles constitutionnelles, les traditions sociales et la psychologie individuelle et collective, entre la politique d'une part, l'économique, le social, le militaire, le juridique d'autre part, il existe toutes sortes de liens… Les institutions politiques sont au sein de l'Etat un ensemble qui a son unité, de sorte qu'aucune d'elle ne peut être étudiée isolément et que si les contraintes de l'analyse obligent à opérer des classements, ceux-ci n'ont qu'une portée relative ;… il est nécessaire, pour avoir une vue correcte de ces institutions, de ne jamais oublier les

politiques et les institutions financières. Car les notions de prévision, d'autorisation, d'exécution, de gestion, de contrôle financier, de contrôle de performance, de gestion axée sur les résultats ou budget-programme, mettent en relation les représentants des principales institutions de la République. A chaque régime politique ou système représentatif doit convenir une organisation financière appropriée avec sa philosophie politique.

- Ensuite au plan de la sauvegarde de l'intérêt général, l'Etat doit assurer toutes les activités qui lui incombent. En matière de dépenses publiques, il doit se poser la question de savoir ce qu'il doit faire, mais surtout celle qu'il peut faire en fonction des possibilités. Parce que l'Etat, puissance souveraine certes, affranchi de toute contrainte, est maître de ses recettes et de ses dépenses, mais, contrairement à l'adage, il ne peut tout faire aujourd'hui. Autrement dit, les activités de l'Etat, contrairement à celles des particuliers, lorsqu'elles sont légitimes et légales, doivent être financées, mais avec les moyens dont l'Etat dispose. Dans un tel contexte, la tâche d'un organe comme la direction du budget consiste en la recherche permanente d'un compromis entre le souhaitable et le possible, entre les demandes des populations et les moyens qu'elles offrent à l'Etat pour les satisfaire.

La direction du budget, en tant qu'administration financière devient ainsi, un instrument de politique budgétaire [29]au service de la

---

interactions qui se produisent entre elles et la société». Presses de la Fondation nationale des Sciences Politiques et Dalloz. Editions Dalloz 1985, pp. 13-18.

[29] Philippe SEGUIN, *De la politique budgétaire*. « Avec la politique budgétaire, c'est d'ailleurs un pan essentiel de l'action de l'Etat qui se trouve soumis à la discussion... Dès lors, se posent avec une acuité nouvelle les questions de l'autonomie de la politique budgétaire et des conditions de son efficacité...

Les contraintes et les insuffisances du cadre budgétaire apparaissent alors comme la résultante des tensions économiques et sociales accumulées durant vingt ans de crise, tensions qui convergent toutes vers l'Etat. L'internationalisation et la déréglementation des mouvements de capitaux, la remise en cause de l'Etat-providence, fondée sur une logique d'assurance universelle incompatible avec la concentration des risques sociaux sur les populations en difficulté, la diffusion d'une concurrence anarchique faisant la part belle au dumping monétaire et social, l'explosion du chômage, voilà en effet autant de mouvements, autant de chocs profonds qui ont bouleversé l'environnement des Etats développés et, par conséquent, les conditions d'élaboration de leur budget... Au point qu'il est devenu, dans notre pays, plus facile de réformer la Constitution que de peser sur l'évolution des règles coordination et de la circulation de décisions qui vont bien au-delà des simples décisions financières. Ce qui conforte l'importance des finances publiques dans la réforme de l'Etat.

Une telle posture, exige qu'elle puisse disposer de ressources humaines, matérielles, technologiques, informatiques et autres. Car ayant comme prérogative essentielle l'allocation des crédits budgétaires, elle doit être en mesure de concevoir à la fois une gestion financière stratégique au profit de l'Etat et des citoyens. Ainsi, depuis la session budgétaire 1998 de l'Assemblée nationale du Mali, le projet de budget de moyens est accompagné d'un projet de budget de programmes, dont la préparation était jusqu'ici inédite, puisque faisant appel à des approches, des méthodologies et concepts nouveaux qui exigent de raisonner en termes de résultats, de performance, ou même de programmation pluriannuelle[30], méthodologie et concepts qu'il faut désormais mettre en œuvre. Ce sont là de nouvelles responsabilités qui incitent la Direction du budget à prendre une part active dans la définition des politiques sectorielles et dans le suivi de leur mise en œuvre.

Il convient de préciser que le développement du processus du budget programme a entraîné à la fois une forte augmentation de la charge du travail de la direction du budget, ainsi qu'une modernisation de la gestion budgétaire. Surtout que la vulgarisation du processus de budgétisation orientée vers les résultats et l'efficacité de la dépense publique sont subordonnés à la consolidation des acquis en matière de budget-programme (standardisation de sa préparation et de sa présentation) ; ainsi qu'à la mise en place de procédures de suivi de son exécution et de son contrôle par une surveillance active. Par conséquent, l'objectif primordial que la nouvelle direction du budget s'assigne malgré la rareté des ressources financières, est de relever les défis de la bonne gouvernance[31] et de la transparence financière, à

---

comptables et budgétaires applicables aux pouvoirs publics ». In *La politique budgétaire*. RFFP N° 46 - LGDJ, 1994, pp. 13-14.

[30] Laurent RABATE et Pierre GRAPIN, *Les problèmes posés par la plurianualité budgétaire*. RFFP, N° 39, LGDJ 1992, pp. 12 et s.

[31] Jacques CHEVALLIER, *La gouvernance et le droit* : « Commandée par une rationalité d'ordre politique, la gouvernance se situe à première vue dans un rapport d'extériorité au droit : il s'agit d'infléchir le style d'action publique, en impliquant de nouvelles catégories d'acteurs dans l'élaboration des choix collectifs ; la gouvernance se développe ainsi apparemment en dehors des procédures formelles d'édiction du

travers une modernisation idoine de la gestion publique. Un tel objectif conforte la position stratégique de la direction du budget dont la responsabilité et le pouvoir de décision s'accroissent, au même moment où l'Assemblée nationale, le Gouvernement, ou d'autres institutions financières internationales comme le FMI, la Banque mondiale, l'OCDE, l'UEMOA,... se montrent plus préoccupés par la bonne gestion[32] du système des finances publiques.

---

droit, dont la configuration reste inchangée. Néanmoins, ce nouveau style d'action publique est bel et bien porteur de représentations et valeurs différentes de celles sur lesquelles repose le modèle juridique classique : la gouvernance laisse entrevoir un autre mode de pilotage du social, reposant sur la coopération des acteurs plutôt que sur l'unilatéralité ; la logique managériale de l'efficacité tend dès lors à la concevoir comme alternative au droit. » Mélange en l'honneur de Paul AMSELEK. Editions BRUYLANT, Bruxelles 2005, p.191.

Voir Guy HERMET, Ali KAZA, et Jean-François PRUD'HOMME, *La gouvernance. Un concept et ses applications* : « En tant que mot, la "gouvernance" ne date pas d'hier,... Certes, vers 1840, le roi Charles-Albert de Piémont-Sardaigne préconisait déjà le *buongoverno* comme moyen primordial de sortir du marasme son royaume passablement décrépi... Reste qu'il faut reconnaître que, dès cette époque, bonne gouvernance eût mieux sonné que bon gouvernement, en particulier dans la mesure où les peuples doutent depuis bien longtemps de la capacité d'amélioration de leurs gouvernements.

En fait, ce sont les experts des grandes agences internationales de l'aide au développement, de la Banque mondiale en particulier, qui ont lancé la mode en 1989. C'est alors, en effet, que ces spécialistes ont prescrit la "bonne gouvernance" aux dirigeants par trop maladroits ou corrompus des pays démunis de l'Afrique sub-saharienne. Seule cette bonne gouvernance permettrait selon eux à leurs peuples de voir grandir enfin la lumière annonciatrice de leur rédemption économique et sociale à la sortie du tunnel de la misère ». Editions KARTHALA, 2005, pp.5-6.

[32] Jean GICQUEL, L'évolution des rapports entre l'exécutif et le législatif dans le processus de décision budgétaire : « ... ce thème s'avère capital, et pour tout dire, fondateur. Car il plonge ses racines au cœur du droit public en général, et du droit constitutionnel, en particulier. A cet égard, si l'on s'accorde que gouverner c'est légiférer; gouverner peut-être plus encore, c'est communiquer, de nos jours ; gouverner, c'est singulièrement aussi et surtout, dépenser. Par suite, le budget peut être regardé comme l'acte politique par excellence ; l'acte qui révèle l'effectivité de la vie institutionnelle; autrement dit, la régularité, la sincérité et la fidélité des comptes de l'Etat... L'évidence des sources budgétaires du droit constitutionnel, en liaison avec l'avènement de la bourgeoisie, relevée opportunément par Marx et Engels, autorise à en parler à *tire-d'aile*. De la Grande Charte de 1215 au Bill of Right de 1689, le consentement à l'impôt, au Royaume-Uni, a été à l'origine de la limitation du pouvoir royal, en prélude à sa constitutionnalisation. De la même façon en France,... En écho aux cahiers de doléances, le décret du 17 juin 1789 ouvre la Révolution selon le mot de Sieyès, et consacre ce principe... Par la suite, la régulation

En réalité, une telle préoccupation ne fait que dévoiler l'ampleur des interactions dialectiques et stratégiques entretenues entre l'Etat et les finances publiques. Aussi l'Etat va-t-il léguer implicitement à la direction du budget l'usage de son impérium en matière financière ; c'est-à-dire la mise à disposition d'un réel pouvoir de commandement permettant d'assurer la gestion des finances publiques fortes, saines et abondantes. L'objectif recherché étant de satisfaire les besoins nationaux et de garantir la crédibilité et la présence de l'Etat dans le jeu des relations financières internationales. Certes, cette conception d'un pouvoir budgétaire fort délégué à la direction du budget n'apparaîtra aucunement dans le schéma hiérarchique officiel. Mais, en se référant à la théorie des organisations, elle permet de mettre en exergue le rôle d'instrument stratégique de cette direction. Selon Michel FOUCAULT, un adepte de la théorie des organisations : « *Le pouvoir est partout ; ce n'est pas qu'il englobe tout, c'est qu'il vient de partout. Le pouvoir n'est pas quelque chose qu'on garde ou qu'on laisse échapper, [...] c'est le nom qu'on prête à une situation stratégique complexe dans une société donnée* »[33].

L'exercice d'un tel pouvoir par la direction du budget, sonne le glas de la désinstitutionalisation des finances publiques, largement décrite dans un article du professeur Eloi DIARRA[34]. Il ressort dudit article, que sur un autre plan, la complexité de ces relations peut se justifier par le fait que l'Etat se désinstitutionnalise et refuse l'utilisation de la règle impérative au profit de la recherche du consensus, du consentement. En effet, il convient de noter que le recours à une conception non juridique du pouvoir, pour justifier le souci de la bonne gestion des finances

---

budgétaire n'a cessé de marquer les relations institutionnelles. Tant et si bien, qu'au terme d'un processus dialectique, celle-ci s'avère, tout à la fois, un critère d'identification des régimes politiques et l'indice de leur transformation. De l'apparence à la latence ; des lumières aux ombres, ce cheminement mérite d'être exploré. » Actes de la IVe Université de printemps de Finances Publiques. *La bonne gouvernance des finances publiques dans le monde*, LGDJ, 2009, Lextenso éditions, p. 183.

[33] Michel FOUCAULT, *Histoire de la sexualité*. La volonté de savoir, Gallimard, 1976, p. 122.

[34] Eloi DIARRA, *Finances publiques et institution étatique ou institution et désinstitutionnalisation des finances publiques : deux moments de l'Etat en France*. In *L'institution. Passé et devenir d'une catégorie juridique*. L'Harmattan, 2008, pp. 219 et s.

publiques, ne fait que mettre à nue l'ampleur des réformes introduites dans la gestion des finances publiques. Grâce aux apports des théories des organisations et des sciences du management, la gestion des finances publiques se révèle de plus en plus complexe.

Ainsi comme le notait M. Michel BOUVIER : « *on aborde, certes, avec des hésitations, un nouveau continent administratif et politique nourri d'une conception systémique de l'organisation de l'ordre social, c'est à dire diversifiée et unifiée à la fois, qui laisse deviner ce que sera l'Etat du XXIe siècle* ».

Sur le plan de la technique financière, l'Etat malien est considéré aujourd'hui comme un laboratoire d'expérimentation des méthodes modernes de gestion budgétaire, même s'il continue à appliquer le système de gestion très proche du budget de moyens. Mais depuis 1998 comme évoqué précédemment, il ne cesse d'expérimenter le modèle de budget de programmes qui vise une gestion axée sur le résultat. Ainsi, le souci d'opérer une profonde réforme dans la gestion budgétaire, a contribué à la conception et à la mise en œuvre d'un cadre budgétaire à moyen terme (CBMT). Ce cadre budgétaire à moyen terme, se présente comme le principal moyen opérationnel permettant une analyse scientifique de la politique budgétaire nationale pilotée par la direction du budget. Il offre l'avantage de présenter un cadre macroéconomique afin de procéder à la programmation budgétaire des ressources et charges, et de déterminer les enveloppes globales des départements sectoriels, conformément aux missions, et objectifs des politiques publiques prévues. Ce qui donne une vision claire sur les tendances des recettes et des dépenses à moyen terme, pour renforcer les dispositifs de la gestion axée sur les résultats. Ainsi, Gabriel NOUPOYO[35] pense que l'insertion d'instruments novateurs dans les pays du champ-budgétisation par programmes ; cadre de dépenses à moyen terme (CDMT)- vise à modifier radicalement le mode précédent d'allocation et de programmation budgétaire bâti sur la mise à disposition de moyens.

---

[35] Gabriel NOUPOYO, *Nouvelles conditions de la politique budgétaire de sous-zones : étude des nouveaux instruments de rationalisation budgétaire, le poids des conditionnalités externes*. In *Logique de*

Toujours résolue à assurer l'amélioration et l'assainissement de la situation financière du pays, la direction du budget peut-elle s'imposer au propre comme au figuré comme un véritable maître d'œuvre de la bonne gestion des politiques publiques, dans l'efficience et la performance ?

Il lui appartient de veiller à la réalisation des principaux objectifs de la bonne gestion des finances publiques que sont : la crédibilité d'un budget bâti à partir des réalités nationales ; l'exhaustivité et la transparence de la comptabilité publique, des enregistrements et des informations et rapports financiers ; la prévisibilité et le contrôle de l'exécution du budget, de même que son suivi et sa surveillance et vérification externes.

La direction du budget offre, par ailleurs, l'occasion à différents acteurs, d'intervenir dans la mise en œuvre du système budgétaire. Or, selon L. Von BERTALANFFY[36], tout système est un ensemble d'éléments interdépendants, c'est-à-dire liés entre eux par des relations telles que, si l'un est modifié, les autres le sont aussi et que, par conséquent, tout l'ensemble est transformé.

De même, il faut reconnaître avec d'autres auteurs que « ... *l'action de l'administration, (dans) les choix qu'elle est amenée à faire, (dans) le déroulement du processus décisionnel, (tient) compte des intentions et des stratégies d'acteurs concrets ; (qu'elle) s'écarte d'un déterminisme mécaniste qui ne connaît que des processus inconscients et objectifs transcendant les acteurs en qui ils s'incarnent, et d'un fonctionnalisme qui considère l'évolution du système comme la réponse à un "besoin" interne ou externe et l'explique par la nécessité de s'adapter aux modifications de l'environnement ; ... L'action administrative apparaît donc à la fois comme façonnée et conditionnée par la structuration du milieu environnement et exprimant néanmoins la capacité de l'administration à exercer une emprise sur ce milieu* »[37]

---

performance et pays en développement. RFFP N° 98 LGDJ, juin 2007, pp. 80-100.

[36] P. BERNOUX : « *Sociologie des organisations* » Editions du Seuil octobre 1985, pp. 141-142

[37]Jacques CHEVALLIER et Danièle LOCHAK, *Science Administrative, l'administration comme organisation et système d'action*, tome II, LGDJ, Paris 1978, pp. 264-265.

Partant de la pertinence d'une telle idée, notre étude va se focaliser sur l'analyse systémique dont sont adeptes les auteurs comme BERTALANFFY, EASTON. Elle n'exclut pas pour autant la démarche juridique, organisationnelle, fonctionnelle. Cependant, elle sera axée sur l'analyse systémique que Claude LECLERCQ[38] considère comme le type idéal d'analyse du phénomène politique, qui concerne en priorité les finances publiques. A cet effet, le rôle stratégique de la direction du budget sera examiné à travers ses propres fonctions et leur rapport avec leur environnement. Le choix d'une telle démarche se justifie par la nécessité de s'écarter de l'approche classique monotone qui a toujours caractérisé l'étude des finances publiques, suivant un schéma linéaire, sans tenir compte de l'environnement et des interactions qui se créent entre les différents acteurs durant tout le processus budgétaire.

Certes, la démarche juridique consistant à traiter les implications formelles et procédurales des rôles de la direction du budget et des différents acteurs impliqués dans le processus budgétaire, ne sera pas non plus écartée. Dans cette optique, l'étude prend en compte la règle dite des quatre temps alternés, que des auteurs comme P-M. GAUDEMET[39] ou J-C. DUCROS, ont toujours suivi pour présenter les procédures de prévision et d'exécution des recettes et des dépenses. Ce qui revient à présenter le rôle de la direction du budget dans la gestion financière de l'Etat suivant un mouvement alternatif entre les pouvoirs exécutif (Gouvernement) et législatif (Parlement), tant dans la phase de prévision, que dans la phase d'exécution des recettes et des dépenses. Cependant, les phases de contrôle juridictionnel et politique seront occultées dans la seconde partie concernant le suivi de l'exécution des recettes et des dépenses budgétaires, compte tenu du fait que la direction du budget n'y intervient pas. Ce qui n'occultera point, l'examen des contrôles comptables inhérents aux principes comptables ou à l'intervention du contrôle financier.

Au demeurant, en se fondant sur l'observation empirique, on perçoit au préalable la direction du budget comme un acteur dissimilé dans le

---

[38] Claude LECLERCQ, *Droit constitutionnel et institutions politiques*. Quatrième édition, Litec 1996, pp. 40, s.

[39] Voir P-M. GAUDEMET, *Finances publiques : Budget et Trésor. Tome I,* Domat Montchrestien, 6e édition, 1992, pp.29s, et J-C. DUCROS, *Sociologie financière*, PUF, Thémis, 1982.

système politique qui fonctionne à partir de l'interaction entre le Gouvernement et le Parlement. Mais, afin de lui permettre de jouer son rôle stratégique qui est plus technique que politique, on la laisse se détacher sporadiquement de ce milieu pour aller créer un sous-système avec l'ensemble des administrations financières, la commission des finances de l'Assemblée nationale, les partenaires techniques et financiers, la société civile, et tout autre facteur environnemental.

Cette stratégie qu'elle développe, répond à l'assertion de Claude LECLERCQ qui a estimé que : « *Si l'on veut établir un point de comparaison, on peut noter que l'analyse systémique, pour rendre compte du phénomène politique, est à la politique, ce que la théorie des ensembles est aux mathématiques* ».

Cette assertion est élucidée par Roger Gérard SCHWARTZENBERG dans son livre de sociologie politique, en ces termes : « … *dans cette optique, un système politique (political system) se définit comme l'ensemble des interactions politiques constatées dans un système social donné. Car le système politique n'est que la partie d'un tout. Il est englobé dans un ensemble social avec lequel il entretient des rapports complexes* ».

C'est donc admettre que le système politique n'est rien d'autre en réalité qu'une partie perméable de tout un ensemble social que la direction du budget a pour mission de gérer ; comme cela apparaît à travers toutes les expressions de demandes ou de doléances qui s'amoncellent dans ses dossiers quotidiens. La direction du budget est donc sans ambages, le noyau dur du système à travers lequel transitent tous les dossiers budgétaires du pays. Elle reçoit ces dossiers de demandes et exigences de l'environnement, selon l'expression d'EASTON en *input (intrant)*. Elle les traite et les transmet à l'environnement sous forme de décisions ou actions.

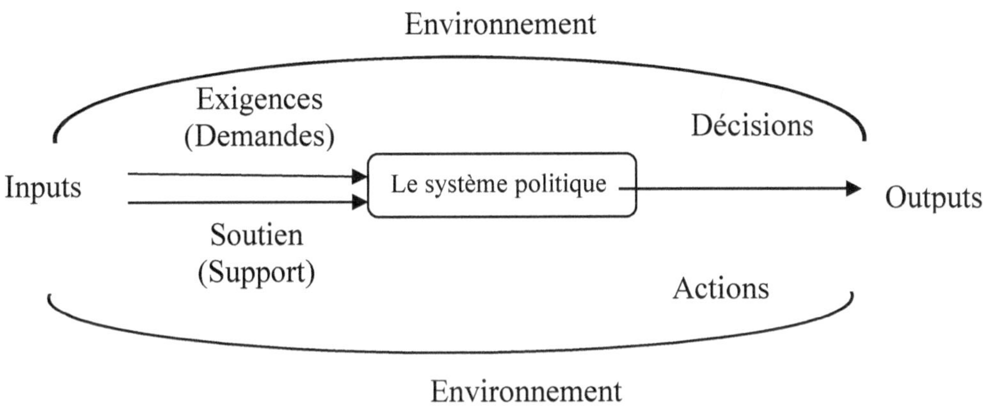

Nonobstant les critiques formulées à son encontre, l'analyse systémique a le mérite de prendre en compte l'environnement et la réalité sociale, dans la plus parfaite neutralité. Il ne sera plus question de savoir si le régime en place est bon ou mauvais, s'il répond aux aspirations fondamentales des populations ou pas ; on se contente d'observer ce qui est réalisé concrètement. Ainsi, le phénomène politique devient justiciable d'une analyse apparemment politique mais qui ne vise en réalité qu'à le désensibiliser. Autrement, elle se passe des jugements de valeur fondés sur des abstractions, pour ne prendre en compte que le vécu réel des hommes, c'est-à-dire le quotidien des citoyens. C'est à ce niveau qu'apparaît le rôle de la direction du budget, en réalisant un bien-être pour les citoyens à partir des prélèvements obligatoires décidés par le système, selon les analyses de certains auteurs comme BERTALANFFY, EASTON, etc.

Bref, la présente étude sur la direction du budget veut tenir les deux bouts des assertions de ces auteurs et montrer qu'elle est un instrument doté d'une fonctionnalité propre dans la gestion des finances publiques.

Ce sont là, les préoccupations qui justifient le choix de ce sujet. Notre recherche veut ainsi démontrer que, la direction du budget est un instrument stratégique de prévision et d'exécution de la loi de finances, en interaction continue avec d'autres structures avec lesquelles elle doit composer. Dans cette gestion, elle est dotée d'une véritable stratégie. Pour ce faire, elle se donne le plan suivant :

Première Partie : Le rôle prépondérant de la direction du budget dans la préparation et le vote de la loi de finances ;

Deuxième Partie : Le rôle secondaire de la direction du budget dans le suivi de l'exécution des recettes et dépenses budgétaires.

Nous nous attacherons, certes, aux principes juridiques financiers, mais sans oublier l'apport de la sociologie ou de la science des systèmes.

PREMIÈRE PARTIE

LE RÔLE PRÉPONDERANT DE LA DIRECTION DU BUDGET DANS LA PRÉPARATION ET LE VOTE DE LA LOI DE FINANCES

La préparation de la loi de finances est l'acte par lequel les autorités gouvernementales, administratives et législatives élaborent les éléments de recettes et de dépenses de l'Etat ; ils sont approuvés sous la forme d'une loi. Elle suppose donc deux étapes : l'élaboration d'un projet et le vote de ce projet par le Parlement. Une telle idée peut être illustrée par cette phrase de Paul AMSELEK : « *La prévision budgétaire avait pour motif essentiel un certain aménagement du pouvoir financier dans l'Etat : le Gouvernement effectuant les dépenses et recettes et le Parlement devant les décider, il fallait que le premier dresse un état prévisionnel en vue d'obtenir une autorisation du second* »[40].

La phase d'élaboration prévisionnelle du projet revient au gouvernement et à des directions administratives placées toutes sous l'autorité du ministre chargé des finances. Comme dans le système français, la loi malienne relative aux finances publiques fait de l'Exécutif, à travers le ministre chargé des finances, l'organe exclusif de préparation du projet de loi de finances[41]. Le ministre en charge des finances est le maître d'œuvre de cette préparation. La Directive de l'Union économique et monétaire ouest-africaine du 26 juin 2009 portant lois de finances au sein de l'UEMOA prescrit la même règle et

---

[40] Paul AMSELEK, *Le budget de l'Etat sous la Ve République*. Paris, LGDJ, 1966, p. 23

[41] Loi n° 96-060 du 4 novembre 1996 relative aux lois de finances, article 46 : « *Le Ministre chargé des Finances prépare, sous l'autorité du Chef du Gouvernement, les projets de loi de finances qui sont arrêtés en Conseil des Ministre s* ».

va également dans le même sens.[42] Ce ministre chargé des finances, dans son action, est assisté de plusieurs directions administratives : la direction générale des impôts (DGI), la direction générale des douanes (DGD), la direction nationale du trésor et de la comptabilité publique (DNTCP), et quelques autres spécialisées dans la prévision économique. Parmi celles-ci la direction du budget joue un rôle essentiel : elle tire les applications nécessaires de toutes les informations que les directions lui fournissent ; et comme ces informations doivent lui parvenir dans des délais précis, elle est amenée à coordonner indirectement avec toutes les autres. Dans cette première étape de l'élaboration du projet de loi de finances, les informations indispensables concernent aussi bien l'évaluation des recettes que celle des dépenses.

La deuxième phase de l'élaboration de la loi de finances est celle du vote du projet sous la forme d'une loi. Dans cette phase du vote, en principe, il n'y a aucune interférence avec l'administration. Pourtant, à ce stade, la direction du budget demeure l'interlocutrice privilégiée de la représentation nationale.

Ainsi la direction du budget apparaît déjà comme une structure étatique incontournable dans la mise en place de la loi de finances. Pour mettre ce fait en exergue, dans un titre premier nous traiterons du rôle de la direction du budget dans le plan d'élaboration du projet de loi de finances et dans un titre deuxième de son rôle durant le débat parlementaire qui débouche sur le vote.

---

[42] Article 56 de la Directive du 26 juin 2009 : « *Le Ministre chargé des finances prépare les projets de lois de finances qui sont adoptés en Conseil des Ministre s* ».

TITRE I

LE RÔLE DE LA DIRECTION DU BUDGET DANS LA PRÉPARATION DU PROJET DE LOI DE FINANCES

On ne prend pas le risque de se tromper en disant que la direction générale du budget renvoie à un modèle global de fonctionnement des organisations administratives qui rompt avec l'idée d'une administration isolée des autres ; en fait elle est intégrée dans un système organisé, complexe et régulé de l'Etat avec lequel elle entretient des relations de pouvoir culturellement déterminées. Visiblement, cette direction semble dépasser le cadre de l'administration classique pour se présenter sous la forme d'une organisation qui regroupe un ensemble de rouages à la fois compliqués et bien agencés ; ce sont les multiples directions et sous-divisions qui sont chargées de l'animer.

Cela donne l'envie de chercher à savoir, à partir de la théorie des organisations, si cette direction du budget est le résultat d'un édifice construit pour orienter les comportements de tous les acteurs, en limitant leur liberté et leurs capacités d'action, en favorisant le développement des entreprises collectives. Au fond, n'exerce-t-elle pas une sorte de prédominance de fait, acceptée par les autres directions, alors que celle-ci n'est inscrite dans aucun texte ?

L'appellation de direction générale (la plupart des Etats de l'UEMOA ont réservé à leurs organes similaires la même appellation de direction générale du budget) au-delà de l'aspect de réforme institutionnelle, a permis de mettre en harmonie et en adéquation cette structure avec ses « collègues »[43] traditionnelles telles que la direction générale des Impôts, des Douanes, de l'Administration des Biens de l'Etat, avec

[43] On serait tenté d'écrire « *collaboratrices* », mais alors, on établirait une hiérarchie entre la Direction du budget et les autres Directions, or la Direction du budget n'exerce sur celles-ci aucun pouvoir hiérarchique.

lesquelles elle œuvre au sein du Ministère des Finances pour la réalisation des politiques publiques.

Une étude sur la direction du budget en tant qu'instrument stratégique de prévision et de gestion des politiques publiques pose de facto le problème de « la complexité »[44] des questions financières. En effet, l'approche des aspects budgétaires au sein de l'Etat induit l'examen d'une grande variété de structures et d'acteurs liés par des interconnexions de tous ordres. La clé permettant d'appréhender cette complexité réside dans la mise en perspective d'une organisation capable de permettre à chacun des acteurs de remplir la fonction qui lui est dévolue et de laquelle dépend l'harmonie générale.

La préparation du budget suit un processus éminemment complexe et n'est point une tâche aisée. L'élaboration de la loi de finances du Mali fait intervenir, comme ailleurs, les responsables politiques supérieurs. C'est ainsi que la loi malienne relative aux lois de finances dispose que le ministre chargé des finances agit sous l'autorité du Chef du Gouvernement. Ainsi, on sait que c'est ce dernier qui, à l'instar du système français, envoie les lettres de cadrage et de plafonds. C'est en fonction de ces éléments que les ministres effectueront leurs demandes de crédits ; enfin le projet élaboré sous la direction du Ministre chargé des finances est « arrêté »[45] en conseil des ministres. Ce conseil des ministres, comme chacun sait, est un organe éminemment politique. L'ordonnance française de 1959 avait retenu un dispositif similaire en son article 37 en ces termes « Sous l'autorité du Premier Ministre, le Ministre des finances prépare les projets de lois de finances qui sont arrêtés en conseil des Ministres ». La loi organique relative aux lois de finances du 1er août 2001[46] reprend le même mécanisme en son article 38. Il n'y a donc pas ici de véritable rupture. Cela signifie en même

---

[44] Gaston JEZE : « la complexité des problèmes financiers, lorsqu'on veut les étudier dans leur ensemble, est telle que leur étude présente les plus grandes difficultés. Non seulement il n'est pas toujours aisé de résoudre les questions purement économiques, mais encore les facteurs politiques et sociaux semblent parfois rendre les problèmes inextricables » in *Cours de finances publiques*, Girard 1925 cité par M. BOUVIER, M.C. ESCLASSAN, J. P. LASSALE, *Finances publiques*, 6e éd. LGDJ, 2002, p. 6.

[45] Tel est le terme employé par la loi du 4 novembre 1996. La Directive de l'UEMOA du 26 juin 2009 préfère le terme « adopté ». Cette dernière insiste donc sur la nécessité d'un débat et d'un vote au sein du Conseil des Ministre s.

[46] On la désigne communément sous l'acronyme de « *LOLF* »

temps que le caractère politique que revêt toute loi de finances ; celle-ci n'est pas un ensemble de chiffres ; elle traduit une volonté et un objectif de nature politique. On aurait parfois tendance à l'oublier.

Cependant, c'est à la direction du budget que revient le rôle fondamental (un rôle de stratège) lors de la prévision des recettes et de l'élaboration des moyens des politiques publiques. Ce rôle concerne donc l'évaluation des ressources et des dépenses de l'Etat, le suivi de l'ensemble des activités informatiques des directions administratives et financières (DAF) de tous les départements ministériels, des directions régionales du Budget et des Etablissements Publics à caractère Administratif. A ceci s'ajoutent le suivi et l'identification des ressources extérieures octroyées par les partenaires au développement. Enfin la direction est responsable des études et de l'examen des conventions avec les partenaires techniques et financiers ainsi que des appels de fonds relatifs au budget spécial d'investissement. Bref, le rôle de la direction du budget est immense dans l'analyse, la prévision et la réalisation de tous les dossiers susceptibles d'engager les finances de l'Etat.

Pour assurer ce rôle, la direction du budget constitue, avec d'autres directions un ensemble de jeux interactifs, parfois conflictuels où des administrations ou départements ministériels poursuivent, chacun, des missions spécifiques mais reliées entre elles.

On est ainsi en face d'un « *système d'action concret* » qu'on peut définir comme : « *un ensemble humain structuré qui coordonne les actions de ses participants par des mécanismes de jeux, relativement stables et qui maintient sa structure, c'est-à-dire la stabilité de ses jeux et les rapports entre ceux-ci par des mécanismes de régulation qui constituent d'autres jeux* »[47].

La direction du budget développe une stratégie qui lui est propre afin d'atteindre des objectifs qui lui sont assignés. A cet effet, elle cherche, à chaque occasion, à mettre à profit sa marge de liberté pour mieux négocier avec ses partenaires afin d'en tirer le meilleur profit, c'est-à-

---

47 Michel CROZIER et Erhard FRIEDBERG : *L'acteur et le système*, Col. Essais. Editions du Seuil, 1977, p. 286.

dire assurer la meilleure prévision possible tant des recettes que des dépenses de l'Etat. On approfondira cette idée dans les deux chapitres qui vont suivre :

Chapitre I : La direction du budget et la prévision des ressources

Chapitre II : La direction du budget et les prévisions des charges

CHAPITRE I

LA PRÉVISION DES RESSOURCES

La prévision des ressources est la première pierre du processus budgétaire justifiant l'existence de la direction du budget. Elle se révèle selon Paul AMSELEK[48], comme un instrument indispensable de gouvernement dans l'Etat moderne. Pour s'en rendre compte, il suffit de lire les diverses définitions du budget ou de la loi de finances données par les lois fondatrices des finances publiques au Mali. La Constitution malienne du 25 février 1992 dispose en son article 77 que : « le projet de loi de finances doit prévoir les recettes nécessaires à la couverture intégrale des dépenses ». L'ordonnance 46 bis du 19 novembre 1960, aujourd'hui abrogée, disposait en son article 1er que « le budget de l'Etat prévoit et autorise, en la forme législative, les charges et les ressources de l'Etat ». La loi n° 96-060 du 04 novembre 1996 relative à la loi de finances met l'accent sur le caractère annuel et législatif de toute loi de finances ; elle reprend le caractère prévisionnel en son article 2 alinéa 2 : « la loi de finances de l'année qui contient le budget, prévoit et autorise pour chaque année l'ensemble des ressources et des charges de l'Etat ».

La prévision des ressources constitue donc la première étape où l'on rencontre déjà la direction du budget. Il s'agit pour nous de dégager le rôle de la direction dans la prévision des recettes à partir des trois définitions contenues dans les articles précédents. Le rapprochement de ces trois articles dévoile à la fois une continuité dans les principes financiers et une modernisation des méthodes et notions de finances publiques.

---

48 Paul AMSELEK, *Le Budget de l'Etat sous la Ve République* : « … Désormais le Gouvernement élabore des prévisions budgétaires, parce qu'il le faut, parce que ces prévisions sont indispensables à son action, et le Parlement les autorise, parce que et dans la mesure où il en a le pouvoir. » LGDJ, 1966, p. 34.

La direction du budget se doit de jouer un rôle auprès des administrations chargées de la prévision des recettes. Les difficultés de sa mission ne sont pas les mêmes selon qu'il s'agisse de l'évaluation des ressources fiscales ou de la détermination des recettes non fiscales. A travers la prévision des recettes fiscales et douanières ***(Section I)*** et la prévision des autres recettes ***(Section II)***, on va s'atteler à l'examen du rôle multiforme de la direction du budget dans cette opération de prévision des recettes.

Section I : La prévision des recettes fiscales et douanières

Jadis, la préparation du budget s'analysait avant tout comme une opération uniquement financière et comptable. L'essentiel était de pouvoir évaluer le montant des dépenses nécessaires pour assurer la prise en charge des besoins de fonctionnement des services publics pour l'année à venir, et c'est seulement ultérieurement qu'on se préoccupait de savoir quelles ressources (fiscales ou autres) mobiliser à cet effet.

Cette période était marquée par la faiblesse des ambitions et le caractère empirique et rudimentaire des techniques de prévision. Aujourd'hui dans la plupart des Etats modernes, les opérations de prévisions budgétaires apparaissent comme des missions complexes confiées à plusieurs organes sous la supervision d'un organe aux compétences étendues, la direction du budget. Les missions de prévision, comme les autres missions budgétaires tendent à proposer une stratégie soutenable des finances publiques afin d'agir efficacement pour réussir la mise en œuvre des politiques publiques performantes.

Aussi, l'élaboration du budget[49] au Mali sous l'emprise de la direction générale du budget est-elle effectuée sur la base d'une analyse pluridisciplinaire faisant intervenir plusieurs acteurs. La direction du

---

[49] Eloi DIARRA : « *Dans l'ordre interne, la préparation du budget échoit au pouvoir exécutif. En la matière, il détient une vraie primauté, qu'il s'agisse des pays sous-développés ou des pays développés, des pays d'économie de marché ou des pays à planification impérative, des pays à régime présidentiel ou des pays à démocratie directe* », in « *Les aspects financiers de la Communauté Economique de l'Afrique de l'Ouest (CEAO)* », thèse pour le doctorat d'Etat en droit, présentée et soutenue publiquement le 29 juin 1982, Université de droit, d'économie et de sciences sociales de Paris II, p. 88.

budget, principal architecte de l'élaboration de la loi financière, ne travaille pas seule. Elle joue un rôle de coordination et de soutien logistique et rien qu'à ce titre, elle se trouve dans une position stratégique lors de cette phase de prévision et de préparation des recettes.

Au regard des autres directions, elle agit comme un véritable manager : elle impulse, elle corrige, elle relance, elle les conduit vers des choix, elle impose des délais. A ce stade de la préparation du projet de loi de finances, c'est à l'aune de cette activité multiforme que nous allons examiner le rôle joué par la direction du budget tant dans la prévision des recettes fiscales que dans la prévision des recettes douanières.

La prévision des recettes fiscales et douanières suppose une connaissance du système fiscal et de la structure des impositions. En effet les recettes fiscales sont assises sur une assiette et leur rendement est déterminé par le taux applicable. Les statistiques permettent de connaître l'évolution de l'assiette. En fonction de ces éléments la direction du budget et la direction générale des impôts, administrations en liaison constante, déterminent le montant final à inscrire dans le projet de loi de finances. Nous traiterons donc tout d'abord de la prévision et de la détermination du montant de recettes fiscales (Paragraphe I).

Pour ce qui concerne les recettes douanières, on sait qu'elles sont très importantes, en pourcentage, dans les recettes propres des Etats en développement. Leur assiette est très variable d'une année à l'autre. Le montant prévisionnel à inscrire sollicite autrement les deux directions, direction générale du budget et direction générale des douanes, puisque les droits de douanes affectent autrement l'investissement étranger et les transferts de technologie. Il est alors important d'évoquer la manière dont elles travaillent (Paragraphe II).

Paragraphe I : La prévision des recettes fiscales

« L'Etat, pour se procurer des recettes, prélève sur les citoyens des impôts, en utilisant la puissance publique, et qu'il appelle "contribution civique" pour masquer la rudesse de l'obligation fiscale »[50]. Le montant à prélever est prévu et évalué dans la loi de finances de chaque année. Cette prévision et cette évaluation obéissent à une complexité dont la maîtrise n'est pas évidente. Elles nécessitent une bonne connaissance et du système fiscal et de la situation économique du pays. Elles obligent aussi à monter des scénarios à partir desquels des projections de rendement des impôts peuvent être élaborées. Si ces opérations sont menées par la direction générale des impôts, elles n'échappent pas pour autant totalement au regard de la direction du budget.

Ainsi, lors de la préparation du projet de loi de finances, la direction du budget recherche auprès d'autres directions une assistance générale ou plus exactement, elle doit coordonner les actions menées par ces différentes structures qui appartiennent au même ministère qu'elle **(A)** ; au-delà, elle entretient une collaboration particulière avec la direction des impôts **(B)**.

A- La Direction du budget : un acteur stratégique dans la coordination des prévisions des recettes fiscales

Le terme de « fiscalité » vient du latin « ficus » désignant la petite corbeille faite en osier dont les romains se servaient pour la quête sur les lieux publics. Le « fisc » désigne les administrations chargées de la perception des impôts. C'est dans cette optique que l'article 8 de la loi n° 96-060 dispose que « la loi de finances prévoit et évalue au vu des objectifs définis par le Gouvernement, les ressources visées à l'article 5 », à savoir les ressources fiscales. Cet article dévoile discrètement le lien qui unit entre eux les différents acteurs (politiques, administratifs ou techniques) chargés de l'évaluation des ressources budgétaires, mais il montre aussi le lien entre la situation économique et les ressources fiscales. Il faut partir des prévisions économiques, ainsi que des objectifs du gouvernement, pour déterminer le niveau prévisible des rentrées fiscales. Au sommet du système d'évaluation, on trouve certes les choix politiques et économiques du Président de la République, leur interprétation par le Premier Ministre et leur application par le ministre

---

[50] Eloi DIARRA, *Les aspects financiers de la Communauté Economique de l'Afrique de l'Ouest (CEAO),* thèse pour le doctorat d'Etat en Droit, op.cit., volume 1. p. 147.

des finances. Ceci étant, il reste que le travail technique de prévision échoit aux différentes directions que nous avons déjà évoquées. Aussi, la véritable tâche de prévision des ressources budgétaires en général ou des recettes fiscales en particulier revient à des directions et services spécialisés. Le travail de la direction du budget dans la phase préparatoire et d'évaluation des recettes va consister à coordonner le travail de toutes les structures qui interviennent dans la prévision des recettes fiscales. Quelles sont-elles et quelles sont leurs activités ?

Il s'agit tout d'abord de la direction nationale des statistiques et de l'informatique. Celle-ci procède à l'identification des contribuables, personnes physiques ou personnes morales et leur attribue un numéro d'identification nationale (NINA). Cette direction détermine également l'évolution des revenus, c'est-à-dire de l'assiette des impôts ; elle tient la comptabilité nationale qui permet de connaître l'évolution de la population en âge de travailler et par conséquent la masse des contribuables[51]. Ainsi la direction nationale de la statistique et de l'informatique permet d'obtenir une évaluation théorique des recettes fiscales. Elle tient les statistiques relatives à la production des différents secteurs économiques, secteurs agricole, minier ou de l'élevage ou de la pêche. Tous ces éléments contribuent à la détermination théorique des recettes fiscales. L'ensemble de ces informations statistiques sont portées à la connaissance de la direction générale du budget.

Pour sa part, la direction nationale du trésor et de la comptabilité publique encaisse les recettes fiscales et tient donc la comptabilité des recettes effectives de l'Etat. Mais surtout, elle connaît le rythme de rentrée de ces recettes, les périodes fastes et les périodes moins fastes. Ces données sont également portées à l'attention de la direction du budget.

La direction générale des impôts procède à l'évaluation des différents impôts et à la perception d'un certain nombre ; ainsi, elle connaît l'assiette des Impôts sur les traitements et salaires (ITS), sur les bénéfices industriels et commerciaux (BIC), sur les revenus fonciers

[51] Il convient de souligner que la Direction nationale des statistiques et de l'informatique a attribué des numéros aux contribuables, personnes physiques ou aux personnes morales, le Numéro d'Identification Nationale (NINA) ce qui facilite par la suite la réalisation du Numéro d'Identification Fiscal (NIF).

(RF), sur les revenus des valeurs mobilières (RVM). Elle tient aussi des statistiques qui permettent de voir comment évoluent les rendements des différents impôts. Toutes ces données permettent d'affiner l'évaluation des recettes fiscales. La direction générale des impôts est également en liaison avec la direction du budget. On n'insistera pas sur son rôle en matière de Taxe sur la Valeur Ajoutée (T.V.A.), mais il existe.

La direction des impôts initie constamment les stratégies pour élargir la base des impositions. C'est pourquoi les objectifs qu'elle s'assigne sont les suivants : pour faire rentrer le maximum de recettes dans les « Caisses du trésor public », elle veut rendre l'impôt imperméable à la fraude et améliorer les lois fiscales pour les mettre à l'abri de l'évasion ; faire de la fiscalité un instrument de réduction des inégalités sociales et de lutte contre la pauvreté et enfin favoriser la croissance et le développement économique et social.

Chacune des directions évoquées ci-dessus a donc une compétence précise et contribue à sa manière à l'évaluation des ressources fiscales. La direction du budget assure la coordination des différentes évaluations. Elle va effectuer l'arbitrage indispensable entre l'évaluation de la direction nationale des statistiques et de l'informatique et celle de la direction nationale du trésor et de la comptabilité publique. Si les évaluations ne lui parviennent pas dans les délais, elle peut les réclamer à la direction défaillante et elle confronte les évaluations entre elles et peut demander à une direction de préciser la portée des siennes, sinon sa méthode d'évaluation. Cette coordination des directions présente deux intérêts : elle est l'expression d'une diversité d'analyses, diversité qui permet d'affiner les prévisions ; elle permet d'avoir une prévision moyenne plus proche de la réalité que celle effectuée par une seule administration. Cet arbitrage est donc un facteur d'amélioration de la qualité des travaux de prévision des ressources.

Mais d'autres types de problèmes peuvent se poser. Ainsi, en conformité avec la politique gouvernementale, la direction du budget peut souhaiter une augmentation importante du montant fiscal. Dans ces conditions, il faudra prévoir une modification de la législation portant soit sur l'élargissement de l'assiette de l'impôt, soit sur l'augmentation du taux. Ce travail est effectué par le service de la législation fiscale. La direction du budget doit saisir ce service. Par la variation de ces différents paramètres, la Direction du budget met en œuvre l'interventionnisme fiscal.

Il faut également préciser que contrairement à la procédure de prévision des dépenses, celle des ressources n'est pas subordonnée à une négociation quelconque entre le ministre chargé des finances et d'autres services ou ministères. Ici, le ministre des finances décide seul de l'évaluation des recettes sous la supervision de la direction du budget. Cette logique démontre la suprématie hiérarchique du Ministre des Finances qui surplombe toute l'autorité du directeur du budget au sein de l'appareil d'Etat. Autrement dit, le ministre des finances dispose simultanément des prérogatives politique et administrative en se servant de la direction du budget comme un instrument à la fois docile et efficace dans la coordination des autres directions et services. Ces directions sont qualifiées selon les rôles qu'elles jouent de services logistiques ou de service opérationnel, comme dans l'armée.

A la lumière de tout ce qui précède, il ressort que la prévision des recettes fiscales dépasse largement le cadre de la seule direction du budget ou de la direction des impôts. Elle est le résultat d'une interaction entre les différents acteurs impliqués dans le système financier. Par conséquent elle ne saurait s'enfermer dans les barrières normatives du principe hiérarchique, propres à l'organisation bureaucratique.

Les évaluations de recettes ont lieu pour l'année N+1 dès la fin du premier semestre de l'année N. Elles sont généralement communiquées à la direction du budget au cours du mois de Juin de l'année N, accompagnées d'une note explicative relative aux méthodes d'évaluation utilisées. C'est le même procédé qui est utilisé en cas de collectif budgétaire.
Afin de réussir les meilleures prévisions possibles de recettes, la Direction des impôts recueille des informations auprès de la direction nationale des statistiques et de l'informatique. Sans qu'il y ait une obligation formelle, la direction nationale des statistiques apporte cet appui logistique important et nécessaire à la réussite des opérations de

recettes budgétaires. Ces informations traitent des perspectives de croissance de l'économie malienne.

Cependant, il arrive que la direction du budget remette en cause la prévision réalisée par la direction des impôts et propose un niveau de recettes plus élevé que celui de la direction des impôts. En de pareil cas, le Ministre chargé des finances doit arbitrer, mais il se range généralement à l'avis ou à la proposition du directeur du budget. Tel a été le cas en 2005 quand la direction des impôts s'est vue contrainte de réaliser près de 200 milliards de FCFA de recettes de plus par le ministre sur la recommandation du directeur du budget.

Ainsi, la direction du budget assure une coordination, nulle part décrite, entre les directions des impôts, de la statistique et de l'information et du trésor et de la comptabilité publique. Cependant, on peut noter une collaboration particulière entre la direction du budget et la direction des impôts.

B – La collaboration particulière entre la direction du budget et la direction générale des impôts

Comme partout ailleurs, l'impôt est la ressource principale du budget de tout pays[52] pour alimenter le système financier de l'Etat, en vue de prendre en charge tous les besoins, besoins dont la satisfaction relève des différentes politiques publiques. Il faut alors admettre qu'il existe un lien entre la politique budgétaire qui découle des politiques publiques et la politique fiscale. Elles sont toutes deux inscrites dans le système social et économique. C'est dans ce cadre qu'il faut inscrire la collaboration particulière, en cette phase de préparation du projet de loi de finances, entre la direction du budget et la direction des impôts.

Depuis peu, un Plan d'action gouvernemental pour l'amélioration et la modernisation de la gestion des finances publiques (PAGAM/GFP) a été mis en place, avec l'accord et le soutien des partenaires techniques

[52] Une exception doit cependant être signalée dans ce domaine, c'est le cas des pays producteurs et exportateurs de pétrole du Golfe persique, tels que, pour donner deux exemples, le Bahreïn ou le Qatar où l'impôt n'existe pas. Ces pays vivent exclusivement de la rente pétrolière et ne demandent aucun « sacrifice fiscal » à leurs populations.

et financiers (PTF) du Mali. Ce plan d'action vise à améliorer la prévision des recettes et des dépenses et à limiter le déficit budgétaire ; il vise aussi à assurer une meilleure gestion de l'argent public, en évitant les détournements et les gaspillages. C'est dans le cadre de ce plan d'action que la direction du budget doit inscrire sa mission consistant à participer à la détermination du niveau des recettes fiscales ; il en est de même de la direction des impôts. Les deux directions se retrouvent donc en charge de la politique fiscale qui doit assurer à l'Etat les ressources fiscales dont il a besoin.

Compte tenu de la complexité de la prévision des recettes fiscales, la direction des Impôts a elle-même conçu ses plans stratégiques qui contribuent efficacement à l'entreprise de renforcement et de la modernisation du système fiscal et budgétaire. Ces plans stratégiques ont en commun deux axes d'orientation prioritaires : accroître la part relative des recettes fiscales intérieures dans le budget de l'Etat en contribuant à l'atteinte de l'objectif de 17%[53] du Produit intérieur brut (PIB) en fin 2008 et moderniser l'administration fiscale en misant sur la mobilisation des recettes et le professionnalisme des ressources humaines. Notons en parenthèse que pour cette action, la direction des impôts s'est appuyée largement sur l'outil informatique ; elle a ainsi entrepris toute une série d'actions tendant à optimiser son emploi par ses divers services : les services des impôts disposent de leur propre logiciel, le logiciel SYGITAS tout en étant reliés les uns aux autres par les réseaux INTERNET et INTRANET.

Cette dynamique de modernisation est confortée par la direction du budget qui a obtenu du Gouvernement du Mali la mise en chantier de l'interconnexion de tous les services d'assiette. Ainsi, la collaboration s'est trouvée renforcée entre la direction des impôts et la direction du budget, dans le but de mieux appréhender les ressources fiscales et les facultés contributives des citoyens, l'objectif final étant de satisfaire les besoins des populations et de répondre aux impératifs des politiques publiques. C'est l'explication de la performance réalisée par les services des impôts.

---

[53] Il faut noter que l'Union économique et monétaire ouest-africaine a fait de cet accroissement des recettes fiscales intérieures dans les budgets des Etats membres l'un de ces objectifs depuis 2001 ; elle demandait à cette date de passer de 15 % à 18 %.

Pour sa part, la direction du budget réfléchit inlassablement à la question de savoir comment trouver le maximum de ressources budgétaires indispensables pour faire face aux besoins multiples et aux charges récurrentes de l'Etat. Une telle réflexion est inhérente à la survie de l'Etat dont la raison d'être essentielle est la satisfaction de l'intérêt général, la défense, la sécurité, la tranquillité des populations, ainsi que la répartition équitable du bien-être.

Tous les objectifs ainsi ciblés par la direction des impôts reçoivent la bénédiction de la direction du budget. C'est la raison pour laquelle les prévisions fournies par la direction des impôts sont généralement celles qui sont prises en compte par la direction du budget.

A titre d'exemple il est prévu pour l'année 2009 des recettes de 314,883 milliards de FCFA ; pour l'année 2010 des recettes de 345,656 milliards de FCFA et pour l'année 2011 des recettes de l'ordre de 379,215 milliards de FCFA, soit respectivement un taux de croissance annuel de l'ordre de 10,3% ; 9,8% et 9,7%.

La distinction entre les prévisions des impôts directs et des impôts indirects mérite d'être rappelée ici brièvement : les impôts directs sont ceux qui sont perçus directement sur le contribuable, lequel les supporte définitivement ; ils sont personnalisables (du fait qu'ils tiennent compte de la situation personnelle du contribuable), inélastiques (car leur rendement lié au revenu varie peu). Certes ils paraissent plus équitables, mais ils sont douloureux. Les prévisions de recettes des impôts directs étaient de 102,195 milliards pour 2009 ; 111,700 milliards pour 2010 et 121,864 milliards pour 2011. A leur antipode, les impôts indirects sont perçus indirectement par l'intermédiaire d'un agent économique jouant le rôle de collecteur d'impôts. Ce sont des impôts injustes du fait qu'ils ne tiennent pas compte de la situation personnelle ou du revenu du contribuable. Perçus lors des actes de consommation, ils sont peu visibles et sont incorporés dans le prix d'achat. Ils sont moins douloureux, très élastiques avec des rendements élevés. C'est le cas de la TVA. Les prévisions de recettes fiscales des impôts indirects sont de l'ordre de : 163,684 milliards pour 2009, 180,052 milliards en 2010 et 198,057 milliards en 2011, c'est-à-dire des montants nettement supérieurs à ceux du rendement des impôts directs.

Que conclure ? Sinon que la direction du budget joue un rôle stratégique important dans la prévision des recettes fiscales par la coordination et la collaboration qu'elle assure avec plusieurs directions, dont celle des impôts, de la statistique et de l'informatique et du trésor et de la comptabilité publique. Ces collaborations ont toutes contribué à l'amélioration du rendement des impôts et à l'élargissement de la base de l'assiette fiscale.

Après cette revue sur l'évolution des recettes fiscales, il faut examiner le rôle de la direction du budget dans la prévision des recettes douanières.

Paragraphe II : Les recettes douanières

Selon Filiga Michel SAWADOGO et Salifou DEMBELE : « *La fiscalité de porte est considérée comme synonyme de droits de douane au sens large, c'est-à-dire comme englobant les droits à l'importation et les droits à l'exportation. Mais l'expression de droit de douane pourrait être comprise comme n'englobant que les seuls droits à l'importation, comme englobant tous les droits perçus par le service des douanes à l'exception des taxes de consommation intérieure ou comme encore incluant l'ensemble des impôts et taxes perçus par le service des douanes, y compris les taxes de consommation intérieure* ».[54]

Généralement, les droits de douane sont considérés comme des droits ou des prélèvements assis, sans préjudice de l'application des impôts nationaux de consommation, sur les marchandises importées, dans le but principalement de protéger les producteurs nationaux mais aussi d'assurer des rentrées financières pour le trésor public. Il a été constaté que dans la plupart des pays africains de tradition fiscale française, la fonction financière consistant à rapporter beaucoup d'argent pour satisfaire aux prévisions de la direction du budget dans la préparation des lois de finances a tendance à l'emporter sur la fonction économique de protection de la production nationale. En se situant dans le contexte

[54] Filiga Michel SAWADOGO et Salifou DEMBELE *Précis de droit fiscal burkinabé*, Collection Précis de droit burkinabé, Université de Ouagadougou, U.F.R des sciences juridiques et politiques, nouvelle édition de 1991, p. 415.

malien, les pouvoirs publics qui avaient anéanti le secteur privé et la liberté du commerce jusqu'en 1968, n'envisageaient pas la possibilité de tirer assez de recettes douanières au profit du budget. C'est à partir des années 1968 jusqu'à nos jours que plusieurs stratégies ont été expérimentées pour faire de la douane le meilleur service d'assiette. Or, il semble que de plus en plus les droits de douane sont régis par des législations communautaires comme les directives de l'UEMOA[55] ou des conventions internationales décidées au sein de l'Organisation Mondiale des Douanes (OMD) ou de l'Organisation mondiale du commerce (OMC). C'est dire que la direction des douanes, chargée d'évaluer les recettes douanières, doit appliquer une série de règlementations dont l'origine échappe aujourd'hui largement au Mali. Comment procède-t-elle pour accomplir son travail ? **(A)** Et quelles relations entretient-elle avec la direction du budget ? **(B).**

A) La prévision des recettes douanières au Mali

« Dans le cas des pays africains, les prélèvements aux frontières ont une fonction principalement financière : ils contribuent de manière décisive à l'alimentation des budgets publics. Dès lors, et quand bien même leur fonction économique ne serait pas méconnue, ils ne paraissent pas fondamentalement différents des prélèvements fiscaux intérieurs ». Il revient à la direction des douanes de prévoir, d'évaluer et de percevoir ces droits afin de renflouer les caisses de l'Etat.

A l'origine, l'Etat malien n'entendait pas accorder une grande place aux droits de douane dans son système financier. En effet, la première République s'est proclamée ouvertement socialiste et privilégiant l'administration publique de l'économie au lieu de la laisser aux mains des particuliers. En matière d'approvisionnements extérieurs et d'importation des produits industriels et agricoles, elle institua deux sociétés d'Etat, détenant chacune un monopole, à savoir la Société malienne d'import-export (SOMIEX) et l'office des produits agricoles du Mali (OPAM). Avec de tels monopoles, les importations ne

[55] L'Union Economique et Monétaire Ouest Africaine (UEMOA), dont le Traité constitutif a été signé le 10 janvier 1994 à Dakar a comme Etats membres : Bénin, Burkina Faso, Côte d'Ivoire, Mali, Niger, Sénégal, Togo auxquels s'est ajouté la Guinée-Bissau plus tard. Il convient de préciser que cette institution à vocation d'intégration sous régionale, s'est largement inspirée de son aînée : l'Union Européenne.

pouvaient guère se développer[56] et l'apport des droits de douanes au budget était très faible[57]. Les services des douanes, placés aux frontières et à l'intérieur du territoire, avaient pour fonction principale de lutter contre la fraude tant à l'importation qu'à l'exportation. A la veille du coup d'Etat militaire, le pays allait entreprendre un changement d'attitude. Ainsi, à titre d'exemple, c'est lors de la 8e conférence économique du Mali qui se tint à Mopti, le 14 novembre 1968, qu'il fut décidé d'installer le service des douanes de Sévaré – ce choix s'expliquait par le fait que cette circonscription administrative de la commune urbaine de Mopti est un carrefour de transit commercial national et international – et de faire le point de l'application du cordon douanier. Le régime douanier s'est développé à partir de là, en affirmant son autonomie par rapport au droit général des impôts.

Les droits de douanes se situent dans la catégorie de la fiscalité indirecte. Le fait générateur découle de l'acte ou le fait économique d'importation ou d'exportation. Il est rattaché à la vie économique ou aux transactions de telle sorte que toute conjoncture favorable à l'élévation du niveau de l'activité économique augmente son rendement. La direction de la douane et plus précisément ses bureaux et services, établis dans la capitale, répartis sur l'ensemble du territoire national et aux frontières, pour percevoir les droits de douanes, disposent de prérogatives diverses et variées. Ils sont habilités à recevoir les déclarations déterminant le régime douanier d'une marchandise qui entre ou qui sort du territoire ; ils procèdent aux vérifications, liquident les droits et taxes exigibles et les recouvrent en cas d'absence d'un représentant du trésor ; ils garantissent le paiement des droits et taxes. On peut noter qu'accessoirement ils prêtent leur concours à d'autres services, notamment les services de sécurité, de santé, des eaux et forêts, du commerce extérieur, de la protection du patrimoine artistique et culturel. Les règles appliquées pour la

---

[56] En revanche, les monopoles ont favorisé un commerce parallèle et les commerçants fraudeurs se sont enrichis par la contrebande, la corruption, la fraude, la fuite des capitaux. Les sociétés et entreprises d'Etat créées se sont révélées par la suite comme des gouffres financiers représentant des dépenses budgétaires plutôt que des services pourvoyeurs de recettes fiscales pour l'Etat.

[57] Ainsi, selon les statistiques, sur 10,9 milliards de recettes fiscales et douanières, les droits de douanes ne représentaient, en 1967, que 2,1 milliards ; en 1969, 1,5 milliards sur 10,7 et en 1970, 2,2 sur 11,9 milliards.

détermination du montant des droits de douane tiennent compte des différentes catégories de droits et taxes qui peuvent être perçus et de l'assiette retenue – on l'appelle plus généralement la valeur en douane[58]. Ces éléments sont aujourd'hui imposés au système douanier malien par l'Union économique et monétaire ouest-africaine (UEMOA)[59]. Ainsi, peuvent être perçus les droits de douane[60] et la taxe dite « recherche statistique ». Mais accompagne ces différents droits la taxe sur la valeur ajoutée (à l'importation). Deux autres droits sont perçus par la douane malienne mais dont le produit ne revient pas à l'Etat malien[61]. La base de la taxation est « la valeur en douane », notion fixée par le droit de l'Union c'est-à-dire la valeur réelle, dite valeur CAF (Coût – Assurances et Fret) à la frontière ou sur une valeur forfaitaire (ou valeur mercuriale obligatoire).

Ainsi, les bureaux et services perçoivent les droits de douanes[62]. Ceux-ci comprennent plusieurs catégories. Tout d'abord, les droits (à l'importation) et les autres recettes sur le commerce et les transactions internationales. Ils représentent les recettes douanières les plus importantes. Ainsi ils ont fait l'objet des inscriptions suivantes au cours des trois dernières années : 2007 : 72,045 milliards de F.CFA sur une prévision annuelle totale de 87, 283 milliards ; 2008 : 71,651 milliards de F.CFA sur une prévision annuelle totale de 86,550 milliards 2009 : 70,010 milliards F.CFA sur une prévision annuelle totale de 85,387 milliards.

---

[58] Voir les règlements n° 4 et 5 de l'UEMOA du 25 mars 1999.

[59] La nomenclature tarifaire et statistique (NTS) du tarif extérieur commun (TEC) de l'UEMOA en constitue la matrice. Elle est conforme au Système harmonisé de désignation et de codification des marchandises adopté par convention à Bruxelles le 14 juin 1983, régulièrement modifié. Ce Système est dû au Conseil de coopération douanière, devenu en juin 1994, l'Organisation mondiale de la douane.

[60] Les taux retenus sont : 5 %, 10 %, 15 % et 20 % Selon la nature du produit.

[61] En effet, la douane malienne perçoit, au profit de l'UEMOA, un prélèvement communautaire de solidarité (PCS) au taux de 1 % et au profit de la Communauté économique de l'Afrique de l'Ouest (CEDEAO) un Prélèvement communautaire au taux de 0,5 % sur les produits non originaires des Etats membres.

[62] Evidemment, ces droits ne sont pas perçus sur les produits originaires des Etats membres des deux organisations d'intégration économique auxquelles le Mali participe, à savoir l'UEMOA et la CEDEAO.

Ensuite, les droits et taxes à l'exportation : ils ne sont pas très significatifs. Ils sont surtout assis sur l'exportation du bétail et de certains produits agricoles ou de cueillette. Les autres recettes sur le commerce et les transactions internationales concernent exclusivement les amendes et confiscations douanières. Elles n'occupent pas une place importante dans les prévisions de la direction du budget en matière de recettes douanières.

Ce qui ressort de leur inscription dans les différentes lois de finances de 2007 à 2009.

- 2007 = 500 000 000 FCFA ;
- 2008 = 600 000 000 FCFA ;
- 2009 = 637 000 000 FCFA.

Il faut souligner que la relative faiblesse de ces inscriptions budgétaires en matière d'amende et de confiscation s'explique par le fait qu'une partie substantielle desdites inscriptions échappe aux prévisions de la direction du budget ; en effet, ces recettes sont utilisées pour motiver le personnel des douanes, et contribuer partiellement à l'équipement des services.

Dans le rendement financier des services de la douane, il faut également prendre en compte les taxes de consommation intérieures et assimilées. Elles auraient dû ressortir dans les prévisions de la direction du budget en principe au compte de la direction des Impôts. Cependant compte tenu du fait qu'elles sont appliquées à des produits importés destinés logiquement à la consommation dès leur franchissement du cordon douanier, il est normal que leur recouvrement soit opéré au même moment que les droits et taxes de douanes subséquents et qu'elles soient assimilées à des recettes de la douane. Ainsi la TVA rapportée par les bureaux et services des douanes de 2007 à 2009 au budget de l'Etat se présente comme suit :

2007 : 146,930 milliards de F. CFA ;
2008 : 128,172 milliards de F. CFA ;
2009 : 142,689 milliards de F. CFA.

Il faut ajouter à la liste des taxes de consommation intérieure, les taxes sur les boissons, les colas, les tabacs, le café, le thé ; la taxe unique sur les produits pétroliers[63] qui sont pour la plupart des produits importés. Le travail de prévision et d'évaluation est une opération technique. Cependant, il s'effectue, dans le cadre de la préparation du projet de loi de finances, en lien étroit avec la direction du budget.

B – Les relations de la direction du budget et de la direction des douanes

Tant qu'il ne s'agit que du travail strictement technique de détermination de la valeur en douane et de la perception des droits de douanes, la direction du budget n'y interfère en aucune manière. Ce n'est pas pour autant que les deux directions n'entretiennent aucune relation.

Dans les fonctions de la direction du budget figure celle qui consiste à ajuster les recettes aux dépenses dans le texte prévisionnel. Aussi, si la direction du budget constate un grand écart entre les prévisions de dépenses et les recettes, elle peut en faire part aux structures d'assiettes des impôts et des douanes. Elle pourra proposer au ministre chargé des finances de demander à la direction des douanes d'améliorer son rendement financier. Eventuellement, le contact peut être direct entre les deux directeurs. On constate ainsi qu'une bonne réalisation de prévision des recettes dépend du degré d'interaction qui lie la direction des douanes à la direction du budget sous réserve de leur adéquation avec l'environnement.

La question d'interaction entre les deux directions est élucidée par l'organisation interne de la Sous-direction des recettes et des études qui est chargée entre autres de mener des études en matière de prévision des recettes douanières. L'interaction entre les directions du budget et des douanes n'est donc pas fortuite. Il suffit de se référer à l'évolution politique et économique du Mali pour réaliser que l'apport budgétaire

[63] Le régime douanier de ces produits est assez complexe. Il est également déterminé par le droit de l'UEMOA. A l'importation, ils subissent des droits dont le montant, variable selon le choix des pays, est déterminé l'Union (cf. Eloi DIARRA, *Coopération ou intégration fiscale au sein de l'UEMOA*, in *Revue burkinabé de droit*, n° 45, 1er semestre 2004, p. 51-52).

des « droits de douanes » à la constitution des ressources publiques a toujours été important.

Cependant, à y regarder de près, les missions des douanes dévoilent une certaine ambiguïté ; car il s'agit d'une part d'élaborer et d'appliquer la législation douanière en vue de protéger l'économie nationale (à travers le commerce, l'industrie, l'agriculture…), mais aussi, il leur appartient d'assurer, comme évoqué plus haut, des missions budgétaires et fiscales, visant à collecter le maximum de recettes pour assurer la couverture des charges publiques. Ces deux missions peuvent être contradictoires ou antinomiques : en effet, comment protéger l'économie nationale, en favoriser l'expansion, alors qu'on est aussi un pays qui a besoin d'équipements pour réaliser ce développement. Et donc, des droits de douanes trop élevés peuvent entraver les importations dont l'utilité est flagrante pour l'économie nationale.

C'est pourquoi dans ses propositions au ministre chargé des finances (au cas où la nécessité d'augmenter les droits de douanes se fait sentir) la mirection du budget doit tenir compte de ce paramètre. Elle a donc besoin d'avoir l'éclairage de la direction des douanes afin de faire les propositions les plus judicieuses possibles.

Un autre facteur dont la direction du budget doit tenir compte dans ses relations avec la direction des douanes concerne l'intégration économique poursuivie dans la sous région, tant au sein de l'UEMOA que de la CEDEAO. Celle-ci interdit au Mali sa maîtrise totale sur ses droits de douane. Certains produits sont exonérés totalement ou partiellement de droits[64].

Ce qui représente chaque fois un manque à gagner pour le pays. Il faut rappeler que les Etats membres de l'UEMOA et de la CEDEAO sont caractérisés par leur forte dépendance par rapport aux recettes douanières au plan budgétaire. De ce fait, il n'est pas aisé pour la direction du budget du Mali d'accepter une idée quelconque d'abolition des droits de douanes. Or, l'UEMOA et la CEDEAO se sont voulues comme des unions douanières. Cela suppose l'abolition des droits de

[64] Il s'agit des produits du cru, de l'artisanat et de certains produits industriels agréés. On n'y reviendra plus loin.

douanes entre Etats membres[65] avec la diminution des recettes douanières qui en résulte[66]. Pour sa part, en vue de surmonter cette difficulté, l'UEMOA a procédé avec prudence, par étapes, pour aboutir à la suppression des droits de douanes et la mise en application de son Tarif extérieur commun (TEC).

Ainsi, l'article 4 du traité de l'UEMOA a été renforcé par les dispositions de l'article 16 qui fixe les conditions de réalisation d'un marché commun par l'élimination sur les échanges entre les pays membres des droits de douanes, des restrictions quantitatives à l'entrée et à la sortie, des taxes d'effet équivalent et de toutes autres mesures d'effet équivalent susceptibles d'affecter lesdites transactions, sous réserve du respect des règles d'origine qui seront précisées par voie de protocole additionnel et d'établissement d'un Tarif extérieur commun (TEC) et d'une politique commerciale commune.

Les directions du budget et des douanes, en cautionnant cette stratégie d'évolution progressive de l'UEMOA vers le marché commun, par le TEC, ont de facto opté pour la libre circulation des biens concrétisant l'abandon partiel de la souveraineté du pays sur sa fiscalité de porte. Certes, la simple adoption d'un Tarif extérieur commun par tous les Etats membres n'est pas suffisante pour réaliser un Marché commun, voire une communauté, mais c'est déjà un pas important.

Par ailleurs, par rapport aux règles de l'OMC, l'UEMOA est parvenue à réserver un traitement de faveur aux produits originaires des Etats membres. C'est ainsi que les produits dénommés « du cru et de l'artisanat » ont bénéficié d'un régime de libre circulation. Mais ce régime ne leur est accordé que s'ils sont originaires de l'un des Etats membres. Pour cela il faut obligatoirement que lesdits biens soient produits, fabriqués, obtenus, élevés, trouvés ou recueillis dans l'Etat membre. Si cette exigence est satisfaite, les produits concernés sont exonérés de tous droits de douanes et de toutes restrictions quantitatives ou qualitatives. En la matière, l'Acte additionnel n° 04-96 instituant un régime tarifaire préférentiel transitoire des échanges au sein de l'Union

---

[65] Conformément à l'article XXIV du GATT 1947, maintenu dans le GATT 1994.

[66] Il faut cependant noter que le commerce intracommunautaire, dans les deux cas, demeure à un niveau relativement faible, car il n'excède guère les 20 % des échanges des Etats membres.

donne, en son article 4, la définition suivante des produits du cru : « *Sont considérés comme produits du cru originaires des Etats membres de l'Union les produits du règne animal, minéral et végétal n'ayant subi aucune transformation à caractère industriel* ». Une classification de ces produits est indiquée et complétée par une large énumération des produits concernés à l'article 4 du protocole.[67]

Selon l'article 10 de l'Acte additionnel, tous ces produits bénéficient immédiatement du régime le plus favorable à savoir qu'ils circulent librement dans l'espace communautaire sans aucune taxation, sans aucun droit de douane. Dans la nomenclature tarifaire et statistique, plus de vingt huit chapitres sont concernés. Bénéficient aussi d'un régime préférentiel communautaire les produits de l'artisanat originaires d'Etats membres. Selon les dispositions de l'article 6 de l'Acte additionnel[68] : « *on entend par produits de l'artisanat traditionnel originaires des Etats membres de l'Union généralement des articles faits à la main avec ou sans l'aide d'outils, d'instruments ou de dispositifs actionnés directement par l'artisan* ». Il s'agit des produits de l'artisanat du fer, de l'artisanat du cuir ou de la vannerie.

---

[67] Voir l'article 4 du protocole, considère, entre autres, comme produits entièrement obtenus dans les Etats de l'UEMOA les *animaux* vivants nés et élevés dans les Etats de l'UEMOA ; les produits de la chasse et de la pêche pratiquées dans les Etats de l'UEMOA ; les *produits minéraux* extraits du sol ou déposés sur le rivage des côtes maritimes : sel germe, phosphates de calcium naturels, marbres à l'état brut, granite à l'état brut, huiles brutes du pétrole, soufre brut, gypse brut ; les *produits de l'agriculture* ou du *règne végétal* : bois brut, canne à sucre, cacao en fèves et brisures de fèves, caoutchouc naturel, céréales (fonio, maïs, mil, riz) coton en masse, fibre de coton non égrainées, écorcés de végétaux, fibres textiles naturels, gommes, graines et fruits oléagineux, graines de néré, matières premières végétales pour la teinture ou le tannage, plante vivantes, poivres et piments, produits de la floriculture, résines, café et thé vert, etc.

[68] Les produits concernés sont, entre autres, des produits de *l'artisanat du cuir* ; peaux de reptiles seulement tannées, articles de sellerie et de bourrellerie pour tous animaux, chaussures, cravache, sac à main de dames en cuir naturel, portefeuille et porte-monnaie en cuir naturel ; des *produits de vannerie* ou des matières à tresser : nattes, paniers, corbeilles, cabas, couffins, sacs à mains, plateau dessous de plats, boîtes, éventails ; des *produits de l'artisanat du fer* : houes, haches, faucilles à main, couteaux non fermants, clochette de table, grelots pour animaux, sabres, javelots, lances, dagues et poignard, flèches ; etc.

Enfin, l'Acte additionnel, en son article 5, consacre un troisième régime préférentiel et qui concerne les produits industriels sous-régionaux. Sont donc considérés comme des produits industriels communautaires « *les produits obtenus à partir de matières premières particulièrement ou entièrement originaires du pays tiers à condition que cette transformation entraîne :*

a) soit un changement de classification tarifaire dans l'un des quatre premiers chiffres de la nomenclature tarifaire et statistique de l'UEMOA ; ...

b) *soit une valeur ajoutée communautaire supérieure ou égale à 35 % du prix de revient ex-usine hors taxe de ces produits ;*

c) *soit les produits... faits à la main avec ou sans l'aide d'outils ou d'instruments ou de dispositifs actionnés directement par le fabricant ;*

d) *soit les produits fabriqués à partir de substances... utilisées seules ou mélangées à d'autres matières sous réserve que la proportion en quantité soit supérieure ou égale à 60 % de l'ensemble des matières premières mise en œuvre ».*

Mais d'autres critères peuvent également être pris en compte »[69]. Pour bénéficier du régime préférentiel applicable aux produits industriels, les Gouvernements des Etats membres dans lesquels sont installées les entreprises doivent en faire la demande et obtenir un agrément[70].

---

[69] Tel celui prenant en compte *« les produits obtenus à partir de matières premières partiellement ou entièrement originaires de pays tiers à condition que cette transformation entraîne soit un changement de classification tarifaire, soit une valeur ajoutée communautaire supérieure ou égale à 35 % dans les conditions précisées à l'article 5 ».*

[70] La portée de l'agrément vise à interdire la faveur de la réduction tarifaire aux produits qui n'ont pas été pris en compte, bien que les textes aient prévu une réduction de 5 % pour les produits originaires non agréés. De même l'Acte additionnel n° 4/96 a prévu un système de compensation pour les recettes fiscales qui auront été perdues du fait de l'application du régime. En l'occurrence, l'article 58 du traité de l'UEMOA dispose : « les moins-values de recettes douanières subies par certains Etats membres du fait de la mise en place de l'union douanière font l'objet d'un traitement spécifique temporaire. Ce traitement comprend, durant une phase transitoire, un dispositif automatique de compensations financières ». L'Acte additionnel n° 4/96 a également prévu en son article 16 un prélèvement appelé « prélèvement communautaire de solidarité (PCS) de 0,5 % sur la valeur en douane des marchandises importées des pays tiers par les Etats membres de l'Union » L'assiette de ce prélèvement est calculée

Ce système graduel a permis aux pays membres de l'Union de ne pas connaître un « trou d'air financier » brutal du fait de la perte des recettes douanières qui résulte de toute union de cette nature.

Cependant, dès 1998, l'UEMOA décidait de consacrer, à compter du 1er janvier 2000[71], la totale suppression de toute forme de droit de porte entre les Etats membres ; cette disposition eut du mal à être mise en place, précisément à cause de son impact budgétaire. En 1999[72], la Conférence des chefs d'Etat et de Gouvernement décidait d'une part de relever le niveau du Prélèvement communautaire de solidarité (PCS) et d'instituer une compensation des pertes de recettes douanières dues à l'établissement de l'union douanière.

Cette démarche prudente a permis aux Etats d'amortir le choc de la mise en place de l'Union douanière d'une part et peut-être de sauver l'UEMOA elle-même d'autre part. La même question s'est posée à propos de la CEDEAO qui se veut aussi une union douanière. Celle-ci a dû également mettre en place un système de compensation. Il n'empêche, les Etats trouvent encore de nombreux autres mécanismes pour continuer de percevoir des « droits d'effet équivalent à des droits de douane » sur les produits industriels ou non industriels originaires d'Etats membres des communautés évoquées[73].

En moyenne, les revenus des droits des douanes représentent approximativement 38 à 50% des recettes budgétaires. Toutes ces données sont intégrées par la direction du budget qui doit en tenir compte dans ses relations avec la direction des douanes.
Que conclure, au terme de cette section ?

Deux idées essentielles semblent devoir être retenues. La première est que la direction du budget, pour inscrire de bonnes prévisions de

---

sur la base des importations dans tous les Etats membres de produits originaires des pays tiers.

[71] Selon l'article 1er de *l'Acte additionnel n° 4/98* de la Conférence des chefs d'Etat et de Gouvernement de l'UEMOA du 30 décembre 1998.

[72] Voir *les Actes additionnels n° 6/99 et n° 7/99* de la Conférence des chefs d'Etat et de Gouvernement du 8 décembre 1999.

[73] Voir par exemple, El-Hadji Abdou SAKHO, *L'intégration économique en Afrique de l'Ouest, analyse et perspectives*, Economica, 2011, p. 50-55.

recettes, réalistes et plausibles, elle doit collaborer étroitement avec les Directions des impôts et des douanes. En second lieu, elle doit aussi s'imprégner des règles et procédures utilisées par les autres acteurs opérateurs économiques, mais surtout, elle doit avoir une maîtrise parfaite de l'environnement économique sous-régional et international. Elle doit innover sans cesse dans sa culture interne pour ne pas être dépassée par ces réalités environnementales, lesquelles sont déterminantes dans les prévisions des recettes douanières. Cela a été le cas au cours de l'année 2008 où les crises alimentaires et financières internationales aggravées par la crise du pétrole ont obligé le Gouvernement à recourir à un collectif budgétaire pour ajuster les prévisions de recettes. Ainsi les recettes fiscales initiales étaient de 270,429 contre 285,429 milliards dans le budget rectifié et les recettes douanières initialement prévues pour la même période étaient de 292,200 milliards contre 230 000 milliards FCFA dans le budget rectifié. Et devant la place de plus en plus encadrée des recettes douanières dans l'ensemble des recettes budgétaires, la stratégie du Gouvernement, à l'initiative de la direction du budget est d'essayer d'inverser les rendements financiers de la direction des impôts et de la direction des douanes, que ceux de la première prennent le pas sur ceux de la seconde.

Les recettes fiscales et douanières ne sont pas les seules recettes budgétaires. Il en existe d'autres. Comment la direction du budget participe-t-elle à leur prévision ?

Section II : La prévision des autres types de recettes

Le Professeur Eloi DIARRA avait fait remarquer que : « *Dans l'ordre interne, les ressources publiques sont constituées principalement par les recettes fiscales. Mais il en existe d'autres comme les ressources provenant des exploitations industrielles de l'Etat, des produits et revenus du domaine, des intérêts, des avances, des prêts et dotations en capital, des opérations entre administrations et services publics, des recettes provenant de l'extérieur, etc.* »[74].

---

[74] Eloi DIARRA : « *les aspects financiers de la communauté économique de l'Afrique de l'Ouest (CEAO)* » thèse de doctorat d'Etat en Droit présentée et soutenue publiquement le 29 juin 1982 p. 163.

Ces recettes sont assimilables à celles qui correspondent à l'appellation consacrée par l'article 3 de l'ordonnance organique française de 1959 sous la rubrique « les revenus du domaine et des participations financières, ainsi que la part de l'Etat dans les bénéfices des entreprises nationales ». Dans les récentes lois de finances du Mali, toutes ces recettes sont logées entre les chapitres 21 et 71. Elles proviennent du patrimoine de l'Etat ou de l'exercice de ses activités productrices de revenus sans qu'il y ait besoin de recourir à la contrainte ou à la réalisation d'activité mercantile pour soutenir le budget de l'Etat.

Selon l'article 22 de la loi 96-061 du 4 novembre 1996, les recettes des organismes publics comprennent les produits d'impôts, de taxes, de droits, les emprunts, les subventions et les autres produits autorisés par les lois et règlements en vigueur ou résultant de décisions de justice ou des conventions.

Pour simplifier, on les qualifie de recettes non fiscales. Ce qualificatif n'a aucune consonance commune avec les terminologies budgétaires traditionnelles en usage au Mali. La direction du budget, dans sa démarche[75] de prévision et de programmation budgétaire, ne saurait ignorer de telles ressources, qui étaient aussi qualifiées pour la plupart en finances publiques, comme des ressources originaires de l'Etat. Ce qui doit inciter à analyser davantage, l'attachement de la direction du budget à l'évaluation des recettes budgétaires[76] non fiscales, dans le seul but de renforcer les ressources d'origines fiscales ou douanières.

---

[75] Michel BOUVIER, *Prévision et programmation pluriannuelle dans un contexte d'incertitude* : « On peut légitimement se demander si la démarche de prévision et de programmation budgétaire pluriannuelle peut continuer à être pertinente, crédible, dans un système social qui apparaît comme étant devenu éminemment aléatoire, voire même parfois chaotique ». RFFP. N° 39, LGDJ, 1992, p. 19.

[76] Gilbert ORSONI, *Science et législation financière. Budgets publics et loi de finances* : « Déjà très significative par elle-même, cette énumération des recettes budgétaires de l'Etat autres que fiscales ne recouvre pas tout le champ des ressources publiques, y compris étatiques. Pour schématiser, les ressources publiques complémentaires aux prélèvements obligatoires peuvent se voir regrouper en cinq catégories :

(1) Les recettes domaniales et de participation au capital d'entreprises, (2) les prix ou redevances (rémunérations) pour services rendus, (3) les produits de sanctions, (4) les recettes de transferts, (5) les emprunts et produits financiers », Corpus Droit public, éditions Economica, 2005, pp. 85-91.

Il convient de préciser cependant, que de pareilles recettes qui alimentent les ressources de l'Etat, sont nombreuses et variées. Aussi font-elles l'objet de vives préoccupations de la direction du budget au moment des prévisions des recettes ; surtout qu'elles dépassent le seul cadre des recettes purement fiscales et peuvent se classer distinctement en : emprunts et produits financiers ; dons et legs, fonds de concours, recettes ; amendes ou produits de sanctions ; prix ou redevances (rémunérations) pour services rendus ; recettes domaniales et de participations au capital d'entreprises. Mais, pour bien connaître leur impact ou intérêt sur les prévisions des ressources de l'Etat par la direction du budget, il faudrait nécessairement examiner les paragraphes suivants :

- Paragraphe I : La prévision des recettes exceptionnelles : l'emprunt
- Paragraphe II : La prévision des recettes domaniales ou des autres types de recettes.

Paragraphe I : La prévision des recettes exceptionnelles : l'emprunt

Pour toute introduction utile, il paraît opportun de se référer au Professeur Gaston JEZE qui a estimé en son temps que : « *L'emprunt est un* ***procédé*** *pour se procurer de l'argent.* ***C'est un procédé*** *voilà l'idée essentielle. - Ce procédé n'est ni bon ni mauvais en soi : ce qui est bon ou mauvais, c'est l'usage qui en est fait ; il est des cas dans lesquels l'emprunt ne doit pas être employé ; il est des* ***conditions*** *auxquelles un emprunt ne doit pas être émis. -Il n'est pas plus raisonnable d'apprécier l'emprunt en soi, que d'apprécier en soi la vente, le louage de services, l'échange, la donation, le testament, etc.* »[77]. Ce qui avait amené le doyen Edouard LAFERRIERE à noter qu'en « *dehors des contrats prévus par des textes spéciaux ou par la jurisprudence qui les a commentés, il en existe beaucoup d'autres dont le contentieux est administratif en vertu des lois générales, lois dont la portée n'a peut-être pas toujours été suffisamment signalée en cette matière* ». Sur la base d'un tel raisonnement, il a fini par rapprocher l'emprunt de la dette publique, avant de conclure que « *le plus*

[77] Gaston JEZE, *Science des finances et de la législation financière française* ; M. GIARD & E. BRIERE. Libraires éditeurs, Paris (5è), 1912, p. 523.

important de ces contrats est celui qui intervient entre l'Etat et ses créanciers pour la constitution de rentes perpétuelles ou amortissables ».

Aussi constate-t-on qu'au Mali, depuis longtemps l'emprunt provient essentiellement de l'extérieur.

La notion d'emprunt s'apparente à celle de « prêt » qui tient du droit civil, et désigne un contrat par lequel, l'une des parties, le prêteur, met à la disposition de l'autre, l'emprunteur, une chose pour son usage, à charge de restitution. Le mot emprunt traduit la même réalité pour « *les personnes publiques qui peuvent se procurer de l'argent en empruntant, c'est-à-dire en louant la disposition de capitaux : ici, la personne publique n'est pas vendeur ou bailleur, mais au contraire acheteur, locataire* »[78]. Ainsi, l'emprunt est une prestation pécuniaire que les particuliers, les entreprises ou les organismes financiers versent volontairement à l'Etat ou aux autres personnes publiques moyennant une promesse de remboursement du capital et un service d'intérêt. Pour appréhender objectivement l'attraction de la direction du budget vers les prévisions des emprunts, il serait indispensable d'examiner successivement :

A - les caractéristiques et techniques fondamentales de l'emprunt ;
B - Les stratégies politiques nationales d'emprunt

A - Les caractéristiques et techniques fondamentales de l'emprunt

Le recours à l'emprunt apparaît comme une technique permettant au particulier ou à la collectivité publique d'obtenir des ressources exceptionnelles destinées à couvrir certaines dépenses. C'est une pratique qui était jadis courante au niveau du « Trésor » pour permettre d'adapter en permanence les niveaux des recettes et des dépenses. Car à certains moments, il peut arriver que les fonds disponibles dans les caisses publiques soient insuffisants par rapport aux dépenses en instance. Souvent, il peut arriver une situation fortuite ou imprévisible

[78] P. AMSELEK : *Une curiosité du droit public financier : les impositions autres que fiscales ou parafiscales*, in Mélanges offerts à Waline, Tome 1, LGDJ, Paris 1974, p.89

qui nécessitera d'importantes dépenses exceptionnelles et imprévues (comme la guerre) que les seules recettes fiscales recouvrées ne sauraient supporter.

Au plan juridique, Xavier CABANNES[79] définit l'emprunt *comme un accord de volonté entre le prêteur, qui verse une chose ou une somme d'argent, et l'emprunteur qui reçoit cette chose ou cette somme afin de s'en servir, à charge de restitution.*

Ainsi défini, l'emprunt public se révèle comme un contrat, subordonné à l'accord du souscripteur. Dans une telle optique, le doyen Gaston JEZE avait noté que, les emprunts publics de l'Etat se voient appliquer des « *règles spéciales relatives à l'insaisissabilité des rentes sur l'Etat, à l'immunité fiscale, aux taux d'intérêt non assujetti aux lois contre l'usure, à la prescription spéciale, à l'inscription au grand livre, à l'impossibilité de faire opposition, etc.* »[80]

Dans un tel cas, l'emprunt paraît comme le meilleur moyen à envisager pour couvrir les charges et répartir leur remboursement sur plusieurs budgets à moyen et long terme. Aussi l'emprunt, le trésor et le budget paraissent liés. C'est pourquoi la direction du budget qui conseille au ministre des Finances le recours à l'emprunt, travaille en étroite collaboration avec la direction du trésor pour connaître son degré de solvabilité. Parallèlement, elle s'informe en permanence auprès de la direction générale de la dette publique pour toujours savoir quand faudra-t-il recourir à l'emprunt ? Avec qui emprunter ? Quelles sont les meilleures conditions pour emprunter et la viabilité de l'emprunt ?

Pour répondre à ces séries d'interrogations il faudra connaître :
1) - les caractéristiques fondamentales de l'emprunt ;
2) - les techniques de l'emprunt.

---

[79] Voir Xavier CABANNES, *La nature juridique des contrats d'emprunt public de l'Etat : Analyse au regard de la politique contemporaine d'émission des titres publics*. Mélanges Paul AMSELEK. Editions BRUYLANT, Bruxelles 2005, p. 155.
[80] Gaston JEZE, *Cours de droit public*, cité par Xavier CABANNES, op-cit., p. 157.

1) Les caractéristiques fondamentales de l'emprunt

Il convient de préciser avant tout autre argument que le recours à l'emprunt, n'est envisagé dans la philosophie de la direction du budget que dans une situation exceptionnelle et généralement dans le but de pouvoir prendre en charge des dépenses d'investissement. Par conséquent, la première caractéristique de l'emprunt, repose sur l'existence de clauses exorbitantes du droit commun. Est-il nécessaire de révéler à cet effet, que l'insertion de clauses exorbitantes dans un contrat apparaît comme l'indice de la volonté de l'administration à placer le contrat d'emprunt sous le régime de droit public ; donc d'un contrat administratif. La deuxième caractéristique de l'emprunt, émane de l'existence d'un régime exorbitant du droit commun. Ce qui conforte la pensée de René CHAPUS qui avait estimé que les contrats d'emprunt de l'Etat ne pouvaient être qu'administratifs, soit à raison de la présence de clauses exorbitantes, soit *« en conséquence du régime exorbitant du droit commun auquel ils sont soumis »*[81].

Le Mali a eu recours à l'emprunt[82] dès le lancement de son Plan quinquennal de développement après l'échec constaté du premier plan quadriennal. Ce plan de développement autocentré, bâti sur un modèle de planification socialiste a été très tôt incapable de bénéficier suffisamment de ressources internes pour atteindre les objectifs stratégiques fixés par les autorités budgétaires de cette époque.

---

[81] Voir René CHAPUS, *Droit du contentieux administratif, Montchrestien*, 1re édition 1982, p. 740. Il faut surtout que l'éventualité d'une appartenance des contrats d'emprunt public de l'Etat au droit administratif à raison du régime exorbitant qui leur est appliqué, ait été bien fournie par la décision du Conseil d'Etat relative à : *Société d'exploitation électrique de la rivière du Sant* (Rec. 48), à partir de laquelle il a été admis que des contrats peuvent être administratifs lorsqu'ils sont conclus dans un contexte juridique imposé par le législateur et comportant pour les parties des droits et des obligations qu'ignore le droit commun.

[82] Eloi DIARRA, pour montrer la réticence des Etats à l'emprunt, avait déjà souligné que « les 20 années de planification en Afrique de l'Ouest ont montré l'inanité de cette technique : parce qu'on attendait de 70 à 85% des moyens financiers des plans sous forme de prêts ou de subventions, ceux-ci ne sont jamais réalisés que dans des proportions de 35 à 55%. Aussi les Etats de la sous-région ont-ils accepté de ne compter que sur eux-mêmes autant que faire se peut », thèse de doctorat d'Etat op.cit., p. 179.

Estimé à 78 milliards de francs maliens, le plan comptait sur 38,7 milliards de francs maliens d'origine extérieure sous forme de prêts ou de subventions publiques. On comprend pourquoi le Mali qui avait rompu avec fracas ses relations avec la France l'ancienne métropole, contrairement à ses deux principaux voisins et partenaires commerciaux stratégiques (Sénégal et Côte d'Ivoire), s'est vu d'abord contraint de recourir à la coopération économique avec les pays de l'Est qualifiés de socialistes.

Presque au même moment, sans remettre en cause ses nouvelles relations internationales, le Mali a renoué avec les pays occidentaux, notamment la France.[83]

Il faut souligner qu'entre les deux Etats, les relations de coopération financière, culturelle et internationale n'ont jamais cessé de se raffermir à cause de leurs liens historiques et culturels.

L'impact financier de cette coopération était inscrit au budget d'Etat. Ainsi, la direction du budget est devenue par la force des faits l'instrument d'une politique de l'emprunt pour financer le budget d'Etat. Surtout que les ressources internes basées sur la fiscalité (intérieure ou de porte) sont demeurées aléatoires et sensibles à l'environnement économique international. Aussi est-elle constamment actionnée et sollicitée par le Gouvernement, pour réfléchir et proposer les meilleures stratégies susceptibles pour trouver des ressources nouvelles.

L'emprunt est une ressource exceptionnelle, contrairement à l'impôt. Le premier se présente d'un point de vue juridique comme un contrat entre l'Etat et ses partenaires, alors que le second est un acte unilatéral, imposé par l'Etat.

---

[83] Tiégoué Amadou OUATTARA a souligné que « le plus important est l'accord de coopération économique, financier et culturel avec la France, (signé le 12 janvier 1962, et confirmé par les accords conclus le 2 février suivant). De cet accord-cadre sont signées des conventions avec le Fonds d'aide et de coopération (FAC) qui procure au Mali des ressources gratuites pour financer le développement agricole, des bourses d'études et des stages de perfectionnement, le développement de l'enseignement secondaire et primaire, et des services de santé ». (Le destin du socialisme malien. Editions Imprimeries du Mali, 1979, p. 207.

On peut remarquer qu'il y a une légère différence entre l'emprunt public et les emprunts privés. Entre les particuliers, les conditions de l'emprunt sont discutées et établies d'un commun accord, suivant un contrat véritable dans le sens du Code civil.[84]Par l'emprunt public l'Etat fixe souvent au préalable ses conditions : taux d'intérêt auquel il entend emprunter, les formes de l'émission, les dates de remboursement, etc. L'emprunt d'Etat est donc un contrat de nature spéciale, c'est-à-dire un contrat d'adhésion[85] ; ce qui permet la formule de l'adjudication qui pourra être appliquée.

Dans le domaine économique, l'emprunt ressuscite l'éternelle controverse doctrinale entre tenants d'une gestion classique et tenants d'une gestion moderne des finances publiques. Les premiers considèrent l'emprunt comme une anticipation des recettes qui rejettent sur les générations futures le poids des dépenses actuelles ; tandis que les seconds jugent l'emprunt comme une recette réelle qui finance des dépenses au profit de la génération présente qui en supporte déjà partiellement le poids. Aussi le recours à l'emprunt fait-il objet d'interprétations selon les écoles ? Pour les classiques, l'Etat ne doit utiliser la technique à l'emprunt que lorsqu'il y a l'impossibilité absolue de recourir à l'impôt comme en cas de guerre et exclusivement en principe pour des dépenses d'investissement.

Pour les modernes, en revanche, le recours à l'emprunt est un moyen permettant à l'Etat de réguler et d'alimenter son circuit financier par d'autres ressources afin de pallier l'insuffisance de recettes fiscales. C'est d'ailleurs une des raisons véritables qui valide le rôle de la direction du budget comme un organe coordinateur, sinon un instrument de l'Etat capable de porter un jugement d'ensemble sur les activités publiques et leurs conséquences financières et budgétaires. Il semblerait que le libéralisme classique a laissé la place à un système mixte qui fait de l'interventionnisme la règle normale permettant aux pouvoirs publics, d'orienter l'économie, de lui assigner des objectifs

[84] Le *Code civil français* en son article 1101 dispose : « le contrat est une convention par laquelle une ou plusieurs personnes s'obligent envers une ou plusieurs autres à donner, à faire ou à ne pas faire quelque chose ». Selon les professeurs Marty et Renan, le contrat, défini comme un acte de volonté, est l'instrument idéal d'une philosophie, d'une économie à la fois individuelle et libérale.

[85] Encore a-t-on souvent l'impression qu'il s'agit d'un véritable contrat léonin.

grâce à des jeux stratégiques, permettant de procurer au budget d'Etat suffisamment de ressources.

Quelle est la stratégie utilisée par la direction du budget pour mieux profiter de l'emprunt ?

2) Les stratégies de quête de recettes d'emprunt

Les stratégies d'un recours à l'emprunt public sont nombreuses et varient en fonction des objectifs visés par d'éventuels emprunteurs, comme la direction du budget. Certains auteurs, tel Albert DE LAPRADELLE[86], ont souligné que l'emprunt public « est une opération de crédit faite (…) pour assurer la vie du pays et faciliter le fonctionnement de ses services publics » ; ou comme François COLLY[87], ont pu affirmer que « les contrats d'emprunt public de l'Etat ont pour objet de trouver les ressources permettant d'assurer le fonctionnement des services publics ». On retient, de toutes ces formules et justifications, malgré tout, que c'est la loi seule qui autorise les pouvoirs budgétaires à recourir à l'emprunt. Ainsi dans la loi de finances, de l'année, il est mentionné une disposition libellée en ces termes : « *Le Ministre chargé des Finances est autorisé à émettre des titres d'emprunt d'Etat à hauteur d'un montant qui ne peut en aucun cas excéder le montant exact pour contribuer à la couverture du déficit de la présente Loi de Finances* ». Depuis les années 1970, cette formule est devenue traditionnelle, tant dans les lois de finances françaises que dans celles du Mali.

Le Mali a mis en œuvre une stratégie structurante qui lui permet de mobiliser de nouveaux financements, tout en veillant sur la soutenabilité de la dette publique. Pour ce faire un Comité de suivi de la viabilité de cette dette publique a été institué, afin d'assurer une meilleure coordination de la politique d'endettement avec les politiques macroéconomique et budgétaire et disposer d'analyses régulières sur la stratégie de mobilisation de nouveaux financements et de désendettement avec moins d'assistance technique extérieure. Ce

---

[86] Voir Albert DE LAPRADELLE et Nicolas POLITIS, *Recueil des arbitrages internationaux*, tome 2, Pédone, 1984, p.545.

[87] Voir François COLLY, *Les emprunts publics de l'Etat*, in Robert HERTZOG (dir), La dette publique en France, Economica 1990, p. 74

comité de suivi est composé de la direction générale de la dette publique, de la direction nationale du trésor et de la comptabilité publique, de la Direction générale du budget, de la cellule de coordination stratégique de lutte contre la pauvreté, de la direction nationale de la planification du développement, de la direction nationale de la statistique et de l'informatique, de la direction nationale de la BCEAO, de la direction de coopération internationale et enfin de la direction générale du contentieux de l'Etat.

C'est au niveau de cette structure que se définit la stratégie à l'égard de la recette d'emprunt et de sa prévision. Cette stratégie de prévision met en exergue le rôle prépondérant de la direction du budget.

L'essentiel de ce rôle consiste à obtenir des indications, notamment sur l'état de la trésorerie de l'Etat, le niveau de la dette ou les participations publiques dans l'économie : ce qui est naturellement précieux pour la direction du budget, pour lui permettre de déterminer le niveau des nouveaux emprunts qu'elle pourra proposer au ministre chargé du budget. En tenant compte de cette logique, on n'est pas étonné de constater que la direction du budget met à contribution tous ses homologues pour parvenir à une meilleure prévision des recettes d'emprunt.

Arrêter une stratégie de l'emprunt public pose les questions-clés relatives à la politique de financement extérieur du pays à travers notamment l'examen du montant minimal ou maximal des prêts et leur degré de concession, les types d'aide et de bailleurs, les canaux et les conditionnalités de l'aide, les secteurs et projets prioritaires et l'existence d'un dialogue politique avec de nombreuses structures internationales.

La direction du budget et les autres directions, telles que celles de la dette publique, de la coopération internationale et du trésor, ont en charge, la mise en œuvre de toute la stratégie de l'Etat pour obtenir des ressources sur financement extérieur.

Pour souscrire les emprunts extérieurs, la direction du budget doit examiner plusieurs facteurs[88], notamment :

- *les montants et conditionnalités des prêts* : à ce titre, elle décide et propose au ministre un montant minimal ou maximal du prêt à effectuer. On notera que la concession de chaque prêt doit contenir un élément don minimum de 35% convenu dans le cadre du programme avec le FMI ;
- *les types de bailleurs* : à ce titre, la direction du budget propose s'il vaut mieux recourir à l'emprunt auprès d'un Etat « ami » ou auprès d'une institution financière internationale, qu'elle soit régionale ou mondiale ;
- *les conditionnalités de l'aide* : les conditionnalités de l'aide sont multiples et varient selon que l'aide provient d'un créancier ou d'un donateur ou selon qu'elle provient d'un partenaire multilatéral ou bilatéral. La direction du budget tient compte de ces conditionnalités pour faire ses propositions aux autres membres de la commission. L'harmonisation permettra d'atténuer les contraintes y afférentes ;
- *les secteurs prioritaires* : l'aide doit être affectée et orientée principalement vers les secteurs que le gouvernement estime prioritaires ; à ce jour, il s'agit des secteurs du développement rural, de la santé, de l'éducation, des infrastructures et de l'hydraulique ;
- *la prévisibilité* : il s'agit de l'échéancier des décaissements ; leur calendrier est alors à déterminer en fonction de plusieurs éléments dont le calendrier du budget national ;
- *le dialogue politique* : la commission mixte constitue le cadre de dialogue privilégié entre le Gouvernement du Mali et les partenaires techniques et financiers.

---

[88] On notera tout d'abord que la majorité des emprunts de l'Etat malien depuis les années 1968 sont d'origine extérieure, soit auprès de banques privées (ce qui est rare , soit souvent auprès de gouvernements) ce qui est plus fréquent, soit auprès des institutions financières internationales, telles que la Banque internationale pour la reconstruction et le développement et le Fonds monétaire international ; et à ce titre, les emprunts sont soumis aux conditionnalités fixées par le Fonds monétaire international. Cependant dans le respect du Plan National d'Action 2007-2009 pour la mise en œuvre de la Déclaration dite de Paris, il est exigé de privilégier essentiellement l'appui budgétaire, c'est-à-dire l'aide non subordonnée à une obligation de remboursement, au fond, celle qui se traduit par un don pur et simple.

Sur la base du respect de toutes ces facteurs, les prêts et dons multilatéraux, ainsi que les financements multilatéraux ont été analysés sur la période 2003-2005. Les résultats de l'analyse ont permis d'évaluer le portefeuille de prêts et dons consentis à un montant de 982,24 milliards de FCFA à raison d'un taux de 52,6% de prêts représentant 516,65 milliards de FCFA et un de 47,44% de dons, équivalent à 465,59 milliards de FCFA.

Ces facteurs ne suffisent pas à rendre compte de toute la stratégie que la direction du budget doit mettre en jeu pour évaluer la recette d'emprunt. D'autres sont de nature nettement plus politique.

B – Les stratégies politiques nationales d'emprunt

Le rôle de la direction du budget[89] est primordial dans la définition et l'orientation des stratégies de politiques nationales d'emprunt. Dans cette optique, à travers sa Sous-direction des aides extérieures, ainsi que les directions financières et du matériel des départements de tutelle concernés, la direction du budget doit analyser tous les dossiers d'emprunt et évaluer leur impact sur les finances publiques. Pour ce faire, elle procède à un inventaire des principaux partenaires au développement, afin de mieux apprécier à l'avance leurs centres d'intérêt et leurs domaines d'intervention privilégiés. Ce qui lui permet, en collaboration avec tous les acteurs concernés de suivre l'évolution des ressources extérieures, d'étudier au préalable les projets de conventions en accord avec les bailleurs de fonds, de contrôler et suivre l'exécution des appels de fonds concernant le financement du Budget spécial d'investissement (BSI), ainsi que leur mise en œuvre. L'aspect le plus pertinent de cette approche, c'est qu'elle permet de voir comment la direction du budget coordonne la procédure d'engagement de l'emprunt au Mali.

[89] Selon Jean PING, « Pour réussir dans leur tâche, les Etats ont besoin d'une vision politique et de moyens adéquats. C'est là que le budget national prend toute son importance. Bien plus qu'un simple instrument technique de présentation des recettes et des dépenses de l'Etat, le budget est le plus important texte d'orientation annuel du gouvernement ». Voir préface du livre de Louis MICHEL : *L'Appui budgétaire : et si on essayait le respect et la confiance ?* Publication de l'Union européenne, p. 7.

1) La procédure nationale d'engagement de l'emprunt

La direction du budget, à travers la sous-direction des aides extérieures, coordonne la procédure d'engagement de l'emprunt au Mali, dès la phase des arbitrages budgétaires. A cet effet, elle suit les dossiers des demandes d'emprunts relatifs au financement du Budget spécial d'investissement (BSI) provenant des différents départements ministériels en lien avec la direction nationale de la planification du développement (DNPD). Il est à noter que la direction générale de la dette publique (DGDP) est également impliquée dans la procédure. Dans la procédure budgétaire malienne, le BSI a été intégré au Budget d'Etat par le Gouvernement en vue de rationaliser les dépenses publiques liées aux investissements dans le cadre des mesures d'ajustement structurel.

Pour leur part, les départements des finances et de la coopération internationale sont chargés du suivi des dossiers par le Gouvernement. Certains critères[90] sont exigés pour le suivi des projets d'investissement public au Mali[91]. Il s'agit entre autres de :

- l'exigence d'un dossier de faisabilité pour tous les projets dont le coût d'investissement est supérieur ou égal à un (1) milliard de francs CFA et la disponibilité d'un dossier de formulation d'une demande, le cas échéant ;
- l'exigence d'un taux[92] de rentabilité économique suffisant pour les projets productifs d'une telle envergure ;
- l'impact des projets, notamment sur le service de la dette, les coûts récurrents et les fonds de contrepartie.

---

[90] « C'est pourquoi, à partir de 1992, le Gouvernement a convenu avec la Banque Mondiale de l'application de critères économiques et financiers dans la sélection des projets à inscrire au PTI et au BSI. Ces critères ont été renforcés par une grille d'évaluation avec l'adoption en juillet 2003 du manuel de procédures pour la programmation et le suivi-évaluation des projets d'investissement public au Mali. ». Voir documents budgétaires 2012. Annexe II, état B, Programme triennal d'investissement, Ministère de l'économie et des finances, septembre 2011, p.1.

[91] Voir manuel de procédure pour la programmation et le suivi des projets d'investissement public au Mali adopté en juillet 2003.

[92] Il faut souligner à ce niveau l'exigence d'un taux concessionnel comprenant au moins un taux de 30% en don.

Enfin, il convient de souligner que la stratégie des procédures nationales d'emprunt intègre d'autres critères imposés par les bailleurs de fonds, comme le Fonds monétaire international et la Banque mondiale. Ces critères ou conditionnalités pour bénéficier d'un emprunt tiennent compte notamment de l'évaluation[93] des politiques économiques et financières mises en œuvre par le Mali, ainsi que le respect des objectifs de politiques publiques inscrites au Projet de développement économique et social (PDES) et le Cadre stratégique de croissance et de réduction de la pauvreté (CSCRP). Cela permet, entre autres, d'attester de l'importance de l'emprunt.

2) **L'importance budgétaire de l'emprunt**

La direction du budget est très attachée à la mise en œuvre des procédures de recours à l'emprunt compte tenu de son impact certain pour booster le développement. En effet, l'emprunt public, appelé également emprunt d'Etat (appliqué parfois sous la forme d'un emprunt obligataire) a administré la preuve de son efficacité en matière de croissance accélérée des pays ambitieux comme le Mali, visant un développement planifié à court ou moyen terme. La volonté de réaliser un développement à marche forcée justifie l'engouement des Etats contemporains à recourir à l'emprunt. Mais l'emprunt faisant intervenir d'autres partenaires dans le financement des programmes d'investissement montre que la gestion des finances publiques ne relève plus de la volonté du seul Etat[94], avec une immixtion possible dans la gestion de l'Etat tout court. Malgré cette critique formulée souvent à l'égard des institutions financières internationales, la direction du

---

[93] Ces évaluations qui tiennent compte des politiques macro-économiques, sectorielles et structurelles, tendent entre autres, à :

- améliorer de façon durable la situation financière par une augmentation continue des recettes et le maintien de la maîtrise des dépenses publiques, afin d'assurer la viabilité des finances publiques ;
- maintenir une politique monétaire et de crédit prudente et compatible avec les objectifs de croissance économique, d'inflation et de balance des paiements ;
- renforcer l'efficacité des investissements publics pour éliminer les entraves au dynamisme du secteur privé ainsi que la prestation des services sociaux ;…

[94] Voir Gilbert ORSONI, *Les finances publiques sont-elles les finances de l'Etat* ? Mélanges Paul AMSELEK, Bruylant, Bruxelles 2005, pp. 631 s.

budget a cherché à bénéficier de financements d'emprunts dans le cadre de Programmes d'ajustement structurel (PAS) issus des institutions de Bretton Woods, ou aujourd'hui de l'Initiative pays pauvres très endettés (PPTE), des Objectifs de développement pour le millénaire (ODM), Initiative d'annulation de la dette multilatérale (IADM). Ainsi à titre d'exemple, on peut rappeler qu'en 2009, le stock de la dette publique totale représentait 23,8 % du PIB et son service ressortait à 7,5 % des recettes budgétaires. L'encours de la dette de l'Etat en 2009, a été fortement impacté par les décaissements importants accordés par la Banque mondiale de 72,5 milliards de FCFA, le FMI de 49 milliards de FCFA et la BAD de 30 milliards de F. CFA

Il faut noter que le Mali a bénéficié d'importants allègements de dettes, suite aux initiatives internationales prises dans ce sens. Ainsi à titre d'exemple en 2009, le pays a bénéficié des allègements de 197,9 milliards de FCFA au titre des initiatives PPTE et de 1085 milliards de FCFA au titre de l'IADM.

Certes, aujourd'hui, l'emprunt s'impose dans la gestion des finances publiques étatiques, comme une source légale de recettes. Car il conforte les politiques publiques macro-économiques et structurelles, afin d'améliorer durablement la situation financière par une maîtrise des dépenses publiques. En outre, la politique d'emprunt permet d'augmenter l'épargne intérieure et de renforcer l'efficacité des investissements publics. Mais, la direction du budget doit s'investir pour convaincre les pouvoirs publics de la nécessité d'un recours aux emprunts viables. Car, à cette ère de mondialisation et de globalisation, la philosophie des politiques macroéconomiques de chaque Etat doit prévoir le recours à des emprunts bénéfiques et de coût soutenable. Cependant, le monde étant devenu un village planétaire où les systèmes politiques et économiques s'interpénètrent [95]et s'harmonisent, il est illusoire de condamner le recours à l'emprunt comme c'était le cas au temps du libéralisme classique orthodoxe.

Aussi, dans cette optique, le Gouvernement du Mali est-il parvenu à convaincre ses partenaires financiers, sur l'initiative de la direction du budget, de remplacer le système de l'aide budgétaire par l'appui budgétaire. C'est la raison pour laquelle dans le projet de loi de finances 2009, la rubrique « Appui Budgétaire » a remplacé celle de « l'Aide » budgétaire.

Outre l'emprunt, la loi de finances bénéficie de l'apport de recettes domaniales ou d'autres types de recettes.

Paragraphe II : La prévision des recettes domaniales ou des autres types de recettes

La direction du budget du Mali est très intéressée par les recettes domaniales et les autres participations financières de l'Etat qui traduisent assez l'influence de l'économie sur les finances publiques, car, on peut le dire : toutes les recettes publiques sont influencées par la situation économique.

La notion de finances publiques recouvre celle de deniers publics. C'est pourquoi on constate, d'une part, que le concept de biens publics recouvre celui de deniers publics et d'autre part, implique la prise en compte des diverses activités menées par l'Etat, les autres collectivités publiques, les sociétés et entreprises d'Etat, dans la gestion des finances publiques. Dans un tel contexte « *Les recettes du domaine, se traduisant par la vente des denrées, sont influencées par les cours de ces denrées. La hausse des cours du bois accroît les recettes de l'Office des forêts... On voit ici comment l'économie agit sur les finances : la hausse des cours du bois accroissant les recettes domaniales, et comment les finances réagissent sur l'économie, la vente du bois des forêts domaniales à bas prix permettant de peser sur les cours. Ainsi se manifeste l'interdépendance de l'économie et des finances* »[96].

De même, les collectivités publiques qui peuvent réaliser des activités économiques, sont propriétaires d'immeubles bâtis ou non et peuvent avoir des actions dans des sociétés ou entreprises au même titre que les particuliers. Elles peuvent recevoir également des prix ou redevances en contrepartie des services qu'elles ont rendus.

---

[96] Paul Marie GAUDEMET/Joël MOLINIER, *Finances publiques. Budget/ Trésor.* Tome 1. Domat Droit Public, 7e édition Montchrestien E.J.A., Paris 1996, p. 196.

La direction du budget collabore avec la direction nationale des domaines et du cadastre pour procéder à la prévision des recettes domaniales (A), ou des autres types de recettes, par exemple celles résultant de la participation financière de l'Etat dans le capital d'entreprises (B).

A- Les prévisions des recettes domaniales

Le domaine ou *dominium,* en latin, traduit en droit le statut par lequel un individu ou groupe d'individus est considéré comme le propriétaire d'une chose, d'un bien. Cependant, certains biens très utiles ou indispensables à la satisfaction des besoins publics sont protégés contre toute forme d'aliénation privée. En droit, le domaine désigne l'ensemble des biens corporels, mobiliers ou immobiliers appartenant à quelqu'un. Pour les personnes publiques, leur domaine public désigne la partie de leur domaine affectée à l'usage direct du public ou à un service public (route, voie ferrée, fleuve, espace public..). Ce domaine public s'oppose au domaine privé. Ainsi, la notion de domaine public se rattache à celle de biens publics ; seuls les biens appartenant aux personnes morales de droit public sont susceptibles de constituer le domaine public s'ils sont destinés à l'usage du public. Selon Seydou TRAORE[97] « *La théorie du domaine public est une création de la science juridique française. Gaston JEZE pouvait noter en 1944, que pendant longtemps, les juristes français avaient, en l'absence de textes législatifs, élaborés une théorie du domaine public, en partant de la conception civiliste de la propriété privée inscrite dans le Code civil*[98] ».

Il convient de relever à présent, qu'il n'existe pas une définition univoque du droit domanial : il est caractérisé par une dualité de régime applicable selon qu'il s'agit de la domanialité publique ou de la domanialité privée. Léon DUGUIT avait estimé que « *Le principe de la distinction entre le domaine public et le domaine privé est incontestablement exact, précisément parce qu'il répond à la distinction des activités qui sont ou non érigées en service public. Mais*

---

[97] Seydou TRAORE, *Droit des propriétés publiques*, Librairie Vuibert- janvier 2008, p. 13.

[98] Voir Gaston JEZE, note sous C.E., 5 mai 1943, Ville de Cannes ; CE, 5 mai 1944, Compagnie maritime de l'Afrique orientale, ADP, 1944, p. 236.

n'a pas encore abouti à en faire une construction satisfaisante ».[99]Constatant l'absence d'une définition doctrinale du droit public domanial, ainsi que la nécessité de pallier la carence du législateur en la matière, la jurisprudence a pu dégager des critères de distinction.

Ainsi à partir de la jurisprudence Société « Le Béton », deux critères fondamentaux[100], à savoir : l'*appartenance* et *l'affectation,* ont été considérés par le juge administratif comme les critères jurisprudentiels du domaine public. Ce qui a permis de classer la notion de domaine public soit par détermination de la loi (ici la notion de domaine public est définie par la loi), soit par définition conceptuelle (la même notion est basée sur des critères). Une telle classification facilite la constitution et la gestion des domaines publics et privés de l'Etat.

1) - La constitution et la gestion des domaines publics et privés de l'Etat

La question de la gestion des domaines publics et privés pose un problème au plan juridique, quand on sait qu'un auteur comme Yves GAUDEMET[101], avait déjà publié un article intitulé : « la gratuité du domaine public ». En quoi la direction du budget peut-elle être intéressée par la constitution et la gestion des domaines ? Parce qu'il s'agit de recettes à prendre en compte dans l'élaboration du projet de

[99] Voir Léon DUGUIT, *Traité de droit constitutionnel,* Tome III, 3è édition, p. 348.

[100] M.LONG, P. WEIL, G. BRAIBANT, P. DELVOLVE, B. GENEVOIS, *les grands arrêts de la jurisprudence administrative* : « sauf dispositions contraires de la loi, les biens des collectivités administratives et des établissements publics ne sont compris dans le domaine public qu'à la condition :
- soit d'être mis ou placés à la disposition du public usager ;
- soit d'être affectés à un service public, pourvu qu'en ce cas ils soient- par nature ou par aménagements particuliers – adaptés exclusivement ou essentiellement aux besoins particuliers de ces services… ». Domaine public C.E. sect. 19 oct. 1956, Société « Le Béton», Rec. 375, Grands arrêts…, DALLOZ, p. 537 et 538.

[101] Yves GAUDEMET, *La gratuité du domaine public* : « La gratuité se définit comme l'absence de contrepartie financière versée par l'usager d'un service ou d'un ouvrage publics. Entendons par là qu'aucun versement n'est exigé de l'usager en cette qualité pour accéder au service ou à l'ouvrage, ou bien encore que, lorsque ce versement existe, il reste limité et en tous les cas non représentatif du coût du service ». Mélanges en l'honneur de Monsieur le Professeur Paul-Marie GAUDEMET Etudes de finances publiques. Economica 1984, p.1023.

loi de finances. L'Etat est propriétaire d'un domaine différent du domaine national. Le domaine national englobe l'espace aérien, le sol et le sous-sol du territoire national selon les dispositions du Code domanial du Mali.

La direction du budget s'intéresse également au domaine, parce qu'il revêt diverses formes pouvant faire l'objet d'exploitation lucrative, ou mercantile. Ce qui permet à l'Etat de se procurer des ressources exceptionnelles, destinées à compléter les ressources fiscales. Il faut préciser que les recettes domaniales concernent aussi les dividendes qui résultent de la répartition des actions dans une société à capital. C'est pourquoi les recettes domaniales ont commencé à progresser à partir de l'implantation massive des sociétés minières au Mali. A cet effet, la direction du budget s'investit pour réaliser les meilleures prévisions de recettes domaniales, tout en veillant sur leur bonne gestion ?

L'Etat, en tant que personne morale, dispose d'un domaine et de biens comme toute personne physique ou morale de droit privé[102]. Ce domaine et ces biens sont constitués par le domaine public et le domaine privé. Le domaine public naturel comprend les sites naturels déterminés par la loi : par exemple l'espace aérien, les cours d'eau, les lacs, les étangs, la nappe d'eau souterraine ou le domaine public artificiel constitué par les ouvrages (ponts, routes, aérodromes, fortifications militaires, lignes télégraphiques et téléphoniques militaires ou civiles) et les ouvrages monumentaux (halles et marchés). Le domaine privé de l'Etat désigne les choses mobilières ou immobilières qui appartiennent à l'Etat dans les mêmes conditions que si elles appartenaient à un particulier. Les revenus du domaine forestier proviennent des redevances et taxes forestières, du produit de l'exploitation des forêts domaniales, des contraventions en matière de chasse et des recettes des parcs de réserves naturelles.

---

[102] A.GIMALAC, *Droit Public concours administratifs* : « Par définition, les personnes publiques sont propriétaires des biens domaniaux. Ce droit de propriété leur confère notamment le droit d'accession, le droit d'exercer l'action en revendication ou les actions possessoires...D'après l'article 546 du Code civil, l'accession est le droit du propriétaire d'une chose » sur tout ce que produit » cette chose et « sur ce qui s'unit accessoirement, soit naturellement, soit artificiellement » (du fait de l'homme). Ex : fruits, alluvions, constructions. Librairie BELIN 1986, p.293

Le domaine public de l'Etat est inaliénable et imprescriptible ; il est soumis au régime de droit public. Sa violation est toujours sanctionnée par voie de contraintes telle que l'expropriation ou la réquisition. Cependant, le domaine public peut faire l'objet d'une concession qui confère le droit à une personne de droit privé de l'utiliser moyennant paiement de redevances à l'Etat, les biens immobiliers ou mobiliers pour en tirer un profit. Les biens constituant le domaine public de l'Etat sont énumérés dans le code domanial du Mali.

Ces biens des domaines privé et public rapportent des ressources à l'Etat. La direction du budget, dans la phase de prévision du projet de loi de finances s'intéresse à ces recettes dont l'évaluation revient à la Direction des domaines et du cadastre ou à la direction générale de l'administration des biens de l'Etat.

Cette évaluation est faite à partir des actes d'exploitation qui peuvent être posés ; ces actes sont nombreux, divers et complexes, parfois difficiles à analyser, plusieurs notions comme celles de l'exercice d'un droit divin, de propriété des esprits, de droit du premier occupant, très usitées en Afrique traditionnelle, ou des notions plus récentes comme celle de permis d'occuper, de lettre d'attribution ou de titre foncier entrent en ligne de compte. Toutes ces notions se traduisent par des transactions entre l'Etat et les personnes privées à propos du sol et lui permettent d'engranger des recettes non négligeables.

Ensuite, l'administration d'Etat peut acquérir des biens fonciers, et soit les exploiter elle-même, soit les revendre suivant les normes du droit civil.

Aussi, dans son évaluation des recettes prévisionnelles, la direction du budget doit prendre en compte le cas des cessions et autres concessions de terrains appartenant à l'Etat faites à titre gracieux et surtout à titre onéreux. Le rôle de la direction du budget se manifeste également dans la sauvegarde des nouvelles recettes domaniales.

2) Les nouveautés en matière de recettes domaniales

La direction du budget, par souci d'une meilleure prévision des ressources budgétaires, est obligée de collaborer étroitement avec la direction[103] des domaines et du cadastre[104]. Cette direction créée en 2000, est compétente dans la gestion domaniale. Elle obtient de celle-ci les évaluations à prendre en compte dans le projet de loi de finances.

---

[103] La Direction nationale des domaines et du cadastre, créée par la loi n° 00- 065/ P-RM du 29 septembre 2000, a pour mission d'élaborer les éléments de politique nationale relative au domaine, au cadastre, au foncier et d'assurer la coordination et le suivi de la mise en œuvre de ladite politique.

A ce titre, elle est chargée de :

1) élaborer et mettre en œuvre la législation et la réglementation domaniale, foncière et cadastrale ;
2) veiller à la délimitation des biens des domaines immobiliers public et privé de l'Etat et des collectivités territoriales, ainsi qu'à l'étude de toutes les questions relatives à ces biens ;
3) procéder à l'acquisition et à l'expropriation de biens immobiliers au profit de l'Etat ;
4) procéder à l'aliénation des biens immobiliers relevant du domaine privé de l'Etat ;
5) procéder à la location des immeubles non bâtis de l'Etat au profit des tiers ;
6) procéder à la constitution, à la conservation et à la gestion des domaines publics immobiliers de l'Etat ;
7) contrôler la location des immeubles au profit de l'Etat ;
8) procéder à l'aliénation des biens mobiliers de l'Etat devenus sans emploi ;
9) assurer l'établissement et la tenue des documents fonciers et cadastraux ;
10) recouvrer pour le compte du trésor public, les recettes domaniales et les droits et taxes afférents aux transactions foncières dans le cadre de la législation fiscale en vigueur.

Dirigée par un Directeur national assisté d'un adjoint, la Direction nationale des domaines et du cadastre est organisée en staff ainsi qu'il suit :

- un bureau de l'informatique, de la documentation et des archives.

Trois divisions :

- une division de la législation et du contentieux ;
- une division des domaines et de la curatelle ;
- une division du cadastre et de la propriété foncière. Il est à noter que les chefs de bureaux et de divisions sont chargés de préparer les études techniques et les programmes d'action concernant les matières relevant de leur domaine de compétence, procèdent à l'évaluation périodique des programmes mis en œuvre, coordonnent et contrôlent les activités des sections. Par ailleurs, l'activité de coordination et de contrôle de la Direction nationale des domaines et du cadastre s'exerce sur les services régionaux par :
- un pouvoir d'instruction préalable sur le contenu des décisions à prendre et des activités à mener ;
- un droit d'intervention a posteriori sur les décisions consistant à l'exercice du pouvoir d'approbation, de suspension, de reformulation et d'annulation.

Voir ordonnance N° 00- 065/P-RM du 29 septembre 2000, portant création de la Direction nationale des domaines et du cadastre.

Les notions évoquées précédemment sont celles qui résultent du droit traditionnel français et précolonial, même si aujourd'hui tous les concepts et catégories juridiques développés par le droit romain ont leur répondant dans les droits coutumiers maliens en matière de gestion domaniale.

Mais de nouveaux aspects apparaissent et qui sont susceptibles de procurer des recettes nouvelles à l'Etat. Il s'agit, soit de l'aliénation des terres du domaine de l'Etat, soit de l'exploitation des ressources minières comportant des concessions à des entreprises multinationales concessions de mines d'or, de carrières ou autres, par exemple des baux emphytéotiques dans l'Office du Niger pour la culture du riz.

Par ailleurs, face au péril de l'explosion démographique et de la cherté de la vie, le Gouvernement a entrepris depuis 2003 une politique d'habitats sociaux. En même temps, l'occupation et la gestion des immeubles urbains deviennent sources de recettes pour les pouvoirs publics. D'où l'appellation expresse du ministère du logement, des affaires foncières et de l'urbanisme qui englobe les attributions de l'ancienne dénomination ministère des domaines de l'Etat et des affaires foncières.

Enfin le chapitre IV du code domanial qui traite du cadastre semble ouvrir de nouvelles perspectives pour l'accroissement des ressources provenant du domaine public, sous réserve des problèmes qui peuvent se poser pour le financement d'une politique de logement de si grande envergure. En effet, l'article 49 du code dispose : « Il est institué dans toutes les communes du Mali un cadastre ayant pour objet de préciser les indications relatives à la propriété, aux droits réels, à la contenance,

---

[104] Alain DURAND-LASSERVE : *Cadastre à but fiscal, cadastre polyvalent, cadastre simplifié : faux problèmes et vraies questions* : « Le cadastre ». On appelle cadastre un ensemble de documents officiels (leur gestion est assurée et garantie par la puissance publique) donnant une information sur : (a) la localisation des propriétés bâties ; (b) les limites de ces propriétés ; (c) leur statut juridique ; (d) l'identité de leurs propriétaires ; (e) l'état de leur mise en valeur ; (f) leur valeur locative ou vénale… ». Article tiré de l'Appropriation de la terre en Afrique noire de Emile LE BRIS, Etienne LE ROY, Paul MATHIEU de l'article de Yves MARGURAT cité dans : Manuel d'analyse, de décision et de gestion foncière KARTHALA. 1991, p. 266.

à l'affectation ou à la nature de culture et à l'évaluation des immeubles bâtis et non bâtis ».

Par le cadastre, on entend mettre fin à l'exploitation anarchique et abusive des domaines de l'Etat et sa mise en place a toujours été une préoccupation permanente des gouvernements maliens, car les recettes domaniales puisées des cessions des immeubles ont été souvent stationnaires sinon régressives, malgré l'expansion impressionnante des villes urbaines avec des styles architecturaux impressionnants. Corruption et comportements de même nature peuvent l'expliquer, sans occulter les spéculations foncières abusives et les détournements néfastes dont font l'objet les terrains urbains ou périurbains au grand dam des pouvoirs publics ; tout ceci aux dépens de la direction du budget et des directions associées à l'évaluation des recettes domaniales.

Les revenus du domaine sont inscrits dans la loi de finances à travers les articles « cessions sols, sous-sols, cessions de bien meubles, cessions d'immobilisations incorporelles ». Les cessions de sols, sous-sols concernant les ventes de terrains, ou toute autre forme d'aliénation d'immeubles à but mercantile se réduisent aux notions d'affectation à un usage et d'attribution au droit de disposer. Il s'agit là des opérations domaniales qui consistent à légitimer l'appropriation et le titre de propriété sur un bien du domaine public. *« Pour passer de cette idée de « l'appropriation » à la propriété privée, il faudra que l'on passe d'une conception « sacrale » des choses à une conception « mercantile » et que la terre devienne vénale, ce qui est assuré par les progrès de l'individualisme et par l'intensification des échanges monétaires et commerciaux dans la République romaine au 11e siècle AC. La propriété apparaît quand la chose qui est l'objet devient un bien..., une chose est désignée bien lorsqu'elle a une valeur pécuniaire et qu'elle est susceptible d'appropriation (sous-entendue privative »*[105].

Présentons succinctement, ici, quelques droits réels immobiliers et certaines ressources domaniales inscrites dans la loi de finances 2010.

---

[105] Etienne LE ROY, *L'appropriation et les systèmes de production. L'appropriation de la terre en Afrique noire*. Manuel d'analyse, de décision et de gestion foncière. Ouvrage collectif de (Etienne LE BRIS, Etienne LE ROY, Paul MATHIEU). Editions KARTHALA 1983, p. 30.

Ainsi les droits réels immobiliers sont les suivants : la propriété des biens immeubles ; l'usufruit des mêmes biens ; les droits d'usage et d'habitation ; l'emphytéose ; le droit de superficie ; les servitudes ou services fonciers ; l'antichrèse ; les privilèges et hypothèques. Tous les droits réels énumérés ci-dessus ne conservent et ne produisent d'effet à l'égard des tiers qu'autant qu'ils ont été rendus publics dans les formes, conditions et limites réglées au code domanial sans préjudice des droits et actions réciproques des parties pour l'exécution de leurs conventions. C'est au regard de ces droits que les recettes pourront être perçues par l'Etat. A titre d'illustration, on note que les cessions des sols et sous-sols (ventes de terrains) ont enregistré en 2010 des prévisions de 28 353 000 000 F.CFA contre des inscriptions de 17 100 000 000 F. CFA en 2009.

Les cessions de biens meubles (matériels de transport, de service et de fonction, aliénation du domaine mobilier) ont enregistré, pour leur part, en 2010, des prévisions de 300 000 000 F. CFA contre des inscriptions de 75 000 000 F. CFA en 2009.

A ces ressources, on doit ajouter d'autres recettes comme la taxe ad valorem perçue sur les entreprises minières qui ont fait l'objet en 2010, d'une prévision de 14 500 000 000 F. CFA contre des inscriptions de 15 500 000 000 F. CFA en 2009.

D'autres ressources domaniales sont prévues dans la loi de finances sous forme de recettes non fiscales dans la rubrique (Revenus de l'entreprise et du domaine). On peut présenter quelques exemples ci-dessous ainsi qu'il suit :

- les concessions ordinaires ont enregistré en 2010 une prévision de 450 000 000 F. CFA, contre une inscription de 380 000 000 F. CFA ;
- les permis de petite chasse ont enregistré en 2010 une prévision de 300 000 F. CFA, contre une inscription de 200 000 F. CFA ;
- les permis de pêche ont enregistré en 2010 une prévision de 16 000 000 F. CFA, contre une inscription de 16 000 000 F. CFA ;
- les permis de coupe de bois de chauffe n'ont enregistré en 2010 aucune prévision contrairement en 2009 où ils avaient fait l'objet d'une inscription de 300 000 F. CFA ;

- les transactions forestières sont enregistrées en 2010 une prévision de 60 000 000 F. CFA contre une inscription de 59 000 000 F. CFA ;
- les transactions en matière de chasse ont enregistré en 2010 une prévision de 400 000 F. CFA contre une inscription de 500 000 F. CFA ;
- les transactions en matière de pêche ont enregistré en 2010 une prévision de 600 000 F. CFA contre une inscription de 400 000 F. CFA.

A partir de là, on constate que les recettes domaniales, conformément à leur définition, sont caractérisées par une certaine ambiguïté qui explique aussi leur diversité. Ce qui explique leur confusion parfois avec des recettes fiscales ou d'autres types de recettes.

B – les autres types de recettes et de participation financière de l'Etat

D'autres types de recettes dont les recettes provenant des participations financières de l'Etat complètent les recettes ou ressources publiques retenues dans les prévisions réalisées par la direction du budget. A l'instar des recettes domaniales, elles se caractérisent par leur grande diversité. Ce qui explique souvent la difficulté de leur rattachement à une autorité de tutelle précise. Souvent elles peuvent relever de la Direction nationale des domaines et du cadastre, parfois de la direction générale de l'administration des biens de l'Etat ou de la direction nationale du trésor et de la comptabilité publique ou même de la direction générale des impôts.

Les cessions de biens meubles concernent les matériels de transport de service et de fonction à travers les opérations d'aliénation du domaine mobilier. Quant aux cessions d'immobilisation corporelles, elles visent la cession des droits d'exploitation, du fonds de commerce ou recettes de privatisation qui concernent la deuxième partie de ce paragraphe. Ainsi nous nous contenterons de traiter de la diversité des autres types de recettes qui s'apparentent aux opérations d'exploitation du domaine à titre privé (1) et les avantages que la direction du budget en tire des autres types de recettes dans la loi de finances (2).

1) La diversité des autres types de recettes et de participation financière de l'Etat

La direction du budget, réputée infatigable dans la recherche de ressources budgétaires, a vu dans les privatisations d'entreprises publiques une occasion d'obtenir, pour le budget des ressources nouvelles. Celles-ci sont obtenues à la suite de la liquidation des entreprises publiques[106] en difficulté avec leur cortège de crises sociale ou économique (licenciement des employés ; cession de capital).

Ainsi, outre les produits des revenus du domaine de l'Etat, la direction du budget enregistre les ressources publiques provenant des exploitations industrielles et commerciales et celles tirées des établissements publics à caractère financier ou même des divers jeux de hasard puisque tout le monde reconnaît aujourd'hui que la « *puissance publique a tendance à employer des instruments dont les formes sont parfois franchement inspirées du droit privé* ».[107] La création d'entreprises publiques permet à l'Etat de détenir des valeurs mobilières, telles que des actions[108] ou des obligations ou des parts de fondateurs. Celles-ci peuvent aussi résulter de sa participation au capital

---

[106] André De LAUBADERE, *droit public économique.* « - L'origine des entreprises publiques.- L'expression et la notion d'entreprise publique sont plus récentes que celles de service public industriel et commercial. Aujourd'hui courante, l'expression « entreprise publique » n'était pas employée avant la seconde guerre mondiale et semble avoir pris naissance en 1946 dans le recensement du secteur public industriel qui fut établi sur les instructions du ministre des Finances Robert Schuman et est connu sous le nom d' « inventaire Schuman».
...Aussi a-t-on parlé d'abord des « *entreprises nationales* ». Puis,... C'est pourquoi l'on se mit de plus en plus à parler des « *entreprises publiques* », dont les entreprises nationales ne furent plus désormais qu'un élément ». Précis Dalloz. ISBN 2-247-O1058-X, pp.471-472.

[107] .DELMAS-MARSALET, *Le contrôle juridictionnel des interventions économiques de l'Etat*, E.D.C.E., 1969, p.133.

[108] Yves GUYON, *Droit des affaires*, « Les actions sont des titres d'associés dans les sociétés anonymes, les commandites par actions et les sociétés par actions simplifiées. Les actions ne doivent pas être confondues avec les obligations, émises par ces mêmes sociétés, qui sont de simples titres de créance. Les actions se distinguent également des parts sociales et des parts d'intérêt qui constatent les droits des associés dans les S.A.R.L., les sociétés en nom collectif et les sociétés civiles. La différence principale tient au fait qu'elles sont négociables, alors que les parts sociales sont seulement cessibles selon les procédés du droit civil», tome 1, *Droit commercial général et Sociétés*. 8e édition. Economica, 1994, p. 755.

d'entreprises à capitaux mixtes, c'est-à-dire joignant l'intervention publique et l'intervention privée, soit à parts égales, soit à parts minoritaires pour l'une ou pour l'autre.

Il est à noter que la possession des valeurs mobilières détermine, dans de nombreux cas, la possibilité de percevoir des recettes de privatisations. « *Privatiser une entreprise publique, c'est chercher à en vendre le capital à des investisseurs privés. Trois conditions doivent être réunies : que l'entreprise soit intéressante, qu'il y ait des acheteurs, et que le prix soit attractif* ».[109] Pour qu'une entreprise soit viable, il est indispensable qu'elle dégage des bénéfices ou des profits et qu'elle ait des perspectives à moyen et long termes. Toutefois avant d'être privatisée, elle sera soumise à une phase de redressement au cours de laquelle les objectifs sociaux seront délaissés au profit des seuls critères de rentabilité. Le cas échéant, l'Etat va se désengager progressivement en cessant de combler les déficits éventuels. Malgré tout, « *cette politique de privatisation, entamée en 1986 et poursuivie depuis lors, laisse cependant subsister un important secteur public dans notre économie. L'Etat continue à détenir ou à contrôler des entreprises publiques ou des établissements de statut très divers, mais où il exerce, directement ou indirectement, une influence dominante* »[110].

On peut avoir une idée de l'apport des revenus des valeurs mobilières et des privatisations d'entreprises à travers les évaluations de recettes pour les années 2009 et 2012 : les revenus des valeurs mobilières, titres divers, portefeuille ont fait l'objet en 2010 d'une prévision de 19 500 000 000 F. CFA contre une inscription de 21 000 000 000 F. CFA en 2009. Et la privatisation de la SOTELMA a permis à l'Etat malien de bénéficier de près de 180 milliards de francs CFA en 2009.

2) L'importance des autres types de recettes

Classés dans la nomenclature des recettes sous la rubrique « Recettes non fiscales », ces autres types de recettes proviennent des recettes pour

---

[109] Christian ROMAIN, *25 mots clé de l'économie et de la gestion.* 1995, Marabout, Alleur (Belgique), p. 203.

[110] Michel BOUVIER, Marie-Christine ESCLASSAN, Jean-Pierre LASSALE, Finances Publiques, 9e édition 2008.L.G.D.J. Lextenso éditions, p.105.

services rendus et des recettes diverses. Il s'agit en général de l'ensemble des produits provenant de l'exploitation du domaine immobilier et mobilier de l'Etat et des Régions[111]. On peut dire que ces autres types de recettes concernent surtout les taxes parafiscales en dehors des cotisations versées à la Sécurité sociale.

Généralement la taxe parafiscale s'entend comme une taxe perçue dans un intérêt économique ou social au profit d'une personne morale de droit public ou de droit privé autre que l'Etat, les collectivités territoriales et leurs établissements publics administratifs. Nonobstant leur variété, la plupart de ces recettes se classent dans la catégorie appelée couramment « recettes de service ». Aussi, la direction du budget éprouve-t-elle quelques difficultés à les distinguer des impôts, taxes, redevances et prix.

Une telle difficulté conduit à se contenter d'une conception restrictive de la notion de recettes de services qui comporte les recettes de services extraites de diverses administrations (direction des assurances, cartographie générale et cadastre, établissements hospitaliers, services de la télévision et de la radio, direction des mines et de la géologie).

Pour pallier cette difficulté, on s'en remet à la loi constitutionnelle qui dispose que : « *La loi fixe les règles concernant :... le régime d'émission de la monnaie, l'assiette, le taux et les modalités de recouvrement des impôts de toutes natures. La loi de finances détermine les ressources et les charges de l'Etat* »[112]. Ainsi, tout ce que la loi ne considère pas comme impôts doit avoir une autre désignation. Aussi, doivent être considérées comme des recettes non fiscales dans la prévision de la loi de finances 2010 les recettes qui suivent :

En matière de droits et frais administratifs :

- les frais d'édilité ont fait l'objet en 2010 d'une prévision de 100 000 000 F. CFA, contre une inscription de 16 000 000 F. CFA en 2009 ;

[111] Voir loi n° 96-050/AN-RM du 27 septembre 1996.

[112] Voir article 70 de la Constitution de la République du Mali, adoptée par référendum le 12 janvier 1992 et promulguée par décret n° 92-073/ P-CTSP du 25 février 1992

- les établissements hospitaliers ont fait l'objet en 2010 d'une prévision de 61 000 000 F. CFA contre une inscription de 5 000 000 F. CFA en 2009 ;

en matière des amendes et condamnations pécuniaires :

- les frais et amendes judiciaires ont fait l'objet en 2010 d'une prévision de 24 000 000 F. CFA contre une inscription de 10 000 000 F. CFA en 2009 ;
- les amendes arbitrées ont fait l'objet en 2010 d'une prévision de 41 000 000 F. CFA contre une inscription de176 000 000 F. CFA en 2009.

Autres recettes non fiscales :

- les prélèvements honoraires greffiers ont fait l'objet en 2010 d'une prévision de 25 000 000 F. CFA contre une inscription de 4 000 000 F. CFA en 2009 ;
- les recettes diverses ont fait l'objet en 2010 d'une prévision de 1 587 000 000 F. CFA contre une inscription de 963 000 000 F. CFA en 2009 ;
- les autres produits divers ont fait l'objet en 2010 d'une prévision de 382 000 000 F. CFA contre une inscription de 49 000 000 F. CFA en 2009 ;
- les ristournes sur P.M.U. n'ont fait l'objet en 2010 d'aucune prévision contrairement à 2009 qui a enregistré une inscription de 49 000 000 F. CFA ;
- les ristournes du Casino également n'ont fait l'objet en 2010 d'aucune prévision contrairement à 2009 qui a enregistré une inscription de 369 000 000 F. CFA.

Une fois de plus, on pourra conclure, au terme de ces développements que la direction du budget joue le rôle d'aiguillon auprès des autres directions opérationnelles du ministère chargé de l'économie et des finances. Sa fonction est de les inciter à n'oublier aucune recette, aussi minime soit-elle, car « ce sont les petits ruisseaux qui font les grands fleuves ». Cela est vrai pour la gestion du domaine de l'Etat où les bailleurs de fonds ont insisté sur la modernisation du foncier par l'instauration du régime des titres fonciers ou sur la privatisation de sociétés ou entreprises d'Etat déficitaires.

Malheureusement, l'Etat n'arrive pas à veiller rigoureusement sur la cession des biens domaniaux des collectivités territoriales. Or, on constate de plus en plus que des Maires ou d'autres autorités municipales, délictueux peu scrupuleux, s'illustrent à travers des spéculations grotesques. Ils procèdent à des lotissements intempestifs en violation du décret 184 réglementant la matière, sans tenir compte de l'intérêt public et de l'impact environnemental. Si bien que la spéculation foncière a atteint aujourd'hui un niveau dangereux qui menace gravement la paix sociale dans les agglomérations maliennes.

A cause de ces pratiques mercantiles abusives, les collectivités locales ne parviennent pas non plus à percevoir leur part des ressources domaniales. Or, ces collectivités créées dans le cadre de la mise en œuvre de la politique de décentralisation[113], doivent disposer de leurs propres ressources locales. Il s'agit-là sans nul doute de comportements qu'il va falloir changer, mais cela est une autre histoire !

Aussi, pour clore ce chapitre, on doit souligner la nécessité d'apporter des innovations dans les méthodes et calcul de prévisions des différents types de recettes, notamment en matière domaniale. Car, il est paradoxal de constater qu'il est plus facile à la direction du budget d'évaluer avec précision les recettes fiscales et douanières, que les recettes domaniales ou autres types de recettes ; et cela à cause des confusions ou incertitudes qui y règnent tant au plan de la définition des concepts juridiques, qu'au plan des techniques et méthodes de travail.
Les deux sœurs siamoises que sont les directions du budget et des impôts, unies par un seul cœur qui est le fait fiscal, doivent collaborer étroitement, dans les cadrages ordinaires, en vue d'y trouver des solutions nouvelles. C'est cela qui leur permettra de s'approprier des stratégies idoines pour effectuer leurs missions conjointes de prévision des recettes.

Les recettes d'emprunts ou de subventions sont réputées être les compléments des recettes fiscales dans la constitution des recettes

---

[113] Charles EISENMANN, *Centralisation et décentralisation* : «…la décentralisation est l'attribution du pouvoir de décision à une série d'autorités locales, sous le contrôle de l'autorité centrale…, la décentralisation se définirait donc par un double élément : l'attribution du pouvoir de décision à l'autorité locale ; - l'attribution de pouvoir de contrôle – ou tutelle- à l'autorité centrale (ou naturellement, centralisée). Elle impliquerait à la fois des pouvoirs pour l'autorité centrale et des pouvoirs pour l'autorité décentralisée ». LGDJ, 1948, pp. 159 -160.

budgétaires. Ayant fait l'objet de nombreuses désapprobations à travers les différentes conceptions des finances publiques traditionnelles, elles apparaissent aujourd'hui comme des sources très importantes dans le financement des dépenses publiques. Aujourd'hui, elles ont l'avantage d'être établies sur des bases de prévisions fiables, car plus prévisibles à cause des contrats qui peuvent être signés et qui établissent des échéanciers de versement.

Avec les différentes caractéristiques propres à chaque catégorie de ressources budgétaires, on se rend compte que la prévision des recettes est une opération complexe. Cette complexité dépasse le cadre de la simple interaction ou interdépendance entre les différentes directions des services budgétaires concernés, pour prendre en compte de l'environnement économique, politique, social, national et régional et même international. Ainsi, bon gré mal gré les principaux acteurs sont obligés de tenir compte des critères de convergence ou autres exigences normatives de l'UEMOA, la CEDEAO, l'OMC, l'APE, et surtout le FMI et la Banque mondiale.

D'où la nécessité d'avoir un instrument d'analyse et de veille comme la direction du budget pour faire des diagnostics cas par cas. Encore faudrait-il que les différents acteurs communiquent dans la transparence avec la direction du budget, en partageant toutes les informations nécessaires comme l'eau dans un système de vase communiquant ! Cependant, on peut noter que le système des prévisions des ressources budgétaires, à la différence des lois de la physique ou de la biologie, ignore les cas de tension, de conflits ou de dysfonctions. Aussi, la direction du budget arrive-t-elle toujours à jouer son rôle d'instrument stratégique pour guider les principaux acteurs impliqués dans la prévision, même si sa tâche n'est pas très aisée. Mais si la direction du budget joue un rôle important dans la prévision des recettes, celui-ci n'est pas moins important dans l'évaluation des dépenses, c'est-à-dire des dépenses de l'Etat.

CHAPITRE II

LA PRÉVISION DES CHARGES[114] DE L'ÉTAT

« ….. *Depuis la fin de la seconde guerre mondiale, les cadres administratifs et politiques ont pris conscience de la solidarité profonde qui existe entre les activités financières de l'Etat et la vie économique du pays. Aux interventions désordonnées de la puissance publique dans le domaine économique a fait place une utilisation délibérée des moyens d'action financiers de l'Etat : le budget est devenu le principal instrument de réalisation de la politique économique du Gouvernement, car il permet d'orienter l'ensemble de l'activité économique nationale par les moyens non coercitifs que sont les dépenses et les recettes publiques... La liaison, surtout au stade de l'élaboration entre la loi de finances et la politique économique générale constitue, de nos jours, un problème fondamental des finances publiques.* »[115].

A partir de cette citation, il est légitime de s'interroger pour savoir si l'acte d'élaboration de la prévision des charges du budget de l'Etat, qui implique en général l'interaction de plusieurs ministres « dépensiers » avec le ministre chargé des finances, est neutre ? A priori, la réponse serait positive, puisque l'administration[116] publique n'a qu'une mission d'intérêt général à assumer.

---

[114] Il faut souligner ici que l'expression « charges publiques » est synonyme de « dépenses publiques », et que les deux notions sont substituables. Toutefois on peut constater que la notion de « charges publiques » a une connotation économique et que celle de « dépenses publiques » est employée exclusivement dans un sens budgétaire et comptable.

[115] Pierre LALUMIERE : *Les Finances publiques.* Armand Colin, Collection U. 2e édition, 1973, p. 177

[116] Hubert A. SIMON (Prix Nobel) : *administration et processus de décision.* « On présente souvent l'administration comme l'art de « faire les choses ». L'accent est mis sur le processus et les méthodes qui assurent l'efficacité de l'action et on définit les principes qui gouvernent l'action concertée de groupes d'individus…Il est clair que la mission matérielle de mener à bien les objectifs d'une organisation incombe aux personnes situées aux échelons les plus bas de la hiérarchie administrative. En tant qu'objet matériel, l'automobile n'est pas construite par l'ingénieur ou le dirigeant,

Or, suite à WEBER et M. CROZIER, le Professeur E. DIARRA, soutient le contraire en affirmant que : « *L'administration n'est pas neutre* »[117]. Il argumente sa pensée en précisant que le budget, en tant qu'acte juridique et économique, n'est pas simplement une prévision de dépenses et de recettes ou une description des futures activités de la puissance publique. Il est plus qu'un ordre ou une série d'ordres donnés aux services afin de faire certaines choses. Et, certes, le Premier Ministre et le ministre des finances déterminent et font exécuter la loi de finances conformément à l'orientation de la politique économique et financière préalablement définie par le Gouvernement, comme c'était le cas lors de la prévision des recettes. Mais les différentes directions intermédiaires, dont la direction du budget, influencent des ordres et décisions, les orientent dans un sens plus que dans l'autre, comme si elles avaient leur propre logique. Il faut avoir à l'esprit cette disposition en étudiant la manière dont la direction du budget assure ses tâches de prévision des charges publiques. Précisément, les faits attestent que son rôle dans la coordination administrative, de prévision et d'exécution s'est considérablement développé. C'est en se référant à une telle réalité que l'on soutient souvent, que la direction du budget lors de la phase de prévision des dépenses[118] détient la réalité du pouvoir budgétaire plus que tous les autres acteurs (politiques ou administratifs). Ce raisonnement n'est point erroné sous l'angle de l'analyse sociologique de l'organisation administrative. Car une telle analyse ne s'intéresse point à l'organisation formelle, qui est prévue par les textes officiels

---

mais par le mécanicien de la chaîne de montage. Le feu n'est pas éteint par le capitaine des sapeurs-pompiers mais par ceux de ses hommes qui arrosent les flammes. Il est également clair que les personnes situées en amont de ce niveau opératoire de la hiérarchie administrative ne sont pas là simplement en surnombre et qu'elles ont elles aussi un rôle essentiel à jouer dans l'accomplissement des objectifs de l'organisme. Même si, pour autant que l'on s'en tienne aux causes et aux effets matériels, c'est le servant d'une mitrailleuse et non son officier qui participe au combat, il est vraisemblable que l'officier exerce sur l'issue d'une bataille une influence plus grande que celle de n'importe quel mitrailleur. Dans l'étude de l'organisation, l'attention doit être axée sur l'exécutant, car c'est aux résultats de celui-ci que l'on jugera de la réussite de l'administration… ». Economica, pp. 3-4.

[117] Eloi DIARRA : *Les aspects financiers de la Communauté Economique de l'Afrique de l'Ouest (CEAO)*, p. 89.

[118] Erhard FRIEDBERG : *le pouvoir et la règle. Dynamique de l'action organisée.* Editions du Seuil, février 1997. Deuxième édition revue et complétée. Voir aussi le cours de Sophie DANOIS : Formation continue 2e session. Conservatoire National des Arts et Métiers. Session 2004-2005, p.6.

pour justifier le titulaire du pouvoir. Elle conçoit le pouvoir comme la capacité dont disposent certaines personnes ou certaines structures d'exercer une influence sur les autres acteurs, au cours des relations[119] qui se créent entre eux lors du processus de collaboration.

Le pouvoir de la direction du budget évoqué ici, n'est donc que le reflet de l'importance du rôle qui lui est dévolu dans l'élaboration de la loi de finances de l'année. Elle y assume une grande responsabilité du fait que la préparation du budget repose à la fois sur un processus technique et politique éminemment complexe. Il s'agit d'un processus linéaire permettant d'opérer des choix à travers une chaîne de décisions selon des techniques requises.

L'élaboration de la loi de finances peut se résumer en trois phases :

1) une longue phase d'élaboration ou préparation autonome permettant aux principaux acteurs de concevoir leur dossier de janvier à juillet. Cette phase se déroule en deux étapes entre janvier et juillet. La première étape se déroule de janvier à juin. Elle est marquée par le rapport annuel de la mise en œuvre du budget-programme ; l'élaboration du cadrage macro-économique, l'actualisation du cadrage budgétaire à moyen terme (CBMT) et du cadre de dépenses à moyen terme[120] (CDMT) sectoriel. Cette phase s'achève en mai avec la préparation de la lettre circulaire et la revue

---

[119] Gérard BERGERON, *Fonctionnement de l'Etat* : « La définition classique qu'en a donné le sociologue allemand a été reprise par d'autres avec différentes modifications terminologiques qui n'ont guère enrichi la notion. Selon Weber, dans la relation sociale, il y a une pluralité d'acteurs dont le comportement, en ce qu'il a de significatif, montre que l'action de chacun *tient compte* de celle des autres et *s'oriente* ainsi en conséquence. Il en résulte — et c'est ce en quoi consiste entièrement et exclusivement la relation sociale – une *probabilité* qu'il y aura, en un sens significativement compréhensible, un *processus d'action sociale*. D'autres acteurs au lieu du concept d' « orientation», se servent de celui faible et plus ambigu d' « influence », ou de celui d' « ajustement», qui, en anglais a un sens moins arbitral ou conciliateur qu'en français. D'autres encore insistent sur les éléments d' « atteinte», de « réponse», etc....». Seconde édition. Librairie Armand Colin, 1er trimestre 1969, p. 28

[120] Il faut préciser que l'expression Cadre de dépenses à moyen terme (CDMT) ne relève pas d'une invention de la Direction du budget, mais plutôt d'une démarche comptable conçue par la Banque mondiale sous l'appellation anglaise de *Medium TermExpenditures Framework* (MTEF). Le CDMT s'inscrit dans la nouvelle dynamique des réformes budgétaires visant à plus de transparence dans le choix des décisions budgétaires.

des programmes sectoriels de chaque département ministériel ou institution mai-juin. La deuxième étape concerne à la fois le rapport de mise en œuvre du CSLP, l'élaboration des budgets-programmes sectoriels, l'élaboration des avant-projets de budget comptable, le dépôt à la DGB des projets de budget comptable et des budgets-programmes, la centralisation et examen des projets de budget par les commissions techniques de la DGB pour vérifier la qualité et l'exactitude des informations. Cette phase se déroule de juin à juillet ;

2) une phase de discussions et de négociations contradictoires entre les services du Ministre chargé des finances et les services des ministre s demandeurs de crédits ; cette phase rappelle parfois un combat de taureaux dans une arène ; elle se conclut toujours par un arrangement. (juillet-août). Cette phase est dominée par les arbitrages. Elle débute en juillet avec les arbitrages techniques à la direction générale du budget (DGB) et à la direction nationale de la planification du développement (DNPD), pour déterminer les allocations budgétaires sur la base des CDMT validés par le ministre des finances. Elle s'achève en août avec l'arbitrage politique du ministre des finances.
3) Enfin, la phase de finalisation du projet de loi de finances et de ses annexes à la direction du budget, qui sera suivie de son adoption par le conseil des ministres, avant son dépôt à l'Assemblée nationale pour adoption. Cette phase se déroule d'août à octobre.

Au regard du déroulement du processus ou calendrier d'élaboration de la loi de finances au Mali, on peut utilement recourir aux concepts de la sociologie tels que ceux de « la théorie des systèmes »[121] pour cerner au mieux le rôle de la direction du budget.

En effet, l'élaboration de la loi de finances s'identifie à un système. Elle rassemble un ensemble d'institutions, de procédures, des

---

[121] Jean CARBONNIER, *Sociologie juridique* : « Cependant, si l'expression de *système juridique* devait être un simple synonyme pour *droit objectif* ou *droit positif*, son intérêt serait médiocre. Il faut avoir égard à l'idée qu'elle recouvre, qui est une idée importante : savoir, qu'un droit est un *ensemble*, que ses éléments composants (on pense surtout aux règles et aux institutions), loin d'être rassemblés fortuitement sont liés entre eux par des rapports nécessaires ». Quadrige, Presses Universitaires de France, 1978, Thémis-Droit, p. 346.

administrations et des informations. On peut lui appliquer la conception de Erhard FRIEDBERG qui affirmait que : « *tout le phénomène social peut être analysé comme le produit des comportements d'un ensemble d'acteurs qui sont liés entre eux par de l'interdépendance stratégique et dont les interactions renvoyant les unes aux autres forment un système et obéissent à un ordre local, celui-ci étant entendu comme la règle ou la régulation* ». C'est dans ce cadre qu'on peut chercher à définir le rôle de la direction du budget, organisation conçue par le système financier national pour s'occuper de la prévision des recettes et aussi de la prévision des dépenses à inscrire dans la loi de finances[122]. Dans cette optique, la notion constitutionnelle de charges publiques s'exprime mieux avec l'expression de « dépenses publiques », quand bien même qu'il a été prouvé[123] que la notion de charges publiques est plus ancienne que celle de dépenses publiques. Dès lors, on comprend la prévision des charges de l'Etat comme l'ensemble de ces dépenses. Les dépenses revêtent un caractère impératif et obligatoire pour le Gouvernement qui doit les couvrir inéluctablement dans le sens de l'intérêt général.

De nos jours, les prévisions de dépenses sont conçues selon un modèle performant de budgets-programmes axés sur les résultats, avec des

---

[122] Le Gouvernement du Mali, en rapport avec ses Partenaires techniques et financiers, a mis en place un système de suivi/évaluation des projets-programmes et des projets sectoriels basé sur l'organisation de revues.
Aussi, est-il organisé au niveau des départements ministériels, les revues des projets-programmes, les revues des budgets-programmes, les revues sectorielles, entre autres. Toutes ces revues ont pour objet le suivi et l'exécution des politiques de développement. Leurs conclusions, particulièrement celles relatives aux revues sectorielles, servent de documents de base pour la revue du CSCRP qui se tient une fois par an (au mois de juin au plus tard) et dont les conclusions et recommandations servent à alimenter le processus de préparation de la loi de finances. Voir *lettre du ministre de l'Economie et des Finances* du 24 février 2012 ayant pour objet : Canevas et Planning d'organisation des revues des projets-programmes et budgets-programmes et des revues sectorielles.

[123] L'ancienneté de la notion de charges publiques remonte à Gaston JEZE qui avait écrit « il y a des charges publiques, il faut les couvrir », bien que le décret du 31 mai 1862 faisait référence aux « dépenses publiques ». Aussi le Conseil d'Etat a-t-il posé dans le célèbre arrêt *Couitéas* (du 30 novembre 1923, rec. p. 789, GAJA, 13e édition. Dalloz, 2001, p. 260.) le principe d'égalité devant les charges publiques avant même que le principe de l'égalité devant l'impôt ne soit consacré par l'arrêt *Guiyesse* (du 4 février 1944, rec.,p. 45, RDP 1944, p.158, concl. Chenot, note JEZE).

techniques plus sophistiquées qui tiennent surtout compte des programmes et des missions. Etant un instrument du Gouvernement, la direction du budget est tenue de procéder à une synthèse entre des priorités souvent contradictoires affichées dans les politiques publiques ou de l'Etat.

Il faut rappeler que ces politiques doivent concourir à la satisfaction de l'intérêt général, au bien-être des citoyens et à lutte contre la pauvreté[124]. La vieille classification [125]budgétaire par fonctions, qui permet de faire la distinction entre fonctions administratives, action culturelle et sociale et action économique rend compte de la diversité de l'intérêt général à satisfaire. Elle nous servira comme schéma de base pour évoquer le rôle de la direction du budget dans la prévision des dépenses des pouvoirs publics (section I), dans la prévision des dépenses pour assumer les fonctions tutélaires (section II) et enfin, le rôle de la Direction dans la prévision des dépenses relatives aux politiques économiques de l'Etat (section III).

---

[124] TEVOEDJRE Albert, *La pauvreté richesse des peuples*. « Vaincre l'exploitation et la misère. La révolution industrielle, en permettant de créer indéfiniment des biens nouveaux grâce à la science, à l'énergie et aux machines, a pu faire penser que l'enrichissement indéfini était possible pour tous à plus ou moins long terme. La croyance en un progrès par la richesse a donné l'illusion que la modernisation et une 'saine pauvreté' étaient des modèles de vie dépassés... Parmi eux aussi se trouve Charles Fourier, qui constate justement dans Le Nouveau Monde industriel et sociétaire : 'On a si bien reconnu ce cercle vicieux de l'industrie que, de toutes parts, on commence à suspecter, et s'étonner que la pauvreté naisse en civilisation de l'abondance même'... ». Editions Economie et humanisme, Les éditions ouvrières, Paris, 1978, pp. 24 ; 25 ; 29.

[125] La première classification des charges publiques dépend de la considération aux personnes ou organismes publics chargés d'une mission de service public, permettant de les mettre en œuvre. Il peut s'agir de l'Etat avec des organismes divers d'administration centrale, ou des administrations publiques locales comme les collectivités locales, les établissements publics industriels et commerciaux ou des organismes divers d'administration locale. Aussi constate-t-on que les dépenses publiques se prêtent à plusieurs classifications, comme la classification selon la nature (économique) de la dépense, permettant de distinguer les dépenses: de fonctionnement, d'investissement (en capital), dépenses de transferts (sociaux ; économiques, éducatifs et culturels.. .)

Section I : La Direction du budget et la prévision des dépenses des pouvoirs publics

On entend par pouvoirs[126] publics l'ensemble des autorités qui déterminent la conduite de l'Etat. Selon Vincent DUSSART : « *La locution pouvoirs publics est une expression particulièrement vague, employée dans le langage commun comme synonyme de l'Etat, du Gouvernement ou encore parfois d'Administration au sens large. Elle désigne selon Olivier Duhamel, « au sens large et indifférencié, l'ensemble des organes de l'Etat, tous ceux qui sont susceptibles de prendre une décision politique*[127] ».

La brièveté de cette définition apparaît bien dans les propos de R. CARRE de MALBERG qui suivent : « ... *En ce qui concerne l'organisation des pouvoirs publics, elle pousse le laconisme jusqu'à négliger complètement l'un d'eux, le pouvoir judiciaire, dont elle ne dit pas mot. Et même quant aux organes ou autorités qu'elle institue, Chambre des députés et Sénat, Assemblée nationale, Président de la République, ministre s et Conseil des ministre s, elle se borne à fixer leur mode de nomination et à régler à grands traits leurs attributions respectives et leurs relations réciproques ;* ... ».[128] A travers l'étude des dépenses des pouvoirs publics ou de souveraineté, nous comptons fusionner à la fois les fonctions des pouvoirs[129] publics et des administrations, ainsi que celles de Défense et de Sécurité. Dans la

---

[126] Maurice HAURIOU, *Précis de droit administratif et de droit public* : « Si MM. Jèze et Duguit parlent tranquillement du « pouvoir » ou de la « force gouvernante », c'est que, pour eux, qui sont réalistes, le pouvoir n'est pas une notion juridique, le pouvoir n'est qu'une force, la plus grande force. Des faits, rien que des faits ! Pas de mysticisme ! Le pouvoir, qui intervient pour l'opération du service public ou pour la modification de l'organisation de celui-ci, n'est donc, par lui-même, que force pure ». 12e édition, Sirey 1963, p .XII.

[127] Voir sur ce point, DRUESNE (G), *Réflexion sur la notion de pouvoirs publics en droit français*, R.D.P, 1976, p. 1149.

[128] R. CARRE de MALBERG, *Contribution à la théorie générale de l'Etat. Tome II.* Les Editions Sirey. Réimpression des Editions du Centre National de Recherche Scientifique (C.N.R.S) 1962, p. 576.

[129] G.W.F. HEGEL, *Principes de la philosophie du droit* : « Les affaires et les pouvoirs particuliers de l'Etat n'ont de subsistance par soi et de solidité ni pour soi, ni dans la volonté particulière d'individus, mais au contraire leur racine ultime dans l'unité de l'Etat en tant qu'elle est leur soi simple [:] la *souveraineté* de l'Etat constitue ces deux déterminations ». Quadrige/P.U.F.1e édition, 2e tirage 2011, mars, p. 374.

logique de la direction du budget, par « Pouvoirs publics » il faut entendre les huit institutions constitutionnelles que sont au Mali : La Présidence de la République, le Gouvernement, l'Assemblée nationale, la Cour constitutionnelle, la Cour suprême, le Haut conseil des collectivités, le Conseil économique, social et culturel et la Haute cour de justice qui figure dans toutes les Constitutions postindépendances mais qui n'a jamais fonctionné. Ensuite, il faut ajouter toutes les administrations territoriales, financières, y compris la justice et les affaires étrangères.

Par contre, pour l'enseignant qu'était Charles FOURRIER, « *une dépense publique est l'emploi d'une somme d'argent par une personne publique à une fin d'intérêt public. Mais le plus souvent, lorsqu'on parle de dépenses publiques, on vise les dépenses de la personne publique d'Etat....* »[130]. Cette citation met l'accent sur la spécialité de la dépense publique qui est une caractéristique fondamentale des finances de l'Etat. Rappelons que les mécanismes financiers de l'Etat ont toujours été dominés par les structures économiques, politiques et sociales au sein desquelles ils fonctionnent. C'est pourquoi il existe un ensemble d'interactions entre le système financier et son environnement. Les décisions émanant du système financier exercent aussi, en sens inverse, une action visible sur les autres systèmes. On va s'en rendre compte en étudiant la tâche de la direction du budget dans l'évaluation des dépenses des pouvoirs publics qu'on pourrait aussi assimiler aux dépenses de souveraineté. Cette évaluation s'inscrit dans le cadre de la loi n° 96-060 du 4 novembre 1996 qui met l'accent sur la spécialité des crédits et du décret n° 03-163/P-RM du 16 avril 2003 fixant la nomenclature budgétaire des finances publiques maliennes. Cependant, il faut aussi prendre en compte le cadre des dépenses à moyen terme (CDMT) et le Cadre stratégique de lutte contre la pauvreté (CSLP) qui déterminent aussi une part de la nomenclature des dépenses. On s'aperçoit alors que le pouvoir de prévision ou d'évaluation des dépenses des pouvoirs publics par la direction du budget a évolué dans le temps, en fonction de l'évolution du système politique malien, selon qu'on est dans la période allant de 1960 à 1991 (Paragraphe I) ou dans la période postérieure à cette date (Paragraphe II).

---

[130] Charles FOURRIER : « *Finances Publiques du Sénégal* ». Editions A. PEDONE. Paris 1975. Page 171.

Paragraphe I : La prévision des dépenses de souveraineté entre 1960 et 1991

Considérée comme un maillon essentiel du système administratif et financier, la direction du budget est le noyau dur de la prévision des dépenses dites de souveraineté. Pour cela, elle apparaît dans toute sa splendeur de technostructure[131], c'est-à-dire une haute administration qui participe à l'exercice du pouvoir. En se référant à l'évolution historique des finances publiques, on peut dire que les dépenses de souveraineté répondent aux caractéristiques de l'Etat gendarme, comme le remarque Sanoussi TOURE[132] qui, dans son ouvrage, décrit "*le faible montant* (des dépenses) *des relations extérieures (1,69%) et de la Défense et sécurité (9,22%)*". Si dans un premier temps, elles sont faibles, elles connaissent cependant vers la fin de la période un accroissement remarquable. Avant d'établir les évaluations qu'en a dressées la direction du budget **(B)**, il importe d'en présenter les caractéristiques **(A)**.

A –Les caractéristiques des dépenses de souveraineté sur la période

Le Mali a connu deux périodes de parti unique : entre 1960 et 1968 d'une part et entre 1979 et 1991 d'autre part. Sur le plan financier, on peut observer qu'elles sont marquées par des dépenses de souveraineté souvent réduites, même si, sur les mêmes périodes le Mali a dû faire face à des guerres locales[133] ; or l'on sait que la guerre provoque

---

[131] Pour GALBRAITH, la technostructure désigne le pouvoir des techniciens, détenu par l'oligarchie des directeurs ou managers, qui sont des spécialistes qualifiés pour résoudre les problèmes complexes de prévision et de gestion posés dans les différents rouages de l'Etat moderne. Ainsi, GALBRAITH (auteur de l'ouvrage :Le nouvel Etat industriel) partage la thèse émise par BURNHAM dans son ouvrage « L'ère des organisateurs », selon laquelle le pouvoir est désormais aux mains d'une oligarchie de directeurs ou de managers , c'est-à-dire de ceux qui « dans la société contemporaine dirigent véritablement, du point de vue technique, le travail de la production, peu importe la forme juridique ou financière de l'affaire, qu'elle soit individuelle, en société gouvernementale» (p. 88)

[132] Sanoussi TOURE, *Le budget du Mali sa conception ses fonctions*, éditions Jamana, 3e trimestre 1994, Bamako, p. 53.

[133] Il s'agit de la guerre contre la première rébellion des Touaregs entre 1962 et 1963 ; de la guerre de 1973 contre le pays voisin qu'était la Haute-Volta, et contre le même

toujours une forte hausse de la dépense publique. Malgré cela, la croissance des dépenses des pouvoirs publics ou de souveraineté à été relativement modérée.

1) La notion de souveraineté

"*On verra, en l'étudiant, que la souveraineté est l'attribut de la collectivité qui n'est liée par aucune règle supérieure, ou comme disait Bodin « qui ne tient rien d'autrui ». Dans ce sens, la souveraineté a un caractère absolu ou, mieux encore, superlatif, et c'est bien sur ce caractère que se construit la théorie de l'Etat, pour assurer son indépendance et sa liberté d'action... Si nous insistons pourtant sur l'idée de souveraineté, dans l'étude des institutions financières, c'est parce que cette notion a conservé, dans ces matières, un caractère plus absolu que partout ailleurs... Les institutions financières nationales sont donc fondées sur l'idée d'une souveraineté parfaite*"[134]. La prévision des dépenses dédiées à la couverture des politiques publiques de souveraineté[135] permet ainsi de constater la complexité du rôle de la direction du budget dans la réalisation des politiques publiques. En effet, cette direction qui incarne le sous-système financier est partagée entre deux postulats simultanés : obéir à la rationalité du système [136]

---

en 1980, alors qu'il était devenu le Burkina-Faso et enfin, à partir de 1989 contre une nouvelle rébellion touarègue qui ne sera éteinte qu'après 1991.

[134] Précis DALLOZ, *Finances Publiques*. Editions 1963, p. 67.

[135] Martin BLEOU, *Cours de Droit constitutionnel* : « L'élément politique : la souveraineté. Elle est le troisième élément constitutif de l'Etat. C'est en effet le pouvoir au-dessus duquel il n'y a pas d'autres pouvoirs. C'est le pouvoir qu'a la collectivité considérée de témoigner d'elle-même, c'est-à-dire de n'être soumise à aucune puissance extérieure. C'est le pouvoir de disposer de soi. La souveraineté ainsi définie est plénitude et exclusivisme : plénitude, car la collectivité étatique exerce tous les pouvoirs de l'Etat aussi bien à l'intérieur qu'à l'extérieur ; exclusivisme, car cela exclut l'intervention de toute autre puissance extérieure dans les affaires de l'Etat considéré. Positivement, la souveraineté se traduit pour l'Etat dans le pouvoir de commandement, c'est-à-dire dans le pouvoir d'édicter des règles, des ordres auxquels les gouvernés doivent obéir. Cela s'exprime également par le pouvoir de contrainte, pouvoir qu'a l'Etat de recourir à la force pour faire respecter ses décisions en cas de résistance ou de désobéissance ». Cours non édité de D.E.A. en 2000, à la Faculté des Sciences juridiques et Economiques de l'Université Bamako.

[136]Charles FOURRIER : *Finances Publiques du Sénégal.* « Certes, le système financier est toujours un sous-système du système politique. Procédant de la souveraineté de l'Etat-pouvoir avec la mission de gérer les deniers et structuré à

économique et se plier aux exigences et contingences du système politique, postulats que la direction se doit de concilier dans les propositions qu'elle est conduite à formuler. D'une part, la prévision, en tant qu'acte administratif et financier, doit puiser les ressources ou moyens financiers de « *l'économie réelle* », d'autre part, la prévision des dépenses s'avère comme un acte politique, nécessitant un choix, c'est-à-dire un tri entre plusieurs possibilités. Et ce choix n'est pas toujours facile. Il est très délicat lorsqu'il s'agit de dépenses à incidence économique, il est plus aisé lorsqu'il s'agit du fonctionnement des institutions publiques, surtout les institutions de souveraineté.

2) Les fonctions ou administrations concernées par ces dépenses

Par dépenses de souveraineté, on entend les dépenses de commandement, d'autorité, en un mot des dépenses nécessaires à l'exercice du pouvoir, lequel permet de distinguer l'Etat et les collectivités publiques des personnes privées.

Dans la structure budgétaire malienne, il n'existe pas une rubrique spéciale appelée « *dépenses de souveraineté* »[137]. Mais en y regardant de près, la répartition fonctionnelle des dépenses du budget permet de lire successivement sur les trois premières colonnes, dans l'ordre, les pouvoirs publics et l'administration générale. Les dépenses de souveraineté couvrent donc généralement les domaines suivants : les affaires étrangères, la défense nationale, la sécurité intérieure, l'administration territoriale et des collectivités locales, la justice, le

---

l'intérieur de l'administration de l'Etat, il ne saurait en être autrement dès lors qu'existe l'Etat tel que l'a forgé le XVIe siècle avec son territoire clos de frontières précises, sa population ou nation et son pouvoir d'Etat. La finalité du système financier est donc, en ce cas, subordonnée à la finalité du système politique dont il fait partie et constitue l'un des moyens de cette finalité ».Ed. Pédone, Paris, 1975, p. 5.

[137] A travers les dépenses de souveraineté, comme indiqué précédemment en début de section, nous comptons fusionner à la fois les fonctions des pouvoirs publics et administrations, ainsi que celles de Défense et de Sécurité. Par Pouvoirs publics, il faut entendre les huit institutions constitutionnelles que sont : La Présidence de la République, le Gouvernement, l'Assemblée Nationale, la Cour Constitutionnelle, la Cour Suprême, le Haut Conseil des Collectivités, le Conseil Economique, Social et Culturel et la Haute Cour de Justice qui figure dans toutes les Constitutions postindépendances mais qui n'a jamais fonctionné. Ensuite il faut ajouter toutes les Administrations territoriales, Financière, y compris la justice et les affaires étrangères.

travail, la fonction publique et la réforme de l'Etat, la gestion des finances publiques et de l'économie nationale. Ces fonctions sont considérées, en Droit constitutionnel, comme faisant partie des domaines régaliens de l'Etat, relevant donc de sa souveraineté. Le pouvoir d'Etat est caractérisé par deux traits : un pouvoir de commandement et de sanction, et « le monopole de la violence légitime », selon Max WEBER[138]. Au service de ce pouvoir d'Etat, la direction du budget apparaît comme un instrument politico-administratif dont la mission, sur le point qui nous intéresse, est de mettre à la disposition des institutions publiques les moyens financiers leur permettant de sauvegarder la souveraineté. C'est pourquoi certains acteurs affirment que la direction du budget est la maîtresse de l'administration[139].

B) L'évaluation des dépenses par la Direction du budget sur la période retenue

Les dépenses de souveraineté ont connu une évolution plutôt lente entre 1960 et 1981 **(1),** avant de connaître une certaine hausse **(2).**

1) Une certaine léthargie

Peut-être que les pouvoirs publics s'estimant bien ancrés dans l'opinion nationale, ils n'avaient pas éprouvé le besoin de doter l'Etat de moyens humains et matériels importants pour pouvoir résister aux tentations de révoltes ou de manifestations. Ou bien tout simplement, parce que les autorités nationales estimaient qu'il était préférable d'investir davantage dans le développement économique que dans le développement de l'administration. Cette deuxième hypothèse semble

---

[138] Voir Max WEBER, *Le savant et le politique*: Selon cet auteur, l'Etat, est un groupement de domination politique « *de caractère institutionnel* », c'est-à-dire que ses gouvernants revendiquent avec succès « le monopole de la violence physique légitime ». 10/18. Tirage mai 1995, p. 125.

[139] Jacques CHEVALLIER, Danièle LOSCHAK, *Science administrative* : L'administration coûte chère. Dans tous les pays les dépenses globales effectuées par l'ensemble des agents économiques…Mais la plupart ont pour objet de permettre le fonctionnement des services auxquels il faut fournir les moyens de payer le personnel qu'ils emploient et de se procurer les équipements de toute sorte qui leur sont nécessaires… », op. cit. p.453

la plus plausible. C'est avec ce prisme qu'on peut lire les chiffres évoqués ci-après.

Ainsi, à titre d'exemple, le budget du Soudan, membre de la Fédération du Mali, à l'indépendance en 1960, était estimé à 6 milliards de francs CFA. Dans ce budget les dépenses des affaires étrangères représentaient 1,69% et celles de la défense revenaient à 9,22% ; les autres ministères, l'administration générale, le Gouvernement du Soudan, l'Assemblée soudanaise et les autres institutions ont bénéficié de 27,75% du montant de ce budget.

En 1961 le budget d'Etat était arrêté à 11,7 milliards. L'armée malienne était créée cette année-là et les anciens services fédéraux ont été nationalisés, suite à l'éclatement de la Fédération du Mali. Du coup, les allocations des budgets cités, en pourcentage, étaient : affaires étrangères : 5,36% ; défense et sécurité : 18,45% ; pouvoirs publics et administration générale : 12,50%.

Le budget de 1964-1965 a servi d'instrument pour permettre à l'Etat de mettre à la retraite d'office tous les agents fonctionnaires âgés de cinquante-cinq ans. La conséquence s'est traduite par une réduction des dépenses de fonctionnement et en particulier des pouvoirs publics et d'administration générale.

Le budget de 1966/1967 a été celui qui a expérimenté, pour la première fois, le modèle de budget « d'Etat-Providence »[140]. En outre il a apporté deux innovations particulières à savoir l'extension de l'exercice budgétaire du 1er juillet au 30 juin et la modification de la vocation de l'armée « de métier » vers celle d'armée « de production ». Il faut entendre par là qu'elle devait devenir une actrice prête à agir sur tous

[140] Didier RENARD : « *Les trois naissances de l'Etat-providence* » : « *Tous les Etats développés sont des Etats-providence, au sens que donnait à ce terme Asa Briggs (dans son livre : The Welfare State in Historical Perspective. Voir, Archives européennes de sociologie, 191, p.228) en 1961 : des Etats où garantir les individus contre la pauvreté, où les prémunir contre les conséquences de certains risques sociaux sont d'une manière ou d'une autre des objectifs de gouvernement...L'Etat-providence en lui-même, donnée empirique représentée, est cette entité qui dans la description de la comparaison des situations nationales estompe les diversités au profit de l'unité...* ».Revue POUVOIRS, Edition Seuil 1994, p.19.

les fronts de développement, surtout dans le domaine agricole. Ces décisions ne faisaient que refléter les orientations révolutionnaires des dirigeants de l'époque, formés aux idéologies progressistes, chinoises soviétiques ou cubaines. En tout cas, la volonté d'organiser une armée de production, et non une armée prétorienne au service exclusif de la défense du territoire national. Ces décisions ont eu pour conséquence d'augmenter de façon sensible les dépenses de l'armée.

C'est en 1969 que l'expression « loi de finances » [141]a remplacé celle de « budget » et c'est à cette date que l'augmentation des dépenses de souveraineté a été impressionnante. Ainsi, la loi de finances de 1969 qui était de 15.911.000.000 francs maliens avait consacré 13,67% de ce montant aux dépenses de « Défense et de Sécurité ».

Les lois de finances de 1974 à 1976 ont vu s'accroître les montants consacrés aux fonctions « Défense », « Pouvoirs Publics » et « Administration générale » par la prise en compte des activités du parti unique de droit appelé UDPM[142].

D'autres difficultés conjoncturelles comme le ridicule conflit frontalier Mali-Burkina pour une bande de terre et les effets de la sécheresse de 1973, ont aussi contribué à gonfler les dépenses de souveraineté de cette période. Selon certains témoignages, la fonction de « Défense » a coûté au budget de l'Etat des dépenses élevées à 17, 62% de son montant représentant l'augmentation des effectifs de l'armée[143], de la police et de la gendarmerie.

---

[141] Sanoussi TOURE : *Le Budget du Mali- sa conception ses fonctions*, Ed. Jamana. 3e Trimestre 1994 évoque la « loi de Finances au lieu du budget depuis l'ordonnance d'avril 1969 » en p. 95.

[142] UDPM : Union Démocratique du Peuple Malien, légalisé par la Constitution de 1974 et dont le premier Congrès s'est tenu en 1979.

[143] John Kenneth GALBRAITH, *Pour une société meilleure* : « Le pouvoir des militaires- qui se traduit par leur capacité à exprimer leurs besoins et à recevoir les financements exigés – est encore plus évident dans le cadre des instances législatives. A ce niveau, le budget militaire est, à quelques détails mineurs près, automatiquement voté et ce, du moins à l'heure où nous écrivons ces lignes, en forte croissance. On considère même que le détail de certaines dépenses militaires – opérations de renseignements, armement sophistiqués – n'a pas à être révélé la plus grande partie des membres du corps législatif. »,op. cit, p.114.

2) L'amorce d'une croissance

L'augmentation des dépenses de la rubrique « Pouvoirs publics » et « Dépenses de souveraineté » a connu une poussée brutale en 1982. Celle-ci se justifiait surtout par le démarrage officiel des activités du parti unique, l'UDPM, de son Bureau exécutif central (BEC), de ses organisations affiliées, celles des femmes et des jeunes, le financement de son premier congrès ordinaire, la mise en place des institutions de la deuxième République, l'organisation des élections législatives et présidentielles, l'installation de la nouvelle Assemblée nationale et du Conseil économique, social et culturel.

La croissance des dépenses des pouvoirs publics et d'administration générale resteront néanmoins dans les proportions atteintes à cette époque jusqu'en 1991, date à laquelle, suite à une révolution populaire, le régime de parti unique va sombrer et être remplacé par une démocratie pluraliste.

Paragraphe II : L'évaluation des dépenses de souveraineté sous le régime démocratique et pluraliste

Il s'agit de la période qui va de 1991 à 2012[144]. Elle est marquée par une croissance très importante des dépenses de souveraineté, tant en montants bruts qu'en pourcentage dans les dépenses publiques. Quelles en sont les raisons ou explications ou si l'on préfère quels caractères du régime démocratique expliquent que les dépenses de souveraineté soient des dépenses importantes.

La démocratie emporte-t-elle automatiquement que les dépenses de souveraineté connaissent une croissance ? On pourrait se poser la

[144] On est malheureusement obligé de s'en tenir à cette date, dans la mesure où le coup d'Etat du 22 mars 2012 a perturbé totalement le fonctionnement des institutions. Il a été suivi d'une occupation du territoire national par des mouvements indépendantistes ou islamiques (Ansar Dine, Al Qaïda au Maghreb islamique – AQMI-, le Mouvement pour l'Unicité et le jihad en Afrique de l'Ouest – MUJAO). Aussi, il est difficile de prédire l'avenir financier du pays.

question. En tout cas, après avoir exposé les explications de la hausse **(A)**, on présentera, dans le cas du Mali, l'évaluation de ces dépenses que la direction du budget a dû accepter d'inscrire dans les projets de lois de finances entre 1991 et 2012 **(B)**.

A – Les explications des évaluations à la hausse ou les caractères du régime démocratique au regard des dépenses de souveraineté

Le Mali, jusqu'en 1991, n'avait jamais connu de régime démocratique. En 1960, après la rupture de la Fédération du Mali, le pays avait opté, comme nombre d'Etats africains, pour un régime socialiste, doté d'un parti unique. Il en résultait que les institutions représentatives étaient peu nombreuses, même si la constitution adoptait un certain nombre de règles issues de la constitution française de 1958. En 1968, un coup d'Etat fomenté par des militaires renverse le régime civil. Ils instaurent un régime d'exception jusqu'en 1979, date à laquelle ils « civilisent »[145] leur régime ; ils ne seront renversés que par la révolution populaire achevée par un coup d'Etat militaire de mars 1991.

Après les évènements de 1991, le Mali se dote d'une nouvelle constitution, celle du 25 février 1992. Celle-ci se veut démocratique et multiplie les institutions de représentation de la société ou de protection des droits de l'homme. Ainsi, dès l'article 25 de la constitution, il est énuméré les huit (8) institutions de la 3eRépublique : le Président de la République, le Gouvernement, l'Assemblée nationale, la Cour suprême, la Cour constitutionnelle, la Haute Cour de justice, le Haut Conseil des collectivités territoriales, le Conseil économique, social et culturel. A celles-ci vont s'ajouter des autorités administratives indépendantes telles que le Médiateur de la République, le Vérificateur général ou la Commission électorale nationale indépendante (CENI). Des structures sont intervenues pour veiller à l'indépendance des médias d'Etat au moment des consultations électorales, tel le Comité

---

[145] Ce terme a été souvent utilisé par les politistes dans cette période pour désigner le fait, pour des militaires qui ont usurpé le pouvoir par la force d'organiser des élections auxquelles sont associés des civils et de mettre en place les structures habituelles d'une démocratie, à savoir une assemblée nationale, un gouvernement composé avec des civils qui fournissaient souvent le Premier Ministre , même si le chef de l'Etat demeure un militaire (voir par exemple Comi M. TOULABOR, *le Togo sous Eyadéma*, éd. Karthala, 1986, p. 94, évoque un « régime militaire civilisé »).

d'égal accès aux médias d'Etat. L'organisation juridictionnelle a été également peaufinée pendant cette période, avec la création de tribunaux administratifs, le recrutement de magistrats pour rendre la justice plus opérationnelle. De même, l'administration territoriale a connu un renouveau avec la création de nouvelles régions et de nouveaux départements. Et qui dit démocratie pluraliste dit également des élections à intervalles réguliers, qu'elles soient présidentielles ou législatives. Qu'on le veuille ou non, une telle pléthore d'innovations a un coût.

Le périmètre retenu dans les présentations faites ci-dessous concernera surtout les institutions que nous venons d'énumérer. Mais en matière d'autorités de souveraineté, il faut aussi ajouter tous les ministères qui ont en charge la défense du territoire national, l'administration de son territoire, la sécurité et la protection des citoyens, la représentation du pays à l'extérieur ou le maintien du lien avec les nationaux vivant à l'étranger. Ils seront, en partie, pris en compte.

C'est cet ensemble dont la direction du budget doit, lors de l'élaboration de chaque loi de finances, apprécier les demandes de crédits pour les valider et procéder à leur inscription dans le projet de loi de finances. Cette opération n'est pas anodine, car elle souligne bien le poids de la direction dans l'architecture du Ministère chargé des finances. Son avis ne peut être considéré comme rien ; la direction apparaît comme un vigile qui doit veiller à la sécurité de tous ou plus précisément, ici, à l'harmonie entre les structures ministérielles, à la sécurité financière de la nation, car il faut éviter de « semer l'argent public à tout vent ». Et cela n'est pas rien.

B – L'évaluation des coûts des autorités de souveraineté par la Direction du budget

Il faut rappeler que la direction du budget ne fait pas, comme en matière de recettes, des évaluations ayant la même force qu'en matière de dépenses. En effet, les services utilisateurs des crédits font des évaluations de leurs besoins et ce sont elles qui sont ensuite discutées avec la direction du budget. Il s'agit donc d'une évaluation indirecte, puisqu'elle porte tout simplement sur d'autres estimations faites par les premiers intéressés. Le pouvoir d'appréciation de la direction du budget montre ici toutes ses limites. Aussi, après avoir précisé ce qu'il faut entendre par cette notion d'évaluation indirecte **(1)**, on montrera comment s'est faite l'évolution des dépenses des pouvoirs publics, encore dénommés autorités de souveraineté **(2).**

1) La notion d'évaluation indirecte

L'évaluation indirecte se distingue de l'évaluation directe en ce que celui qui l'effectue n'en est pas l'initiateur, mais dispose juste d'un pouvoir d'appréciation et de décision sur une proposition qui lui est faite.

Le pouvoir d'appréciation de la direction du budget sur les évaluations qui lui sont présentées est plus ou moins important selon les autorités concernées. En effet, au nom du principe de l'autonomie financière de l'Assemblée nationale, la Direction du budget ne fera qu'entériner les montants qui lui seront soumis et qu'elle intègrera tout simplement dans le projet de budget. Il en est de même lorsqu'il s'agit de la Présidence de la République, de la Cour constitutionnelle, du Conseil économique, social et culturel, de la Cour suprême et enfin du Haut Conseil des collectivités (territoriales). Les raisons de sa non-immixtion dans l'appréciation portée par toutes ces autorités sur leurs besoins financiers résident essentiellement dans des facteurs juridiques. Il s'agit du respect que l'administration doit observer dans la séparation des pouvoirs ; il s'agit aussi du respect politique qu'elle doit avoir à l'égard de toutes ces institutions de la République.

En revanche, lorsqu'il s'agit des ministères, qu'ils soient de souveraineté ou non, les pouvoirs d'appréciation de la direction du budget sont plus vastes. Elle discute d'égale à égale avec ces autres administrations et peut donc imposer, avec l'aval du ministre chargé des finances, des réductions aux crédits sollicités par ses collègues. C'est cette marge d'appréciation de la direction du budget qu'il convient de retenir comme étant une évaluation, qu'elle modifie ou qu'elle accepte les propositions financières faites par les services utilisateurs des crédits. Quoi qu'il en soit, que le pouvoir d'appréciation soit restreint ou large, les crédits demandés par les autorités de souveraineté n'ont cessé d'augmenter, et à vive allure, après 1991.

2) L'évolution des dépenses des pouvoirs publics

L'évaluation des dépenses des pouvoirs publics échappe, en grande partie, à l'appréciation de la direction du budget, avons-nous dit. Est-ce la raison pour laquelle l'évolution de ces dépenses, après 1991 s'est faite de façon quasi exponentielle ? Cela peut être une explication à côté de celle de la multiplication des institutions de la République. Ainsi, pour avoir une idée de cette croissance, selon les institutions concernées, il suffit de noter que, entre 1991 et 2012, les dépenses de la défense et des anciens combattants ont été multipliées par 8,76 (soit une croissance en pourcentage de 876 %) ; celles du ministère des affaires étrangères par 10,20 (1020 %) ; celles de l'Assemblée nationale par 13,58 (soit 1358 %), de la Présidence de la République par 43,46 (soit 4346 %) et enfin celles de la Cour constitutionnelle par 43,62 (soit 4362 %).

En valeur absolue, on obtient les chiffres suivants :
en milliers de F. CFA (prévisions en lois de finances initiales)

Pouvoirs politiques	1993	2012
Assemblée nationale	759398	10313476
Présidence de la République	864050	37556036
Cour constitutionnelle	24610	1047562
Affaires étrangères, Maliens de l'extérieur	2793765	28516940
Défense et Anciens combattants	8627000	75629778

Source : Ministère de l'Economie et des finances, Lois de finances 1993 et 2012.

Notons que les rapprochements sont d'autant plus faciles que les ministères ont gardé très souvent la même configuration d'un Président de la République à l'autre.

Les montants tracés dans ce tableau montrent une tendance. En réalité, l'évolution n'est pas linéaire et une institution publique ou un ministère de souveraineté peut voir ses crédits augmenter subitement et baisser tout aussi drastiquement, sans qu'il ne s'agisse d'une réduction de ses compétences ou de son champ d'action. Ces mouvements s'expliquent par le fait qu'on inscrit au titre de toute institution ou de tout ministère de souveraineté l'ensemble des charges qui sont les siennes, tant les dépenses de fonctionnement que les dépenses d'investissements.

Ainsi, par exemple, de la Primature : en milliers de F. CFA

2000	2001	2002	2007	2012
2721137	16400469	21184909	8349379	5936191

Source : Ministère de l'Economie et des finances, Lois de finances, 2000, 2001, 2002, 2007 et 2012.

En prenant ainsi 2000 comme l'année de référence, le budget de la Primature est multiplié par six en 2001, par huit en 2002, seulement par trois en 2007 et deux en 2012. La chute entre 2002 et 2012 est donc brutale. En réalité, les rubriques de dépenses des deux années aux budgets extraordinairement élevés étaient celles de constructions, d'agrandissements et d'agencements nouveaux dans le bâtiment.
Enfin, soulignons-le pour terminer : face à ces institutions publiques et ministère s de souveraineté, la Direction du budget dispose d'une marge corrective sur les demandes exprimées très réduite. Il n'en va pas tout à fait de même en ce qui concerne les dépenses des politiques publiques dites tutélaires.

Section II : La prévision des dépenses de politiques publiques tutélaires pour lesquelles le pouvoir de la Direction du budget est étendu

Que l'on nous comprenne bien : l'expression de « dépenses de politiques publiques tutélaires » n'existe nulle part dans la nomenclature budgétaire au Mali, contrairement à celle de « dépenses des pouvoirs publics » ou de « ministères de souveraineté ». Les dépenses que nous voulons caractériser ici correspondent à une multitude d'interventions[146] de l'Etat pour soutenir certaines catégories

[146] Stéphanie DAMAREY, *Finances publiques*… : « Les dépenses d'intervention correspondent aux financements des politiques définies par le Gouvernement. Elles se déclinent essentiellement au travers des actions économiques et sociales menées par le Gouvernement – et principalement des actions en faveur de l'emploi et des aides

sociales ou certains secteurs économiques ou socioprofessionnels. L'Etat se comporte comme un père ou un tuteur à l'égard de la population en général ou de groupes sociaux fragiles. Il s'agit là d'un aspect de la complexité des actions financières de l'Etat qui est difficile à définir par une notion juridique ramassée ou même par des concepts économiques contingents.

Pour les appréhender, on peut se référer à ce qu'écrivait le Professeur Pierre LALUMIERE : (il s'agit) « *des décisions et de leurs moyens d'exécution par lesquels les gouvernants assurent la répartition entre les groupes sociaux des charges publiques résultant de la gestion administrative et du développement économique et social de l'ensemble national* »[147].

La Constitution[148] malienne prend en compte cette conception interventionniste de la dépense publique qui doit non seulement couvrir les charges régaliennes pour assurer le fonctionnement des administrations, mais aussi réduire les injustices sociales ou les conséquences trop brutales résultant de l'évolution de l'économie. Ce sont donc des dépenses placées sous la tutelle de l'Etat ; et qui réservent à la direction un pouvoir plus étendu, dans son droit de contre-évaluation des propositions des ministères. Face à ces dépenses, la direction du budget et ses agents, parfois appelés « moines-soldats »[149]

---

au logement. Mais sont également concernées, les actions éducatives et culturelles, internationales et enfin, les interventions politiques et administratives». Gualino éditeur. E.J.A. 2006, Paris, pp. 58 - 59

[147] Pierre LALUMIERE : « *Les Finances Publiques* » Collection U. Edition Armand COLIN 2ᵉédition refondue, 1973, p.22.

[148] Voir la Constitution malienne du 25 février 1992 :

Article 15 : Toute personne a droit à un environnement sain. La protection, la défense de l'environnement et la promotion de la qualité de la vie sont un devoir pour tous et pour l'Etat.

Article 16 : En cas de calamité nationale constatée, tous les citoyens ont le droit d'apporter leur concours dans les conditions prévues par la loi.

Article 17 : l'Education, l'instruction, la formation, le travail, le logement les loisirs, la santé et la protection sociale constituent les droits connus.

Article 18 : Tout citoyen a droit à l'instruction.

[149] J-C. MARTINEZ et Pierre di MALTA. *Droit Budgétaire. Budget d'Etat. Budgets locaux. Budget de la sécurité sociale. Budget européen* : « Mis à part la direction de la Prévision et la direction du Trésor, qui relèvent depuis la partition du ministre des Finances ou de l'Economie, toutes les directions spécialisées, qui interviennent dans

pour leur rigueur dans le respect de l'orthodoxie budgétaire doivent veiller à ne pas laisser dériver la dépense publique au risque de conduire vers un endettement excessif. C'est pourquoi l'analyse portera moins sur un inventaire de chiffres que sur les deux moments de l'attitude de la direction du budget face à ces dépenses tutélaires, à savoir son approche de ces dépenses dans la période qu'on pourrait qualifier de période classique des finances publiques maliennes (Paragraphe I) et ensuite, son approche de leur évaluation dans le cadre des budgets-programmes (Paragraphe II).

Paragraphe I : L'évaluation des dépenses de politiques publiques tutélaires par la Direction du budget dans la « période classique » des finances publiques maliennes

Par période classique des finances publiques maliennes, nous voulons entendre celle qui a précédé l'expérimentation de la technique dite « des budgets-programmes » au Mali à partir des années 2000. Il s'agit donc de celle qui s'est étalée sur près de quarante ans entre 1960 et 2000 où les mécanismes d'évaluation des dépenses publiques reposaient avant tout sur les concepts de services votés et de mesures nouvelles, où les budgets publics étaient conçus comme des moyens et non comme des outils pour poursuivre certains objectifs et obtenir des résultats escomptés.

Une partie de dépenses tutélaires correspond aux dépenses de transferts, qui selon Robert CROS, « *ne constituent pas la contrepartie d'un achat de biens ou de services. De ce fait, elles ne correspondent pas... à des déplacements de ressources productives. En effet, ces dépenses recouvrent l'ensemble des concours et allocations que l'Etat verse directement aux ménages, ainsi que les diverses subventions et aides financières de toutes sortes qu'il accorde tant aux organismes sociaux qu'aux entreprises... Ces dépenses ont pour caractéristique commune de modifier la répartition des revenus entre groupes sociaux, sans qu'il*

l'élaboration budgétaire, sont sous l'autorité du ministre du budget...La Direction du budget est la deuxième administration de Bercy par la puissance de feu et l'influence. Parfois surnommés *« moines-soldats »,* les deux cent trente-cinq agents rongent, grognent, traquent le gaspi dans la machine de l'Etat... ». 3ème édition entièrement refondue, Litec, 1990, p. 335.

y ait pour autant accroissement immédiat du revenu global et des richesses produites ».[150]

Conformément à l'esprit de la Constitution, l'action financière de l'Etat se manifeste par la prise des décisions destinées à la satisfaction des besoins sociaux. En droit budgétaire tout système politico-administratif qui s'acquitte d'une telle prérogative, est appelé Etat-providence ou (*welfare state* dans sa version anglaise). Cette conception est sous-tendue par l'obligation d'autoriser l'Etat à assurer un minimum de justice sociale afin d'endiguer les classes sociales démunies, susceptibles d'être dangereuses pour la paix sociale.

Or, en s'intéressant à la prise de décision de la dépense publique, on bute sur la division des compétences entre le système politique et le système administratif. Le premier dispose des prérogatives de puissance publique lui permettant de « faire, faire ». Le second dispose de la capacité technique, d'expertise et de savoir-faire sans lesquels aucune décision budgétaire ne peut réussir.

Certes la distinction stricte des deux domaines peut être source de conflit, au cas où chaque système voudrait disposer de la totalité du pouvoir de décision. Le conflit pouvant en résulter est susceptible d'occasionner un dysfonctionnement de l'ensemble du processus budgétaire. Pour y pallier dans la pratique, la complexité du système impose un lien d'interaction et de complémentarité entre les deux domaines.

Ezra, N. SULEMAN[151] semble donner une réponse à la question en estimant que les fonctionnaires : « *(...) veulent garder une image de l'administration pure non mêlée à la politique. Mais ce n'est pas ce dont le ministre a besoin. Tout au contraire, il lui faut un état-major pour assurer la liaison entre la prétendue administration pure qui n'est pas un mythe et la politique* » et d'ajouter que « *chaque fonctionnaire se considère comme propriétaire de son poste. Un chef d'entreprise*

[150] Robert CROS, *Finances Publiques. Institutions et mécanismes économiques*. Editions Cujas 1994, p. 63.

[151] Ezra N. SULEIMAN : *« les hauts fonctionnaires et la politique »*. Editions du Seuil 1976, pp 104 et 106.

peut donner des ordres, un ministre est obligé de convaincre ses propres directeurs. Il en résulte un totalitarisme administratif en face duquel le pouvoir politique est frappé d'impuissance ».

Or, la prévision des dépenses et l'allocation des dépenses tutélaires, sont des décisions que l'Etat impose dans le seul but de satisfaire aux expressions des besoins de la population. Dès lors, on peut objectivement se poser la question de la neutralité de la Direction du budget lors des arbitrages budgétaires.

Traditionnellement on reconnaît à la direction du budget la propension à dire systématiquement non à toute expression de demande qui ne tient pas compte de l'équilibre général. Alors comment comprendre l'altruisme de cette même administration à vouloir prendre en charge des secteurs « *improductifs* » ? En toute logique cette direction devrait imposer son veto ici, pour rejeter toute dépense contraire à l'orthodoxie financière. Mais elle évite de s'enfermer dans un cercle vicieux en se voulant plus favorable au consensus, permettant de concilier la rationalité financière et le réalisme sociopolitique. C'est en ayant à l'esprit ces différentes considérations que l'on évoquera l'étendue du champ des dépenses dites « tutélaires » **(A)** et que sera examinée l'attitude de la direction du budget face à de telles dépenses **(B).**

A - L'étendue du champ des dépenses tutélaires

Il est très difficile de déterminer le champ de ce qui est social, culturel et éducatif de ce qui est économique ou industriel. En effet, l'action publique économique ou industrielle n'a de sens que par rapport à l'amélioration des conditions de vie sociale, culturelle ou éducative de la population. C'est pourquoi la question de la détermination du champ des dépenses tutélaires a un sens.

Aujourd'hui, près de deux décades après le triomphe de la démocratie pluraliste au Mali, la question du développement social est au cœur de l'action publique. Avec le bénéfice de confiance accordé à sa transition démocratique, et de son attachement au respect du pluralisme démocratique, le Mali a bénéficié du soutien des bailleurs de fonds pour son programme de développement lors de la *Table Ronde pour le Mali* tenue à Genève les 16 et 17 septembre 1998.

Désormais, la lutte contre la pauvreté qui est exprimée dans le document du CSCRP sert d'axes d'orientation stratégique aux décisions de politiques publiques au Mali. Dans ce cadre, les pouvoirs publics mettent l'accent sur les trois secteurs principaux que sont l'éducation, la santé et le développement social.

Au niveau du secteur de l'éducation, le Programme de développement de l'éducation (PRODEC) a été initié. L'objectif, à l'horizon 2015, est que : « *tous les enfants maliens achèvent une éducation de base de qualité* ». Pour atteindre un tel objectif, le Gouvernement du Mali s'engage auprès de ses partenaires, à fournir des sacrifices financiers destinés à l'amélioration de la qualité des enseignements, l'augmentation et l'amélioration de l'offre d'éducation, l'adéquation formation et exigence du marché de l'emploi, la définition et l'application d'une bonne gestion des actions prioritaires pour chaque composante du Projet d'investissement dans le secteur éducatif (PISE). A ce programme de l'éducation, il faut ajouter la Politique nationale de l'emploi (PNE) dont l'objectif est de trouver des réponses adéquates à la réduction du chômage et du sous-emploi, l'adaptation de la formation aux besoins du marché, la sécurisation des emplois et l'amélioration des conditions de travail.

Au niveau de la santé, le Plan décennal de développement sanitaire et social (PDDSS) devenu le Programme quinquennal de développement sanitaire et social (PRODESS) constitue l'ossature de l'action publique. La réalisation de ce programme doit permettre l'augmentation de l'espérance de vie, l'augmentation des consultations prénatales et la diminution du taux de mortalité maternelle et infantile, la réduction de la mortalité et de la morbidité liée aux maladies prioritaires. En matière sociale, l'action publique doit également se soucier de la prise en charge efficace des personnes et catégories sociales en situation difficile. Il s'agit surtout des personnes âgées handicapées, indigentes, ainsi que des femmes et enfants en situation difficile ou des personnes victimes des fléaux sociaux (alcoolisme, tabagisme, prostitution, VIH/SIDA) sans occulter les victimes des catastrophes naturelles ou sociales (inondations, sécheresse, incendies, épidémies, famines, guerres, conflits sociaux divers, rapatriements).

Au développement social, on peut ajouter des sous-secteurs socioculturels comme l'octroi d'activités de loisirs et de développement corporel et spirituel à la jeunesse par le sport et la culture. La traduction des actions publiques dans ces domaines est multiforme : la construction de locaux sportifs, de centres culturels, la formation des personnels d'animation, etc.

La réalisation des objectifs inscrits dans ces trois domaines nécessite des ressources énormes. Si les choix sont déterminés par les différents ministres concernés, il reste qu'il revient à la direction du budget de vérifier la compatibilité de leurs projets avec la situation financière de l'Etat du moment.

B– L'attitude de la Direction du budget face aux dépenses tutélaires

Le budget est l'instrument de financement des politiques publiques de l'Etat qui visent à assurer la satisfaction des besoins sociaux en fonction de l'idéologie qu'il a choisie. Mais c'est aussi sa raison d'être, exprimée dans la formule : « je dépense donc je suis » de feu Amadou Tiégoué OUATTARA[152]. En somme, le budget est l'instrument qui confirme l'existence et la personnalité de l'Etat, sa puissance, ses capacités et ses limites.

C'est en se référant à une telle conception que le Mali indépendant[153] n'a pas résisté à la séduction du modèle de l'Etat-Providence et a d'abord opté pour la voie du socialisme scientifique de développement. Et selon les règles de l'économie politique communiste, l'Etat doit planifier l'avènement du bien-être collectif au moyen de la dépense publique. Ainsi l'allocation des dépenses publiques oblige à la mise en place de stratégies visant à redistribuer des revenus aux catégories sociales défavorisées. Cependant, les deuxième et troisième républiques ont toujours donné une grande importance au secteur social, culturel et éducatif.

---

[152] Tiégoué Amadou OUATTARA (feu) : « *L'économie des finances publiques et le système budgétaire malien* », Jamana, 2e édition 2002, 4e trimestre.

[153] La première République du Mali, dirigée par le charismatique Président Modibo KEITA a été renversée par une junte militaire dirigée par le Lieutenant Moussa TRAORE en 1968 et dont le pouvoir durera jusqu'en 1991.

Estimé à 13.977 en 1961, la direction du budget avait recensé, pour le compte de l'exercice 1982, un effectif de 46.245 agents salariés ayant émargé au budget d'Etat. Dans l'incapacité de déployer les mêmes efforts courageux que le régime précédent, la deuxième République a voulu gagner le combat humain en augmentant les dépenses sociales pour la prise en charge des questions d'éducation et de santé des populations.

A titre de comparaison, la prévision des dépenses de l'action culturelle et sociale représentait dans le budget d'Etat 2,667 milliards en 1960 sur un budget de 6,801 milliards de francs maliens, soit 39,21 % du budget. En 1979, les mêmes dépenses étaient de 14,573 milliards sur un budget de 32,290 milliards, soit 45,44 % du budget et en 1982, année d'intervention du FMI, la prévision en dépenses du même secteur était de 18,049 milliards sur un budget de 44,398 milliards, 40,65 % de la dépense publique. C'est dire qu'une baisse s'amorçait alors.

La part dévolue à l'éducation n'a cessé d'augmenter sur la période, passant de 18% dans les années 1980 à 20 % en 1993 et à 24 % du budget en 1998. Le secteur public de l'éducation pose des problèmes récurrents à la Direction du budget, qui sont difficiles à résoudre dans un pays à forte croissance démographique comme le Mali. En effet, quelle place lui donner ? Selon J. K.GALBRAITH : « *Le rôle de l'éducation est décisif. Il existe peu de sujets aussi intensément débattus que le rôle de l'éducation dans la société moderne, et ce, tout particulièrement dans sa relation avec le progrès de l'économie... Cette idée de l'importance du rôle de l'éducation est bien reflétée dans la formulation d'investissement humain que l'on utilise souvent pour désigner les dépenses consacrées à l'enseignement. L'enseignement a en effet, traditionnellement, pour caractère de renforcer la rentabilité du système économique. Que l'éducation serve à coup sûr les buts de l'économie n'est pas un sujet que l'on puisse mettre en doute…* »[154].

Voilà qui explique l'effort national consenti. Il faut rappeler qu'avant 1992, le taux de scolarisation stagnait à peu près au niveau de 25%. Mais, depuis 1992, il a été enregistré une nette amélioration de la

[154] John Kenneth GALBRAITH, *Pour une société meilleure*. Nouveaux Horizons. Editions du Seuil, avril 1997.

situation, grâce à la mise en œuvre du Programme de développement de l'éducation (PRODEC) en 1997 avec le soutien des partenaires techniques financiers. Ainsi, il a été constaté une progression du taux de scolarisation qui a atteint 50% dans la période 1997-1998, grâce surtout à la construction d'écoles, au recrutement d'enseignants, au développement des écoles communautaires ou privées, à des modifications des techniques d'enseignement (doubles vacations).

C'est dire que la direction du budget a suivi les options des pouvoirs publics sans opposer la traditionnelle résistance à l'extension des dépenses « improductives ». En effet, partageant le point de vue du Gouvernement, elle a estimé sur toute cette période que le secteur social était celui où les inégalités étaient les plus visibles entre villes et campagnes et où la nécessité de promouvoir la formation et l'éducation était le seul gage d'un possible développement économique et pour combler ces inégalités. Cependant, avec l'intervention des Plans d'ajustement structurels imposés par le Fonds monétaire international, le Mali devait réduire la part des dépenses sociales, sauf en matière éducative.

L'adoption de la procédure dite du budget-programme permet de poursuivre cette réduction de la part sociale dans les dépenses publiques, car on s'est aperçu que les ressources et potentialités de l'Etat ne sont pas infinies et qu'il doit mieux redéfinir ses priorités.

Paragraphe II : Les politiques publiques tutélaires dans le cadre du budget-programme

Il faut le rappeler : la technique du budget-programme est une procédure de préparation, d'adoption et d'exécution de la loi de finances. Elle consiste à déterminer le montant des dépenses affectées à une administration en fonction des objectifs que celle-ci poursuit. Ceux-ci sont définis comme des programmes subdivisés en actions. L'adoption de cette procédure à la fin des années 1999 pour une mise en œuvre au début des années 2000 ne pouvait pas ne pas affecter l'évaluation des dépenses des politiques tutélaires. La nouvelle méthode de présentation des dépenses dans le cadre du budget-programme a pour objectif de permettre de clarifier le financement des politiques publiques. Ce qui offre l'avantage, à la direction du budget, non seulement d'identifier les politiques publiques de l'éducation, mais aussi de les rassembler en fonction des orientations du Gouvernement. L'intérêt d'une telle démarche est de présenter et de justifier les activités des services de l'Etat, puis de réconcilier celles-ci entre elles en fonction de la place dans les priorités de l'Etat ou de la société. Ce qui revient à obliger les ministères à s'élever au-delà d'une vision propre à leur seule structure, et aux frontières traditionnelles, afin de mieux répondre aux exigences de l'intérêt général.

En sa qualité d'instrument gouvernemental pour la coordination des politiques financières publiques, la direction du budget du Mali dispose des pouvoirs nécessaires pour arbitrer entre les besoins des populations, conformément aux objectifs du Cadre Stratégique pour la Croissance et la Réduction de la Pauvreté (CSCRP)[155].

On peut ainsi décrire les projections sectorielles de dépenses tutélaires à partir des données recueillies dans le tableau de financement du CSRCP sur lesquelles la Direction du Budget doit se prononcer pour ce qui concerne la période 2007 – 2011. On va approfondir le cas des dépenses d'éducation **(A)** et des dépenses de santé **(B)**.

A – La budgétisation des dépenses d'éducation

Au Mali, l'architecture gouvernementale a distingué et maintient toujours la répartition de l'enseignement entre deux ministères : le ministère de l'éducation de base et le ministère de l'enseignement secondaire, supérieur et de la recherche scientifique. L'enseignement secondaire comprend l'enseignement général, mais aussi une partie de l'enseignement professionnel ; il a pu être parfois rattaché à l'éducation de base. Cette dernière comprend non seulement l'initiation à l'écriture, au calcul, mais aussi un apprentissage des langues nationales.

Les dépenses d'éducation sont celles qui vont connaître l'évolution la plus importante depuis l'introduction des budgets-programmes, soit une progression annuelle de l'ordre de 6,6 %. Celle-ci s'explique par la

---

[155] Document : « *Cadre Stratégique pour la Croissance et la Réduction de la Pauvreté. CSLP 2ème Génération 2007-2011* ». Document adopté par le Conseil des Ministre s par le Conseil des Ministre s. Public le 4 octobre 2006.

politique sectorielle définie dans le cadre du Programme décennal de développement de l'éducation (PRODEC). Ce programme vise une scolarisation universelle à travers les écoles fondamentales et les centres d'éducation pour le développement (CED) et l'amélioration de la qualité de l'enseignement à tous les niveaux du système éducatif. A cet égard le programme envisage chaque année le recrutement de 847 agents pour le compte de l'éducation de base et 2000 enseignants au niveau de l'enseignement secondaire.

En fonction de la procédure décrite précédemment, chacun des ministère s est tenu de dresser la liste des programmes et actions qu'il entend entreprendre pour une période triennale dont une partie, correspondant à l'année budgétaire sera proposée dans la loi de finances de l'année considérée. Ainsi, par exemple, les *programmes* du Ministère de l'Education de base ont pu être présentés comme suit :

- promouvoir un système d'éducation pour tous ;
- améliorer la qualité de l'éducation ;
- améliorer la gestion financière, humaine et matérielle ;
- adapter le système de l'éducation de base aux réalités économiques, sociales et culturelles du pays.

Le même ministère a pu aussi présenter des *objectifs spécifiques* tels que :

- renforcer les capacités du département en matière de coordination de planification, de mobilisation, de gestion des ressources et de suivi tant au niveau central, déconcentré et décentralisé ;
- améliorer la qualité de l'éducation dans le domaine du curriculum, de l'évaluation des apprentissages, de la santé scolaire, les manuels scolaires et matériels didactiques ;
- améliorer les systèmes d'information et de communication du département.

Compte tenu du rôle de ce secteur, les dépenses de l'Education de base ont évolué comme présenté dans le tableau ci-dessous :

En milliards de F. CFA.

2006	2007	2008	2009	2010	2011	T0TAL
119,322	122,629	135,451	138,575	145,436	159,035	820,448

Pour sa part, le Ministère de l'enseignement secondaire, supérieur et de la recherche scientifique décline également ses programmes et ses objectifs. Ils ont pu concerner la réussite des élèves et étudiants, l'amélioration de leur niveau de formation, le renforcement de la formation des enseignants du supérieur, la mise en place du système dit de « la licence, master, doctorat » (LMD). Ses prévisions de dépenses se sont alors présentées comme suit :

En milliards de F. CFA

2007	2008	2009	2010	2011	TOTAL
41,494	44,171	47,765	52,004	56,805	242,239

Le cumul des dépenses des deux ministères révèlent des montants très importants :

	2007	2008	2009	2010	2011	TOTAUX
Ed.de Base	122,629	135,451	138,575	145,436	159,035	**701,126**
E.S.S.R.S	41,494	44,171	47,765	52,004	56,805	**242,239**
TOTAUX	**164,123**	**179,622**	**186,340**	**197,440**	**215,840**	**943,365**

En ne contestant pas la montée de ces dépenses d'éducation, la direction du budget entre totalement dans la logique des pouvoirs publics, ou plus exactement dans les vues des ministres concernés par ces questions d'éducation et accepte leur prise en compte des besoins sociaux et des nombreuses attentes de promotion sociale liée à la formation et à l'enseignement. Ainsi, la direction du budget est obligée de se soumettre aux diktats imposés par la raison d'Etat. Ici, plus qu'ailleurs, la dépense publique doit, à l'instar du sang humain, irriguer tout le corps social au sein de l'Etat[156]. En se mettant dans une telle disposition et dans un tel comportement, la direction du budget semble ne pas se distinguer du pouvoir d'Etat et nous pousse à admettre l'assertion de J. CHEVALLIER et D. LOSCHAK selon laquelle la problématique institutionnelle et la problématique organisationnelle ne sont pas toujours antinomiques[157].

La direction du budget nous présente donc ici un autre visage que celui que l'on a habituellement en tête. Quelle attitude a-t-elle en revanche à l'égard des dépenses de santé ?

B – La budgétisation des dépenses de santé

Depuis l'avènement de la démocratie pluraliste, les autorités gouvernementales n'ont jamais cessé de considérer la santé publique comme l'un de ses axes prioritaires d'intervention. Elles prennent en considération l'avis du professeur CHEMILLIER-GENDREAU, en la matière, lorsqu'elle établit le lien entre finances publiques et santé publique dans sa contribution dédiée au professeur P-M GAUDEMET, intitulée « *Finances publiques et santé publique* » : « *A l'avenir, cela ne fait aucun doute, les gouvernements devront considérer leur rôle dans le secteur de la santé. Il est vraisemblable qu'il y aura des débats*

---

[156] Eloi DIARRA : « Il y a un lien ontologique entre Etat et dépenses publiques. La dépense publique est indispensable ; encore faut-il que cette dépense n'absorbe pas tout le reste de l'Etat. L'Etat qui veut supporter toutes les dépenses publiques ne peut être qu'un Etat-communiste, puisqu'il récuse la moindre place aux personnes privées ». Cours de DEA (Droit Public) à l'Université Cheick Anta DIOP de Dakar 2009.

[157] M. CROZIER, citant Jacques CHEVALLIER et Danièle LOCHAK, *Science Administrative*: « La problématique institutionnelle et la problématique organisationnelle sont généralement conçues comme antinomiques. L'une décrit les armées, les églises, les administrations et les entreprises comme des institutions, c'est-à-dire comme des formes de vie sociale développées à travers les siècles, en insistant sur ce qu'elles ont de spécifiques les unes par rapport aux autres, dans une optique taxinomique. L'autre au contraire, s'intéresse à ce qui est général dans chacun des types d'organe et s'efforce de comprendre non pas l'origine, les particularités et le développement des diverses formes d'organisation possibles, mais comment des êtres humains peuvent résoudre le problème de leur coopération dans un ensemble organisé. La première est une problématique du *pourquoi*, la seconde une problématique du *comment* ». p. 151 et 152.

passionnés sur le niveau opportun des dépenses publiques de santé comme il y en aura sur les programmes de prévention... Les termes de "santé publique" malgré une certaine revalorisation toute récente évoquent fortement le courant hygiéniste du début du XXe siècle, courant de réflexion dont les effets concrets se sont dilués dans l'immense nébuleuse de la prévention sanitaire... »[158].

Aussi, il n'est point surprenant que les pouvoirs publics procèdent systématiquement à une augmentation des dépenses dédiées à la santé. Il s'agit, sans jeu de mots, d'une question vitale pour le pays et son économie. Toute population qui se veut laborieuse doit être vaillante[159], au sens premier du terme, c'est-à-dire valide, en bonne forme, en bonne santé. Mais il s'agit aussi d'une question de vie collective : toute endémie ou pandémie qui atteint une partie de la population risque de mettre l'ensemble de la collectivité nationale en grand péril.

Le schéma de l'évolution des dépenses relatives au secteur de la santé peut donc être présenté de la façon suivante : en 2006 : 72,68 milliards de F.CFA ; en 2007 : 65,07 milliards ; en 2008 : 70,15 milliards de FCFA ; en 2009 : 72,30 milliards ; en 2010 : 79,80 milliards et en 2011 : 87,42 milliards, soit un total de 447,42 milliards, qu'on peut présenter dans le tableau ci-dessous : (*en milliards de F. CFA)*

Année	2006	2007	2008	2009	2010	2011	TOTAUX
Dépenses	72,68	65,07	70,15	72,30	79,80	87,42	**447,42**
Taux de croissance	3,1%	-10,47	7,80%	3,06%	10,37%	9,54%	**3,9%**

On constate alors que la croissance moyenne de la dépense de santé, sur les six années, aura été de 3,9 % ; ce pourcentage paraît faible si l'on ne prend en considération que les quatre dernières années où la progression annuelle moyenne passe alors à 7,69 %. Cette croissance est supérieure à celle de l'économie nationale sur la période. Il s'agit de l'amélioration de l'état de santé de la population afin qu'elle soit à mesure de participer activement au développement socio-économique du pays. Les actions

[158] Monique CHEMILLIER-GENDREAU, *Finances publiques et santé publique*. Mélanges en l'honneur de Paul-Marie GAUDEMET, Economica, 1984, p. 359.
[159] Ce terme qui vient du latin « *valeo vales, valere* », deuxième groupe) signifie « se bien porter ».

entreprises visent notamment, l'extension de la couverture sanitaire, l'amélioration de la qualité des services de santé, la prévention et la lutte contre la maladie, l'accessibilité financière aux soins de santé, le développement des ressources humaines et le renforcement des hôpitaux, enfin, les institutions de recherche et établissements spécialisés. Pour déterminer les actions à entreprendre, une enquête démographique et de santé a été lancée dès 2001 (EDS III, 2001) et elle a montré que la mortalité infantile est largement déterminée par le niveau de l'instruction de la mère, sa durée de fécondation (son âge fœtal) et l'intervalle entre les accouchements de la mère.

Devant l'importance des questions de la santé publique, la direction du budget s'est efforcée à ne pas modifier les décisions de politique publique de la santé, afin que leurs réalisations ne soient pas constamment hypothéquées par des questions financières. C'est ainsi qu'elle a contribué largement à l'initiative dite de Bamako, qui organise le recouvrement des coûts de soins en santé publique, afin d'assurer le fonctionnement du système de santé en le rendant plus efficace pour les pauvres. Ainsi des centres de santé communautaires ont été conçus pour les Maliens moyens, avec des médicaments au coût réduit, parallèlement aux cliniques privés de luxe qui reçoivent les populations les plus aisées. De même, pour accroître les ressources nécessaires au financement de la santé, la direction du budget a été partie prenante des négociations entre le Mali et les bailleurs de fonds en 2002 à Genève pour le financement du CSLP. Ce document, actuellement dans sa deuxième phase appelée CSCRP, sert d'axe d'orientation des politiques publiques maliennes.

Alors que conclure à propos de la budgétisation des dépenses tutélaires par la direction du budget ?

Tout d'abord, en ce qui concerne les montants, pour lesquels la direction du budget a eu à se prononcer, certes, sur les dépenses d'éducation et de santé, mais également sur celles d'autres secteurs comme la jeunesse, la culture et le sport, l'emploi et autres secteurs sociaux, c'est-à-dire sur des sommes dont l'importance n'a jamais été négligeable dans les budgets de l'Etat, comme en attestent les tableaux ci-dessous.

Du point de vue sectoriel, il s'agit de :

Jeunesse, Culture et Sport : en *milliards de F. CFA*

2007	2008	2009	2010	2011	T0TAL
13,668	14,78	15,758	17,15	18,126	**92,533**

Emploi : *en milliards de F. CFA*

2007	2008	2009	2010	2011	TOTAL
7,876	7,698	7,045	7,996	8,785	**47,036**

Autres secteurs sociaux : *en milliards de F. CFA*

2007	2008	2009	2010	2011	TOTAL
36,62	38,799	38,976	41,126	43,342	**226,712**

Et ensuite *du point de vue global,* il s'agit, pour l'ensemble des secteurs qu'on peut qualifier de tutélaires, d'un montant de **1876,618** milliards de F. CFA, ainsi répartis :

Secteurs	TOTAL
Education de base	820,448
Enseignement secondaire, supérieur et recherche scientifique	242,239
Culture, Jeunesse et Sport	92,533
Santé	447,650
Secteurs sociaux	226,712
Emplois	47,06
TOTAUX	**1876,618**

Source : Direction générale du budget

Ensuite, on peut qualifier l'attitude de la direction du budget, face aux dépenses tutélaires comme étant très conciliante. Bien entendu, dans l'absolu de la science administrative, la direction du budget est une structure soumise au pouvoir politique. Néanmoins, notre problématique consiste à examiner la marge de liberté dont elle jouit dans l'exercice de ses prérogatives, en particulier lors de l'évaluation des dépenses à inscrire au budget. Or, en la matière, la direction du budget du Mali est réputée comme étant une citadelle, une instance qui n'hésite pas à remettre en cause les options ministérielles. En ce qui concerne les dépenses dites sociales ou par lesquelles l'Etat manifeste sa protection à l'égard de la population, on constate qu'elle remet peu en cause les décisions des Ministre s et de leurs cabinets. Cette attitude s'explique en grande partie par le fait qu'il s'agit de secteurs d'une très grande sensibilité : les pouvoirs publics jouent leur réélection sur ces domaines ; les actions sont plus visibles et les populations en ont une appréciation immédiate. Mais si la direction ne conteste pas les inscriptions proposées, elle invite souvent le Gouvernement à rechercher, au-delà des frontières nationales, les sommes qui permettront de maintenir une situation financière saine ; elle incite donc à préférer les dons ou l'aide budgétaire directe aux emprunts.

Enfin, il faut souligner qu'avec cette propension à investir dans des domaines considérés généralement comme « non rentables », l'Etat malien manifeste bien sa nature d'Etat sous-développé où les citoyens ne peuvent pas se prendre en charge dans des domaines essentiels ; d'où son penchant vers la thèse keynésienne similaire à la vision de Lord William Henry BEVERIDGE[160] - de l'Etat-Providence. Par cette démarche, l'Etat malien lutte, à sa façon, contre la cohorte de pauvres émigrés africains qui bravent hostilités climatiques, gendarmes et policiers à la recherche d'un eldorado à l'intérieur des frontières européennes.

L'attitude très conciliante de la direction du budget à l'égard des dépenses sociales ou de solidarité se retrouve-t-elle lorsqu'il s'agit des demandes exprimées par les autorités ministérielles en matière de politiques économiques ? Rien n'est moins sûr. C'est ce qu'il faut vérifier dans la section qui suit.

---

[160] William Henry BEVERIDGE cité par Xavier GREFFE : *« Economie des politiques publiques »*. 2e édition Dalloz, 1997, p. 27 : *« Ce que nous faisons pour la guerre, pourquoi ne pas le faire pour le bien-être ? »* (*If for warfare, why not for welfare* ?).

Section III : La direction du budget et la prévision des dépenses de politiques publiques économiques

Jusqu'à une date récente, on pouvait dire que le Mali avait une économie en croissance appréciable, selon les termes même de l'Union économique et monétaire ouest-africaine (UEMOA) ou du Fonds monétaire international (FMI) qui lui ont reconnu des taux de croissance de l'ordre de 5 à 7 % entre les années 2001 et 2010. Tous les secteurs[161] de l'économie ont contribué à cette croissance.

Chacun, à sa manière, y compris la direction du budget, a contribué à cette croissance, d'autant plus qu'elle est l'une des institutions stables de l'organisation administrative.

En effet, « *Il n'y a pas d'action possible sans organisation, il n'y a pas d'organisation sans une infrastructure matérielle et humaine qui lui donne cette épaisseur organique dont elle a besoin pour fonctionner. Ce qui caractérise précisément l'administration parmi les autres éléments du système politique, c'est qu'elle est un appareil, une institution stable et permanente, articulée comme un tout cohérent, et*

---

[161] « Tous les secteurs de l'économie, notamment ceux tournés vers l'exportation, ont contribué à cette accélération du rythme de la croissance. Dans le secteur agricole, la production du coton a progressé de 12 % par an en moyenne, en faisant du Mali le premier producteur et exportateur de coton en Afrique. La production du riz a également fait un bon. Le Mali est ainsi devenu un exportateur net de riz… contribuant à l'amélioration de sa balance des paiements. Le secteur primaire se présente comme le secteur dominant de l'économie malienne.
Le développement rapide du secteur secondaire, dont l'industrie minière a servi de moteur, a fait passer la contribution de ce secteur au PIB de 15 % avant la dévaluation à environ 24 % en 2002. La production minière a représenté plus de la moitié de la valeur ajoutée de ce secteur, le reste provenant principalement des travaux de génie civil et des bâtiments… Le secteur tertiaire dont la croissance était jusque-là impulsée par le commerce, bénéficie des effets économiques du démarrage des activités de la première société de télécommunication privée (IKATEL). La croissance du secteur est actuellement dominée par la branche « transports et télécommunications» dont la performance est essentiellement liée au développement rapide des activités de la téléphonie cellulaire au Mali …». Voir La lettre de politique de développement du secteur privé(LPDSP) : *Politiques générales et sectorielles : Artisanat et Tourisme, Mines et Télécommunications*, Ministère de la promotion des investissements et des petites et moyennes entreprises, article signé du Ministre Ousmane THIAM, Bamako, 12 janvier 2005.

capable de ce fait d'assurer le suivi et l'exécution des décisions »[162]. Pour continuer de tenir ce rang, le pays a besoin d'un instrument[163] stratégique de prévision et de gestion des dépenses publiques comme la direction du budget. Cependant, selon le témoignage de Claude MARTINAND[164], les principaux départements ministériels responsables des politiques publiques de l'équipement, du logement et des transports, présentent une « géométrie variable », qui caractérise

[162] Jacques CHEVALLIER et Danièle LOCHAK : « *Science Administrative : l'administration comme organisation et système d'action* ». LGDJ 1978, p.452.

[163] Jacques SPINDLER, *L'évolution des conceptions théoriques et des instruments de la politique budgétaire*. « La politique budgétaire, comme les autres composantes de la politique économique, a pour objectif de permettre une croissance économique aussi forte et équilibrée que possible. Sa spécificité tient aux instruments qu'elle utilise : variation des soldes et/ ou des masses budgétaires, modalités de financement des déficits publics (création monétaire ou recours à divers types d'emprunts), allègement ou alourdissement des prélèvements obligatoires, etc. Dans de telles situations, alors que les recettes fiscales régressaient, la pensée libérale, suivant en cela les vieilles règles d'A. SMITH, prônait un retour à l'équilibre budgétaire par une contraction parallèle des dépenses publiques…». R.F.F.P. n° 46. *La politique budgétaire*. L.G.D.J. 1994, p. 29

[164] Claude MARTINAND, *Pour une nouvelle dynamique de la gestion budgétaire au ministère de l'Equipement et des transports* : …En outre, le ministère de l'équipement, des transports (et du tourisme) remplit des fonctions de nature différente, que les documents budgétaires ne distinguent pas suffisamment :
- fonctions « régaliennes » : par exemple définir la politique de l'urbanisme réglementaire,…, pour les compétences décentralisées des collectivités territoriales qui le demandent ;
- fonctions de « régulateur»(ou d'autorité organisatrice ou de « tutelle ») : c'est le cas, par exemple, pour le domaine des transports, où opèrent de multiples opérateurs publics, mixtes ou privés. Cette fonction génère ses dépenses propres de fonctionnement…et comporte surtout une série de contributions publiques, soit en investissement, soit, plus rarement, en fonctionnement…
- fonction d'opérateur : soit directement (direction des routes, direction de la navigation aérienne avec un budget annexe…), soit à travers un établissement public administratif (Institut géographique national, Météo France..) ;
-fonction de prestataire de services pour « compte d'autrui » en complément de la même fonction pour « compte propre » : par exemple, le réseau technique de l'équipement (…) et les services déconcentrés en général (…), par mise à disposition gratuite ou payante de moyens à des collectivités territoriales ou à des organismes chargés de missions d'intérêt général.
…Les disciplines communautaires (contrôle des aides d'Etat, concurrence loyale en cas de « droits spéciaux ou exclusifs») impliquent également de clarifier la nature de ces différentes « dépenses publiques *». La politique budgétaire* .RFFP n°46, LGDJ, 1994, pp.127-128.

leurs champs d'activités, inadaptables à des politiques budgétaires de moyen terme. Les décisions budgétaires de ces départements sont généralement prises à long terme et relèvent d'une coordination interministérielle.

Investie de la mission d'élaborer les éléments de la politique nationale en matière budgétaire et d'assurer la coordination et le contrôle de sa mise en œuvre, la direction du budget est au cœur de la prévision des charges inhérentes aux politiques économiques publiques. C'est pourquoi elle collabore étroitement avec tous les acteurs impliqués dans la mise en œuvre du CSCRP pour propulser le développement du pays de manière volontariste avec une pointe de chauvinisme[165].

Qu'il s'agisse de l'industrie, du commerce, de l'équipement, des transports, de l'agriculture, de l'élevage, de la pêche, de l'hydraulique, de l'électricité ou des logements, la direction du budget est constamment sollicitée pour son expertise. En effet, elle joue un rôle éminent dans le suivi des politiques gouvernementales pour le compte de son Ministère de tutelle, mais ici, il ne sera question que du rôle de la direction du budget dans la prévision des coûts nécessaires à la couverture des politiques économiques publiques, rôle qui manifeste par ailleurs son caractère de régulateur économique spécifique, mais qui ne peut ni canaliser, ni orienter ni infléchir le jeu des forces économiques, comme l'aurait voulu J. M. Keynes[166] : la direction du budget, elle, se contente de faire des contre-calculs des coûts financiers et à les comparer avec ceux qui lui sont proposés par les Ministères ; elle se contente de son rôle d'instrument de régulation conjoncturelle à la dépense publique.

---

[165] -Voir document du CSCRP 2007-2011 deuxième génération décembre 2006 : *« une nation unie sur un socle culturel diversifié et réhabilité, une organisation politique et institutionnelle démocratique, garante du développement et de la paix sociale, une économie forte, diversifiée et ouverte ; une baisse de la pauvreté et des progrès sociaux touchant toutes les régions et toutes les catégories de population »*. Décembre 2006. Graphique 2000, p. 11

[166] John Maynard KEYNES, *Théorie générale de l'emploi, de l'intérêt et de la monnaie* : « Nous sommes si raisonnables, nous nous sommes donnés une apparence si accomplie de financiers prudents, avant tout soucieux de ne pas accroître les charges financières de la postérité(...), qu'il ne nous est plus si facile d'échapper aux inconvénients du chômage ». Traduction de J.de LARGENTAYE, Payot, 1968, p. 149.

Alors, comment parvenir à inscrire la dépense publique dans le domaine des interventions économiques publiques, dans le respect de la liberté du commerce, de la concurrence et de l'industrie ? Telle est sans doute la question principale posée à la direction du budget dans cette étape. Pour tenter d'y répondre, nous retenons le schéma d'analyse qui suit :

Paragraphe I : La direction du budget et l'équipement, les communications et les transports.
Paragraphe II : La direction du budget et l'agriculture, l'élevage et la pêche
Paragraphe III : La direction du budget et les mines, l'énergie et l'eau
Paragraphe IV : La direction du budget et les logements, les affaires foncières et l'urbanisme.

Paragraphe I : La direction du budget et l'équipement, les communications et les transports

Naguère, du point de vue économique, la dépense publique était assimilée à une destruction de richesses constituées à partir des impôts des particuliers ou à un acte de consommation appauvrissant l'ensemble de la collectivité nationale. C'est pourquoi les financiers classiques préféraient utiliser l'expression péjorative de charges publiques.

La direction du budget s'efforce de convaincre les décideurs des politiques[167] publiques en matière d'équipement, de communications et de transports qu'il n'en est rien. Elle se montre sensible aux propositions d'investissements qu'ils proposent. Tout le problème de la prévision des dépenses destinées aux politiques publiques concernant l'équipement, la communication et les transports se situe à ce niveau. La complexité du problème vient du fait que les dépenses de ces

[167] Loïc GRARD, *L'emprise du droit européen de la concurrence sur les financements publics apportés aux transports*. « La politique européenne des transports s'est mise en route au milieu des années 1980 dans le mouvement préparant la Communauté européenne à la transformation de son marché en espace sans frontières économiques au 1er janvier 1993…Le service public du transport a définitivement quitté l'ère de l'économie administrée pour rebondir dans l'économie de marché et redevenir un exemple de service public… », In la revue *Gestion et finances publiques, financements et transports publics*, n° 2, février 2009, p. 102

secteurs paraissent comme des symboles susceptibles de servir de critères d'évaluation des politiques publiques dans la conscience collective. Mais de l'autre côté, leurs coûts sont souvent trop élevés du fait qu'ils sont soumis aux perpétuelles innovations technologiques des temps modernes et qui sont facteurs d'augmentation des déficits budgétaires. Aussi, les experts de la direction du budget ne cessent de réfléchir en permanence sur la stratégie capable d'intégrer ces dépenses complexes et budgétivores à l'ensemble du système budgétaire, sans courir beaucoup de risques. Quel pourrait être l'impact de telles dépenses sur le développement économique et la croissance ?

A- La prévision des dépenses d'équipement et de transport lors de la Première République (1960-1968)

Dressons-en le contexte juridique et idéologique avant d'évoquer quelques chiffres.

1 – Le contexte juridique et idéologique

Dès l'accession à l'indépendance en 1960, les dirigeants du Mali ont réalisé que la responsabilité de l'Etat dans le domaine économique est importante et nécessite des choix audacieux. Estimant que pour réaliser une meilleure orientation de l'économie conforme au bien commun, l'Etat peut mettre en œuvre une planification souple pour obtenir la croissance et le développement, le Mali a opté pour la stratégie d'une économie de développement planifiée, confirmée plus tard par ce résumé de Michel PAUL : « *La pluri-annualité doit permettre de mieux prévoir; elle doit aussi conduire à programmer les dépenses. Longtemps, la planification a été perçue comme le type même d'engagement pluriannuel que s'imposait l'Etat. (Il s'établissait des) rapports entre le Plan et le Budget...* »[168].

Ainsi de 1960 à 1991, toutes les opérations financières de l'Etat inscrites au budget sont planifiées et marquées pour l'interventionnisme. L'Etat s'est imposé dans tous les rouages de l'économie, en faisant du secteur public le levier de sa politique économique. Or, en instrumentalisant les dépenses publiques à une

[168] Michel PAUL, op.cit., p. 110.

pareille fin avec la complicité[169] de la direction du budget, on ne fait que reposer le problème du déficit budgétaire. Aussi la question sera de savoir, nonobstant l'importance des investissements dans certains domaines comme la communication ou les transports, quelle conséquence pourrait résulter de l'accroissement continu des déficits budgétaires.

A partir des années 1960, l'intervention planifiée de l'Etat dans le domaine des transports pour propulser le taux de croissance et stimuler l'économie nationale a été un choix financier stratégique des politiques du Mali en matière budgétaire. Mais de tout temps, cette planification a eu du plomb dans l'aile, à cause du divorce profond entre les théories expérimentées et les faits environnementaux ou les intentions affichées et les actes posés par les dirigeants. C'est à cause de telles réalités qu'un conflit permanent a opposé les membres de l'équipe gouvernementale compte tenu de leur obédience idéologique. Pour les tenants de la tendance modérée, donc libérale il fallait s'en remettre à l'orthodoxie financière hostile à toute intervention publique dans l'économie. Mais pour la tendance opposée, donc socialiste ou interventionniste, il fallait conquérir la prospérité économique au moyen d'une politique volontariste de la puissance publique. C'est cette tendance qui s'est toujours imposée en matière d'orientation de politique économique au Mali. Aussi, le Mali représente-t-il un cas intéressant d'expérience d'économie contrôlée et dirigée par l'Etat, sans anéantir l'initiative individuelle et privée.

Cela n'empêche pas le Gouvernement de se préoccuper de la bonne gestion des finances publiques et il a fini par confier à la direction du budget plus de responsabilité qu'à la direction du plan. Surtout que les prévisions du plan étaient et sont encore généralement des projections à moyen ou long terme et subordonnées à toutes sortes d'incertitudes et d'aléas. Et les évaluations financières de cette dernière sont souvent sujettes à caution. Par conséquent, elles sont dénudées de transparence

[169] Michel PAUL : « On est loin de l'idée, un temps, répandue selon laquelle les directions du budget et de la prévision travaillaient chacune de leur côté, avec leurs propres instruments et leurs propres méthodes, sans trop se soucier de ce que faisait l'autre. Peut-être pourrait-on aller encore plus loin dans cette collaboration en rendant complémentaires la mission scientifique et technique de la direction de la prévision et la mission plus politique et pragmatique de la direction du budget.», op.cit. p. 109.

et propices à des extraordinaires fantaisies[170]. Du coup, les investissements publics, c'est-à-dire la réalisation d'infrastructure administrative et économique ont augmenté excessivement. L'Etat malien s'est transformé en un véritable entrepreneur qui menait une concurrence déloyale avec le secteur privé et les opérateurs économiques. D'où la naissance d'un conflit entre les deux acteurs (public et privé) ; ce qui a occasionné une cassure sociale qui a mis du temps à se cicatriser. Les manifestations immédiates de cette situation conflictuelle ont été : l'exil des opérateurs économiques maliens vers la France, le Sénégal, la Côte d'Ivoire, la fermeture des grandes sociétés multinationales, la fuite des capitaux et surtout l'aggravation continue des déficits budgétaires. Cet accroissement chronique du déficit budgétaire[171], concomitant au déficit extérieur, est devenu si pernicieux qu'il a fini par provoquer une exigence de gestion draconienne des finances publiques et à accorder plus de responsabilité à la direction du budget dans la maîtrise des équilibres macro-économiques. Définitivement, après toute analyse des différents régimes politiques du Mali trente ans après l'indépendance, et qui avaient tous à un certain moment opté pour l'interventionnisme volontariste et la planification économique, il ne faut pas s'étonner de voir l'Etat confier plus de responsabilité à la direction du budget en matière de prévision et de gestion des politiques publiques., au détriment de la direction du plan. Outre sa responsabilité financière, cette direction devient un instrument

---

[170] Samir AMIN : *Trois expériences africaines de développement : le Mali, la Guinée et le Ghana,* PUF, 1965, p. 78 *:* « Avec la création de Sociétés d'Etat dans les secteurs principaux de l'activité économique, notamment le commerce extérieur (création de la SOMIEX) bénéficiant du monopole des exportations d'arachides et de l'importation de onze produits de base, les transports (Air Mali, Régie des Transports du Mali), la Recherche Minière et pétrolière (Bureau minier) les bases ont été jetées pour l'élimination de la domination du capital étranger.... Le 1[er]Plan qui se voulait de caractère impératif et exhaustif et qui couvre la période allant du 1er juillet 1961 au 30 juin 1966, devait permettre de poursuivre ce processus de décolonisation ».

[171] Colette NÊME, *Déficit budgétaire et déficit extérieur* : « ...Si l'on se souvient qu'un solde négatif est un besoin de financement et un solde positif, une capacité de financement, et qu'un déficit extérieur est un besoin de financement à satisfaire sur ressources étrangères, les deux déficits public et extérieur ont pour contrepartie, s'ils sont du même ordre de grandeur, un équilibre du secteur privé, résultant essentiellement de la capacité de financement des ménages (leurs épargnes) face au besoin de financement des entreprises (leurs investissements)... » *Etudes de finances publiques*, Mélanges en l'honneur de Monsieur le Professeur Paul-Marie GAUDEMET, Economica, 1984, p. 298.

de régulation économique. Cette nouvelle orientation rejoint la conception de Paul AMSELEK qui estime que : « *C'est... l'exigence d'une planification de la vie financière de l'Etat qui constitue à l'heure actuelle le point de départ. Désormais, le Gouvernement élabore des prévisions budgétaires, parce qu'il le faut, parce que ces prévisions sont indispensables à son action, et le Parlement les autorise... dans la mesure où il en a le pouvoir. L'autorisation parlementaire vient se greffer sur une planification financière par ailleurs nécessaire : elle n'est plus la raison d'être, le moteur de cette planification, mais une simple étape dans sa procédure (étape dont on peut éventuellement concevoir de se passer)* »[172]. Dans le cadre de cette planification, la prévision des dépenses était avant tout le fait de la direction du plan. Les dépenses des politiques publiques d'équipement, de communication et de transports peuvent être décrites comme suit.

2 – Quelques chiffres sur ces différentes catégories de dépenses

Entre 1961 et 1962, les prévisions des dépenses d'équipement des services administratifs et sociaux, construction et entretien des bâtiments et de logements administratifs du budget de fonctionnement ont atteint un résultat de 76,5 milliards de francs CFA contre une prévision de 64,4 milliards en recettes soit un déficit de près de 12,1 milliards en raison d'un déficit annuel moyen de 2,4 milliards.

Exercices	**Dépenses**	**Recettes**	**Déficits**
1961	13,9	10,5	3,4
1962	16,0	13,2	2,8
1963	15,5	13,7	1,8
1964-65	15,6	13,5	2,1
1965-66	15,5	13,5	2,0
Equilibre global sur la période	**76,5**	**64,4**	**12,1**

Source : Direction générale du budget

[172] Paul AMSELEK : « *Le Budget de l'Etat sous la Ve République* ». LGDJ. 1966. p.34.

A la même période (1961-1966), la somme de 47 milliards a été budgétisée pour financer les investissements spécifiques. Ce qui est frappant, c'est que le financement intérieur ne prenait que 10,5 milliards à son compte et les 36,5 milliards restants étaient supportés par des financements extérieurs. La présentation des conditions de l'équilibre global des finances publiques à cette époque avait dégagé un déficit de 47,5 milliards qui avait été financé en grande partie par les avances de la Banque Centrale du Mali. Il faut souligner ici que lors du premier Plan quinquennal, il n'existait pas de budget d'investissement spécifique, distinct du budget général ; il y était inclus, à côté du budget ordinaire, c'est-à-dire de fonction. En faisant la somme des différentes années, on obtient le tableau suivant :

Budget ordinaire	76,5 milliards de F maliens
Budget d'investissement	47,0 milliards de F maliens
TOTAL	123,5 milliards de F maliens

L'équilibre global se présentait ainsi :

DEPENSES GLOBALES	***123,5*** milliards de F. maliens
RESSOURCES INTERNES	
- recettes ordinaires	64,4 milliards de F. maliens
- autofinancement des sociétés d'Etat	1,0 milliard de F. maliens
- diverses ressources internes	10,6 milliards de F. maliens
Soit	***76,0*** milliards de F. maliens
DEFICIT	***47,5*** milliards de F. maliens

Nous ferons l'économie de la présentation de la situation des communications, qui à cause de leurs technologies ultra sophistiquées, sont restées longtemps sous le contrôle exclusif de la France. C'est le cas de la radio Mali qui ne fonctionnait que grâce à la coopération française. Plus que ridicule, il était impossible de communiquer par téléphone avec un autre pays, surtout anglophone à partir du Mali sans passer par la France. Dans ce domaine, le volontarisme politique a été pris de court par la réalité technologique, l'intérêt géostratégique et le jeu de l'environnement des puissances politico-économiques du monde contemporain. La seule amélioration intervenue en ce domaine fut le financement d'un centre émetteur en 1986 à partir d'un financement obtenu dans le cadre de la coopération Mali-Chine. Cela a contribué à améliorer la qualité des émissions radiophoniques du pays. Malgré l'évolution, la direction du budget aura de la peine à maîtriser les prévisions des dépenses de politiques publiques de communication. Cette réalité est aggravée par la prolifération des opérateurs de téléphonie mobile, qui échappent à tout contrôle. Alors, le pragmatisme voulait que les efforts à fournir dans les dépenses de communication soient axés sur les programmes de renforcement des infrastructures de transport.

Les dépenses des politiques publiques de transport

En réduisant les politiques publiques de communication aux investissements effectués dans les domaines des transports et d'autres services, l'expérience du Mali post indépendance peut faire une valeureuse jurisprudence en finances publiques.

En effet, la période des années 1962-1968 a vu la réalisation de grandes infrastructures de communication et de transports au Mali à travers le fonctionnement opérationnel d'une compagnie aérienne (Air Mali) dotée d'avions de haut standing de marque soviétique ; desservant les liaisons intérieures, interafricaines (surtout la côte) et avec la France ; une compagnie des transports fluviaux, la Compagnie malienne de navigation (COMANAV), héritière des *Messageries africaines* de la période coloniale ; une Société de transports ferroviaires, la Régie des chemins de fer du Mali (RCFM) ; deux régies de transports reparties entre les transports urbains de Bamako (TUB) et la Régie des transports du Mali (RTM). Cette régie destinée aux transports routiers inter-Etats a joué un grand rôle dans le ravitaillement du pays à partir de la Côte d'Ivoire suite à l'éclatement de la Fédération du Mali en 1960 jusqu'en 1963.

Cette époque a aussi enregistré une augmentation des dépenses de politiques publiques en vue de soutenir d'autres secteurs vitaux de la vie économique nationale comme la Société d'Equipement du Mali

(SEMA) avec l'appui de la Caisse centrale de coopération économique (CCCE), aujourd'hui l'Agence française pour le développement (AFD) ; la Société des hôtelleries du Mali (SHM) ; la Société nationale d'exploitation des ressources minières (SONAREM) disposant du monopole des prospections minières avec l'assistance technique et financière de l'URSS.

Ainsi, sans ménagement le secteur public a fait main basse sur l'essentiel des activités économiques. Il apparaissait comme le champion de la modernisation de l'économie et le prophète du socialisme qui incarnait aux yeux de tous, la panacée du développement économique. Avec ce volontarisme interventionniste des politiques budgétaires[173], un antagonisme s'est installé entre le secteur public et le secteur privé. Le second se sentant spolié et bafoué, voir avili a fini par adopter des attitudes hostiles au régime. Ce pouvoir d'incertitude des opérateurs privés s'est matérialisé à travers des actes de sape de toutes les stratégies officielles comme la fuite des capitaux, le sabotage économique, la fraude, la corruption, le détournement des équipements acquis sur fonds publics par les opérateurs privés.

---

[173] Claude MARTINAND, *Pour une nouvelle dynamique de la gestion budgétaire au ministère de l'Equipement et des transports*, « Les départements ministériels chargés de l'équipement, du logement et des transports présentent une « géométrie variable », ce qui traduit une instabilité de leurs champs d'activités, peu propice à des politiques budgétaires de moyen terme. Une partie de ses politiques est, en outre, définie par des ministères différents (Ville, Aménagement du territoire, Environnement, Culture) qui ne disposent que d'une partie des crédits et pratiquement pas de services déconcentrés correspondants. A la Direction du budget, deux sous-directions différentes examinent différentes sections de ce budget…
- fonctions « régaliennes» : par exemple définir la politique de l'urbanisme réglementaire, la mettre en œuvre pour les compétences de l'Etat et, par mise à disposition gratuite, pour les compétences décentralisées des collectivités territoriales qui le demandent ;
- fonctions de « régulateur» (ou d'autorité organisatrice de « tutelle ») : c'est le cas, par exemple, pour le domaine des transports, où opèrent de multiples opérateurs publics, mixtes ou privés. Cette fonction génère ses dépenses propres de fonctionnement généralement limitées mais sans doute insuffisantes actuellement (…) et comporte une série de contributions publiques, soit en investissement, soit, plus rarement, en fonctionnement… ». R.F.F.P. n° 46, *La politique budgétaire*, L.G.D.J. 1994, p. 127.

Le summum de l'incompréhension entre les deux protagonistes fut atteint, avec l'intervention des miliciens et des brigadiers de vigilance, qui sont tous comparables à des polices économiques, pour contrôler l'économie selon le modèle dirigiste des Etats totalitaires. Aussi, n'était-il point étonnant de découvrir des goulots d'étranglements qui bloquent ou retardent la mise en œuvre des décisions des politiques publiques.

Comme la direction du budget n'existait pas à cette époque, il n'y avait aucune organisation structurée capable de faire des analyses financières sur la viabilité de tous ces investissements. L'idéologie socialiste alliée à l'orgueil national tirant vanité des nouvelles acquisitions, ne pouvait que renforcer la côte de popularité politique des dirigeants. Mais paradoxalement, au même moment le pays se trouvait dans un isolement politique et financier, et n'arrivait plus à assurer le fonctionnement du marché économique. Les nouveaux partenaires de l'Est pouvaient profiter des dépenses publiques pour procurer des équipements à la rentabilité discutable, sans apporter des capitaux financiers liquides. Quant aux anciens partenaires occidentaux, ils ne pouvaient plus soutenir fermement des dépenses de politiques publiques pour contribuer à l'implantation d'une idéologie qui leur est hostile dans un espace géopolitique qu'ils considéraient comme leur pré-carré[174]. Il était donc logique que les militaires se servent du prétexte fallacieux du redressement économique[175] pour usurper le pouvoir par le coup d'Etat du mardi 19 novembre 1968. Il reste à observer la nouvelle orientation des politiques publiques économiques pour vérifier une telle profession de foi dans un système budgétaire économique où la vertu et la décision politique n'ont que des effets relatifs.

---

[174] Voir Larousse : Sens figuré : Domaine réservé de quelqu'un, d'un groupe.

[175] Voir : Extrait de la déclaration du Président du Comité Militaire de Libération Nationale le Lieutenant Moussa TRAORE : « *je dis et je le répète : l'armée n'a pas l'intention de rester au pouvoir pour le pouvoir ; le redressement économique une fois terminé, elle se retirera discrètement dans la caserne. C'est le message du Comité Militaire de Libération Nationale* ». Essor n° 5512 (de la 18ᵉ année) du Mercredi 27 novembre 1968, p. 5.

B - L’évaluation des dépenses de politiques d’équipement, de communication et des transports de la période militaire (1968-1991)

Bien entendu, le budget de l’Etat, malgré l’augmentation systématique du montant des dépenses, n’a jamais fait l’objet d’une remise en cause de la part d’une collectivité ou d’un groupe social quelconque. C’est sûrement pour cette raison que les contrecoups ou surcoûts financiers subis par les programmes de développement économique, particulièrement dans le domaine des « Equipements et Transports », n’ont pas pu freiner l’ardeur de la direction du budget. Surtout qu’en dépit des contre-performances enregistrées de 1960 à 1968, les dépenses publiques avaient réellement contribué à réduire les inégalités sociales, à réussir un enseignement de masse et de qualité, à former de nombreux cadres nationaux dans tous les domaines, notamment dans le secteur de la santé avec des médecins qualifiés.

A cet effet, il convient d’évoquer que le premier pilote commandant de bord d’un aéronef en Afrique au sud du Sahara fut malien. Sans oublier les nombreux investissements en équipements collectifs comme les stades omnisports, les hôtels de haut standing, les structures universitaires modernes. Ce sont là des investissements qui ne peuvent que militer en la faveur des dépenses publiques à cause de leur impact sur le plan de la création des richesses, la satisfaction morale et la satisfaction des besoins d’intérêt général.

Au regard des réalisations de cette première période de l’indépendance, la seconde, sous le régime des militaires, se présente comme une régression certaine. Il en est résulté que les dépenses publiques faisaient l’objet de critiques acerbes à tel point qu’on parlait de prévisions budgétaires irréalistes, malgré les cadrages macro-économiques réalisés par la direction du budget en amont. A cet égard, avant de chercher les raisons économiques et financières objectives d’un tel désaveu de l’action publique, il convient de reconnaître que les nouvelles autorités politiques qui ont eu la charge des deniers publics à partir de 1968 ont adopté des attitudes condamnables, surtout en matière de respect de l’orthodoxie financière : gabegie, affairisme des dirigeants, corruption, détournements de biens publics les ont caractérisées. Ainsi d’année en année les investissements publics régressaient au Mali au profit des privés, et l'augmentation des déficits budgétaires était si flagrante qu'elle ne faisait plus peur.

Il a fallu attendre la poursuite de la Coopération économique et financière entre le Mali et le système FMI-Banque mondiale, ainsi que l'intervention d'une nouvelle méthode de gestion publique à travers le budget-programme, pour que les plus pessimistes soient convaincus de la possibilité de mieux gérer les dépenses publiques autrement, avec l'appui institutionnel et organisationnel de la direction du budget. Une telle préoccupation de bonne gestion des dépenses publiques concerne les investissements en matière de communication et de transport.

Sous le régime des militaires, les mécanismes d'évaluation ou de prévision des dépenses d'investissement, d'équipement, de communication ou de transport ont beaucoup évolué. On entrait dans une étape de société plus complexe où à côté de l'Etat émergeaient de nouvelles forces économiques de nature privée.

Comme on le sait, les dépenses d'investissement ou d'équipement correspondent à une immobilisation ou création d'infrastructures physiques, et non à des activités courantes et régulières. Dans une telle acception, la direction du budget peut faire ses prévisions selon trois variantes. La première variante concerne les investissements exécutés par l'Etat, en prenant en compte soit les biens de l'Etat ; soit des biens relevant d'organismes publics ou privés, dans lesquels l'Etat prend ou accroît sa participation. La seconde variante se rapporte aux investissements exécutés avec le concours de l'Etat, qui sans prendre totalement la charge des investissements, accorde des subventions ou participations à des personnes de droit public ou de droit privé en vue de les accomplir. La dernière variante a trait aux dépenses de reconstruction, qui sont destinées traditionnellement à la prise en charge des réparations des dommages de guerre. En cette ère de modernisme et de pacifisme, ce volet peut prendre en charge d'autres grosses réparations occasionnées par certaines calamités, imprévisibles comme : les inondations, les éruptions volcaniques, tremblement de terre. La direction du budget motive toujours de telles dépenses par leurs fins économiques, de solidarité nationale ou de droit social.

La décennie 1970-1980 a plongé les finances publiques maliennes dans les abîmes budgétaires inédites dans les annales du pays. En dehors des calamités naturelles comme la sécheresse, la famine, les épidémies de méningites ou le choléra qui ont successivement frappé le pays de 1970 à 1976, le Mali a connu entre 1975-1991 des périodes infernales où des fonctionnaires pouvaient travailler pendant près de deux trimestres entiers sans percevoir un franc de leur salaire. Les scolaires et étudiants, démunis, souffraient autant sans bourses ni allocations ni soutiens : d'où des séries de grèves et des crises scolaires, réprimées dans le sang ou suivies d'assassinats de leaders estudiantins par le pouvoir en place. Ce fut le cas en 1980, avec l'assassinat du *« leader charismatique Abdoul Karim CAMARA* [176]*surnommé par ses compagnons Cabral »*.

Au même moment, des dépenses somptuaires s'effectuaient, sans retenue, au profit des autorités, et contre toute orthodoxie budgétaire. On assistait ainsi à des achats d'avion présidentiel ou à la rénovation du palais présidentiel, à de la prolifération de vergers modernes, dignes des ranches du Texas [177]appartenant à une certaine classe de hauts fonctionnaires de l'Etat, à des détournements spectaculaires et impunis des deniers publics, à la prolifération tous azimuts d'une race d'opérateurs économiques rapaces, ou partenaires des potentats hissés au sommet de l'Etat, qui étaient habiles en tout sauf dans le respect élémentaire des lois de la République ou du droit des affaires.

Ces tristes faits ne peuvent que témoigner de la nécessité de choix judicieux dans l'utilisation des ressources publiques, conformément à une procédure de prévision légale et rationnelle. C'est ainsi que, dans un sursaut, les pouvoirs publics créent en 1987 une véritable structure administrative ayant vocation à gérer les dépenses publiques. Cette décision s'est également imposée par les changements intervenus dans

---

[176] Cheick Oumar Tangara 1973 mort sous l'effet de la torture, Abdoul Karim Camara, torturé à mort, après avoir été obligé de lire un message dans les conditions atroces, Tiocary mort sous l'effet de la torture en 1980 au commissariat de police de Mopti. Tous torturés à mort pour le fait d'avoir osé s'opposer aux décideurs des politiques publiques à cette époque.

[177] Le Texas est un Etat des Etats-Unis, réputé pour son immensité et surtout pour sa richesse en pétrole et en gaz naturel. Avec ses villes célèbres comme Austin (sa capitale), Houston ou Dallas, il symbolise la puissance financière et les investissements extravagants, tels que les ranchs, comme signes extérieurs de la richesse.

la gestion des finances publiques tant au niveau continental que mondial. Depuis les accords de partenariat financier convenus entre les Institutions de Bretton Woods et le Mali, ainsi que l'adhésion de ce dernier à l'UEMOA, les prévisions budgétaires étaient ipso facto soumises aux normes financières internationales. C'est dans cette optique que la Direction nationale du budget fut créée par la loi n° 86-100/AN-RM du 9 février 1987 comme un instrument stratégique pour mieux organiser et gérer les finances publiques en mettant l'accent sur le processus budgétaire.

L'innovation arrivait trop tard. L'introduction de la direction nationale du budget dans le processus de prévision et décision en matière d'engagement de la dépense publique. Le bilan de la longue période militaire, en matière d'équipements, de transport, de communication et de structures universitaires ou scolaires est si mince qu'on ne peut guère s'y attarder.

On notera bien sûr la construction du barrage de Sélingué, mais sur fonds d'emprunts exclusivement ; il en est de même de la participation du Mali à la réalisation du barrage commun de Manantali[178] ; l'hydraulique villageoise est financée sur fonds extérieurs dont ceux de la défunte Communauté économique de l'Afrique de l'Ouest (CEAO)[179] ; les routes interurbaines ne sont pas entretenues ou leur rénovation se fait grâce au Fonds européen de développement ; les lycées et collèges indispensables ne sont pas construits : on en laisse le soin à l'initiative privée[180]. L'étape suivante est celle de l'ère de la démocratie pluraliste.

---

[178] Ce barrage est une réalisation de l'Organisation de mise en valeur du fleuve Sénégal (OMVS), organisation regroupant le Mali, la Mauritanie et le Sénégal. L'ouvrage est situé au Mali.

[179] Cette organisation regroupait le Bénin, le Burkina-Faso, la Côte d'Ivoire, le Mali, la Mauritanie, le Niger et le Sénégal. Créée en 1973, elle est supprimée en 1994 pour être remplacée par l'actuelle Union économique et monétaire de l'Afrique de l'Ouest, mais avec un Etat en moins, à savoir la Mauritanie, mais deux en plus : la Guinée-Bissau et le Togo.

[180] Et aujourd'hui encore, plus de 56 % des enfants scolarisés du Mali du niveau du collège et du lycée suivent leurs formations dans des établissements privés.

C - L'évaluation des dépenses de politiques d'équipement, de communication et des transports de l'ère démocratique (1991-2012)

La maîtrise parfaite des chaînes de fonctionnalité qui fonde le processus budgétaire a été considérée par le pouvoir politique issu de la révolution du 26 mars 1991 comme la condition sine qua non de la réussite de toute éventuelle stratégie pour opérer des changements qualitatifs pouvant induire une croissance économique durable.

Dans ce cadre, la direction nationale du budget devient un instrument incontournable dans la définition des politiques publiques et des investissements publics. Certes, la direction du Plan est toujours présente, mais son pouvoir est désormais encadré par celui de la direction du budget.

C'est pour accroître ses compétences qu'elle est réformée et qu'il est procédé à un nouveau toilettage pour l'adapter aux nouvelles exigences financières internationales. C'est le fruit de la loi n° 06-003 du 06 janvier 2006, grâce à laquelle un nouvel organigramme est mis en place et que de nouvelles méthodologies dans la procédure budgétaire sont introduites.

Désormais, pour évaluer les dépenses à inscrire dans tout budget, la direction du budget est tenue de se référer au cadre stratégique de lutte contre la pauvreté (CSLP)[181] qui s'analyse comme un ensemble de mesures appropriées permettant au Gouvernement d'utiliser de manière rationnelle et efficace les ressources nationales et internationales pour atteindre les objectifs de développement et réduire la pauvreté à court et moyen termes.

---

[181] Il est à rappeler que « le Cadre stratégique de lutte contre la pauvreté (CSLP), opérationnel depuis 2002, constitue le cadre unique de référence des actions du Gouvernement comme le confirme d'ailleurs la Lettre de cadrage du Président de la République au Gouvernement en date du 23 octobre 2000. En rapport avec les objectifs du CSLP, la récente déclaration de politique générale du Gouvernement de juin 2004 a fixé comme objectif général de réduire d'un tiers l'incidence de la pauvreté en la ramenant de 63,8 % en 2001 à 47,5 % en 2006 ». Voir *Lettre de politique de développement du secteur privé (LPDSP)* du 12 janvier 2005, du ministre de la promotion des investissements et des petites et moyennes entreprises, Ousmane THIAM, p. 3.

Pour ce faire, toutes les prévisions de la direction du budget doivent être bâties selon le schéma du cadre de dépenses à moyen terme (CDMT) et du budget-programme. Les prévisions de dépenses doivent aussi tenir compte du nouveau concept désigné par les Objectifs du millénaire pour le développement (OMD).

Cette responsabilisation de la direction du budget a renforcé l'effort de réglementation des dépenses publiques en général et des dépenses d'investissement en particulier. Les dépenses d'investissements, appelées aussi dépenses d'équipement, se décomposent selon le Règlement financier du Mali en deux catégories.

Il s'agit, tout d'abord, des « *dépenses exécutées par l'Etat en vue de la création ou de la modernisation des biens de l'Etat ou de leur reconstitution et reconstruction ; de la prise de participation, ou d'accroissement de participation au capital d'organismes publics ou privés* ».

Il s'agit, en second lieu, des « *dépenses correspondant aux concours financiers que l'Etat accorde sous forme de subventions ou de prêts à des personnes de droit public ou de droit privé, pour réaliser des opérations de même nature que celles citées ci-dessus* »[182].

Dépenses d'investissement ou dépenses d'équipement, pour notre part, ne sont que deux groupes de mots synonymes qui ne visent qu'un seul but : la formation brute du capital fixe que les juristes qualifient aussi comme « un enrichissement patrimonial de la puissance publique ». De telles dépenses sont prises en compte au Mali, par le Budget spécial d'investissement (BSI) dans le cadre des projets/programmes de développement conformément aux politiques visées dans le cadre du CSCRP.

[182]Voir *Ordonnance 46 bis* portant Règlement financier du 19 novembre 1960, p. 5.

Selon les informations recueillies à partir des statistiques officielles de la Direction générale du budget, les dépenses suivantes étaient prévues au titre des équipements en milliards de F. CFA[183] :

2007	2008	2009	2010	2011
151,27	**159,92**	**169,79**	**177,37**	**187,95**

Ces dépenses touchent à tous les secteurs de la vie nationale et se prêtent à diverses interprétations[184] surtout en ce qui concerne les constructions de bâtiments ou les acquisitions de machines ou d'autres appareils. C'est pourquoi ils peuvent occasionner des investissements qui n'en valent pas la peine. C'est là un aspect sensible qui met en cause l'efficacité des prévisions en cas de mauvaise interprétation des textes réglementaires.

Pour pallier toute faiblesse de rigueur dans le système de prévision des dépenses budgétaires, la direction du budget est prompte instinctivement à prôner un ajustement des prévisions. Or, les modifications des dépenses surtout en matière d'équipement peuvent perturber toute la procédure budgétaire. Car elles contreviennent aux choix des pouvoirs publics, qui ne sont intéressés que par les retombées politiques et se montrent allergiques à toute contestation. Dans un tel cas de figure, le salut de la direction du budget réside dans une refonte complète des dépenses publiques, en référence au cadre des dépenses à moyen terme et du budget-programme. Par ailleurs, la Direction du budget, pour être suivie dans sa stratégie, se doit de convaincre les décideurs de politiques publiques et partenaires financiers que

---

[183] Rappelons qu'en 1986, le Mali a intégré l'Union monétaire ouest-africaine, dont la monnaie est « le franc de la Communauté financière africaine (F. CFA) et dont l'entité d'émission est la Banque centrale des Etats de l'Afrique de l'Ouest (BCEAO), avec son siège établi à Dakar (Sénégal).

[184] Voir Pierre MEYER *Introduction à l'étude du droit burkinabé*« l'interprétation recouvre les mécanismes intellectuels ayant pour objet de fixer la portée et le sens des règles de droit ainsi que de lever les ambiguïtés et les lacunes du système juridique ». André N'BOLAND 1988, p. 230.

l'évaluation à laquelle elle a procédé tend effectivement vers la croissance tant convoitée et qu'elle est conforme aux idées maîtresses contenues dans le CDMT, à savoir le « *développement des zones industrielles viables ; la disponibilité de l'eau et l'électricité à de meilleurs coûts ; la construction d'infrastructures de transports ; l'accessibilité aux financements les plus importants ; le renforcement du cadre de partenariat entre secteur public et secteur moderne* ».

Ajoutons que les projets liés à la *construction d'infrastructures routières* sont privilégiés dans les stratégies publiques de développement du fait de l'enclavement du pays, de sa position centrale au cœur de l'Afrique de l'Ouest et de la volonté d'Intégration sous régionale, voire africaine, qui ressort des orientations des pouvoirs publics. C'est pourquoi ceux-ci ont inscrit dans le CSCRP :

1) la poursuite de l'amélioration de l'efficacité et de la durabilité des moyens et des infrastructures de transport (routier, ferroviaire, aérien, fluvial) ;
2) la réduction des coûts des transports notamment en milieu rural ;
3) l'amélioration du fonctionnement des corridors de transports ;
4) la mise en œuvre de la concession ferroviaire et des aéroports du Mali ;
5) le suivi du respect des règles en matière de circulation routière.

Ensuite, la promotion des *compagnies privées de transport public* a été possible à partir de cette stratégie.

Le développement du secteur privé de transport public a permis à l'Etat de cantonner son rôle au développement des infrastructures routières. Dorénavant, la direction du budget ne verra aux dépenses publiques qu'une finalité visant la création, l'extension, la modernisation ou même l'entretien des équipements collectifs les transports et la communication. Ainsi en 2007, la construction et l'entretien des infrastructures de transports se sont poursuivis à un rythme soutenu de plus de 263,38 km de pistes construites et 12.473 km de routes entretenues toutes catégories confondues.

En *matière de communication* en 2007, les progrès réalisés en matière de nouvelles technologies de l'information et de la communication sont considérables. Les équipements de cyberespace se sont multipliés et le pourcentage de la population couverte par la radio se situe à 97% en 2007 contre 96% en 2005 et 2006. Celui de la télévision est resté stationnaire, entre 2004 et 2006 à un niveau de 80%.

Une autre stratégie convaincante de la direction du budget, conforme aux orientations de politiques publiques a été de budgétiser les projets d'aménagement de ports secs à Kayes et Sikasso. Ce projet, initié par la direction nationale des transports maritimes et fluviaux, envisage de réaliser deux ports secs avec des magasins d'entreposage. Ils seront des relais visant à accroître jusqu'à 11059 m2 la capacité d'entreposage de coton dans les entrepôts maliens en Côte d'Ivoire (EMACI)[185] ; 3500 m2 de hangar et magasin d'entreposage en Mauritanie et 5700 m2 de bureaux et Magasin d'entreposage au Ghana. Ce sont là des dépenses qui viennent renforcer les stratégies nationales de désenclavement du pays. Il ressort des analyses de la direction du budget, que la décennie

---

185 L'une des stratégies de désenclavement des dirigeants socialistes du Mali sous la première République, s'est illustrée par le recours aux entrepôts. Les entrepôts sont des lieux où sont déposées des marchandises pour un temps limité. Ils sont des facilités offertes à des pays enclavés comme le Mali, afin de leur permettre de réaliser leurs transactions commerciales (Importations ou Exportations), avec l'extérieur, à partir des ports voisins sur la base d'une convention internationale. Ils ne fonctionnent pas comme des entreprises mais constituent des services extérieurs de la direction nationale des transports terrestres, maritimes et fluviaux. Ils exercent des missions de service public à travers la Direction des transports sur la base du paiement de redevances qui constituent la contrepartie des services rendus aux usagers.
Les Entrepôts Maliens en Côte d'Ivoire (EMACI), sont les premiers entrepôts du Mali. Ils ont été autorisés au port d'Abidjan, par la République de Côte d'Ivoire en 1961, afin d'aider le Mali à réaliser ses opérations portuaires, suite à l'éclatement de la Fédération du Mali. Après la réconciliation du Mali avec le Sénégal, compte de leur importance commerciale, les Entrepôts Maliens au Sénégal (EMASE) ont été créés. D'autres entrepôts ont vu le jour plus tard, comme : les Entrepôts Maliens au Ghana (EMAGHA), les Entrepôts Maliens en Guinée (EMAGUI), les Entrepôts Maliens au Togo (EMATO), les Entrepôts Maliens en Mauritanie (EMAMAU).
Les frets qui ont transité par ces trois entrepôts en 2010, sont estimés à un volume de 3 578 562 tonnes à raison de : EMAGHA 90 854 tonnes ; EMAGUI 52 168 tonnes ; EMAMU 30 969 tonnes.
Au plan financier, les opérations des entrepôts sont gérées dans les budgets annexes au Budget d'Etat. Aux termes de l'article 25, alinéa 1er de la loi du 4 novembre 1996 relative à la loi de finances : « les opérations financières des services de l'Etat non dotés de la personnalité morale et dont l'activité tend essentiellement à produire des biens ou à rendre des services donnant lieu au paiement des prix ».

2000-2009 a été particulièrement marquée par d'énormes flux d'investissements privés et publics. Les investissements privés sont relatifs à la construction des mines d'or au développement de la *téléphonie mobile* et aux *grands chantiers immobiliers*. Les flux nets d'investissements directs étrangers ont atteint une moyenne de 87,9 milliards de FCFA par an. Exceptionnellement le niveau a atteint 168,8 milliards de F CFA en 2002, à cause du financement des infrastructures de la *Coupe africaine des nations* en 2002 (C.A.N. 2002), coupe de football, nécessitant de nouveaux stades et l'amélioration des aéroports et autres structures. Dans ce même cadre, les investissements publics ont concouru à la réalisation des infrastructures de la CAN 2002 concomitamment à de grands projets routiers avec des programmes immobiliers et d'aménagements hydro agricoles.

Tous ces efforts d'investissements publics ont bénéficié de l'accompagnement des partenaires techniques et financiers. Ce qui a du coup propulsé le taux d'investissement de 16,0% en 2002 à 21,4% en 2005.

Paradoxalement, l'embellie économique suscitée par l'évolution des investissements n'a pas entraîné une réduction des déficits budgétaires qui se sont aggravés d'année en année.

Ainsi, le déficit budgétaire qui était à un niveau de 46,03 milliards en 2001, a atteint successivement 61,75 milliards en 2002, 80,50 milliards en 2003 ; 87,90 milliards en 2004 et 88,63 milliards en 2005, soit une augmentation de 92,1% entre 2001 et 2005. Pour confirmer cette hausse vertigineuse des déficits, la prévision de déficit en 2009 était de 127,304 milliards inscrits dans la loi de finances 2009 contre 119,472 milliards dans telles de 2008.

En définitive, il apparaît que la prévision des dépenses de politiques publiques d'équipement, de communication et de transports ou même celles des autres secteurs est pleine d'interactions et de conflits latents entre direction du budget et les autres directions, engagées dans la mise en œuvre des politiques publiques. Ce qui ne fait que confirmer la complexité du travail de la direction du budget. Nonobstant l'apport de tout l'arsenal bureaucratique dont elle dispose en experts et techniciens chevronnés, elle est obligée de tisser des bonnes relations avec les autres directions ou structures pour optimiser ces choix et légitimer leur crédibilité. La direction du budget se doit donc de travailler aussi bien avec la direction du plan qu'avec les directions du développement industriel, de l'Agriculture, des transports, etc. Cela nécessite un travail organisationnel profond et de nombreuses réunions de concertation.

La direction du budget doit aussi tenir compte de l'organisation du système budgétaire, de l'environnement politique et de la conjoncture économique. Mais ce qui est plus déterminant et fiable, c'est le respect scrupuleux par la direction du budget des nouvelles méthodes de gestion publique comme le CBMT, le CDMT, mais surtout le budget-programme assez évoqué. Les dépenses du secteur de l'agriculture, de l'élevage et de la Pêche doivent aussi être évaluées par la même Direction du budget.

Paragraphe II : La direction du budget et l'agriculture[186], l'élevage et la pêche

L'agriculture, l'élevage et la pêche sont les principales activités génératrices de revenus pour plus de 70 % de la population malienne. Le principal défi que le Mali doit relever est de garantir l'autosuffisance alimentaire, d'une part, et de réduire la pauvreté d'autre part. Le rôle d'instrument stratégique de la direction du budget s'affirme aisément dans un tel contexte. Considérant que la croissance est une condition nécessaire pour assurer la redistribution de la richesse pour le bien-être des populations, le Gouvernement du Mali n'écarte aucune opportunité pour réussir ce pari. Il n'est donc pas fortuit que le financement du

[186] Il est indéniable que l'agriculture joue un rôle central dans le développement économique parce que la majorité des habitants des pays pauvres tirent leur subsistance du sol. Le seul moyen dont disposent les dirigeants, réellement soucieux du bien-être de leurs peuples, pour améliorer la situation du plus grand nombre d'entre eux, est de les aider d'abord à accroître la productivité de leurs cultures alimentaires et commerciales et, ensuite, à élever les prix auxquels elles sont payées aux agriculteurs. Cependant, les agriculteurs des pays en développement doivent produire suffisamment pour assurer leur propre alimentation et celle de la population urbaine. Ainsi, le secteur agricole saurait également constituer une source majeure de capitaux pour une croissance économique moderne. C'est dans cette logique que certains penseurs ont estimé que l'agriculture serait la principale, sinon la seule source de capitaux nécessaire aux premières phases du développement économique.

monde rural qui englobe l'agriculture, l'élevage et la pêche soit au cœur des stratégies applicables pour y parvenir.

Il est admis que les filières des productions rurales (agriculture, élevage, pêche, fruits et légumes et agroforesterie) occupent une place privilégiée comme leviers de la croissance économique. Aujourd'hui, elles représentent l'ossature principale de l'économie malienne, elles sont intégrées dans les politiques publiques pour parvenir à la sécurité alimentaire, contribuer à la création de la richesse et vaincre le phénomène de la pauvreté.

Il faut rappeler que le secteur[187] rural occupe près de 80% de la population malienne, et contribue à la constitution du PIB à hauteur de près de 36 %. A partir de là, on comprend pourquoi ce secteur est ciblé par la Direction du budget pour réaliser des études sur la possibilité de réduction de la pauvreté entendue dans ses trois sens formels :

1) la pauvreté des conditions de vie ou pauvreté de masse, caractéristique première du milieu rural, qui traduit une situation de manque dans les domaines de l'alimentation, l'éducation, la santé et le logement :
2) la pauvreté monétaire ou de revenus, caractéristique du milieu paysan, qui se manifeste par un manque de ressources entraînant une consommation insuffisante ;
3) la pauvreté de potentialités qui se conçoit comme un manque de capital (accès à la terre, aux équipements, au crédit, à l'emploi).

---

[187] En considérant qu'il n'y a pas une statistique exacte sur les données, on relève que « le secteur agricole du Mali occupe 80 % de la population et contribue pour 36 % au PIB contre 22 % et 42 % respectivement aux secteurs secondaire et tertiaire. Il a dégagé plus de 31,7 % des recettes d'exportation en moyenne entre 2000 et 2004 pour trois produits, le coton, le bétail et les céréale. La production totale des céréales a évolué de 1.817.058 tonnes en 1990, à 2.310.077 tonnes en 2001 et à 3.139.007 tonnes en 2005. Cette augmentation s'appuie en grande partie sur la forte croissance de la production de riz. Celle-ci est passée de 282.366 tonnes en 1990 à 742.808 tonnes en 2001 et à 906.326 tonnes en 2005. Le Mali est devenu le premier producteur de coton d'Afrique en 2004 avec 620.665 tonnes. Voir *Le Mali : office du Niger, l'élevage, la pêche, la loi d'orientation agricole*. Comité national d'organisation de la 24e Conférence régionale de la FAO pour l'Afrique. Edité par l'Agence malienne de presse et de publicité. Janvier 2008, p.3.

Dès lors, la loi[188] d'orientation agricole du 5 septembre 2006 apparaît comme l'instrument fédérateur des politiques touchant aux domaines de l'agriculture, de la forêt, de la pêche et de l'élevage ? Au-delà de la complexité de la question, il faut chercher à savoir comment la direction du budget peut se servir de la dépense publique pour soutenir l'agriculture, et le secteur rural dans son ensemble, tout en en tirant des revenus budgétaires ? On en traitera à travers l'évaluation des dépenses destinées au développement rural à inscrire dans la loi de finances **(A)** et la nouvelle méthode de gestion des politiques publiques de développement du secteur rural **(B).**

A- La Direction du budget et les dépenses destinées au développement rural

Nous tenons à rappeler qu'au départ, dès son entrée dans le concert des nations indépendantes, le Mali a choisi comme stratégie de développement celle de l'économie socialiste planifiée basée sur un développement autocentré, en comptant sur ses ressources internes. A cette époque, l'inexistence de la direction du budget, se révélait comme un handicap à toute évaluation scientifique des productions tirées du secteur rural.

En ciblant les secteurs principaux de l'agriculture, de l'élevage, et de la pêche qui représentent toujours l'essentiel des potentialités économiques, les autorités publiques ont sûrement agi par empirisme. Surtout que l'objectif fixé comme priorité nationale était de réaliser dans les plus brefs délais, et avec le minimum de coûts, la plus grande productivité. Par la suite tous les régimes politiques maliens, de la Première à la Deuxième et Troisième Républiques ont privilégié le développement prioritaire de la production agricole animale et piscicole. Il s'agit bien là d'un choix judicieux en raison même de l'importance de ce secteur tant aux plans économique, politique et socioculturel. Mais encore faudrait-il maîtriser les conditions théoriques et les techniques requises pour pouvoir atteindre le résultat escompté.

---

[188] Loi n° 06-045 du 05 septembre 2006, portant Loi d'orientation agricole votée par l'Assemblée nationale en séance plénière le 16 août 2006.

1) Le financement des actions de développement rural

C'est l'agriculture qui va recevoir la « part du lion » dans le financement des actions entreprises en faveur du monde rural, à côté de l'élevage et de la pêche. Ce qui n'est point étonnant de l'avis des cadres de la direction du budget.

Sans compter les nombreux cours d'eau, lacs ou domaines artificiels dont il dispose, le Mali regorge de cultivateurs dotés d'expériences de culture et technique culturale multiséculaires. Il est donc permis d'affirmer que le Mali recèle d'avantages comparatifs lui permettant d'envisager de devenir une puissance agro-pastorale. Le Premier Ministre Modibo SIDIBE s'exprimait ainsi sur la question : « *L'agriculture sera le moteur de l'économie. La stratégie que le Gouvernement entend mener dans ce cadre, au-delà des préoccupations de sécurité alimentaire, visera un véritable développement agricole du Mali susceptible de favoriser l'émergence d'un pays exportateur de produits agro-alimentaires, transformés et labellisés* »[189].

Des statistiques du ministère de l'agriculture ont prouvé, à la sortie des deux campagnes les plus sèches que le pays ait connues (de 1985/1986 et 1986/1987), que l'agriculture nationale[190] était capable de réaliser des

---

[189] Modibo SIDIBE : Premier ministre du Mali. Déclaration de Politique Générale devant l'Assemblée Nationale le 14-12-07, adoptée à la majorité des députés le 17/12/07.

[190] « L'essentiel de la production agricole du Mali est tributaire de la pluviométrie et des crues des cours d'eau. Le déficit hydrique récurent né du caractère aléatoire de ces deux éléments pose des problèmes de sécurisation de la production agricole. A cet effet, la maîtrise de l'eau et la promotion de l'irrigation sont au centre de la stratégie de développement agricole dans notre pays. Ceci permet de booster les rendements des exploitations agricoles et augmente l'intensité culturale.
Pour valoriser les immenses potentialités du pays, d'importants programmes/projets d'aménagements des grands cours d'eau et leurs affluents ont été initiés. L'année 2010 a été marquée par la poursuite de la mise en œuvre des mesures déjà prises par les autorités en vue de faire du secteur agricole un véritable levier de croissance au Mali. Au nombre de ces mesures, l'on peut citer (i) : l'initiative riz depuis 2008 (qui a donné lieu à une prévision de 44 milliards dans la loi de finances 2008), la poursuite de l'exécution du plan d'aménagement hydro agricole avec les travaux d'aménagement de la première tranche de 5 200 hectares qui fait partie des 14 000 hectares que le Millenium Challenge Account (un ambitieux projet financé par le gouvernement

productions record en l'absence de contrainte climatique notable. En effet, sur une longue période, des gains spectaculaires ont été enregistrés pour le coton, les légumes et pour les céréales traditionnelles mil, sorgho, haricot et fonio. Seule la riziculture a enregistré des gains plus modestes car celle-ci souffre en permanence des mauvaises conditions hydrologiques, encore que des progrès ont été enregistrés. Objectivement, on peut dire que les progrès enregistrés ne sont point imputables au hasard ; ils sont subséquents aux énormes efforts consentis par les politiques publiques pour développer surtout l'agriculture.

En contrepartie, la direction du budget se réjouit du fait que les dépenses consenties en faveur du secteur agricole et élevage ne sont pas vaines. Surtout que durant plusieurs campagnes, seules les exportations du coton et du bétail ont représenté la quasi-totalité des exportations maliennes. Ainsi, selon une étude de 1987 : « les dépenses courantes en faveur du secteur primaire comprennent toutes les dépenses du ministère du développement rural (depuis 1981 ministère de l'agriculture et ministère de l'élevage et des eaux et forêts), les dépenses pour l'agriculture et l'élevage inscrites dans les budgets régionaux, les dépenses régionales pour l'enseignement primaire, la santé, les routes et les pistes »[191].

De façon plus pragmatique, le Mali a tenté, avec un certain succès, l'expérience des opérations de développement rural pour accélérer le développement du monde rural.

2) L'expérience malienne des Opérations de développement rural

Toujours fidèle à son option, et préoccupé par la volonté d'anticiper le développement économique, la stratégie « *interventionniste* » fut l'arme

---

américain) compte réaliser dans la zone de l'Office du Niger et 2 500 hectares à M'Bawani ». Voir *Rapport sur la situation économique et sociale du Mali en 2010 et les perspectives pour 2011*. Ministère de l'Economie et des Finances ; coproduction de la Direction nationale de la Direction nationale de la planification et du développement (DNPD) et de l'INSAT. Mai 2011, p. 23.

[191] Revue du Secteur Agricole au Mali-Ministère de l'Agriculture 1987, p. 25.

favorite du Gouvernement malien dans l'euphorie des indépendances. Les principales options ont été l'encadrement de masse, la création de coopératives paysannes et d'entreprises nationales. La structure des services de l'agriculture et de l'élevage était calculée sur le découpage administratif du pays. Cette expérience a connu un échec retentissant, à cause surtout de la mise en œuvre d'un système coopératif inadapté et installé précipitamment. Cet échec a entraîné une démobilisation du monde paysan et un blocage des prix à la production. C'est sûrement pour cette raison que l'année 1964 a vu le Gouvernement confier les tâches de développement à des organisations plus autonomes appelées «*programmes*» qui opéreraient dans des zones géographiques plus homogènes (Programme mil, Programme arachide, etc.). Mais, le fait que ces programmes aient été lancés sans envisager une réforme des services de l'agriculture, qui restaient pourtant maîtres d'œuvres des actions de développement dont les objectifs et les moyens étaient apportés par lesdits programmes, a créé un cercle vicieux annihilant tout espoir de réussite.

En 1967, la réflexion sur la recherche d'une solution a abouti à la création du concept d'Opération de développement rural (O.D.R.) ayant pour objectifs de trouver :

1) une approche intégrée du développement visant tous les aspects de l'amélioration des conditions de vie du paysan et de son environnement ;
2) la création de structures de développement organisées pour la réalisation de projets de développement et la fourniture de services à l'agriculture.

La création de ces opérations de développement ne pouvait pas être uniquement l'affaire du seul ministère de l'agriculture. Car, compte tenu des questions financières y afférentes, l'implication du ministère des finances était indispensable.

A partir des premières expériences satisfaisantes enregistrées par la création des premières opérations de développement rural, l'Opération Arachide en 1977 et l'opération riz en 1980, de nombreuses autres furent créées.

Avec l'apport des prévisions de la direction du budget, la mise en place des opérations de développement rural a permis de mobiliser des ressources financières extérieures très importantes. Cela a eu une répercussion positive sur le Plan de développement économique de 1974-1978, et a donné l'occasion au Gouvernement de formuler pour la première fois, une politique de développement agricole cohérente prenant en compte la diversité régionale. Cela a aussi permis l'institution d'un encadrement des organisations paysannes, de former le monde paysan à de nouvelles techniques et de mettre en place certaines structures (silos et autres entrepôts). Cependant très tôt, la non maîtrise de certains aléas (sécheresse, désertification) a occasionné d'énormes difficultés et créé des crises graves dans le système des Opérations de développement rural (ODR).

Mais au plan budgétaire, les charges récurrentes des ODR se multipliaient de façon rocambolesque. L'effectif en personnel technique des ODR était de 2.922 agents en 1980 ; l'année d'après, il y eut 750 nouveaux recrutements, soit une croissance de près de 5 %. Il y a lieu de préciser également que trois catégories de personnel (Ingénieurs des travaux et moniteurs agricoles émargeaient au budget d'Etat comme fonctionnaires. Par contre les encadreurs étaient des contractuels (conventionnaires) qui étaient remerciés après leur service. Le problème qui se posait dans la gestion de ces agents contractuels est lié au fait que les ODR étaient en majorité des organismes publics à caractère technique dotés de l'autonomie financière et de gestion, mais inéligibles au crédit bancaire.

Il faut ajouter que les ODR ne disposaient pas d'outils comptables suffisamment adaptés à leur mission : cela ne pouvait qu'encourager une budgétisation à vue. Dans ces conditions, les ressources propres (redevances), les marges commerciales et les aides budgétaires (budget d'Etat et fonds spéciaux) n'avaient aucun impact positif sur les comptes des ODR ; ils étaient généralement tous déficitaires. De même, le parc automobile et les immobilisations étaient gérés avec une irresponsabilité inouïe. Concernant les prévisions de dépenses publiques qui intéressent la direction du budget, il a été constaté que seule la Compagnie malienne de développement des textiles

(CMDT)[192] était parvenue, non seulement à se passer des aides budgétaires, mais aussi à asseoir un système de gestion lui permettant de dégager une marge bénéficiaire. Une exception a été enregistrée au niveau des ODR d'irrigation qui ont pu trouver près des deux tiers de leur financement à partir des redevances d'irrigation et des barèmes commerciaux. Par contre les ODR comme l'Opération Mil Mopti (OMM) ou l'Opération de développement intégré du Kaarta (ODIK) qui ne commercialisaient pas de céréales, étaient entièrement dépendantes de l'aide extérieure et du budget d'Etat (donc des dépenses publiques). Les déficits ont fini par avoir raison des ODR. Ces observations expliquent les raisons profondes des difficultés qui ont enlisé le progrès des Opérations de développement rurales.

Malgré tout, il a été constaté que les ODR avaient acquis des résultats dans certains domaines tels que la mise en place d'un réseau national de vulgarisation, la formation des paysans, la formation d'artisans, l'introduction de techniques améliorées de production, l'organisation paysanne, les aménagements hydro agricoles, le développement des cultures intensives (coton, maïs par la CMDT), l'amélioration des céréales traditionnelles (mil et sorgho), l'alphabétisation fonctionnelle et d'autres acquis comme les pistes agricoles, les équipements villageois, l'hydraulique villageoise et les actions sanitaires.

Pour conclure, on peut remarquer que la mise en œuvre des politiques publiques de l'agriculture, de l'élevage et de la pêche nécessite une

[192] « En bref le secteur coton au Mali c'est :
- 85 à 123 milliards de F CFA par an de revenus bruts pour le monde rural ;
- 160 à 200 milliards de F CFA par an de recettes d'exportation (soit 30 à 45 % du total suivant les années) ;
- 5 à 10 milliards de F CFA par an de taxes pour l'Etat (uniquement la CMDT) ;
- 8 % du Produit intérieur brut ;
- 3,3 millions de personnes qui vivent directement des revenus de la culture du coton ;
- 4 000 emplois permanents et temporaires directs au niveau de la société cotonnière.
La filière coton c'est aussi la contribution à la politique socio-sanitaire à travers la construction d'écoles, de centres d'alphabétisation et de centres de santé par les populations rurales elles-mêmes. Le secteur du coton joue un rôle capital dans la politique de lutte contre la pauvreté. » *Atelier de formation en stratégie sectorielle et gestion des risques environnementaux liés à la production cotonnière*, animé par l'Institut des hautes études en entreprenariat et finance internationale (HEEFI) Renforcer l'Excellence du Leadership en Afrique, du lundi 30 août au 4 septembre 2010 au Centre international de conférence de Bamako (CICB), p. 6.

interaction entre la direction du budget et les différentes structures du département de l'agriculture. En tout cas, c'est la nouvelle démarche qui est inaugurée.

B - La nouvelle méthode de gestion des politiques publiques de développement rural

Le monde rural est, en dépit des querelles idéologiques au sein de la direction du budget, au cœur des politiques publiques maliennes. L'agriculture[193] qui domine ce secteur est aussi considérée comme la clé de voûte de l'économie du pays, et a occasionné des dépenses de près de 69,206 milliards de francs CFA au budget d'Etat 2009. L'élevage et la pêche ont présenté une prévision de dépenses de 18,775 milliards de francs CFA dans le budget d'Etat de 2009, soit une prévision totale en dépenses de 87,381 milliards de francs CFA pour l'ensemble du secteur (agriculture, élevage et pêche). En regardant de près, les dépenses d'investissement engloutissent la quasi-totalité des crédits et peu reviennent aux dépenses de fonctionnement et de transfert ; ce qui est réconfortant pour les responsables de la Direction du budget. Le secteur est, à juste raison, le moteur de la croissance économique ; il est aussi grand pourvoyeur d'emplois. Il représente aussi l'une des sources principales de constitution de devises. Mieux, il favorise le développement des industries de transformation. L'élevage n'est pas moins méritant, car le Mali est l'un des premiers exportateurs de bétail de la zone UEMOA.

---

[193] John Kenneth GALBRAITH, *pour une société meilleure* : « Les gains de productivité les plus spectaculaires des temps modernes sont certainement ceux qui se produisirent dans l'agriculture. Cette réussite fut essentiellement celle des pouvoirs publics. Aux Etats-Unis, ce furent les travaux des instituts agronomiques, des fermes pilotes au niveau fédéral ou celui des Etats et des services publics agricoles. Tout ceci nous conduit alors à tirer une leçon. Dans la bonne société intelligemment organisée, le politique et l'action qui en découle ne sont pas subordonnés à l'idéologie ou à la doctrine. L'action publique doit être fondée sur les faits qui régissent des situations particulières. Il y a parfois une satisfaction profonde à exprimer une foi politique ou économique – comme « Je suis un ardent partisan de la libre entreprise» ou « Je soutiens fermement le rôle interventionniste de l'Etat» - mais cette démarche, répétons-le encore une fois, ne constitue qu'une échappatoire rhétorique à toute réflexion fondamentale ». Nouveaux Horizons. Editions du Seuil, avril 1997 pour la traduction française, p. 32

Bien que n'étant pas très développée, la pêche, elle aussi, est une activité traditionnelle qui contribue à la consommation nationale de poisson et favorise une activité commerciale pour certaines catégories d'opérateurs économiques.

Compte tenu de cette importance, le secteur du développement rural, fait l'objet de beaucoup d'attentions de la part des politiques publiques. Alors quoi de plus normal que la direction du budget, considérée comme instrument de conception de l'ensemble de la politique gouvernementale, soit associée à l'exécution du portefeuille des projets et programmes publics de développement rural.

1) L'état d'exécution du portefeuille des projets et programmes agricoles sur la période récente (2006-2007)

Après les difficultés rencontrées dans la gestion des opérations de développement rural, la politique du développement rural (Agriculture, Elevage et Pêche) du Gouvernement malien a visé au préalable une réforme desdites opérations. Ce qui a permis d'aboutir à la conclusion d'un Programme d'ajustement du secteur agricole (PASA) avec la Banque mondiale dont les objectifs visaient :

1) la réforme du secteur du coton par la conclusion du contrat plan Etat/CMDT au terme duquel l'Etat transfère toutes les activités de production, de commercialisation et d'exportation du coton à cette société qui devient totalement privée ;
2) la libéralisation du marché céréalier par la limitation du volume de l'Office des produits agricoles du Mali (OPAM) dans la commercialisation des produits céréaliers ;
3) la réforme des Opérations de développement rural suivant un schéma analogue à celui des entreprises publiques : liquidation, restructuration financière, désengagement de l'Etat ;
4) la programmation des investissements publics dans le secteur rural selon le seul critère de la rentabilité économique et financière.

Ce programme d'ajustement du secteur agricole lui-même se situe dans un cadre général des mesures d'assainissement financier mises en œuvre dans le cadre de la facilité renforcée de réduction de la pauvreté et pour la croissance (FRPC), visant à améliorer l'environnement économique, financier et institutionnel. La convergence d'actions entre la direction du budget avec les Ministère s de l'agriculture, de l'élevage et de la pêche devient alors un impératif. Elle est nécessaire pour évaluer le niveau de la production du secteur primaire d'une manière générale et plus particulièrement de la production de l'agriculture de l'élevage et de la pêche.

La campagne agricole 2006-2007 est marquée par une pluviométrie abondante. Ce qui eut un impact positif sur la production nationale que la direction du budget intègre dans ses prévisions de recettes. Ainsi, les productions suivantes ont été réalisées : céréales : 3 428 055 tonnes ; coton 410 370 tonnes ; arachides 265 549 tonnes ; niébé 71 036 tonnes ; canne à sucre 19 529 tonnes. A la même date, les effectifs du cheptel national sont estimés à 7 843 442 bovins ; 8 870 735 ovins ; 12 647 464 caprins ; 315 661 équins ; 818 896 asins ; 577 871 camelins et 71 163 porcins. La production totale de la viande a été de 39 648 158 kg en 2006 avec la commercialisation d'une importante quantité de : lait, viande, œuf, poulet de chair, etc. La production halieutique n'est pas en reste, car elle a atteint 95 000 tonnes de poissons en la même période.
Parallèlement, dans le souci de prévoir une amélioration qualitative et quantitative de toutes ses productions qui augmentent la richesse nationale de nombreux investissements ont été réalisés ou programmés. Ces investissements ont concerné surtout l'aménagement de plusieurs surfaces agricoles dans toutes les huit régions, l'amélioration des variétés à travers les études et recherches de l'Institut d'économie rurale (IER) de Katibougou ou des laboratoires vétérinaires, l'épidémosurveillance.

L'examen du portefeuille des projets et programmes du ministère de l'agriculture à la date du 31 décembre 2007 ne permet pas d'évaluer toutes les réalisations impliquant un suivi de la direction du budget. Contentons-nous de retenir que ce portefeuille regroupait soixante-sept (67) projets et programmes, dont cinquante-deux (52) étaient en exécution et quinze (15) en préparation. A la date du 31 décembre 2007, le coût total des projets et programmes s'élevait à environ 501 milliards de F CFA dont 444 milliards de F CFA environ sont des financements acquis. Les financements acquis étaient aussi repartis entre les projets et programmes en cours d'exécution d'un montant de 386 milliards de

F CFA environ et les projets et programmes en préparation étaient évalués à près de 57,5 milliards de F CFA.

2) Répartition des financements extérieurs acquis au 31/12/2007

Partenaire technique financier	Financement acquis (milliards de F. CFA)	Proportion	Rang	Type de financement
IDA	131,580	36,2%	1	Prêt
BAD	79,986	22,0	2	Prêt
BID	19,235	5,3	3	Prêt
FDS-OPEP	15,751	4,4	4	Prêt
Allemagne	15,396	4,3	5	Subvention
PIDA	13,720	3,8	6	Prêt
Danemark	13,200	3,6	7	Subvention
FDS Kow	11,681	3,2	8	Prêt
Union Européenne	10,686	2,9	9	Subvention
BADEA	8,684	2,4	10	Prêt
AFD	6,559	1,8	11	Subvention
Luxembourg	6,429	1,8	12	Subvention
Pays-Bas	5,060	1,4	13	Subvention
BOAD	4,750	1,3	14	Prêt
FDS-SAOUD	4,720	1,3	14	Prêt
Belgique	3,770	1,0	16	Subvention
Inde	3,051	0,8	17	Prêt
Espagne Venezuela	2,830	0,8	18	Subvention
Japon	2,538	0,7	19	Subvention
Partenaire du Nord PADY	2,384	0,7	20	Subvention
SYNGNTA/SUISSE	1,225	0,3	21	
Total	363,235	100,0	21	

Il ressort des informations recueillies auprès des différentes directions du budget et de l'agriculture, que vingt et un partenaires techniques financiers interviennent présentement dans le secteur agricole avec plus de 363,235 milliards de F CFA.

L'examen du tableau ci-dessus permet de constater que les deux plus grands contributeurs, en matière de financement des projets du secteur sont l'IDA (ou AID) et la Banque africaine de développement (BAD), avec plus de 58% du financement extérieur. Ils sont suivis par les financements des Fonds arabes et islamiques avec, en tête, la Banque islamique de développement (BID) et les fonds de l'OPEP. En outre, d'autres partenaires ont été identifiés dans le cadre de la coopération bilatérale. Les trois principaux contributeurs de ce domaine sont, par ordre, l'Allemagne, le Danemark et l'Union Européenne. Il faut ajouter à cette liste, la France, le Luxembourg et les Pays Bas.

On peut remarquer que l'élément caractéristique du secteur agricole est le déséquilibre entre les prêts et les subventions. Les prêts représentent plus de 80% du financement extérieur mais aucun partenaire bilatéral n'atteint un volume de financement de 5%. L'inventaire des projets et programmes financés montre une majorité d'aménagements hydro-agricoles et les infrastructures. Le rattachement des projets à une structure précise fait apparaître une grande diversification. C'est ainsi que sur quarante-huit (48) projets répertoriés, quatorze (14) sont rattachés au cabinet du ministère de l'agriculture, neuf (9) à la direction nationale de l'agriculture, six (6) à l'Office du Niger et le reste à d'autres structures. Ce qui ne manque pas de susciter des interrogations (négatives) sur la sincérité et l'efficacité de la gestion.

Tutelle	Montant (milliards de FCFA)	Taux (%)	Nombre de projets
Cabinet	192,346	53,0	14
DNGR	60,919	16,8	12
DNA	37,105	10,2	9
ON	35,322	9,7	6
ODRS	13,962	3,8	2
OPIB	11,311	3,1	1
IER	7,130	2,0	3
ORS	5,140	1,4	1
TOTAL	363,235	100,0	48

Source : Direction générale du budget

De même, il ressort que la situation des décaissements ne suit pas les programmations officielles. Le décaissement devrait normalement refléter la somme des ressources déboursées et dépensées dans le cadre de la mise en œuvre du projet. Mais il s'agit-là d'une autre question qui ne ressort pas directement du rôle de la direction du budget. Alors, que conclure ?

Tout d'abord, il faut reconnaître que la contrainte financière demeure le talon d'Achille de la stratégie malienne pour le développement rural. La direction du budget peut, certes procéder à des évaluations des coûts à inscrire dans les lois de finances, mais la dépense effective est fortement tributaire de l'aide extérieure. Aussi les chances de réalisation des projets dépendent largement des décaissements sur subventions ou prêts venant de l'extérieur.

Cependant, ce recours aux financements extérieurs oblige la direction du budget à un grand travail de concertation avec l'ensemble des directions intéressées par cette question, la direction de la dette publique, la Direction de la comptabilité publique et du trésor. Auprès de chacune de celles-ci, elle doit obtenir des informations fiables.

La faiblesse du financement intérieur explique sans doute les échecs des régimes politiques qui se sont succédé de l'indépendance à nos jours dans le domaine agricole et surtout de la sûreté alimentaire. Car sinon comment comprendre que depuis l'ère de la planification quinquennale socialiste rigoureuse du type bolchevique aux planifications folkloriques d'une « l'économie nationale indépendante et planifiée »[194], jusqu'au libéralisme économique d'aujourd'hui avec l'adoption d'une loi d'orientation agricole, que les secteurs (agriculture, élevage et pêche) ne parviennent pas à s'imposer comme la locomotive du développement de l'économie malienne ?

Or, les bras valides ne manquent pas, tout comme les potentialités économiques, sans minimiser l'apport des valeurs culturelles traditionnelles maliennes qui peuvent se résumer en : « ne compter que sur ses propres forces » et dont l'ambition se ramène à « produire

[194] Telle était la formule résumant l'idéologie de l'Union démocratique du peuple malien (UDPM), parti unique de la deuxième république (1979-1991).

suffisamment en quantité, qualité, avec rapidité et économie » et avec aussi un esprit de solidarité et de partage.

La difficulté rencontrée par la direction du budget dans son activité prévisionnelle des dépenses pour le développement rural ne se résoudra donc que par l'augmentation des ressources propres de l'Etat. Mais il reste que ce n'est pas de si tôt que le Mali pourra se passer de l'aide internationale pour son développement agricole. Il doit d'ailleurs intensifier les contacts avec les bailleurs de fonds (Partenaires techniques financiers) pour multiplier les sources de financement indispensables à la réalisation des investissements dans les secteurs de l'agriculture, l'élevage et la pêche. Le domaine de l'énergie, des mines et de l'hydraulique souffre-t-il de la même pénurie financière ?

Paragraphe III : La Direction du budget, les mines, l'énergie, et l'eau

Sous cette rubrique, il s'agit d'analyser les politiques publiques dans trois secteurs totalement différents et dont le regroupement, souvent sous le même ministère, nous pousse à présenter dans le même paragraphe. Il s'agit pourtant de problématiques très différentes. En effet, l'exploitation minière est aujourd'hui le fait de personnes privées ; l'Etat doit simplement créer le cadre législatif et règlementaire et superviser les activités des opérateurs économiques. En matière d'énergie et d'eau, il en va tout autrement. L'Etat doit fournir aux populations l'énergie et l'eau nécessaires ; il s'agit de services publics. Il s'entend donc que le rôle de la direction du budget ne peut être examiné sous le même angle dans les trois cas. Il faudra donc présenter successivement chaque secteur, avec ses enjeux et le rôle joué par la direction du budget dans l'évaluation des dépenses à inscrire dans les budgets-programmes, en commençant par les mines **(A)** et en poursuivant par l'énergie **(B)** et l'eau **(C).**

A – La Direction du budget et les politiques d'exploitation minière

Pour peu que l'on s'en souvienne, le nom Mali est un mot signifiant en Arabe « richesse, biens », qui tire sa célébrité mythique des mines d'or de l'empire du Mali ou des salines de Taoudénit. Dès le 10e siècle, au temps de l'empire du Ghana qui a précédé celui du Mali (14e siècle), les énormes potentialités aurifères du Mali ont été contées par les chroniqueurs et historiens. Et dès sa mainmise sur le pays, le colonisateur français a entrepris de nombreux programmes de prospections minières. Plus tard, précisément à partir de 1980 avec l'assistance du Programme des Nations unies pour le développement (PNUD), l'Etat malien a multiplié ses efforts dans les prospections aurifères et d'autres métaux. Par la suite, des informations géologiques crédibles ont été confirmées par les découvertes des zones aurifères du Bambouk, du Bourré, de Bougouni et de Kayes. De même, des gisements de calcaire, de marbre, de sel gemme, de phosphate et de bauxite ont été détectés. D'autres comme le diamant et le pétrole sont repérés en stade d'indices. Aussi, après avoir présenté l'importance du secteur minier dans la vie économique du Mali **(1)**, on abordera le financement des politiques publiques dans le secteur **(2)**

1) Analyse du secteur minier dans l'économie malienne

Le secteur minier[195] est l'objet d'un grand enjeu pour les acteurs publics du Mali en général et pour la direction du budget en particulier. C'est un secteur qui est pourvoyeur d'emplois, générateur de matières premières pour l'industrie et des intrants pour l'agriculture ou l'artisanat.

En revanche, l'exploitation minière peut aussi avoir des impacts sociaux et environnementaux catastrophiques pouvant laisser des séquelles dramatiques sur les générations futures. De plus en plus, on estime qu'une dépendance trop importante vis-à-vis des revenus miniers, provenant d'une substance unique (comme le cas de l'or au Mali) peut entraîner la marginalisation des autres secteurs de l'économie et hypothéquer le développement futur du pays. Tout comme une rente minière trop importante peut aussi déboucher sur des problèmes de mauvaise gouvernance et des distorsions sociales ou économiques (mauvaise utilisation des fonds, mauvaise répartition, non

[195] Il est à noter que le poids du secteur minier, dont la production prévisionnelle 2012 est estimée à 53 234,000 tonnes, à côté du petit nombre de grandes entreprises minières, est très appréciable dans les prévisions budgétaires. Ce secteur connaît une croissance renforcée par l'apport des petites et moyennes entreprises minières exploitant l'or ou d'autres ressources comme les minéraux industriels et les matériaux de construction.

implication et frustration des populations locales, chocs culturels, « esprit de cueillette », attentes exagérées des populations pour l'amélioration de leur vie quotidienne).

Ces faits avérés démontrent la nécessité pour l'Etat d'avoir, en matière minière, une véritable politique qui tienne compte de tous les impacts sociaux, économiques et environnementaux pour tenter de les maîtriser en tenant compte à la fois des principes du développement durable et de la nécessité de gérer les risques de la mauvaise gouvernance. Ainsi, il n'y a aucun inconvénient à impliquer la direction du budget dans le suivi des programmes de politiques publiques de développement du secteur minier en vue d'accroître l'impact positif de ce secteur sur les finances publiques et l'économie nationale dans son ensemble.

Tout d'abord, une structure organisationnelle chargée des études techniques de prospection et d'évaluation s'avère nécessaire. Aussi une direction nationale de la géologie et des mines a été créée afin de mieux maîtriser le secteur et reconquérir la place du Mali dans la communauté minière internationale.

Grâce à son travail et aux investissements de sociétés minières internationales aurifères[196], le Mali s'est classé au troisième (3éme) rang africain de la production d'Or après l'Afrique du Sud et le Ghana. (Selon les sources provenant du milieu bancaire). Elles ont réalisé en 2011 une production d'or brut de 42 050,619 KGS[197]. Sans oublier que l'orpaillage traditionnel a une production évaluée à plus de trois tonnes du métal jaune par an.

---

[196] Opérant dans les localités de Sadiola, Morila, Yatéla, Kalana, LouloTabacoto et Kodieran et de Syama.

[197] La production d'or brut des principales sociétés minières du Mali en 2011 est la suivante (en kg) :

Société d'exploitation des mines d'or de Sadiola (SEMOS) = 9622,000 ; Société des Mines de Morila = 7029 ; Société des mines de Yatéla S.A= 2570,000 ; Société des mines d'or de Kalan SA (SOMIKA)= 185,619 ; Société des mines d'or de Loulo (SOMILO) = 11 062,000 ; Société des mines d'or (SOMICO)= 3 228, 000 ; Société des mines d'or de SYAMA (SOMISY SA)= 4840 ; Société Gounkoto-SA (Gounkoto)= 3514,000 ; soit une production totale de 42 050, 619 kg (soit un peu plus de 42 tonnes d'or brut).

Ce secteur apporte aujourd'hui le plus de devises à l'économie nationale[198]. Pour cette raison, ce secteur bénéficie d'une politique volontariste du Gouvernement qui se traduit par d'importants investissements dans le domaine des infrastructures, de la cartographie, de la recherche, de la mise en évidence de l'évaluation ainsi que de l'exploitation des réserves minières. Les politiques publiques accordent des crédits d'impôts, à travers des stratégies d'incitation fiscale aux opérateurs économiques au titre de la taxe sur la Valeur Ajoutée (TVA) pour trois ans ; l'impôt sur les bénéfices pour cinq ans ; des droits de douanes sur les importations de biens d'équipement.

Mais si l'Etat accorde des faveurs fiscales aux opérateurs économiques du secteur minier, celui-ci le lui rend bien par les impôts très importants qu'il lui verse. En effet, pour avoir le droit d'exercer l'activité d'exploitation, les sociétés doivent verser de nombreuses taxes. Il s'agit de la taxe fixe de délivrance ou le renouvellement du permis de recherche (300.000 F CFA) fixée indépendamment de la superficie octroyée ; de la taxe fixe d'autorisation de prospection (300.000 F CFA) ; de la taxe fixe de délivrance d'un permis d'exploitation (1.000.000 F CFA) et des redevances calculées en fonction de la surface du titre minier. Le taux de redevance par superficie varie entre 50.000 et 100.000 F CFA au kilomètre carré et par an, selon la taille de la Société. Actuellement, cette taxe est comptabilisée au niveau de la direction nationale de la géologie et des mines (DNGM).

D'autres impôts sont dus, telles la contribution forfaitaire (7 %) à la charge de l'employeur (taux : 7% de la masse salariale), la taxe de logement qui représente 1 % du montant brut des rémunérations versées aux employés de l'entreprise et de l'impôt sur le traitement et salaires des employés, calculée sur la base d'un barème à taux progressif et prenant en compte le salaire et la situation sociale de chaque employé. Il faut ajouter aussi la taxe sur les véhicules automobiles (vignettes) ;

[198] L'or étant le principal produit d'exportation, la tendance favorable des prix de ce produit sur le marché international a été ressentie sur la balance commerciale. La valeur des exportations d'or est passée de 635,5 milliards de FCFA en 2009 à 737,2 milliards de FCFA en 2010, soit une croissance de 16%. La valeur des exportations de l'or représente 76,8% de la valeur des exportations du Mali en 2010 contre 75,9% en 2009. Voir *Rapport sur la situation économique et sociale du Mali en 2010 et les perspectives pour 2011*, op.cit., p. 39.

les droits de timbre ; la taxe ad valorem au taux de 3 % de la valeur des substances extraites ; la contribution pour services rendus (CPS) au taux de 3 %, etc.

En cours d'activités, après une période de franchise fiscale de trois exercices comptables, les entreprises d'exploitation minière doivent s'acquitter des impôts sur les sociétés, basés sur leurs bénéfices industriels et commerciaux, les droits de patente et leurs actionnaires des impôts sur les revenus des valeurs mobilières (taux : 18 %), de la taxe sur la valeur ajoutée (taux : 18 %), de la taxe sur les contrats d'assurance. Au titre de ces différents impôts, l'or a procuré au budget malien successivement en 2001 : 33,8 milliards de francs CFA ; en 2002 : 35,4 milliards ; en 2003 : 46,9 milliards ; en 2004 : 42,4 milliards. Sans oublier qu'en tant qu'actionnaire (20 % du capital de chacune des sociétés minières), l'Etat perçoit une part du bénéfice réalisé.

Le suivi de toutes ces rentrées financières est assuré par la direction nationale des domaines et du cadastre (DNDC) et la direction générale des impôts. Le tableau ci-dessous permet d'avoir une idée de l'ensemble des rentrées fiscales entre le 1er janvier 2002 et le 31 mars 2006 :

SERVICES	**2002**	**2003**	**2004**	**2005**	**2006**	**TOTAL**
Direction générale des impôts (DGI)	22,05	25,779	29,609	34,232	4,788	**116,46**
Direction nationale des domaines et du cadastre (DNDC)	31,229	31,682	11,77	19,363	3,973	**98,02**
TOTAL	**53,279**	**57,461**	**41,379**	**53,595**	**8,761**	**214,48**

Source : Direction générale du budget

Face à un secteur aussi rentable, que fait l'Etat pour le développer ; quels investissements réalise-t-il chaque année en sa faveur, à travers ses budgets-programmes ?

2) **La budgétisation des dépenses en faveur du secteur minier**

Le développement de l'activité d'exploitation minière suppose au préalable que l'Etat ait réalisé certaines opérations, par exemple l'établissement d'un cadastre fiable à partir duquel les personnes privées peuvent faire des projets. De même, il doit leur fournir des informations fiables. L'Etat dispose d'un Bureau d'études et de recherches minières. Toutes ces activités nécessitent du personnel, des moyens quotidiens de fonctionnement et des matériels lourds d'extraction qui supposent des investissements. Toutes ces activités sont menées sous l'égide du ministère chargé des questions minières ; celui-ci assure la tutelle du Bureau d'études et de recherches géologiques et minières (BRGM). La direction du budget a accepté l'inscription, au titre du budget-programme 2008 des sommes suivantes :

Personnel	625 212 000 F.CFA
Fonctionnement	1 348 529 000 F.CFA
Investissement	2 338 000 000 F.CFA
TOTAL	**4 311 741 000 F.CFA**

Et sur les années 2008 à 2010, elle prévoit, au profit des différentes activités du ministère chargé du développement minier au Mali les montants suivants de dépenses globales :

2008	4 311 741 000 F.CFA
2009	6 407 301 000 F.CFA
2010	6 821 885 000 F.CFA
TOTAL	**17 540 927 000 F.CFA**

(Source : Budget-programmes 2008, tome 1, Prévisions).

B – La direction du budget et le secteur de l'énergie

Le réseau hydraulique, constitué par les bassins fluviaux des fleuves Niger, Sénégal et du Sourou, affluent de la Volta, fait du Mali le pays le plus arrosé de l'Afrique Occidentale, si l'on y ajoute les apports des lacs Débo, Faguibine et Telé. Ce potentiel hydrographique a favorisé la construction de grands barrages soit pour produire de l'électricité et inonder les plaines, soit pour assurer des activités agricoles seulement. Une étude récente de la FAO[199], fait état de l'existence au Mali de 785 ouvrages (barrages et mares) dont 95 % de barrages et 5 % de mares. Il importe alors de préciser qu'il existe un lien entre les problèmes énergétiques et l'eau, dans la mesure où l'eau peut être source d'énergie ou que l'énergie permet de distribuer l'eau. Aussi, selon les années, les prévisions financières pour les dépenses d'eau et d'énergie sont couplées ou séparées par la direction du budget. Malgré ce lien, nous présenterons les deux secteurs de façon distincte.

Après une présentation des problèmes énergétiques du Mali **(1),** on verra comment la direction du budget aborde le financement des besoins du pays en matière d'énergie **(2)**.

1 – Les difficultés énergétiques du Mali.

Inutile d'insister sur le fait que le Mali connaît d'énormes problèmes, tant pour la production que pour la distribution de l'énergie. La production et le transport de l'énergie demeurent des préoccupations permanentes au Mali où l'essor démographique a entraîné une extension excessive des villes avec la prolifération des unités de petites et moyennes entreprises, provoquant du coup une augmentation des besoins énergétiques. Pour saisir l'étendue des questions relatives à l'énergie au Mali, il importe de faire l'inventaire des sources possibles d'énergie, l'inventaire des différentes structures appelées à y travailler. Il existe au Mali une grande diversité de sources d'énergie.

199- Etude de la FAO : *Inventaire et évaluation des bilans hydriques, des barrages et mares d'infiltration au Mali*, Rapport définitif de Groupes Ingénieurs Consultants), Direction nationale de l'hydraulique, Politique Nationale de l'Eau, 2006, p. 17

La première source d'énergie est constituée par *le bois*. C'est l'énergie première et traditionnelle du pays. En 1990, une Stratégie énergie domestique (SED) a été élaborée. Elle partait du constat que le Mali est tributaire des ressources ligneuses à 81 % pour la couverture de ses besoins énergétiques. La quasi-totalité des combustibles utilisés provient de l'exploitation des ressources forestières. La consommation des combustibles a été estimée à 6 millions de tonnes en 2002, et a provoqué la déforestation de près de 33 millions d'hectares. Une telle consommation de bois constitue un fléau. Malgré tout, elle ne cesse d'augmenter. Compte tenu des conséquences néfastes d'une telle augmentation aux plans environnemental et écologique, des mesures idoines méritent d'être engagées. Dans cette optique, des Schémas directeurs d'approvisionnement en bois (SDAB) ont été élaborés pour contrer la déforestation ; de même, la production de briquettes combustibles est en expérimentation.

La seconde ressource énergétique du Mali est son *électricité*. Cette ressource moderne est produite par des centrales thermiques[200] ou par des barrages hydro-électriques[201]. Ils sont tous gérés par la même société, Energie du Mali-Société anonyme (EDM-SA). En novembre 1999, le Gouvernement malien a défini les grandes lignes de sa politique en matière de restructuration des secteurs de l'eau et de l'électricité. Il a ainsi décidé de privatiser la société Energie du Mali, en transférant une partie de la propriété de ses actifs, soit 60 % des actions à un Partenaire stratégique, SAUR International et à quelques autres (IPS West Africa IV). L'objectif est de parvenir à fournir des services énergétiques accessibles à la grande majorité de la population, sur toute l'étendue du territoire et à moindre coût. Ce qui n'est pas encore prouvé. La production nationale s'avérant insuffisante, il a été entrepris la réalisation de lignes d'interconnexion électrique avec les pays voisins notamment la Côte d'Ivoire, le Burkina et le Ghana.

Le Mali est également un pays de *grand soleil* ; l'ensoleillement y est permanent. Mais l'énergie solaire demeure encore largement à un stade artisanal d'exploitation. En effet, sous l'égide des nombreuses

[200] Il en existe dans toutes les capitales régionales, avec des puissances plus ou moins élevées : Kayes, Bamako, Koulikoro, Ségou, Sikasso, Mopti, Gao, Tombouctou, Kidal ou dans des villes secondaires comme Bougouni, Kita, San.

[201] Barrages de Sotuba, de Sélingué ou de Manantali.

organisations non-gouvernementales qui opèrent au Mali, des pompes solaires, des cuisines, des fours, des chauffe-eau et autres séchoirs solaires ont été installés. Dans tous les cas, il s'agit de panneaux photovoltaïques. Ils sont également utilisés dans certains villages par certaines personnes pour leur éclairage domestique. Mais il n'existe pas de politique publique visant à produire localement de tels panneaux qui sont toujours importés.

Parmi les énergies renouvelables, signalons aussi l'usage de *quelques éoliennes* pour produire de l'énergie nécessaire au pompage d'eau. Le Mali est également un grand consommateur *d'hydrocarbures* qu'il ne produit malheureusement pas. Certes, des permis de recherches en matière pétrolière ont été délivrés ; des traces de la précieuse huile aurait été détectées, mais aucune exploitation n'est envisagée à ce jour. Pour l'heure, les demandes prévisionnelles en hydrocarbures sont estimées à 584 181 tonnes en 2015 et 3 294630 tonnes en 2020. Notons au passage que les hydrocarbures contribuent énormément aux recettes douanières : en 2000, ils ont fourni 31,6 % des recettes douanières et 37,6 % en 2004.

L'énergie nucléaire est très loin de la portée du Mali. Cependant, en 1961, le pays a noué une coopération technique avec l'Agence internationale de l'énergie atomique (AIEA).

Dans les perspectives du renforcement de cette coopération, le Gouvernement du Mali a apuré ses arriérés de cotisations au budget de l'AIEA. De son côté l'Agence internationale de l'énergie atomique poursuit et renforce sa coopération technique avec le Mali. On peut deviner que cette coopération se développera à partir du jour où le Mali parviendra à exploiter ses réserves en uranium qui ont fait l'objet d'une évaluation très favorable.

Pour travailler sur les questions de l'énergie au Mali, plusieurs structures sont mises en place. Il s'agit bien entendu de l'actuel ministère des mines, de l'énergie et de l'eau, mais aussi de structures parapubliques tels que le Centre national d'énergie solaire et des énergies renouvelables (CNESOLER), la Commission de régulation de l'électricité et de l'eau potable (CREE), l'Agence malienne de radioprotection (AMARAP), l'Agence malienne pour le développement de l'énergie domestique et de l'électrification rurale (AMADER), l'Office national des produits pétroliers, etc. Cet inventaire ne le laisse peut-être pas assez deviner, mais le Mali demeure un pays sous équipé en matière énergétique. Quelles politiques publiques sont entreprises dans ce secteur et comment la Direction du budget envisage-t-elle leur financement ?

2– La Direction du budget et le financement des politiques énergétiques

La multitude des intervenants dans le domaine de l'énergie montre, à l'envie la difficulté que rencontre la direction du budget dans sa fonction d'évaluation des dépenses publiques à engager en faveur de ce secteur. Dans la mesure où le pays a opté pour la technique dite des budgets-programmes, il va s'agir pour lui de calculer tous les coûts de fonctionnement des différents services publics ou parapublics du secteur, mais aussi de prendre en compte les coûts des investissements. Cependant, son évaluation vient en contrepoint de celle qui est faite par tous les intervenants publics du secteur.

Elle doit bien entendu tenir également compte du cadre macroéconomique dressé par le Comité de prévision et de modélisation (CPM) et du fait que l'ensemble des dépenses doit être inscrit dans le Cadre budgétaire à moyen terme (CBMT)[202]. Au terme des négociations entre les différents acteurs publics et la direction du budget, le budget-programme de 2008 prévoit pour les dépenses de développement énergétique les montants suivants :

Personnel	183 052 000 de F. CFA
Fonctionnement	3 464 995 000 de F. CFA
Investissement	11 533 000 000 de F. CFA
TOTAL	15 181 047 000 de F. CFA

[202] Il s'agit de la prévision à trois ans de l'ensemble des dépenses susceptibles d'être engagées dans un secteur ou sur un programme donné.

Ces chiffres confirment ceux qui figurent dans le cadre budgétaire à moyen terme (CBMT) allant de 2008 à 2010 dont les montants totaux se présentent comme suit :

2008	15 181 047 000 de F. CFA
2009	14 125 496 000 de F. CFA
2010	15 192 759 000 de F. CFA
TOTAL	44 499 302 000 de F. CFA

Ainsi donc, le Mali prévoit d'investir près de 44,5 milliards de F. CFA pour son développement énergétique. Cependant, il importe de préciser que seul le quart de ces investissements proviendra de ressources propres ; le reste résulte soit de dons, soit d'emprunts sur le marché financier international ou auprès de gouvernements.

Mais sur la période allant de 2006 à 2015, la prévision de dépenses d'investissements dans le domaine de la production hydro-électrique est nettement plus importante[203] : près de trois cent milliards de francs CFA (300 000 000 000 F CFA) destinés à la réalisation d'ouvrages hydro-électriques (Félou II, Gouïna, Kenié, Sotuba II, Markala, Taoussa, qui permettront de sécuriser durablement la couverture électrique du pays et de réduire considérablement les coûts aux consommateurs.

C – La Direction du budget et l'hydraulique

On l'a dit plus haut : le Mali dispose d'un réseau fluvial remarquable en Afrique de l'Ouest. La pluviométrie permet de disposer de nappes phréatiques importantes. Pourtant, ce potentiel est loin de permettre l'accès de tous les Maliens à l'eau potable. Par conséquent, les politiques publiques de l'eau auront pour objectif majeur de satisfaire les besoins en eau, en quantité et en qualité pour une population en augmentation constante. Mais elles doivent aussi contribuer au développement des activités agro-sylvo-pastorales qui nécessitent de grandes quantités d'eau. Elles doivent enfin promouvoir la coopération

---

[203] Voir, *Rapport sur la situation économique et sociale du Mali en 2010 et les perspectives pour 2011*, op. cit. p. 39.

régionale pour la gestion des eaux transfrontalières afin de prévenir les conflits liés à l'utilisation des ressources en eau.

De façon pragmatique, il va falloir, sur les années 2010 à 201, créer plus de 4 800 points d'eau (on parle d'Equivalent point d'eau moderne – EPEM) et d'en réhabiliter plus de 2 700 pour diminuer le nombre d'habitants n'ayant pas accès à l'eau potable. Sur la période, le projet est d'atteindre au moins 2,8 millions de personnes en plus. Mais la difficulté réside dans l'acquisition des financements.

En tout état de cause, le budget-programme de 2008 informe sur les montants sur lesquels la direction du budget s'est prononcée. Ils se présentent comme suit :

Personnel	610 952 000 de F. CFA
Fonctionnement	536 320 000 de F. CFA
Investissement	38 686 000 000 de F. CFA
TOTAL	39 833 272 000 de F. CFA

Pour sa part, le cadre budgétaire à moyen terme (CBMT) dresse le tableau suivant des dépenses totales prévues pour le développement des ressources en eau :

2008	39 833 272 000 FCFA
2009	45 280 027 000 FCFA
2010	49 165 501 000 FCFA
TOTAL	**134 278 800 000 FCFA**

Soit plus de 134,278 milliards de F. CFA sur trois ans. Ces prévisions sont sujettes aux mêmes aléas que les précédentes, puisque leur effectivité dépend en grande partie des financements obtenus à l'étranger. Le programme de 2007 à 2011 vise à augmenter, en milieu rural, le taux d'accès à l'eau potable de 64,4 % en 2005 à 68,4 % en 2007 et 73,2 % en 2011. Ce taux est prévu pour évoluer, en milieu urbain, en passant de 70,2 % en 2005 à 74,2 % en 2007 et 79,3 % en 2011.

Que conclure ? Tout d'abord, que pour l'ensemble des trois secteurs, les dépenses d'investissements prévues entre 2006 et 2015 s'élèvent à sept cent quinze milliards trois cent quatre-vingt-dix-sept millions de francs CFA (715.397.000.000 F CFA). Cela est énorme.

Ensuite, que la mise en œuvre de ces différentes politiques publiques nécessite de la part des pouvoirs certaines remises en ordre ou si l'on préfère des réorganisations structurelles. Ainsi, au plan politique, il est question de doter le Ministère chargé de l'énergie d'une Commission nationale de l'énergie qui aurait pour mission « d'assister le département dans l'actualisation, la coordination et le suivi évaluation de la politique énergétique nationale », mais dont les membres seraient issus du Ministère de l'économie et des finances, du ministère de l'industrie et du commerce, du ministère de l'environnement et de l'assainissement, du ministère de l'administration territoriale et des collectivités locales, du ministère de la promotion de la femme, de la protection de l'enfant et de la famille, des gouverneurs de région et du district de Bamako, des représentants de la société civile et des membres de la commission de régulation de l'électricité et de l'eau (CREE).

Au plan technique, il serait mis en place un comité technique de coordination et de planification du secteur de l'énergie (CTCPE), présidé par le directeur national de l'énergie et composé des directeurs des cellules de planification stratégique (CPS) ou de la direction administrative et financière (DAF). Ce comité technique serait chargé d'élaborer un rapport annuel de suivi évaluation de la politique énergétique nationale.

Enfin, pour l'exécution des programmes, il serait mis en place, au sein de chaque département ministériel impliqué dans la mise en œuvre de la politique énergétique nationale, une cellule de coordination présidée par le directeur de la CPS ou le DAF.

Mais à multiplier les instances et structures ne rend-on pas plus complexes toutes les opérations d'évaluation des coûts ? Il faut espérer en tout cas que cette tendance à la multiplication des structures ne va pas s'étendre à l'eau et aux questions minières.

Quoi qu'il en soit, l'objectif pour le Mali demeure de gagner la bataille du développement, on dit aujourd'hui de « la lutte contre la pauvreté ». L'action de la direction du budget dans l'évaluation des investissements à réaliser dans les secteurs des mines, de l'énergie et de l'eau peut y contribuer si elle est réaliste et coordonnée avec les autres directions. La même exigence s'applique en matière de logement et d'habitat.

Paragraphe IV : La Direction du budget et le logement, les affaires foncières et l'urbanisme

Comme dans le paragraphe précédent, il s'agit de trois questions qui sont regroupées sous la même rubrique, parce qu'associées sous la houlette du même ministère ; il s'agit même de problématiques qui sont liées les unes aux autres. En effet, comment construire des logements si des terrains ne sont pas disponibles ? La construction d'habitations peut-elle se faire de façon anarchique ? Aux deux interrogations, la réponse est négative. Cependant, chaque problématique obéit à un champ spécifique. C'est la raison pour laquelle on traitera successivement du logement et de l'habitat **(A)**, des affaires foncières **(B)** et enfin de l'urbanisme **(C),** au regard des financements que la Direction du budget, en lien avec le Ministère de tutelle, accepte de consacrer à chaque secteur.

A – La direction du budget et le financement du logement et de l'habitat

Toguël, Sabalibougou, Favelas ou simplement quartiers spontanés, quartiers périphériques sont tous des synonymes utilisés pour symboliser l'infatigable et interminable bataille des citadins à conquérir un lopin de terre sur lequel bâtir ce qui leur donnera un droit de cité, une certaine forme d'indépendance économique et une sûreté. En effet, quel parcours du combattant pour obtenir ce bout de terre et réaliser son rêve d'être « chez soi ». F. ENGELS notait, avec raison, que dans ce secteur, « *une nuée de vautours, trafiquants de tout acabit, se jette sur cette misère du logement. Ils spéculent sur les terrains à bâtir, ils spéculent sur les matériaux de construction, ils spéculent sur les appartements à louer ou à vendre* »[204].

Et comme tous les gouvernants à travers le monde, ceux du Mali ne peuvent demeurer indifférents à l'insuffisance de logements décents, tant dans la ville que dans les campagnes. Son bras séculier est certes le ministère de l'habitat, de l'urbanisme et des affaires foncières, mais celui-ci n'est rien sans le secours de la Direction du budget, direction fondamentale du ministère de l'économie et des finances. Ce qui montre déjà que les questions du logement, des affaires foncières ou de l'urbanisme sont des questions transversales[205] qui ne peuvent être considérées sous un seul angle. Aussi, il importe de poser la problématique généralement du logement et de l'habitat au Mali **(1), avant** d'évoquer la prévision du financement de la politique nationale du logement **(2).**

1 – La question du logement et de l'habitat au Mali

Le logement désigne le lieu où l'on habite, son lieu de vie habituelle. La notion sous-tend l'idée qu'on en dispose ou qu'on n'en a pas. L'habitat recouvre aussi cette signification, mais ajoute l'idée d'une certaine qualité : un habitat est salubre ou insalubre, petit et spacieux, agréable et difficile à vivre, etc. Il existe donc une nuance entre les

---

[204] Friedrich ENGELS : *La question du Logement*. Editions Sociales, Paris, 1976, p. 7. La prise de conscience d'une telle réalité poignante explique, depuis quelques années, les efforts engagés par le Gouvernement du Mali en vue d'y trouver des solutions appropriées. L'objectif recherché vise à permettre l'accès des populations à faibles revenus à un logement décent, par des politiques publiques appropriées. Cet objectif cadre à la fois avec les résolutions de l'Assemblée générale des Nations unies de 1987 sur la stratégie mondiale du logement jusqu'en l'an 2000 et aussi avec le programme national de politique publique basée sur le Cadre stratégique pour la croissance et la réduction de la pauvreté CSCRP.

[205] Michel MOUILLART, *Réalité et efficacité des réseaux et mécanismes du financement public du logement* : « Examiner les réseaux et les mécanismes du financement public du logement c'est donc étudier comment et pour quelles raisons des procédures dérogent au principe du financement du logement « dans le marché » (monétaire et financier). Et quelle place ils occupent à côté des dispositifs fiscaux d'incitation à l'investissement direct qui s'efforcent de drainer l'épargne privée vers l'immobilier à usage d'habitation sans le recours à une forme d'intermédiation tel un budget public ou un circuit». RFFP, n° 49 Le financement public du logement. L.G.D.J. 1995, p. 15

termes et dans les pays développés, on peut aisément distinguer les deux réalités. En ce qui concerne le Mali, cette distinction sémantique n'a pas lieu d'être. En effet, disposer déjà d'un logement, surtout pour les citadins peut être considéré souvent comme un luxe ; en revanche, l'habitat rural est si souvent fragile qu'on peut se demander s'il constitue un véritable logement.

Un regard rétrospectif nous révèle qu'à l'époque coloniale, l'administration de la France d'Outre-mer avait entrepris de grands travaux d'aménagement des capitales qui revendiquaient des conditions de vie meilleure. Ce qui s'est traduit, pour la capitale malienne, Bamako, par la construction du pont Vincent AURIOL (actuel Pont des Martyrs, ainsi baptisé après les évènements sanglants de 1991), l'élaboration d'un schéma directeur d'urbanisme de Bamako en 1958 et la création de nouveaux quartiers pour les groupes spéciaux (cas du quartier Quinzambougou pour satisfaire les besoins de logement des anciens combattants de l'armée française, etc.

Certes, l'œuvre coloniale en matière de promotion de l'habitat a été maigre, mais elle a légué un riche héritage à l'Etat malien à travers le stock de logements, bâtiments publics et équipements collectifs qui continuent à abriter un nombre important de ministères et services centraux.

Il est à préciser qu'à cette époque, la construction des logements se faisait, en grande partie, en auto construction familiale, au moyen de parcelles nues mises en valeur et construites de maisons essentiellement en banco, par les bénéficiaires. Les titres de propriétés octroyés étaient des permis d'occuper (P.O.) transformables en Titres fonciers (TF). Les quartiers dits indigènes, bien que n'étant pas assainis, bénéficiaient de l'approvisionnement en eau potable et d'un service de ramassage des ordures. A cette époque, Bamako, capitale du Soudan français était surnommée la « *coquette de l'Afrique Occidentale* ».

Avec une population, aujourd'hui, estimée à près de 16 millions d'habitants, le Mali est confronté à un sérieux problème de logements. L'essentiel de la population vit dans les zones urbaines et suburbaines. La difficulté de trouver un logement est aggravée par le poids de l'exode rural, mais aussi par le coût élevé des loyers pour les fonctionnaires ou les salariés du secteur privé. La modicité des revenus ne permet pas d'obtenir les prêts bancaires en vue de la construction de son logement. Loin d'être une banale question, le problème du logement est donc une des préoccupations constantes et angoissantes pour des millions de Maliens.

C'est aussi une préoccupation pour la direction du budget. Elle est le lieu de convergence de toutes les politiques publiques en matière de logement. A un moment ou à un autre, il faut chiffrer les programmes gouvernementaux et trouver les ressources de financement. Sur ce chantier, la direction du budget se trouve en première ligne.

Il convient de rappeler que dès le lendemain de l'indépendance, les pouvoirs publics se sont préoccupés du logement des Maliens et dans la capitale, de nouveaux quartiers furent créés et dotés de logements sociaux. On pense en particulier au quartier de Badalabougou. Mais très vite, ils furent en incapacité de suivre l'évolution démographique, surtout après le coup d'Etat de novembre 1968.

Avec l'instauration du multipartisme, la prise en charge par l'Etat de la demande de logements revient au centre des préoccupations des pouvoirs publics.

2 – La direction du budget et le financement du logement et de l'habitat

Il convient de distinguer deux situations : celle où l'Etat construit les logements et celle où elle facilite la construction de ces logements par les particuliers.

La première politique de promotion de logements sociaux a été initiée à travers la Société d'Equipement du Mali (SEMA) en 1961. Cette société publique avait comme principe de livrer des logements clés à main à partir d'une mise initiale (avance) par l'acquéreur de 1.750.000 F CFA et le reste du paiement se faisait par des mensualités. C'est un système de location-vente.

Une deuxième société immobilière dénommée Faso Kanu s'est ajoutée à la SEMA en 1986. La pratique consistait à faire payer les bénéficiaires suivant un taux de réalisation des logements. Par la suite de nombreuses autres sociétés de promotions immobilières privées se sont créées. Malgré tout, le problème de logement n'a pas encore été totalement résolu. Ce qui a conduit les pouvoirs publics à prendre de nouvelles initiatives.

Ainsi, sous la présidence de M. Amadou Toumani TOURE une politique de construction de logements sociaux a été relancée, tant dans la capitale que dans de nombreuses villes principales ou secondaires. Ce programme de logements sociaux[206] résulte des prévisions de la direction du budget, et a été conçu tout d'abord pour un quinquennat allant de 2003 à 2007. Il concernait dans sa première phase la réalisation de 1.008 logements sociaux à Bamako. Dans la deuxième phase 2004-2005 il avait pour objectif la réalisation de 525 logements sociaux à : Bamako (320) ; Ségou (127) ; Gao (50) ; Kidal (28). La troisième phase 2005-2006, elle, comprenait la réalisation de 880 logements sociaux : Bamako (501) ; Kayes (76) ; Nioro (20) ; Kita (20) ; San (30) ; Mopti (145) ; Bandiagara (20) ; Tombouctou (33) ; Diré (15) et Goundam (20). La quatrième phase, 2006-2007, concernait la réalisation de 1087 logements : Bamako (759) ; Koulikoro (27) ; Kati (20), Sikasso (120) ; Bougouni (20) ; Koutiala (30) ; Ségou (55) ; Gao (36) ; Ansongo (10) et Ménaka (10).

La réalisation de ce programme a impliqué la coordination d'action entre la direction de l'habitat et de l'urbanisme et la Direction du budget.

[206] « En matière de logements sociaux, après une première phase réussie de 2003 à 2006, qui a abouti à la construction de 3 500 logements, les autorités publiques du Mali se sont fixées pour objectif la construction de 23 678 nouveaux logements durant la période 2007-2014. L'année 2010 a été marquée par (i) le financement et le suivi de la réalisation de 1 700 logements sociaux de la tranche 2009-2010 du programme gouvernemental ;(ii) le suivi de la réalisation des programmes immobiliers dans le cadre du Partenariat Public Privé ; (iii) le programme de 20 000 logements en partenariat avec Foras ; (IV) et le programme de 300 logements en partenariat avec la société immobilière du Mali ». Source : Situation économique du Mali en 2010 et perspective pour 2011. Ministère de l'Economie et des Finances/ DNPD-INSAT, p. 4.

De 2003 à 2007, la politique publique en matière de logements a bénéficié d'importants crédits budgétaires et d'autres sources de financement. La mise en œuvre de la construction des 3.500 logements sociaux a bénéficié d'un financement conjoint de l'Etat (budget national), de l'Office malien de l'habitat et de l'Agence de cessions immobilières. Ainsi, le financement total mobilisé au 31 octobre 2007 pour la réalisation du programme se chiffre à quarante un milliards six cent quatre-vingt-neuf millions cinq cent soixante un mille trois cent quatre-vingt-seize (41 689 561 396) francs CFA à raison de :

Etat	24 409 475 000 FCFA
Office malien de l'habitat	14 670 584 840 FCFA
Agence de cessions immobilières (ACI)	2 609 501 556 FCFA
TOTAL	**41 689 561 396 FCFA**

La mobilisation du financement de l'Etat s'est faite sur la base des dotations budgétaires annuelles conformément aux besoins de financements élaborés par le ministère chargé de l'habitat, approuvés par la direction du budget.

La mobilisation du financement de l'Office malien de l'habitat s'est faite sur la base des prévisions annuelles de la Direction du budget conformément aux besoins de financement élaborés par le Ministère chargé de l'Habitat.

Le financement de l'Agence de Cessions Immobilières est intervenu dans la prise en charge des travaux de génie et de drainage de l'opération 1008 logements sociaux. L'Office malien de l'habitat et l'Agence de cessions immobilières sont des structures publiques que l'Etat a mises à contribution pour la réalisation de ces logements sociaux.

Afin de poursuivre cette politique ambitieuse de logements sociaux, le budget de l'Etat pour 2009 a prévu une enveloppe de 11,106 milliards de F CFA, à repartir[207] entre diverses lignes budgétaires dont 5,4

[207] Voir François DELARUE, *Programmation et diversité locale* : « Parler de répartition c'est parler de critères, c'est parler d'objectifs. Trois objectifs principaux peuvent gouverner la programmation des aides au logement : répondre aux besoins,

milliards consacrés au programme de construction de 5200 logements sociaux.

En soutien à cette volonté, des outils dits : Programmes d'urbanisme sectoriel (PUS), ont été initiés sous l'impulsion de la direction du budget. Ces outils ne visent qu'à renforcer « les grandes orientations de la politique nationale de l'urbanisme et de l'habitat dans le cadre de l'aménagement du territoire ».

Sans en traiter en longueur, il convient de signaler que l'Etat est également intervenu pour aider à l'acquisition de logements par une politique de viabilisation de terrains cédés ensuite aux particuliers. Ici, le rôle essentiel est dévolu à l'Agence de cessions immobilières (ACI) dans la capitale. Son action a ainsi permis la réhabilitation des tissus anciens de Magnambougou et Sokorodji et la réalisation de 4000 parcelles assainies à Magnambougou (premier projet urbain du Mali), la création de parcelles neuves assainies à Bako-Djikoroni (2500 parcelles) et Kalaban-coura Sud-Extension (9500 parcelles). Ce programme qui a pris le nom de « Second-projet-urbain »[208] a été confié à l'Agence de Cessions Immobilières, société d'économie mixte. Son

---

soutenir le secteur du BTP, participer à l'aménagement du territoire. Le poids relatif de ces objectifs, qui peuvent être antagonistes, est très variable suivant les lignes budgétaires à répartir, la conjoncture économique du moment et les choix politiques. L'objectif de soutien du BTP est le plus simple : il s'agit de mettre les crédits de l'Etat là où ils peuvent être consommés le plus rapidement, de façon à en maximiser l'impact sur le volume d'activité global de ce secteur économique ». RFFP. N° 44. *Le financement de l'habitat social*. L.G.D.J. 1993, pp. 67- 68

[208] « Les coûts de ce deuxième projet ont été estimés à douze milliards sept cent quarante-deux millions sept cent mille francs (12.742.700.000 F CFA) ; Les coûts de base représentant neuf milliards quatre cent trente un million huit cent mille francs (9 431 800 000 F CFA) et les prévisions pour variation de prix à deux milliards cinq cent quatre-vingt-deux millions cinq cent mille francs (2.582.500.000 F). Le projet a été financé en gros par la Banque mondiale et en partie par l'Etat malien. Mais la Banque mondiale a exigé qu'une partie des parcelles soit vendue suivant le système de vente aux enchères afin d'assurer un meilleur recouvrement des coûts. Pour répondre à cette exigence de la Banque mondiale, une Société d'économie mixte a été créée sous la dénomination de l'Agence de cessions immobilières (ACI) » (Voir notre mémoire de maîtrise : Agence de cession immobilière soutenue à l'Ecole Nationale d'Administration de Bamako le 12 juin 1995, pp. 26-27.

financement est assuré en partie par la Banque mondiale et en partie par l'Etat malien.

On le voit, la préoccupation du logement prend, dans les politiques publiques du Mali, plusieurs facettes. Si le financement des programmes est de l'Etat, il est aussi largement réalisé grâce aux soutiens extérieurs. Le secteur des affaires foncières ne fait pas exception.

B – Les affaires foncières

Au Mali, l'Etat est également responsable de la gestion du sol sous ses différentes dénominations de terres ou de terrains (fonds), en vue de leur répartition entre les individus et les collectivités locales. Cette fonction régalienne doit être assumée correctement pour permettre l'exercice des activités économiques agricoles ou pour permettre l'accès à la construction de logements.

Au regard des règles de gestion issues du code domanial et foncier, la quasi-totalité du territoire national est considérée comme une propriété de l'Etat sous forme de domaine public ou privé. Ainsi, l'essentiel des réserves foncières dans les villes, relève du domaine privé de l'Etat. Cependant d'autres opérateurs comme les collectivités ou les privés sont astreints à un certain nombre de formalités pour y accéder ; ces formalités concernent :

1) l'immatriculation préalable au nom de l'Etat des superficies sollicitées et à distraire de son domaine privé ;
2) l'affectation desdites superficies aux opérations d'aménagement après approbation de l'Etat ;
3) le morcellement du domaine affecté et la satisfaction des besoins individuels sous formes d'attribution (titres provisoires) ou de cession de parcelles (titres définitifs après viabilisation du site) ou la réalisation d'unités d'habitation en vue de la location simple ou de la location-vente.

Malheureusement, ces règles sont contournées dans la pratique. L'offre officielle de terrains à bâtir dans les centres urbains est de loin inférieure à la demande, des pratiques illicites de spéculation foncière ont pris forme et se sont propagées comme une pandémie. Les manifestations courantes de telles pratiques sont le développement d'un marché parallèle, particulièrement dynamique et rémunérateur au niveau des sites d'habitat formel, mais qui exclut pratiquement le plus grand nombre de populations et le rejet d'un nombre de plus en plus important de démunis dans les zones périphériques des villes et qui occupent délibérément le domaine privé de l'Etat, en s'abritant généralement sous le couvert du « *droit coutumier* » encourageant ainsi la prolifération des habitats spontanés.

Il faut cependant reconnaître que le phénomène d'habitat spontané dénote une incapacité notoire des pouvoirs publics à trouver une solution appropriée à la problématique du financement[209] public du logement. Tant que la situation demeurera telle, les plus démunis continueront à narguer la loi et l'autorité de l'Etat pour occuper illégalement le domaine public immobilier, pour ensuite se livrer à la spéculation foncière. Car de nombreux nécessiteux réels, pourvus de moyens financiers mais n'arrivant pas à se procurer des espaces assainis et viabilisés selon leurs besoins, soit seront les proies potentielles des spéculateurs fonciers, soit occuperont illégalement le domaine public.

Le financement de cette gestion du domaine public et de son transfert vers les personnes privées après immatriculation et affectation n'apparaît pas de façon évidente dans les documents financiers

---

[209] Georges VEDEL : *Introduction : Le financement public du logement* : quelles perspectives ? « …Il existe un droit au logement ou il commence à en exister un, et j'encouragerai volontiers les juristes à l'étudier, le promouvoir, le porter au pinacle et en faire le fondement d'une série de réalisations…
Ce qui me frappe, et le moment de la discussion budgétaire est tout à fait favorable, est le nombre illimité de droits proclamés prioritaires par rapport aux autres, mais quels autres ?...C'est pourquoi j'ai été heureux d'être à ce colloque, dont ce numéro rend compte, comme un auditeur paraît et silencieux pour me faire expliquer les vraies questions : la faisabilité, la possibilité financière, les moyens par lesquels on arrive à faire de meilleures choses avec des sacrifices minimums, bref tout ce qui concerne l'art de l'économie qui est d'optimiser les ressources disponibles. Ce n'est qu'une fois ce travail terminé, … que nous pourrons faire signe aux juristes qui, en liaison avec les hommes de terrain et les financiers, arriveront peut-être à monter des mécanismes juridico-financiers qui auront la double qualité d'être efficaces et sans effets pervers », RFFP, n° 49. *Le financement public du logement*. L.G.D.J. 1995, p.169-170.

auxquels nous avons eu accès ; il est difficile de rendre compte de son coût.

C –Aménagement et urbanisme

On associe généralement l'aménagement et l'urbanisme. En effet, il s'agit d'ordonner l'habitat ou la construction dans l'espace urbain. On a rappelé, plus haut, l'œuvre entreprise par le colonisateur, dans la capitale, en matière d'urbanisme ; il l'avait continuée dans les quelques villes qui avaient alors le statut de communes mixtes ou de communes de moyen exercice[210].

Dans cette optique, en 1990, un dossier portant sur un schéma directeur d'aménagement et d'urbanisme pour les régions de Bamako, Koulikoro, Sikasso, Bougouni, Koutiala, Ségou, Mopti, Tombouctou et Gao et un plan d'urbanisme sectoriel ont été adoptés par le Gouvernement. Ces dossiers ont été approuvés et ont contribué à la mise en œuvre de deux projets urbains, avec les objectifs fondamentaux suivants : contenir la croissance des villes concernées ; mettre au point de nouvelles méthodes pour la fourniture de services urbains bon marché ; renforcer les institutions nationales et municipales de façon à ce qu'elles puissent mieux assurer la gestion urbaine ; recouvrer les coûts d'investissement pour la rentabilité des projets réalisés et stimuler la participation des collectivités.

Aucun des investissements réalisés ne pouvait se faire sans la participation de la Direction du budget du fait que les fonds destinés à leur financement transitaient par le budget d'Etat à partir des bailleurs de fonds, notamment le FMI et la Banque mondiale. Ces investissements concernaient la ville de Bamako, mais aussi des villes régionales, comme Ségou, Djenné ou Mopti.

Au total, en matière de logement, d'habitat, gestion foncière et d'urbanisme, l'Etat n'est certes pas absent, mais il laisse l'action la plus importante au secteur privé, même s'il la canalise et l'oriente. De toutes les façons son intervention est indispensable, car dans ce vieux pays de culture indigène authentique, tous les citoyens aspirent à acquérir une

---

[210] C'est le cas des villes de Kayes, Sikasso, Bougouni, San, Mopti et plus tard Gao.

habitation (un chez-soi) aussi modeste soit-elle. Les dépenses publiques en matière de logement ont atteint leur plus grand succès avec la construction des habitats sociaux. Vu leurs coûts élevés pour le budget de l'Etat, certaines critiques n'hésitent pas à attribuer à ce succès les causes des difficultés financières que traverse le trésor public présentement. Mais dans un pays comme le Mali où l'Etat-Providence est toujours magnifié, il était difficile pour les pouvoirs publics de faire autrement.

Au total, que conclure, au terme de tous ces développements ?

Il faut tout d'abord souligner le rôle multiforme de la direction du budget. Alors qu'on en a souvent une perception limitée aux simples conférences budgétaires, on s'aperçoit qu'elle intervient, aussi bien dans la phase de préparation et d'estimation des recettes que dans la phase d'évaluation des dépenses des différentes politiques publiques.

Ensuite, l'option du Mali pour le budget-programme lui permet d'avoir un instrument d'analyse des politiques publiques dont il faut assurer le financement. La discussion avec les différents ministères quant à leurs demandes de crédits est grandement facilitée, dans la mesure où ces demandes doivent être adossées à des objectifs précis, identifiables.

Il ressort de tout ce qui précède que la prévision des dépenses budgétaires peut être considérée comme une arme stratégique permettant d'accélérer le développement surtout si cela se fait en interaction et en coopération entre la direction du budget et les autres structures concernées par les politiques économiques, même si les efforts déployés n'ont pas toujours rencontré les résultats escomptés et que des incertitudes caractérisent toujours l'évaluation de l'impact des politiques publiques mises en œuvre. Bien que les stratégies budgétaires soient mises à rude épreuve aujourd'hui, la politique budgétaire semble être le « seul espace de liberté »[211] dont disposerait un Gouvernement pour atteindre les objectifs qui sont les siens, comme l'exprimait John Maynard KEYNES qui estimait que « *L'important, pour l'Etat, n'est pas de faire ce que les individus font déjà et de le faire un peu mieux ou*

[211] Jacques PERCEBOIS : *Economie des finances publiques*. Armand Colin Editeur, Paris, 1991, p. 140.

un peu plus mal, mais de faire ce que personne d'autre ne fait pour le moment. » Qu'importe le niveau de déficit que la réalisation des différentes politiques publiques de (souveraineté, tutélaires, économiques) occasionne, l'essentiel semble, pour la direction du budget, de contribuer au mieux à la réalisation des objectifs économiques et sociaux du Gouvernement. Il faut préciser que les dépenses de politique publique de souveraineté, qui apparemment n'ont rien à voir avec de tels objectifs, sont concernées à plusieurs titres.

Cependant, la réussite des politiques publiques du logement ne saurait être attribuée à la seule direction du budget ou à celle du logement, des affaires foncières et de l'habitat. Elle revient à toutes les directions nationales ou aux directions centrales, car elle résulte de l'implication de tout ce monde et des partenaires techniques et financiers (PTF). Ainsi, est prouvé l'effet direct de notre démarche qui se voudrait systémique[212]. Par conséquent, on peut retenir que les prévisions budgétaires modernes doivent être réalisées par des équipes pluridisciplinaires.

Notre démarche a également voulu traduire la relation symétrique qui existe entre ressources et charges publiques. Car, les recettes publiques ne sont utilisées que pour assurer la couverture des charges publiques, lesquelles contribuent à la création d'autres formes de richesses pour la collectivité.

---

212 Jean-Louis LE MOIGNE, *la théorie du système général ; théorie de la modélisation.* « La *théorie de la modélisation systémique* s'accepte constructiviste, au sens proposé de Jean Piaget pour l'intelligence de la connaissance : non pas un résultat, une vérité définitive, immuable, divine peut-être, mais un processus, une construction : la connaissance est l'action de construire la connaissance. Nul ne peut-être n'a mieux mis en valeur ce caractère fondamentalement récursif de l'action modélisatrice- car connaître c'est modéliser…Le temps n'est plus où l'on pouvait tolérer, à côté de la bonne méthode (*la seule méthode scientifique, la méthode analytique*, que seuls connaissent et pratiquent sérieusement les scientifiques assermentés !), des méthodes de modélisation pauvres, non scientifiques, juste tolérables pour les ingénieurs, les artistes, les stratèges, les comptables…Ne nous faut-il pas admettre aujourd'hui, avec *la mort de l'optimum*, la mort du *one best way*, la nécessaire pluralité, non seulement idéologique, mais aussi méthodologique, des processus de représentation des connaissances ; Deuxième édition mise à jour. Presses universitaires de France, 1977, pp. 13- 14

L'œuvre de prévision des recettes et des dépenses avec le plus de précision et de sincérité est vitale pour le Gouvernement. En effet, il doit présenter au Parlement un document crédible s'il veut recueillir le vote favorable de la représentation nationale. Lors de cette épreuve, le Gouvernement tout entier joue un certain rôle, mais le plus important revient indiscutablement à la direction du budget.

TITRE II

LE RÔLE DE LA DIRECTION DU BUDGET DURANT LE VOTE DE LA LOI DE FINANCES

Le vote de la loi de finances, au Mali[213], pose de sérieux problèmes conceptuels juridiques. En effet, au regard du principe de la séparation des pouvoirs, on comprend mal comment deux pouvoirs censés être antagonistes, c'est-à-dire l'exécutif et le législatif, arrivent à s'entendre pour collaborer à la bonne réalisation de la procédure requise pour le vote de la loi de finances initiale (c'est-à-dire le budget de l'Etat). Tout comme, il semble paradoxal de découvrir une complicité active entre la direction du budget et la commission des finances de l'Assemblée nationale, à travers leur collaboration à l'occasion des travaux d'adoption de cette loi. Cependant, il faut bien admettre que cet

---

213 A travers l'ouvrage *Les grandes dates du Mali,* on apprend que l'histoire parlementaire du Mali remonte à l'Assemblée territoriale qui tire son origine du référendum du 28 septembre 1958 et l'adoption de la Constitution de la 4e République française. Avec l'entrée en vigueur de cette Constitution, le Soudan français - appellation du Mali avant l'indépendance - accède à l'autonomie interne. Cette Constitution reconnaissait aux peuples des « Territoires d'Outre-mer » la possibilité de choisir entre le statut territorial, la départementalisation ou l'appartenance à la Communauté française. Le Soudan français opte pour le statut d'Etat membre de la Communauté française. Cet Etat prend le nom de la République Soudanaise.
L'Assemblée territoriale est érigée en Assemblée constituante – laquelle adoptera la Constitution de la Fédération du Mali le 21 janvier 1959, fédération regroupant le Soudan français et le Sénégal. L'Assemblée constituante se transformera en Assemblée législative provisoire jusqu'à l'entrée en vigueur de la Constitution de la République soudanaise, dont le projet sera présenté et adopté le 23 janvier 1959 par la même Assemblée dont la première session a eu lieu le 31 mars 1959. En son temps, elle comptait 80 députés issus du scrutin du 8 mars 1959 dont une femme en la personne de Aoua Keïta, sage-femme de profession.
A la suite de l'éclatement de la Fédération du Mali, le 20 août 1960, l'Assemblée législative proclame l'indépendance de la République soudanaise qui devient la République du Mali par la loi n° 60-35/A.L.R.S du 22 septembre 1960. Ainsi l'Assemblée législative de la République soudanaise est érigée en Assemblée nationale du Mali avec comme premier président Mahamane Alassane HAIDARA.

étonnement ne concerne pas le seul régime malien. La France et bien d'autres pays n'échappent pas à cette collaboration indispensable entre l'Exécutif et le Législatif dans la « fabrication » de la loi.

Il s'agit d'une question de survie pour les deux pouvoirs[214], qui doivent obligatoirement coopérer à la finalisation de cette loi d'essence constitutionnelle. Selon Loïc PHILIP, « les fondements constitutionnels des finances publiques comportent l'ensemble des principes et des règles de valeur constitutionnelle applicables au régime financier des différentes personnes et organismes publics. Il s'agit de normes placées au sommet de la hiérarchie et dont le respect s'impose aux autorités publiques : à l'administration, au Gouvernement et au Parlement, essentiellement lors de la préparation et de l'adoption des textes législatifs (en particulier les lois de finances et les mesures fiscales) »[215]. Et comme l'ont écrit Louis TROTABAS et Jean-Marie COTTERET, « ce problème des rapports entre les pouvoirs publics qui passe trop souvent inaperçu intéresse à la fois les institutions financières et les institutions constitutionnelles »[216].

Il faut rappeler que le fondement[217] juridique de chacun des deux pouvoirs, au regard des principes démocratiques, se trouve dans la constitution. D'un côté, le pouvoir exécutif voudrait prendre sur les citoyens le maximum de ressources fiscales afin d'atteindre les objectifs inscrits dans les politiques publiques, d'un autre côté, le pouvoir législatif, pris entre deux feux, voudrait protéger les mêmes

---

[214] Maurice HAURIOU : « *le jeu des pouvoirs publics, à la fois séparés et liés, constitue pour le gouvernement de l'Etat, une vie intérieure continue et suivie en même temps qu'une garantie de liberté* ». Voir Vincent DUSSART, idem.

[215] Loïc PHILIP : *Les fondements constitutionnels des finances publiques*, éditions Economica, 1995, p. 5.

[216] Vincent DUSSART, *l'autonomie financière des pouvoirs publics constitutionnels*, CNRS Droit, 2000, p. 7.

[217] Loïc PHILIP : « Mais les fondements constitutionnels des finances publiques ne se limitent pas à ces seuls textes de valeur constitutionnelle…Ainsi, le premier contrôle de constitutionnalité d'une loi (non organique) a porté sur une loi de finances… La première décision déclarant une disposition législative inconstitutionnelle pour méconnaissance du principe d'égalité, a censuré un article relatif à la procédure fiscale de taxation d'office qui figurait dans la loi de finances pour 1974. Le 24 décembre 1979, le Conseil constitutionnel a déclaré inconstitutionnelle l'ensemble de la loi de finances pour 1980, ce qui a obligé le gouvernement à convoquer d'urgence le Parlement en session extraordinaire», op.cit, p.6.

citoyens contre les abus d'une pression fiscale pesante, afin de ne pas entraver la promotion des entreprises privées considérées comme le moteur de la croissance macroéconomique et il ne veut pas pour autant renoncer à exiger du Gouvernement la réalisation des dépenses régaliennes et tutélaires indispensables pour la tranquillité et l'harmonie dans la société. Mais il privilégie son opposition à tout projet financier qui pressure le peuple.

S'il n'y avait ce médiateur doté d'une capacité d'analyse stratégique et d'anticipation qu'est la direction du budget, le vote du projet de loi de finances pourrait se trouver dans l'impasse. Cela nous ramène à l'éternel débat sur la détermination du titulaire du pouvoir financier de l'Etat. Question capitale, s'il en est, et qui a été à l'origine de beaucoup de conflits sociaux dans le passé. Nonobstant cette réalité, il est indispensable qu'à l'occasion du vote de la loi de finances se réalise le rapprochement des deux pouvoirs, le législatif et l'exécutif.

En effet, la réussite du processus budgétaire ne peut dépendre que de la qualité des relations de collaboration qui se nouent entre ces deux pouvoirs. Elle relève également des relations de coopération, imposées ou non, que certains acteurs évoluant en leur sein, arrivent à établir entre eux, comme c'est le cas entre la direction du budget et la commission des finances. En définitive, la procédure du vote de la loi de finances n'est qu'une concrétisation réussie de l'organisation du travail gouvernemental[218].

En tout cas, c'est sous ce prisme que nous allons tenter d'analyser l'implication de la direction du budget à tous les niveaux de la procédure budgétaire, depuis les travaux en commission des finances **(Chapitre I)**, jusqu'au vote en séance plénière du projet de loi de finances **(Chapitre II)**.

---

[218] Michel CROZIER et Erhard FRIEDBERG : « Tout d'abord l'organisation rend possible le développement de relations de pouvoir et en fonde la permanence. En effet, le pouvoir-nous l'avons vu- n'existe pas en soi. Il ne peut s'exercer que dans une relation par laquelle deux acteurs acceptent de se lier- ou se trouvent de fait liés- l'un à l'autre pour l'accomplissement d'une tâche donnée; par laquelle, en d'autres termes, ils s'insèrent, au moins provisoirement, dans un ensemble organisé. Pouvoir et organisation sont aussi indissolublement liés l'un à l'autre ». *L'acteur et le système.* Essais. Editions du Seuil, 1977, p. 78.

CHAPITRE I

LA DIRECTION DU BUDGET ET LES TRAVAUX EN COMMISSION

Nantie des pleines prérogatives constitutionnelles, pour prendre en charge l'examen et le vote du projet de loi de finances qui représente un acte vital pour la vie de tout le système politique et social, l'Assemblée nationale est réputée être le dépositaire du pouvoir financier[219]. A cet effet, les dispositions constitutionnelles ont tenu à faire coïncider la tenue de sa première session avec le dépôt des projets de loi de finances et tous les documents annexes aux fins d'adoption suivant la procédure requise. C'est pour cette raison que la « *session d'octobre* » est également appelée « *session budgétaire* ». A cette occasion, la direction du budget par souci d'efficacité met les bouchées doubles, afin que tout se déroule comme prévu. Au demeurant, il s'agit pour elle d'assurer le respect de ce rite symbolique qui est un des critères démocratiques et de crédibilité de l'Etat sur la scène internationale, celui du débat et du vote de la loi de finances, vote [220]qui permet de mettre en confiance les citoyens. Ce fut le cas dans un passé[221] lointain où le peuple a exigé et obtenu des gouvernants son

---

[219] La possession du pouvoir financier de l'Assemblée peut être justifiée à partir de ces extraits des citations suivantes : « Gouverner, c'est dépenser» a affirmé René STOURM...Il est donc de coutume d'affirmer que le consentement de l'impôt a été la première prérogative des Parlements. Le principe selon lequel les assemblées doivent discuter de l'impôt est apparu pour la première fois en Angleterre, avec la *Magna Carta* de Jean sans Terre de 1215. Le Parlementarisme est né de ce principe...L'examen du budget par le Parlement est bien la clef de voûte du régime parlementaire... ».Voir Aurélien BAUDU : *Contribution à l'étude des pouvoirs budgétaires du Parlement en France* (Thèse). Editions Dalloz 2010, pp.1, 3, 4,5.

[220] M. WALINE : « C'était le roi et ses ministre s qui avaient tendance à gaspiller et que le vote du budget par les représentants d'une bourgeoisie économe par définition freinerait leurs gaspillages ». Cours de législation financière. Les cours de droit, 1951-1952, p. 128.

[221] « L'histoire d'Angleterre montre que les institutions financières ont été directement établies sous l'effet des revendications populaires, et elles ont entraîné immédiatement

adhésion à toute contribution fiscale à partir d'un vote de ses représentants élus à l'Assemblée nationale.

Cependant de nos jours, il semble que le Parlement perde une grande frange de ce pouvoir, à cause de la complexification de la procédure budgétaire et de l'évolution des finances publiques dans un environnement plein d'incertitudes. Dès lors il n'est point étonnant de constater que la procédure budgétaire est presque devenue une chasse gardée du Gouvernement qui dispose d'une technostructure experte en la matière ; il a des moyens logistiques et opérationnels importants et a, à sa disposition, toute une armada de fonctionnaires rompus à la tâche financière. La phase administrative de préparation de la loi de finances s'étalant sur plus de six mois, le Gouvernement et son administration maîtrisent tous les éléments du projet de lois de finances. En face, l'Assemblée nationale du Mali, composée de cent quarante-sept (147) députés seulement, ne dispose que d'une vingtaine de conseillers parlementaires pour tout le travail législatif. De plus, le Gouvernement a même la possibilité de recourir à l'expertise internationale. Ce fut le cas récemment, lorsque la direction du budget fit appel à des experts européens pour initier les cadres des services financiers publics et de la commission des finances de l'Assemblée nationale à la mise en œuvre du budget-programmes.

Malgré, tout l'Assemblée nationale tient à s'acquitter honorablement de sa mission à la fois traditionnelle et constitutionnelle de contrôle de l'action gouvernementale à travers le vote de la loi de finances. C'est pourquoi chaque année, la session budgétaire ressemble à une véritable corvée pour tout le personnel parlementaire notamment les commissaires de la commission des finances, leur personnel et les agents de la reprographie. C'est au pas de course que les uns et les autres se hâtent, en vue d'accélérer leur rythme de travail indispensable à la

---

l'adoption du régime politique et le triomphe de la liberté politique. L'évolution française a été différente... Le peuple français pense que les régimes politiques et la liberté procèdent directement de la prise de la Bastille, des journées de 48, ou de la Libération. Il sourit volontiers lorsqu'on évoque « l'honorable obligation de contribuer aux charges publiques», car il ignore, ce que les Anglais n'ont pas oublié, que « la liberté du peuple est toute dans l'impôt ». Voir Précis DALLOZ *Finances publiques*, éditions Dalloz 1963, pp. 28-29.

réalisation du vote du projet de loi de finances, de laquelle dépend la vie de toute la nation.

Pourtant malgré leur apparent antagonisme, l'Assemblée et le Gouvernement à la faveur des calculs de prévision et de gestion stratégiques menés par la direction du budget, arrivent à se faire des concessions mutuelles lors des travaux de la procédure budgétaire. Ce qui permet à la commission des finances de mieux s'organiser pour[222] permettre au Rapporteur général de préparer ses questionnaires et projets de rapports ***(Section I)***, et de prouver qu'elle est l'interface indispensable entre le Parlement et le Gouvernement dans la procédure budgétaire et qu'elle est capable de faire des amendements en toute objectivité ***(Section II)***.

Section I : La Direction du budget et l'examen du projet de loi de finances

« En dépit du principe de la séparation des pouvoirs, les occasions de contact entre les fonctionnaires de la direction du budget et les Parlementaires sont fréquentes sous la IIIe et IVe République, qu'il s'agisse des commissaires du Gouvernement en séance, de la présence personnelle du directeur du budget, ou des fonctionnaires du budget mis à la disposition des commissions des finances. Il nous a paru nécessaire de s'interroger sur le contenu et le sens de cette collaboration dans une période**...** la IVe République, qui a vu s'accroître simultanément les responsabilités de la Direction du budget et de la commission des finances. »[223]. Il est donc possible d'étudier le rôle de la direction du budget dans le processus budgétaire, à partir des relations qui se nouent entre la direction du budget et le rapporteur général de la commission des finances à cette occasion. En effet, dans son œuvre de coordination et de conception des travaux attachés à la procédure budgétaire, la direction du budget oriente sa stratégie sur le rapporteur général de la commission des finances de l'économie, du plan et de la promotion du secteur privé.

---

[223] Nathalie CARRE DE MALBERG : *La direction du Budget face aux grandes mutations des années cinquante, acteur...ou témoin* ? Comité pour l'histoire économique et financière de la France, Paris, 1998. Journée d'études tenues à Bercy le 10 janvier 1997, p. 81

« Nées au lendemain de la Révolution de 1789, les commissions des finances ont répondu à la nécessité d'œuvrer au plus vite à la régénération financière de l'Etat. Les commissions des finances héritaient ainsi d'un lourd passif tandis que l'urgence et l'ampleur de leurs tâches s'opposaient à la détermination précise tant de leurs compétences que de leurs méthodes de travail »[224].

Devant répondre à des préoccupations multiples, la commission des finances[225] est fortement impliquée dans toutes les tâches budgétaires, financières et même organisationnelles du Parlement, et de l'Etat depuis l'accession du Mali à la souveraineté internationale. Elle compte parmi les onze (11) commissions qui animent les activités législatives de l'Assemblée nationale. Sans jouir d'un statut particulier, elle est saisie en permanence afin qu'elle puisse formuler des observations sur des documents financiers, ou qu'elle procède à l'analyse de documents financiers intéressant la vie de l'Assemblée, du Gouvernement et des collectivités locales. Il est utile de préciser, à titre de comparaison, que l'Assemblée nationale de la France ne compte que six (6) commissions, portées à huit (8) depuis 2008. Elle compte pourtant cinq cent soixante-dix-sept (577) députés. Ce qui atteste que la fonction législative exige beaucoup de ressources humaines et des moyens financiers.

En outre, il faut souligner que le règlement intérieur de l'Assemblée nationale du Mali a exceptionnellement permis à la commission des finances de disposer, aujourd'hui de trente-neuf (39) commissaires alors que les autres commissions ne doivent, en aucun

---

[224] Irène BOUHADANA : op ; cit. p. 107

[225] Joseph BARTHELEMY, dans son article : le procès de la Commission des Finances a soutenu entre autres que « La Commission des Finances est, dans chaque Chambre, l'organisme technique le plus important et le plus puissant.-...Dans chacune des deux Assemblées la Commission des Finances est le plus important des organismes internes. Elle a souvent joué un rôle directeur et déterminant. Villèle, Pierre Magne y ont fait leur apprentissage... Aux premières années de la République, Gambetta, l'ancien dictateur de 70-71, l'animateur de la défense nationale, le chef des 363, accepte de présider la Commission des Finances... La courtoisie parlementaire exige que, périodiquement, le Chef du Gouvernement adresse des remerciements à la Commission des Finances pour l'effort qu'elle a donné dans l'intérêt public.- La Commission des Finances est la *commission reine.* » Mélanges à R. CARRE de MALBERG, Librairie Edouard DUCHEMIN, Paris 1977 ; pages 243 à 244.

cas, dépasser l'effectif de vingt et neuf (29) membres, au titre de la législature 2007-2012. Mais ce qui intéresse le plus la direction du budget c'est le fait de connaître l'organisation de la commission : elle est dirigée par un président chargé de la coordination et de la direction des activités de la commission, avec un rapporteur général qui est chargé de tous les travaux législatifs concernant directement la commission. A cet effet, le rapporteur général produit des rapports exhaustifs sur tous les projets de loi adressés directement à la commission. Ainsi, le rapporteur général est son interlocuteur privilégié de par sa fonction et son rôle dans la prise des décisions budgétaires. Cependant, leur entente n'est pas toujours cordiale, car la direction du budget n'approuve guère le rapporteur général lorsqu'il se montre très critique sur la création de nouveaux impôts ou sur l'adoption d'un projet de loi de finances difficilement acceptable par la population. Aussi, dès qu'il est question de remettre en cause les projets conçus conformément à ses prévisions, la direction du budget et son ministre des finances sont prêts à en découdre avec le Rapporteur général et la commission. C'est pour cette raison qu'à l'occasion de l'examen du projet de loi de finances en commission **(paragraphe I)**, et des séances des écoutes **(paragraphe II),** leurs rapports évoluent en dents de scie.

Paragraphe I : La direction du budget et la commission des finances

Nul n'ignore à la direction du budget que la commission des finances[226] de l'Assemblée nationale est réputée pour être un organe de travail efficace en matière budgétaire et financière. Et au ministère des finances, les agents pensent qu'ils n'ont d'autres interlocuteurs valables à l'Assemblée que les membres de cette commission, à cause des difficultés qu'elle pose souvent aux techniciens de leur département ou au ministre lui-même.

[226] Pierre DELVOLVE et Henry LESGUILLONS, *Le contrôle parlementaire sur la politique économique et budgétaire* : « Les projets de loi de finances sont soumis en priorité à l'Assemblée nationale. Il revient à la commission des finances de l'Assemblée d'examiner, la première, les projets de loi de finances (art.43). Tout ceci est conforme à la tradition ; l'on retrouve les mêmes dispositions sous les IIIe et IVe République ».Travaux et recherches de la Faculté de Droit et des Sciences Economiques de Paris. Série « Droit Public», n° 1, P.U.F. 1964, p. 143.

Il est bon de rappeler qu'il fut un moment, au début de l'indépendance, où la commission des finances avait toute la latitude pour censurer les projets de loi de finances du gouvernement jusqu'à les vider de leur substance. Or, pour avoir une telle audace, il faut disposer d'une compétence réelle et être armé d'arguments solides pour en imposer aux auteurs des projets de lois. Et même à certains moments de l'évolution constitutionnelle du pays, les ministres dépensiers et directeurs du budget étaient obligés de compter sur la confiance ou sur la faveur de cette commission pour garder leur poste. C'était l'époque de la 1ère République où l'expression « élu du Peuple ou représentant de la souveraineté nationale » avait tout son sens.

Comment la commission des finances est-elle organisée (A) ? Comment met-elle sa capacité intellectuelle et son expertise dans l'étude des projets de lois de finances (B) ? Telles sont les deux questions auxquelles il faut maintenant apporter des réponses.

A - La structure de la Commission des Finances

Aux termes de l'article 28 de son règlement intérieur, chaque année, après l'élection du Bureau définitif, l'Assemblée nationale constitue onze (11) commissions générales[227] de vingt et un membres au plus chacune, à l'exception de la commission des finances de l'économie,

---

[227] Les onze (11) commissions générales sont :

1- Commission des Travaux Publics, de l'Habitat et des Transports.
2- Commission de l'Education, de la culture et de la Communication.
3- Commission de la santé, du Développement Social et de la solidarité.
4- Commission de la Défense Nationale, de la Sécurité et de la Protection Civile.
5- Commission de l'Eau de l'Energie, des Industries, des Mines, de l'Artisanat, du Tourisme et des Technologies.
6- Commission des Finances, de l'Economie, du Plan et de la Promotion du Secteur Privé.
7- Commission des Lois Constitutionnelles, de la Législation, de la Justice et des Institutions de la République.
8- Commission de l'Administration Territoriale, et des Collectivités Locales.
9- Commission des Affaires Etrangères, des Maliens de l'Extérieur et de l'Intégration Africaine.
10- Commission du Développement Rural et de l'Environnement.
11- Commission du travail, de l'Emploi, de la Promotion de la femme, de la jeunesse, des Sports et de la Protection de l'enfant.

du plan et la promotion du secteur privé' (C.F.E.P.P.S.P)[228]. L'Assemblée peut également créer des commissions spéciales ou d'enquête pour instruire un projet spécifique déterminé. Elle peut instituer d'autres structures[229].

Chacune des commissions générales est dirigée par un bureau ayant à sa tête un président et un vice-président. De même la commission générale désigne à l'occasion de l'examen de chaque projet de loi, un Rapporteur.

La Commission des finances qui jouit d'une supériorité de fait, reconnue aussi dans d'autres pays[230], est exceptionnellement plus étoffée et se singularise par la présence d'un Rapporteur général en son sein. Et on doit admettre avec René CHIROUX[231] que le poste de Rapporteur général est particulièrement lourd voire même harassant, à cause de l'intensité de ses activités lors de la session budgétaire surtout, ou à l'occasion de l'examen de tous les projets de loi ayant un caractère financier. Ce rapporteur doit également faire face à d'autres occupations telles que la présence aux conférences des présidents, aux réunions de groupes parlementaires, aux réunions du bureau de la

---

[228] Le nombre de ses membres peut aller jusqu'à cinquante (50) selon les législatures.
[229] Il peut s'agir d'une inter-commission chargée de discuter d'une question relevant de la compétence de plusieurs commissions ; il s'agit de la commission de contrôle, composée de quinze (15) membres, chargée de vérifier la comptabilité et la gestion des crédits de l'Assemblée.
[230] Joseph BARTHELEMY, *Le procès de la Commission des finances* : « La Commission des Finances est, dans chaque Chambre, l'organisme technique le plus important et le plus puissant...Enfin, au bout de la course, on parvient à un local clair, aéré, meublé d'une élégante table fer-à-cheval en acajou, autour de laquelle s'alignent 44 sièges confortables et d'un modèle spécial. C'est la salle de la Commission des Finances. Aucune autre commission n'émettrait la prétention, même si le local était libre, d'y tenir sa séance...Tous ces privilèges mobiliers et immobiliers ne sont pas aussi vains que serait tenté de le croire quelque théoricien de cabinet. Ils symbolisent la supériorité de la Commission des Finances ; ils matérialisent sa primauté parmi les autres grandes commissions. En même temps, ils les consolident, les exaltent, les aggravent». Mélanges à R.CARRE DE MALBERG. Topos Verlag AG Vaduz Liechtenstein. Librairie Edouard Duchemin, Paris, 1977, pp. 243 ; 244.
[231] René CHIROUX : Un élément actif du contrôle parlementaire en matière budgétaire sous la Ve République : le rapporteur général de la Commission des Finances du Sénat. Article publié dans les études de Finances publiques offertes à Paul Marie GAUDEMET, Economica, Paris 1984, p. 223.

commission ; il doit suivre l'examen du texte du projet, assurer son suivi et la rédaction des rapports. Ce poids est partagé avec ses collaborateurs, deux Assistants parlementaires et une secrétaire de direction.

La commission n'a commencé à bénéficier de l'assistance d'un fonctionnaire qu'à partir de la législature 1992-1997. Ce statut d'assistant parlementaire, fonctionnaire, s'est pérennisé et depuis 2009, la commission dispose d'une Unité d'Analyse et de Contrôle du budget de l'Etat du Mali (UNACEM), comprenant cinq assistants spécialisés en finances publiques, en gestion, en économie et en fiscalité. A ceux-là, il faut ajouter deux secrétaires et une secrétaire de direction. Ce personnel administratif de la commission des finances est d'un apport inestimable pour son appui au rapporteur général. Ce personnel est recruté directement par l'Assemblée sur la base d'un contrat, ou est mis à sa disposition par la fonction publique suivant la procédure de détachement comme c'était le cas du premier assistant parlementaire.

Les assistants, à l'instar du Rapporteur général, sont obligés d'être des travailleurs passionnés comme des stakhanovistes pour réussir dans leurs missions à savoir : faire la recherche documentaire, assurer la liaison entre la commission et les différents partenaires extérieurs notamment la direction du budget, les autres services financiers, et d'autres départements ministériels ou services publics, couvrir les audiences du président de la commission, les séances d'écoute, concevoir des projets de programmes, correspondances, notes techniques, questionnaires et rapports, etc. La liste n'est pas exhaustive. En outre, lorsque le rapporteur général est novice ou empêché matériellement, il arrive que le rapport de la commission soit exclusivement produit par le personnel[232] des assistants, et cautionné par les députés.

---

[232] Joseph BARTHELEMY , *Le procès de la Commission des Finances :* « …C'est, au moins pour une part, grâce à ces personnages qu'un député improvisé rapporteur général peut, pour ainsi dire au pied levé, dresser un document aussi important que le rapport général et réaliser ce miracle d'être toujours prêt à fournir à la Chambre toutes les explications souhaitées sur tous les points imaginables. Le député donne son style, sa forme, ses tendances, sa griffe, l'empreint de sa personnalité à une matière qui lui est apportée à peu près prête». Mélanges à R. CARRE DE MALBERG, op. cit, p. 252.

Les députés membres de la commission des finances, au Mali, répondent à la dénomination de commissaires comme c'est l'usage partout ailleurs dans les Parlements francophones. Au ministère des finances en général, et à la direction du budget en particulier, c'est l'expression retenue en tout cas. Ils sont au nombre de cinquante (50), pour le compte de la présente quatrième législature. Pour la plupart, ils répondent aux profils de financiers technocrates de formation, ou ayant fait fonction, ou même ayant exercé des activités dans les milieux commerciaux ou des affaires.

Cependant, compte tenu de leurs expériences individuelles, il est évident que tous ne seront pas à mesure de servir la commission avec la même ampleur[233]. Certes, il est facile d'obtenir d'un technocrate financier habitué à passer toute une journée à vérifier des comptes, une participation assidue aux travaux. Mais, il est impossible de compter sur un opérateur économique, habile dans les négoces et les transactions commerciales de tous genres, pour satisfaire à des exigences telles que la maîtrise parfaite de la nomenclature budgétaire, la fiscalité des revenus, la notion de budget programme, etc.

C'est pourquoi, il est difficile de compter sur la participation active de tous les commissaires[234] aux différents travaux de façon permanente et constante. D'ailleurs, au témoignage d'anciens députés, la commission des finances n'a jamais rassemblé autant d'experts en matière financière que sous cette législature. Pour preuve, la commission se félicite d'avoir en son sein trois anciens ministre s dont un ancien Premier Ministre

[233] Irène BOUHADANA, *Les commissions des finances des Assemblées parlementaires en France : origines, évolutions et enjeux* : « L'ampleur et la complexité du travail des commissions des finances notamment pour l'instruction du projet de loi de finances posent inévitablement le problème des moyens dont elles disposent pour accomplir leur mission. De nombreux auteurs se sont déjà interrogés sur ce point depuis plusieurs décennies. Les parlementaires eux-mêmes ont depuis longtemps souligné l'intensité de leur tâche particulièrement au cours de la procédure budgétaire : « Parmi les rapports les plus ardus, les plus longs à établir, ceux qui exigent vraiment le plus d'efforts (...) de la part des parlementaires, figurent incontestablement les rapports budgétaires,... ». Editions L.G.D.J. EJA, 2007, p. 141.

[234] Les Commissaires moins formés dans les questions de finances publiques se contentent de faire confiance au travail réalisé par un noyau dur constitué de commissaires expérimentés du Président de la Commission des Finances, de son Rapporteur général et des Assistants parlementaires.

(Younoussi TOURE de 1992 à 1993) ; un ancien ministre de l'Energie et des Mines (Aboubacary COULIBALY de 1997 en 2002) ; un ancien ministre et ancien contrôleur d'Etat, expert-comptable de profession (Konimba SIDIBE sous la transition en 1992) ; un ancien président de la commission des finances et membre du Parlement de la CEDEAO (Ouali DIAWARA) ; un docteur en sciences économiques et directeur d'une unité industrielle (Hamadaou SYLLA de 2002 à 2004) ; un grand commis de l'Etat ayant assumé de hautes fonctions administratives de conseiller technique et de secrétaire général d'un département ministériel chargé du commerce, de l'industrie et du transport (Mody NDIAYE) ; un ancien conseiller économique de Gouverneur de région, cadre supérieur des banques, fonctionnaire international, et Rapporteur général (Sounkoutou SISSOKO de 2007 à 2009) ; un ancien questeur (Baba Oumar BORE de 1992 à 2002). Au demeurant, la commission compte d'autres cadres supérieurs parmi lesquels on distingue un inspecteur des impôts, un inspecteur des douanes, un gestionnaire de société et entreprise d'Etat, titulaire de DEA en gestion des entreprises et fiscalité, une inspectrice des affaires économiques, un ancien contrôleur des affaires économiques, président directeur général d'une société commerciale, une femme contrôleur des impôts, un contrôleur du Trésor, un régisseur d'une académie d'enseignement, un promoteur de société commerciale, promoteur d'entreprise privée ; des commerçants ; de conseillers municipaux.

Ce sont là, des profils qui imposent le respect tant au niveau de la direction du budget, qu'en d'autres lieux, au-delà de l'honorabilité conférée par le titre de député. De tels atouts sont assez persuasifs lors de l'examen des projets de loi de finances.

B –L'examen du projet de loi de finances par la commission des finances

L'examen du projet de loi de finances a lieu au cours de la session d'octobre au siège[235] de la commission des finances. Il est organisé suivant un programme proposé par le président de la commission et

[235] Pour la petite histoire, c'est dans cette salle que fut lue la proclamation d'indépendance du Mali ; elle porte le nom de Mahamane Alassane HAIDARA, premier Président de l'Assemblée nationale du Mali après son indépendance.

porté à la connaissance de tous les commissaires et communiqué à la direction du budget pour information. Dans son travail, la commission s'efforce de réfléchir[236] sur tous les aspects présentant un point d'intérêt quelconque pour les députés, le gouvernement et le pays. L'examen se déroule en deux phases permettant de procéder à l'analyse du projet de loi de finances et des documents (1), et de recenser des questionnaires et des personnes ressources (2).

1) L'analyse du projet de loi de finances et des documents annexés

L'analyse du projet de loi de finances et des documents annexés reflète la spécificité des méthodes de travail de la commission des finances. Le président de la commission ouvre les travaux par une allocution, puis les commissaires se retrouvent pour déterminer une méthodologie de travail et procéder à l'analyse du projet de loi de finances. L'adoption de la méthodologie est faite à la majorité simple. L'article 33 du règlement intérieur précise que les commissaires peuvent discuter quel que soit le nombre des présents, mais la présence de la majorité absolue de leurs membres est nécessaire pour la validité du vote.

Chaque commissaire a eu le temps d'exploiter un tant soit peu son jeu de documents depuis l'ouverture de la session : il doit se pencher sur un point du document qui représente son centre d'intérêt. La direction du budget connaissant la mauvaise habitude des députés à égarer leurs documents et à peu se soucier de préoccupations relatives au vote du projet de loi trouve des prétextes pour venir leur rendre des visites de courtoisie et discuter indirectement de la question. C'est ainsi qu'au moment de l'analyse des documents chaque commissaire est capable de faire ressortir des problématiques dignes d'intérêt. L'analyse

---

[236] Zeïni MOULAYE et Amadou KEITA, L'Assemblée nationale du Mali sous la troisième République : « En raison de l'importance de cette loi qui doit prévoir les ressources pour la réalisation des diverses activités nécessaires à la vie nationale, les Députés y sont particulièrement regardants. C'est donc « *après avoir vérifié la pertinence des crédits affectés à des dépenses et après s'être assuré d'une claire détermination de la responsabilité des engagements...* » Tout cela est fait à la suite de débats au cours desquels, les Députés auront fait des propositions de changements au Gouvernement». Edité par Friedrich Ebert Stiftung, octobre 2008, p. 112.

commence par l'examen du projet de loi de finances proprement dit (note de présentation, recettes, dépenses) et se poursuit par celui des annexes explicatives, le budget spécial d'investissement et le budget-programme. Cet exercice peut durer toute une semaine, sans répit, et jusqu'à des heures très tardives de la nuit. Il finit par le recensement des questions à élaborer et à adresser aux personnes ressources ciblées. Il offre l'occasion à la direction du budget d'affiner ses meilleures stratégies pour motiver la commission des finances à étudier méticuleusement le projet. Pour réussir l'exercice, elle met en état d'alerte toutes ses structures administratives afin de pouvoir répondre à tout moment aux demandes des commissaires. Pendant toute la durée de l'examen du projet, le directeur du budget reste en permanence à l'écoute de la commission. Il informe régulièrement son ministre de tutelle sur l'état d'avancement des travaux et lui suggère l'attitude à tenir pour éviter tout malentendu avec les commissaires. Aussi, parvient-il à rassurer le président de la commission des finances de la disponibilité des personnes ressources à répondre aux questions recensées.

2) le recensement des questions et des personnes ressources

Le recensement des questionnaires et des personnes ressources incombe à la commission des finances qui est la commission saisie au fond. Les questions, sous leurs différentes formes orales et écrites, sont les instruments parlementaires les plus anciens de contrôle de l'activité du Gouvernement[237]. A cette occasion, tous les commissaires présents déploient tout l'effort nécessaire pour poser des questions pertinentes comme pour faire la preuve de leur expertise en la matière. Aussi n'est-il pas rare d'assister à des empoignades passionnées entre députés de la commission[238] ou entre députés et techniciens de la Direction du budget ou d'autres agents des finances de l'Etat !

---

[237] Elles se déroulent suivant une procédure sans vote, qui a l'avantage d'informer les députés sur des sujets ponctuels et des points d'actualité. Elles sont beaucoup prisées par les parlementaires à cause de leur efficacité tant aux plans stratégique, politique et technique. C'est pour cette raison qu'elles paraissent comme le meilleur instrument de contrôle de l'action gouvernementale.

[238] Note : et ce, en présence des débutés de l'opposition.

Après cette épreuve d'exhibition, le président de la commission trouve le moment propice pour ramener les uns et les autres à l'essentiel, c'est-à-dire la formulation des questionnaires et le choix des personnes ressources. Sous l'effet de la fatigue, les uns et les autres retrouvent leur sagesse et font prévaloir la voix de la raison.

Cependant, le Président de la commission par prudence insiste auprès du Rapporteur général afin qu'il soumette à temps les questionnaires et la liste des personnes ressources au directeur du budget. Ce qui permettra à celui-ci de collaborer indirectement au perfectionnement des documents.

Le recensement des personnes ressources[239] s'effectue par routine sur la base des personnes ressources invitées lors des écoutes du précédent projet de loi de finances. Mais compte tenu de certaines réactions imprévisibles, souvent le président demande aux commissaires de faire des suggestions. Ce qui est certain, aucune proposition ne pourra être faite en dehors du personnel du système financier de l'Etat, c'est-à-dire du projet de loi et des documents annexes fournis par la Direction du budget. Après quoi, les questionnaires, signés par le président, sont transmis aux personnes ressources par les soins du secrétariat législatif, accompagnés d'un programme des écoutes.

Paragraphe II : La direction du budget et les questionnaires du rapporteur général lors des séances d'écoute des personnes ressources

Appelée habituellement phase d'écoute des personnes ressources, ces débats en présence de tous les commissaires sont obligatoires[240]. Il s'agit d'une phase cruciale qui est comparable à une audience judiciaire,

---

[239] Par personnes ressources, (ou personnes de ressource (s) voulant dire selon le dictionnaire Larousse 2010 personnes capables de fournir des solutions à quelque chose) il faut entendre l'expert auquel on fait appel pour ses connaissances en matières budgétaire ou financière. C'est ainsi que selon la spécificité des questionnaires sélectionnés, on désigne un expert du domaine. Par exemple, lors de l'étude d'un questionnaire relatif aux questions fiscales, sera invité, comme une personne ressource, le Directeur des impôts qui peut se faire accompagner par un de ses agents spécialistes des questions posées.

[240] Nous soulignons que la présence de tous les commissaires est obligatoire lors de ces auditions.

à laquelle les prévenus apparaissent devant une cour dotée d'un président et d'un procureur dont le rapporteur général incarne le rôle. Il convient de remarquer que le Président de la commission et le rapporteur général jouent à cette occasion les rôles les plus déterminants. Deux étapes décisives marquent lesdites activités : l'audition des personnes ressources (A) et la synthèse des écoutes (B).

A-L'audition des personnes ressources

L'audition des personnes ressources consiste à interroger la direction du budget et les principaux acteurs du système budgétaire ou financier de l'Etat qui ont collaboré soit à l'élaboration des prévisions de la loi de finances, soit à la formulation des politiques des finances publiques. Il s'agit de leur poser des questions relevant du domaine de leur expertise, et auxquelles ils sont tenus de répondre suivant l'organisation de la procédure des séances d'écoute (1), afin de permettre au rapporteur général de commencer à rassembler les informations nécessaires pour la conception de son Rapport (2).

1) L'organisation de la procédure des séances d'écoute

A l'instar des autres commissions, la commission des finances est constamment contrainte par le temps. En principe, elle n'organise pas de séances d'écoute aux moments retenus pour la conférence des présidents (programmée chaque lundi à partir de 15 heures) ; la réunion des groupes parlementaires, elle, est programmée chaque mercredi à partir de 9 heures et la séance plénière, chaque jeudi sur programmation de la conférence des présidents. Cependant, dans le souci d'accélérer les travaux d'examen du projet de loi de finances, la direction du budget multiplie les contacts avec le président de la commission des finances et le rapporteur général. Elle met à leur disposition les moyens nécessaires (financiers et matériels) pour leur permettre d'avancer plus vite. Le grand avantage de cette disponibilité est le fait que la direction du budget arrive à obliger toutes les personnes invitées à respecter le programme des écoutes de la commission d'une part, et à motiver davantage les commissaires à animer les séances d'écoutes, d'autre part.

Les écoutes relatives à l'examen de la loi de finances commencent toujours par la direction du budget elle-même. Ce jour-là, même les profanes en matière financière se rendent compte qu'un évènement important se déroule. C'est d'abord l'envahissement du parc automobile par des véhicules de marque qui annonce la couleur, puis le défilé des responsables financiers de la direction du budget avec leurs gros sacs impressionnants.

Le président demande au rapporteur de procéder à la séance aux questions. C'est à ce moment-là que l'on réalise l'importance du Rapporteur de la commission des finances. Il commence méthodiquement à poser une à une les questions retenues par la commission, qu'il complètera par celles qu'il a personnellement retenues pour la clarté de son rapport. Il peut monopoliser la parole pendant plus d'une heure. A l'instar d'un procureur de la république au cours d'une audience chargée de défendre l'ordre public, il prouve, à travers ses questions, qu'il joue un véritable rôle de procureur financier chargé de défendre les deniers publics. Ce qui conforte l'hégémonie de la commission des finances dans la procédure budgétaire. Ainsi, comme l'estime Irène BOUHADANA « les Commissions des finances détiennent en quelque sorte un droit de vie et de mort sur le Gouvernement. Elles n'ont d'ailleurs pas de scrupule à mettre en cause les orientations de sa politique ».

En outre, le rapporteur général est le seul en cette circonstance à pouvoir aligner des questions percutantes touchant à tous les aspects de la loi de finances, aux plans économique, financier, fiscal, domanial, budgétaire, social, environnemental. Ce qui impressionne davantage, dans la conduite du Rapporteur lors de son plaidoyer, c'est qu'il intervient avec technicité et pédagogie *sans faire montre* d'une appartenance politique. Il conclut son intervention par la formulation de propositions de solution.

Il ne faut surtout pas penser qu'en concluant ainsi, le rapporteur général s'engage à assurer implicitement la défense du Gouvernement, comme l'aurait souhaité la direction du budget ou même le ministre des finances. De toutes les façons, les députés de l'opposition verraient d'un mauvais œil, toute attitude du rapporteur visant à se faire passer comme un avocat du Gouvernement. D'ailleurs dans leur conscient ou subconscient, ils pensent tous que le rapporteur général doit uniquement défendre les positions de l'Assemblée nationale. Ce qui en soi n'est pas faux. Toutes ses questions, pertinentes, sont donc liées au contrôle de l'action gouvernementale.

Si tout ceci est vrai, il ne faut pas perdre de vue que le président de la commission et le rapporteur général ne peuvent que se situer dans un contexte de solidarité avec le Gouvernement, du fait qu'ils appartiennent tous au groupe des partis politiques de la majorité. Cependant, en tant que responsable financier jouissant d'une riche expérience professionnelle, le rapporteur général ne peut intervenir que dans le sens de l'intérêt national, en faisant prévaloir les impératifs économiques et financiers aux dépens de certaines prises de position subjectives.

A son tour le directeur du budget, maître d'œuvre de toute l'architecture du projet de loi de finances initiale, prend la parole pour présenter son projet. Cette présentation se focalise sur les descriptions et analyses relatives à l'environnement économique international, sous-régional, national, le cadrage macro-économique, les stratégies budgétaires relatives au niveau des recettes et dépenses et la description du niveau du déficit ainsi que les solutions préconisées pour son financement.

Après l'intervention du directeur du budget, interviendront à tour de rôle les autres directeurs : directeurs du trésor, des impôts, des douanes, des domaines, de l'administration des biens de l'Etat, du contrôle financier, de la planification du développement, des statistiques et informatiques, de la population et de l'aménagement du territoire.

Les séances d'écoute obéissent à la même procédure consistant à poser les questions puisées du questionnaire du rapporteur général et présentées par lui-même. Ensuite les commissaires des autres commissions saisies pour avis posent les leurs.

Les personnes ressources répondent aux différentes questions. S'il en est besoin, une seconde liste d'interventions sera établie pour permettre à l'ensemble des députés présents de poser leurs questions pêle-mêle. A la fin de chaque écoute, l'invité est tenu de laisser une copie de sa réponse à la commission ou à la faire parvenir dans les plus brefs délais par courrier ordinaire ou électronique. Cette première série d'écoutes sera complétée par celle du ministre des finances, écoute que l'on peut qualifier de politique.

2) L'audition du Ministre des finances

L'audition du ministre des finances est organisée conjointement par la commission des finances et la direction du budget qui fait montre d'un excès de zèle à cette occasion. Elle suit la même procédure que celle qui fut observée à l'endroit des directeurs déjà entendus en la présence de leurs conseillers techniques. Ce moment ressemble à la fois à un jour de gala et de deuil, tant les attitudes sont compassées.

En effet, avant l'arrivée du ministre, tous les directeurs précédemment entendus prennent d'assaut la salle de la commission des finances[241]. Ils seront accompagnés cette fois ci par les conseillers techniques du ministre. Mais compte tenu de la spécificité de la question budgétaire, ce dernier fait asseoir le directeur du budget à ses côtés avant ses conseillers et même le secrétaire général de son département, s'il est présent.

Ensuite, vient la présentation des questions du rapporteur général, qui fort de son bon droit n'hésite pas à poser certaines questions qui pourraient heurter la susceptibilité du Ministre. Le rapporteur sera appuyé par les commissaires présents ; ceux-ci interviendront successivement pour appuyer leur homologue, ou pour s'opposer à ses propos. En de telles occasions, le ministre des finances se trouve en situation d'infériorité par rapport aux parlementaires pour les raisons suivantes :

- techniquement, il y a certaines questions improvisées par le rapporteur général dont il n'avait pas connaissance et auxquelles il ne saurait

[241] La Commission des finances ce jour-là, met la main dans la poche pour mobiliser le protocole de l'Assemblée afin de clôturer la cérémonie en apothéose avec un cocktail digne du rang de l'invité. D'ailleurs même des commissaires qui ne se présentent jamais à la commission se font distinguer par leur présence et l'aspect anachronique de leurs questions.

répondre spontanément. Pour ce faire, il est souvent obligé d'attendre une réponse préparée par son directeur du budget ou un des conseillers ;
- psychologiquement, il se trouve acculé par des députés qui le traitent comme leur égal devant ses subordonnés auxquels il est habitué à donner des instructions fermes sur un ton péremptoire ;
- politiquement, il doit tout faire pour donner l'impression au Président de la République, qui en aura les échos, qu'il maîtrise son domaine et que les députés sont obligés de se plier devant ses arguments.

C'est à ce niveau que le président de la commission doit faire montre d'une excellente qualité de manager[242] en tentant de rapprocher les points de vue divergents. Cela permet d'avancer… et de clôturer l'écoute du ministre par le petit cocktail annoncé.

A l'issue des séances d'écoute, la commission se réunit encore pour faire des suggestions au rapporteur général pour la synthèse finale.

B – Le Rapporteur général et la synthèse des écoutes

La commission se réunit de nouveau pour faire la synthèse des différentes écoutes afin de permettre au rapporteur général de préparer son avant-projet de rapport final et éventuellement celui des amendements.

---

242 Aline SCOUARNEC, *Management et Métier (Visions d'experts)* : «- Les responsables, les managers ont été de tout temps, ce qui est peut-être leur principale caractéristique, d'une grande sensibilité à leur environnement : ils se sont même efforcés de l'influencer, voire de le maîtriser ; le management a commencé lorsque l'homme, avec l'aide du groupe social auquel il appartenait, a cherché à desserrer les contraintes qui l'empêchaient d'atteindre ses objectifs…
-L'institution militaire a beaucoup apporté à l'évolution du management ; elle réunit de façon presque caricaturale les notions de base d'un management efficace : -un homme –une mission – une organisation et une structure adaptée – un système de récompense efficace, et ce, dans une culture forte qui solidarise le groupe. L'histoire du management, c'est d'abord l'influence de la personnalité du dirigeant et l'intensité de son engagement», in *Mélanges en l'honneur de Luc BOYERE,* éditions Management & Société EMS 2010, p. 20

1) La synthèse des écoutes

Elle s'effectue très simplement comme ce fut le cas lors des premiers travaux de la commission. Avant la rédaction de la synthèse finale, une réunion de la commission des finances se tient. Au cours de celle-ci, les représentants des partis d'opposition font de leur mieux pour exacerber le conflit qui s'était déclenché lors de l'écoute du ministre des finances. Ils peuvent être aidés dans leurs tentatives par certains députés de la majorité, nostalgiques de l'affirmation du pouvoir financier du Parlement ou de l'indépendance de celui-ci. Tout leur souhait étant de donner l'impression[243] à leurs électeurs et au Gouvernement que c'est de leur côté que se situe la réalité du pouvoir en matière financière. Ainsi ils arrivent à terroriser la direction du budget.

La synthèse finale reflète les points de vue suivants :

-les avis des commissaires de la C.F.P.E.P.S.P ;
- des autres commissions consultées ;
- les avis des personnes ressources ;
- et en fin les points de vue de la Direction du budget.

Il faut préciser que la synthèse des écoutes présente avec la plus grande clarté les différents arguments tendant à justifier le bien-fondé du projet de loi en étude. Ce qui facilite la compréhension du projet de rapport et d'amendement. Aussi, le rapporteur général s'investit-il pour faire ressortir dans sa synthèse les différentes opinions émises sur le projet de loi (favorables ou défavorables) ; son intérêt et son impact sur l'ordonnancement juridique ; sa contribution aux missions assignées à la commission des finances. Lorsqu'il estime souhaitable que la commission bénéficie d'autres avis que le sien sur le projet, il peut proposer des auditions complémentaires. La synthèse balise également

[243] C'est d'ailleurs à un tel jeu que se livrait cette commission, aux lendemains des tragiques évènements du 26 mars 1992, sous la première législature. A cette époque, l'Assemblée nationale et la commission des finances étaient sous le quasi-monopole du parti majoritaire ADEMA-PASJ. Ainsi le ministre des finances de l'époque avait fait de la commission des finances un second bureau de son département. Ce jeu a longtemps perduré et avait d'ailleurs contribué à donner un grand crédit à l'Assemblée tant auprès de l'électorat, qu'auprès des bailleurs de fonds extérieurs.

les voies réservées au projet de rapport ou éventuellement des amendements.

2) Le projet de rapport et des éventuels amendements

En principe cette phase ne concerne que le rapporteur général et ses collaborateurs. Malgré tout, comme pour faire oublier les incidents passés, la direction du budget entre en contact permanent avec le président, le rapporteur général, les assistants et même la secrétaire. Ainsi :

- le travail de synthèse des écoutes du rapporteur général est facilité par le travail qui a été préalablement fait. Cependant, dans la phase rédactionnelle, il garde le contact avec la direction du budget, pour être certain de ne pas trahir ses points de vue.
- le Rapporteur général rédige et met en forme les projets d'amendements formulés par les commissaires.

Une fois adoptés par la commission, rapports et projets d'amendements seront envoyés au ministre des finances via le directeur du budget. Nous y reviendrons plus loin.

A la lecture de ce qui précède, on est tenté de croire que la commission des finances est toute puissante et qu'elle détient le pouvoir d'orienter les décisions financières à sa guise, en tenant compte de l'intérêt financier. Certes, on a pu soutenir que *« le droit budgétaire est un droit de révolution, parce qu'il traduit l'aboutissement d'un long conflit entre le roi et les représentations du peuple autour des thèmes "consentement à l'impôt" et de "l'autorisation de percevoir des recettes" qui s'est dénoué en faveur des parlementaires aux environs de 1649 en Grande Bretagne et en 1789 en France... Le Parlement par le biais de son pouvoir financier, pèsera d'un poids considérable dans le fonctionnement des institutions »*[244]. Des députés maliens ont pu croire, au début de l'indépendance, à ce pouvoir financier des parlementaires ; certains en restent nostalgiques ; mais c'est là une

[244] Abdoulaye FOFANA, *Le pouvoir financier du Parlement*. Mémoire de DEA-G à la Faculté des sciences juridiques et économiques de l'Université de Bamako, 2001, p. 38.

vision aujourd'hui anachronique. Ce qui ne peut déplaire à la direction du budget qui ne ménage aucun effort pour aboutir à une adoption consensuelle du rapport sur le projet de loi de finances. La commission va également déployer d'autres efforts pour convaincre les plus pessimistes de la commission d'admettre que toutes les solutions financières envisagées sont soutenues par des motifs politiques. Il faut donc bien que les commissaires soient plus flexibles, comme la direction du budget pour faciliter l'examen du rapport qui doit prendre en compte aussi des amendements.

Section II : La Direction du budget et les projets de rapport et d'amendements

Bien que n'ayant aucun lien hiérarchique avec la commission des finances, la direction du budget ne manque pas de moyens pour communiquer avec son président ou son rapporteur général afin de se rendre compte de l'état d'avancement des travaux concernant l'examen du projet de loi de finances. Son directeur aussi ne manque pas d'occasion pour motiver cette commission qui devient, en cette période, le moteur des activités essentielles de l'Etat. En effet, la commission des finances incarne tout le prestige dont jouit l'Assemblée nationale en matière budgétaire et financière[245]. A preuve, les ministres les plus réputés pour leur intransigeance finissent par composer avec elle, comme cela apparaît souvent lors des séances d'écoute[246]. C'est pourquoi la plupart des commissaires font preuve de détermination dans

[245] Aurélien BAUDU, *L'incertaine renaissance parlementaire en matière budgétaire et financière* : « ...Convient-il de rappeler que, sous les IIIe et IVe Républiques, le Gouvernement ne disposait d'aucune prérogative particulière dans la conduite de la discussion budgétaire. Son texte était souvent altéré par les commissions des finances des assemblées parlementaires, quand il n'était pas totalement réécrit. Le Gouvernement ne disposait d'aucune possibilité pour obtenir le vote des dispositions contestées, il lui fallait chaque fois poser la question de confiance, ce qui mettait constamment en jeu sa propre existence...La « renaissance parlementaire», au plan financier, souvent annoncée par la doctrine, depuis l'entrée en vigueur des lois organiques du 1er août 2001 et du 2 août 2005, relèverait plus du mythe que de la réalité ». Doctrine. Droit constitutionnel. *Revue du Droit public et de la science politique en France et à l'étranger*, n° 5, 2010, LGDJ, Lextenso éditions, pp., 1424.

[246] A plusieurs occasions, des ministres des Finances ont refusé de prendre en compte les recommandations et amendements de la Commission des Finances. Par la suite, ils ont dû se plier pour accepter d'intégrer lesdits recommandations et amendements.

l'exercice de leur mission. Et les députés qui ont accepté d'y travailler, ont du mérite, car ils y siègent beaucoup plus pour l'honneur et le prestige que pour des considérations matérielles et même si ces soldats des finances publiques du Parlement sont moins équipés que les technocrates du Gouvernement, qui lors de la préparation du projet de loi de finances, disposent largement de tous les moyens requis et même si François CHOUVEL pense – et cela est aujourd'hui vrai dans le cas du Mali – que « *la Constitution,... et la loi organique de 1959,... limitent notablement les prérogatives parlementaires en matière budgétaire... Ces restrictions visent à une préservation de l'équilibre financier que les parlementaires pourraient être tentés de malmener. Ces contraintes n'empêchent toutefois pas les assemblées d'exercer leur contrôle sur les dispositions du projet de loi mais celui-ci se déroule sur un terrain procéduralement balisé* »[247].

Malgré tout, au Mali la procédure budgétaire a redonné l'occasion de confirmer que l'institution parlementaire exerce encore un certain pouvoir de décision dans l'adoption de la loi de finances (*Paragraphe I*), et qu'elle dispose de la faculté de faire des amendements (*Paragraphe II*).

Paragraphe I : La direction du budget et le projet de rapport de la commission

C'est l'une des périodes les plus éprouvantes physiquement pour le rapporteur général. Il faut d'une part se hâter pour aller à la recherche de toutes les informations et d'autre part, il faut recevoir les députés qui viennent s'enquérir du programme de travail à venir.

Le rapporteur général planifie tout son travail après avis favorable du Président ; ensuite, il s'isole avec ses assistants. La secrétaire assure la permanence pour les informer en cas d'urgence, car à tout moment la direction du budget peut appeler. Pendant cette phase de rédaction, la direction du budget s'engage à mettre toute son expertise et son personnel à la disposition du rapporteur général.

---

[247] François CHOUVEL, *Finances publiques 2010*. 13e édition. Gualino Lextenso éditions 2010, p. 95.

Cette attitude de la direction du budget peut confiner à du harcèlement ; ce qui fait penser à la théorie organisationnelle de l'école de HAWTHORNE plus connue sous l'appellation de théorie des « Relations Humaines ».

En effet le rôle de coordination de la direction du budget est déterminant. Bien qu'étant une administration classique, elle n'est pas sans rappeler une administration en mission commandée. Sa stratégie d'anticipation consiste à faire de son mieux pour influencer les travaux de la commission et du rapport général. Au même moment, elle suggère à son ministre d'influencer le Président de la commission, puisque la direction du budget a difficilement accès à celui-ci.

Or, en cette phase d'élaboration du projet de loi de finances, toute la qualité du travail dépend de la méthode d'organisation du travail que le rapporteur général conçoit (A), ainsi que de la prédisposition des commissaires à persévérer dans des travaux qui semblent s'éterniser (B).

A – La méthode de travail en équipe et le traitement des informations

Le président et le rapporteur général s'entendent, à deux, sur la méthode de travail à appliquer sans, cette fois-ci, se référer à l'avis des commissaires. Après avoir conçu la démarche méthodologique, le rapporteur général va à la rencontre des commissaires et de ses collaborateurs assistants pour leur soumettre le programme qu'il a conçu. C'est l'application pratique de la théorie sociologique de l'organisation basée sur le leadership démocratique[248] qui permet

[248] Selon Jacques CHEVALLIER, et Danièle LOCHAK, *Science administrative : l'administration comme organisation et système d'action* : « La concentration du pouvoir de décision au sommet de la hiérarchie administrative se révèle inadaptée aux exigences d'une gestion moderne… Les théories du management insistent à leur tour sur les vertus du leadership démocratique, sur l'importance des communications latérales, et sur la nécessité d'expliquer aux participants les raisons des décisions prises, voir même de leur donner un droit de regard sur ces décisions ». Tome II, L.G.D.J. 1978, p. 104. Voir aussi Adrien PAYETTE, *Ethique et management* : « Les ministère s (ou les organisations) placent la responsabilité sur les individus au lieu de la placer sur l'organisation dans sa totalité… Le comportement éthique commence avec le directeur général qui sert de modèle et qui ne tolère pas de comportements

d'offrir des informations utiles pour l'accomplissement de leur travail. L'intérêt d'une telle organisation de travail en équipe c'est d'assurer un bon traitement des informations d'une part et d'assurer une correcte rédaction du rapport final de la commission d'autre part.

1) L'exploitation des informations par le Rapporteur général

Le rapporteur général, agissant comme un capitaine d'équipe, met son plan stratégique en exécution, en rassemblant les moyens logistiques et humains. Ces moyens humains sont constitués de fonctionnaires parlementaires mis à sa disposition, assistants et secrétaire de direction. Ensemble, ils exploitent toutes les informations contenues dans les réponses fournies par les différentes personnes ressources, lors de leurs auditions. L'essentiel de ses informations est puisé dans les réponses du ministre des finances et du directeur du budget.

Les fonctionnaires parlementaires[249], en vrais ouvriers budgétaires, n'exercent que des tâches d'exécution ; ils ne sont pas autorisés à prendre la parole lors des différents débats, sauf sur autorisation du Président. Ils ne doivent émettre aucun avis sur les décisions de la commission, encore moins d'afficher une quelconque coloration politique. Ils doivent toujours être disponibles et être en mesure d'aider à trouver la solution au problème posé. Ils doivent être compétents, efficaces et animés d'une forte volonté de servir. De leur côté, le président de la commission et le rapporteur général encouragent ces collaborateurs loyaux et foncièrement disponibles en toutes heures. De même, le directeur du budget ne manque pas de leur adresser des éloges à l'occasion.

---

immoraux », *in* Comprendre et gérer les institutions de l'Etat, *Management public,* Presse de l'Université du Québec, 1992, p. 225.

[249] Il faut noter que le fonctionnaire parlementaire ne signifie pas forcément un agent de la Fonction publique. L'Assemblée nationale du Mali dispose de deux catégories d'agents. Les premiers sont des fonctionnaires soumis au statut de la fonction publique et mise à la disposition de l'Assemblée nationale par voie de détachement. Les seconds sont recrutés directement par voie de contrat de travail. Les plus anciens ont bénéficié du statut de contractuel de l'Etat. Ceux recrutés récemment répondent au statut de contractuel de droit commun du travail. Cependant ils effectuent les mêmes tâches. C'est pourquoi pour une question de légalité, il convient de trouver un statut particulier pour l'ensemble du personnel parlementaire comme c'est le cas en France.

Ces fonctionnaires parlementaires apportent au rapporteur général toutes les informations nécessaires à la rédaction de son rapport tant attendu de l'Assemblée et de la direction du budget : « Parmi les rapports les plus ardus, les plus longs à établir, ceux qui exigent vraiment le plus d'efforts **(...)** de la part des parlementaires, figurent incontestablement les rapports budgétaires, qu'ils soient établis par les membres de la commission des finances ou par les membres de chacune des cinq grandes commissions qui sont appelées, elles aussi, à donner leur avis sur les fascicules budgétaires ».[250]

2 – La rédaction du projet de rapport

L'étape de la rédaction du rapport se déroule dans un isolement total du rapporteur général qui s'enferme avec ou sans ses collaborateurs directs, c'est-à-dire les assistants et la secrétaire, pour effectuer les travaux de rédaction. Il s'agit là d'un travail éminemment intellectuel qui exige du rapporteur général une grande technicité et une maîtrise parfaite des dossiers. En plus, il lui faudra une rigueur morale et une probité sans faille pour accepter de tout sacrifier à la réalisation de ce travail. Il doit aussi garder la ligne en restant clairvoyant et objectif dans la rédaction, tout en sachant respecter les consignes convenues entre lui et le Président pour que la commission et l'Assemblée puissent en tirer le maximum d'éclairage. Il faut reconnaître qu'il est ici en face d'un dilemme cornélien ; ce qui l'oblige à faire prévaloir sa technicité indispensable pour réaliser un bon rapport qui cadre avec l'intérêt national, avant de réaliser l'impact qu'un tel sacrifice produira sur sa propre promotion politique au sein de son parti et de son groupe. Il s'agit en fait, d'une œuvre structurante et conciliante qu'il réalise en s'engageant dans une prise de décision financière d'envergure, tout en préservant le jeu de l'équilibre des pouvoirs et de la démocratie.

Du point de vue du plan de rédaction, le rapporteur général est obligé de suivre la démarche méthodologique adoptée par la direction du budget dans la production de sa note de présentation. Cette présentation est conçue suivant le schéma de la structure budgétaire requise au

[250] Journal officiel de la république française (J.O.R.F), première séance du 8 novembre 1963, p. 6904.

moment du vote. En revanche, le rapporteur général finit toujours son document par une partie dédiée à la synthèse des écoutes et une autre réservée aux recommandations formulées par les députés. La conclusion est exprimée à travers une formule consacrée : « *La Commission des finances, de l'économie, du plan et de la promotion du secteur privé, sous réserve de la prise en compte de ses amendements et recommandations, exhorte (ou invite) notre auguste Assemblée à adopter le présent projet de loi de finances 2010* ». Le rapport s'achève toujours par la mention d'une date, et les noms prénoms et attributions du Président et du rapporteur général.

Dès qu'il finit de rédiger son projet de rapport, le rapporteur général en informe le président qui convoque une réunion pour les corrections et l'adoption de ce projet.

B – L'adoption du rapport et des amendements en commission

L'adoption du rapport est l'œuvre des commissaires qui se réunissent pour lire le projet de rapport du rapporteur général, en procédant si possible aux éventuelles corrections ou suggestions nécessaires avant de l'adopter.

1) La présentation du projet de rapport et sa correction

On sait que l'audition des personnes ressources pour l'examen du projet de loi de finances par les commissaires a permis de découvrir un pan des méthodes de travail en commission. De même, les présentations et corrections de ce projet de loi permettront de découvrir d'autres spécificités du travail législatif. A cet effet, les commissaires renouent avec les travaux en commission. Les réunions sont toujours présidées par le président, qui peut être remplacé par le vice-président. Le Rapporteur général se place à côté du président avec ses assistants. Ils font tous face aux commissaires qui, de façon traditionnelle, occupent toujours la même place sans qu'il n'y ait besoin de les numéroter comme c'est le cas en France.

Le rapporteur général et le bureau de la commission sont dans la même situation que le Ministre des finances et son directeur du budget lors de leur audition. Ils sont obligés d'avoir des arguments solides pour convaincre leurs collègues de la pertinence de l'adoption du projet de rapport. Après les formules de courtoisie, le président de la commission demande au rapporteur général de donner lecture de son projet de rapport. Celui-ci s'exécute et procède à une lecture lente et minutieuse afin de mieux se faire comprendre ; il observe une pause à chaque paragraphe. Les commissaires les plus attentifs profitent de chaque arrêt pour proposer des corrections. Mais les plus distraits ne réagissent qu'après toute la présentation du rapport. Soit, ils demandent des éclaircissements sur certains passages, soit ils demandent de déplacer une virgule par-ci ou d'employer tel mot à la place de tel autre. En d'autres lieux, cela relève purement de la mesquinerie et provoque de l'agacement.

Avec patience et persévérance, le président et le rapporteur général font front commun pour balayer tous les arguments afin de conserver en état le projet de rapport qui ne subira de modifications que sur la base d'arguments pertinents et convaincants. A l'issue de la correction, le projet est mis aux voix pour adoption.

Il est ensuite procédé à la formulation des amendements.

2- L'adoption des projets d'amendements

Selon M.-A. SOULIER, « La question de l'initiative budgétaire est considérée par les meilleurs observateurs comme l'une des pierres d'achoppement pour l'équilibre des rapports entre les pouvoirs exécutif et législatif »[251]. Ainsi, la commission des finances et son rapporteur en exerçant le pouvoir d'amendement des parlementaires en matière budgétaire, s'imposent au cœur des relations entre le Gouvernement et le Parlement.

Le rapporteur général tient, là encore, le rôle de coordinateur principal des opérations. Il commence par soumettre les projets d'amendements rédigés au président de la commission, qui les approuve logiquement, pour avoir eu à orienter leur rédaction dans la phase de recherche de

[251] M.-A. SOULIER, « *L'article 17 de la Constitution et ses incidences sur la réforme budgétaire* », in R. JACOMET (prés.), *La réforme budgétaire*, tome II, Les éditions de l'Epargne, 1954, p. 24. Voir aussi Irène BOUHADANA, op. cit, p. 193.

consensus avec le ministre des finances et la direction du budget. Pour s'assurer du soutien des commissaires, il ordonne aux assistants de leur distribuer des copies des projets d'amendements. Il arrive que la direction du budget envoie spécialement un de ses agents pour obtenir une copie du projet d'amendement. Ce qui lui permettra de prévoir les réponses que le ministre des finances pourra y faire au moment des débats en séance plénière. Autrement, elle doit patienter et attendre que le rapporteur général lui envoie une copie officiellement pour le Ministre.

Il faut préciser que lors des débats relatifs au vote du projet de loi en séance plénière, l'Assemblée nationale ne délibère sur aucun amendement, s'il n'a pas été retenu lors de la discussion à la commission saisie. Au total, l'adoption des deux projets par les commissaires se fait suite à un débat au sein de la commission des finances.

L'exercice du droit d'amendement en matière financière est si complexe qu'il paraît primordial d'en expliquer les fondements théoriques.

Paragraphe II : La direction du budget et l'exercice du droit d'amendement d'origine parlementaire

« Modifier, amender les textes qui leur sont soumis, constitue un droit fondamental de la fonction parlementaire. Que seraient en effet les droits du Parlement s'il ne lui était permis que d'approuver ou refuser, de façon globale et brutale, les projets qui lui seraient soumis ?[252] »

La complexité du droit budgétaire et l'évolution constitutionnelle ont bouleversé fondamentalement tout le système financier dans son ensemble, depuis quelques temps.

Ainsi, la Constitution française de 1958 a introduit un partage des compétences entre le domaine parlementaire et le domaine exécutif en

---

[252] Gilbert ORSONI, *Science et législation financières. Budgets publics et lois de finances. Editions Economica, 2005, pp.* 334-335.

exigeant que le pouvoir parlementaire en matière budgétaire soit règlementé, limité, même si aujourd'hui la loi organique relative aux lois de finances (LOLF) veut réhabiliter le pouvoir parlementaire en matière financière et en particulier en ce qui concerne le droit d'amendement. Au Mali, le pouvoir d'amendement en matière financière de l'Assemblée nationale est limité (A). Comment la direction du budget en surveille-t-elle l'exercice ? (B)

A – L'exercice du droit d'amendement des députés

Selon François LUCHAIRE, « *le droit d'amendement est le corollaire du droit d'initiative, avait écrit Eugène Pierre (Traité de droit public n° 695). Le Conseil constitutionnel l'a répété à plusieurs reprises (290 DC du 9 mai 1991). Il en résulte que dans le silence d'une Constitution, les parlementaires qui ont le droit d'initiative ont aussi le droit d'amendement ; par contre lorsqu'une constitution cite le droit d'amendement, c'est pour le limiter. Ainsi son contenu a varié selon les constitutions ; aujourd'hui cette étendue varie selon l'interprétation que donne le Conseil constitutionnel des textes qui le concerne* »[253].

Aux termes de l'article 82 du règlement intérieur de l'Assemblée nationale du Mali, « *les membres de l'Assemblée nationale et du Gouvernement ont le droit de présenter des amendements aux textes soumis à la discussion publique devant l'Assemblée nationale* ». Cette loi précise en outre qu'il n'est d'amendements recevables que ceux rédigés par écrit, signés par l'un des auteurs et déposés sur le bureau de l'Assemblée nationale au moins vingt - quatre (24) heures avant la séance ; ils doivent être sommairement motivés, ils sont communiqués par le Président de l'Assemblée nationale à la commission compétente. L'exercice du droit d'amendement des députés est consacré par l'article 76 de la Constitution malienne. Il s'agit là, d'une disposition générale concernant la pratique de ce droit des députés tant en matière législative qu'en matière financière. Dans ce dernier cas, elle représente une réelle épée de Damoclès qui plane sur la direction du budget ou plus exactement sur le texte qu'elle aura réussi, laborieusement, à élaborer.

---

253 François LUCHAIRE, *Un Droit à dimension variable, le Droit d'amendement*. Etudes en l'honneur de Loïc PHILIP. *Constitution et Finances publiques*. Economica, 2005, p.125.

Paradoxalement, le règlement intérieur de l'Assemblée nationale aussi ne s'est pas engagé à traiter tout le sujet afin de lever toute équivoque sur l'exercice de ce droit partagé entre les pouvoirs législatif et exécutif. Sans donner de précision ou de définition à la notion amendement, les articles 82, 83, 84 et 85 du règlement intérieur[254], se contentent d'évoquer les titulaires du droit (les membres de l'assemblée nationale et du Gouvernement) ; les conditions d'exploitation de ce droit, et les contre projets qui sont des amendements à l'ensemble du texte auquel ils s'opposent. Or il aurait été intéressant que ce texte traite largement de la question afin de pouvoir servir de bréviaire pour les parlementaires et les juristes concernés directement par son applicabilité.

Mais la loi n° 96-060 du 4 novembre 1996 relative aux lois de finances va plus loin et limite le pouvoir d'amendement des parlementaires. Son article 49 dispose en effet que « *Tout amendement à un projet de loi de Finances peut être formulé par les membres de l'Assemblée Nationale. Cependant, ledit amendement doit tendre à la suppression ou à la réduction d'une dépense, à la création ou à l'accroissement d'une recette et au contrôle des dépenses publiques* ».

Les limitations apportées à ce pouvoir d'amendement paraissent aujourd'hui parfaitement justifiées. Ainsi, la limitation du droit d'amendement des députés est salutaire pour des raisons d'ordre technique, car une modification substantielle du contenu du projet du budget hypothèque la stabilité et la tranquillité dans le pays. Parce que faute de ne pas pouvoir procéder aux modifications avec précaution, on risque de provoquer de graves distorsions dans la planification programmée par les experts. Un tel conflit opposant une partie de la superstructure politique (les députés), à la technostructure (groupe de technicien de la direction du budget et de ceux des services du système financier) risquerait de déboucher sur un chaos national ; car c'est de l'harmonie du plan financier que dépend également l'harmonie de l'équilibre général et de la tranquillité publique. C'est la raison pour laquelle la direction du budget exerce un contrôle sur l'exercice du pouvoir d'amendement des parlementaires.

---

254 Voir les articles : 82, 83,84, 85 du règlement intérieur de la 4ème législature 2007-2012 de l'Assemblée nationale du Mali ; octobre 2011.

B – La direction du budget et le pouvoir d'amendement des parlementaires

La direction du budget tient à ce que l'équilibre financier qu'elle a retenu ne soit pas désarticulé. Elle veille à ce que le niveau des recettes soit maintenu ; elle veille à ce que les dépenses n'explosent pas. C'est pourquoi elle est très attentive aux amendements que les parlementaires pourraient émettre.

Or, si les parlementaires pensent souvent à leurs électeurs et souhaitent une augmentation des dépenses, ils négligent totalement les problèmes de leur financement et font rarement des propositions d'augmentation des recettes.

La loi relative aux lois de finances donne bien la direction dans laquelle les amendements peuvent s'orienter, à savoir une diminution des dépenses ou une augmentation des recettes. Mais ce n'est pas là la tendance naturelle des parlementaires. Certains députés, à leur investiture, choisissent d'être membres de la commission des finances à cause du droit d'amendement. Parce que pour le profane, le droit d'amendement est perçu comme une amende que la commission des finances inflige au Gouvernement à travers la censure de son budget. En contrepartie, le gouvernement se voit dans l'obligation de rémunérer la commission en espèces sonnantes à repartir entre les commissaires[255]. Dès que de tels députés s'imprègnent de la réalité, ils se dérobent des travaux de la commission. C'est pourquoi la commission des finances n'arrive pas à compter sur la participation effective de l'ensemble de ses commissaires lors des travaux.

Lorsqu'un amendement est émis, il donne lieu à des discussions, au moins à trois niveaux. Tout d'abord entre les membres de la commission eux-mêmes : en effet il n'y a de proposition d'amendement que si l'idée émise par un député recueille l'assentiment des autres. Mais cet avant-projet de proposition n'est pas totalement acquis immédiatement. En effet, il est soumis à la direction du budget. Celle-ci pourra alors exprimer son point de vue, en particulier sur la

[255] Si la tentation de corrompre les commissaires a pu exister, elle est quand même très limitée et n'a jamais eu d'effet sur le vote de la loi de finances.

recevabilité de l'amendement. En troisième lieu, l'amendement est transmis au Ministre ; en réalité, celui-ci se prononcera sur le fond en tenant compte de l'avis de la direction du budget, même si sa décision est de nature politique.

Comme on le voit, le pouvoir d'amendement tel que exercé par les parlementaires au Mali, apparait comme un pouvoir sous surveillance de l'exécutif. Par-là, la maîtrise du pouvoir financier par l'exécutif trouve toute sa traduction. Quoi qu'il en soit, le Président de la commission, sait par expérience que l'exercice de ce droit est très complexe et qu'il nécessite un examen minutieux des documents budgétaires fournis par la direction du budget.

Réputée pour son allergie à toute augmentation des dépenses, la direction du budget ne peut que se réjouir des limitations apportées au droit d'amendement des députés.

Force est de reconnaître qu'il serait difficile de trouver une solution idoine à l'exercice du droit d'amendements dans le contexte d'un régime politique hybride comme c'est le cas en France et au Mali. La solution française à travers l'article 40 est d'une rigueur extrême, et empêche les parlementaires de s'acquitter convenablement de l'exercice de ce droit. Quant à la solution malienne malgré son caractère vertueux, elle produit le même résultat. Elle décourage les parlementaires d'avoir des idées pour améliorer l'œuvre gouvernementale qu'est le projet de loi de finances, projet établi par les architectes de la direction du budget.

Le constat qui en découle, c'est que l'exécutif monopolise toute la procédure budgétaire de long en large. Or, un minimum de contrôle réel est nécessaire avant d'accorder au Gouvernement l'autorisation d'exécuter les prévisions de dépenses préparées par ses soins.

Car il ne faut pas oublier la phrase de Montesquieu selon laquelle toute personne qui a du pouvoir a tendance à en abuser et qu'il est nécessaire de le « diviser » pour éviter les abus. Il est donc nécessaire que le Parlement recouvre son droit d'amendement afin que le contrôle parlementaire de l'Exécutif à travers la procédure budgétaire puisse avoir son sens réel.

Le texte, une fois examiné par la commission des finances, le projet de loi de finances passe à l'étape du débat en séance plénière. Quel rôle retenir de la direction du budget, lors des débats en séance plénière et le vote ?

CHAPITRE II

LA DIRECTION DU BUDGET, LES DÉBATS EN SÉANCE PLÉNIÈRE ET LE VOTE

Dans le système bicaméral[256], les débats se déroulent successivement au Sénat, puis à l'Assemblée nationale. Ce qui permet aux membres du Sénat appelé « chambre haute » par opposition à la « chambre basse » qui désigne l'Assemblée nationale, de donner un avis consultatif. L'absence d'une telle procédure dualiste dans le contexte malien, caractérisé par un parlementarisme monocaméral depuis son indépendance, n'est nullement exempte de problème, tant au niveau de la commission des finances que du ministère des Finances.

D'ailleurs, le problème que rencontre la direction du budget dans l'organisation de la procédure budgétaire lors des débats du vote de la loi de finances initiale est l'un des plus complexes qu'il n'apparaît. En effet, il ne s'agit plus pour elle de s'éterniser sur la question de l'octroi des règles ou compétences aux principaux acteurs impliqués dans la prise de décision des politiques de finances publiques. Mais, il s'agit maintenant de découvrir entre le Gouvernement et le Parlement, compte tenu du délai, lequel sera plus motivé à collaborer pour parvenir à une issue heureuse de la procédure, c'est à dire le vote de la loi de finances, sans pour autant renoncer à l'espoir de pouvoir en tirer le maximum de profit. C'est là une question fondamentale propre à toute organisation humaine, comme elle l'est aussi pour tout homme vivant dans un système social fait d'interactions. En tout cas, le droit conditionne logiquement tout acte juridique posé à un intérêt pour agir. Ainsi la

---

[256] Précis DALLOZ, *Finances Publiques* : « Dans les régimes bicaméraux il faut donc permettre à celle des chambres qui assure le plus fidèlement la représentation des contribuables de jouer un rôle prépondérant dans le vote du budget, alors même que les deux chambres ont des pouvoirs égaux pour l'élaboration de la loi. C'est ainsi que le régime parlementaire a toujours assuré la suprématie de la chambre basse sur la chambre haute en matière financière, ce qui doit s'entendre d'ailleurs non seulement pour le vote du budget mais aussi pour le vote de toute loi à caractère financier, et notamment des lois d'impôt ».Editions Dalloz 1963, p. 130.

procédure budgétaire, en tant qu'enjeu, oblige le Gouvernement et le Parlement à déployer leurs propres stratégies lors du vote du budget. Ces stratégies peuvent être plus ou moins risquées (pouvant entraîner le blocage du processus du vote de la loi de finances, avec comme conséquence les recours aux douzièmes provisoires) ou défensives (en sachant préserver les acquis par la négociation). Ce qui débouche sur une autre problématique liée à la détermination de l'acteur qui saura jouer le jeu[257] pour servir à la fois de médiateur et de « leadership » afin de créer entre les deux un centre d'intérêt commun propice au compromis. Le jeu concilie la liberté et la contrainte »[258]. Aussi, la question mérite-t-elle d'être posée pour savoir ce que fera la Direction du budget pour faciliter le vote de la loi de finances.

L'idéal serait que chacun de ces deux acteurs acceptent de coopérer pour la réussite du vote de la loi de finances dans le délai imparti, en parvenant à « tirer son épingle du jeu[259] ». Ils peuvent accepter ces contraintes inhérentes à leur propre « instinct stratégique » en fonction des opportunités ou des anticipations qu'ils savent de la conduite de leurs partenaires ou adversaires dans le mécanisme du jeu.

Dans cette optique, le jeu devient nécessairement un complément du pouvoir. Ce qui ne signifie pas non plus que ces acteurs jouent à tout prix la conquête du pouvoir pour le pouvoir. C'est seulement une autre façon de trouver un médiateur comme la direction du budget, qui peut profiter de sa position au sein du système, pour favoriser un bon arrangement entre les deux parties, tout en sachant préserver les valeurs, principes et objectifs spécifiques propre à chaque partie. Il semble que la Direction du budget arrive bien à jouer ce rôle de médiateur tout le long du processus budgétaire ; ce qui explique son importance

---

[257] Il convient de retenir que le jeu est un instrument que les hommes ont élaboré pour régler leur coopération. C'est l'instrument essentiel de l'action organisée.

[258] Michel CROZIER et Erhard FRIEDBERG op. cit, p. 113

[259] Ils précisent aussi qu'« il ne faut pas se méprendre sur le caractère apparemment neutre de cette expression (tirer leur épingle du jeu) ; qui illustre en fait le mécanisme fondamental à travers lequel il peut y avoir contrainte. En effet, on peut choisir de « tirer son épingle du jeu » de façon très différente parfois : on peut choisir des stratégies plus ou moins offensives défensives. Mais à moins de sortir du jeu, on sera confronté aux conséquences de ces stratégies, conséquences elles-mêmes structurées en fonction des « règles du jeu » qui prévalent. M.CROZIER et E. FRIEDBERG idem, p. 116.

stratégique indispensable dans le bon déroulement de toute la procédure budgétaire.

Cependant pour réussir dans ce nouveau rôle d'entrepreneur organisationnel, en marge de celui de technicien, elle sera obligée de recourir à d'autres méthodes pour impulser des solutions acceptables tant par le Parlement que par le Gouvernement. Dans cette perspective, la participation de la direction du budget n'est pas une fin en soi. Elle n'est qu'un moyen ou un dispositif temporaire au service d'un objectif précis, les négociations préalables avec le Parlement en vue du vote de la loi de finances.

Section I : La Direction du budget et les négociations préalables avec le Parlement

Il est opportun de rappeler les analyses du professeur Eloi DIARRA selon lesquelles les finances publiques obéissent à une double rationalité :

- une rationalité interne : c'est l'organisation du système financier ;
- une rationalité externe : c'est l'effet de ce système sur son environnement administratif, économique, politique et social[260].

Aussi à ce stade de progression de notre étude sur la direction du budget dans son rôle d'instrument de prévision et de gestion stratégique des finances publiques, il convient de privilégier l'analyse dialectique en s'intéressant à la fois aux deux volets de cette rationalité : la rationalité interne et la rationalité externe. Ce qui revient à s'intéresser au rôle de cette direction dans le suivi de la procédure budgétaire en suivant strictement les règles des finances publiques, d'une part, et de son rôle dans la prise en compte des influences que les données environnementales imposent au déroulement de la procédure d'autre part. Pour ce faire, l'analyse pratique va prendre le dessus sur la théorie. Ce qui ne signifie aucunement qu'il faille décomposer la réalité budgétaire publique, en la fragmentant en autant de petits problèmes simples, pour qu'elle soit intelligible. L'analyse doit seulement démontrer qu'il est impossible de faire fonctionner le système financier

---

[260] Eloi DIARRA, *Les aspects financiers de la CEAO*, op. cit. page IV

de l'Etat, notamment au cours du processus du vote du budget en espérant se servir uniquement des théories générales ou figées.

C'est donc en toute logique que la direction du budget devra savoir gérer les rapports Gouvernement-Parlement lors de la procédure de vote de la loi de finances, en ne perdant pas de vue les aspects suivants : le Gouvernement dont elle est l'instrument dispose de grands moyens (Paragraphe I), et que le Parlement avec qui elle collabore dispose de la maîtrise du jeu politique (Paragraphe II).

Paragraphe I : L'arsenal du Gouvernement dans la procédure de vote de la loi de finances

Depuis l'avènement de la Constitution française de 1958, le pouvoir financier du Parlement se trouve fragilisé à cause du dispositif musclé qu'elle a instauré en faveur du Gouvernement dans la procédure législative et budgétaire, notamment, lors de l'examen et le vote de la loi de finances. Il s'agit d'armes réglementaires conçues sur mesure dans le dessein de briser toute velléité des parlementaires en cette occasion. A preuve, il faut se rappeler qu'au lendemain de l'adoption de ladite Constitution, le budget de la France de 1960 a été promulgué par voie d'ordonnance. A partir du moment où le projet de loi de finances est préparé par le gouvernement et peut être remodelé en fonction des visions de la Commission des Finances, la direction du budget doit se préparer à un combat pour que le texte soit le moins remanié possible au moment du vote des députés. Ce qui, du coup, va contribuer à faire voler en éclat une partie du pouvoir de la commission des finances. Mais pour parvenir, à ce résultat, il est nécessaire de doter le Gouvernement d'un arsenal d'armes dissuasives. Pourtant, la première arme peut paraître contraire aux intérêts du gouvernement ; c'est l'arme de l'autocensure ; nous l'évoquerons d'abord (A) avant de traiter des autres prérogatives gouvernementales (B).

A - L'autocensure du gouvernement

La Constitution malienne et l'article 82 du règlement intérieur de l'Assemblée nationale font de l'exercice du droit d'amendement un domaine partagé entre le Gouvernement et le Parlement. C'est aussi le cas en France où la Constitution de la Ve République, en son article 44, décrit l'exercice de ce droit dans le même esprit. Généralement, le Gouvernement n'exploite pas cette arme lors des travaux en commission. Car cela apparaîtrait comme une autocensure, c'est-à-dire que le Gouvernement qui a élaboré son projet de loi arrive à les remettre en cause devant les législateurs au moment de leur vote.

Cependant, une telle éventualité est prévue à l'article 84 du règlement intérieur de l'Assemblée nationale sous la 4e législature, à travers les contre-projets. Ceux-ci constituent des amendements à l'ensemble du texte auquel ils s'opposent. Mais, l'Assemblée nationale ne peut être consultée que sur leur prise en considération. Au cas où celle-ci est accordée, le contre-projet est renvoyé à la Commission qui doit présenter des conclusions dans le délai fixé par l'Assemblée nationale. Certes, en toute logique une telle pratique semble absurde ; mais elle représente une arme stratégique que la direction du budget peut suggérer au ministre des finances devant certaines situations.

Pourtant une pratique similaire avait été observée au début de la Ve République française. Elle consistait à permettre au Gouvernement de retirer son projet de loi en se servant même souvent de la complicité d'un député de la majorité pour le modifier à partir d'un amendement. Cependant il convient de préciser que cette technique, comme la direction du budget le sait, relevait du principe qui ne reconnaissait l'initiative financière en matière budgétaire qu'aux seuls parlementaires.

Il existait un autre procédé dénommé la lettre rectificative, qui est également comparable aux articles additionnels cités à l'article 84[261]du règlement intérieur. Il s'agissait d'une technique plus solennelle qui revenait à consigner les modifications proposées dans un document

[261] Article 84 : Les contre projets constituent des amendements à l'ensemble du texte auquel ils s'opposent.
L'Assemblée nationale ne peut être consultée que sur leur prise en considération ; si celle-ci est prononcée, le contre-projet est envoyé à la commission qui doit présenter des conclusions dans le délai fixé par l'Assemblée nationale. La procédure aux amendements est applicable aux contre projets ainsi qu'aux articles additionnels. Lorsqu'une matière aura déjà fait l'objet d'une législation, les projets et propositions de délibération susceptibles d'y apporter une modification quelconque seront présentés sous forme de projets ou propositions de modification du texte en question.

ayant la même présentation que le projet initial. Mais une telle pratique n'est pas du goût de la direction du budget, car elle peut risquer de rallonger le délai de discussion.

Heureusement au Mali, pour l'instant, le droit public financier a été épargné d'une telle curiosité procédurale permettant au Gouvernement de reprendre à son compte des amendements qui seraient réputés irrecevables s'ils avaient été présentés par un parlementaire. Selon le Professeur Michel PAUL : « *Il en est ainsi des amendements proposant l'augmentation de certains crédits, ou l'allègement de certains impôts ; ils seront déposés par le gouvernement parce que les parlementaires ne pourront juridiquement pas le faire* »[262]. En outre de son droit amendement, le Gouvernement est doté d'autres prérogatives au moment du débat parlementaire sur le projet de loi de finances.

B -Les autres prérogatives du Gouvernement

Parmi ces autres prérogatives figure la maîtrise de l'ordre du jour. Ainsi, en ce qui concerne la maîtrise de l'ordre du jour de l'Assemblée nationale, on sait que c'est le gouvernement qui autorise les ouvertures et fermetures des sessions. Non seulement, il fixe le calendrier, mais il définit les priorités du débat. A cet effet, l'article 54 du règlement intérieur de l'Assemblée nationale du Mali dispose in fine/« *La conférence des Présidents... examine l'ordre du jour, en complétant des décisions fixées par priorité par le Gouvernement* ».

La direction du budget préconise souvent d'utiliser cette voie. L'avantage de cette prérogative est de permettre à un représentant du Gouvernement d'avoir connaissance des principales intentions des parlementaires exprimées lors de la conférence des présidents. Ce dernier joue alors le rôle d'une taupe du Gouvernement.

Dans le même ordre d'idée, la direction du budget peut suggérer que la priorité soit accordée au projet de loi de finances, ou inverser cet ordre afin d'avoir les parlementaires à l'usure. Une telle diversion est capable d'éprouver intellectuellement et physiquement les parlementaires qui

[262] Michel PAUL, op cit, p. 282

pourraient rendre les armes plus vite que prévu en votant le projet de loi à la sauvette.

La deuxième prérogative concerne les amendements : dans ce domaine, le gouvernement dispose du pouvoir de s'opposer aux amendements-surprise. Il invoque aisément les dispositions du règlement intérieur de l'Assemblée nationale. Celui-ci précise qu'il n'est d'amendements recevables que ceux rédigés par écrit, signés par l'un des auteurs et déposés sur le bureau de l'Assemblée nationale au moins vingt-quatre heures (24) heures avant la séance. Ces amendements doivent être motivés et communiqués par le Président de l'Assemblée nationale à la Commission compétente.[263] Et bien sûr au gouvernement, c'est-à-dire au ministre des finances, c'est-à-dire à la direction du budget. Les amendements qui ne suivent pas cette procédure peuvent donc être rejetés par le gouvernement. Et c'est d'ailleurs un cas très fréquent de rejet des amendements que la direction du budget conseille au ministre chaque fois que l'amendement en question est de nature à affecter substantiellement le contenu du projet de loi de finances.

La troisième prérogative porte sur le vote bloqué. Le vote bloqué est un pouvoir exorbitant du Gouvernement qui s'analyse comme une mise en demeure adressée au Parlement qui doit adhérer ou rejeter en bloc le contenu de son projet de loi. Selon une explication donnée par le Professeur AMSELEK, le vote bloqué est une technique permettant au Gouvernement de demander à l'Assemblée saisie du projet de loi de finances de se prononcer par un seul vote sur tout ou partie du texte en discussion en ne retenant que les amendements proposés ou acceptés par le Gouvernement. Le ministre, conseillé par la direction du budget, peut utiliser cette procédure, au Mali. Il ne s'en prive pas d'ailleurs. Mais parfois, sous l'effet de la fatigue, ce sont les députés eux-mêmes qui écourtent les débats ; parfois, ils peuvent être tout simplement égarés par des interventions intempestives. Alors ils demandent à leur président de dresser une liste bloquée d'intervenants. Dès que les inscrits se sont exprimés, il n'y a plus d'autres débats, et on procède aussitôt au vote. Or la direction du budget sait bien qu'en la matière tout

[263] C'est cette même idée qui est contenue dans l'article 44 alinéa 2 de la Constitution française en ces termes : « Après l'ouverture du débat, le Gouvernement peut s'opposer à l'examen de tout amendement qui n'a pas été antérieurement soumis à la commission ».

projet de loi de finances doit normalement faire l'objet d'un examen en séance plénière article par article. Aussi, l'usage d'une telle procédure exceptionnelle peut-elle s'appliquer à cette loi sans paraître comme un abus de pouvoir.

Il faut reconnaître que le recours au système du vote bloqué arrangé dans l'intérêt de l'exécutif peut servir de prétexte dans d'autres cas. C'est ainsi que le Gouvernement peut demander un vote bloqué non pas sur l'ensemble du texte à examiner, mais sur un ou plusieurs articles à la fois. Tout comme il pourra lui être autorisé de manipuler cette procédure à tout moment dans les débats en plénière. La direction du budget en conseillant donc au Ministre le recours au vote bloqué, ne fait que cautionner un détournement de pouvoir tendant à faire du vote bloqué une petite question de confiance, qui va inciter les députés liés à la majorité parlementaire de renoncer à leur conviction pour voter dans le sens voulu par le Gouvernement.

Il n'est pas question de remettre en cause le vote bloqué dans son principe ; mais c'est la dérive machiavélique qu'il subit dans certains cas sous la pression gouvernementale pour mettre le Parlement dos au mur qui est à réprouver.

Autre prérogative : le recours à la question de confiance. Ainsi, en la matière, on sait déjà qu'en droit constitutionnel cette procédure se révèle comme une arme redoutable que la Constitution française a perfectionnée et mise entre les mains du Gouvernement en son article 49 : « *Le Premier ministre, après délibération du Conseil des ministre s, engage devant l'Assemblée nationale la responsabilité du Gouvernement sur son programme ou éventuellement sur une déclaration de politique générale. L'Assemblée nationale met en cause la responsabilité du Gouvernement par le vote d'une motion de censure…* ».

Au Mali, il s'agit de l'article 78 de la Constitution adoptée par référendum le 12 janvier 1992 et promulguée par décret n° 92-073/P-CTSP du 25 février 1992. Dans ce cas, le texte en discussion est considéré comme adopté sauf si une motion de censure, déposée dans les prochaines vingt et quatre (24) heures, est votée dans les conditions légales. La conséquence de cette motion est contenue dans les dispositions de l'article 50 qui suit en ces termes : « Lorsque l'Assemblée nationale adopte une motion de censure ou lorsqu'elle désapprouve le programme ou une déclaration de politique générale du Gouvernement, le Premier ministre doit remettre au Président de la République la démission du Gouvernement ».

Redoutée, la question de confiance peut être évoquée dans des cas d'oppositions extrêmes, par la direction du budget pour faire fléchir certains députés extrémistes. C'est le cas lorsque le conflit entre l'exécutif et le législatif a atteint son paroxysme. Les Professeurs Pierre AVRIL et Jean GICQUEL estiment que cet engagement de la responsabilité gouvernementale par le Premier ministre opère comme un « *super-vote bloqué* »[264] qui ne concerne pas seulement le scrutin mais supprime la discussion elle-même. De l'avis du professeur Pierre AVRIL surtout, la question de confiance est une arme d'un maniement plus lourd et la seule restructuration qui paraît ressortir dans son énoncé, est qu'il peut être employé seulement pour l'adoption d'un texte, mais non contre celle-ci.

Il importe de faire remarquer que le Gouvernement aurait dû se passer d'un recours à l'usage de la motion de confiance. Car il ressort des constats que son usage abusif n'est que le reflet de l'absence d'une majorité parlementaire suffisamment forte pour le soutenir.

On doit noter que dans la pratique, la question de confiance n'est utilisée en matière budgétaire que lorsque le Gouvernement tient à transformer le pouvoir d'autorisation budgétaire de l'Assemblée nationale en un simple pouvoir d'entériner ses propositions. Ce qui tend à transformer le droit de consentement des députés en un simple droit d'adhésion aux vues du Gouvernement.

C'est pourquoi la direction du budget ne conseille son application qu'à la suite d'un calcul stratégique pour forcer les députés à voter une loi de finances à l'endroit de laquelle, ils ont des réserves très fortes. Cependant, il semble qu'il vaut mieux négocier un accord avec la majorité parlementaire, même s'il faudra pour cela, procéder par le

---

[264] Voir Pierre AVRIL, Jean GICQUEL : *Droit parlementaire*. Domat droit public. 3è édition Montchrestien 2004.

truchement des amendements. Car un conflit permanent entre le Gouvernement et le Parlement pourrait provoquer d'abord une dissolution du Parlement, ou une démission du Gouvernement en cas de persistance des conflits. Mais si le Parlement, lors des débats peut faire l'objet de menace, il n'en demeure pas moins vrai qu'il est le détenteur du jeu politique.

Paragraphe II : Le rôle politique du Parlement dans le vote de la loi de finances

De manière péremptoire, Jean-Pierre CAMBY avait pourtant vu « la nécessité d'analyser les mécanismes des finances publiques comme des enjeux institutionnels entre les pouvoirs : la procédure budgétaire est essentielle à la compréhension de la dynamique des institutions »[265].

Au Parlement est dévolue, traditionnellement, la compétence de voter le budget afin de décider du choix des dépenses et des recettes. La raison fondamentale découle du principe qui exige que tous les citoyens aient le droit de constater par eux-mêmes ou par leurs représentants la nécessité des contributions publiques, de les consentir et d'en suivre l'emploi. Le rôle de la direction du budget est de savoir concilier ces diverses particularités qui ont contribué à organiser une procédure particulière pour le vote des lois de finances, qui est à distinguer des lois ordinaires et des lois organiques. Ainsi, le vote de la loi de finances initiale est un évènement politique national d'une grande envergure.

Elle offre l'occasion de voir dans l'arène politique le Parlement et le Gouvernement se défier comme dans un duel rappelant l'épopée de l'Iliade et de l'Odyssée où la ruse et l'instinct d'Ulysse étaient plus déterminants que la loi et la force. Ce qui amène à réserver un rôle de stratège à la direction du budget pour trouver la voie appropriée, permettant une meilleure collaboration entre les deux pouvoirs en vue de diligenter le vote de la loi de finances. Ainsi la direction du budget doit évaluer la volonté et la capacité du Parlement de contrôler l'action gouvernementale (A) et voir comment trouver un consensus entre lui et le Gouvernement (B).

---

[265] Jean-Pierre CAMBY, op. cit, p. 319.

A- Le Parlement contre le Gouvernement au moment du vote

On a eu l'occasion de faire remarquer que le pouvoir financier du Parlement ne reposait plus que sur un mythe. Malgré tout, le vote de la loi de finances par le Parlement représente un enjeu important pour la direction du budget qui en est le maître d'œuvre. C'est pourquoi elle cherche à évaluer le risque de refus de vote de la loi de finances par le Parlement ou tout simplement des modifications d'articles substantiels du projet de loi de finances.

L'arme du refus de vote de certaines mesures préconisées par le Gouvernement a été utilisée à l'Assemblée du Mali en 1994, à la suite d'un bras de fer entre le Premier ministre de l'époque et le Collectif des partis politiques de l'opposition (COPPO). Mais elle a été suicidaire pour le Parlement qui a fini par être dissout ; et les ténors de l'opposition ne sont pas parvenus à se faire réélire aux élections suivantes. Mieux, le parti majoritaire en a profité pour se conforter, passant de 116 députés à 120 sur un effectif de 147 députés que compte l'Assemblée du Mali.

Malgré le caractère formel[266] des lois de finances, la procédure législative de droit commun et tous ses mécanismes, engagement de la responsabilité gouvernementale, motion de censure, leur sont applicables. Le refus de voter un impôt[267] ou un crédit : le refus du Parlement de voter un impôt peut affecter gravement l'architecture du

[266] Il est à préciser que la loi de finances n'est considérée comme loi qu'au sens formel uniquement, et non au sens matériel. Autrement dit, cela signifie que la loi de finances initiale est élaborée en forme de loi, selon la procédure législative ; mais elle n'a pas la nature d'une loi au sens matériel, pour la simple raison qu'elle n'a pas pour objet que de prendre des décisions ou d'établir une règle. Aussi, on retient que la loi de finances initiale est une loi formelle, conformément à l'article 1er du décret du 19 juin 1959 sur la présentation du budget qui dispose que : « Le budget prévoit et autorise, *en la forme législative*, les charges et les ressources de l'Etat».

[267] Michel PAUL, *le budget de l'Etat. Budget-comptabilité publique* : « Le refus, de la part du Parlement, de voter les impôts existants, signifierait un refus de voter l'ensemble du budget. Car, s'il n'y a pas d'impôts, les recettes non fiscales sont bien insuffisantes pour permettre au Gouvernement de financer les dépenses inéluctables ou obligatoires. C'est pourquoi, les députés ou les sénateurs préfèreront refuser de voter simplement un impôt nouveau ou, au contraire, un allègement fiscal ». Economica, Paris 1981, p. 288.

projet de loi de finances. C'est donc là un pouvoir de pression réel sur le Gouvernement dont dispose le Parlement.

Par conséquent, un refus du Parlement de voter les impôts existants, équivaudrait à un rejet total du projet de loi de finances. Et avec toutes les conséquences que la direction du budget et même le Gouvernement devront en tirer, à savoir l'élaboration d'un nouveau projet. Pour éviter un tel risque, la direction du budget anticipe les réactions des parlementaires, au stade du débat en commission des finances et avant le débat en séance plénière par des contacts avec le Président de l'Assemblée nationale afin de s'assurer de la fidélité de la majorité parlementaire.

Il n'est pas rare non plus, que la direction du budget ait des contacts avec les députés ténors de l'opposition. Toute sa stratégie vise alors, à obtenir une attitude consensuelle face au projet de loi de finances lors du débat public. Malgré cela, des parlementaires peuvent tenter de remettre en cause certaines recettes ou certains crédits par des amendements.

Le pouvoir financier du Parlement consiste à pouvoir modifier les recettes et dépenses présentées par le Gouvernement, par l'exercice du droit d'amendement. Bien que ce droit ne puisse s'exercer que dans des conditions strictes, les députés peuvent s'obstiner à y recourir dans une situation conflictuelle en séance plénière. La direction du budget est-elle alors en mesure de faire face à de telles attaques ?

En ce qui concerne les initiatives portant sur les propositions de modification de recettes par exemple, il faut rappeler que des amendements qui tendraient à les diminuer ne sont pas recevables. C'est pourquoi la direction du budget n'a pas de souci à se faire à propos des amendements intempestifs qui tendraient à modifier les recettes à la baisse. Cela offre une sécurité à la direction du budget. Quant à une éventuelle augmentation des impôts, il faut dire que ce n'est pas une propension de la part des députés que de les augmenter. Toute augmentation des impôts par les députés par le vote d'un amendement non présenté préalablement à la commission des finances ne serait que machiavélique. Son but ne serait que de donner une image négative du Gouvernement auprès de l'opinion publique. Mais comment la majorité parlementaire pourrait-elle agir ainsi face à un Gouvernement qu'elle est sensée soutenir ? Ce n'est donc là qu'une simple hypothèse d'école.

B- La direction du budget et l'indispensable coopération entre l'exécutif et le législatif pour le vote de la loi de finances

Le Gouvernement et la direction du budget tiennent à user de tous leurs pouvoirs pour parvenir au vote[268] de la loi de finances, qui est le résultat d'une étroite coopération entre l'exécutif et le législatif. Surtout que, de plus en plus, l'opinion nationale et internationale s'intéresse à cette procédure pour juger l'état de la gouvernance financière et l'avancée démocratique. Conscients de cette réalité, ils sont obligés de s'entendre avec le Parlement. Le Parlement, également, est conscient de l'effritement de son pouvoir financier[269]. Cela l'oblige à adhérer à un cadre de coopération avec le Gouvernement en vue du vote de la Loi de Finances dans les délais escomptés. La direction du budget, de par ses contacts permanents avec la commission des finances et le Président de l'Assemblée nationale devient de fait l'instrument de cette médiation. Un tel arrangement peut paraître curieux, mais il suffit de s'intéresser au mécanisme de fonctionnement des organisations pour être éclairé.

---

[268] « Le Parlement discute et vote les lois, c'est-à-dire des règles fondamentales touchant les structures de l'Etat, les bases de la société, les droits de la famille et des structures de l'Etat, les bases de la société, les droits de la famille et des individus. Le Parlement discute et vote le budget, c'est-à-dire les impôts demandés aux citoyens, les dépenses qu'exigent les services publics, l'orientation économique et sociale de la Nation. Tant en ce qui concerne la loi que le budget, il ne peut y avoir de responsabilités séparées : pour le bien commun, le travail se fait en commun et le Gouvernement y a sa large part…Il n'est pas plus de Gouvernement souverain qu'il n'est d'Assemblée souveraine. Gouvernement et Parlement sont ensemble au service de la seule souveraineté qui est celle de la Nation. » (Michel DEBRE, séance du 15 janvier 1959, J.O. Débats A.N., p.27).
« Le Parlement fait partie de l'Etat aussi bien que le Gouvernement. A l'intérieur de l'Etat, chacun d'eux a sa tâche. Le Parlement fait la loi, le Gouvernement l'applique ; le Gouvernement mène la politique, le Parlement la contrôle. L'un et l'autre procèdent de la Nation : le Parlement parce qu'il est issu de l'élection ; le Gouvernement parce qu'il est désigné par le Chef de l'Etat élu de la Nation, et parce qu'il ne subsiste qu'avec le consentement de l'Assemblée également élue de la Nation…Que chacun fasse son travail et tout ira bien.»(Georges POMPIDOU, séance du 27 novembre 1963, Le Monde, 29 novembre). Cf. P. AMSELEK op. cit, pp.182 et 183
[269] Ne serait-ce que parce qu'il n'a pas la maîtrise technique de la préparation budgétaire.

En effet dans une telle perspective, quel que soit le problème posé, les acteurs ne mettent jamais en danger les objectifs qu'ils se sont engagés à atteindre. Etant donné que chaque acteur tient aux résultats, ils font tout pour organiser des modes d'intégration et de coopération. C'est pourquoi la direction du budget continue, discrètement d'être le lien entre le Parlement et le Gouvernement. Chacun des acteurs participera à ce jeu, en croyant utiliser la stratégie gagnante lui permettant de tirer le maximum de profit pour son propre compte.

On sait que le vœu d'un univers sans politique avait déjà été l'objet d'analyse de la part de penseurs tels Hegel, Lénine, Saint Simon, Karl Marx, Martin Heidegger, Jean Paul Sartre. Chacun, à sa façon, avait prédit la « fin du politique[270] » jusqu'à Saint Simon qui s'était illustré à travers sa proposition d'évoluer vers une société dans laquelle le « gouvernement des hommes sera remplacé par l'administration des choses ».[271]

Sachant que le Parlement est la vitrine de la représentation politique nationale, la direction du budget a tout intérêt à ce qu'il joue son rôle politique dans le vote de la loi de finances. En effet, selon Adolf KIMMEL, « la légitimation démocratique de l'activité de l'Etat est généralement considérée comme la fonction de base du Parlement. Le Parlement aurait le monopole démocratique de la légitimité ; le

---

[270] Pierre BIRNBAUM, *La fin du politique* : « De nos jours, l'extrême optimisme du siècle des Lumières semble s'éteindre peu à peu et avec lui disparaissent la foi en l'avenir et surtout le culte de la Raison… « C'est à la Raison de prendre la direction du mouvement de rénovation politique et sociale». Le monde devient étranger, il se vide de son sens de l'homme, devant cette fin de l'histoire, ne peut que rejeter tout engagement politique…Les modèles du futur se séparent ainsi du strict empirisme, ou encore, comme on le verra, d'un positivisme neutre qui se défiera de toute métaphysique et refusera toute perspective valorisante…Comme on se propose de le montrer ici, celle-ci se trouve en effet étroitement influencée par une problématique positiviste annonciatrice de la fin des idéologies dont elle pensera pouvoir déduire aussi, pour ce qui la concerne, la fin du pouvoir, et donc, nécessairement, celle de la politique elle-même ».Collection Sociologie politique aux éditions du Seuil, Paris 1975, pp.9-10.

[271] Pour la compréhension de cette idée, il faudrait sûrement remonter jusqu'aux utopies de Platon ou de Thomas MORE, toutes fondées sur le mythe de la transparence sociale et dont les théories des positivismes bourgeois et marxistes ne sont que la formulation « scientifique ».

gouvernement ne disposerait que d'une légitimité dérivée »[272]. A cet égard, le Parlement représente un poids politique non négligeable. Ce qui se reflète à travers l'organisation des groupes politiques au sein de l'Assemblée Nationale[273].

De tout ceci, il résulte qu'en aucune manière la direction du budget n'a intérêt à voir le Parlement se dresser contre son projet. Aussi, discrètement, pendant toute la session plénière, va-t-elle jouer sur plusieurs tableaux : les nombreux contacts avec le Président de l'Assemblée, avec la commission des finances, son Président et son Rapporteur général, les groupes politiques, y compris ceux de l'opposition. Il est d'ailleurs entendu que ceux-ci feront l'objet d'une attention particulière : on fera tout pour ne pas les bloquer ; dans la répartition des dépenses d'investissements ; on fera valoir que leurs circonscriptions électorales ne sont pas oubliées. Bref, une véritable opération de séduction.

On s'aperçoit ainsi qu'au-delà de la frontière juridique, d'autres enjeux, notamment politiques, sont en cause. Et si, pendant les débats, le ministre chargé des finances répond aux interpellations et aux interrogations des parlementaires, en coulisse, son « arme secrète », à savoir la direction du budget agit non moins efficacement afin de convaincre tous les parlementaires d'adopter le projet qui leur est soumis. Elle contribue ainsi à promouvoir la collaboration indispensable entre le Gouvernement et le Parlement. Cette coopération n'enlève rien à la valeur juridique du vote des députés.

Section II : La Direction du budget et le vote de la loi de finances

Sur la base de la négociation et des transactions, la direction du budget a contribué dans les faits au respect d'une procédure consensuelle pour le vote du projet de loi de finances. Dans une telle optique, Michel

---

[272] Adolf KIMMEL : *L'Assemblée nationale sous la cinquième République.* Presses de la Fondation Nationale des Sciences Politiques 1991, p.14

[273] Voir le Règlement Intérieur de l'Assemblée Nationale du Mali qui dispose en son article20 que : les députés peuvent se regrouper par affinités politiques : aucun Groupe ne peut comprendre moins de cinq (5) membres, non compris les députés apparentés dans les conditions prévues…Mais il faut surtout comprendre que derrière les groupes, se trouvent les partis qui n'ont d'autres vocations que la lutte pour le pouvoir.

DEBRE un des grands rédacteurs de l'ordonnance française du 2 janvier 1959, avait émis le souhait de « *refaire un budget de l'Etat qui soit à la fois simple pour l'analyse du comptable, précis pour le vote du politique, et clair pour le jugement de l'économiste* »[274].

Le rapport de la commission des finances saisie au fond, une fois déposé sur le bureau de l'Assemblée nationale et distribué aux députés (quarante-huit heures avant la séance plénière), les travaux de l'examen, en séance publique, du projet de loi de finances peuvent commencer, à condition que le quorum des députés soit réuni.

Cette séance plénière débute par le discours du Président de l'Assemblée, avec la présence obligatoire du ministre de l'économie (ou son intérimaire le cas échéant) et des finances, du président de la commission des finances et du rapporteur général.

Signalons au passage qu'au Mali, au-delà des structures officielles que sont le Parlement, le Gouvernement et la direction du budget, il existe d'autres acteurs qui n'apparaissent pas au premier plan au moment du vote et qui l'influencent pourtant. Il s'agit de la société civile qui essaie de traduire, à l'intention des parlementaires la multitude de demandes des populations ; il s'agit des institutions internationales et de leurs normes, par exemple l'Union économique et monétaire ouest africaine (UEMOA) et ses directives, du Fonds monétaire international (FMI) et de ses plans d'ajustement structurels ou ses autres normes financières ; il s'agit de la Banque internationale pour la reconstruction et le développement (BIRD), plus communément appelée Banque mondiale.

Toutes ces structures constituent des pouvoirs d'influence avec lesquels il faut compter. Pendant le débat, il faut s'attendre parfois à des réactions imprévues de certains Députés. Ceux-ci, peuvent se servir du pouvoir autonome qu'ils tirent de leur liberté individuelle, pour rentrer en dissidence contre les ordres de leurs directions politiques. C'est dire que le vote de la loi de finances résulte de facteurs multiples.

---

[274]Michel DEBRE, *Les princes qui nous gouvernent*, Paris, 1957, p. 171, cité par Jean-Claude DUCROS, études des finances publiques, Mélanges en l'honneur du Professeur P.-M. GAUDEMET, Economica 1984, p. 147.

Ce vote intervient donc au cours de la séance plénière ***(Paragraphe I)*** et se déroule selon une certaine procédure ***(Paragraphe II).*** Il s'agit d'un moment-clé où la direction du budget semble disparaître totalement, même si elle continue à agir en coulisse.

Paragraphe I : L'organisation de la séance plénière

Le Professeur Eloi DIARRA a fait remarquer, à juste titre, que le vote du budget constitue l'une des principales prérogatives parlementaires, codifiées en France, par les articles 40 et 47 de la Constitution[275] de 1958. Le particularisme de la procédure budgétaire résulte d'une vieille tradition financière dans les pays de vieille démocratie : les Parlements y ont d'abord obtenu le droit d'approuver les recettes et bien plus tard celui des dépenses. Ces deux prérogatives se sont fusionnées en France à la fin du 18ème siècle au moment de la Révolution française. Cette tradition a été transposée au Mali au moment de la colonisation et continue depuis l'indépendance. Ainsi, la commission permanente de l'Assemblée nationale ne peut jamais adopter la loi de finances : c'est là un pouvoir réservé exclusivement à la séance plénière. La séance plénière, au cours de laquelle la loi de finances est adoptée, se structure dans un certain ordre (A) et les débats s'y déroulent selon une certaine procédure (B).

[275] Article 40 : les propositions et amendements formulés par les membres du Parlement ne sont pas recevables lorsque leur adoption aurait pour conséquence soit une diminution des ressources publiques, soit la création ou l'aggravation d'une charge publique
Article 47 : Le Parlement vote les projets de loi de finances dans les conditions prévues par une loi organique. Si l'Assemblée ne s'est pas prononcée en première lecture dans le délai de quarante jours après le dépôt d'un projet, le Gouvernement saisit le Sénat qui doit statuer dans un délai de quinze jours. Il est ensuite procédé dans les conditions prévues à l'article 45.
Si le Parlement ne s'est pas prononcé dans un délai de soixante-dix jours, les dispositions du projet peuvent être mises en vigueur par ordonnance.
Si la loi de finances fixant les ressources et les charges d'un exercice n'a pas été déposée en temps utile pour être promulguée avant le début de cet exercice, le Gouvernement demande d'urgence au Parlement l'autorisation de percevoir les impôts et ouvre par décret les crédits se rapportant aux services votés.
Les délais prévus au présent article sont suspendus lorsque le Parlement n'est pas en session.

A- L'organisation de la séance plénière budgétaire

Les séances plénières budgétaires du Parlement, au Mali, sont organisées principalement sur le modèle de la procédure législative ordinaire, avec cependant certaines spécificités. Elles se déroulent dans une immense salle qui porte le nom du Premier Président de la République, Modibo KEITA. L'ouverture de la session plénière a toujours lieu sous la présidence du Président de l'Assemblée nationale, sauf cas de force majeure ou d'empêchement très sérieux : il peut alors se faire remplacer en cas d'empêchement par un des vice-présidents.

Elles se déroulent toujours selon un ordre du jour précis et qui concerne un point ou plusieurs points du projet de loi de finances. Cependant, cet ordre du jour peut être bouleversé à la demande du ministre des finances, sur suggestion du directeur du budget. C'est à la conférence des Présidents que revient la responsabilité de réexaminer l'ordre du jour en prenant en compte les exigences gouvernementales. Cette conférence se réunit chaque semaine sous la présidence du Président de l'Assemblée nationale avec la participation des vice-présidents, des présidents des groupes, des présidents des commissions et du rapporteur général.

L'article 55 du règlement intérieur précise que l'organisation de la discussion générale des textes soumis à l'Assemblée nationale est décidée par la conférence des présidents. De même, l'organisation du débat indique la répartition des temps de parole entre les groupes parlementaires proportionnellement à leur taille. C'est aussi la conférence des présidents qui fixe les modalités de mise en œuvre de cette organisation : ainsi, elle peut limiter le nombre des orateurs ainsi que leur temps de parole au cours des débats. Les séances plénières à l'Assemblée nationale font l'objet d'une large diffusion à l'endroit du public[276] et des députés. Quelques minutes avant l'heure prévue pour

[276] Pierre AVRIL et Jean GICQUEL, concernant le principe traditionnel de la publicité des séances, citent Duverger de Hauranne en 1845, lorsque le vote des lois était secret : « Si le député a son droit, l'électeur a le sien, et celui-ci n'est pas moins sacré. Le droit du député, c'est de voter comme il l'entend. Le droit de l'électeur, c'est de savoir comment le député vote, afin de lui continuer ou de lui retirer plus tard sa confiance en connaissance de cause », *Droit parlementaire*, 3e édition, Montchrestien, EJA, Paris, 2004

son ouverture solennelle, des huissiers du protocole invitent les honorables députés à rejoindre la salle de la séance plénière. Comme un leitmotiv, ils répètent, à intervalles réguliers, au micro, comme un refrain : « Honorables députés, en salle, s'il vous plait ! ». Une fois installés, les députés occupent toute la salle et font face au Président.

Pendant que les députés prennent place, les membres du Gouvernement et leurs conseillers techniques, et parmi eux, le ministre chargé des finances et le directeur du budget, s'installent, eux aussi, dans leurs box. Ils font face aux conseillers et au personnel des parlementaires. Au fond de la salle, derrière les députés sont aménagés, au rez-de-chaussée et au balcon, des box pour le public, en d'autres termes le « Peuple ».

L'arrivée du Président en séance plénière est annoncée par les huissiers, par un cri strident pour inviter tout le monde à se lever en signe de respect et d'hommage au Président, comme cela se voit fréquemment en d'autres lieux où l'on tient à conserver la dignité à la cérémonie comme les audiences des tribunaux judiciaires. Au Mali, comme en France l'installation du Président annonce le démarrage des activités de la séance plénière et l'ouverture des débats.

B – Le formalisme des débats

Le Président de l'Assemblée nationale présente tout d'abord l'ordre du jour. Il invite ensuite le président de la commission des finances qui est la première personne concernée par le projet de loi de finances à présenter les amendements retenus.

Le président de la commission se présente à la tribune pour tenir un discours sur le déroulement des travaux de sa commission et sur les difficultés rencontrées avant de parvenir à la production des amendements et rapports sur le projet de loi de finances. Il termine son intervention en laissant le soin au secrétaire parlementaire de présenter les amendements retenus, au nom de l'Assemblée.

Le Président de l'Assemblée invite ensuite le ministre des finances, assisté par le directeur du budget assis à ses côtés, à se prononcer sur les amendements. Compte tenu des cas d'accords convenus bien avant, le ministre chargé des finances se lève et dans un ton solennel, se contente de féliciter la commission des finances et dit son adhésion aux propositions d'amendements.

Il faut rappeler que les amendements sont toujours votés avant le projet de loi en discussion. L'article 83 du règlement intérieur le précise bien : « *Les amendements sont mis en discussion avant le texte adopté en commission auquel ils se rapportent et, d'une manière générale, avant la question principale. Toutefois, si les conclusions soulèvent une question préjudicielle, elles ont la priorité sur les amendements portant sur le fond de la question en discussion. ... Sur chaque amendement, ne peuvent être entendus que les signataires, le Gouvernement, le Président ou le Rapporteur de la commission et un membre de l'Assemblée nationale d'opinion contraire.* »

Aussi les débats sur les amendements sont-ils diligentés en priorité et leur sort rapidement tranché du fait que le nombre des intervenants est strictement limité. Cependant certains députés peuvent créer une diversion pour prolonger les débats et obliger le Président à suspendre la séance. Ainsi, un député peut évoquer une question préjudicielle [277]relative à un vice de procédure pour retarder la procédure de vote de la loi de finances et amener le Président à suspendre la discussion engagée.

Il est tout aussi possible qu'un « Commissaire » s'oppose farouchement aux décisions de sa commission, en évoquant des arguments qui risquent de porter préjudice à ladite commission. Dans un tel cas il peut être envisagé une suspension de séance.

Les suspensions de séances sont souvent utiles, malgré le retard qu'elles occasionnent dans la progression normale des travaux. Elles ressemblent à des moments de conciliabules diplomatiques entre parlementaires, parfois entre parlementaires et Direction du budget permettant aux uns et aux autres de se concerter afin de régler certains

---

[277] Généralement il s'agit ici d'une question technique qui est propre aussi aux tribunaux judiciaires. Elle consiste à empêcher un tribunal de statuer sur une affaire qui soulève une question de fond ; s'il s'avère qu'elle n'est pas de sa compétence, le tribunal saisi, doit surseoir à statuer jusqu'à ce qu'elle ait été jugée par une autre juridiction compétente.

points. La direction du budget ne perd jamais ces occasions qui lui permettent d'évaluer par anticipation les points d'achoppement possibles ainsi que les chances de voir le projet de loi voté.

Pendant toute cette liturgie rappelant la loi des 3L d'E. FAURE[278], la direction du budget n'apparaît pas officiellement. Seul le Ministre répond aux questions des parlementaires. En revanche, rien ne lui interdit de rechercher auprès de son directeur du budget les réponses qu'exige le questionnement des parlementaires. Ainsi tapi dans l'ombre, le directeur du budget continue de tirer les ficelles.

Il faut ajouter que les nombreuses suspensions de séance sont pour le directeur du budget des moments de pause mis à profit pour entrer en contact avec les députés qu'il sent comme étant les plus réticents à l'égard du projet de loi de finances. Après le règlement des incidents et le vote des amendements, il est procédé au vote du projet de loi de finances : c'est le jour le plus long de l'année.

Paragraphe II : L'approbation parlementaire de la loi de finances

Comme on vient de le voir, un particularisme veut qu'au Mali on adopte d'abord les amendements proposés en commission ; c'est seulement après qu'intervient le vote sur le projet de la loi de finances lui-même. Ce vote apparaît comme « le jour le plus long » de l'année pour les parlementaires et aussi pour le gouvernement. En effet, les débats demeurent plus soutenus qu'on ne le croit et le gouvernement doit chaque fois expliquer les raisons pour lesquelles il sollicite tel ou tel crédit et à quel montant. C'est donc au terme d'un débat ardu que le vote proprement dit intervient. Il se déroule dans une séance solennelle où chaque député tient à se montrer (A) et il suit un certain formalisme (B).

[278] E. FAURE, président de l'Assemblée nationale française, avait évoqué avec ironie, en 1973, la célèbre loi des trois « L », se traduisant par des litanies et de la liturgie budgétaires conduisant à la léthargie parlementaire. Elles illustrent l'intérêt limité des députés pour le débat budgétaire, faisant perdre à l'Assemblée toute sa crédibilité. Elle n'est plus considérée comme une institution disposant d'un réel pouvoir budgétaire. Voir Jean-Claude MARTINEZ et Pierre di MALTA, *Droit budgétaire*, Litec, novembre, 1982, p. 248.

A – La présence massive des députés

Même si le vote de la loi de finances relève d'un certain rituel ou d'une certaine liturgie, il faut souligner que les députés tiennent, le jour du vote solennel de la loi de finances, à être présents en masse. Ceux de l'opposition comme ceux de la majorité, ces derniers plus que les autres. En effet, pour les premiers, ils veulent montrer qu'ils sont toujours présents aux grands moments de la nation et pour les seconds, ils tiennent à montrer leur soutien indéfectible à la majorité à laquelle ils appartiennent. Le jour du vote n'est donc pas solennel pour le texte qui est en jeu, mais pour la signification qu'il recouvre pour tous les participants.

L'occasion du vote de la loi de finances est donc un évènement grandiose pour l'ensemble des députés. Même si certains viennent en retard, la grande majorité déploie l'effort nécessaire pour être présent jusqu'à l'issue des travaux.

Manifestement, le vote de la loi de finances est l'occasion soit de prouver son soutien et sa fidélité au gouvernement et hors du gouvernement aux instances du parti soit de montrer à des électeurs qui attendent de vous de la combativité contre le gouvernement qu'on ne faiblit pas face à la tâche à accomplir.

La solennité de l'évènement va beaucoup plus loin. Elle va jusqu'à se traduire dans la manière dont les députés vont se vêtir ce jour-là, hommes et femmes confondus. Tous tiennent à apparaître généralement dans leurs meilleurs atours : la plupart en grands boubous confectionnés avec des tissus de haute qualité, en particulier en « *Bazin* »[279], et pour quelques-uns en costumes européens, trois pièces, avec cravate, si ce n'est le nœud papillon. L'Assemblée nationale devient un lieu de

---

[279] Note : Le *Bazin* (ou *Basin*) est une étoffe en coton croisée, très prisée des femmes du Mali surtout et qui fut très à la mode à la fin du XVIIIe et au XIXe siècle. Ce tissu, importé d'Angleterre où le secret de fabrication était jalousement gardé, puis massivement produit en France par Joseph Lenoir-Dufresne qui - grâce à ce coton fut l'un des hommes les plus riches du XIXe siècle, est un tissu qui peut être amidonné et gaufré. Présentement le monopole de la vente du bazin au Mali est détenu par certains établissements commerciaux comme *étaous* (Etablissement Ousmane GUITTEYE. Sa) à Bamako, qui le produisent en Allemagne ou en Hollande.

rivalité de la mode, ce jour-là. Pour autant, les parlementaires n'oublient pas la raison principale de leur présence dans l'hémicycle, le vote de la loi de finances.

B – Le vote de la loi de finances

Le vote solennel du projet de loi est précédé de nombreux votes partiels. Après la présentation du projet de loi de finances par le rapporteur général, un premier vote porte sur la première partie du projet de loi de finances, conformément à l'article 48 de la loi 96-060 alinéa 1 et 2. En effet, selon cet article, « les évaluations de recettes et de dépenses font l'objet d'un vote d'ensemble pour le budget général ». Ainsi, le droit financier malien reprend la jurisprudence du Conseil constitutionnel français qui veut que les recettes soient adoptées avant les dépenses[280]. Puis un deuxième vote était intervenu et qui portait sur les dépenses du budget général, celles-ci faisant l'objet d'un vote unique.

La mise en œuvre des dispositions de cet article est suivie avec beaucoup d'attention par la direction du budget, car elle permet à tout moment d'être un frein au pouvoir du Parlement. Elle tend surtout à éviter que les dépenses ne soient pas envisagées sans aucun respect du principe de l'équilibre budgétaire initial, et provoquer par effet d'entraînement une aggravation du déficit.

C'est donc à la suite de ces votes qu'intervient le vote final, c'est-à-dire le vote solennel de la loi de finances. C'est donc l'occasion de faire un récapitulatif de l'ensemble de la loi de finances, tant en recettes qu'en dépenses et de demander si les parlementaires maintiennent leurs votes partiels. Le vote s'effectue après une très longue et exceptionnelle journée marathon faite encore de débats et d'amendements. Au total, le vote de la loi de finances intervient le plus souvent au-delà de minuit. Généralement, le vote se fait à main levée. Des secrétaires parlementaires placés à chaque rangée sont chargés de procéder au décompte des voix, qu'ils communiquent au Président. En la circonstance, les députés doivent voter, soit pour approuver le projet de

[280] Il s'agit de l'affaire du vote de la loi de finances pour 1980 : voir les Grandes décisions du Conseil constitutionnel.

loi par un oui, ou le désapprouver par un non, ou s'abstenir[281] de voter. En ce moment le directeur du budget et son ministre des finances essaient, à travers les mouvements des têtes des députés et les humeurs des uns et des autres, à se faire une idée sur les probabilités de chance d'obtenir au moins le vote d'une majorité favorable au vote de la loi de finances.

Enfin, pour le ministre des finances et la direction du budget, arrive l'heure de la délivrance : le vote solennel de la loi de finances s'est conclu par un oui à une large majorité des députés. C'est la circonstance la plus heureuse pour la direction du budget et toute son équipe. Une première bataille a été remportée ; la suivante sera celle du suivi de l'exécution de la loi votée.

Comment conclure ce paragraphe, sans souligner qu'au-delà de l'aspect solennité, le vote de la loi de finances est l'évènement national le plus suivi. On comprend pourquoi le législateur a réservé plus de flexibilité à la direction du budget ainsi qu'aux autres acteurs budgétaires dans la règlementation de la procédure de vote. Il ne pourrait en être autrement, car le budget, loin d'être un acte isolé, intéresse toutes les composantes de la nation, à travers les différents domaines de la vie économique, financière et sociale.

Au total, en matière financière, le Parlement du Mali, pas plus qu'ailleurs, ne dispose de pouvoir d'initiative. Il doit se contenter d'approuver le projet gouvernemental mis en forme par la direction du budget. Mais si le pouvoir du Parlement est faible, on peut se demander si le Gouvernement est réellement mieux loti. En effet, son pouvoir n'est-il pas confisqué par la direction du budget qui se trouve au centre de toutes les opérations, de la préparation à l'adoption de la loi de finances ? En tout cas, la première partie de cette étude montre bien que la direction du Budget joue un rôle véritablement stratégique.

---

[281] Il faut noter qu'à l'occasion du vote des députés en France, il n'y a pas de cas d'abstention. Prévu au tableau. C'est oui ou non. Cela peut s'expliquer par le fait que les députés sont repartis en salle par groupes de partis, comme c'est le cas d'ailleurs au Mali. La seule différence est qu'en France, l'affrontement entre la majorité et l'opposition est plus vif et plus collégial.

Au regard de notre problématique qui traite de la direction du budget au Mali comme un instrument stratégique de prévision et de gestion des finances publiques, l'étude des procédures de prévision et de vote de la loi de finances nous permet de tirer quelques conclusions.

Tout d'abord, lors de la prévision des recettes et des dépenses à inscrire dans la loi de finances, le rôle de la direction du budget est loin d'être passif. Elle ne se contente pas de recevoir les demandes des ministères et de les organiser ; elle est une actrice de premier plan, car elle fait des suggestions, des propositions aux décideurs et en particulier au Ministre chargé des finances ; finalement, c'est elle qui oriente, si elle ne détermine pas le contenu de la loi de finances.

Ensuite, il faut bien le reconnaître, la prévision de la loi de finances n'est pas une science exacte ; il en résulte que le rôle de la direction du budget ne peut être défini comme celui d'une institution qui ne commet jamais d'erreur. C'est pourquoi la direction du budget peut parfois être attaquée par les autres directions, soit qu'elles lui fassent des reproches, soit tout simplement parce qu'elles jalousent la place prépondérante qu'elle détient dans la préparation budgétaire.

Enfin, il importe d'insister sur le fait que la préparation de la loi de finances n'est qu'un acte prévisionnel. Il ne s'agit que de prévisions et d'autorisations, certes définitives, mais dont la réalisation peut ne pas correspondre avec le projet initial. Aussi, le commun des mortels se trompe lorsqu'il pense que l'inscription suffit pour permettre la réalisation du projet gouvernemental et par conséquent la satisfaction de ses besoins. L'observation de la réalité financière permet de constater que les prévisions présentent des limites certaines. Elles peuvent résulter de la sous-estimation des calculs prévisionnels ou de la sous-évaluation des influences environnementales, toutes données difficiles à dompter. Elles peuvent résulter d'évènements économiques, comme une crise ou une hausse brutale de certaines matières premières. Hypothèses qui peuvent être illustrées par cette citation de R. CAILLOIS : « L'univers est fini quand on le conçoit… infini lorsqu'on y vit ». Ainsi une catastrophe naturelle, imprévisible, comme l'inondation, peut imposer le recours à des ressources exceptionnelles afin de corriger les prévisions de la loi de finances initiale.

Comme on le voit, la direction du budget joue un rôle prépondérant dans la phase de la préparation du projet de loi de finances. Mais son rôle est limité par les compétences dévolues aux autres directions, car la direction du budget ne fait pas tout, et les autres directions entendent exercer leurs compétences en plénitude. Toutes ces limitations traduisent la complexité qui caractérise la prévision des finances publiques comme le souligne Pierre BELTRAME, en ces termes : « *L'accroissement de la complexité du système financier public correspond ainsi à une diversité de notre environnement socio-économique. Sous le couvert d'une uniformité de surface liée à la transmission quasi instantanée des modes, des idées, des comportements, notre société s'avère en fait atomisée... Dans ce contexte les décisions financières publiques ne peuvent être que complexes* »[282].

La réflexion théorique pour connaître et maîtriser le système financier implique une analyse critique des méthodes de prévision des ressources et charges publiques, ainsi que de leur autorisation par leur adoption par le Parlement. Cela revient à schématiser la rationalité du système financier, constitué par un ensemble d'éléments en relation dynamique entre eux, ainsi qu'avec le système économique et l'appareil sociopolitique dans lequel il s'insère. Tous ces éléments ne visent qu'à organiser la vie d'un groupe social déterminé par l'entremise des finances publiques[283]. Tout l'intérêt d'une étude consacrée au rôle de la direction du budget trouve ici son fondement. En tout cas, dans cette première partie, on a pu mesurer le rôle très important joué par la direction du budget dans la préparation et l'adoption de la loi de finances. Quelles fonctions assume-t-elle dans l'exécution de cette loi de finances ? C'est tout l'objet de la deuxième partie de ce travail.

---

[282] Pierre BELTRAME : *Complexité et rationalité dans la gestion du système financier public.* Mélanges en l'honneur de Monsieur le Professeur Paul-Marie GAUDEMET. Economica 1984, p. 39

[283] Luc SAIDJ, *Recherche sur la notion de finances publiques en droit constitutionnel et financier positif*, RDP, 1982, p. 1297 et SS.

DEUXIÈME PARTIE

LE RÔLE SECONDAIRE DANS LE SUIVI DE L'EXÉ CUTION DE LA LOI DE FINANCES.

La question que nous nous sommes posée est celle de savoir si la direction du budget joue un rôle stratégique dans la prévision et l'exécution de la loi de finances au Mali.

Pour essayer d'y répondre, dans la première partie, nous avons dû examiner ses relations avec le Gouvernement et l'Assemblée nationale pour tenter d'y découvrir si lors des prévisions budgétaires, la Direction du budget assumait un rôle stratégique.

Ainsi, dans son rôle de prévision, la direction du budget apparaît comme une machine tentaculaire aux articulations complexes et diversifiées. Cette expression correspond bien à la terminologie du droit financier contemporain. Dès lors, on comprend pourquoi il a été difficile d'apprécier sous le seul angle d'une administration soumise aux ordres supérieurs le rôle de la direction du budget au cours des prévisions budgétaires, car il s'agit là d'un rôle que l'on ne peut « *tirer à l'équerre et au compas* »[284]. Il faut maintenant focaliser nos investigations sur le rôle stratégique de la direction du budget lors de l'exécution de la loi de finances. Ici, le rôle de la direction réside avant tout dans le suivi de l'exécution de la loi de finances. Ce suivi paraît indispensable pour atteindre les objectifs économiques et sociaux auxquels le Gouvernement attache du prix. C'est pourquoi il est indispensable d'être rigoureux dans l'analyse des textes législatifs[285] et au-delà des

---

[284] G. RENARD, *La théorie de l'institution. Essai d'ontologie juridique*, Premier volume-partie juridique, Paris, Librairie du recueil Sirey, vol. 1, 1930, cité par Virginie TOURNAY, *Sociologie des institutions*, PUF, 1ère édition, 2011, p.4

[285] Michel CROZIER, Erhard FRIEDBERG, *L'acteur et le système* « Les actes législatifs sont des compromis dont l'interprétation peut laisser beaucoup de latitude. Les intentions du législateur peuvent prêter à discussion, et surtout dans chaque cas concret, ou pour chaque mission, des intérêts légitimes, consacrés par la loi, sont directement ou indirectement en opposition, occasionnant conflits et blocages

textes, des relations concrètes que la direction du budget entretient avec les différents acteurs et organes du pouvoir exécutif impliqués dans l'exécution de la loi de finances. Dans ce suivi, la direction du budget n'entretient-elle pas sa propre stratégie ?[286] Ne fait-elle qu'obéir aux ordres ou recherche-t-elle l'atteinte d'objectifs propres ? Cela nous amène à concevoir le pouvoir, sinon le rôle de la direction du budget, à travers deux approches sociologiques différentes et complémentaires.

La première est celle de l'approche systémique qui conduit à s'intéresser à l'organisation elle-même, en examinant les processus par lesquels elle parvient à exister comme une entité collective. Ainsi, selon l'analyse de Jacques CHEVALLIER, un système ne se réduit pas à un seul jeu d'interaction entre des éléments unis par des rapports d'interdépendance et de complémentarité.

La deuxième approche est l'approche stratégique, celle de Michel CROZIER qui considère l'organisation non pas « *comme un ensemble de rouages s'entraînant mécaniquement les uns dans les autres, mais comme un ensemble fluide correspondant à la résultante de tous les jeux multiples que joue chaque groupe d'acteurs* »[287].

Il s'agit là d'une analyse qui s'attache à l'étude des comportements et des interactions individuelles dont dépendent la structure et le fonctionnement d'une organisation. Tel nous semble apparaître le rôle de la direction du budget dans la phase d'exécution de la loi de finances. A priori, il n'y a pas de choix à faire entre ces deux approches qui correspondent à ce qu'écrivait Alex MUCCHIELLI avec un certain humour ou le Professeur Eloi DIARRA affirmant que « la Direction du budget est le chef d'orchestre d'une musique écrite par le ministre des finances »[288]. Manifestement, une telle vision correspond au rôle de la Direction générale du budget du Mali. Aussi, nous avons privilégié la

---

administratifs et juridiques. D'où l'impression d'irrationalité que suscitent les activités publiques. » Editions du seuil, 1977, p. 310.

[286] Le dictionnaire Larousse 2012 définit la stratégie comme l'art de coordonner l'action des forces militaires pour la défense d'une nation, ou l'art de manœuvrer habilement pour atteindre un but.

[287] Michel CROZIER, Erhard FRIEDBERG, L'acteur et le système, Idem, p. 41.

[288]Il parodiait ainsi M. Alain BOCKEL à propos du Premier Ministre sénégalais des années 1970, dans son ouvrage de *Droit administratif*, édit. NEA, 1978.

démarche systémique pour essayer de démontrer, sur la base de nos observations, sondages et réponses des différents acteurs à nos questionnaires, le rôle stratégique de la direction du budget dans l'exécution de la loi de finances en référence à la pensée de Pierre BIRNBAUM : « *Par-delà la théorie de l'organisation,... la théorie générale des systèmes... se donne pour but la recherche des homologies de fonctionnement entre les différents systèmes : l'organisation (une entreprise industrielle, par exemple) comme le système politique (lui aussi organisé) ou encore un système biologique obéiront tous, de la même manière, à des lois semblables mais pour répondre, telle une machine qui aurait la possibilité de se transformer, aux demandes de l'environnement*[289] ».

Dans cette exécution de la loi de finances, les acteurs qui interviennent sont, en effet, nombreux et divers. Nous avons retenu, compte tenu de leur importance, la direction générale des douanes et la direction générale des impôts, pour ce qui concerne la réalisation des recettes (**Titre I**) et la direction nationale du trésor et de comptabilité publique, vu le quasi-monopole qu'elle détient en matière d'exécution des dépenses publiques et la direction du contrôle financier (**Titre II**). C'est avec l'ensemble de ces directions que la Direction du budget sera amenée à agir, à assumer son rôle de suivi de l'exécution de la loi de finances.

[289]Pierre BIRNBAUM, op. cit., p. 117.

TITRE I

LA DIRECTION DU BUDGET ET LE SUIVI DE L'EXÉCUTION DES RECETTES BUDGÉTAIRES

La direction générale du budget du Mali a été conçue pour une finalité précise, notamment celle « *d'apporter un appui conséquent aux structures financières dans leurs tâches quotidiennes dans le cadre de la modernisation de la gestion budgétaire*[290] ». A cet effet, elle doit toujours faire sien l'impératif kantien de l'habilité qui repose sur la proposition suivante : « Qui veut la fin, doit nécessairement vouloir les moyens »[291].

Dès sa création, le législateur malien a octroyé à la direction du budget une certaine hégémonie sur les autres structures financières impliquées dans la gestion budgétaire ou financière. Cette option est conforme à l'opinion de Philippe BRAUD [292]lorsqu'il affirme qu'il existe toujours un système de « positions » hiérarchiquement inégales : soit en termes de compétence juridique, soit en terme de prestige, d'argent ou de capacité économique. Il soutient que la structuration de ces positions

---

[290] Voir le rapport de présentation des projets de textes relatifs à la création, à l'organisation, aux modalités de fonctionnement et au cadre organique de la Direction générale du budget du Ministère de l'Economie et des Finances, Abou Bakar TRAORE au Conseil des Ministre s, p. 3.

[291] Hans KELSEN, *Théorie générale des normes*. « Par ailleurs, Kant reconnaît que la relation entre moyen et fin est une relation causale. Mais il considère la relation entre le vouloir d'une fin et le vouloir d'un moyen comme étant une relation de devoir-être puisqu'il estime que le vouloir du moyen est exigé par la raison quand la fin est voulue. C'est pourquoi il caractérise la règle traditionnelle de la relation entre moyen et fin comme un « impératif» de l'habilité. Il faut que le « devoir-être » de cet impératif soit un « devoir-être » logique car c'est bien la raison qui exige le vouloir du moyen ; et les principes logiques selon Kant sont des exigences de la raison, (sont) des normes qui prescrivent « comment nous devons penser». Léviathan PUF, Paris, 1996, p.20.

[292] Philippe BRAUD, *Sociologie politique*. Manuel, 5e édition LGDJ, 2000, pp. 52-53.

s'opère toujours par rapport à des enjeux spécifiques, irréductibles aux enjeux d'un autre champ. Or le rôle stratégique de la direction du budget se situe dans le champ politique, qui est spécifiquement structuré par la compétition autour de l'appareil d'Etat. Le contrôle de ce champ occasionne en permanence des conflits ouverts ou larvés, auxquels il faut trouver des stratégies variées au cas par cas. En effet, les possibilités d'intervention de la direction du budget dans l'ensemble de l'appareil d'Etat sont nombreuses et variées, jusque dans des confins où on ne le soupçonne pas, par exemple pour assurer l'intégrité territoriale, faire régner l'ordre, défendre les politiques d'intégration économique ou politique, soutenir l'économie nationale et les investisseurs nationaux, réduire les déficits budgétaires ou promouvoir les transferts sociaux et crédits d'impôt, etc. Ce sont là les motivations qui ont incité le gouvernement à donner une suprématie à la direction du budget sur les autres acteurs qui composent le système financier de l'Etat. Ce qui conforte ce jugement de Marc LEROY qui soutient que le « *Premier ministre et le Président de la République sont en position d'arbitres des politiques de choix budgétaires. Ils sont néanmoins tenus par l'architecture budgétaire définie par le ministre des Finances et la Direction du budget*[293] ».

En outre, il est nécessaire de souligner que l'organisation et la gestion des finances publiques font apparaître plusieurs niveaux de responsabilité dont celle particulièrement importante qui s'attache au processus budgétaire.

Après le Premier ministre, le ministre de l'économie et des finances apparaît comme le premier responsable de l'exécution de la loi de finances et avec lui, la direction du budget[294].

Alors, comment comprendre ce rôle de la direction du budget dans le suivi de l'exécution des recettes publiques ? La réponse à cette question renvoie sans doute à la période de l'expansion administrative

[293] Marc LEROY, *Sociologie des finances publiques*, Editions La découverte, coll. Repères, Paris, 2007, p. 52.

[294] C'est par souci de simplicité qu'on emploiera désormais les termes de Direction du budget à la place de Direction générale du budget, Direction des douanes à la place de Direction générale des douanes et Direction des impôts à la place de Direction générale des impôts.

consécutive à l'avènement de l'Etat-providence. Mais surtout, il s'agit pour la direction du budget de suivre le travail des administrations financières que sont la direction des douanes (Chapitre I), la direction des impôts (Chapitre II) et la direction du trésor et de la comptabilité publique (Chapitre III).

CHAPITRE I

LES RELATIONS DE LA DIRECTION DU BUDGET ET DE LA DIRECTION DES DOUANES

La direction du budget dont les missions viennent d'être évoquées a pour vocation prioritaire la définition des politiques financière et budgétaire de l'Etat. A cet effet, un rôle stratégique lui est réservé afin de lui permettre de travailler inlassablement pour élaborer des projets de lois de finances réalistes et crédibles, faire des analyses, diagnostics et prospectives permettant d'assurer la stabilité des finances publiques, la stimulation de la croissance et créer la confiance des partenaires financiers et des diverses institutions financières d'intégration économique ou même des citoyens. L'accomplissement de toutes ces missions amène la direction du budget à entretenir des relations avec la Direction des douanes[295], qui est aussi une administration centrale placée sous la tutelle du ministre de l'Economie et des Finances.

[295] Les différents textes de création de la douane :
- Ordonnance n° 90/58/PRM du 10-10 portant création de la Direction générale des douanes ;
- Loi n° 94-009 du 02 mars portant principes fondamentaux de la création, de l'organisation, de la gestion et du contrôle des services publics, modifiée par la loi n° 02-048 du 22 juillet 2002 ;
- Décret n° 95-063 du 15 février 1995 portant création des Directions régionales et services subrégionaux des douanes ;
- Décret n° 95-056/PRM du 15 février 1995 portant organisation et modalités de fonctionnement de la Direction générale des douanes ;
- Décret n° 95-071 du 15 février 1995 déterminant le cadre organique de la Direction générale des douanes, modifié par le décret n° 97-392 du 04 décembre 1997 ;
- Arrêté n° 1330/MFC-SG du 27 juin 1995 fixant l'organisation et les modalités de fonctionnement des Directions générales, des bureaux, brigades, postes des douanes et des services extérieurs ;
- Arrêté n° 04-2584/MEF-SG du 17 décembre 2004 portant création d'un guichet unique de dédouanement des véhicules ;
- Arrêté n° 06-0383/MEF-SG, du 28/02/2006, portant ouverture d'un bureau spécialisé des douanes à Morila.

A l'instar de la direction du budget, la direction des douanes est une organisation administrative, spécifique et stratégique qui joue un rôle considérable dans la mise en œuvre des politiques publiques. Au Mali, la douane apparaît comme le service le plus convoité par les diplômés en quête d'emploi au Mali, à cause des opportunités financières personnelles qu'elle offre. Certes, elle incarne à la fois l'envie et le mépris à cause de divers préjugés et privilèges. Mais, au-delà, la douane joue un rôle important en matière de protection de l'économie, de réalisation de recettes et du suivi du processus d'intégration économique sous régionale, comme l'indique Mme Stéphanie DAMAREY lorsqu'elle écrit « *La douane est ainsi passée d'un rôle de protection limitée aux frontières à un rôle de régulation de l'architecture économique recentrée vers l'intérieur de l'espace national* »[296].

Compte tenu de leur appartenance commune au même système, les deux directions sont condamnées à nouer des relations dans la poursuite de leurs missions respectives.

Ainsi, les deux directions doivent collaborer, sans que l'une exerce un quelconque pouvoir hiérarchique sur l'autre. La direction du budget ne peut donner aucun ordre de faire ou de s'abstenir de faire à la Direction des douanes. De même, elle ne peut influencer directement les textes législatifs ou règlementaires modifiant les statuts de la douane. En revanche, lors de l'élaboration de ces textes, elle peut être consultée et ce n'est que de façon médiatisée qu'elle aura contribué à l'établissement des règles régissant la douane, tant dans son organisation que dans son fonctionnement.

Appelées à travailler ensemble, la direction du budget et celle de la douane devront collaborer dans des domaines bien spécifiques, à savoir ceux qui sont relatifs à l'élaboration des règles du code des douanes (Section I) et ceux qui concernent le rendement des recettes douanières dans le budget du Mali est largement tributaire (Section II)

---

[296] Stéphanie DAMAREY, *Finances publiques*, Gualino Lextenso, 2ème éd., Paris 2008, p. 229.

Section I : Les relations dans l'élaboration de la loi douanière et son application

La direction des douanes a pour missions de suivre la réalisation des recettes et taxes destinées au budget de l'Etat, d'assurer la surveillance économique et la protection des investissements, de faire au ministre des analyses sur la situation des recettes douanières face aux défis comme la fraude, l'harmonisation des droits douaniers.

Cependant, au-delà de cette fonction, la direction des douanes entretient une série de relations internationales dans lesquelles sont évoquées la règlementation douanière, qu'elle affecte ou non le pouvoir douanier des Etats ou qu'il s'agisse tout simplement de l'harmonisation de pratiques et techniques. Dans cette mission, la direction des douanes est accompagnée par la direction du budget, qu'il s'agisse de la coopération internationale (***Paragraphe I***) ou qu'il s'agisse de la mise en application de la législation nationale (***Paragraphe II).***

Paragraphe I : La direction du budget et la direction des douanes face à la coopération douanière internationale

Lors des négociations internationales sur les questions douanières et la libre circulation des produits et marchandises, c'est le ministre chargé des finances qui apparaît au premier plan. Il est assisté alors, dans ces négociations par le directeur des douanes. Si telle est l'image qui est visible pour le commun des mortels, la réalité est beaucoup plus complexe. En effet, la direction du budget et la direction des douanes auront travaillé de concert au préalable.

Le Mali participe en effet à de nombreuses organisations internationales dont l'objet porte sur la règlementation douanière. Dans ces organisations, il est généralement question des tarifs douaniers, mais la nomenclature douanière peut aussi être en cause.

A – Les organisations internationales à objet douanier et le Mali

Dans un ordre décroissant, allant de l'universel au régional et sous régional, on peut citer la grande diversité d'organisations auxquelles participe le Mali.

Il s'agit tout d'abord de l'Organisation mondiale des douanes (OMD). Son objet est double. Il porte aussi bien sur l'établissement de la nomenclature douanière que sur les processus de perception des droits de douane, l'évaluation de la valeur en douane ou la détermination de la provenance d'une marchandise.

Ayant adhéré très tôt à l'Accord général sur les tarifs douaniers et le commerce (General Agreement on Tarifs and Trade, GATT) de 1948, le Mali a apposé sa signature au traité de Marrakech du 17 avril 1994 créant l'Organisation mondiale du commerce (OMC) qui poursuit les objectifs du GATT tout en élargissant son champ d'application. On sait que l'objectif principal de ces organisations est l'abattement des barrières tarifaires, en d'autres termes, il s'agit de réduire, sinon de supprimer entre Etats membres les droits de douanes. Les Etats membres négocient entre eux régulièrement la réduction de leurs tarifs douaniers et décident de se décerner mutuellement la clause de la nation la plus favorisée. Son mécanisme permet d'étendre à tout Etat membre des avantages douaniers qui auraient été accordés à un autre Etat membre ou non membre.

En tant qu'ancienne colonie française, le Mali s'est trouvé automatiquement engagé dans les Accords de Yaoundé à partir de 1963, de Lomé, à partir de 1975 et enfin de Cotonou à partir de 2000. Il s'agit d'accords d'association qui déterminent les conditions de circulation des marchandises entre les Etats d'Afrique, des Caraïbes et du Pacifique (ACP) et les pays de l'Union européenne. Des mécanismes spécifiques ont été imaginés mais qui se résumaient globalement en une interdiction des restrictions quantitatives entre Etats membres, mais avec une liberté d'accès des produits originaires des ACP au marché européen, sans droits de douanes, alors qu'il n'en allait pas ainsi dans le sens inverse. En effet, vu leur dépendance par rapport aux revenus des droits de douanes, les Etats ACP pouvaient appliquer des droits de douanes sur les produits originaires des Etats européens.

Dans l'ordre régional, le Mali est membre de la Communauté économique de l'Afrique de l'Ouest (CEDEAO), créée en juillet 1975 et dont les statuts ont été revus en 1993. Cette organisation comporte un volet douanier, car elle se veut une union douanière, avec une abolition de droits de douanes entre Etats membres. Ce qui est effectif depuis une dizaine d'années. Pour compenser la perte de recettes douanières qui en résulte, il est institué un système de remboursement avec prélèvement sur le tarif extérieur commun.

Dans l'ordre sous-régional, le Mali a été membre, successivement de l'Union douanière ouest-africaine (UDAO) créée en 1958, de l'Union douanière et économique de l'Afrique de l'Ouest (UDEAO), créée en 1968 pour succéder à la précédente, de la Communauté économique de l'Afrique de l'Ouest (CEAO) née en 1973 et de l'Union économique et monétaire ouest-africaine (UEMOA) mise en place en 1994 en remplacement de la CEAO. Cette dernière institution est également une union douanière où les droits de douanes sont abolis entre Etats membres, avec une compensation des pertes de recettes douanières grâce à un prélèvement sur le tarif extérieur commun. Derrière toutes ces organisations, on trouve l'idée d'une intégration économique et politique indispensable au développement de l'Afrique.

Dans ce sens, le Mali se veut un fervent militant de l'unité africaine. Il est l'un des rares pays qui ait prévu dans sa Constitution l'abandon partiel ou total de sa souveraineté pour la réalisation de l'intégration africaine. Comme l'écrit le Professeur Eloi DIARRA, « *l'article 70 de la constitution prévoit que "la République peut conclure avec tout Etat africain des accords d'association ou de communauté comportant abandon partiel ou total de sa souveraineté en vue de réaliser l'unité africaine"* »[297].

B – L'objet des concertations entre la direction du budget et la direction des douanes

L'appartenance du Mali à cette multitude d'organisations à objet douanier n'est pas sans poser de problème pour les finances publiques maliennes. En effet, deux objectifs sont généralement poursuivis dans ces structures : le premier, porte sur la détermination de la nomenclature tarifaire, le second objectif porte sur les tarifs douaniers, plus précisément sur leur niveau.

[297] Eloi DIARRA, *L'histoire constitutionnelle du Mali*. Revue juridique et politique des Etats francophones, 64e année. Editions Juris Africa, Paris n° 2, avril-juin 2010, Paris, p. 252

On peut s'étonner qu'il n'y ait pas une nomenclature douanière définitive, depuis le temps que les Etats échangent des produits entre eux. En réalité, ces produits sont en évolution constante. Plus de 80 % des produits échangés en 1950 ont disparu et ont été remplacés par d'autres produits. Dans quelle catégorie classer ces nouveaux ? Telle est la question qui est régulièrement posée dans les instances où l'on discute des droits de douane.

La deuxième question qui est régulièrement débattue est corollaire de la première : quels droits appliquer aux nouveaux produits ? Ou bien quelles conditions douanières obtenir des partenaires économiques du Mali. Une exonération accordée par un pays donné doit-elle être accompagnée d'une réciprocité ? Ainsi, par exemple, les produits maliens bénéficient d'un régime d'accès préférentiel non réciproque aux marchés des pays développés autres que l'Union européenne en vertu du système généralisé de préférences : en guise d'illustration, le Mali est éligible aux avantages de *l'African Growth and Opportunity Act* des Etats-Unis.

Bref, cette problématique constitue la justification des négociations tarifaires prévues dans le cadre de l'OMC. Ce sont ces deux questions qui font régulièrement l'objet des concertations entre la direction du budget et la direction des douanes. En effet, qu'il s'agisse de déterminer la nomenclature douanière ou de fixer les tarifs douaniers, ce sont des actes qui affectent immédiatement le rendement des droits de douanes au Mali.

En ce qui concerne les organisations régionale et sous régionale telles que la CEDEAO et l'UEMOA la concertation entre les deux administrations financières est prévue par les textes. En effet, les cellules nationales CEDEAO et UEMOA doivent discuter des questions douanières avant qu'elles ne soient traitées au niveau des organisations. En ce qui concerne les autres organisations, la concertation doit être sollicitée par l'une ou l'autre administration, en invoquant les prérogatives qui sont les siennes au regard des textes législatifs et règlementaires qui la régissent.

Quoi qu'il en soit, l'objectif de la concertation sera de veiller à ce que les décisions qui seront prises ne soient pas de nature à nuire gravement au rendement des droits de douanes au Mali. En effet, on se rappelle que c'est la ressource budgétaire première du pays. La concertation entre les deux administrations concerne également la mise en application de la législation douanière à l'intérieur du pays.

Paragraphe II : La surveillance de l'organisation des opérations de dédouanement

La douane malienne exerce son autorité sur l'ensemble du territoire national et dans « le rayon des douanes ». Par cette notion, définie à l'article 40 du code des douanes, on entend une « zone de surveillance spéciale organisée le long des frontières spéciales et qui s'étend entre la limite du territoire douanier et une ligne tracée à 20km en deçà ; distance calculée à vol d'oiseau, sans égard des sinuosités des routes ; elle a pour but de faciliter la répression de la fraude ».

Pour réussir dans son rôle de suivi de l'exécution des recettes, la direction du budget doit toujours savoir agir en stratège dans ses relations avec la direction des douanes. Si elle ne devait que se limiter aux ordres formels, elle ne parviendrait pas à atteindre ses objectifs en matière de recettes en général, et de recettes douanières en particulier. C'est pourquoi nous tenons selon les cas, à fonder notre raisonnement sur la théorie de la sociologie de l'administration, pour expliquer certaines situations irrationnelles au plan du droit positif mais comprises par le bon sens. C'est dans un tel esprit qu'il est facile de comprendre l'accomplissement du rôle de la direction du budget dans le suivi de l'exécution des recettes douanières. Se passant des dogmes juridiques, ce genre de raisonnement d'inspiration sociologique privilégie la démarche d'une analyse de la réalité administrative. En considérant que le système financier de l'Etat, n'est qu'une administration apparemment complexe, formée de toute une myriade d'entités, qui défendent leurs intérêts et construisent avec des relais sociaux des systèmes d'action fortement intégrés, nous allons démontrer pourquoi et comment la direction du budget exerce une surveillance sur l'organisation des méthodes de dédouanement.

Par souci de concision, nous nous sommes limités aux opérations de dédouanement auxquelles les autorités publiques s'intéressent particulièrement dans le cadre du suivi des politiques d'intégration et d'harmonisation fiscale qui seront abordées à la prochaine section.

A - Le suivi particulier des opérations de dédouanement

La procédure de la déclaration en détail est imposée par le code des douanes du Mali. La direction du budget se réfère à cette procédure et au tarif extérieur commun (TEC) de l'UEMOA/CEDEAO pour savoir si les opérations de dédouanement se déroulent dans les normes requises. Selon les dispositions de l'article 84 du Code des douanes, toutes les marchandises importées doivent faire l'objet d'une déclaration en détail leur assignant un régime douanier.

Dès leur introduction sur le territoire douanier, les marchandises sont placées sous la vigilance des agents de la direction des douanes. De même les conduites, présentation et mise en douane des marchandises, sont analysées par les différents experts qui collaborent en interaction avec elle comme l'Institut National des Statistiques et la Direction Nationale de la Planification du Développement. Périodiquement ces deux directions reçoivent toutes les informations qui rentrent dans l'analyse des comptes de la Nation.

Il y a lieu de noter que la présentation en douane consiste en la « communication aux autorités douanières, dans les formes requises, du fait de l'arrivée des marchandises » et se révèle à la direction des douanes comme un élément d'information sur les opérations douanières.

La déclaration en douane doit être déposée dans un bureau de douane ouvert à l'opération douanière envisagée. Elle doit être présentée après l'arrivée des marchandises au bureau. A l'importation, la déclaration doit être déposée dans les conditions suivantes :

- lorsqu'il n'y a pas de déclaration sommaire, dès l'arrivée des marchandises au bureau ou, si les marchandises sont arrivées avant l'ouverture du bureau, dès cette ouverture ;
- dans le cas contraire, dans un délai de trois jours francs après l'arrivée des marchandises au bureau, non compris les dimanches et jours fériés, pendant les heures d'ouverture du bureau.

Lorsque les marchandises séjournent en magasin ou sur une aire de dédouanement, au plus tard à l'expiration du délai de séjour. Enfin, la déclaration peut être déposée avant l'arrivée des marchandises dans des conditions fixées par décision du directeur des douanes.

Outre la déclaration en détail, le code des douanes du Mali traite en son article 2 des personnes autorisées à déclarer les marchandises en détail. Ainsi l'article 86 du code des douanes dispose que : « les marchandises importées ou exportées doivent être déclarées en détail dans les conditions prévues par le présent code, par les personnes physiques ou morales ayant obtenu l'agrément de commissaire en douane ». Et selon l'article 87 du code « *Nul ne peut faire profession d'accomplir pour autrui les formalités de douane concernant la déclaration en détail des marchandises s'il n'a été agréé*[298] *comme commissaire en douane. Toute personne physique ou morale qui accomplit pour autrui des opérations de douane, doit les inscrire sur des répertoires annuels dans les conditions fixées par décision du Directeur des douanes. Elle est tenue de conserver lesdits répertoires ainsi que les correspondances et documents relatifs à ses opérations douanières pendant trois (3) ans à compter de la date d'enregistrement des déclarations en douanes correspondantes* ».

Evidemment, toutes ces opérations sont placées sous la responsabilité de la direction des douanes ; la direction du budget devrait veiller à leur stricte observation, mais elle n'en a pas les prérogatives directes. En tout cas leur application devrait pouvoir freiner l'ampleur des fraudes massives que l'on impute aux bureaux des douanes.

---

298 Jérôme FOURNEL, *Le nouveau dédouanement. Une régulation des échanges de marchandises fondée sur un partenariat avec les entreprises*. « Dans un contexte international affecté par la menace terroriste, les Etats-Unis ont à la suite des attentats du 11 septembre 2011, imposé au monde entier des mesures contraignantes en matière de sécurisation des flux commerciaux. L'Union européenne s'est adaptée à cette contrainte en créant le statut d'opérateur économique agréé, gage de certification en matière économique, douanière et de sécurité.
C'est aussi un label de fiabilité et de confiance, reconnu internationalement, que la douane décerne aux entreprises pour bénéficier de procédures simplifiées et de contrôles douaniers allégés, source d'une meilleure compétitivité économique. ». RFFP. n° 113, février 2011. *Les commissions des finances*. LGDJ Lextenso éditions, pp.190-191.

Signalons un autre avantage au plan financier et qui est du côté de la profession des commissaires agréés. Ceux-ci ont l'obligation de déposer au trésor public une caution de cinquante millions (50 000 000) de FCFA précisément au niveau de la caisse des dépôts et consignations. Du coup, ce dépôt peut être utilisé provisoirement dans les opérations de trésorerie relatives à certaines opérations ordonnées par la direction du budget. Par ailleurs, c'est le commissaire agréé en douanes qui acquitte pour le compte de son commettant, le montant des droits, taxes ou amendes, liquidés par l'administration des douanes.

Dans tous les cas, même si la direction du budget n'intervient pas directement sur le théâtre des opérations de dédouanement ou ne croise pas quotidiennement le fer avec la direction des douanes, elle dispose de moyens et méthodes appropriés pour obtenir une meilleure quête de recettes budgétaires. Sa stratégie va consister simplement à communiquer avec le ministre chargé des finances. La communication se révèle dans les systèmes d'organisation moderne comme une panacée, notamment celle qualifiée par les administrations publiques de communication et coordination[299]. Ainsi, à titre d'exemple, quand un évènement est susceptible de remettre en cause l'entrée des recettes douanières, la stratégie de la direction du budget peut être de poser une question et d'en solliciter la réponse auprès du ministre chargé des finances.

B - Une vigilance accrue dans la vérification des marchandises et l'acquittement des droits et taxes

Dès l'enregistrement de la déclaration en détail, l'administration des douanes procède au contrôle documentaire, et si elle le juge utile, à la vérification de tout ou partie des marchandises déclarées. Ainsi, l'opération concernant « les déclarations en détail » qui est reconnue recevable, fait immédiatement l'objet d'un enregistrement par le service des douanes. Elle est revêtue d'un numéro d'ordre, de la date de son enregistrement, du cachet du bureau de douane ainsi que de la signature de l'agent qui a procédé à ces opérations.

---

[299]J.-G. MARCH et H. A. SIMON, *Les organisations* ; 2ème édition, Dunod-Bordas, Paris, 1991, p. 158.

En son article 101 alinéa 2, le code des douanes dispose « qu'en cas de contestation, le déclarant a le droit de récuser les résultats de la vérification partielle et de demander la vérification intégrale des énonciations de la déclaration sur lesquelles porte la contestation ». Toutefois, il faut noter que les déclarations irrégulières dans la forme ou qui ne sont pas accompagnées de documents requis, sont réputées irrecevables.

Les directions du budget et des douanes s'investissent pour faire voir aux opérateurs économiques ou d'éventuels autres redevables que le contrôle de la recevabilité de l'enregistrement est suivi d'autres contrôles relatifs aux documents et aux marchandises. A cet effet, il est procédé au contrôle de la déclaration dès son acceptation, ainsi que les documents qui lui sont annexés en vue de s'assurer notamment de la concordance des énonciations mentionnées dans la déclaration avec les éléments d'information mentionnés aux documents.

Quant à la vérification des marchandises déclarées, le code précise qu'elle ne peut être faite que dans les magasins sous douanes ou dans les lieux désignés à cet effet par l'administration des douanes. En outre, le transport des marchandises sur les lieux de la vérification, déballage, le remballage et toutes les autres manipulations nécessitées par la vérification sont effectuées aux frais et sous la responsabilité du déclarant. De même, les marchandises concernées ne peuvent plus être déplacées sans l'autorisation de l'administration des douanes.

Ce sont des séries de mesures règlementaires qui permettent aux services douaniers de mener leurs opérations de contrôle de marchandises. Leur bonne exécution est une garantie pour le suivi de la rentrée des recettes douanières attendues par la Direction du budget.

Toutefois, il y a lieu de préciser qu'aucun système d'organisation n'est capable de rationaliser ses prévisions par calcul rationnel. En effet, en se référant à la théorie des motivations suivant le postulat de l'*homo economicus* développé par Taylor, le comportement humain aurait dû être parfaitement prévisible de manière à rendre chaque acte sensé et rationnel. Or tel n'est pas le cas. Le meilleur exemple pour illustrer une telle réalité est le cercle vicieux qui se crée dans l'interaction entre les patrons et les ouvriers. N'ayant aucune certitude que les ouvriers vont travailler au maximum de leur capacité, les patrons préfèrent leur payer des bas salaires, ce qui incite les ouvriers à ne pas travailler au maximum de leurs capacités, attitude et comportement qui justifient à leur tour la politique salariale des patrons et vice-versa. Aussi sans la confiance, le calcul optimal et la rationalité sont à relativiser dans les comportements humains, en faisant place à la probabilité.

A la lumière d'une telle hypothèse on comprend pourquoi la direction du budget n'est jamais satisfaite des entrées de recettes douanières. Et même s'il arrive que les plafonds de recettes prévues au moment des arbitrages aient été dépassés, elle estimera toujours que la douane peut mieux faire. Pour sa part, la direction des douanes pense toujours qu'elle n'a pas assez de moyens pour atteindre de meilleures performances en matière de recettes. Même si elle était dotée de moyens de détection sophistiqués comme le scanner, elle arriverait toujours à pleurer misère.

Les deux directions se retrouvent ainsi, l'une à exiger toujours plus de performance à l'autre, et l'autre à demander toujours plus de moyens à la première afin d'atteindre l'optimum de recettes douanières. C'est le point sur lequel les deux directions doivent constamment se concerter.

Section II : La collaboration entre la direction du budget et la direction des douanes en vue du rendement douanier

La spécificité[300] du droit douanier est une réalité reconnue. Au Mali, la direction des douanes occupe une place particulière, car c'est elle qui assure à l'Etat sa deuxième rentrée financière, après les impôts au sens classique. C'est la raison pour laquelle la direction du budget entretient avec elle des relations tout à fait spécifiques.

En cette ère de globalisation où les Etats ont du mal à maîtriser leurs frontières, en vue d'organiser et de réglementer leur économie et les activités industrielles et commerciales subséquentes, seule la direction des douanes peut aider l'Etat malien à se procurer des ressources tirées de la fiscalité de porte. Accessoirement à cette activité, la porosité des

---

[300] Voir Jean-Luc ALBERT, *Faut-il conserver la spécificité douanière* ? RFFP n° 113- LGDJ février 2011, Lextensoéditions, p. 225.

frontières oblige l'administration des douanes à lutter contre le trafic des armes, la criminalité internationale qui se manifeste sous des formes diverses telles que l'association internationale des narcotrafiquants, le commerce international de produits alimentaires avariés ou de déchets toxiques. Compte tenu de l'enjeu budgétaire de tous ces exemples cités parmi tant d'autres, les directions du budget et des douanes règlent tacitement leurs relations directes de collaboration et de concertation.

Ainsi, à l'occasion de l'élaboration de la loi de finances ou des collectifs budgétaires, la direction du budget et les directions financières, notamment celle des douanes se concertent au ministère des finances, à l'Assemblée nationale ou à huis clos pour organiser le cadre de leur coopération en vue d'atteindre les objectifs de recettes. En effet, à ces occasions, les objectifs de recettes sont déterminés entre la direction du budget et les directions financières que sont la direction des douanes et la direction des impôts. Vu la structure du système fiscal malien, un accent tout particulier est mis sur la nécessité d'accroître les recettes douanières. Cet impératif du rendement financier des douanes donne lieu à une coordination accrue entre la direction du budget et la direction des douanes (Paragraphe I) ; elle s'accompagne d'une collaboration étroite dans l'octroi des exonérations douanières et dans la répression des infractions douanières (Paragraphe II).

Paragraphe I : La collaboration dans la recherche effrénée de recettes douanières

Sans prétendre renoncer aux vecteurs administratifs traditionnels propres au schéma bureaucratique, la direction du budget a fondé la base de ses relations avec la direction des douanes, sur la concertation, à travers des interventions directes. Car il s'agit là, d'une méthode d'action concrète qui correspond à l'analyse empirique des auteurs de l'acteur et le système[301]. Il ne s'agit plus d'imposer une décision de manière unilatérale, mais de traiter entre partenaires.

---

[301] Voir Michel CROZIER, Erhard FRIEDBERG, *L'acteur et le système* : « Si l'on peut en effet, découvrir des stratégies suffisamment stables à l'intérieur d'un ensemble et si l'on peut, d'autre part, découvrir les jeux, les règles du jeu et les régulations de ces jeux à partir desquelles ces stratégies peuvent être effectivement considérées comme rationnelles, on a, à la fois, la preuve effective que cet ensemble peut être considéré comme un système et des réponses déjà précises sur son mode de

Ainsi, la direction du budget en ignorant le style de commandement traditionnel basé sur l'autorité et la contrainte, a déjà adopté cette nouvelle technique de collaboration qui est jugée plus souple et efficace. Aussi au lieu de demander de façon péremptoire, elle cherche à obtenir de la direction des douanes tout ce qui est nécessaire pour réaliser les objectifs visés, et cela par la voie de persuasion ou de la séduction.

Ce comportement[302] écarte tous les tabous de l'administration classique pour leur substituer une relation d'imbrication et d'interrelations entre les services sans pour autant détruire leur rôle. Après avoir décrit les bases de la collaboration entre les deux directions (A), nous évoquerons les résultats obtenus sur les dernières années (B).

A – Les bases de la collaboration

Il faut le rappeler : la direction du budget et la direction des douanes sont deux administrations dépendant du ministère des finances. Elles ne sont pas subordonnées l'une à l'autre, mais doivent travailler de concert pour fournir aux pouvoirs publics les moyens financiers nécessaires à leurs politiques publiques. Leurs relations ne sont donc pas

---

gouvernement…Evoquons ensuite le ou les modes de communication dominants qui sont également des propriétés importantes. Beaucoup de systèmes d'action concrets sont, en effet, fondés sur le secret, l'impossibilité de communiquer…Mais un système n'obéit pas de façon homogène à un seul mode de communication. La communication peut être facile latéralement, impossible verticalement, passer très bien entre certains acteurs, pas du tout entre d'autres ». Editions du Seuil 1977, p.248.

[302] Des chercheurs réputés comme M. CROZIER et E. FRIEDBERG, ont démontré que dans cette situation organisationnelle, face à certaines difficultés à résoudre, il ne faut pas considérer les pratiques informelles comme des exceptions dans le cadre de la logique traditionnelle. Ainsi, au lieu de considérer les comportements humains comme des exceptions, il est plus utile de les utiliser comme des points de départ afin de comprendre les limites et la signification réelle des contraintes et des conditionnements. C'est pourquoi dans une de leur œuvre, ils ont insisté sur le fait que l'homme ne pouvait être considéré seulement comme une main. Ce que le schéma d'organisation de Taylor illustrait implicitement ; ni non plus comme une main et un cœur comme le prônaient les avocats du mouvement des relations humaines. C'est à partir de là que ces deux auteurs ont fini par déduire que l'homme est avant tout une tête, c'est-à-dire une liberté. Ce qui signifie concrètement qu'il est un agent autonome qui est capable de calcul et de manipulation pour s'adapter et inventer en fonction des circonstances et des mouvements de ses partenaires.

hiérarchiques. La collaboration entre les deux directions doit donc s'établir selon certaines voies. Il s'agit tout simplement de s'entendre sur certains objectifs globaux, en acceptant des éléments qui échappent parfois à l'appréciation des deux directions.

En premier lieu, les deux directions acceptent les droits de douanes, qui sont en vigueur. Ceux-ci sont imposés par la législation sous-régionale lors de la détermination du tarif extérieur commun UEMOA/CEDEAO. Ils constituent l'élément légal de la taxation effectuée par les services des douanes. Les droits de douanes sont appliqués d'autorité et correspondent à la forme de domination bureaucratique défendue par M. WEBER. En effet, ce dernier a toujours soutenu que les sociétés modernes ont besoin d'une administration prévisible et calculable. Dans une telle société, l'existence de règles formelles, générales et impersonnelles permet de faire face à toutes les exigences, en éliminant le favoritisme ou l'arbitraire.

Les deux directions s'accordent donc sur les tarifs qui peuvent être perçus et qui sont composés de :

- du droit de douanes proprement dit (DD). Il peut être défini, selon les Professeurs Claude J. BERR et Henri TREMEAU, ainsi qu'il suit : « *sont des droits de douanes ceux qui figurent sous ce titre dans un tarif douanier. Ils sont soumis à une unité de régime juridique et ils doivent être facilement reconnus sans qu'il soit besoin de s'interroger sur leur nature profonde…* »[303]. Pour le TEC UEMOA/CEDEAO, son taux est variable : entre 0% ; 5% ; 10% et 20%.
- la redevance statistique (RS) : est un impôt de nature parafiscale qui a été créée pour soutenir la recherche en statistique et soutenir son réseau. Son taux est de 1%.
- la taxe conjoncturelle d'importation (TCI) : cette taxe transitoire est destinée à équilibrer les pertes en recettes douanières dans le cadre de l'intégration.
- la taxe dégressive de protection (TDP) qui veut protéger une production nationale, mais qui, petit à petit doit voir son taux diminuer et finalement disparaître.

---

[303] Claude J. BERR et Henri TREMEAU, *Le droit douanier communautaire et national*, 6ème éd., Economica, 2004, p. 85.

Ainsi donc, le tarif extérieur commun qui s'impose aux directions se compose de quatre éléments. Il est appliqué à tous les produits provenant d'Etats tiers et même aux produits qui, tout en provenant d'un Etat membre, n'a pas la qualité de produit originaire. Cette notion permet d'écarter certain produit de la non-application des droits de douanes. Cependant, les deux directions disposent du pouvoir de décider quel taux appliquer, au final, en matière de TCI ou de TDP.

Outre le tarif extérieur commun, d'autres impôts, perçus par la douane, peuvent être appliqués. Ils sont prévus eux aussi par la législation communautaire UEMOA. Il s'agit de :

- la taxe sur la valeur ajoutée à l'importation (TVA) : cette taxe est un impôt sur la dépense qui était limitée à son origine au secteur de la production, du commerce de gros, pour être ensuite élargi au commerce en détail, à l'artisanat, aux prestataires de service et aux professions libérales. Mais ici, lorsque les produits sont importés, comme contrepartie à leur exonération lors de leur exportation, le Mali dispose de la faculté de les imposer à la TVA ; le taux, fixé par l'UEMOA est de 18% ;
- la taxe intérieure sur les produits pétroliers (TIPP) : cette taxe est dite spécifique. Elle s'exerce sur l'étendue de tout le territoire sur les produits pétroliers importés mis à la consommation, de même que sur toutes les activités relatives au transport, à la distribution, au stockage du même produit. Si l'UEMOA en a fixé les règles d'imposition, elle laisse aux Etats le soin de déterminer le taux applicable.
- les impôts spécifiques sur certains produits (ISCP) : ces impôts frappent surtout les produits spécifiques comme la cola, les huiles grasses et autres boissons gazeuses. Ici, également, l'UEMOA permet à chaque Etat membre d'en fixer le taux.

Si donc négociation il y a entre les deux directions, celle-ci porte exclusivement sur les deux dernières catégories d'impositions pour déterminer le taux le plus profitable. Cependant, celle-ci n'est pas annuelle. Un certain taux a été déjà retenu et est adopté par le législateur national dans le code général des impôts. A ces taxes, il faut ajouter le Prélèvement communautaire de solidarité (PCS), perçu au compte de l'UEMOA et le prélèvement communautaire (PC) perçu au compte de la CEDEAO.

En second lieu, l'autre point d'accord entre la direction du budget et la direction des douanes est la reconnaissance de la spécificité du droit douanier par la direction du budget. Ce droit doit être appliqué par la direction des douanes. En aucune manière, il ne peut être question pour la direction du budget de s'immiscer dans l'application de ce droit. En revanche, elle pourra constater des manquements d'agents à leurs obligations professionnelles et si le directeur de la douane ne réagit pas, celui de la direction du budget peut en saisir le Ministre chargé des finances afin qu'il exerce à leur égard son autorité hiérarchique. Celui-ci devra agir avec tact afin de ne pas créer des animosités sinon des zizanies dans son ministère. Evidemment, la formule la plus adéquate est celle de la rencontre, en présence du ministre des finances, entre les deux protagonistes afin de s'expliquer et de lever les inquiétudes de la direction du budget quant à l'application rigoureuse, par les agents des douanes, de la législation.

Quels sont les résultats obtenus par la direction des douanes ?

B – Le rendement des droits de douanes

Dans tous les cas, la direction du budget et la direction des douanes attachent beaucoup d'importance au rendement des recettes douanières. A titre d'exemple, dans la loi de finances pour 2010, sur une prévision de recettes budgétaires rectifiées de 778,077 milliards de FCFA, l'apport de la direction des douanes a été de 280 milliards. Ainsi, l'entente entre les deux directions présente souvent la forme d'une forte coalition soit pour mobiliser les recettes coûte que coûte, soit pour accorder des exonérations ou dépenses fiscales.

Ces résultats consolident les performances économiques du pays et mettent en exergue l'importance du rôle de la direction du budget dans le suivi de l'exécution des recettes douanières. Ce rôle ne découle pas seulement du respect des textes, ou des opérations physiques sur le terrain. Il est surtout intellectuel et éminemment stratégique.

A cet égard, il faut préciser qu'entre les années 1990 et 2010, les recettes douanières recouvrées au cordon douanier ont connu une progression exponentielle. Les chiffres qui suivent en attestent éloquemment. *Ils sont exprimés en milliards de F. CFA.*

Années	1990	1991	1992	1993	1994	1995	1996	1997	1998
Montants	**34,817**	44,815	46,214	47,350	55,040	*72,921*	94,582	110,433	124,693

Années	2000	2001	2002	2003	2004	2005	2006	2007	2008	2009	2010
Montants	120,01	***145,3***	170,66	185	210	225	229	217	212	267	***283***

Source : Direction générale du budget

Ce tableau appelle plusieurs observations. On peut ainsi constater un doublement des recettes douanières entre 1990 et 1995, entre cette date et 2001, soit tous les cinq ans. A cela, plusieurs explications. La première tient à la démocratisation de la vie politique et économique du pays. La libre entreprise est devenue la norme et cette situation a entraîné de nombreuses importations. Ensuite, cette nouveauté politique, fortement appréciée sur le plan international, attire de nombreux investissements. En somme, il y avait un rattrapage économique à faire.

Au contraire de la période qui va de 1990 à 2000 où le doublement intervenait tous les cinq ans, il faut attendre près de huit ans pour qu'il se produise de nouveau. Cet allongement trouve sa raison dans deux explications. La première dans le fait de la crise financière internationale des années 2007 à 2009, années au cours desquelles on observe un net tassement des rentrées des taxes douanières ; la deuxième dans la démarche entreprise par l'UEMOA, à l'insistance invitation du FMI, à diminuer la part des recettes douanières dans les ressources budgétaires. Cependant, malgré cette invite, la part des recettes provenant de la douane continue de représenter près de 38 % des ressources de l'Etat.

On notera, pour conclure, que toutes ces réalisations sont obtenues suite aux efforts coordonnés de toutes les autorités impliquées dans l'exécution des lois de finances, mais plus spécifiquement de la sainte alliance entre la direction du budget et la direction des douanes. Cette coopération est si ordonnée qu'à certains moments ils s'entendent pour demander au Gouvernement de diminuer ou augmenter certains taux. Celui-ci, évidemment, s'il accède à leur sollicitation, devra élaborer un projet de loi à déposer sur le bureau de l'Assemblée nationale.

Les deux directions coopèrent également dans la détermination de la politique d'octroi des exonérations douanières et dans la répression de la fraude douanière.

Paragraphe II : L'entente coordonnée pour l'octroi des exonérations douanières et dans la lutte contre les infractions douanières

Deux facteurs tendent à amenuiser le rendement financier de la douane : il s'agit des exonérations douanières d'une part et des infractions douanières d'autre part. L'exonération correspond la plupart du temps à une politique publique ; elle fait suite à une demande d'exonération[304] formulée par le bénéficiaire auprès du Ministre chargé des finances ; elle va le dispenser du paiement des droits de douane. L'infraction douanière est une fuite et une fraude à l'impôt douanier. Dans les deux cas, l'Etat perd une recette. La direction du budget et la direction des douanes coopèrent dans le but de limiter au maximum leur impact sur les recettes budgétaires de l'Etat.

A – La coopération dans la politique des exonérations douanières

Communément appelée au Mali exonération, dépense fiscale ou niche fiscale sous d'autres cieux, cette pratique bien commode pour les autorités publiques consiste à accorder des exonérations ou abattements fiscaux ou crédits d'impôts afin de soutenir des politiques sociales, économiques ou financières. Autrement dit, les dépenses fiscales

---

304 Eloi DIARRA : « Dans l'ordre interne, la mesure dérogatoire appelée dépense fiscale résulte en principe de la loi fiscale. Mais on sait qu'en France certaines exonérations fiscales peuvent résulter d'un décret et parfois même d'un arrêté ». Tel est le cas du Mali où le Ministre peut accorder des exonérations, op.cit. p. 460.

constituent une dérogation fiscale, justifiée par l'interventionnisme fiscal. Elles sont des mesures fiscales dérogatoires et incitatives. A titre d'exemple, suite à la crise du sucre en 2007, le Gouvernement du Mali a accordé aux commerçants importateurs de sucre, le droit d'importer le sucre sous le bénéfice d'une exonération fiscale. Cette mesure avait une dimension sociale et religieuse ; sociale parce que le Mali étant un pays pauvre et à majorité musulmane, il était du devoir du Gouvernement de trouver une solution à la flambée du prix du sucre à la veille de la période du Ramadan appelé mois de jeun. Malheureusement, les commerçants en ont abusé en constituant d'importants stocks en réserve, si bien que la Direction du budget a vu toutes ses prévisions de recettes fondre comme du beurre au soleil.

Il en a été de même en 2008 où, pour juguler les effets de la crise alimentaire et anticiper sur l'avenir, le Gouvernement a déclenché un programme d'autosuffisance alimentaire dénommé initiative riz. Cette initiative a consisté à accorder des exonérations aux importateurs d'engrais et à accorder des subventions aux paysans. Mais les uns et les autres ont procédé autrement avec des pratiques dolosives qui frisent des actes crapuleux, sinon des crimes économiques. Ce qui a occasionné des manques à gagner obligeant le directeur du budget à recourir à un collectif budgétaire.

Quoi qu'il en soit, cette politique publique n'échappe pas à l'action concertée de la direction du budget et de la direction des douanes. En effet, dès qu'il est saisi d'une demande d'exonération, le ministre chargé des finances informe le directeur des douanes par la présentation de la copie originale en même temps qu'il requiert l'avis de son conseiller technique chargé des questions douanières. Il en saisit également le directeur du budget pour évaluer l'impact budgétaire d'un tel avantage. Les deux autorités se consultent alors sur la légalité et l'opportunité de l'octroi. En cas de désaccord, le ministre peut organiser une rencontre entre son conseiller technique et le directeur du budget pour qu'ils réfléchissent ensemble sur l'opportunitié de la demande et son impact financier et même social. A l'issue d'une telle concertation qui implique totalement la direction du budget, l'exonération peut être octroyée ou refusée.

Pour mémoire, on notera que les exonérations sur le sucre ont contribué à faire perdre aux droits de douanes en 2007, près de 32,3% des recettes douanières.

Ce fut l'année où la perte enregistrée a été la plus élevée, sans doute à cause des différentes pressions qui s'exercèrent sur le gouvernement cette année-là : celle des partis politiques, des organisations de la société civile, des corporations syndicales ; Ce qui a obligé l'Etat à céder constamment à leurs revendications assorties de chantage.

Ainsi, des exonérations fiscales sont accordées à tout jeune diplômé qui voudrait créer son entreprise. Tout promoteur d'entreprise bénéficie d'une exonération sur les trois premières années au moment du démarrage des activités de production.

La liste est longue et ni la direction du budget ni celle des douanes ne peuvent faire autrement. Aussi, face à cette situation qui risquerait à la longue de saper dangereusement le fondement des recettes douanières, la commission des finances de l'Assemblée nationale dans son Rapport sur la loi de finances 2010 a exigé du Gouvernement de revoir la procédure d'octroi desdites exonérations.

Désormais, elle entend être impliquée dans l'octroi de ces dépenses fiscales, qui comme toute mesure fiscale, requiert l'autorisation du Parlement. Ce qui ne peut que conforter la direction du budget dans son rôle de suivi de l'exécution des recettes budgétaires.

B – La lutte concertée pour l'éradication des infractions douanières

Aux termes de l'article 256 du Code malien des douanes, « *l'infraction douanière est un acte, une abstention ou une omission qui viole les lois et règlements douaniers et qui est punie conformément aux dispositions du présent Code. L'infraction douanière est constituée du seul fait de la réalisation matérielle, sans qu'il y ait lieu de tenir compte de l'intention de son auteur* ». L'implication de la direction du budget dans la lutte contre les infractions douanières est une question de survie pour l'Etat dont il faut préserver les ressources ; c'est donc une question d'ordre public[305]. Certes, les infractions douanières concernent en premier lieu les importations frauduleuses de marchandises. Mais la violation des textes par les agents des douanes constitue également une infraction douanière. Aussi la notion d'infractions douanières se révèle-t-elle ambiguë par essence ?

A cause de son chevauchement entre le droit fiscal, le droit économique et le droit pénal, la jurisprudence financière conçoit que les peines pécuniaires (amendes ou confiscations), loin de n'avoir qu'une fonction réparatrice des intérêts du trésor ou des prévisions de la direction du budget, aient une fonction répressive. La particularité du contentieux douanier réside dans l'appréciation de la fraude douanière dont l'origine réside toujours dans un mouvement de marchandises qui franchissent ou sont censées franchir une frontière. La fraude douanière fait recours à des moyens matériels (véhicules, pirogues, bateaux, aéronefs, animaux de traite destinés au transport : ânes, chevaux, dromadaires…). Ce qui l'assimile à une forme de délinquance à travers des pratiques comme le trafic de stupéfiants, les dissimulations de marchandises, etc. Les dimensions multiformes des infractions douanières jettent la direction du budget dans la consternation, car elle voit ses prévisions malmenées par des actes criminels ou délictuels difficiles à contrecarrer. C'est pourquoi la direction du budget cherche à s'entendre avec la direction des douanes sur la constatation des infractions douanières.

A partir de certaines expériences[306] vécues, la direction du budget n'entend pas laisser la direction des douanes poursuivre, seule, les actes susceptibles d'être qualifiés d'infractions douanières sans avoir des assurances. Cependant, ce n'est pas à elle que la police et la répression des infractions douanières sont confiées. En effet, on se rappelle avec Jean-Marc FEDIDA que *« l'objet même du droit douanier est d'organiser une police et une répression des infractions commises à l'encontre des règles régissant le transport des marchandises qu'elles*

[305] La notion d'ordre public renvoie aux dogmes révolutionnaires français de 1789, basés sur la sûreté publique, la tranquillité publique. Or, une crise budgétaire porte atteinte à chacun de des éléments et compromet en un mot la paix sociale.
[306] Suites aux saisies de certaines marchandises, les propriétaires de marchandises saisies ont intenté et gagné un procès contre la douane. En la matière, au Mali, la justice est souvent mêlée à des dossiers qui l'éclaboussent.

soient à travers les frontières, c'est-à-dire lorsqu'elles passent matériellement de l'assujettissement à la souveraineté d'un Etat à un autre »[307].

La direction du budget tente donc de suivre les affaires relatives aux infractions douanières : si les sanctions prononcées par les tribunaux sont bien exécutées, si les saisies sont réalisées, etc. quand bien même il s'agirait de puissants opérateurs économiques ou même de chefs de gangs du trafic international de drogue[308]. En tout cas, elle insiste constamment auprès de la direction des douanes sur l'impact de son activité sur les recettes de l'Etat ; elle l'invite, lors des concertations mensuelles au sein du ministère à faire preuve de la plus grande rigueur face aux fraudeurs.

L'infraction douanière concerne aussi le blanchiment d'argent. Cette forme de délinquance financière est souvent difficile à détecter ; cependant la Banque centrale des Etats de l'Afrique de l'Ouest et l'Union européenne apportent leur soutien au Mali pour la traquer. La commission des finances de l'Assemblée nationale du Mali, sur la base des communications pertinentes qui lui ont été transmises par la Direction du budget, a convaincu le Parlement d'adopter le projet de loi relatif à la ratification de l'accord de Kyoto lors de sa session de janvier 2010[309]. Il est dommage que le code malien n'ait pas traité spécifiquement de l'aspect du droit douanier qui a trait à la délinquance

---

[307] Jean-Marc FADIDA, *Le contentieux douanier. Que sais-je* ?, 1ère édition, 2000, p. 37.

[308] Au courant de l'année 2009, un espagnol a été arrêté à Bamako. Il est présumé être le Chef d'un réseau dont l'avion surnommé « Air cocaïne », s'est écrasé dans le désert malien, près de Gao, en provenance du Venezuela. A cause du manque de moyen et d'assistance appropriée, cette affaire n'a jamais connu un dénouement judiciaire.
Or en France, dans ce contexte d'assistance à la douane afin de poursuivre les infractions, le réseau « CARIN » a été créé en 2002 par les services douaniers européens. « Ce réseau propose des moyens pour identifier, geler et saisir des biens acquis avec des fonds liés à des activités criminelles (terrorisme, trafics des stupéfiants, contrebande de cigarettes ou de contrefaçon…). Il se fonde sur des correspondants nationaux, dont des douaniers échangent des informations sur ces avoirs illégaux susceptibles de conversion variée : produits financiers, l'immobilier, des bateaux de plaisance, des œuvres d'art. » Voir RFFP. N°113-Février 2011, p.194.

[309] Le vote de ce projet de loi a produit comme effet le Décret n° 10-057/P-RM du 27 janvier 2010 et aura inéluctablement pour conséquence une relecture du Code des douanes.

financière internationale et qui s'appelle en France « *poursuite cambiaire* ». Il faut garder à l'esprit que le droit douanier cambiaire consiste en une spécialisation du droit douanier appliqué à la matière financière, lui-même issu d'une spécialisation de la procédure pénale de droit commun induite par la spécificité de ses vocations.

Ensuite, la direction du budget est intéressée par un point très important, celui des transactions douanières. C'est un procédé commode qui désigne une convention portant allègement des pénalités fiscales, pouvant intervenir sous certaines conditions entre l'administration fiscale et un contribuable ou entre l'administration des douanes et un importateur. Si la direction du budget est favorable à la transaction, c'est à condition qu'elle n'affecte pas le montant de ses prévisions budgétaires. Enfin, la direction du budget rappelle son homologue des douanes à la vigilance dans le suivi des contentieux douaniers. En effet, l'article 290 du code des douanes dispose : « l'action de l'administration des douanes en répression des infractions douanières, se prescrit après trois années révolues à compter du jour où l'infraction a été commise si, dans cet intervalle, il n'a été fait aucun acte d'instruction ou de poursuite ». De même l'article 293 renforce cette limitation, en spécifiant que « l'administration des douanes est non recevable à former aucune demande en paiement des droits, trois ans après que lesdits droits auraient dû être payés ».

Au total, parce que chargée de déterminer le niveau des ressources budgétaires de l'Etat, la direction du budget se doit d'être très attentive à l'une des recettes principales, à savoir celles qui proviennent de la douane. C'est pourquoi elle entretient avec la direction qui est responsable de leur collecte des relations très suivies, à travers des concertations multiformes.

Le temps n'est plus où l'on doit laisser l'administration dans des carcans rigides stéréotypés. Il faut maintenant laisser plus d'autonomie à des administrations stratégiques, comme les directions du budget et des douanes, afin qu'elles puissent définir elles-mêmes le cadre de leur collaboration pour mieux assumer leurs fonctions.

Il est aussi indispensable de former les ressources humaines, qui sont les acteurs fondamentaux de la gestion des politiques publiques. Car, seul le renforcement des capacités des agents pourra fournir à l'administration des agents plus perspicaces dans la poursuite des actions qui leur sont confiées et plus motivés dans leur réalisation.

Pour prouver son attachement à une telle perspective, la direction du budget vient d'obtenir un important financement pour les douanes. Ce financement qui intervient dans le cadre du Plan d'Action Gouvernemental pour l'Amélioration et la Modernisation des Finances Publiques (PAGAM-GFP) est destiné au renforcement des capacités et à la réalisation de certaines infrastructures.

Incontestablement, on s'aperçoit que la direction du budget ne ménage aucun moyen pour renforcer ses relations avec la direction des douanes en vue d'un suivi des ressources douanières. Pour cela, elle agit en prenant des initiatives sur la base de la confiance, du pragmatisme et de la sincérité. Sur la base de telles relations, elle peut envisager des décisions objectives, comme en bon père de famille (prudent, diligent et tolérant), et servir ainsi les intérêts de tout le système financier de l'Etat dont le fonctionnement repose sur les recettes budgétaires. C'est dans un tel sens, qu'il faut également comprendre les relations de la direction du budget avec la direction des impôts.

CHAPITRE II

LES RELATIONS AVEC LA DIRECTION DES IMPÔTS

Les relations tissées entre les directions du budget et des impôts sont institutionnelles, continues et très anciennes. Elles peuvent même être qualifiées d'originelles si nous nous referons aux enseignements des finances publiques ou du droit constitutionnel selon lesquels le droit budgétaire puise sa source dans l'impôt. Car, comme l'écrit G.ARDANT, « *l'histoire traditionnelle et les documents qui se précisent au fur et à mesure que nous descendons le cours du temps semblent lier assez nettement la création d'Etats puissants à l'apparition de l'impôt* »[310].

Afin de financer les charges publiques, l'Etat détermine à travers la loi de finances, la nature et le montant des ressources requises, tout en tenant compte de l'équilibre financier et des objectifs économiques et sociaux qu'il a préalablement définis.

Selon le Doyen Gaston JEZE « *Dans les finances publiques modernes, l'impôt est la principale source de recettes alors que, dans les finances publiques des anciennes monarchies, l'impôt était une recette extraordinaire qui avait un caractère subsidiaire et complémentaire... Il est aujourd'hui la recette ordinaire principale et cela non seulement par l'importance des ressources qu'il procure, mais encore et surtout par sa nature même* »[311].

La principale fonction de l'impôt est la couverture des charges publiques, comme l'indique l'article 13 de la déclaration des droits de l'homme et du citoyen de 1789 qui énonce que « pour l'entretien de la force publique et ses dépenses d'administration, une contribution commune est indispensable ». La logique que revêt cette caractéristique

---

[310] Voir G-ARDANT, *Histoire de l'impôt*, Fayard, 1972, t. II p. 849.
[311] Voir Gaston JEZE, *Cours élémentaire* de *science des finances et de législation financière française*, 5e édition M.GIARD et E. BRIERE Libraires Editeurs, 1912.

est partagée par la direction du budget qui est confrontée à deux postulats simultanés, à savoir : maintenir une pression fiscale mesurée pour ne pas éreinter les contribuables et disposer des ressources indispensables au bon fonctionnement de l'Etat. Dans tous les cas, l'impôt représente actuellement une part prépondérante des recettes inscrites dans la loi de finances du Mali et son évolution est concomitante à l'évolution constitutionnelle du pays[312].

La relation entre la direction du budget et la direction des impôts devient difficile à définir si on se contente d'analyser les textes de création de ces directions. Elles sont deux administrations centrales rattachées au ministère des finances. Elles sont chargées de la mise en œuvre de la loi de finances et doivent, à ce titre, coopérer. Elles doivent donc dépasser leurs différends, même si elles ne nourrissent pas toujours les mêmes préoccupations. Le plus important, c'est que, ensemble, elles partagent le souci de la couverture des charges publiques. Ainsi, si c'est de loin que la direction du budget assiste à l'organisation et au fonctionnement des services de la direction des impôts, tout en y jetant un œil intéressé (***Section I***), leurs relations de collaboration et de travail semblent plus approfondies dès qu'il s'agit de la répression de la fuite devant l'impôt (***Section II***).

Section1 : Distance et collaboration entre les directions du budget et des impôts dans l'organisation et le fonctionnement des services des impôts

De par son rôle qui consiste à préparer, arbitrer et suivre l'exécution du budget, ou à proposer le cas échéant les mesures les plus appropriées pour la réalisation des objectifs financiers et socio-économiques fixés

---

[312] Voir, Eloi DIARRA, *L'histoire constitutionnelle du Mali.* « *L'évolution constitutionnelle du Mali depuis l'indépendance…Au fond, les dirigeants faisaient peu cas du droit et de la Constitution. Seule la lutte pour un développement économique rapide utilisant tous les moyens financiers et juridiques, importait. On nageait dans l'euphorie d'un progrès social et d'une croissance rapide.* » Revue juridique et politique des Etats francophones, 2010 n° 2 pp 249-250. Voir aussi le Livre d'or du cinquantenaire des impôts d'hier à aujourd'hui : « la Direction générale des impôts d'aujourd'hui est l'héritière et gardienne de plusieurs politiques organisationnelles initiées et mises en œuvre par les différents gouvernements qui se sont succédé de 1960 à nos jours », ouvrage publié par la direction des impôts du Mali en 2011, document interne.

par le gouvernement, la direction du budget est dans l'obligation d'entretenir des relations avec la direction des impôts. Il s'agit d'un rôle qu'il n'est pas aisé de tenir. Assise sur le principe du consentement à l'impôt et l'importance de l'impôt dans le financement des politiques publiques, la direction des impôts va vouloir en imposer à la direction du budget. En d'autres termes, on peut dire que les relations entre les directions du budget et des impôts posent un problème d'organisation et de structuration.

La direction des impôts a une histoire plus ancienne que celle du budget. Institution financière qui a longtemps symbolisé la puissance de l'administration coloniale, son évolution historique mérite d'être présentée. En outre, elle a comme prérogative exclusive celle de concevoir et de préparer les textes fiscaux à caractère législatif et réglementaire.

Compte tenu de son droit d'aînesse, on peut deviner sans peine que la direction des impôts ne voudra pas s'en laisser imposer par la direction du budget. En tant que structure forte du Ministère des finances, elle mérite d'être présentée en tant que telle dans son organisation (***Paragraphe I***) et dans ses attributions (***Paragraphe II***). On verra que la direction du budget ne participe ni à la mise en place de la première ni à l'exercice des secondes, mais y est fortement intéressée.

Paragraphe I : une exclusion de la direction du budget dans l'organisation des services fiscaux, pas forcément de leur action

La direction des impôts est l'une des plus anciennes administrations du Mali. Ses agents constituent l'un des plus grands corps[313] de l'Etat. Ils jouissent d'une très grande spécialisation et ont été formés dans des

[313] Jean-Claude THOENIG, *l'ère des technocrates* : « Le fin du fin, ce sont les Grands Corps de l'Etat. De 1000 à 10 000 personnes… Les tentacules de la pieuvre sont puissants. Monarchie ou république, gouvernement de droite ou gouvernement de gauche, au milieu du XX è siècle ou à la veille du XXI è siècle, ces castes demeurent en place. Certes les individus changent, et il y a des modifications dans les castes. Telle caste perd de son influence – les normaliens à la fin de la III è République -, telle autre monte en flèche – E.N.A. dès les années 1950. Cependant, le tableau reste identique dans sa structure. L'accès aux sommets est fermé à toutes les personnes qui n'appartiennent pas à ce petit milieu, à ce haut de gamme », Logiques sociales, L'Harmattan, 1987, p 14.

écoles parmi les plus distinguées, en France, aux Etats-Unis ou au Canada.

Sa date de création remonte à la loi n° 59-50/AL/RS adoptée par l'Assemblée législative du Soudan colonial le 28 décembre 1959. Cette loi lui a assigné les missions suivantes :

- l'étude et la préparation des textes fiscaux en liaison avec tous les services et organismes intéressés ;
- la coordination des divers services fiscaux ;
- l'étude des questions relatives à l'application de la convention douanière du 9 juin 1959 ;
- la préparation, en liaison avec tous services intéressés, des dossiers pour les commissions paritaires et les commissions d'experts prévues par cette convention.

Bien entendu, à cette époque, la direction du budget n'existait pas et ne saurait prétendre jouer un quelconque rôle. La direction des impôts a profité de cette absence institutionnelle, pour régner sur le système financier jusqu'à la création d'une direction du budget dotée de missions budgétaires spécifiques et stratégiques. Quelle a été l'évolution de la direction (**A**) et quelles sont ses structures actuelles (**B**) ?

A- L'évolution de la direction des impôts

Malgré son organisation rigide excluant toute intervention de la direction du budget, il est possible de se référer à l'évolution institutionnelle de la direction des impôts pour qualifier la nature de la relation qui peut être tissée entre ces deux institutions.

La fiscalité et l'administration fiscale apparaissent comme en mathématique des fonctions dérivées dont la primitive est constituée par le contexte politique, social et économique. Par conséquent, pour comprendre l'évolution institutionnelle de l'administration fiscale, il importe de savoir établir le lien entre la structure organisationnelle de cette administration et le système fiscal dérivé des choix politiques et socio-économiques. Dans un tel contexte, le système fiscal et son administration sont perçus comme les instruments appropriés du

Gouvernement dans la poursuite de ses politiques. On peut alors distinguer deux époques dans la vie de la Direction des impôts une période de centralisation de 1960 à 1980 suivie d'une période de décentralisation à partir de 1981.

Une période de centralisation de 1960 à 1980

Créée près de trois décennies avant la direction du budget, la direction des impôts a connu une série d'évolutions.

La loi du 28 décembre a régi l'organisation des impôts jusqu'en 1967. A cette date, la loi n° 67-12-AN-RD du 13 avril 1967 portant création de la direction nationale des impôts et des domaines (D.N.I.D) est adoptée. Elle précise que la direction est dirigée par un directeur général nommé par décret pris en conseil des ministres sur proposition du ministre des finances.

Le décret N° 170/P-GRM du 29 novembre 1967 organisa le fonctionnement de ladite direction, avec un service central chargé des études, de la conception, de la préparation et du contrôle des textes concernant la politique fiscale, douanière et domaniale et des services techniques chargés de l'application des textes. Le service central comprenait quatre divisions (division législation et contentieux, division d'études et documentation, division statistique et comptabilité, division du personnel et matériel) et une brigade nationale d'investigation. Les services techniques étaient au nombre de trois : service des impôts, service des douanes et conservation des domaines du cadastre et de la curatelle

Ce type d'organisation rigide et inefficace a prévalu jusqu'en 1980. Fut alors adoptée la loi n° 81-70/AN-RM du 15 Août 1981 fixant les règles relatives à la liquidation et au recouvrement des taxes indirectes et assimilées. Cette loi a surtout innové en reconnaissant au receveur des taxes indirectes le droit d'accorder des modérations sur le montant des frais de poursuites et majorations lorsque le montant ne dépasse pas 50 000 francs.

Cependant, il faut préciser que ce changement est dû plus à la pression environnementale qui s'exerça sur la direction des impôts pour s'ouvrir à l'extérieur, qu'à la volonté de cette dernière d'opérer un changement. En effet, cette loi a été adoptée dans un contexte de vive tension au niveau de la trésorerie de l'Etat. Elle a été motivée par le souci d'améliorer la mobilisation des impôts indirects et taxes assimilées, dont les restes à recouvrer étaient des plus élevés. Par la suite, la stratégie a consisté à responsabiliser les services d'assiette dans le recouvrement des droits liquidés et émis en matière d'impôts indirects. Mais, il faut souligner ici, que derrière la partie immergée de l'iceberg, il ya la direction du budget qui a constamment proposé au ministre des finances une stratégie pour un meilleur recouvrement des taxes indirectes et assimilées. Elle a été appuyée en cela et soutenue par le Fonds monétaire international (FMI) et la Banque mondiale, en accompagnement au premier Programme d'ajustement structurel (PAS), que le Mali venait de signer avec ces institutions.

La période de décentralisation à partir de 1981

La rigueur scientifique exige que l'on rappelle que ce fut à partir du Programme d'ajustement structurel que d'importantes réformes des finances publiques ont été entreprises à cette période ; elles ont permis au pays d'atteindre des performances macroéconomiques sous-tendues par des efforts dans le domaine de la gestion financière de l'Etat.

Les partenaires financiers comme le FMI ont alors exigé d'avoir une interface locale pour suivre la coordination du processus budgétaire et financier avant d'accorder leur aide[314]. Ce fut la direction du budget. C'est la raison pour laquelle la direction du budget a multiplié ses interventions auprès du ministre des finances sur la situation des rentrées fiscales et leur influence sur le respect des échéances programmées lors du cadrage budgétaire. Le ministre a alors instruit à la direction des impôts de se rapprocher de la direction du budget en vue de coordonner les dispositions stratégiques nécessaires à cet effet.

---

[314] Voir S. MESPLE-SOMP Set M.RAFFINOT, *Réforme budgétaire et gestion par les objectifs dans les pays à faible revenu (Burkina Faso et Mali)*, document de travail Dial/Unité de recherche, Cipré, nov. 2003, inéd. , p.5. Cité par Salif YONABA, *les finances de l'Etat burkinabè*. Collection Précis de droit burkinabè, PADEG, 2006, p.81.

C'est dans cette optique que le décret n° 58/PG-RM du 26 février 1985 portant organisation et modalités de fonctionnement de la direction nationale des impôts a été pris. Il la structura en division de « l'informatique et de la statistique », division « Recherche et vérifications » et en directions régionales des impôts. Par la suite, des centres des impôts furent créés sur décision du directeur national des impôts (décision n°009/DNI du 29 juin 1988).

La nouvelle étape importante est celle initiée par l'ordonnance n° 002-058/P-RM du 5 juin 2002. Elle crée la direction générale des impôts (DGI) et est à l'origine de tout le dispositif en vigueur aujourd'hui ; elle a imprimé une nouvelle philosophie basée sur la responsabilisation, l'esprit de performance et de rentabilité à la direction des impôts. Cette ordonnance confie à la DGI la mission de préparer la réglementation fiscale relative aux impôts, droits et textes intérieurs et d'en en assurer l'application, d'asseoir, liquider, contrôler et recouvrer les impôts, droits et taxes intérieurs perçus au profit de l'Etat, ou le cas échéant, des collectivités territoriales et des organismes publics ou parapublics et enfin de gérer le contentieux des impôts.

Dans le sens de la performance et de la rentabilité, suite aux observations répétées de la direction du budget, de nouvelles directions ont vu le jour, telles la direction des grandes entreprises et la direction des moyennes entreprises. L'ordonnance n° 09-29/P-RM du 25 septembre 2009, portant création de la direction des grandes entreprises[315] mit fin à la non fiscalisation de certaines grandes entreprises. Cette nouvelle direction a « pour mission de gérer, asseoir, encaisser et recouvrir tous les impôts, droits et taxes intérieurs dus par les entreprises dont le chiffre d'affaires annuel est supérieur à 500 millions de francs CFA ». Le seuil du chiffre d'affaire peut être modifié

---

[315] Thierry DUFANT, *La direction des grandes entreprises* : « Face à elles, l'administration fiscale était organisée territorialement, multipliant les opérateurs et les guichets. Les dossiers des entreprises étaient gérés par les services fiscaux de façon indifférenciée, ce qui ne permettait pas aux agents de disposer de la technicité nécessaire pour apporter un service de qualité et pour obtenir la meilleure efficacité…Pour répondre à ces questions, la Direction générale des impôts (DGI) a décidé de transformer profondément son organisation. Elle a créé à Pantin (Seine-Saint-Denis), un nouveau service à compétence nationale, la direction des grandes entreprises (DGE), interlocuteur fiscal unique des grands groupes». RFFP. n° 89, LGDJ, février 2005, p. 110.

en tant que de besoin, par le ministre en charge des finances. L'ordonnance n°09-030/P-RM du 25 septembre 2009[316] portant création de la direction des moyennes entreprises lui fixe « pour mission de gérer, asseoir, encaisser et recouvrer tous les impôts, droits et taxes intérieurs dus par les entreprises dont le chiffre d'affaires annuel est égal ou supérieur à 150 millions de francs CFA et inférieur à 500 millions francs CFA »[317].

Ces modifications sont dues au travail de la direction du budget auprès du ministre des finances, au rôle que lui ont reconnu les organisations financières internationales et à la nécessité d'améliorer le rendement fiscal. Elle n'est donc pas pour rien dans l'organisation et le fonctionnement actuel de la DGI.

B - Les principales structures et leur fonctionnement

L'organisation des structures de la direction générale des impôts (DGI) repose sur le décret n° 09-533/P-RP du 6 octobre 2009.

En premier lieu, un directeur général. Nommé, sur proposition du Ministre chargé des finances, par décret pris en conseil des ministre s, il est le premier responsable de la direction. Il est assisté d'un directeur adjoint, nommé, sur sa proposition, par arrêté du ministre des finances. La direction du budget, associée à tous les textes présentant des enjeux budgétaires ou financiers s'écarte généralement de ces nominations pour ne pas heurter la susceptibilité des cadres du budget ou les intérêts politiques de son ministre.

En second lieu, le staff de la direction se compose de cinq cellules : la cellule des affaires générales, la cellule planification et suivi, la cellule communication, la cellule politiques fiscales, la cellule formation. Elles sont directement rattachées au directeur général.

Ensuite, les autres structures, au nombre de quatre, ont des sous directions : la sous-direction organisation et contrôle des services, la sous-direction législation fiscale et contentieux, la sous-direction

[316] Ces deux ordonnances ont été validées par la loi n° 09-045 AN-RM et n° 09-046 du 19 novembre 2009.
[317] Formules reprises des ordonnances elles-mêmes.

recherche, enquêtes et appui à la vérification et la sous-direction Informatique. Par ailleurs, les directions des grandes entreprises et des Moyennes entreprises sont rattachées à la direction générale des impôts. Enfin, la direction générale des impôts est représentée dans les régions et le district de Bamako par les directions régionales, au niveau des cercles et des communes du district de Bamako par les centres des impôts.

Le fonctionnement du service fait l'objet du chapitre II de la loi. A cet effet, l'article 29 dispose que, sous l'autorité du directeur général, les sous directeurs et les chefs de cellule, préparent les études techniques, les programmes d'action concernant les matières relevant de leur compétence et procèdent à l'évaluation périodique des programmes d'action mis en œuvre. Les sous-directeurs coordonnent et contrôlent les activités de leurs divisions respectives. Cette activité de contrôle s'exerce sur les services régionaux et subrégionaux des impôts et autres services rattachés.

Selon l'article 30, les chefs de division fournissent, à la demande des sous directeurs, les éléments d'informations indispensables à la préparation des études et des programmes d'action, ils procèdent à la rédaction des directives et instructions concernant leur propre secteur d'activités.

Dans toute cette organisation, on ne voit nulle part apparaître directement la Direction du budget. Cependant, elle se manifeste lors de la détermination des compétences des divisions et autres services, afin que celles qui leur sont dévolues n'empiètent pas les prérogatives de ses propres divisions et services.

Ainsi, la direction des impôts est organisée pour être en mesure de disposer du monopole de la contrainte juridique[318] en matière fiscale. Cependant, lors des réunions préparatoires du budget de l'année N+1ou à mi-parcours, dans sa présentation liminaire, le directeur du budget

[318] Cette expression voudrait dire que la puissance de l'Etat s'exprime d'abord dans et par la norme juridique ; car l'Etat dispose du pouvoir d'édicter les normes que les individus doivent respecter sous peine de sanction. Ainsi, l'Etat et le droit forment un couple inséparable. Voir Jacques CHEVALLIER, *Science administrative,* op.cit, p. 87

tient toujours à rappeler les fonctions de l'impôt, à savoir la fonction de rendement financier, sa fonction de stimulant de l'économie et sa fonction de péréquation sociale.

En effet, selon le doyen Gaston JEZE [319]*« un bon système d'impôt doit... être productif, c'est à dire donner toutes les ressources nécessaires pour couvrir les dépenses publiques, être élastique, c'est à dire donner facilement ces recettes, même des besoins extraordinaires apparaissent »*. La fonction de stimulant de l'économie est inscrite dans le dispositif du code général des impôts et dans celui du code des investissements, textes dont l'application revient à la direction des impôts.

La direction du budget développe justement toute une réflexion sur les stratégies appropriées à cet effet, afin de permettre au pays de relever tous les défis dans ce sens. Sur la mise en œuvre de cet interventionnisme fiscal, la direction du budget et la direction des impôts peuvent se trouver en conflit, l'une insistant davantage sur les effets économiques au détriment du rendement fiscal. L'arbitrage revient alors au ministre des finances.

Enfin, la fonction de péréquation sociale s'est traduite, depuis 2002, dans un programme de lutte contre la pauvreté qui a pris la dénomination de Cadre stratégique pour la croissance et la réduction de la pauvreté (CSCRP). Ce programme prévoit l'affectation d'une part importante des ressources intérieures au financement des dépenses sociales.

La direction du budget étant chargée du suivi de ce programme, elle joue un rôle d'impulsion auprès de la direction des impôts, afin qu'elle fournisse plus d'effort pour augmenter les recettes intérieures. Une telle suggestion provoque parfois une riposte vive de la part du directeur des impôts, au motif qu'il lui est techniquement impossible de dépasser le seuil actuel d'imposition.

Or, le gouvernement tient beaucoup aux objectifs sociaux de ce programme, santé, éducation et logement. Le directeur du budget se fait

[319] Gaston JEZE, op. cit p.763.

le chantre de cette mélodie auprès des services d'assiettes, qui ne l'écoutent jamais sans l'intervention du ministre des finances, ou une recommandation de la commission des finances de l'Assemblée Nationale. Dans ce conflit, le directeur du budget peut aller jusqu'à mettre en cause la probité des services d'assiette[320] et à rappeler le principe de l'égalité devant l'impôt[321]. Bref, les motifs de conflit ne manquent pas et l'arbitrage ministériel est fréquent. Mais la direction du budget et la direction des impôts peuvent s'associer toujours dès qu'il est question de réformes fiscales. En effet, l'initiative de ces réformes provient souvent de la première, qu'il s'agisse de l'élargissement de la TVA ou de l'instauration de l'impôt synthétique. La direction des impôts lui amène alors son soutien dans sa démarche. Cette marque de solidarité est positive, car elle traduit l'idée que l'administration est une chaîne.

Mieux, la direction du budget dans son rôle du suivi de l'exécution des recettes, sait bien qu'en matière fiscale, comme dans tout système d'organisation, il n'est pas possible d'obtenir une solution définitive à un problème posé ; et il est chimérique de prétendre à une rationalité absolue qui est hors de la compétence humaine. Malgré tout, elle va s'allier à la direction des impôts et multiplier les efforts pour convaincre, inciter, négocier et même marchander avec tous les acteurs : décideurs, au sommet de l'Etat, les techniciens de l'administration, les représentants des contribuables (par exemple le patronat) et surtout les partenaires techniques financiers pour parvenir à ses fins. Ainsi, si les réformes sont proposées par le gouvernement et votées par le parlement, il faut savoir que leur origine provient la plupart du temps d'une concertation ou d'une alliance entre les directions du budget et des impôts[322].

---

[320] Effet, ceux-ci ne sont-ils pas ceux qui appliquent les exonérations et autres réductions d'impôts ? Soit par clientélisme, soit par copinage, des agents peuvent être tentés d'en accorder plus que la législation ne le prévoit. Le directeur du budget n'hésite pas à condamner de tels comportements et à les dénoncer auprès du Ministre chargé des finances.

[321] En droit français, ce principe trouve sa consécration dans l'arrêt du Conseil d'Etat du 4 février 1944, Sieur Guieyes, rec. p. 45.

[322] Rappel de quelques réformes fiscales :

- Ordonnance n° 6/CMLN du 27 février 1970 portant adoption du code général des impôts du Mali et introduction de l'impôt sur les affaires et services (IAS) ;

Si, de façon générale, la loi fiscale résulte d'une collaboration entre la direction du budget et la direction des impôts, une concertation plus diffuse existe aussi entre les deux directions dans le processus de perception des impôts ou plus exactement de mise en recouvrement.

Paragraphe II : L'exercice du processus de perception des impôts sous le regard intéressé de la Direction du budget

Les services de la direction des impôts sont chargés de la mise en œuvre du processus de recouvrement des impôts. Ils sont parfois chargés de la perception même de certains impôts. Ils utilisent pour cela l'ensemble des techniques fiscales.

Le Livre de procédures fiscales complète le Code général des impôts et facilite la compréhension des techniques fiscales pour tous les usagers. Certaines techniques permettent de déterminer la matière et le montant imposable par l'administration, qu'il s'agisse de revenus immobiliers, de revenus fonciers, de revenus des valeurs mobilières, de revenus salariaux, etc. Certains procédés sont dits réels ; d'autres sont fondés sur des signes extérieurs appelés aussi signes indiciaires. D'autres éléments des techniques fiscales portent sur le calcul de l'impôt ; d'autres enfin sur le recouvrement.

La direction des impôts a compétence pour mettre ces méthodes en œuvre ; elle verrait d'un très mauvais œil que la direction du budget

---

- Loi n° 81-08/AN-RM du 11 février 1981 créant la Banque nationale de développement agricole et lui octroyant une exonération permanente de l'impôt sur les bénéfices industriels et commerciaux ;
- Loi n° 90-115/AN-RM du 31 décembre 1990 instituant la taxe sur la valeur ajoutée et supprimant l'impôt sur les affaires et services ;
- Loi n° 93-003AN-RM du 3 février 1993 instituant un acompte sur divers impôts et taxes (ADIT) ;
- Loi n° 99-012/AN-RM du 1er avril 1999 transcrivant la directive n° 01/98/CM/UEMOA généralisant la TVA et créant la taxe unique sur les activités financières (TAF) ;
- Loi n° 99-011/AN-RM du 1er décembre 1999 instituant l'impôt synthétique, impôt unique frappant les affaires et services du secteur informel ;
- Depuis 2000, plus de cinq modifications importantes du code général des impôts sont intervenues.

tente de s'immiscer dans leur exercice. De son côté, la direction du budget, se méfie toujours des chiffres et projections de recettes pronostiqués par les services des impôts et qui passent souvent de la fascination lors des prévisions à la frayeur au moment de l'exécution, tant le gouffre paraît béant entre les deux. Aussi, entre les directions du budget et des impôts les relations sont suspicieuses à cause de la présomption de manipulation qui pèse sur l'administration fiscale, surtout qu'elle n'hésite jamais à afficher un grand optimisme [323]dans la collecte de l'impôt pour l'exercice à venir. Or comme l'affirme le professeur G. ARDANT, « *on a trop souvent tendance à oublier que le système fiscal le mieux conçu ne vaut que par l'administration qui le met en œuvre* ».[324]

C'est pourquoi, même si elle n'intervient pas dans la mise en œuvre des techniques fiscales, la direction du budget s'y intéresse néanmoins dans la mesure où ces techniques déterminent concrètement le niveau des recettes attendues et qu'elle a, dans ses prérogatives, celle du suivi des recettes budgétaires. C'est l'explication de son intérêt pour la mise en œuvre des techniques fiscales. Celles-ci portent tout d'abord sur la détermination de la matière imposable et sur le calcul de l'impôt (**A**) et ensuite sur la mise en recouvrement et le paiement de l'impôt (**B**).

A – L'assiette et la liquidation des impôts

Les deux étapes les plus délicates de l'exécution des impôts sont l'assiette et la liquidation. Le rendement de l'impôt leur est en effet foncièrement lié. Mais ce sont aussi les étapes où il importe de concilier les impératifs de justice et de rendement ; la justice est le gage de sûreté et de protection des droits des contribuables, le rendement est lié aux prérogatives et aux missions collectives de l'Etat. La science fiscale a pour finalité d'assurer l'équilibre entre exigence de rendement et de justice. Montesquieu avait déjà présenté l'impôt comme la conciliation de deux nécessités en écrivant que « *pour bien fixer les revenus de*

---

[323] Expression utilisée par un agent du budget pour dire qu'au moment des prévisions, pour impressionner le ministre , la direction des impôts fait croire qu'elle est performante et qu'elle peut atteindre le meilleur record en recettes. Mais au moment de l'exécution, elle présente toujours des chiffres inférieurs justifiés par des restes à recouvrer.

[324] Gabriel ARDANT *Histoire de l'impôt,* Fayard, 1972, tome 2, p. 356.

l'Etat, il faut avoir égard et aux nécessités de l'Etat et aux nécessités des citoyens »[325].

A partir de ces nécessités, la direction du budget a toute légitimité pour surveiller, suggérer ou veiller sur les activités des services des impôts dans l'utilisation des techniques fiscales à l'occasion des opérations d'assiette et de la liquidation.

1– Les opérations d'assiette

L'assiette représente l'ensemble des opérations administratives de recherche de la matière imposable et d'évaluation des bases d'imposition. Seule l'administration fiscale est compétente pour établir l'assiette de l'impôt. Asseoir l'impôt revient à dégager la cause immédiate de l'imposition. C'est une opération importante du prélèvement fiscal qui comporte la détermination des personnes imposables et la détermination de leurs facultés contributives en richesses, activités ou opérations pouvant supporter l'impôt. L'assiette consiste également en l'évaluation de la matière imposable [326]ou évaluation des facultés contributives pour obtenir la base d'impositions. Les méthodes de détermination de la matière imposable sont nombreuses et variées. L'administration fiscale peut recourir à la déclaration de la matière par le contribuable lui-même, mais elle peut aussi mener des enquêtes pour la déterminer ; enfin, des tiers peuvent porter la matière imposable à la connaissance de l'administration.

L'autre versant de l'assiette concerne l'évaluation de la matière imposable ou la détermination du montant imposable. Cette opération fait intervenir beaucoup de facteurs : par exemple les exonérations prévues par la loi fiscale ou inscrites dans des lois de finances afin de

---

[325] Voir MONTESQUIEU, *Esprit des lois*, livre XIII chapitre I

[326] La matière imposable est aussi désignée par le terme base d'imposition ou de taxation et elle concerne la quantité d'éléments imposables (éléments matériels ou données monétaires). Il peut s'agir par exemple : du bénéfice annuel, du salaire mensuel des loyers, de tout ou partie des éléments de la fortune, du chiffre d'affaires, du poids ou de la valeur du produit importé, du prix d'acquisition de l'immeuble. Des techniques qualifiées de régimes déclaratifs permettent d'évaluer les bases d'imposition, tels le régime du bénéfice réel, le forfait, l'évaluation administrative ou indiciaire.

promouvoir certaines activités, qu'elles soient économiques, financières ou sociales. Toutes ces opérations sont réalisées par le fisc, indépendamment de toute intervention de la Direction du budget.

Cependant, la direction du budget, chargée de suivre l'exécution de la loi de finances, va s'intéresser à certains aspects de cette activité. Ainsi, elle va s'intéresser aux personnes imposables. Celles-ci peuvent être des personnes physiques ou morales. Elles sont identifiables à l'aide de la technique du recensement (jugée archaïque) ou de la technique de l'obligation de déclaration d'existence (jugée moderne) et imposée par la loi pour la plupart des impôts. Elle voudra savoir, par des voies parallèles dont les dénonciations, si elles ne bénéficient pas de traitement de faveur ou de sous-évaluation de leur matière imposable de la part de certains agents, en contre- partie d'avantages matériels, si leurs activités ne sont pas soustraites de l'impôt à cause de leur situation spécifique à travers les exemptions ou exonérations.

2- Les opérations de liquidation

La liquidation désigne l'opération qui intervient à la suite de la détermination de la base imposable. Elle permet de calculer le montant de l'impôt dû. Il s'agit donc d'appliquer sur le montant imposable le taux, le tarif ou le barème inscrit au code général des impôts. Cette opération intéresse la direction du budget, car elle permet de déterminer le montant de la dette fiscale du contribuable envers l'Etat et qui lui sera communiqué par l'entremise du trésor, pour la tenue de ses écritures statistiques.

B – L'organisation du recouvrement

Le recouvrement est une technique fiscale permettant le versement du montant de l'impôt, préalablement calculé, dans les caisses du trésor public. Les modalités de paiements[327] sont diverses. Il peut s'agir d'un

[327] Selon Gérard LEGRAND : le recouvrement de l'impôt. « Le paiement des impôts, droits et taxes peuvent être opérés selon les moyens usuels (numéraire, chèque etc..) ou spécifiques, autorisés par la loi avec parfois plusieurs restrictions ; en effet de recours au télé- paiement est exigé dans certains cas tandis qu'il n'est pas permis de s'acquitter de ses dettes de TVA au moyen d'une cession de créances, dès lors

paiement au comptant : c'est le cas où le paiement suit le fait générateur ; l'agent liquidateur est aussi chargé du recouvrement comme c'est le cas des droits d'enregistrement. Il peut s'agir d'un paiement après constatation : ce cas implique l'intervention de deux agents le premier fait la liquidation, plus tard un second interviendra pour faire le recouvrement. Le recouvrement peut s'opérer par une retenue à la source, comme des employeurs peuvent y procéder en retranchant directement du salaire l'impôt dû et en reverser ensuite le montant au trésor.

Précisons au passage que le paiement de l'impôt est en principe spontané, c'est-à-dire volontaire, parfois, même avant sa date d'exigibilité, comme l'indique l'article 228 du Livre de procédures fiscales du Mali[328] : « Certains impôts peuvent être exceptionnellement recouvrés avant l'émission des rôles ou des rapports de liquidation. Ces recouvrements donneront obligatoirement lieu, à chaque fin de trimestre, à l'établissement des rôles de régularisation avant d'être pris définitivement en charge par les comptables publics ». Cependant, le recouvrement peut, en cas de résistance, être opéré par des procédés coercitifs.

Les rôles sont des listes établies par l'administration fiscale, afin de permettre de recouvrer les impôts directs et taxes assimilées, ils sont rendus exécutoires par décision de l'autorité administrative centrale qui peut déléguer son pouvoir d'homologation au directeur des services fiscaux et à ses collaborateurs qui ont un grade équivalent à celui de chef de division. Ils précisent les bases d'imposition, l'identification du contribuable, les éléments de liquidation de l'impôt, le montant à payer ainsi que la date de mise en recouvrement et le bénéficiaire. La

---

qu'aucun texte ne le prévoit ». CE 27 juillet 2005 n° 257241, Sté Tecenet : RJF 11/2005 n°1302. LexisNexis Litec 2006, p.43.

[328] Voir le Livre de procédures fiscales, article 229 « l'homologation ou émission légale des rôles ou rapports de liquidation est la formalité qui leur confère la force exécutoire. Elle consiste à l'approbation des dits documents par décision du directeur général des impôts. Le directeur général des impôts peut déléguer ses pouvoirs, selon le cas, au sous-directeur des grandes entreprises, au directeur des impôts du district de Bamako, au directeur régional des impôts ou au Préfet territorialement compétent en ce qui concerne l'homologation ou l'émission légale des rôles ou rapports de liquidation d'impôts directs et taxes assimilées ».

vérification des rôles et des rapports de liquidation est opérée par les comptables. Après quoi, le comptable public émet l'avis de recouvrement. Ce titre exécutoire recouvre les mêmes effets qu'en France, comme l'écrit Gérard LEGRAND : « *l'avis de mise en recouvrement est émis, signé et rendu exécutoire par le comptable de la direction générale des impôts du lieu de la déclaration ou d'imposition du redevable et en cas de changement de lieu de celui qui est compétent à l'issue de ce changement, même si les sommes dues se rapportent à une période antérieure. Il est toutefois permis que les avis de mise en recouvrement soient également signés et rendus exécutoires sous l'autorité et la responsabilité du Directeur des services fiscaux aussi bien par le Receveur principal des impôts que par tout agent ayant au moins le grade de contrôleur* »[329].

Jusqu'en 2006, le trésor recouvrait, à la place des services fiscaux, les impôts directs. De même au niveau des régions et des cercles, pour des raisons de moyens humains et matériels, certains préfets et sous-préfets opéraient les recouvrements, en dépit de l'existence, au niveau de chaque région d'un centre des impôts appelé direction régionale des impôts. Actuellement, certains recouvrements sont opérés par les centres des impôts tandis que d'autres demeurent du ressort du trésor.

Le paiement est la phase ultime des opérations fiscales. Il peut s'effectuer par tous les moyens financiers admis, tels les espèces ayant cours légal au Mali, par des effets postaux ou bancaires certifiés. L'article 252 alinéa 3 du Livre des procédures fiscales habilite tous les comptables publics à recevoir les impôts directs payables chez leurs collègues. Mais le contribuable doit exiger en retour une quittance. Selon l'article 250, avec l'accord du comptable public et sous réserve de présentation éventuelle de garantie, le paiement peut être fractionné et échelonné sur une période qui ne doit pas excéder six mois à compter de la mise en recouvrement.

Cette situation ne facilite guère le rôle de la direction du budget dans le suivi des recettes budgétaires. Cependant, elle a conscience des difficultés qu'endure la Direction des impôts afin d'assurer l'exécution

---

[329] Gérard LEGRAND, *le recouvrement de l'impôt*, collection Litec Fiscal, éd. LexisNexis SA, 2006 Paris p. 33 et 34.

optimale des recettes budgétaires, en particulier pour obtenir le paiement des impôts. Aussi, sa seule exigence, c'est d'être régulièrement informée de l'état des rentrées fiscales. En cas d'écart important entre les prévisions et les rentrées, elle peut en saisir le Ministre chargé des finances et par son intermédiaire, elle pourra obtenir les explications nécessaires. Cependant, les réunions hebdomadaires des directeurs peuvent être l'occasion de faire le point.

Comme on le voit, tant dans l'organisation et le fonctionnement des services de la direction des impôts, la direction du budget n'intervient pas de façon directe. Cependant, elle est très intéressée par leur bon fonctionnement et leur efficacité dans le recouvrement des impôts. On peut regretter qu'il n'y ait pas davantage de liens institutionnels entre les deux directions et qui les obligent à se rencontrer régulièrement, au-delà de la coordination de l'action du ministère. On peut avoir le même regret en observant l'action entreprise par la direction des impôts dans sa lutte contre la fuite devant l'impôt.

Section II : L'action solitaire de la Direction des impôts dans sa lutte contre la fuite devant l'impôt

Par des pratiques illicites organisées ou non, des contribuables peuvent tenter d'échapper à l'impôt. Avec la porosité des frontières, notamment dans la partie septentrionale, toutes sortes de contrebandes s'organisent et favorisent la fraude douanière au Mali. Ces phénomènes doivent être combattus. Ils le seront par les services des impôts et par ceux de la douane.

Le législateur malien leur confère de nombreuses prérogatives dans ce combat[330]. En somme, l'action appartient aux services fiscaux et à ceux de la douane. La direction du budget est, a priori, totalement absente de l'action directe. En revanche, elle ne se désintéresse pas des résultats obtenus par lesdits services.

---

[330] Dans les développements qui vont suivre, il sera question que des services des impôts, mais leurs prérogatives peuvent être facilement étendues aux services de la douane.

Ainsi donc, il importe d'abord de cerner les éléments par lesquels se manifeste cette fuite ou allergie à l'impôt (***Paragraphe I***), avant d'étudier les moyens mis en œuvre par les services des impôts pour combattre la fuite devant l'impôt (***Paragraphe II***).

Paragraphe I : La fuite devant l'impôt

Dissimulation, inexactitude de déclaration, paradis fiscaux, fraude, évasion fiscale, voici toute une gamme variée d'expressions polymorphes que l'on utilise pour illustrer l'allergie notoire du contribuable à l'impôt. Il s'agit d'un phénomène général, dont l'ampleur est beaucoup plus accentuée dans les pays peu développés comme le Mali.

Certes, il est difficile d'avoir une idée exacte de l'impact de ces phénomènes sur les ressources budgétaires, une étude exhaustive n'ayant jamais été menée. Une telle évaluation aurait été très utile pour la direction du budget. Une telle évaluation devrait reposer sur des concepts clairs et précis. Or, en matière de fuite devant l'impôt, les choses ne sont pas très faciles. Aussi, dans un premier temps, va-t-on essayer de définir la fraude fiscale (**A**) avant de proposer une définition de l'évasion fiscale (**B**).

A – Essai de définition de la fraude[331]

La fraude fiscale est une notion ambiguë en droit fiscal à cause des multiples formes qu'elle peut revêtir ; ce qui se traduit par des qualifications variées comme : fraude à la loi fraude illégale, évasion légale, illégale, paradis fiscaux ou refuge, abus de droit, fraude souterraine, libre choix de la voie la moins imposée ou encore de sous-estimation fiscale, etc. Les expressions sont infinies. On se rend compte de la diversité des expressions utilisées pour qualifier la fraude et de

[331] P. M. GAUDEMET, J. MOLINIER « La fraude fiscale est une violation directe et volontaire de la loi fiscale. Le délit de fraude fiscale consiste à se soustraire frauduleusement ou à tenter de se soustraire frauduleusement à l'établissement ou au paiement total ou partiel de l'impôt ». Elle suppose ainsi des faits matériels tendant à éluder l'impôt et une intention délibérée de fraude. Elle peut prendre des formes variées : omissions volontaires de déclaration, dissimulation volontaire de la matière imposable, organisation d'insolvabilité, autres manœuvres etc.». Op.cit. p. 234.

l'absence de cette notion dans le code des impôts. Devant cette lacune, la direction du budget et la direction des impôts doivent s'inspirer du droit français qui a influencé la plupart des dispositifs législatifs nationaux.

En France, le Conseil des Impôts a estimé qu'« *il y a fraude dès lors qu'il s'agit d'un comportement délictuel délibéré, consistant notamment à dissimuler une fraction des recettes et à majorer des charges ; c'est la fraude qui fait l'objet de majoration pour mauvaise foi et éventuellement d'une répression*[332] *pénale. Mais si le contribuable a omis de bonne foi d'appliquer correctement les textes en vigueur, il y aura une simple erreur dont le redressement par les services fiscaux ne comporte généralement pas de majorations ou pénalités sous réserve des intérêts de retard* »[333].

La fraude apparaît d'abord comme un acte qui n'a d'autre mobile que d'échapper en partie ou en totalité à la contribution publique que la direction du budget a pour rôle de suivre. Et cet élément intentionnel est décisif dans la qualification de la fraude.

Pour sa part, Charles ROBBEZ-MASSON, dans sa thèse, définit la fraude en insistant sur la prépondérance de l'élément légal en ces termes : « *la fraude fiscale, comme toute infraction, est définie comme un fait "interdit", prévu et réprimé par la loi, que traduit excellemment l'adage latin "nullum crimen, null poena sine lege" qui a valeur de principe*[334] ».

On voit bien à travers ces différentes définitions que la qualification de la fraude est complexe. Aussi, s'est-on évertué à opérer une classification de la fraude fiscale. Une telle classification doit être fondée sur la dualité du contentieux applicable en la matière : selon que l'infraction à la loi fiscale relève de la compétence des juridictions administratives ou judiciaires ; ce qui revient à réserver au contentieux répressif administratif, le terme de droit fiscal répressif et au

---

[332] Charles ROBBEZ-MASSON, *Notion d'évasion fiscale en droit interne français*, thèse Grenoble, 1987, LGDJ, 1990, p. 104.
[333] Conseil des Impôts en France, Rapport au Président de la République en 1977.
[334] Charles ROBBEZ-MASSON : *Notion d'évasion fiscale en droit interne français*, op. cit. p. 104.

contentieux répressif judicaire, le terme de droit pénal fiscal. Les fraudes réservées au droit fiscal répressif sont les fraudes dites simples et qui représentent des cas mineurs sous forme de contraventions, telles les omissions volontaires de déclaration ou d'un élément d'assiette servant à l'établissement de l'impôt ou les inexactitudes et insuffisances commises de mauvaise foi par le contribuable dans son dossier de déclaration. L'intérêt est de pouvoir sanctionner ces cas de fraude par des pénalités supplémentaires qui ne pourront que renforcer l'exécution des recettes budgétaires.

Les fraudes complexes se manifestent par des manœuvres frauduleuses, consistant en des dissimulations matérielles, qui sont perpétuées avec les mêmes moyens que les fraudes simples ; mais qui sont confortées par lesdites manœuvres. Elles peuvent également se manifester à travers des dissimulations juridiques qui sont passibles de la même procédure de répression que les abus de droit. Ces fraudes ont des affinités avec le droit pénal.

En principe, l'administration fiscale est compétente pour qualifier les fraudes commises par les contribuables. Elle cède la place au juge pénal, surtout devant les cas considérés comme de la flagrance pénale[335]. Selon le professeur émérite Jacques GROSCLAUDE : « *S'agissant de la flagrance pénale, la procédure est aux mains du Procureur de la République qui dispose d'attributions fort importantes. Ainsi pour ne retenir que les plus significatives,... on peut citer qu'il peut procéder à des perquisitions, des réquisitions, convoquer des témoins, procéder à des gardes à vue, etc.* »

Ce qu'il convient de retenir, en la matière, est le fait que les juridictions judiciaires retiennent deux cas de fraude que sont les fraudes mixtes et les fraudes exclusivement pénales. Les fraudes à caractère mixte, chevauchant entre le droit fiscal et le droit pénal sont laissées à l'appréciation du contentieux fiscal. Ce qui permet à la direction du budget de suivre de près ces genres de fraudes difficiles à confier aux juridictions administratives ou judiciaires. Les fraudes exclusivement

---

[335] Jacques GROSCLAUDE, *La flagrance fiscale à l'aune de la flagrance pénale* : Mélanges en l'honneur de Robert HERTZOG : *Réformes des finances publiques*. Economica 2011, p.259.

pénales sont les plus graves et sont opérées souvent avec les moyens sophistiqués. C'est le cas des contrebandiers de grand chemin qui trafiquent des produits prohibés (drogues, alcool, cigarettes) et s'équipent avec des armes de guerre pour lever tous les obstacles sur leur passage. Ce genre de fraudes est exclusivement pénal et relève de la compétence du juge pénal, bien que représentant un aspect fiscal. La direction du budget laisse cette question se régler au niveau pénal. Ce qui ne l'empêche pas d'inviter les différents acteurs des structures financières ou intéressés par la question fiscale de réfléchir sur les solutions à apporter à la fraude.

Il est important de savoir que la fraude perdure à cause du fait qu'elle tire ses racines des structures politiques et sociales, tout comme le système fiscal. Au Mali, la direction des impôts est constamment harcelée par des groupes de pression de tous ordres pour demander le bénéfice d'un dégrèvement, d'une exonération ou exemption. Ces intervenants sont issus de tous les milieux sociaux : politiques, religieux, militaires, société civile.

Par ailleurs, dans les régions désertiques le trafic des marchandises est culturel car il s'identifie purement et simplement au commerce et à la bravoure. La direction du budget doit dans de telles situations mener des consultations au niveau social de base au sein des communautés locales.

B – La notion d'évasion fiscale

L'évasion fiscale[336] est une forme de fraude qui porte préjudice aux finances publiques. Pour le Professeur Loïc PHILIP, elle consiste, pour

---

[336] Charles ROBBEZ MASSON *La notion d'évasion fiscale en droit interne français*. La notion d'évasion y est décrite avec lyrisme en ces termes : « Evasion : action de s'évader, de s'échapper furtivement, de se libérer nous disent les dictionnaires contemporains. Le thème en tout cas est très connu dans sa signification la plus commune, entendons dans son sens figuré, et tellement suggestif d'un grand nombre de choses qu'on le voit fleurir un peu partout, sur les murs de nos villes, dans les pages de nos quotidiens, comme support publicitaire,... « Evasion » mot magique employé aujourd'hui comme s'il s'agissait d'une panacée !
Devant l'ensemble ou l'une quelconque des contraintes sociales du monde contemporain, l'homme a besoin de plus en plus d'espaces de liberté, de coin tranquille et de paradis naturels ou artificiels. De ce fait, les « vendeurs d'évasion en

le contribuable, à éluder une partie ou la totalité de l'impôt sans pour autant violer directement la loi. Elle consiste à tirer profit des lacunes ou insuffisances de la législation (et notamment, des possibilités qui offrent les règles du droit étranger), pour être moins imposé que ceux qui n'ont pas la même connaissance du droit fiscal. Elle peut consister aussi à fixer son domicile ou son activité dans un pays où la fiscalité est plus favorable.

L'évasion fiscale est donc une pratique qui inquiète la direction du budget qui assiste, impuissante, au transfert des capitaux devant contribuer à l'alimentation des recettes budgétaires, par une pratique qui n'apparaît pas dans l'ordonnancement juridique.

L'évasion fiscale peut prendre des formes diverses. La forme d'évasion fiscale la plus connue est celle qui permet au contribuable de rester sous l'emprise de la souveraineté fiscale nationale, tout en essayant d'échapper au paiement de l'impôt par l'exploitation stratégique des points faibles du système. Ainsi, P. M. GAUDEMET considère « *l'abstention comme le procédé le plus simple de fuite devant l'impôt : pour éviter l'impôt, le contribuable s'abstient d'accomplir l'acte taxé ou de disposer de la matière imposable* »[337]. Il faut préciser que l'abstention, en tant que forme d'évasion fiscale n'est pas très répandue car elle réclame du contribuable un effort de volonté. C'est par exemple, l'effort demandé aux fumeurs invétérés de renoncer au tabac pour ne pas payer plus d'impôts.

La seconde forme d'évasion fiscale est l'utilisation des lacunes du système fiscal pour éluder l'imposition. Ainsi, le contribuable peut aménager son patrimoine et ses intérêts de manière que l'administration

---

tous genres » ont un marché qui n'est pas prêt de se tarir. Chacun d'entre nous n'a-t-il pas en effet, à un moment ou d'un autre, aspiré à sortir du carcan dans lequel il se sentait étouffer ? Qui n'a jamais rêvé de s'évader ?
Le droit règle de conduite inhérente à toute vie en société, fait partie intégrante de ces contraintes sociales au sens large qui oppressent parfois l'individu. Lorsqu'une règlementation deviendra trop envahissante et aliénante, ou l'évasion fiscale est donc l'expression utilisée pour décrire l'infraction causée par un contribuable qui arrive toujours simplement lorsqu'elle sera « gênante », le justiciable cherchera à la fuir, s'en évader, d'une manière ou d'une autre, pour se placer dans une position qui lui sera plus favorable juridiquement ». LGDJ, EJA, Paris, 1990, pp.14-15.
[337] P. M. GAUDEMET et J. MOLINIER, op.cit. p. 237.

fiscale n'ait pas de prise sur lui. C'est donc là, une option offerte au contribuable pour choisir la « voie la moins imposée »[338]. C'est l'exemple du contribuable, qui, pour échapper à l'impôt sur le revenu des personnes physiques, place toute sa fortune en emprunt.

Enfin, à toutes ces formes vient s'ajouter une autre qui nécessite une coopération internationale soutenue entre la direction du budget et des impôts et d'autres structures internationales. Il s'agit de l'évasion fiscale internationale.

Cette forme d'évasion fiscale internationale, se rattache à l'assiette de l'impôt. Elle consiste à soustraire la matière imposable à la fiscalité nationale pour la placer sous une souveraineté étrangère. On peut ainsi citer l'exemple de nombreux navires qui battent pavillon du Libéria alors que leurs propriétaires sont ressortissants des pays développés. C'est également le cas des sociétés qui inscrivent leurs bénéfices dans les comptes d'une société où l'administration fiscale s'abstient de les rechercher ou ne peut les atteindre. Ainsi, des Maliens arrivent à déposer leurs biens dans des pays européens comme la Suisse, qui s'est donné comme spécialité d'accueillir les évadés fiscaux.

Alors, quelle solution à l'évasion fiscale ?

Selon Daniel GUTMANN : « En raison de leur formation et de leur pratique, les juristes sont convaincus que la règle de droit est le type de régulation sociale qui permet le plus efficacement de juguler les faux pas des acteurs de la vie économique. Lorsqu'ils exercent leur art en matière fiscale, les juristes considèrent donc que la lutte contre l'évasion fiscale est un exercice qui leur appartient : c'est la règle de droit fiscal (flanquée de son accessoire, la règle du droit pénal) qui doit dissuader, sanctionner et réprimer les comportements répréhensibles ».[339]La direction du budget devrait avoir des concertations avec la direction des impôts et les différents acteurs financiers des secteurs publics et privés, étendre ses contacts à la commission des finances de l'Assemblée Nationale, qui a une grande

---

[338] P-M. GAUDEMET et J. MOLINIER, Ibidem, p. 238.

[339] Daniel GUTMANN, *Les instruments non fiscaux de lutte contre l'évasion fiscale.* Réflexions sur la responsabilité sociale des entreprises. RFFP, N° 110. *L'évasion fiscale internationale.* LGDJ, avril 2010, p. 57.

influence sur l'ensemble des acteurs concernés, car généralement, ses recommandations sont prises au sérieux par toutes les parties en présence. Comme l'évasion fiscale se manifeste à la fois au plan national et international, il est nécessaire d'envisager sa solution à ces deux niveaux.

Au plan interne, il ressort que l'évasion fiscale perdure à cause de la complexité du système fiscal. Ce qui donne l'occasion au contribuable de profiter de la diversité des impositions pour choisir des régimes privilégiés sans pour autant violer la loi. Pour y remédier, la direction du budget devrait mettre en priorité dans ses projets à soumettre au ministre chargé des finances la simplification du système fiscal, l'uniformisation des taux, la diminution des abattements et des dégrèvements, la suppression des privilèges fiscaux, la réduction des dépenses fiscales.

Au plan international, l'évasion fiscale est favorisée par le principe de la souveraineté territoriale, qui confirme la capacité d'action de l'administration dans les limites des frontières nationales. Aussi, elle ne peut être combattue que par le truchement d'accords internationaux, De telles décisions ne peuvent émaner que de la volonté des gouvernements des pays concernés par de tel projet.

La direction du budget pourra compter sur l'adhésion d'un Etat comme la Suisse à un tel projet. Car on se rappelle qu'après les évènements du 26 mars 1991, la Suisse, suite au procès pour « Crimes économiques »[340], a fait reverser au compte du Gouvernement malien près de deux milliards de FCFA de fonds détournés par d'anciens dignitaires du régime de la deuxième République.

Cependant, elle ne perd pas espoir, car de plus en plus, la lutte contre le blanchiment d'argent apparenté à l'évasion fiscale, est inscrite dans les missions de l'organisation des Nations Unies (ONU).

---

340 On se rappelle que le 26 mars 1991, le président du Mali fut chassé du pouvoir pour sa dictature. Il fit l'objet de deux procès, l'un pour « Crimes de sang » et l'autre pour « Crimes économiques », car il avait été accusé d'avoir détourné de grandes quantités de deniers publics.

Il en est de même pour les détournements de fonds publics au profit des asiles financiers. En attendant, la direction du budget doit continuer à assumer son rôle dans le suivi de l'exécution des recettes budgétaires en s'impliquant vigoureusement dans l'exercice du contrôle fiscal.

Paragraphe II : Les moyens internes de la lutte contre la fuite devant l'impôt

Aux termes de l'article 511 du Livre des procédures fiscales, le contrôle de l'impôt a pour but de permettre aux services de l'administration des impôts de s'assurer par divers moyens prévus par la loi, que les contribuables ont respecté leurs obligations fiscales. L'administration des impôts est donc habilitée à exercer son contrôle sur les déclarations, ainsi que tous les actes et supports y compris informatiques utilisés pour l'établissement des impôts, droits et taxes. De même, elle dispose de toutes les prérogatives pour exercer ce droit sur les documents déposés en vue d'obtenir notamment les déductions, restitutions ou remboursements.

Cette exigence de contrôle est suivie par la direction du budget. Dans ce rôle, elle apparaît comme un chef[341] qui veille à la mise en œuvre des fonctions concourant à la bonne exécution des recettes budgétaires, certes, non pas en vertu d'une loi, mais en considération de sa responsabilité institutionnelle.

Selon Roland ATANGA FONGUE : « *le contrôle fiscal se définit comme une activité par laquelle l'administration s'assure de la sincérité et de l'exhaustivité des déclarations faites par les contribuables. Plus encore, il constitue une faculté laissée à l'administration fiscale lui permettant d'une part de vérifier les déclarations, actes et opérations servant de base à l'impôt, d'autre part d'assujettir à l'impôt tout contribuable qui s'est partiellement ou*

---

[341] « Choisi en raison de ses qualités de guerrier et de son savoir-faire, le chef remplit une fonction d'ordre technique, exclusive de toute idée de contrainte : chargé de maintenir la paix sociale à l'intérieur du groupe et de résoudre les conflits qui peuvent apparaître en son sein, il ne dispose pour ce faire que de son seul prestige et de l'usage d'une parole qui n'a pas, elle-même, force de loi, mais valeur persuasive » ; voir P. CLASTRES, *La société contre l'Etat*, Editions de minuit, 1976 et Jacques CHEVALLIER, op.cit. p. 129.

entièrement soustrait à ses obligations ; il est effectué en vue de réparer les omissions, insuffisances et inexactitudes constatées dans l'assiette ou le recouvrement des impôts et taxes »[342].

Avant de procéder au redressement ou à l'application d'une sanction (**B**), l'administration fiscale a recours à un certain nombre de moyens reconnus et organisés par la législation afin de procéder au contrôle (**A**).

A- Les moyens de contrôle fiscal de l'administration

On tient à insister et à rappeler que la direction du budget est une administration centrale des finances ayant reçu une mission de coordonner, de faire des études et analyses, et surtout de veiller et suivre l'exécution de la loi de finances. Eu égard à toutes ces missions, elle est dotée d'un pouvoir pour agir, entrer en interaction avec d'autres administrations pour atteindre ces objectifs. La direction du budget s'investit dans l'exercice du contrôle fiscal à la faveur d'une « coopération de services publics », comme un instrument de l'action publique.

Pour la direction du budget, le droit au contrôle de l'impôt par l'administration représente un moyen stratégique de mobilisation des recettes fiscales. Pour ce faire, l'Etat doit mettre à la disposition de l'administration les moyens nécessaires pour lui permettre de mener à bien son activité. Ces moyens sont divers et variés.

1) Les demandes d'éclaircissement, de justification et de renseignement auprès du contribuable

Afin d'être en mesure d'apprécier l'évolution des rentrées fiscales, la Direction du budget s'intéresse généralement au système de contrôle de l'administration, mais spécifiquement aux diverses méthodes de renseignement prévues dans le code des impôts et le Livre de procédures fiscales.

---

[342] Roland ATANGA FONGUE, *Contrôle fiscal et protection du contribuable dans un contexte d'ajustement structurel, le cas du Cameroun*, thèse, préface du Professeur Yves BRARD, l'Harmattan, 2007, p. 12.

En effet, pour l'établissement des différents impôts, droits et taxes, l'administration des impôts peut demander aux contribuables tous renseignements, justifications souscrites aux actes déposés ou aux supports notamment informatiques. Ces demandes doivent être claires et précises, et indiquer de manière explicite les points sur lesquels elles portent. Elles peuvent concerner les différents éléments de la déclaration, les déclarations antérieures, le train de vie du dirigeant de l'entreprise[343]. L'administration peut également demander au contribuable tout renseignement dont elle a besoin pour l'établissement de l'impôt, des droits ou des taxes et pour la vérification de ses déclarations. Ces demandes de renseignements, d'éclaircissement ou de justifications peuvent être adressées au contribuable par lettre recommandée avec accusé de réception.

Il est fait obligation au contribuable, dans sa réponse de communiquer tous les éléments ou documents de nature à répondre à la demande. En cas de réponse insuffisante (absence de réponse à une ou plusieurs questions ou à une partie de la question posée, ou s'il est fait uniquement référence à des principes généraux sans justification concrète), l'administration des impôts dispose du pouvoir d'adresser au contribuable une mise en demeure pour compléter sa réponse dans un délai de dix (10) jours. La mise en demeure précise les compléments de renseignements ou de documents souhaités. Elle rappelle les sanctions applicables en cas de défaut de réponses ou de réponse insuffisante.

Aux termes de l'article 527 du Livre des procédures fiscales, le droit de communication concerne tous les livres, registres, documents, pièces quelconques, supports d'informations notamment informatiques relatifs à l'activité des contribuables, en particulier le livre journal, le grand livre, le livre d'inventaire et les livres et documents annexes,

---

343 L'article 520 du Livre des procédures fiscales dispose que l'administration peut adresser au contribuable une demande de justification dans les cas suivants :

- au sujet de la situation ou des charges de famille du redevable (acte de mariage, acte de naissance, jugement d'adoption, etc.) ;
- au sujet des charges déduites au revenu imposé ;
- lorsque l'administration a réuni des éléments permettant d'établir que le contribuable peut avoir un revenu catégoriel plus important que celui qui fait l'objet de sa déclaration ;
- sur les plus-values ».

pièces de recettes et de dépenses, situation des comptes. A ceux-ci, s'ajoutent des documents annexes qui comprennent les correspondances reçues et les copies des lettres envoyées. Les livres et les documents annexes de ceux qui ont une corrélation certaine avec les données de la comptabilité même s'ils ne sont pas d'ordre strictement comptable.

Les demandes d'information sont limitées aux seules personnes concernées par les recherches ou en relation avec elles, et aux éléments nécessaires au contrôle de l'impôt.

2) Le droit de visite et de saisie de documents

Ouvert à l'article 534 du Livre de procédures fiscales[344], le droit de visite et de saisie de documents est une procédure exceptionnelle de recherche de renseignements. Ce droit de recherche des fraudes, des fausses factures, omissions d'écritures ou écritures inexactes ou fictives est susceptible[345] d'être exercé en tous lieux publics ou privés. En raison de son caractère exorbitant, sa procédure fait l'objet d'un encadrement rigoureux. « Sa mise en œuvre est subordonnée à l'autorisation préalable, sous forme d'ordonnance, du président du tribunal de grande instance dans le ressort duquel sont situés les lieux à visiter. Le juge doit préalablement examiner le bien-fondé de la demande de l'administration. Il doit préciser dans son ordonnance, les éléments laissant présumer l'existence d'agissements frauduleux dont la preuve

---

[344] Voir LPF, article 354 : « Lorsque l'autorité judicaire saisie par le directeur général des impôts estime qu'il existe les présomptions qu'un contribuable se soustrait à l'établissement ou au paiement des impôts et taxes soit en se livrant à des actions ou à des ventes sans facture, soit en utilisant ou en délivrant des factures ou des documents ne se rapportant pas à des opérations réelles, soit en omettant sciemment de passer ou de faire passer des écritures inexactes ou fictives dans des documents comptables dont la tenue est imposée par la réglementation comptable, elle peut dans les conditions prévues aux articles 549 et suivants, autoriser les agents de l'administration des impôts, ayant au moins le grade d'inspecteur et habilités à cet effet par le directeur général des impôts, à rechercher la preuve de ces agissements, en effectuant des visites en tous lieux, même privés, où les pièces et documents s'y rapportant sont susceptibles d'être obtenus et procéder à leur saisie ».

[345] Michel BOUVIER, *Introduction au droit fiscal général et à la théorie de l'impôt*, LGDJ, 8ème éd., Collection Systèmes, Fiscalité, 2007, p. 103.

est recherchée et désigner un officier de police judiciaire chargé d'assister l'opération ».

3) Le droit d'enquête spécial pour la taxe sur la valeur ajoutée

Afin de garantir l'exercice du contrôle fiscal de l'administration sur les déclarations des contribuables et permettre à la direction du budget d'évaluer les rentrées fiscales, il a été institué un droit d'enquête spécial en matière de TVA. Aux termes de l'article 549 du Livre des procédures fiscales, « il est conféré à l'administration des impôts un droit d'enquête spécial afin de rechercher les manquements aux obligations auxquelles sont soumis les assujettis à la TVA en application du Code général des impôts ».

Par ce droit, les agents de l'administration dotés du grade d'inspecteur peuvent se faire présenter les factures, la comptabilité matière ainsi que les livres, les registres et les documents professionnels pouvant se rapporter à des opérations ayant donné lieu à facturation et procéder à la constatation matérielle des éléments physiques de l'exploitation.

Ce droit d'enquête, est une manière de donner compétence à l'administration fiscale de rechercher les manquements aux règles de facturation auxquelles sont soumis les assujettis à la TVA. Du coup, la direction du budget peut toujours être en mesure de connaître les rentrées fiscales substantielles, car la TVA est l'impôt le plus pourvoyeur en recettes fiscales de nos jours.

4) La vérification de la comptabilité du contribuable

L'article 562 du Livre de procédures fiscales du Mali dispose que « La vérification de comptabilité est l'ensemble des opérations effectuées par l'administration des impôts et ayant pour objet d'examiner sur place la comptabilité d'un contribuable et de la confronter à certaines données de fait ou matérielles, afin de contrôler l'exactitude et la sincérité des déclarations souscrites et d'assurer… les redressements qui s'imposent au regard des différents impôts, droits et taxes ».

Cette modalité de contrôle ne concerne que les entreprises industrielles, commerciales, artisanales, agricoles, ainsi que les professions libérales.

Conformément aux attentes de la direction du budget, elle a pour objet de contrôler l'exactitude des résultats déclarés à partir d'une étude en profondeur de tous les documents[346] et pièces justificatives annexes. Elle doit obligatoirement avoir lieu sur place, au siège de l'entreprise ou du principal établissement et ne peut s'étendre sur une durée supérieure à six (6) mois pour les entreprises dont le chiffre d'affaires annuel est inférieur ou égal à cent cinquante millions (150 000 000) FCFA et à douze mois (12) pour les autres.

La direction du budget s'intéresse particulièrement au contrôle et à la vérification de ces entreprises visées, qui représentent les plus grands gisements fiscaux au regard des prévisions de recettes fiscales arrêtées par ses soins.

Il importe de préciser que, sous peine de nullité de la procédure, la vérification de comptabilité ne peut être envisagée que si le contribuable en a été informé par l'envoi ou la remise d'un avis de vérification accompagné de la charte du contribuable. Cet avis doit préciser les années et les impôts et taxes soumis à cette vérification, il doit en outre expressément mentionner, sous peine de nullité de la procédure, que le contribuable a la faculté de se faire assister par un conseil de son choix.

La direction du budget suit rigoureusement le déroulement de la vérification dans le respect de l'égalité.

Au Mali, le Livre des procédures fiscales n'a pas posé de limite à la vérification sur place des entreprises. Ce qui n'est pas le cas en France où elle ne peut dépasser trois mois pour les entreprises dont le chiffre d'affaires, hors taxes, ne dépasse pas les de 763 000 euros lorsque l'activité consiste dans la vente de marchandises, 274 000 euros pour les entreprises agricoles ou 23 000 euros pour les activités de prestataires de services. Le vérificateur présente oralement ses conclusions à l'issue de la vérification de la comptabilité et celles-ci doivent obligatoirement faire l'objet d'une procédure écrite. L'article

---

[346] Michel BOUVIER, *Introduction au droit fiscal général*, «... d'autre part, le contribuable doit également recevoir un document d'information, la charte du contribuable vérifié, qui expose les droits et garanties du contribuable vérifié...Il s'agit là encore d'une condition de régulation de la procédure ».op. cit. p. 106.

578 du Livre des procédures fiscales dispose que « l'administration des impôts doit notifier, par écrit, les résultats de la vérification de la comptabilité au contribuable, même en l'absence de rappel de droits ». Le contribuable dispose d'un délai de vingt (20) jours pour faire connaître ses observations à l'administration. Celle-ci est tenue de leur donner suite et de faire connaître ses conclusions définitives.

Il ressort de tout ce qui précède, que l'administration fiscale dispose de prérogatives régaliennes pour accomplir sa mission fiscale qui vient consolider celle de la direction du budget en matière de prévision et d'exécution de la loi de finances. Toutefois, il convient de retenir que le droit de reprise ou l'action en répétition autorise l'administration à réparer dans les délais légaux de prescription, non seulement les insuffisances commises par les contribuables, mais aussi les erreurs préjudiciables au trésor imputables éventuellement aux opérations d'assiette et de contrôle.

B – les suites du contrôle : le redressement et ses diverses formes

L'usage du redressement fiscal tend naturellement à donner une chance au contribuable. La direction du budget tient à ce que les cas de redressement soient exercés dans un cadre normatif, selon la théorie de Kelsen[347], c'est-à-dire en réglant la conduite des hommes et en établissant des prescriptions ou des permissions, des obligations ou des droits.

Il autorise l'administration à réparer ou à corriger dans les délais légaux de prescription non seulement les insuffisances commises par les contribuables, mais aussi les erreurs préjudiciables au trésor et imputables éventuellement aux opérations d'assiette et de contrôle.

---

[347] Selon Hans KELSEN, *La démocratie*, p. 9 : « le peuple n'apparaît un, en un sens quelque peu précis, que du seul point de vue juridique ; son unité-normative-résulte d'une donnée juridique : la soumission de tous ses membres au même ordre juridique. Une affirmation qui se traduit dans sa définition de l'Etat. L'Etat est une unité normative spécifique et non une entité susceptible d'être appréhendée selon des lois causales ; c'est la personnification de l'ordre juridique comme volonté super-individuelle ; et le dualisme de l'Etat et du droit n'est qu'une duplication inadmissible de ce qui ne peut être qu'un objet de connaissance juridique.» et Sandrine BAUME, *KELSEN. Plaider la démocratie.* Editions MICHALON 2007, p.84

Dans l'exercice de cette prérogative, l'administration doit tenir compte du délai de reprise ou de prescription. C'est la période pendant laquelle l'administration a la possibilité de rectifier les omissions ou irrégularités constatées dans l'assiette ou le recouvrement des impôts, droits, taxes et redevances. Ainsi, pour les impôts directs, les omissions[348] totales ou partielles ainsi que les erreurs commises dans l'application des tarifs et de la législation peuvent être réparées au plus tard le 31 décembre de l'année suivant celle de l'imposition. Toutefois, toute omission ou insuffisance d'impositions relevée, par une instance devant les tribunaux répressifs peut, sans préjudice du délai général de répétition fixé aux articles 584 et 585 du Livre des procédures fiscales, être réparée jusqu'à l'expiration de l'année suivant celle de la décision qui a clos cette instance.

En matière de taxe sur la valeur ajoutée, d'impôt spécial sur certains produits, de taxe sur les activités financières et de taxe intérieure sur les produits pétroliers, l'administration dispose d'un délai expirant le jour de la troisième année suivant respectivement celle du fait générateur et de l'exigibilité.

Dans tous les cas, la prescription peut être interrompue par des notifications de redressement, par les déclarations ou des notifications de procès-verbal ou par tout acte comportant reconnaissance par les redevables de leurs obligations fiscales.

La Direction du budget tient au respect des règles relatives aux procédures de redressement. Les règles prescrites légalement ou les pratiques conventionnelles doivent être observées. Celles-ci mettent l'accent sur le caractère unilatéral du redressement fiscal, car l'acte de redressement relève de *« l'appréciation, tant sur le fond de l'impôt que sur ses modalités est exclue. L'administration est tenue de percevoir sans retrancher ni ajouter à ce qui est dû »*[349].

Sans retrancher ni ajouter ! L'administration fiscale est tenue à cette obligation, même dans le cas de l'abus de droit. L'abus de droit est comme le « fait pour le titulaire d'un droit, de le détourner de sa

[348] Voir article 585 du Livre des procédures fiscales du Mali.

[349] J.-C. MARTINEZ, *La fraude fiscale,* collection Que sais-je ?, 1990, Paris, p. 68.

finalité ». C'est le cas d'un acte dissimilant la portée véritable d'un contrat ou d'une convention sous l'apparence de stipulations qui donnent ouverture à des droits moins élevés (droits d'enregistrement, impôts sur les grandes fortunes, taxe sur la publicité foncière…) ; qui déguisent une réalisation, un transfert de bénéfice ou de revenus qui permettent d'éviter tout ou partie d'un paiement, d'une taxe, sur le chiffre d'affaires. Les actes de cette nature, dès lors que l'intention frauduleuse est la seule motivation, ne sont pas opposables à l'administration. La direction du budget s'intéresse à l'abus de droit, car elle est une modalité de fuite de l'impôt et peut donc être une source de diminution des recettes fiscales.

L'une des sanctions en cas d'insuffisance ou de non déclaration des revenus est la taxation d'office. Ainsi, lors d'un contrôle, l'administration fiscale peut relever des manquements liés à l'inobservation par le contribuable contrôlé de ses obligations fiscales. Elle peut remarquer que le contribuable fait montre d'attitudes ne permettant pas aux agents des impôts d'évaluer sa situation exacte.

Dans de tels cas, l'article 620 du Livre des procédures fiscales dispose que l'administration peut établir d'office des impositions à la charge des contribuables pour défaut de communication des déclarations et autres documents destinés à l'établissement de l'assiette de l'impôt ou à l'évaluation des bases d'imposition ; pour défaut de réponse aux demandes d'éclaircissements et justifications ; pour opposition au contrôle fiscal ou enfin, pour défaut de désignation par un non résident au Mali d'un représentant.

Cette procédure n'est pas contradictoire et la charge de la preuve incombe au contribuable en cas de contentieux. Cependant, si l'administration fiscale peut être sévère, si elle peut redresser la situation fiscale du contribuable, elle peut moduler le paiement de la pénalité : elle peut ainsi accorder un sursis au paiement.

L'article 458 alinéa 1 du Livre des procédures fiscales dispose : « lorsqu'un contribuable a introduit dans les délais et dans les formes règlementaires une réclamation ayant pour objet d'obtenir la révision de l'assiette de l'impôt, il peut obtenir un sursis de paiement, à condition de constituer des garanties propres à assurer le recouvrement des impôts contestés et sous réserve que celles-ci aient été acceptées par le comptable assignataire ». Les sûretés seront constituées par les biens du contribuable (hypothèques, nantissement de fonds de commerce, gage, etc.)[350]. Il est important de ne pas confondre le sursis de paiement avec l'amnistie fiscale. L'étymologie de ce mot « ***amnistie*** » rappelle le terme grec exprimant « ***oubl****i* ». André BARILARI définit l'amnistie fiscale comme : *« Une mesure générale, explicite, et temporaire, reposant sur un acte législatif ayant pour objet de permettre aux contribuables en infraction et remplissant les conditions d'éligibilité de bénéficier d'avantages particuliers par rapport à la stricte application des règles en vigueur, afin de les inciter à déclarer spontanément les opérations omises et à s'acquitter des sommes prévues pour cette régulation*[351] ».

Pour la direction du budget, le contrôle effectué par les services fiscaux et le redressement sont des étapes très importantes. Non seulement elles rétablissent le principe de l'égalité devant l'impôt, mais surtout elles permettent d'engranger des recettes indispensables à l'exécution en équilibre de la loi de finances. C'est pourquoi la direction suit très attentivement toutes ces opérations. Et si le sursis au paiement est admis par le législateur, son octroi ne doit pas aboutir à faire perdre des ressources pour le budget. La direction du budget veille donc à ce qu'il soit bien exécuté.

De tout ceci, que retenir en guise de conclusion ?

On peut tout d'abord dire que les directions du budget et des impôts sont arrivées à dépasser leur vieille rivalité pour collaborer et étendre cette collaboration à d'autres administrations dans le seul but d'assurer la bonne exécution des recettes publiques. Et si la direction des impôts a tout mis en œuvre pour assurer la réalisation des objectifs financiers fixés par la direction du budget, en retour, elle a bénéficié de plusieurs crédits budgétaires dans le cadre des réformes institutionnelles telles que le renouvellement du parc informatique, la construction ou la restauration des bâtiments, etc. Il en a été de même des relations de la

[350] Voir Jacques BUISSON, Le sursis au paiement de l'impôt, LGDJ, 1996, p. 56.
[351] André BARILARI, *Les amnisties fiscales*. RFFP, n° 110. *L'évasion fiscale internationale*, LGDJ. Lextensoéditions, avril 2010, p.142

direction du budget avec la direction des douanes. En effet, cette dernière a accepté le regard tatillon de la direction du budget sur sa manière de percevoir les recettes douanières ; à sa demande, elle a multiplié les inspections pour détecter et punir les cas de fraudes ou les comportements déviants de certains agents. Certes, dans ce domaine, beaucoup reste encore à faire, mais des progrès ont pu être enregistrés. En contrepartie de tout ceci, l'Etat s'est engagé à réserver une partie des ressources intérieures pour la promotion et la subvention des petites et moyennes entreprises, considérées comme des gisements fiscaux rentables. C'est aussi la raison qui justifie la récente création de la direction des moyennes entreprises. En somme, la direction du budget a mieux tenu compte de la nécessité de promouvoir le développement économique par des politiques fiscales ou douanières plus ouvertes et non pas seulement orientées vers la perception des recettes. Ce pragmatisme, qui rompt avec la gestion administrative classique de modèle bureaucratique, est sans doute la deuxième leçon à tirer du rôle[352] de la direction du budget dans le suivi de l'exécution des recettes budgétaires. Il s'agit bien sûr d'un rôle non écrit, mais qui s'exerce au gré des évènements ou des situations.

Enfin, il faut bien reconnaître que l'action coordonnée de la direction du budget et des directions des impôts et des douanes n'obéit pas seulement à des règles écrites. Il faut souvent savoir prendre à bras le corps les réalités immédiates et les résoudre ensemble. Ainsi, les trois directions ont dû parfois se passer des règles administratives classiques pour emprunter des stratégies aptes à conduire aux objectifs visés par l'efficacité et la performance. Concrètement, les différentes missions confiées à la direction du budget sont difficiles à assumer dans le cadre de l'administration classique, caractérisée par des règles dogmatiques et des méthodes orthodoxes. Aucune structure administrative ne pouvant prendre une décision quelconque sans se référer à la hiérarchie. En transposant cette vision au cadre de l'exécution des recettes budgétaires, on se demande comment les directions du budget, des

---

[352] Sylvie GUILLAUME et Antoine PINAY, *La Direction du budget, mars-décembre 1952*, « Ce rapport souligne l'importance du rôle du Directeur du budget qui ne se limite pas à des propos étroitement budgétaires mais qui, à l'occasion de l'établissement d'un budget, propose finalement une politique économique… », *La Direction du budget face aux grandes mutations des années cinquante, acteur… ou témoin,* op.cit. p. 51.

douanes et des impôts seraient à mesure d'exécuter individuellement leurs missions sans bénéficier d'autres appuis extérieurs.

Ce qui permet de comprendre qu'une administration doit s'ouvrir sur son milieu plutôt que de rester cloisonnée dans le cadre routinier. Par conséquent, il faut accepter que la valeur juridique d'une norme ne soit point liée à la nature juridique de l'organe, mais plutôt à la mission que cet organe exerce au nom de l'Etat, donc par l'intérêt général.

De même, si dans une administration, la prise de décision devait toujours obéir à la hiérarchie[353], les actions risqueraient d'être entravées par la lenteur. Alors, les mêmes griefs qui ont conduit à l'abandon systématique de la technique de la centralisation administrative au profit de la décentralisation referaient surface.

Que l'on soit en présence de règles formelles convenues ou pas, qu'il soit laissé à la coordination chargée de mettre en interaction les différents acteurs, la direction du budget jouit d'une large marge d'appréciation [354]dans la prise de décision. La direction du budget joue

[353] Denys de BECHILLON, *Hiérarchie des normes et hiérarchie des fonctions normatives de l'Etat* : « Force est bien d'affecter au critère organique la seule capacité d'expliquer la hiérarchie des actes administratifs émanant d'autorités différentes. La raison demeure simple : le Pouvoir hiérarchique n'apparaît en nul autre lieu. Pour le reste, tout y échappe : le législateur n'est pas hiérarchiquement supérieur à tel haut fonctionnaire, le juge ne commande rien dans ce registre de l'autorité administrative, le Constituant lui-même ne jouit d'aucune position de préséance organique sur l'ensemble des pouvoirs constitués, et il n'est rien du pouvoir international qui puise transiter par des voies de cette nature. A dire vrai, la figure d'une structure hiérarchique formée sur le modèle d'un commandement de personnes avoue d'emblée son inaptitude à recouvrir l'ordre des relations normatives institutionnelles : l'objet et les moyens de la hiérarchie sont ailleurs ». Collection Droit public positif, éditions Economica, 1996, p.15.

[354] Alain FAURE, Bruno JAUBERT, Olivier MERIAUX, Pierre MULLER, Giles POLLET, Andy SMITH, Yves SUREL et Philippe WARIN, *La construction du sens dans les politiques publiques, débats autour de la notion de référentiel* : « Comme d'autres, nous nous prononçons, par conséquent, pour un développement du schéma d'analyse des politiques publiques sur un mode complexe connectant différents systèmes d'action, où c'est finalement l'autonomie des acteurs qui prévaut. Mais quel sens faut-il accorder à cette notion d'autonomie ? Il ne peut être question d'une totale indépendance, puisque l'ordre social, à la fabrication duquel les politiques publiques concourent aussi, est fondé sur l'interaction et l'interdépendance. L'autonomie est envisagée ici comme discrétion : elle renvoie à la capacité des individus de contrôler

le rôle le chef d'état-major chargé de coordonner tout le système financier. Elle arrive ainsi à atteindre ses objectifs à partir d'arrangements institutionnels avec les autres directions (des douanes ou des impôts).

Les ressources douanières et les ressources fiscales constituent des ressources propres à l'Etat. Cependant, pour l'accomplissement de ses missions ou la réalisation de ses politiques publiques, l'Etat dispose de ressources que d'autres personnes ou structures mettent à sa disposition, soit définitivement, soit avec obligation de remboursement. Ce sont les ressources d'emprunts. Leur obtention met en jeu d'autres services financiers, à savoir la direction du trésor et de la comptabilité publique et la direction de la dette publique. C'est le suivi par la direction du budget dans l'obtention de ces ressources qu'il faut maintenant examiner.

---

les pressions exercées par l'environnement sur leurs propres orientations », édit. L'Harmattan, collection Logiques politiques 1995, p. 94.

CHAPITRE III

LE SUIVI DES EMPRUNTS PAR LA DIRECTION DU BUDGET

Une des missions confiées à la direction du budget dès sa création est « d'assurer l'analyse et de formuler des avis et des propositions sur les mesures comportant ou susceptibles d'avoir une incidence financière sur les finances publiques »[355].

A partir de là, les experts de la direction du budget ont compris qu'il fallait calculer les prévisions du budget en tenant compte de l'environnement économique dans son ensemble, plutôt que de se contenter des seules ressources intérieures ordinaires qui arrivent à peine à payer les fonctionnaires maliens. Ainsi, les choix budgétaires théorisés par la direction du budget sont déterminés en fonction des objectifs fixés par le pouvoir politique. Une telle démarche n'est pas sans rappeler la pensée du Professeur M. MASOIN suivant laquelle « *Ce serait un résultat appréciable de ses entretiens à pénétrer la politique de ses devoirs et de réconcilier la gestion des finances publiques avec l'intérêt de l'économie* »[356]. En effet, on est obligé d'admettre que l'interaction entre les finances publiques et l'économie impose une intervention de l'Etat. Aujourd'hui, partout à travers le monde, le retour à un fort interventionnisme de l'Etat dans la gestion des finances publiques est visible. Tel fut le cas aux Etats-Unis, suite à la crise financière de 2008, comme c'est le cas présentement en Grèce.

---

[355] Article 2, alinéa 3 de la loi n° 06-003 AN-RM du 06 janvier 2006 portant création de la Direction générale du budget.

[356] Voir conclusion de M. MASOIN, Professeur à l'école des hautes études de Gand : « les finances publiques et l'évolution cyclique » ; intervention aux travaux de l'institut international de finances publiques, 1947, p. 37. Il parait que les travaux de cette session furent publiés après la guerre sur la base de la recommandation suivante : « considérant que les travaux du dernier Congrès avaient conservé tout leur intérêt scientifique, le Comité de direction de l'institut, réuni les 27 et 28 mai 1946 à Bruxelles chargea le secrétariat d'en assurer la publication en procédant à tous les aménagements jugés nécessaires ».

L'implication de l'Etat dans le domaine économique pour soutenir les industries, encourager les investissements, accompagner la production est indispensable. Surtout qu'il est prouvé qu'à tout instant les prévisions macro-économiques qui avaient présidé aux évaluations budgétaires peuvent s'effondrer comme un château de cartes au contact de certains chocs exogènes (crise pétrolière, alimentaire) ou endogènes (mauvaise récolte, augmentation du taux de chômage, mévente des productions).

Face à la nécessité de soutenir ou de promouvoir le développement économique et à l'insuffisance des ressources budgétaires, il ne reste plus aux directions du budget et du trésor que de trouver des meilleures stratégies permettant de renflouer les caisses de l'Etat, en empruntant. Bref, elles doivent trouver les moyens d'endettement de l'Etat au meilleur coût, c'est-à-dire dans les conditions supportables pour un pays sous-développé. L'emprunt le moins périlleux est certainement l'emprunt intérieur (**Section I**), mais l'Etat malien n'a pas toujours le choix et doit, comme tant d'autres, recourir aux emprunts extérieurs (**Section II**). Quoi qu'il en soit, cette stratégie d'emprunt du Trésor est suivie attentivement par la Direction du budget.

Section I : L'emprunt intérieur

Au Mali, comme dans la plupart des pays moins développés, l'importance d'une bonne gestion des ressources budgétaires assurée par la trésorerie ne se fait sentir qu'en cas de survenance d'une crise financière extrême. En de telles circonstances, la direction du budget préconise souvent le recours à l'emprunt. Il s'agit pour elle d'inciter le trésor public à se procurer de ressources extraordinaires, en vue de financer en cours d'année, certaines dépenses budgétaires urgentes et prioritaires en attendant d'éventuelles rentrées de recettes fiscales ou l'issue d'une procédure de décaissement d'un éventuel accord de prêt en cours d'exécution, conclu avec un des partenaires techniques et financiers, mais soumis à des procédures de décaissement aux conditions rigoureuses. Aussi, constate-t-on que l'avènement d'un déficit budgétaire prononcé, suite à une crise économique, donne l'occasion à la direction du budget d'apprécier toute l'importance stratégique de la direction du trésor dans le système financier public.

C'est à juste raison que Michel BASLE a estimé que les stratégies qui s'offrent à la direction du trésor en cas de déficit du budget de l'Etat consistent à prendre en charge le problème en relation avec « *la Direction du budget, celle de la comptabilité publique et de la Direction générale des impôts, l'une des très grandes directions du ministère des Finances* »[357].

Dans la réalité, la question n'est pas aussi simple, car lorsque le budget de l'Etat prévoit un déficit, les dispositions à envisager en vue de son comblement sont très complexes. D'où cette autre réflexion de Xavier CABANNES[358] : « En ce qui concerne les emprunts publics de l'Etat, les choses ont considérablement évolué ces vingt dernières années ». Cependant, si l'on peut recourir à l'emprunt, car c'est une nécessité, il importe aussi de méditer cette phrase de David HUME[359] selon qui, « *Ou la nation détruit le crédit, ou le crédit détruit la nation* » ; il faut comprendre l'alternative de la façon suivante : ou bien l'Etat aura raison de la dette ou bien c'est la dette qui tuera l'Etat. En effet, les possibilités d'endettement ne sont pas infinies et l'Etat, surtout sous-développé, ne doit y recourir qu'avec circonspection.

L'une des formes les moins périlleuses d'endettement est de le faire sur le territoire national. Dans ce cas, l'un des instruments utilisés est constitué par les bons du trésor, mais ce n'est pas le seul.

Paragraphe I : Les avantages de l'endettement intérieur

Afin d'exécuter les différentes opérations budgétaires et de trésorerie inscrites parmi ses missions, le trésor dispose d'un arsenal de moyens de mobilisation des ressources dont il fait usage en fonction des objectifs de politique économique ou de ses besoins propres. Avec la direction du budget, il procède à l'inventaire de la totalité de toutes les ressources parmi les instruments de prévision et d'exécution des recettes et des dépenses. Ce qui leur permet d'évaluer l'ampleur du

---

[357] Michel BASLE : *le budget de l'Etat*. Repère. Editions loi découvertes 1993.p.72

[358] Xavier CABANNES, *La nature juridique de l'emprunt public de l'Etat : Analyse au regard de la politique contemporaine d'émission des titres publics*, in *Mélanges Paul AMSELEK*, édit. BRUYLANT, Bruxelles 2005, pp. 155 et s.

[359] Voir David HUME, *Du crédit public*, in *Œuvre économique*, Paris, Guillaumin 1888, p. 128.

déficit avec l'augmentation excessive des dépenses, et de la dette publique[360]. Cette extension de la dépense publique a fait l'objet d'une étude savante, celle de l'économiste allemand WAGNER[361] au XIXe siècle, et connue sous l'appellation de « croissance continue des dépenses publiques ». L'extrême difficulté des pouvoirs publics d'augmenter les ressources publiques dont la plupart sont des prélèvements fiscaux rend encore plus dangereuse la tentation du recours permanent à l'emprunt. Aussi, dans tous les cas, est-il préférable de recourir à l'emprunt interne.

La dette intérieure est celle qu'un Etat contracte par le canal d'emprunt dans sa propre monnaie auprès des résidents ou non-résidents. Cette définition peut être élargie en incluant la dette de l'administration centrale, mais aussi, celle de l'administration des collectivités décentralisées, des entreprises et organismes publics. Dans le langage financier commun à la direction du budget et au trésor, on désigne cet ensemble sous l'appellation de dettes consolidées du secteur public ou de dette des administrations publiques. Il faut spécifier qu'au Mali, c'est la direction générale de la dette publique (DGDP) qui est chargée de la gestion de la dette que le trésor public exécute.

En principe, l'endettement intérieur étant émis en monnaie nationale ou de l'institut d'émission de l'Etat, il est plus aisé à maîtriser. En effet, le risque qu'il soit affecté par des spéculations financières pour pousser à la hausse l'encours de la dette est nul, puisque, quoi qu'il en soit, le

---

[360] André PAYSANT, *Finances publiques* : « l'envers des ressources du Trésor, c'est la dette publique. La dette publique peut être entendue dans un sens étroit ou dans un sens large. Au sens étroit du terme la dette publique comprend les emprunts à long et moyen terme, les bons du Trésor, la dette envers la Banque de France et les emprunts à l'extérieur. Au sens large on y ajoute les dépôts des correspondants du Trésor et on utilise de préférence plutôt que le terme de la dette publique, celui d'endettement », Armand Colin, Paris 1992-1997, p. 310.

[361] Adolf WAGNER, est une figure emblématique du réformisme à la fin du XIXe siècle au XXe siècle. Sa théorie fondamentale dite loi de Wagner appelée également « loi de l'extension croissante de l'activité publique ou de l'Etat » est ainsi formulée : « *les dépenses publiques dans les pays industriels croissent d'une façon continue, et plus rapidement que le revenu national. Ce qui a caractérisé l'époque contemporaine, c'est d'une part l'amplification et l'accélération de ce phénomène, et d'autre part, l'existence d'effets de seuil : la progression des dépenses s'effectue par sauts successifs* ».

règlement de la dette interviendra toujours dans la monnaie dont on a la maîtrise.

Un autre avantage de l'endettement intérieur tient au fait que les titulaires de la dette sont, la plupart du temps, des résidents. Il en résulte que l'Etat crée deux fois des disponibilités pour l'investissement : les sommes récoltées sont utilisées par lui pour le financement de ses politiques publiques et les titres représentatifs émis peuvent servir de caution ou peuvent être réescomptés pour réaliser des dépenses de consommation ou d'investissement. En somme, l'endettement intérieur peut être une méthode de relance économique.

Enfin, son dernier et très avantageux profit tient au fait qu'en remboursant la dette intérieure, l'Etat ne s'appauvrit pas. Globalement, il restitue à des résidents ou à des nationaux des ressources qui pourront, si elles ne sont pas thésaurisées, être recyclées dans la vie économique nationale.

Pour toutes ces raisons, pendant longtemps, la direction du trésor et de la comptabilité publique a préféré la dette intérieure, dette émise directement auprès des banques et assurances nationales.

Quels instruments sont émis au moment d'un endettement intérieur ?

Paragraphe II : La structure de la dette intérieure

Le financement de la dette intérieure est assuré par des emprunts à court et moyen terme. Plusieurs instruments permettent de les matérialiser.

En premier lieu, l'Etat peut émettre des bons du trésor. Il peut s'agir tout d'abord de bons du trésor en compte courant. Depuis 1996, ces bons, titres négociables, sont émis suivant le règlement n° 96-02 de la Banque centrale des Etats de l'Afrique de l'Ouest (BCEAO). S'ils sont ouverts aux étrangers, ils sont d'abord réservés aux ressortissants de l'Union économique et monétaire ouest-africaine (UEMOA) sans que les entreprises financières maliennes ne bénéficient d'aucune priorité, au nom de la libre concurrence entre les banques et autres investisseurs. Ces bons en compte courant ont une durée qui ne peut excéder deux ans ni être inférieure à une semaine. Ils sont assortis d'un intérêt payable d'avance, sous la forme d'un précompte au moment de la souscription. Ainsi, pour une souscription d'un montant de deux millions de F.CFA, pour une durée d'un an, si le taux d'intérêt est de 5 %, l'investisseur ne versera, en fait, que la somme d'un million neuf-cent-mille francs.

En second lieu, l'Etat peut émettre des bons du trésor à moyen terme, c'est-à-dire émis pour une durée qui ne peut excéder cinq ans, sous la forme de bons sur formule. Les bons du trésor sur formule qui sont destinés aux particuliers, ont fait leur apparition dans la gestion des finances publiques en 1914 en France. Pour faciliter leur diffusion, le montant des coupures fut fixé à un bas niveau de 1000, 5000 ou 10.000 F. Ils sont réservés au grand public et peuvent être souscrits par toute personne, toute entreprise industrielle ou commerciale disposant de moyens fiduciaires pour ce faire. Ces sortes de bons du trésor peuvent être anonymes, au porteur ou être nominatifs. Ils sont pourvus d'un taux d'intérêt payable à l'échéance ; ce taux d'intérêt est capitalisable.

Enfin, La dette intérieure peut ne pas être représentée par des titres. Il peut s'agir de crédits ou d'avances d'organismes publics ou privés, de souscriptions de personnes étrangères, mais sous législation nationale. Enfin, certains auteurs y incluent les dépôts divers de particuliers auprès du trésor et même les dépôts des correspondants du trésor.

Généralement, la dette intérieure est préférable à la dette extérieure, au regard des conséquences économiques que cette dernière comporte. Nonobstant ces bonnes justifications, l'Etat sous développé, malgré sa préférence pour l'emprunt intérieur ne peut se passer de recourir à l'emprunt extérieur, comme l'expose feu Amadou Tiégoué OUATTARA : « *l'Etat, tout en préférant l'emprunt intérieur, peut être contraint surtout s'il s'agit d'un pays en voie de développement, à recourir à l'emprunt extérieur, ce qui lui rapporte non seulement des ressources mais encore des devises à sa balance de paiement* ». La dette intérieure peut également être représentée par des emprunts à long terme. Mais cela est surtout valable pour la dette extérieure.

Section II : L'emprunt extérieur

La dette extérieure du Mali est généralement constituée par des emprunts à long terme. Il s'agit d'emprunts amortissables, parfois jusqu'à trente ans ; jusqu'ici, on n'a pas encore été plus loin. La durée d'amortissement est un des critères essentiels convaincants, pour la direction du budget, dans le recours à cette forme de dette qui est en outre libellée en devises étrangères, avec comme conséquence désagréable des reversements d'intérêts nécessitant des sorties de devises.

La dette négociable est la part de la dette que le trésor emprunte sur le marché des capitaux. Elle s'oppose à la dette automatique qui provient des correspondants et des bons sur formules. L'évolution de ces deux types de dette a amené les directions du budget et du Trésor à se tourner vers les marchés financiers pour trouver un autre moyen de financement jugé plus efficace. C'est la titrisation.

La direction du budget admet que la gestion de la dette de l'Etat soit considérée comme l'une des principales missions à confier au trésor public, sans toutefois dénier à la direction générale de la dette publique (DGDP) ses prérogatives normales en la matière. En effet, il faut trouver des ressources financières temporaires, permettant de couvrir à un moindre coût, l'excédent des dépenses de l'Etat sur ses ressources permanentes.

Or, à l'antipode du recouvrement des impôts et à l'exécution des dépenses, la gestion des ressources temporaires (trésorerie ou emprunt) est exemptée d'un contrôle parlementaire rigoureux. Ainsi la couverture du surplus des dépenses que l'on qualifie de déficit budgétaire[362] est réalisée par des ressources d'emprunt qui sont obtenues par l'émission de titres financiers nombreux et disproportionnés selon les procédures et les marchés.

---

362 Colette NÊME, *Déficit budgétaire et déficit extérieur* : « Le financement du déficit public peut s'effectuer de trois manières principales : par un accroissement de la masse monétaire, ce que l'on appelle une politique d'accompagnement, sans création monétaire, ce qui se traduit par une hausse des taux d'intérêt (politique dite de non accompagnement) et par entrée de capitaux étrangers. Mais si les titres publics sont achetés par le secteur privé non bancaire, le taux d'intérêt va avoir tendance à monter et si l'on définit la politique d'accompagnement par la constance des taux d'intérêt, la banque centrale va intervenir pour éviter cette hausse ». *Etudes de finances publiques*. Mélanges en l'honneur de Paul Marie GAUDEMET, Economica, 1984, p. 308.

Paragraphe I : L'émission de titres publics

L'Etat du Mali, à l'instar d'autres pays, peut obtenir des ressources supplémentaires, pour la couverture des dépenses publiques, par l'émission des titres publics [363]représentés par les obligations du trésor. Mais elles ne sont pas les seuls titres utilisables. L'Etat du Mali peut aussi utiliser les bons du trésor, comme on l'a évoqué précédemment.

Normalement, l'Etat, sur la base de l'expertise fournie par la Direction du budget, de la DNTCP et la DGDP peut recourir à la procédure d'emprunt selon deux méthodes. La première méthode est celle des emprunts par appel au public qui représente une faible partie des ressources totales ; elle est rarement utilisée et répond le plus souvent à un objectif politique visant à tester la confiance des citoyens par rapport aux gouvernants. C'est pourquoi la direction du budget ne voit aucun inconvénient à ce que les titres alors émis soient accompagnés de conditions avantageuses pour les prêteurs (déductibilité fiscale, taux d'intérêt attractif, indexations, etc.).

La seconde méthode est celle de l'émission de titres financiers négociables. Ces titres peuvent se traduire en bons du trésor en compte courant, en bons du trésor sur formule, soit anonymes (au porteur), soit nominatifs ; ils peuvent enfin se traduire en obligations du trésor. La gestion des deux catégories de titres, effectuée par la BCEAO est « dématérialisée », c'est-à-dire faite par des moyens informatiques.

A – La procédure des émissions

Les bons et obligations du trésor sont émis par l'Etat sous la responsabilité du Ministre des finances. Un programme indicatif d'émission (trimestriel pour les bons, et annuel pour les obligations) est élaboré par l'Etat émetteur en rapport avec la direction nationale de la BCEAO, en lien avec les administrations financières que sont les directions du budget, des impôts, des douanes, des domaines et de la dette publique. Ce programme est ensuite porté à la connaissance du public et des institutions financières (banques primaires, banques commerciales). Il revient à la BCEAO d'assurer l'organisation

---

[363] Xavier CABANNES, *L'Etat et les marchés : l'émission des titres publics depuis l'Union économique et monétaire*, RFFP, 2002, n° 79, pp. 165- 183.

matérielle des adjudications, de centraliser les soumissions et d'en déterminer les résultats, de concert avec les représentants de l'Etat émetteur à travers un comité d'adjudications constitué à cet effet.

La BCEAO publie les programmes d'émission[364] à l'attention des Etats membres suivant un calendrier précis afin de permettre aux (1) investisseurs d'intégrer les futures émissions dans leurs prévisions d'investissement et de s'organiser pour mieux y participer et (2) aux émetteurs de maîtriser le coût des emprunts et des flux de financement.

La direction du budget est surtout intéressée par les études préalables qui précisent les caractéristiques des emprunts, leur impact sur la dette publique à moyen et long terme. Ainsi, la détermination des caractéristiques tient compte de l'évolution (1) des taux directeurs de la BCEAO et de ceux du marché monétaire, (2) de la liquidité (tendance par pays, cycle de liquidité) et (3) des références récentes du marché (dernières émissions publiques et d'achats, derniers mois écoulés, afin d'apprécier les échéances de remboursement).

Il est également procédé à l'élaboration d'une note d'information à l'attention des investisseurs pour permettre de connaitre d'autres détails relatifs (1) à l'emprunt (sa dénomination, son taux d'intérêt, sa valeur nominale, ses titres, sa durée, sa procédure de souscription, etc.), (2) l'émetteur (le trésor public : organisation, mission et fonctionnement) et (3) l'environnement économique et financier qui caractérise le déroulement de l'emprunt. Un réseau de l'institut d'émission, assure l'information des investisseurs à partir de la note d'information et de l'avis de l'appel d'offres élaborés de concert avec les services compétents du département chargé des Finances, qui y associe la direction du budget. Ce même réseau est chargé de la réception des soumissions en vue de leur centralisation à l'agence principale de la BCEAO du pays émetteur.

---

364 Moussa OUOLOGUEM (Inspecteur du trésor à la DNTCP par interview) division Banque : « pour ce qui concerne le cas des obligations du trésor, la BCEAO communique pour le compte du trésor, une note d'information au CREPMF. L'exécution d'une émission donnée commence avec la Direction nationale de la BCEAO par l'Etat émetteur au moins sept jours avant la date de l'adjudication. Le siège de la BCEAO, ainsi que l'ensemble des agences des différents pays membres sont mis à contribution pour la réalisation de l'adjudication ».

Un comité d'adjudications, composé de six membres représentants de la BCEAO, assure le secrétariat. La proclamation des résultats se fait selon la procédure de l'adjudication, à taux demandés pour les bons du trésor et, à prix demandés pour les obligations du trésor.

En outre, les offres sont classées par taux croissants pour les bons du trésor et par prix décroissants pour les obligations du trésor. Sur la base de ce classement, les offres sont retenues en fonction du taux d'intérêt le plus bas ou le prix le plus élevé pour ce qui concerne les obligations du trésor.

Les directions du budget et du trésor, sont informées des résultats qui sont proclamés par le comité d'adjudication sur la base d'un procès-verbal publié par le réseau de la BCEAO.

Le règlement des soumissions est effectué dans les livres de la BCEAO, à la date et valeur convenue en débitant le compte courant ordinaire du soumissionnaire. Tout souscripteur qui ne dispose pas à la date du règlement, d'une provision suffisante pour la couverture de ses soumissions retenues, est suspendu par la Banque centrale sur le territoire de l'union de toute participation à une séance d'adjudication jusqu'à la régularisation de sa situation, sans préjudice de toute sanction applicable aux incidents de paiements.

En cas de récidive, il sera suspendu pour au moins deux séances. La Direction du budget, dans le cadre du traitement des mandats des fournisseurs, tient aussi compte du fait que tout investisseur, personne physique ou morale, peut acquérir ou vendre des bons ou obligations du trésor sur le marché secondaire par l'entremise d'un intermédiaire agréé (banques, établissement financiers, organismes financiers régionaux). Les échanges peuvent être effectués à la Bourse régionale des valeurs Mobilières (BRVM).

Pour illustrer l'engouement que le Mali manifeste à l'égard du financement par l'émission de titres à placer sur le marché, tant national qu'international ouest-africain, il suffit de se référer au tableau ci-dessous qui récapitule les douze (12) émissions de bons du Trésor auxquelles il a souscrit entre 2003 et 2010.

Date	Montants mis en adjudications (en milliards de FCFA)	Montant Proposé (en Milliard de FCFA)	Montant retenu (en Milliard de FCFA)	Taux marginal	Taux Moyen pondéré	Echéance	Durée
28/06/03	10	42,75	15,20	3,7995	3,3318	27/12/03	182jours
01/07/04	15	46	21	3,4950	3,1580	02/01/05	182jours
01/12/05	35	41,55	35,55	4,000	3,3858	02/08/05	182jours
24/08/05	25	27,30	20,30	4,1900	3,7446	23/11/05	91 jours
22/11/05	42,8	29	29	4,5400	4,0530	22/05/06	182 jours
20/06/06	20	44,65	20,75	3,9500	3,8206	19/09/06	91 jours
16/03/07	28,1	41,45	28,1	5,000	4,5724	16/09/07	182jours
21/09/07	25	27,8	25	6,000	4,8476	23/12/07	91 jours
18/02/08	30	39,3	30,05	5,4995	5,3068	18/08/08	182jours
24/03/09	20	21,1	21,1	6,500	5,9800	22/09/09	182jours
21/10/09	21	46,25	33,01	6,500	5,9800	22/10/09	182jours
24/04/10	43	99,91	48	5,000	4,9153	19/10/10	182jours
	314,9	507,06	327,06				

Source : DNTCP

B - Les avantages de la titrisation

En outre, la direction du budget, sachant que les bons et obligations du trésor peuvent être gagés ou nantis, ne ménage aucun effort pour encourager le recours à la titrisation afin d'équilibrer les soldes budgétaires ou de trésorerie. Elle est rassurée par le trésor, qui est favorable à cette procédure basée sur une technique d'adjudication fiable et transparente qui garantit la sécurité du fonctionnement du marché. Il faut préciser que la généralisation de la pratique de l'émission de titres favorise le développement d'un marché régional des titres publics tout en contribuant à la stabilité monétaire. Ce qui permet de mieux capter l'épargne financière sous régionale, en décourageant les fuites de capitaux vers d'autres cieux.

C'est pour cette raison, que la direction du budget n'a pas désapprouvé la décision de la BCEAO d'interdire les avances statutaires qu'elle accordait aux trésors publics de ses pays membres.

Enfin, il convient d'admettre ici que le développement des Organismes des placements collectifs en valeurs mobilières (OPCVM) a modifié profondément les habitudes de placement des épargnants en faveur de ces valeurs ; leur gestion devient plus difficile à cause de leur dématérialisation. C'est pourquoi, la direction du budget constate passivement l'implication financière accentuée du trésor sur le marché financier au détriment des bons de trésor sur formule surtout.

Paragraphe II : Le Trésor et l'évolution de l'endettement public

Les diverses modalités d'endettement de l'Etat n'ont pas toutes la même portée au plan budgétaire, ni les mêmes effets au plan financier. Pour s'en convaincre, il suffit de se référer à la distinction introduite au sein des moyens de trésorerie, entre ceux que l'Etat obtient par des emprunts sur les marchés de capitaux (dettes négociables) et ceux qui sont obtenus hors marché (dette non négociable). La direction du budget s'intéresse de plus en plus à cette évolution du financement de l'endettement public par le système du marché financier. Selon Robert CROS : « *nous avons pu observer la rapide progression, au cours de ces vingt (20) dernières années, des financements que le trésor s'est procurés sur les marchés financiers, ce qui a conduit à parler de "titrisation" de la dette publique, l'émission des titres étant effectivement devenue le moyen prépondérant d'obtention des ressources. Une telle évolution appelle divers commentaires*[365] » qui tiendront compte de l'évolution vers une économie de marchés financiers.

---

[365] Robert CROS, *Finances Publiques, Institutions et mécanismes économiques*, éditions CUJAS, 1994, p. 246

A – L'évolution vers une économie de marchés financiers

La politique de moyens de financement des déficits publics est désormais dominée par une croissance du rôle réservé aux marchés de capitaux, au détriment de l'intervention d'institutions financières. Cette mutation a engendré des innovations et des techniques financières modernes, visant à se protéger contre les risques de fluctuations brutales des taux d'intérêt et d'échange sur les marchés. L'apparition de ces risques découle surtout de l'interdépendance des économies et l'instabilité du système monétaire international ; qui est-elle-même due à une grande liberté accordée aux mouvements des capitaux.

En effet, de plus en plus la direction du budget prévoit le financement des établissements ou des administrations publiques à partir des prêts provenant d'institutions financières comme certaines banques ou organismes de crédits spécialisés. On parle de finance indirecte.

Leur procédé consiste à collecter des ressources auprès d'agents non financiers, spécifiquement les ménages qui s'intercalent entre les prêteurs et les emprunteurs finals. Pour la direction du budget, il s'agit là, d'une fonction d'intermédiation financière.

A ce genre de régulation financière, s'oppose le système dit « d'économie de marchés financiers » qui consiste à canaliser directement l'épargne des agents non financiers vers les emprunts finals, par voie du marché des titres.

Enfin, la direction du budget consent qu'un grand rôle soit réservé à l'Etat et ses administrations financières dans la mise en œuvre des politiques monétaires, notamment du fait de l'émission de ses titres à court terme. Surtout qu'il est de notoriété publique, à la direction du budget, que les interventions de la Banque centrale relatives à l'évolution des taux d'intérêt sont effectuées essentiellement par la voie de la méthode de « *l'open market* »[366], c'est-à-dire sur le marché des bons du trésor en comptes courants.

---

[366] Philippe JURGENSEN et Daniel LEBEGUE, *Le trésor et la politique financière.* « Le 'gisement' que constituent les titres négociables émis par l'Etat a désormais une

Ainsi, les actions de la Banque centrale sur le marché monétaire vont consister au gré des circonstances à alimenter ou à assécher, celui-ci en liquidité, par achat ou vente de titres émis par l'Etat.

On peut donc conclure que le développement et la modernisation du compartiment obligataire du marché financier ainsi que l'ouverture de celui des bons du trésor en compte courant, ont rendu prépondérants les mécanismes des marchés dans l'obtention des ressources de trésorerie. Quoi qu'il en soit, on sait que le développement de la pratique de titrisation de la dette publique ne va pas évoluer sans risque.

B –Les risques liés aux appels de l'Etat aux marchés de capitaux

Des risques liés aux appels de l'Etat aux marchés de capitaux, la direction du budget en retient deux : la probabilité d'une éviction financière et l'accroissement rapide des intérêts dus par l'Etat. En effet, on peut considérer qu'une économie donnée est caractérisée par le fait que l'offre globale d'épargne des agents non financiers sur le marché est constante ou très faiblement élastique, par rapport au besoin d'emprunt présenté par l'Etat dans le but de financer ses charges de trésorerie.

Dans ce cas, toutes choses étant égales par ailleurs, le recours à ses emprunts souscrits par les ménages risque de faire monter le taux d'intérêt sur le marché. Ainsi, l'accaparement par la puissance publique des fonds prêtables a pour effet de limiter les possibilités du secteur

---

taille suffisante pour qu'une attention nouvelle soit portée à une adaptation des méthodes de régulation monétaire.
Les titres émis par l'Etat ont en effet une qualité (absence de risque de défaut) et une liquidité sur le marché secondaire qui ont permis à divers pays étrangers, notamment aux Etats Unis, d'en faire les pivots d'une politique dite d' « *open market* » de quoi s'agit-il ?
Il s'agit en quelques mots de permettre à la Banque centrale de réguler à la fois la liquidité bancaire, les taux d'intérêt , et l'évolution de l'encours de la monnaie mise à la disposition de l'économie en intervenant à l'achat et à la vente sur le marché des valeurs du trésor. En d'autres termes, les instruments émis en vue d'assurer le bouclage du « circuit du trésor » pourraient se voir dorénavant de support à des interventions d'un type nouveau de la Banque centrale sur les marchés de capitaux », Editions Montchrestien, 3e trimestre, 1988, p. 94.

privé de faire un appel à l'épargne. Ainsi, les entreprises sont-elles évincées du marché, avec le risque d'annihiler les perspectives de développement.

Pour ne pas causer trop de préjudice à la direction du budget, qui craint les conséquences graves d'une éviction du secteur privé, des atténuations ont été portées dans certains cas.

Il en est ainsi lorsque le solde de trésorerie financé par l'emprunt public est dû à une baisse des recettes budgétaires provoquée par la diminution des taux d'imposition. Dans cette hypothèse, le revenu disponible des agents s'élève et de ce fait, leur capacité d'épargne s'accroît.

De même, les conséquences de l'éviction financière sont limitées lorsque les entreprises écartées du marché financier ont la possibilité d'emprunter à l'extérieur des frontières. C'est-à-dire sur les marchés internationaux de capitaux, comme l'exemple du marché des eurodevises, où le choix de la devise dans laquelle est libellé l'emprunt dépend alors de l'évolution de celle-ci par rapport à la monnaie nationale sur le marché des échanges.

Le second inconvénient résultant d'une forte progression des appels de l'Etat aux marchés de capitaux que la direction du budget apprécie a trait à l'accroissement rapide des charges annuelles d'intérêt de la dette publique au cours de ces dernières années. Au Mali, cette charge a pu représenter jusqu'à 32 % du produit intérieur brut en 2012[367]. Ce qui est excessif pour un Etat sous-développé. Cette situation a eu comme conséquence directe, une dévaluation du franc CFA de 50% en 1994, mettant en difficulté la gestion des finances publiques de tous les pays de la zone UEMOA, dont le Mali. Outre l'augmentation de l'ensemble de la dette, c'est la modification structurelle qui justifie la progression des charges.
En effet, dans la mesure où la part des financements que l'Etat obtient par appel au marché devient prépondérante, le coût moyen d'obtention de ressources atteint alors un niveau plus élevé que celui qu'il supportait, au temps où les financements qualifiés d'administrés étaient majoritaires. Par contre si l'Etat emprunte sur les marchés, (dans la

[367] Source : Statistiques de la Banque Mondiale.

mesure où les prêteurs sont également sollicités par une vague de placements concurrents), l'envolée des taux à long terme aura pour effet d'accroître librement les charges d'intérêt supportées par l'Etat. Ce qui ne serait pas du goût de la direction du budget.

Par conséquent, le risque d'enclenchement d'une « dynamique explosive de la dette » grandit dans l'hypothèse où le taux d'intérêt réel de ladite dette (c'est-à-dire après déduction du taux d'inflation annuel) est durablement supérieur au taux de croissance annuel des richesses produites mesurées par le produit intérieur brut (PIB).

Ainsi, les prélèvements fiscaux à venir seront insuffisants à enrayer ce phénomène, car ils dépendent eux-mêmes de la vigueur de la croissance économique, comme de l'inflation. Dans un tel cas de figure, la Direction du budget doit savoir estimer que seule une réduction drastique des dépenses budgétaires peut maitriser l'« effet boule de neige » de l'endettement public qui met en cause à la fois la solvabilité de l'Etat, c'est-à-dire les capacités d'action des directions du budget et du trésor.

Malgré les moyens de financement dont dispose le trésor public avec leurs avantages et leurs risques, la direction du budget demeure frileuse face au problème du surplus des dépenses budgétaires. Paradoxalement, certaines charges budgétaires n'ont pas d'effet en trésorerie. C'est le cas de la contribution du Mali au fonctionnement du Fonds monétaire international (FMI), qui est immédiatement investie par cette institution en bons du trésor. C'est là, une curiosité du droit budgétaire, qui pose par ailleurs le problème d'une gestion rigoureuse et transparente des dépenses budgétaires et de la dette publique.

Le rôle de la direction nationale du trésor et de la comptabilité publique dans le financement des déficits pousse à se demander si un rapprochement plus important entre elle et la direction du budget ne devrait pas être entreprise.
Chargée de suivre l'exécution des recettes, la direction du budget doit également assurer le suivi de l'exécution des dépenses, c'est-à-dire superviser le travail des structures ayant pour mission d'effectuer le paiement des dépenses de l'Etat.

TITRE II

LA DIRECTION DU BUDGET ET LE SUIVI DE L'EXÉCUTION DES DÉPENSES BUDGÉTAIRES

« *Il y a des charges, il faut les couvrir* ». Cette expression mythique du doyen Gaston JEZE continue de sonner comme un gong pour alerter les gouvernants et les experts en finances publiques sur la nécessité de satisfaire les exigences de politiques publiques. Bizarrement, l'augmentation exponentielle des dépenses publiques qui avait été stigmatisée à la fin du XIXe siècle par le professeur allemand Wagner, est devenue aujourd'hui une préoccupation planétaire. En vue de circonscrire cette pandémie moderne des finances publiques, il a été confié à la direction du budget du Mali, le soin d'assurer le suivi stratégique de l'exécution des dépenses budgétaires[368]. C'est là une source d'incertitude[369] qui suscite la question de savoir comment cette direction va s'y prendre pour assurer un si grand dessein dans le système financier de l'Etat.

En effet, la politique budgétaire de l'Etat est le produit d'un système complexe au sein duquel interviennent, par interaction, divers acteurs de compétences polyvalentes et conscientes de leurs expertises. Elle est

---

[368] Il est préférable de parler ici de dépenses budgétaires au lieu de dépenses publiques. Ainsi on crée la relation entre les dépenses et le budget de l'Etat (loi de finances). Ce qui offre l'avantage de les présenter suivant l'orientation des politiques du gouvernement et du parlement. Or, la notion de dépenses publiques est vague et se prête à plusieurs interprétations et classifications (dépenses de l'Etat, des collectivités, de transfert, d'équipement…)

[369] L'intérêt de l'existence des sources d'incertitudes est de démontrer que, les compétences hiérarchiques formelles ne sont pas la seule source d'autorité dans une organisation, qui se révèle comme un système social complexe, composé d'individus et de groupes qui sont liés par des relations d'interaction et de coopération, en dehors du cadre de l'organigramme formel. Ainsi, en dehors du pouvoir hiérarchique fonctionnel, on voit naître un pouvoir d'expert, comme celui de la Direction du budget, qui contrôle tout le système. L'expert, du fait de son professionnalisme, de son savoir-faire monopolise le pouvoir de décision, et en impose à tous les autres acteurs, par la maîtrise de toutes les sources d'incertitude.

aussi caractérisée par sa précarité et sa vulnérabilité face aux divers chocs environnementaux (d'ordre social, économique, climatique, etc.). Cela apporte de l'eau au moulin des pessimistes qui doutent de la capacité du droit public financier (c'est à dire le [370]droit budgétaire, ce droit de la comptabilité publique et le droit fiscal), ainsi que les institutions financières comme la direction du budget, chargées de son application, à pouvoir relever les défis que posent les problèmes environnementaux et de modernisation à la politique budgétaire. Mais, il serait aussi erroné de croire que les administrations financières qui exécutent ou suivent le processus budgétaire sont dépourvues de toute autonomie leur permettant de mieux s'organiser et coopérer pour prendre des décisions, afin d'atteindre leurs objectifs.

En effet, déterminée à assumer son rôle dans le suivi de l'exécution des dépenses publiques, la direction du budget va entrer en relation avec les acteurs du système financier (trésor, contrôle financier, ordonnateurs, comptables publics). Avec ceux-ci, elle va nouer des relations de pouvoir pragmatiques (formelles ou informelles) d'échange, de coopération leur permettant de trouver la solution aux problèmes posés. Dans cette phase d'exécution des dépenses, elle va donc tisser des relations privilégiées avec la direction du trésor qui paraît être l'une des administrations les plus conservatrices[371] du système financier public. D'ailleurs, il convient de préciser que l'essentiel de la gestion budgétaire de l'Etat repose sur ces deux directions que certains auteurs considèrent comme des machines du pouvoir. Elles sont réputées pour

---

[370] Voir Robert HERTZOG, *L'autonomie est-elle une notion juridique* ? Mélanges Paul AMSELEK, op.cit.,
p. 445 et s.

[371] Laure QUENNOUËLLE-CORRE, *La direction du Trésor 1947-1967.* L'Etat-banquier et la croissance: « Lancée par W. BAUMGARTNER en 1975, la formule qui a fait florès, auprès de certains historiens, doit être relativisée. Dans quels domaines le Mouvement général des fonds serait-il plus moderne que la jeune direction du Budget, née en 1919 ?...Serait-ce parce que la direction du Budget, dans une logique de fonction tout à fait légitime, a soutenu plus ardemment la déflation que le Mouvement général des fonds qu'elle semble à peine sortie des limbes, déjà désuète et conservatrice ?...Enfin, que la jeunesse et la modernité du Mouvement général des fonds s'appuient sur un recrutement et sur une culture administrative différents de ceux du Budget reste encore à prouver ». Comité pour l'histoire économique et financière. Ministère de l'Economie, des Finances et de l'Industrie- Paris 2000, pp. 42-43.

leur technicité et jouent un rôle prééminent dans le système administratif et financier de l'Etat.

Chacune de ces directions joue un rôle important dans la prise de décision financière, équivalent d'un rôle politique, comme l'indique le professeur D. LOCHAK : « *Joue un rôle politique toute personne ou tout organe qui a la possibilité d'exercer une influence sur les décisions politiques prises au niveau le plus élevé, au niveau de l'appareil gouvernemental* »[372]

C'est au regard de toutes ces considérations qu'il va falloir examiner les relations entretenues par la direction du budget avec la direction du trésor et de la comptabilité publique tout d'abord (***Chapitre I***) et ensuite avec le contrôle financier (***Chapitre II***).

---

[372] Danièle LOCHAK, *le rôle politique du juge administratif français*, thèse pour le doctorat soutenue à l'université de Paris, pp. 10 -11.

CHAPITRE I

LES RELATIONS AVEC LA DIRECTION DU TRÉSOR ET DE LA COMPTABILITÉ PUBLIQUE

Comme déjà évoqué en d'autres occasions, en dehors de la préparation et du cadrage budgétaire, la direction du budget a pour rôle de suivre l'exécution du budget et de proposer, le cas échéant, les mesures les plus appropriées pour la réalisation des objectifs publics arrêtés par le gouvernement. « *La Direction du budget, qui prépare le budget et en suit l'exécution, est en contact étroit avec la Direction du trésor, tant à l'occasion de la préparation et de la mise en œuvre de la loi de finances (dépenses de prêts ou d'avances financés directement par la trésorerie) que dans les relations de l'Etat avec les collectivités locales, les entreprises publiques, les organismes de sécurité sociale, etc.* »[373].

Rappelons que, de 1960 à 1967, l'élaboration et l'exécution du budget du Mali en tant qu'Etat indépendant revenait au trésor. C'est dire que les relations entre ces deux directions sont si vieilles, que certains citoyens arrivent à les confondre. Cela n'est pas surprenant, vu la complémentarité entre les deux. L'une, la direction du budget prévoit et évalue les dépenses que l'autre, la direction du trésor, exécute. Au niveau de la superstructure étatique, la direction du budget se préoccupe du poids des charges de l'Etat au même titre que celle du trésor.

A cause de la complémentarité de leurs rôles, ces deux directions ont souvent tendance à rivaliser[374], soit devant le ministre des finances ou

---

[373] Philippe JURGENSEN et Daniel LEBEGUE. *Le Trésor et la politique financière.* Collection Domat. Economie. Edition Montchrestien1988, Paris, p. 23.

[374] Benoît COEURE, *L'Agence France Trésor, quatre ans après* : « La centralisation des flux financiers de l'Etat, activité éminemment régalienne, nécessite un contact quotidien avec les responsables du budget, les comptables publics et la Banque de France. Pourquoi avoir souhaité donner plus d'autonomie aux gestionnaires de la dette et de la trésorerie ?... Et les conflits d'intérêt potentiels ne manquent pas : entre gestion de la dette et politique monétaire (les opérations du Trésor sur le marché monétaire peuvent contraindre l'action de la banque centrale ; les décisions d'émission peuvent

lors des rencontres publiques, chacune voulant prouver qu'elle maîtrise plus que l'autre les dossiers ou qu'elle a plus voix au chapitre. Pourtant, à aucun moment, il ne pourrait être question de concurrence entre les deux directions, dans la mesure où la législation financière définit le champ de compétence de chacune. Ces champs ne sont pas antagonistes, c'est pourquoi les deux directions collaborent dans un cadre de relations professionnelles médiatisées.

Pour jouer son rôle, la direction du budget se doit donc de suivre l'exécution de la loi de finances telle qu'elle est réalisée par les structures de la comptabilité publique ; au fond, elle doit suivre la manière dont ces institutions travaillent (***Section I***), elle doit aussi suivre le trésor dans un certain nombre de ses fonctions stratégiques pour une bonne mise en œuvre de la loi de finances et une bonne exécution des politiques publiques (***Section II***).

Section I : Le suivi des institutions comptables dans leur mission d'exécution des dépenses publiques

La doctrine juridique a du mal à s'entendre sur la notion de trésor. Le trésor ou « ***thesaurus*** » en latin est une vieille institution financière. Le mot trésor, qui s'écrit avec la lettre (**T**) en majuscule, est souvent employé pour désigner le coffre-fort où sont logés les fonds de l'Etat, souvent aussi pour désigner à la fois les fonds déposés ainsi que l'administration chargée de leur manipulation. Malgré son imprécision, il faut le distinguer du mot anglais ***treasury*** qui désigne le ministre des finances dans les pays anglophones. Selon le professeur Loïc PHILIP, « *il est difficile de définir le trésor public dans la mesure où sa principale caractéristique est de ne pas avoir d'existence sur le plan juridique. En effet, il ne se distingue pas de l'Etat. En réalité, il est*

---

laisser croire que le trésor détient des informations privilégiées sur la politique monétaire) ; entre les différentes missions du Trésor(l'Etat émetteur encourage les achats des titres publics quand l'Etat « industriel» veut développer la Bourse, et enfin avec les ministères « dépensiers » : le gestionnaire de la dette plaide pour le désendettement quand les ministères crient famine. Ces mêmes ministère s sont à l'affût des techniques nouvelles de déconsolidation et de crédit différé, dont le responsable de la dette redoute, au contraire, le coût plus élevé de l'impact potentiellement négatif pour la signature de l'Etat ». RFFP, n° 89. LGDJ, février 2005, pp. 72-73.

beaucoup plus que cela, ne serait-ce que parce qu'il est chargé de l'exécution de l'ensemble des dépenses et des recettes des collectivités publiques et non des seules finances étatiques».[375] Pour Alain DENIEL, « *le trésor apparaît aussi comme un ensemble empirique de fonctions et de pratiques qui ne se laisse pas enserrer dans une définition et qui pour cette raison se prête plus malaisément à l'étude* »[376]. C'est pourquoi on admet que le trésor s'explique plus historiquement qu'il ne se définit à travers les concepts. Surtout qu'il a été engendré, suite à un besoin pressant dicté par l'urgence ou la nécessité.

Enfin le trésor est considéré comme une organisation spécifique dans laquelle la discrétion, le secret et le professionnalisme l'emportent sur toutes les autres considérations. Selon François ECK, « l*e trésor a une place à part parmi les directions centrales en raison moins de la nature des travaux que la direction accomplit que du rôle très particulier qu'elle est amenée à jouer* »[377]. Ainsi, alors que la politique budgétaire et la politique fiscale sont largement débattues lors des séances plénières au parlement ou même sur la place publique, la politique financière et les problèmes propres au trésor sont traités avec une grande discrétion par un groupe restreint d'initiés. Mais il faut aussi préciser que le directeur du budget est le premier invité parmi les initiés, pour recueillir son avis.

Les relations entre la direction du budget et la direction du trésor sont des relations essentiellement médiatisées. Par relations médiatisées, il faut entendre celles qui passent par l'intermédiaire d'une autre personne ou d'une autre structure. Ainsi, les relations entre la direction du budget et la direction du trésor sont médiatisées au sens où elles passent par l'intermédiaire du ministre des finances ou d'autres structures. Ou pour le dire autrement, la volonté de la direction du budget est mise en œuvre

---

[375] Loïc PHILIP, *finances publiques*, 4e édition entièrement revue, Cujas, 1992, p. 333.

[376] Alain DENIEL, *cours sur le trésor et la politique financière* : « les organes de décisions… Le ministre des finances… Au centre des décisions se trouve le ministre des finances. C'est en son nom et sous son impulsion et sous son contrôle que s'exercent les attributions du trésor ». Ecole nationale des services du trésor. Cours sur le trésor et la politique financière. Mai 1992, p.13.

[377] François ECK ; *la direction du trésor*. Que sais-je 1ère édition 1986 PUF, p. 20.

par les services du Trésor après en avoir reçu l'ordre ou l'aval du supérieur hiérarchique. Ainsi, de façon directe ou indirecte, les deux directions sont appelées à travailler ensemble et à aller dans le même sens. C'est ce que Pierre CORTESSE [378]traduit en écrivant : « *Avec la Direction du trésor, c'est à la fois une relation de coopération, puisqu'une partie du budget comprend les comptes du trésor, donc il y'avait des relations amicales. Et en même temps une sorte de conflit permanent. La Direction du trésor souhaitait limiter au maximum, à l'époque, le financement par le crédit et la Direction du budget le financement par le budget. Ces conflits prennent parfois un tour aigu, chacun ayant le sentiment de défendre des positions plus conformes à l'intérêt général que l'autre direction* ». Malgré tout, la direction du budget au Mali et le Trésor s'accordent sur un modus vivendi[379], et la première n'interfère en aucune manière avec l'organisation des services du trésor (***Paragraphe I***) ; en revanche, elle peut faire des propositions stratégiques dans le cadre de la bonne exécution des dépenses publiques (***Paragraphe II***).

Paragraphe I : la non-intervention dans l'organisation des services du trésor

Conçue au départ pour assurer l'exécution des lois de finances, ainsi que les manipulations ou transactions d'importantes sommes d'argent, la direction du Trésor du Mali a une origine lointaine. Considérée aujourd'hui comme l'appareil financier de l'Etat, l'actuelle direction nationale du trésor trouve son origine dans la Trésorerie du Soudan français qui était rattachée au trésor public français.

Le trésor de la République soudanaise est créé par l'ordonnance n°12/P-RM du 14 septembre 1960. A ce titre, la direction du trésor peut être considérée comme la sœur ainée de la direction du budget au sein du système financier de l'Etat du Mali. Cette ordonnance a été modifiée

---

[378] Pierre CORTESSE, *Témoignage sur la Direction du Budget de 1954 à 1961*. La direction du budget face aux grandes mutations des années cinquante. CHEFF : entretien avec Anne RASMUSSEN, cassette n°1 1990

[379] Selon le dictionnaire Petit LAROUSSE 2010, cette expression signifie un accord permettant à deux parties en litige de s'accommoder d'une situation en réservant la solution du litige sur le fond. Accommodement, arrangement dans une relation, une manière de vivre ; compromis. Trouver un *modus vivendi*.

plusieurs fois jusqu'à la dénomination de direction nationale du trésor et de la comptabilité publique.

En France, en revanche, l'origine de la direction du trésor remonte à la création du comité de trésorerie en 1791. Ensuite, une « caisse de service » destinée à faciliter la trésorerie de l'Etat est créée le 16 juillet 1806 par le Comte Mollien, ministre du trésor public de Napoléon[380]. La Direction du trésor fut créée en 1940 au ministère des finances sous l'appellation de « Mouvement général des fonds ». Selon François BLOCH-LAINE, cette expression, plus évocatrice que précise, a disparu depuis lors du vocabulaire administratif. Tel n'est pas le cas pour la direction du budget qui n'a pas connu une telle évolution.

A la suite de plusieurs métamorphoses structurelles, l'ordonnances n°55/CMLN du 9 octobre 1973 est intervenue pour transformer l'ancienne direction nationale du trésor et des banques et assurances (DNTBA) en direction nationale du trésor et de la comptabilité publique (DNTCP).

Une telle métamorphose institutionnelle et assujettissement de l'administration du trésor au modèle français n'est pas propre au Mali seulement. Ainsi au Burkina Faso, le trésor public national a évolué du « service de la trésorerie de Haute-Volta » en « trésor public voltaïque »[381] créé par le décret colonial du 20 Mai 1959, qui fut abrogé à son tour par un décret du 21 mars 1961 qui a créé une direction du trésor et de la comptabilité publique ».

La direction du trésor joue un rôle très important dans la vie de la nation. C'est à la direction du trésor que revient le rôle de produire les notes techniques sur les questions financières, économiques ou budgétaires pour la compréhension du ministre sur les dossiers et l'information du gouvernement. C'est à elle aussi qu'incombe le choix des moyens pour

[380] Dans son livre sur la direction du trésor, François ECK a écrit que NAPOLEON avait créé un ministère du Trésor en charge du recouvrement des impôts, de la dette publique et du mouvement des fonds, à côté du ministère des Finances. Ces deux ministères ont été fusionnés sous la Restauration en une administration centrale unique. On peut donc déduire que la complexité et la structuration surdimensionnée du trésor découle de là.

[381] Salif YONABA. *Les finances de l'Etat Burkinabé*, op. cit., déc. 2006, p. 219

préserver les grands équilibres à travers notamment les politiques de l'emprunt, l'équilibre de la caisse. La fixation des parités monétaires vis-à-vis des monnaies étrangères les relations financières internationales. Son rôle est donc primordial dans ce domaine comme la direction du budget. A juste raison, la direction du budget a décidé de sa stratégie de non intervention dans l'organisation du trésor, qui est la seule administration des finances qui lui tient tête (rivalise) en matière de détention de pouvoir décisionnel. Mais, elle est permanemment en relation avec la direction du budget dans le suivi de l'exécution des recettes et des dépenses publiques, et le ministre des Finances. Malgré son omniprésence et son omnipotence, la direction du trésor est dotée de pouvoirs délégués et non discrétionnaires, exercés au nom du ministre des finances.

En effet, la direction du trésor est à la fois une « machine du pouvoir » et une direction d'état-major de synthèse, truffée d'experts financiers en tout genre. Elle incarne le modèle parfait de l'organisation bureaucratique, destinée à accomplir des missions [382]d'exécution des dépenses budgétaires, ceci en interaction avec la direction du budget.

---

[382] Ordonnance N° 02-030/P-RM du 04 Mars 2002 portant création de la Direction Nationale du Trésor de la Comptabilité Publique

Article 2 : la Direction Nationale du Trésor et de la Comptabilité Publique a pour mission l'exécution du budget d'Etat, des organismes publics et para publics, la gestion de la trésorerie publique et la gestion comptable du portefeuille de l'Etat, l'élaboration et la mise en œuvre de la politique financière et monétaire de l'Etat, le suivi et la mise en œuvre et l'élaboration de la politique de l'Etat en matière d'assurance.

A cet effet elle est chargée de :

- exécuter les opérations du budget de l'Etat, des collectivités territoriales et des achats publics, à l'exception des opérations dont l'exécution a été expressément confiée à d'autres (directions) structures ;
- le suivi et le contrôle de la gestion de trésorerie ;
- l'élaboration de la réglementation de la comptabilité générale et de la comptabilité publique et le suivi de son application
- la gestion comptable des titres et valeurs appartenant ou confiés à l'Etat et aux collectivités territoriales ;
- la collecte et analyse des documents comptables des institutions financières et monétaires ;
- l'application et le contrôle de la réglementation des échanges ;
- la tutelle du réseau des comptables publics de l'Etat ;
- l'élaboration de la réglementation et du contrôle du secteur des assurances
- l'assurance des véhicules de l'Etat ;

Notre problématique étant de savoir comment la direction du budget assure le suivi stratégique de l'exécution des dépenses publiques, il importe de connaître quelles sont les structures qui sont chargées de cette exécution. Nous n'avons nullement la prétention de vouloir percer toute la complexité de l'organisation du trésor, cependant, il paraît important d'évoquer ses structures centrales et les services rattachés d'une part (**A**), et les services extérieurs, c'est-à-dire les services régionaux et subrégionaux d'autre part (**B**).

A – Les structures centrales et services rattachés du trésor

Comme la direction du budget, la Direction nationale du trésor et de la comptabilité publique (DNTCP) est une administration centrale du ministère des Finances. Des divers textes juridiques[383] qui ont organisé successivement les services de la direction nationale du trésor et de la comptabilité publique, on peut retenir différents organes intervenant dans l'exécution des dépenses publiques. Il s'agit des organes centraux et services rattachés.

1) *Les organes centraux du trésor*

Comme la direction du budget, la direction du trésor, direction tentaculaire et omniprésente [384]dans la vie publique est une gigantesque structure financière placée sous l'autorité du ministre des Finances, qui lui-même, relève de l'autorité du Premier ministre et du Président de la République.

- la coordination et le contrôle des services régionaux, subrégionaux et des services rattachés.

[383] Ordonnance n° 02/030/P-RM du 04 mars 2002 portant création de la direction nationale et de la comptabilité publique ; décret n° 02/127/P-RM du 15 Mars 2002 fixant l'organisation et les modalités de fonctionnement de la direction nationale du trésor et de la comptabilité publique ; décret n° 02/238/P-RM du 10 Mai 2002 déterminant le cadre organique de la direction nationale du trésor et de la comptabilité publique

[384] François ECK : « à la limite toute l'administration française qui intervient dans ces domaines pourrait se retrouver dans la direction du trésor ! En fait le paradoxe n'est qu'apparent : l'omniprésence du trésor tient à une certaine « sur administration » typiquement française de l'économie, elle-même due à la demande diffuse, mais non moins pressante, des agents économiques », in *la direction du trésor,* Que sais-je ? PUF novembre 1986, p. 21

Elle comprend un certain nombre de divisions :

- *La division banques et finances* est chargée du suivi de l'harmonisation de toutes les activités financières, monétaires et bancaires de l'Etat ; de l'exploitation des documents statistiques, de l'application et du contrôle de la réglementation des charges et de l'élaboration de la balance des paiements.
  Cette division partage en partie les missions de la Direction du budget dans le suivi de l'exécution des dépenses qui sont suspendues aux activités financières de l'Etat.
- *La division des assurances* est chargée de la tutelle du secteur des assurances et de la mise en œuvre du traité instituant « La conférence interafricaine des marchés d'assurance (CIMA) ». Elle a en charge la conception, la réglementation et le contrôle du secteur des assurances, de la formation et des relations avec les organismes étrangers.
- *La division comptabilité publique* est spécialisée dans la production des règles juridiques d'exécution et de contrôle des opérations financières, ainsi que les règles techniques de passation des écritures, de même que la tenue des comptes des services publics et parapublics. Elle est la structure charnière entre la direction du budget et la direction du trésor dans l'exécution des dépenses.
- *La division suivi des collectivités territoriales et des organismes personnalisés* est chargée des opérations financières des collectivités et organismes, des procédures comptables qui les régissent. Elle collecte l'information, élabore les statistiques, appuie les gestionnaires des collectivités publiques. Cette division joue un rôle déterminant dans la mise en œuvre des politiques budgétaires, au moment où la décentralisation territoriale prend une ampleur certaine au Mali. Ce qui oblige la direction du budget qui vient de créer plusieurs comptes budgétaires dans la loi de finances 2011[385] à l'intégrer dans sa stratégie pour le suivi de l'exécution des dépenses budgétaires.

---

[385] « La loi de finances 2011 a été votée par l'Assemblée Nationale en décembre 2010. A la différence de celle de 2010, les montants inscrits pour le compte des Collectivités Territoriales (CT) respectent une clé de répartition qui est élaborée en fonction de la taille et des données statistiques de chaque collectivité. La loi de finances 2011 comporte une innovation de taille, étant donné qu'une unité fonctionnelle (UF) a été créée dans cette loi pour le compte de chaque collectivité territoriale (collectivités

2) *Les services rattachés*

L'organisation du trésor se singularise par l'existence de toute une série de services rattachés.

- *L'Agence comptable centrale du trésor (ACCT)* a été créée par l'ordonnance n°02/31/P-RM du 4 mars 2002, comme service rattaché à la direction nationale du trésor ; elle est dirigée par un chef dénommé Agent central du trésor secondé par deux fondés de pouvoirs pouvant le remplacer en cas d'absence. Elle a une grande importance pour les appuis qu'elle apporte à la direction du budget dans le suivi des opérations d'exécution des dépenses budgétaires. Elle comprend quatre divisions. (1) La division de la comptabilité publique chargée d'assurer la tenue de la comptabilité du poste et la gestion des disponibilités des titres et valeurs appartenant à l'Etat ; elle abrite la section « gestion des avoirs de l'Etat » qui sont destinés à renforcer les ressources budgétaires. (2) La division centralisation et vérification est chargée d'assurer la centralisation des documents et situations comptables, la production et le contrôle des documents périodiques et définitifs en vue de l'établissement des comptes généraux et le projet de loi de règlement. C'est donc une sentinelle qui veille sur la comptabilisation et la vérification des ressources budgétaires, c'est-à-dire les recettes budgétaires dont le suivi incombe à la direction du budget. (3) La division « correspondants du trésor » est un service qui exécute et comptabilise les recettes et les dépenses et autres opérations ordonnées par les correspondants du trésor, la confection de leurs documents et situations comptables. (4) Enfin, la division informatique a pour mission de réaliser des études et projets portant sur l'informatisation du trésor, ainsi que l'édition des documents comptables.

---

régionales, de cercles, des communes) conformément à l'aire géographique du ministère de l'administration territoriale et des collectivités Locales (MATCL). Contrairement à la situation de 2010, les communes ne sont donc plus regroupées suivant l'aire géographique du ministère de l'éducation, de l'alphabétisation et des langues nationales (MEALN) ». Voir le Guide d'orientation sur l'exécution des chapitres transférés aux collectivités territoriales dans la loi des finances. Edité par le MEALN, le MATCL et le ministère de l'économie et des finances (MEF), février 2011, p. 8.

L'agence comptable centrale du Mali répond au type d'organisation bureaucratique décrit par Michel CROZIER [386]dans son ouvrage, « Le phénomène bureaucratique ». Elle est dotée d'un effectif impressionnant ; ses travaux sont effectués au jour le jour en fonction des dossiers et surtout des instructions émanant des responsables supérieurs ; sa mission est passive, mais elle permet à la direction du budget d'avoir accès à toutes les informations entrant dans le suivi de l'exécution des dépenses publiques et renforce ainsi l'interaction entre les Directions du budget et du trésor.

- *La Paierie générale du district,* créée par l'ordonnance n°02/032/P-RM du 4 mars 2002 est dirigée par un payeur général[387] ; elle est une structure rattachée à la Direction nationale du trésor et de la comptabilité publique.

  Le Payeur général a en charge les dépenses ordonnancées par l'ordonnateur principal et les ministres dépensiers, ainsi que les dépenses des comptes spéciaux, la centralisation des opérations comptables des missions diplomatiques. Le payeur général est assisté de deux fondés de pouvoir qui assument ses fonctions en cas d'empêchement. La paierie générale du trésor assume la fonction de comptable assignataire ; elle dispose de quatre divisions : (1) une division des dépenses, (2) une division de la comptabilité, (3) une division de l'apurement et compte de gestion et (4) une division de la comptabilité des ambassades.

  Tous ces comptes entrent dans le suivi de l'exécution des dépenses que la direction du budget suit avec intérêt à l'instar de ceux tenus par la recette générale du district.

- *La Recette générale du district* est un service rattaché à la direction nationale du trésor et de la comptabilité publique créée par la loi n°92-019/P-RM du 23 septembre 1992, abrogée et remplacée par l'ordonnance n°02-033/P-RM du 4 mars 2002.

Le receveur général du district dirige ce service opérant exclusivement dans le seul District de Bamako. Il est nommé par décret pris en conseil

---

[386] Voir Michel CROZIER, *Le phénomène bureaucratique*, op. cit. p. 15-16.

[387] C'est Achille FOULD qui a parachevé l'édiction du décret du 31 mai 1862 sur la comptabilité et a fusionné en un seul corps en 1865 les receveurs et payeurs sous le nom de trésoriers-payeurs généraux. Voir François ECK, La Direction du Trésor. Que sais-je ? 1986, Paris, p. 7.

des ministres et est assisté de deux fondés de pouvoir qui peuvent le remplacer en cas d'absence. Les attributions des fondés de pouvoir sont fixées par leur arrêté de nomination.

La recette générale du district apparaît comme un réservoir de ressources budgétaires qui peuvent spontanément être drainées vers le trésor pour faire face à l'exécution de certaines dépenses publiques ordinaires ou urgentes et impératives (dépenses liées à des crises conjoncturelles ou luttes syndicales, à des inondations, à des missions urgentes de sécurité ou de maintien d'ordre).

Le receveur général du district est compétent pour prendre en comptabilité tous les titres de perception d'impôts, de taxes et produits divers des budgets des communes régionales ou nationales. Il assure également l'encaissement et le contrôle des recouvrements effectués par les administrations financières et les régisseurs.

B – Les services extérieurs du trésor

L'unité d'action du trésor est réalisée par la déclinaison, au plan territorial, de l'administration des finances publiques, par les trésoreries régionales, les perceptions et les recettes et perceptions.

Ces services relèvent des dispositions de la loi n° 90-411/AN-RM du 18 Octobre 1990 qui a créé dans chaque capitale régionale une Direction régionale du trésor, dans chaque chef-lieu de cercle une perception et dans chaque commune urbaine ou rurale une recette-perception.

Cette déconcentration permet à la direction du budget d'intégrer directement ces structures déconcentrées du trésor dans sa stratégie de suivi de l'exécution de la loi de finances en général, et des dépenses budgétaires en particulier. Ainsi, à tout instant, ces structures sont en mesure de lui fournir directement l'état d'exécution desdites dépenses dans leur localité. C'est pourquoi, lors de chaque conférence préparatoire du budget (n-1), elle les convie au même titre que tous les responsables et acteurs impliqués dans la gestion budgétaire à tous les niveaux.

Précisons que des postes de receveurs existent au niveau des administrations financières comme les douanes et des postes comptables dans chaque mission diplomatique ou consulaire. Tous ces différents services sont placés sous la coordination et le contrôle de la direction du trésor et de la comptabilité publique et exercent, à cet effet, le pouvoir d'instruction préalable des décisions à prendre, des activités à mener, de même que le droit d'intervention a posteriori. Ces structures régionales et subrégionales se sont constituées progressivement et concomitamment à la faveur de l'essor de la décentralisation au Mali, mais aussi avec la bonne santé des relations diplomatiques du pays à partir de 1991.

Avec cette structuration, la direction du budget est informée de la situation de l'exécution des dépenses au niveau des ambassades et représentations consulaires du Mali à l'étranger y compris les frais de délivrance des passeports ou cartes d'identité.

La répartition territoriale des structures du trésor à l'intérieur du pays comme à l'étranger est pratiquée par de nombreux pays. Ainsi, le professeur Salif YONABA[388]a écrit, à propos du Burkina-Faso, qu'en dehors des structures établies sur le territoire national, des perceptions sont ouvertes à l'étranger pour les besoins des opérations financières exécutées dans les représentations diplomatiques du pays à l'étranger (ambassades et consulats généraux) ; leur nombre qui était encore insignifiant a connu une évolution notoire. Les trésoriers payeurs régionaux, les percepteurs locaux des cercles et les receveurs, les percepteurs des communes sont des agents doubles qui travaillent à la fois pour le compte de la direction du trésor leur service employeur et la direction du budget leur employeur officieux, par les informations qu'ils doivent lui fournir sur leurs activités.

[388] Salif YONABA : « les structures déconcentrées se sont étoffées progressivement. Tout à fait à la base se trouvent les perceptions installées aux chefs-lieux des départements ; au-dessus des perceptions en principe se trouve constitué un réseau de trésoreries principales (TP) établies aux chefs-lieux des différentes provinces ; elles sont théoriquement placées, sous le contrôle des trésoreries régionales (Tr) actuellement au nombre de six pour l'ensemble du territoire », in *les finances publiques de l'Etat Burkinabé*, Collection précis de droit burkinabé, PADEB, décembre 2006, p. 224-225

Le trésorier payeur régional n'agit pas seulement en tant que comptable supérieur du trésor ; il assume également la charge de représenter l'ensemble des services déconcentrés relevant de l'autorité des ministres chargés de l'économie et des finances. La coordination qui en découle se fonde sur l'esprit d'entente et de collaboration qui anime les services financiers, tous impliqués à des titres divers par la mise en œuvre des dits programmes d'action économique.

La trésorerie régionale est une administration déconcentrée du trésor public. Elle est dirigée par un trésorier payeur régional qui coordonne et contrôle les perceptions situées au niveau régional et est assignataire des dépenses sur budgets régionaux et des opérations du budget national. Celui-ci assure les opérations de trésorerie, dirige les poursuites, centralise et intègre les opérations des comptables secondaires qui lui sont rattachés. En définitive, il ressort des constats que l'existence de tous ces services spécialisés dans les opérations de dépenses confirme les interrelations qu'entretiennent les directions du budget et du trésor. Celles-ci ont pour but de permettre à la direction du budget d'assurer le meilleur suivi dans l'exécution des dépenses budgétaires. Mais si la direction du budget a besoin de connaître les institutions ou structures qui exécutent les dépenses, elle a également besoin de connaître les règles que celles-ci appliquent pour accomplir leur mission. Elle n'a pas à s'ingérer dans leur application, mais elle a le droit de savoir si cette application permet de garantir l'efficacité de la dépense publique et l'atteinte des objectifs des politiques publiques.

Paragraphe II : La direction du budget et l'application du système comptable

Dans ses relations avec le trésor, la direction du budget passe de la non-intervention [389]à la non-ingérence. Tout comme elle n'avait aucune

[389] La non-ingérence et la non-intervention sont deux termes empruntés au Droit international public dans l'organisation des relations internationales. La non-intervention est l'attitude d'un Etat qui s'abstient d'intervenir dans les affaires des autres Etats lorsqu'il n'est pas directement concerné. De ce fait la Direction du budget, sachant qu'elle n'est pas concernée dans l'organisation interne des structures du trésor, s'abstient d'y intervenir. De même, elle adopte une stratégie semblable dans l'organisation de la comptabilité publique avec la stratégie de la non-ingérence, comme s'il s'agissait d'une question d'affaire intérieure à un Etat ; pour mieux

qualité pour intervenir dans la mise en place des institutions du trésor, elle n'a pas davantage de compétence pour s'ingérer dans leur application du système comptable. Le pouvoir[390] devient donc une relation et non un attribut. Cette attitude permet aux services de la comptabilité publique d'exercer leurs missions dans la règle de l'art, sans être inquiétée par la direction du budget. Cela doit aboutir à la juste utilisation des deniers publics conformément au strict respect des principes financiers.

L'organisation du système comptable repose sur le principe de régularité, comme l'indique le Marquis d'AUDIFFRET, de façon lyrique, à propos de la comptabilité : « *la comptabilité publique doit éclairer dans toutes ses parties ce vaste ensemble de notre organisation financière et politique, faire pénétrer les rayons lumineux de la méthode et de l'analyse jusque dans les moindres mouvements de ressorts, répandre son éclat investigateur sur l'action incessante du pouvoir exécutif et guider encore, à la clarté de son flambeau le contrôle des chambres législatives et le jugement du pays.* »[391]

Le problème qui se pose malheureusement au Mali découle du fait qu'il n'existe pas de Direction de la comptabilité publique en tant que telle ;

---

respecter sa souveraineté. C'est cette attitude qu'adopte la direction du budget, en respectant l'autonomie organisationnelle du trésor et de la comptabilité publique, pour mieux en profiter. Voir Jean COMBACAU et Serge SUR, *Droit international public*, 8è édition 2008 Montchrestien, Lextenso éditions.

[390] Bernard RAMANANTSOA, *Pouvoir et stratégie : peut- on en parler sérieusement* ? « Dans la vie des organisations, comme dans les discours circulants et la presse deux thèmes fascinent : la stratégie et le pouvoir. Ils sont le plus souvent reliés. Le rôle clé du « chef» dans la formulation et la mise en œuvre de la stratégie apparaît comme une évidence. Ceci n'est pas nouveau. Confucius déjà (551-479 av. JC), ministre et conseiller de princes, explicitait le rôle du détenteur de pouvoir comme garant du symbolique, à la fois dans sa fonction de construction de la continuité stratégique et identitaire…». *Stratégies et Pouvoirs*. Mélanges en l'honneur du Professeur Alain Charles MARTINET ; Librairie Vuibert. Octobre 2008, p. 155.

[391] Voir Gaston d'AUDIFFET, marquis ; *De la comptabilité et de la cour des comptes*, in Encyclopédie du droit, ou répertoire raisonné de la législation et de jurisprudence en matière civile, administrative criminelle et commerciale, ouvrage de plusieurs jurisconsultes, rédigé et publié sous la direction de M. Sebire et Carteret, Paris, Coulon, 1836-1847, 7 vol., T. VII.

[391] Voir Laure QUENNOUËLLE, *la direction du budget, la direction du trésor et le financement public des investissements 1946-1957* CMEFF, p. 587

l'Agence comptable centrale qui tient la comptabilité de l'Etat est un service rattaché à la direction nationale du trésor. La direction du budget choisit une attitude de non-ingérence dans l'organisation du système comptabilité publique. C'est pourquoi, pour éviter des conflits interprofessionnels, Laure QUENNOUËLLE fait la proposition suivante : « *Si le trésor et le budget paraissent condamnés » à vivre ensemble... et à s'affronter régulièrement, parce qu'en concurrence dans le contrôle de l'appareil financier public, et plus largement sur leur rôle d'expert écouté du Ministre des finances, les deux directions n'en demeurent pas moins d'accord sur la nécessité d'une gestion assainie des finances publiques* »[392]. Proposition de sagesse à laquelle adhère la direction du budget du Mali, malgré le caractère complexe de ce système comptable public, à la fois archaïque (**A**) et efficace (**B**).

A – Un système comptable public archaïque

On entend ici par archaïsme le fait qu'il s'agisse d'un système malgré tout vieillot et peut apte aux mutations et aux changements. Ceux qui se produisent le sont toujours à la marge. Ainsi, curieusement, la comptabilité publique qui se trouve actuellement appliquée au Mali, relève encore largement du décret impérial du 31 Mars 1862 qui a récapitulé et fixé les pratiques comptables en matière de finances publiques développées en France sous la Restauration. Ce décret a dégagé les axes majeurs du système financier français mis en place par le marquis d'AUDIFFRET : comptabilité législative, comptabilité administrative et comptabilité judiciaire. A cette période, le budget apparaissait au plan de sa structuration administrative et réglementation financière, comme un simple élément d'un ensemble organisé par les principes de la comptabilité publique. Ce sont les mêmes principes qui sont en application dans le système comptable malien et exprimés presque avec les mêmes termes.

Malgré tout, ce qui est à l'avantage de la Direction du budget dans son rôle de suivi stratégique de l'exécution des dépenses budgétaires est l'unanimité autour du principe de l'année budgétaire. Ainsi, on retrouve dans toutes les définitions fournies depuis des siècles que les dépenses et recettes sont prévues et autorisées par le budget pour une année civile.

Mais dans le cadre de la comptabilité budgétaire, et pour des raisons stratégiques, l'année budgétaire peut être déterminée par les pouvoirs publics en fonction de considérations liées à la conjoncture économique. Ainsi, au Mali sous la première république, l'année budgétaire allait du 1er juin au 30 avril et ne coïncidait pas avec l'année civile.

Le moment importe peu : ce qui est important c'est de définir une période de l'année permettant de recenser toutes les opérations donnant lieu à l'encaissement des recettes ou au paiement des dépenses. C'est à ce niveau que se consolident les relations entre la direction du budget et la comptabilité publique.

Compte tenu donc de l'importance de son intervention dans l'accomplissement du rôle de la direction du budget dans le suivi de l'exécution stratégique du budget, le comptable public mérite d'être appréhendé dans tout son rôle budgétaire ou financier. Ce qui exige au préalable une définition et catégorisation des comptables publics. Selon le décret n°97-192/P-RM portant principes fondamentaux de la comptabilité publique au Mali, en son article 4, « Est comptable public tout fonctionnaire ou agent de l'Etat ayant qualité pour exécuter au nom des organismes publics, des opérations de recettes, de dépenses, ou maniement de titre au moyen des fonds et valeurs dont il a la garde, soit par virements internes d'écritures, soit encore par l'intermédiaire d'autres comptables, ou de comptes externes de disponibilités dont il ordonne et surveille les mouvements ». Il s'agit d'une catégorie d'agents publics dont le statut a si peu évolué ! Et dont les obligations sont demeurées les mêmes depuis des décennies si ce ne sont des siècles.

1 – Les comptables à compétence générale

Selon Jean François PICARD : « *Ces comptables sont les comptables de droit commun. Ils exécutent toutes les opérations de recettes et de dépenses du budget général et des comptes spéciaux du trésor, toutes les opérations de trésorerie et, d'une manière générale, toutes les opérations financières dont l'Etat est chargé, à l'exception de celles dont l'exécution est expressément confiée à d'autres comptables publics* »[393]. Le Professeur Salif YONABA ne dit pas autre chose en ce qui concerne leur rôle au Burkina-Faso[394].

Cette unité d'exécution des dépenses facilite le travail de suivi que la direction du budget doit accomplir ; elle a ainsi un interlocuteur unique dont toutes les écritures remontent au service de la comptabilité publique. Ces agents du trésor, qu'ils soient de l'agence centrale ou pas doivent être encouragés pour qu'ils n'adoptent pas des comportements qui puissent nuire à la bonne exécution des dépenses publiques. Ce qui est indéniable, c'est que la Direction du budget tire un grand intérêt dans ses relations avec le trésor, dont les agents sont classés en comptables supérieurs et subordonnés.

L'article 55 du décret n° 97-122/P-RM du 9 juin 1997 dispose, *in fine,* que les comptables subordonnés du trésor sont territorialement rattachés à un comptable supérieur du trésor. Ils sont comptables secondaires du budget d'Etat, mais peuvent être comptables principaux des collectivités décentralisées et de leurs établissements publics. Les comptables subordonnés du trésor sont non centralisateurs, ce sont les : percepteurs, receveurs.

Les comptables supérieurs du trésor dirigent l'ensemble des services du trésor et de leurs circonscriptions. Ils sont chefs hiérarchiques des comptables placés sous leurs ordres et ont un pouvoir disciplinaire à exercer de plein droit.

Les comptables supérieurs du trésor sont des comptables principaux des opérations du budget de l'Etat, des comptes spéciaux et des opérations financières qui leurs sont assignées par leurs textes de création, ainsi que le budget des collectivités décentralisées de leur lieu de résidence ou spécialement affectées par les lois et règlements.

Les comptables supérieurs du trésor sont centralisateurs. Ils centralisent les opérations effectuées par les comptables qui leur sont territorialement rattachés.

---

393 Jean François PICARD *Finances Publiques* 2e édition, p. 144

394 Salif YONABA *les Finances de l'Etat Burkinabé,* p. 201

Quoi qu'il en soit, les comptables principaux et secondaires agissent sous l'autorité du ministre chargé des Finances. C'est par son intermédiaire que la Direction du budget exprimera ses observations à l'égard des comptables quels qu'ils soient.

2 – Les comptables à compétence spéciale

Dans ce cadre du suivi de l'exécution de la loi de finances ou simplement des dépenses budgétaires, la direction du budget reçoit des informations fournies par des comptables à compétence spéciale. Les agents relevant de cette catégorie sont spécialisés dans des opérations bien définies et ils sont soumis à une administration spécifique. Aux termes de l'article 58 du décret 97-122/P-RM, « *les comptables spéciaux peuvent être chargés par arrêté du Ministre chargé des finances d'exécuter des catégories particulières de recettes et de dépenses* ». Ainsi, on distingue dans cette catégorie de comptables à compétence spéciale les comptables des administrations financières, des budgets annexes et l'agent comptable central du trésor (A.C.C.T). Ils sont classés dans une catégorie particulière parmi les comptables directs du trésor. Placés sous l'autorité du ministre des finances, ils relèvent soit de la direction générale des impôts, au cas où ils sont receveurs des services fiscaux, soit de la direction générale des douanes.

Les relations entre la direction du budget et les comptables des administrations financières et des budgets annexes sont permanentes. Ces comptables sont bien appréciés de la direction du budget, car ils assurent avec efficacité, pour le compte de leurs directions respectives le recouvrement de divers impôts, droits taxes, redevances, y compris les frais de pénalité, amendes, confiscations et frais de poursuite ou de justice. Ils font donc recette de tous ces droits et taxes conformément aux dispositions du code général des impôts, du code des douanes et du code des domaines. Pareillement, ils effectuent les opérations de dépenses.

Dans le même cadre, la direction du budget entretient des relations avec les comptables des établissements publics nationaux et des collectivités locales ainsi que leurs établissements publics. C'est ainsi, qu'elle a connaissance de la comptabilité exercée par les établissements publics nationaux ainsi que ceux des collectivités locales et les établissements publics locaux.

Certes, les établissements publics nationaux sont dotés d'une personnalité juridique propre et d'un budget spécial, aussi, leur agent comptable n'est subordonné à aucun comptable supérieur. Mieux, en sa qualité de comptable principal, justiciable devant les juridictions supérieures des comptes, il est compétent pour centraliser les comptes de ses comptables secondaires. A cet effet, la comptabilité des établissements publics administratifs est réalisée soit par un comptable du Trésor qui exerce cette profession à titre principal ou accessoire, soit par un fonctionnaire désigné par arrêté ministériel.

Concernant les comptables des collectivités locales ou des établissements publics locaux, deux agents interviennent dans le cadre du suivi de l'exécution des dépenses budgétaires, en parfaite collaboration avec la direction du budget. C'est le préfet en tant qu'ordonnateur et le trésorier payeur général, agissant en tant que comptable de la collectivité ou de l'établissement public.

3 – Les conditions d'accès à la fonction de comptable public

Au regard de tout ce qui vient d'être développé, on sait que le comptable public se reconnait à travers certaines opérations de recettes, des dépenses et même de manipulation de titres, de fonds et valeurs. Il doit dresser le compte de ses encaissements et décaissements et assurer la transcription de ces opérations destinées à alimenter la comptabilité publique. Ce qui facilite à la direction du budget le suivi stratégique de l'exécution des dépenses publiques. Aussi, la direction du budget a-t-elle besoin de savoir à quoi on reconnaît un comptable public.

Les conditions de nomination du comptable public

S'il ne revenait qu'à la direction du budget de définir les conditions de nomination du comptable public et de préciser son statut, sûrement les règles de loyauté, de civisme et d'éthique allaient prévaloir sur la rationalité et la légalité. Certes, en intégrant la profession, le comptable public malien doit connaitre son statut ; mais il ignore généralement le respect des principes moraux et obligations.

Pour Farhana AKHOUNE : « *la définition actuelle du comptable est fondée sur sa fonction, qui consiste en l'accomplissement d'un certain nombre d'opérations financières et repose surtout sur une habilitation légale à effectuer celle-ci. Elle peut être considérée comme un critère distinctif et spécifique à cette catégorie de fonction.* »[395]. C'est la nomination qui confère le fondement légal de la fonction et légitime son exercice par le bénéficiaire ès qualité. Aussi, la loi 96-061 dispose-t-elle qu' : « il est interdit à quiconque n'ayant pas la qualité de comptable public ou n'agissant pas sous le contrôle ou pour le compte d'un comptable public de s'immiscer dans la gestion des deniers publics. Tout contrevenant est déclaré comptable de fait et encourt les mêmes obligations et responsabilités que le comptable public, sans préjudice des poursuites judiciaires. »[396]. Cette nomination échoit au ministre chargé des finances et au besoin au conseil des ministres, selon le rang du comptable public.

Le statut est marqué par l'idée de protéger à la fois les intérêts pécuniaires de la collectivité publique et d'aiguiser chez le comptable public le sens de la responsabilité, cette responsabilité, aujourd'hui un élément d'appréciation de la bonne gestion des finances publiques[397]

---

[395] Farhana AKHOUNE, *Le statut du comptable en droit public financier*, op. cit. p. 103.

[396] Voir les articles 12 et 13 de la loi 96-061 relative à la comptabilité publique au Mali.

Article 8 de la loi 96-060 relative aux finances publiques du Mali : « sans préjudice des inégalités et des incompatibilités prévues par le Code électoral, le statut général des fonctionnaires ou les statuts particuliers, pour les ordonnateurs et les comptables publics, la fonction de comptable public est incompatible avec l'exercice de tout mandat de député, de conseiller de région, de cercle, de commune rurale et de conseiller municipal. »

Voir Décret n° 2005-256/Prés/PM/MFB du 12 mai relatif à la comptabilité publique au Burkina

[397] Il faut préciser que dans le cadre du partenariat avec le FMI, la Banque mondiale, et particulièrement l'Union Européenne, la direction du budget du Mali organise depuis l'année 2002 une revue des dépenses, afin d'évaluer la gestion des finances publiques suivant la méthodologie PEFA (en anglais : Public Expenditure and Financial Accountability et en français Dépenses publiques et responsabilité financière). Ainsi en 2007 l'évaluation du PEFA organisée par la direction du budget, avec la participation des PTF et divers autres acteurs financiers publics, a permis d'identifier les points forts et les faiblesses du système de gestion des finances publiques du pays. Voir, *Mali : Revue des dépenses publiques et de la responsabilité*

par les bailleurs de fonds, est aussi un objectif sinon un idéal pour la direction du budget. Dans la logique de moralisation de la gestion des deniers publics, les comptables publics, sont habilités à suspendre le paiement de toute dépense comportant des irrégularités, des insuffisances ou des omissions de pièces justificatives. Cette moralisation est renforcée par la prestation de serment auquel le comptable public est assujetti. Selon André NEURISSE[398], « *cette formalité apparait en définitive comme une simple consécration du caractère hautement public de la mission qui lui est assujettie* » ; il y a certainement plus ! La prestation de serment est une garantie supplémentaire pour la direction du budget qui voudrait s'assurer que les agents chargés de la manipulation des deniers publics exercent leur fonction, à tout moment, en mettant en jeu leur honneur. La prestation de serment a lieu devant le juge des comptes. Une autre solution aurait été possible, pourquoi pas le juge pénal ou le juge judiciaire ?

Les obligations financières du comptable public

Avant d'exercer leur fonction, il est fait obligation aux comptables publics de constituer des garanties financières. Avec forte insistance, l'article 18 du décret n° 97-122/P-RM relatif à la comptabilité publique au Mali dispose que les comptables publics, avant leur prise de fonction, sont astreints à la constitution de garanties financières.

En outre, le trésor dispose sur leurs biens meubles, d'un privilège spécial et sur leurs biens immeubles d'une hypothèque légale ainsi que sur ceux des conjoints pour les biens de la communauté. Vu l'existence de la polygamie au Mali, le législateur malien n'applique pas l'hypothèque légale aux biens immeubles du conjoint séparé de biens. Un décret pris en conseil des ministres détermine les modalités de constitution des garanties et le montant exigé de chaque catégorie de comptable ainsi que les conditions et modalités d'inscription hypothécaires sur les immeubles et d'exercice du privilège sur les biens meubles de même que les biens immeubles et meubles des conjoints. En France, l'hypothèque légale touche aux biens du comptable acquis

---

financière de l'Etat. Volume I Rapport principal mars 2010. Document de la Banque mondiale, coproduit par le Gouvernement du Mali et l'Union européenne ; p. xiii

[398] André NEURISSE, *le Trésorier Payeur Général*, op. cit, p. 98

en son nom ou par son conjoint, sans rapport avec leur régime matrimonial, comme indiqué à l'article 2121 du Code[399] civil français. Avec cette constitution de garantie, le législateur fait d'une pierre deux coups. D'une part, ces garanties donnent l'assurance au Trésor qu'en cas de malversation, détournement ou simple faute d'imprudence de gestion, il pourra se faire rembourser sur les biens gagés ou hypothéqués. D'autre part, ces garanties sont les meilleurs moyens pour rassurer la direction du budget de la bonne exécution des dépenses publiques car le comptable sachant ses biens hypothéqués ainsi que ceux de ses conjoints mettra tout en œuvre pour ne pas commettre d'erreur pouvant porter atteinte à son honneur, sa profession et ses biens.

Ensuite, le comptable public doit constituer une caution. Le cautionnement apparaît comme une condition primordiale de l'accès à la fonction de comptable public. Ce caractère impératif réside dans la finalité visée par la direction du budget, à savoir une protection renforcée des deniers publics. André NEURISSE réserve au cautionnement les deux objectifs suivants : garantir l'Etat contre les erreurs ou les détournements du comptable et procurer au Trésor public des moyens de trésorerie à bon marché (de ce point de vue le cautionnement a pu être considéré comme une avance permanente du comptable à l'Etat).

Au Mali, la direction du budget ne reconnaît plus le même objectif au cautionnement que par le passé. Aussi, son objectif n'est-il plus de procurer à l'Etat des ressources, mais de garantir proportionnellement autant que possible l'importance des fonds publics confiés par l'Etat aux comptables publics. Ainsi, une faculté est réservée aux comptables publics qui peuvent constituer leur cautionnement soit par un dépôt en

---

[399] Article 2121 du Code civil français : (L 65-570, 13 juillet 1965). Indépendamment des hypothèques légales résultant d'autres codes ou lois particulières, les droits et créances auxquels l'hypothèque légale est attribuée sont :
1-ceux d'un époux, sur les biens de l'autre ;
2- ceux des mineurs ou interdit, sur les biens du tuteur ou de l'administrateur légale ;
3- ceux de l'Etat, des départements, des communes et des établissements publics, sur les biens des receveurs et administrateurs comptables ;
4-ceux du législateur, sur les biens de succession, en vertu de l'article 1017 ;
5-ceux énoncés en l'article 2101 : 2, 3, 5, 6, 7 et 8 ;

numéraire, soit par l'engagement d'une caution solidaire agréée par le ministre chargé des finances soit par l'engagement de paiement fractionné sur une période globale de cinq ans à partir de la date de prise de fonction.

Malgré tout, il convient de remarquer que l'obligation de cautionnement jure avec les principes classiques du droit administratif. En effet, les agents de l'administration ne sont pas responsables des dommages [400]causés en service, à la collectivité publique.

B – Un système comptable efficace

Malgré son caractère archaïque, le système comptable recèle une grande efficacité, liée en partie à la qualité de l'un des acteurs principaux d'exécution des dépenses publiques, le comptable public. Les auteurs sont nombreux à reconnaître cette efficacité, tels les professeurs Eric BOEHLER[401], Gabriel MONTAGNIER[402] et André NEURISSE [403] ou Jacques MAGNET[404].

Cette efficacité tient à plusieurs facteurs : l'exclusivité du maniement des deniers publics, des fonds et valeurs, la responsabilité personnelle et pécuniaire qui pèse sur le comptable public, le contrôle qu'il exerce sur les actes des ordonnateurs. Si cette efficacité est réelle dans certains pays, elle est moindre au Mali, car, malgré tout, si les textes qui régissent la fonction du comptable sont excellents, leur mise en œuvre

---

[400] La responsabilité sans faute est née en droit administratif (Voir CE 21 juin 1895, Cames, *Rec.* p. 509, concl. ROMIEU ; GAJA n° 6), où elle a illustré le caractère spécial des règles de la responsabilité de la puissance publique affirmé par l'arrêt Blanco. Cependant cette réponse n'est pas dépourvue d'attraits pour les personnes publiques concernées. Outre que les patrimoines publics supportent le plus souvent sans difficulté les plus lourdes condamnations pécuniaires, les autorités administratives apprécient le caractère mécanique de la responsabilité sans faute.

[401] Voir: Eric BOEHLER, *des rôles respectifs des ordonnateurs et des comptables à l'occasion des procédures de réalisation des recettes et des dépenses*. Thèse pour le doctorat en droit, université de Paris II, 1981

[402] Gabriel MONTAGNIER, *contribution à l'étude du trésorier payeur général*, thèse pour le doctorat en droit ; université de Lyon, 1963, Paris LGDJ 1966, p. 359

[403] André NEURISSE, *le trésorier payeur général*, thèse pour le doctorat en droit, université de Paris II, Paris LGDJ, 1988 bibliothèques de science financière, p. 251

[404] Jacques MAGNET, *les comptables publics*, Paris LGDJ, 1995, col. Systèmes, p. 151.

laisse beaucoup à désirer. En effet, ces règles sont malheureusement souvent méconnues et ne sont pas respectées par les comptables publics. Parmi les règles majeures à observer par le comptable public, il faut rappeler les suivantes. L'article 5 de la loi citée précédemment dresse le détail des missions de contrôle qui lui incombent. Ainsi les comptables sont tenus :

I-En matière de recettes :
- de l'autorisation de percevoir les recettes dans les conditions prévues pour chaque catégorie d'organisme public par les lois et règlements ;
- de la mise en recouvrement des créances de l'organisme public et de la régularité des réductions et annulation des ordres de recettes dans la limite des éléments dont ils disposent.

II-En matière de dépenses :
- de la qualité de l'ordonnateur ou de son délégué
- de la disponibilité des crédits
- de l'exacte imputation des dépenses aux chapitres ou articles qu'elles concernent selon la nature de leur objet ;
- de la validité de la créance dans les conditions prévues à l'article 6 ci-après ;
- du caractère libératoire du règlement.

***III-En matière de patrimoine* :**
- de la conservation des avoirs privilèges et hypothèques ;
- de la conservation des biens dont ils détiennent la comptabilité matière.

On voit bien que toutes ces opérations ont des incidences budgétaires, à savoir la bonne exécution des opérations de recettes et de dépenses. Du coup, elles contribuent au renforcement des relations entre la direction du budget et la comptabilité publique par l'entremise de la direction nationale du trésor. Aussi, conviendrait-il de dégager le comptable public de son cloisonnement au trésor, afin de permettre aux experts de la direction du budget de mieux entretenir des liens plus directs avec lui ! Cela permettrait à la direction du budget d'assumer sa mission de suivi de l'exécution des dépenses et de proposition d'amélioration de la gestion budgétaire.

L'efficacité du système comptable tient aussi au maillage de l'ensemble du territoire par les comptables. Il en existe aussi bien pour les paiements des activités et politiques publiques de l'Etat que pour le paiement des dépenses des collectivités territoriales. D'ailleurs, à ce titre, afin de rapprocher les postes comptables des communes, dans le cadre de la décentralisation, vingt (20) nouvelles recettes-perceptions ont été créées par l'arrêté n° 00-2306/MEF. SG du 23 août 2000. Elles ont été réparties ainsi qu'il suit : Kayes, six (6) ; Koulikoro, trois (3) ; Sikasso, cinq (5) ; Ségou, trois (3) ; Mopti, deux (2) et Tombouctou, une (1). La direction du budget a dû influencer et diligenter les procédures de décaissement requises, afin de faciliter leur réalisation à date. Car en fait, tous ces efforts consistent à appuyer la direction du budget dans son suivi de l'exécution des dépenses budgétaires, qui entraîne également des relations rationnelles de calcul économique et de commandement. Cela démontre que la direction nationale du trésor et de la comptabilité publique est en plein chantier de réorganisation structurelle et fonctionnelle.

Enfin, l'efficacité du système comptable se mesure à l'accomplissement de la fonction [405]autre fois dévolue au « mouvement général des fonds » (ancienne dénomination du trésor). Ainsi, il parvient à ajuster les ressources et les charges, les entrées et les sorties de liquidité dans l'ensemble du circuit du trésor, dans l'espace et dans le temps, ce qui suppose l'existence d'un volant de liquidités face aux besoins imprévus et il parvient à financer lorsqu'il existe, le déficit budgétaire, en collectant les fonds nécessaires sur les marchés des capitaux.

Comme la direction du budget, la direction du trésor et de la comptabilité publique doit aussi, à sa manière, assurer un suivi dans l'exécution des dépenses budgétaires en général et de la performance de l'ensemble du système financier et budgétaire public en particulier. Mais toutes les informations détenues par la seconde doivent être mises

[405] Selon Danièle LEBEGUE, dans son cours de sciences Po : « le Trésor est un service de l'Etat qui effectue pour son compte et pour celui d'autres collectivités administratives les opérations de caisse (recettes et dépenses), de banque (mouvements de créances et de dettes) et de comptabilité nécessaires à la gestion des finances publiques ; il exerce des activités d'administration, de tutelle, de financement ou d'impulsion en matière économique et financière et aussi en matière internationale », cité par François ECK,*la Direction du Trésor*, qui assure le maintien des grands équilibres monétaires et financiers ? PUF, 1986,Que sais-je ?, p. 12.

à la disposition de la première. Compte tenu de la caractéristique éminemment régalienne de la centralisation des flux financiers publics, l'Etat oblige le trésor et les comptables publics à entretenir un contact journalier avec la direction du budget.

Des audits institutionnels ont été réalisés et ont permis de clarifier les fonctions attribuées à chacune des structures du trésor. Ce qui a facilité la coexistence entre l'agence comptable centrale du trésor, qui exerce la fonction de centralisation de tous les comptes, et la paierie générale du trésor qui exerce la fonction d'exécution des dépenses au niveau central. La qualité du travail de ces institutions facilite celui de la direction du budget. Ainsi, une réelle modernisation de l'administration en général et de l'administration financière en particulier est actuellement entreprise au Mali. Toutefois, il semble qu'elle butte sur une certaine résistance au changement, soit du côté de l'administration, soit du côté des administrés. Ce qui explique[406] la prédominance de certaines méthodes empiriques au détriment des mesures rationnelles.

Comme on vient de le voir, la direction du budget prend acte de l'organisation et du fonctionnement de la direction du trésor et de la comptabilité publique. Elle se tient informée de ses performances ; elle obtient les renseignements qu'elle souhaite grâce aux rencontres régulières entre les directeurs des deux institutions, mais aussi grâce aux contacts de terrain. Ce qui permet à la direction du budget d'assurer sa mission de suivi de l'exécution de la loi de finances. Ce suivi n'a pas d'autre finalité que de permettre la préparation du prochain budget de la façon la plus appropriée, en particulier dans la répartition des dépenses entre les ministères.

---

[406] Laure QUENNOUËLLE-CORRE, *La direction du Trésor 1947-1967, L'Etat-banquier et la croissance* : « Les explications [de création] sont dues uniquement à un changement de volume d'opérations. Dès qu'on commence à être plus occupé qu'on ne l'était par un sujet, on en fait un bureau, et on dégraisse celui d'à côté…Fruit de circonstances historiques ou d'une nécessité économique, rééquilibrage avec les autres directions du ministère, la réorganisation des structures de la direction, si nécessaire qu'elle ait pu apparaître à l'époque, n'est donc pas la réforme la plus importante entreprise par F.Bloch-Lainé. Elle a le mérite d'être la vitrine d'une modernisation, mais elle ne reflète guère la réalité du fonctionnement de la direction ». Comité pour l'histoire économique et financière de la France, Paris, 2000, pp.145-146.

Suivre l'exécution de la loi de finances, en définitive, consiste à s'assurer que les comptables payent les dépenses publiques selon les règles en vigueur. C'est aussi suivre le trésor dans certaines de ses fonctions fondamentales, comme ses relations avec les banques ou sa gestion de la trésorerie.

Section II : Le suivi du trésor dans l'exécution de ses fonctions

Commençons par méditer cette sentence de Jean GUYOT : « Il y avait cette espèce de doctrine de base que les interventions du Trésor étaient des interventions au niveau macro-économique, au niveau monétaire mais non sur des dossiers particuliers, l'intervention sur des dossiers étant considérée comme quelque chose d'un peu sordide laissée à d'autres directions »[407]. En effet, la loi de finances permet d'assurer le financement des dépenses courantes de l'administration, mais elle autorise aussi d'autres opérations qui doivent permettre le développement économique et social du pays. Ces opérations sont effectuées par le trésor. La direction du budget se doit de le suivre dans l'exécution de ces opérations.

Les dépenses budgétaires inscrites dans la loi de finances initiale ne sont pas toutes définitives. D'ailleurs, certaines d'entre elles ne sont que des prêts ou avances remboursables. Dans tous les cas, pour la couverture des dépenses autorisées par le législateur, la direction du trésor a besoin de ressources budgétaires, ne serait-ce que pour établir un système de péréquation entre le rythme des entrées de recettes et de dépenses[408]. Même lorsque la loi de finances est exécutée en équilibre (égalité mathématique entre recettes et dépenses), il y aura des périodes au cours de l'année où l'Etat dépense plus qu'il ne reçoit notamment en période de baisse des rentrées de recettes fiscales. Pour couvrir les dépenses dans cette période, le trésor est obligé d'associer à des fonctions traditionnelles des opérations de trésorerie.

---

[407] Voir entretien biographique avec O. FEIERTAG, entretien n°7, cassette n°7, Comité pour l'histoire économique et financière de la France, 1991.

[408] Raymond MUZELLEC : « Entre la Direction du Budget qui fixe le montant des dépenses et la direction des Impôts qui assure les recettes, le Trésor ajuste », in *Finances publiques*, concours administratifs, catégorie A, IPAG-IRA. 11ème édition, Sirey, Notions essentielles 2000, p. 257.

« Emprunter, rembourser, placer sur le marché interne, gérer avec la Banque de France les réserves publiques de change, tels sont les aspects de la gestion de la trésorerie qui exigent eux aussi, en raison à la fois de l'importance des sommes en cause et de la complexité des techniques mises en œuvre du personnel de qualité et beaucoup d'organisation »[409].

Ceci concerne la France, mais le trésor malien se trouve dans la même situation. Ce qui permet de comprendre pourquoi, sans être un service de la coopération internationale, il mène des activités externes qui se concrétisent par l'établissement de solides relations avec les institutions financières nationales et internationales (Banque Mondiale, FMI, BCEAO et autres). Car il a toujours besoin de trouver les ressources nécessaires au fonctionnement de l'Etat et au financement des politiques publiques. Mais le trésor n'a pas recours au seul secteur bancaire ; il peut aussi utiliser les ressources des déposants obligatoires appelés les correspondants du trésor ; il peut enfin emprunter. Il assume ainsi sa grande fonction de trésorier.

Il appartient alors à la direction du budget de suivre le trésor dans sa recherche de financement auprès des banques, des correspondants du trésor (***Paragraphe I***) et dans sa gestion de trésorerie (***Paragraphe II***).

Paragraphe I : Le suivi des relations du trésor avec le secteur bancaire et les correspondants du trésor

La direction du trésor et de la comptabilité publique doit assurer le flux régulier des ressources pour la couverture des dépenses publiques. Elle peut recourir, dans ce cadre, soit au secteur bancaire (**A**), soit à des déposants obligatoires que sont les correspondants du trésor (**B**). Dans cette fonction, elle est suivie par la direction du budget.

A – Le suivi des relations du trésor avec les banques

Les relations bancaires du trésor public se sont développées parallèlement au triomphe des théories encourageant l'intervention de l'Etat dans la vie économique. Généralement, elles se déroulent dans

[409] Xavier BEAUCHAMPS, *Un Etat dans l'Etat, le ministre de l'économie et des finances,* Bordas, 1976, p. 24.

des conditions opaques qui ne permettent ni au Parlement ni à l'opinion publique d'avoir connaissance ni du montant ni de l'efficacité des sommes en jeu. Ce qui ramène constamment au débat inépuisable sur la question de l'indépendance des banques vis-à-vis de l'Etat.

Cette spécificité qui domine le statut de la banque en tant qu'établissement privé entretenant des relations avec le secteur public fait écho à cette déclaration célèbre de Napoléon BONAPARTE : « *Je veux que la banque soit dans la main du gouvernement, mais qu'elle ne le soit pas trop* ».[410]

La direction du budget se doit de suivre le Trésor dans ses relations avec le secteur bancaire et son impact sur les finances publiques. En général, le trésor public exerce une fonction de réglementation et de tutelle sur les établissements de crédits, à travers sa « Division banques et finances », quel que soit leur statut (banque, établissements financiers, organismes mutualistes, caisses d'épargne et institutions financières spécialisées). La loi bancaire est le texte législatif qui définit le rôle du trésor dans ses rapports avec ses établissements, tout en précisant le cadre juridique dans lequel ces établissements de crédits exercent leurs activités.

La direction du budget veille surtout au déroulement des relations ainsi nouées entre le secteur bancaire et le trésor en vue d'accroître la production de la richesse nationale et les ressources budgétaires. En ce qui concerne la production de richesse nationale, c'est une fonction bancaire du trésor « *très développée dans les pays capitalistes aujourd'hui, où l'un des nouveaux rôles dévolus aux finances publiques est de maintenir l'équilibre de la monnaie et de réguler l'économie. Si les financiers classiques défendent l'équilibre des recettes et des dépenses, les financiers modernes ajoutent l'équilibre des offres et demandes de capitaux et celui des entrées et sorties de devises étrangères.* ».[411]

---

[410] Michel BOUVIER ; Marie-Christine ESCLASSAN- Jean-Pierre LASSALE. *Finances Publiques*.9è édition 2008, Lextenso éditionsop.cit, p. 601

[411] Sékou SISSOKO, *les Finances Publiques.- De la théorie générale- des expériences du Mali,* Editions MBallou. Mars 2004, p. 262.

En effet, pour réguler l'économie et préserver la monnaie, la direction du trésor a la tâche de contrôler le marché des capitaux, plus précisément la masse des crédits disponibles sur le marché et les conditions de leur octroi. Dans l'économie de marché, le crédit apparaît comme un moteur indispensable au développement économique, par conséquent son absence ou sa rareté deviennent préjudiciables à l'économie nationale. La plupart des entrepreneurs, même analphabètes, savent plus que quiconque que le crédit est indispensable à la survie de leurs entreprises.

L'excès de crédits sur le marché occasionne l'emballement de l'économie qui peut provoquer des crises économiques graves. Il devient alors nécessaire, d'assurer un équilibre entre les offres et les demandes de crédit, afin de garantir une croissance et un développement économique. C'est la tâche principale de la Banque centrale, à travers sa politique des taux d'intérêt, lesquels permettent de réguler le recours au crédit. Ainsi, des taux d'intérêt élevés freinent l'appel au crédit, tandis que des taux faibles le relancent.

A sa façon, le trésor participe à la régulation du crédit, soit l'octroi de crédits de l'Etat aux entreprises, soit par ses émissions d'emprunts (on y reviendra). Ces mesures ont un impact direct sur le marché du crédit. Le contrôle qualitatif du crédit est essentiellement sélectif. Il est appliqué à travers une politique de répartition sectorielle ou sélective du crédit destinée à drainer des financements bancaires vers les secteurs d'activités jugés prioritaires ou non prioritaires. Ou bien, il consiste à favoriser le financement [412]des entreprises dont le développement est souhaité par l'Etat. C'est le cas de la Compagnie malienne pour le développement des textiles du Mali (CMDT). Selon certains auteurs[413], « *le secteur cotonnier constitue la première source de revenus pour le Mali et représente donc une base fiscale importante. Or, il existe une*

---

[412] Sékou SISSOKO : « l'interventionnisme de l'Etat l'a conduit également à financer en totalité ou en partie le capital de certaines entreprises, à y détenir des actions, des droits et même des responsabilités. Ainsi, il participe aux Assemblées Générales et conseils d'administration, use de son droit de vote, perçoit des dividendes et contrôle », op. cit, p. 265.

[413] Gilles DUFRENOT, Eloge HOUESSOU, Emèdétèmin NONFODJI, *Politique budgétaire et dette dans les pays de l'UEMOA*. Préface de Frédéric A. KORSAGA ; Economica 2007, pp. 42-43.

corrélation entre l'évolution des cours du coton et les prêts nets que l'Etat consent à la CMDT. Par exemple, pour la campagne 2004-2005, les pertes nettes de cette entreprise représentaient 1.7% du PIB, ce qui a conduit le gouvernement à lui consentir un prêt de 28 milliards de FCFA, soit l'équivalent de 1% du PIB ». Cette politique de prêts à des entreprises par le Trésor est assurée en lien étroit avec la direction du budget qui participe aux décisions en la matière.

En outre, l'application de la politique sélective du crédit passe par l'encadrement des opérations bancaires par le trésor. Pour ce faire, il est institué le principe de l'autorisation préalable de la BCEAO pour l'octroi du crédit par les banques primaires. Cette autorisation veut privilégier les financements destinés aux secteurs prioritaires de l'économie.

Mais les secteurs prioritaires, telle l'agriculture, sont des domaines à haut risque pour l'investissement et les banques à cause des aléas climatiques et autres données peu maîtrisables par l'homme aujourd'hui. Ils exigent également des investissements d'un montant élevé pour des résultats parfois peu rentables ; ce qui rend leur financement difficile par le secteur privé. Il faut reconnaître que la structure financière des banques primaires est inapte à supporter le financement du secteur prioritaire. Les ressources de ces banques sont constituées surtout par des dépôts à vue, qui ne sont disponibles qu'à court terme. Par conséquent, il est facile de comprendre la réticence des banques primaires à financer les activités d'un secteur prioritaire dont la rentabilité est aléatoire.

Malgré tout, les directions du trésor et du budget parviennent à convaincre le ministre des finances pour imposer un tel financement, afin d'éviter des risques et malaises sociaux qui peuvent découler du dysfonctionnement de ces secteurs. Ce qui conduit logiquement l'Etat, à augmenter sa participation dans le capital des banques. Ainsi en 1998, l'Etat du Mali était actionnaire majoritaire de la Banque nationale pour le développement agricole (BNDA) ; il était également le seul actionnaire de la Banque malienne pour les crédits et les dépôts (BMCD) suite au retrait du Crédit Lyonnais. Ainsi, l'Etat est actionnaire privilégié dans la plupart des banques secondaires. Certes, une telle participation est voulue par la direction du budget qui y voit une mesure protectrice de l'entreprise et de l'emploi des travailleurs. Mais, elle est vivement critiquée par certaines conventions internationales qui la trouvent anormale. Ainsi, ces conventions signées le plus souvent par le FMI, exigent que la participation de l'Etat au capital des entreprises commerciales et bancaires ne dépasse pas 20% du capital.

C'est pourquoi, sous la pression des charges émanant des entreprises peu rentables et les exigences du FMI, on assiste à un désengagement partiel ou total de l'Etat du secteur bancaire, en cédant ses actions.

B – Le suivi du trésor dans ses opérations avec ses correspondants

Hormis ses fonctions de caissier ou de banquier, le trésor tient dans ses écritures des comptes de tiers, les établissements publics nationaux, les collectivités locales et leurs établissements publics et des personnes physiques et morales. Tous ces titulaires de comptes sont désignés sous l'appellation générique de « correspondants du Trésor »[414]. L'article 95 du décret n°97-122/P-RM du 9 juin 1997 en donne une parfaite définition, en ces termes : « sont qualifiés de correspondants du trésor les organismes et particuliers qui, soit en application des lois et règlements, soit en vertu d'une convention, déposent à titre obligatoire ou facultatif des fonds au trésor ou sont autorisés à procéder à des opérations de recettes ou de dépenses par l'intermédiaire des comptables du trésor. Il ne peut être ouvert qu'un seul compte par correspondant. »

Ainsi, la notion de correspondants du trésor [415]recouvre l'ensemble des personnes physiques ou morales, publiques ou privées, qui sont

---

[414] Le décret français de 1962 sur la comptabilité publique définit les correspondants du trésor dans les mêmes termes qu'au Mali : « Les correspondants du trésor sont les organismes particuliers qui, soit en application des lois et règlements, soit en vertu de conventions, déposent à titre obligatoire ou facultatif des fonds au trésor, ou sont autorisés à procéder à des opérations de recettes et de dépenses par l'intermédiaire des comptables du Trésor ».

[415] C'est le décret impérial du 31 mai 1862 qui a défini les correspondants du trésor pour la première fois en ces termes : « Sous le titre de correspondants du trésor se classent les opérations de recettes et de dépenses effectuées pour le compte des dépôts et des consignations, de la légion d'honneur, du service postal de France et de tous les autres services semblables qui sont déterminés par les instructions ministérielles. »

détentrices d'un compte ouvert dans les écritures du trésor. La relation financière qu'entretiennent ces personnes avec l'Etat est, au regard de la loi, le seul critère permettant d'identifier le correspondant du trésor. C'est donc l'existence d'un compte au trésor qui permet d'identifier un correspondant. Les organismes, sociétés ou entreprises qui bénéficient de subventions ou d'allocations budgétaires sont vivement incités par la direction du budget à ouvrir un compte au trésor. Les fonds des correspondants sont très importants et sont évalués à des milliards. Au Mali, en se référant aux documents du trésor, on distingue quatre grandes catégories de correspondants : (1) les budgets annexes et services non personnalisés de l'Etat, (2) les organismes à caractère financier, (3) les collectivités locales et établissements publics locaux et (4) les autres correspondants.

En France, Xavier CABANNES [416]dénombre également les mêmes catégories. L'obligation de dépôt a pour avantage de protéger les contribuables, usagers ou donateurs qui financent les organismes qui y sont soumis contre les abus de tout genre auquel leurs dirigeants pourraient se livrer. En effet, il paraît dangereux de confier en dépôt aux banques les deniers des organismes publics à cause des risques de collusion qui peuvent en résulter et des dommages préjudiciables au plan politique et financier.

Enfin, au plan de la rigueur de gestion, il est souhaitable que les organismes ayant des buts de service public, qui ne se livrent pas à la recherche du profit pour eux-mêmes et qui n'ont pas de compétence en matière financière soient tenus d'effectuer des dépôts non rémunérés au trésor Public. Toutes ces institutions tirent des avantages à le faire : la sécurité du dépôt, l'image de marque que confère un compte ouvert au trésor public et le crédit plus rapide des comptes (pensions de retraite, subventions, paiements sur marchés publics, etc.).

De son côté, le trésor tire un grand intérêt de ces dépôts de ses correspondants. En effet, il s'agit d'apports qui permettent d'assurer l'exécution des dépenses budgétaires. Le trésor les utilise dans le cadre de ses opérations de trésorerie, lorsque les rentrées fiscales sont

---

[416] Xavier CABANNES, *le principe de l'unité de trésorerie en droit public financier*, thèse de doctorat, préface de Paul AMSELEK, LGDJ-EJA 2000, p. 41.

moindres pour couvrir les dépenses du moment ; ces dépôts sont non rémunérés par un intérêt. Parmi les correspondants du trésor, il en existe un qui mérite une attention particulière, c'est la Caisse des dépôts et consignations (CDC).

Au Mali, la Caisse des dépôts et consignations (CDC) [417]a été créée par la loi n°63-77/AN-RM du 27 décembre 1963. Au titre des dispositions de cette loi, la CDC est un établissement public à autonomie financière, dirigée par un directeur nommé par décret pris en Conseil des Ministre s sur proposition du ministre des finances.

Elle a pour mission de recevoir, d'administre r et de conserver pendant tout le temps nécessaire et dans les circonstances légales, les sommes qu'il importe de protéger, soit de par leur origine, soit à cause d'un litige, d'un état d'indécision ou d'une affectation. Ces sommes et consignations sont aussi diverses que variées. Il s'agit de toutes les consignations judiciaires ou administratives, de toutes les sommes de débiteurs refusées en paiement par des créanciers, de toutes les sommes dues pour une condamnation judiciaire, des sommes que doivent consigner, conformément à la règlementation, les adjudicataires de marchés publics au titre de cautionnement provisoire ou définitif, des cautionnements de mise en liberté provisoire, des cautions versées par certaines personnes (transitaires, agences de voyages, etc.), des sommes saisies et arrêtées sur les traitements à la suite d'ordonnance judiciaire, des saisies pour pension alimentaire, des dépôts des greffiers et notaires, des cessions de créances, des dépôts volontaires des particuliers, des dépôts d'organismes publics ou privés quand ils sont autorisés régulièrement et de tous les autres dépôts et consignations ordonnés par les lois et règlements.

Ces fonds déposés ou consignés à la CDC sont garantis par l'Etat. Excepté ceux de cautionnement provisoire de marché, les dépôts des greffiers et notaires, ils portent des intérêts à un taux fixé par le ministre chargé des finances et qui charge la direction du budget du suivi de sa gestion concomitamment avec la direction du trésor.

---

[417] Cette caisse tire son origine de la loi française de 28 avril 1816 (sous l'impulsion du Baron LOUIS, ministre des Finances de LOUIS XVIII), qui qualifia la caisse « d'établissement spécial » ; plus tard le Conseil d'Etat dans l'arrêt Berger du 18 décembre 1862 a considéré que la caisse est distincte de l'Etat.

Toutes les sommes déposées à la CDC peuvent être retirées dès que les conditions légales sont remplies à cet effet.

La direction du budget est informée de la décision de retrait ainsi que de la situation financière du fonds détenue par la CDC, qui était la suivante à la date du 31 décembre 2002 :

En milliards de F. CFA

Fonds Trie	1,9
Agetipe Mali	3,3
Agetier Mali	1
PRODEC	3
OMH	1,4
Fonds Minier	1,4
Autres	8,9
TOTAL	20,9

Source : Note technique du directeur national du trésor et de la comptabilité publique du 24 mars 2003 à l'attention du ministre de l'Economie et des Finances.

Paradoxalement, de sa création à ce jour, la Caisse des dépôts et consignations n'a jamais fonctionné dans les conditions juridiques institutionnelles légales. Elle opère dans l'illégalité à l'ombre de la direction du trésor. En effet, au lieu d'être un établissement à autonomie financière, doté d'organes de gestion indépendants, cette caisse a toujours été administrée par la direction du trésor et a joué un rôle permanent de correspondant. Par ailleurs, elle n'a jamais reçu intégralement toutes les catégories de dépôts qu'elle aurait dû recevoir légalement, au regard de la législation en la matière. Aussi, estime-t-on qu'elle n'existe qu'en clair-obscur au sein des locaux de la direction du trésor qui ne peut qu'en tirer profit. Les directions du budget et du trésor entretiennent discrètement leur complicité sur cette situation répréhensible, au regard de la loi mais tolérée par la pratique administrative.

Cependant, leur attitude est considérée par la science administrative comme une tendance à glisser de la rationalité juridique à la rationalité administrative. La plupart des auteurs de la doctrine admettent que la science administrative n'a pas pour but de définir les normes d'un fonctionnement idéal (parfait de l'administration), mais de trouver le régime approprié pour la situation en présence.

Peu de personnes ou même d'agents du trésor savent des choses sur l'existence de la CDC. Par contre, depuis sa création, la caisse ne cesse de fonctionner et de servir la stratégie des directions du budget et du trésor pour compléter les recettes destinées à l'exécution des dépenses budgétaires.

Le second volet important que la direction du budget doit suivre porte sur la gestion de trésorerie par la Direction du trésor et de la comptabilité publique.

Paragraphe II : La direction du trésor et la gestion de trésorerie

On dit souvent que le rôle de la direction du budget est une tâche ingrate mais indispensable qui consiste à contenir les dépenses de l'Etat dans les limites comptables avec ses ressources. Pour bien remplir une telle mission, elle doit d'une part, disposer d'une stratégie permettant de contrôler la gestion des services dépensiers ; d'autre part, travailler étroitement et efficacement avec la direction du trésor, afin de suivre l'exécution des dépenses budgétaires, conformément à la loi de finances. Ces opérations peuvent également être classées suivant un critère financier, en opérations à caractère définitif ou au-dessus de la ligne et opérations à caractère définitif ou en dessous de la ligne.

On sait maintenant que l'exécution de la loi de finances suppose que l'Etat dispose d'un appareil financier animé par les acteurs compétents et qu'il se procure des ressources d'appoint nécessaires à la couverture des surplus de dépenses en cas d'une situation de crise de trésorerie par la suite.

Il en résulte une interaction entre les directions du budget et du trésor, interaction qui sera élargie aux autres directions financières, aux partenaires techniques financiers et aux autres acteurs. L'opinion publique ne voit généralement dans le trésor qu'un service de caisse mis à la disposition de la direction du budget et considère souvent la situation de la trésorerie, comme l'exact reflet de la situation budgétaire. Si le trésor connaît des difficultés pour équilibrer ses opérations, ce ne peut être qu'en proportion du volume du déficit budgétaire mis à sa charge suite à l'exécution des dépenses budgétaires. Sinon « *Réduisez ou supprimer l'écart entre les dépenses et les recettes budgétaires, vous mettrez, de ce seul fait, la trésorerie publique à l'abri des difficultés, vous éliminerez la raison même pour laquelle le trésor peut être conduit à s'adresser au système bancaire* »[418]. Aussi, compte tenu de cette réalité, les deux directions sont obligées de former un front commun pour assurer la gestion de trésorerie, malgré leur complicité ou rivalité[419] dans la gestion des lois de finances ?

Avant d'examiner la mesure dans laquelle l'assertion de François BLOCH-LAINE et de Pierre DEVOGUE est aujourd'hui applicable aux finances publiques maliennes, il convient de clarifier la notion de gestion de la trésorerie publique. On sait que le trésor, dans son rôle de caissier de l'Etat, est perçu comme le teneur de comptes de divers organismes en réseau[420] synchronisé pour satisfaire à tout moment les exigences de financement. Aussi, faut-il entendre par gestion de trésorerie, le fait d'assurer à tout moment, au moindre coût et dans la plus grande sécurité, l'équilibre des ressources et des dépenses. Afin de pouvoir assumer cette fonction, le trésor public est obligé de coordonner un système composé d'un ensemble de moyens et des ressources. Ainsi, l'étude de la complexité de la gestion de trésorerie publique conduit à nous intéresser au fondement juridique du système de gestion de trésorerie publique (**A**) et ensuite à son utilité (**B**).

---

[418] François BLOCH-LAINE et Pierre DEVOGUE *le trésor public et le mouvement général des fonds,* PUF, 1960, p. 38

[419] Laure QUENNOUËLLE-CORRE, *la direction du Trésor 1947-1967. L'Etat-banquier et la croissance* : « Parmi les missions dévolues au Trésor et au Budget, le financement de la ..., prête à une éventuelle friction entre les deux institutions. Peu visibles dans les organigrammes comparés des deux directions, ces doublons sont relevés par Maurice Lauré dans son rapport de 1949...L'auteur dénonce l'interaction accrue des deux directions depuis 1945 et met en lumière les doubles emplois ». Comité pour l'Histoire Economique et Financière de la France, Paris 2000, p. 125.

[420] Selon Philippe JURGENSEN et Daniel LEBEGUE, le trésor est au centre d'une constellation, composée d'institutions publiques et semi-publiques, ou même privées qui constituent pour l'Etat un ensemble de relais dans l'exercice de la fonction financière publique. Pour mieux comprendre, comment se fait connaître, sentir et diffuser l'influence de l'Etat, il faut faire appel à la notion de réseau. Ces réseaux qui existent presque dans tous les pays s'adaptent en fonction des cultures nationales.

A – Le fondement du système de gestion de la trésorerie publique

Au Mali, les mouvements de caisse du budget de l'Etat sont définis par la loi 96-061, qui traite des opérations de trésorerie et d'autres opérations en ses articles 30 et suivants. Sont des « opérations de trésorerie tous les mouvements de numéraire, des valeurs mobilisables, de comptes de dépôts et de comptes courants, et sauf exception propre à chaque catégorie d'organisme public, les opérations intéressant les comptes de créances et de dettes ».

L'originalité de la gestion de trésorerie se justifie à travers les missions multiples que le trésor public doit assumer. Il doit faire face non seulement à ses propres besoins, mais aussi assumer les responsabilités générales confiées au trésor en matière d'équilibre des marchés. Cela signifie qu'il doit prendre en charge tous les besoins financiers de l'Etat en instance au trésor, grâce à une bonne gestion. Pour cela, il faut donc se hâter à résoudre tous les problèmes posés par chaque composante de la « constellation ou mouvance du Trésor » par un système original de gestion capable de prendre en compte l'ensemble du réseau des établissements et organismes publics, semi-publics et même privés que représentent les auxiliaires du trésor dans l'exercice de leur fonction financière. Ce réseau financier obéit au principe de l'unité de trésorerie qui devient une exigence, comme on l'a vu précédemment à travers l'obligation faite à certains organismes publics et établissements de déposer leurs fonds libres au trésor.

En se référant à certaines pratiques récentes au plan des finances publiques, on constate que la gestion de la trésorerie était gouvernée par des règles relativement simples. Il suffisait en matière monétaire par exemple, que le trésor soit « neutre » pour que sa gestion soit satisfaisante au regard des conceptions classiques. Parallèlement, la direction du budget recommandait souvent les mêmes pratiques pour un meilleur suivi de l'exécution des dépenses budgétaires.

Cependant, pour respecter cette neutralité, il fallait simplement que le trésor équilibre ses propres opérations sans recourir au système bancaire ou marché financier. A cet égard, François BLOCH-LAINE et Pierre DEVOGUE ont estimé que « l'argument de trésorerie » prend valeur d'une règle d'or dans la conduite de la politique financière. Gérer sainement le trésor revient à prévoir en temps utile le moment où il serait nécessaire, pour éviter toute interférence avec le système monétaire, de réduire les dépenses ou d'accroître les recettes de l'Etat. Economie, impôts ou emprunts, ces trois leviers d'ajustement de l'équilibre financier se trouvent ainsi mis en mouvement périodiquement pour permettre au trésor de se conformer à l'impératif de neutralité monétaire qui lui était assigné.

La stratégie du trésor est de choisir les modes de financement de sa trésorerie en tenant compte de leur coût. Ainsi, la dette à vue peut-elle apparaître la moins coûteuse, mais les conditions du marché peuvent donner l'occasion au trésor de se financer à long terme afin de préserver l'avenir. La direction du budget ne s'inquiète point des déficits budgétaires ou des découverts, car elle sait le trésor capable de se procurer d'importantes sommes sur le marché des capitaux. En revanche, en cas d'excédent, le trésor peut se désendetter dans la mesure du possible sans pouvoir effectuer des placements rémunérateurs.

Au demeurant, la direction du budget et le trésor s'accordent pour admettre que la gestion de trésorerie reste soumise aux objectifs généraux de la politique financière. Dans cette perspective, le financement de la trésorerie de l'Etat doit être en harmonie avec la politique monétaire. Le trésor a la possibilité d'appuyer une politique de rigueur par un appel à l'épargne ; il peut également conduire à un financement monétaire substantiel pour appuyer une politique économique. Mais tout cela exige la nécessité d'une unification de la gestion de trésorerie

L'examen de l'organisation administrative du trésor a révélé l'existence d'un système institutionnel diversifié, complexe dont le rôle ne cesse de croître au fur et à mesure en même temps que l'intervention de l'Etat dans la vie politique, économique et sociale. Comme l'indique Alain DANIEL, « *le visage du trésor est désormais définitif mais limité à la seule fonction de la gestion de trésorerie au demeurant, au cours du XIXe siècle relativement facilité par une gestion fort saine des finances publiques* [421]». Les fonctions traditionnelles de gestion de la trésorerie ont beaucoup évolué dans l'espace et dans le temps, avec la forte

[421] Alain DANIEL, op. cit, p. 8

croissance des dépenses budgétaires. Le trésor, dans son appellation primitive de « mouvement général des fonds » est une institution indissociable de l'activité financière de l'Etat. Le trésor de l'Etat accomplit à peu près le même rôle que les trésoreries d'une entreprise privée, tout comme un bon père de famille qui cherche à équilibrer son budget familial. Autant la direction du budget est allergique aux dépenses et ne peut répondre à chaque demande que par des « non et non », autant la direction du trésor est hostile aux sorties fantaisistes d'argent ou improvisées néfastes à la situation de caisse.

Cette affinité inter professionnelle, caractérisée par une addiction à l'austérité budgétaire, ne peut que consolider les relations entre les deux structures et renforcer leurs solidarités dans le suivi de l'exécution des dépenses publiques.

Le trésor est avant tout le caissier de l'Etat, il est le gardien des deniers publics. En véritable sentinelle, il veille, constate et prévoit les mouvements des fonds, en tenant à ce que le solde général de l'Etat ne soit jamais déficitaire. C'est-à-dire être au « rouge »[422] (un signal dangereux) après les opérations d'entrée de recettes et d'emprunts nets, des paiements et des remboursements. La gestion de la trésorerie repose sur un principe, celui de l'unité de caisse. C'est au XVIe siècle que fut réalisée pour la première fois en France l'unité de caisse. Ainsi : « *par la déclaration de Saint Germain-en-Laye du 15 mars 1523, François 1er a décidé de la centralisation d'une grande partie des recettes* »[423]. L'unité du trésor a été réalisée dès cette époque, avec une caisse centrale unique à laquelle devaient être versées certaines recettes sur des bases pragmatiques. Plus tard en mars 1788, a été octroyée « une nouvelle constitution au service du trésor »[424], qui a également chargé le trésor de toutes les recettes et dépenses avec comme support juridique une organisation et une structure administrative bien hiérarchisée.

---

[422] Voir Michel BOUVIER, Marie-Christine ESCLASSAN et Jean-Pierre LASSALE –*finances publiques (manuel)* : « ce compte ne doit jamais être à découvert, ou comme on le dit, « être en rouge », LGDJ Lextenso édition 2010, p. 586.

[423] A.NEURISSE, *le trésorier de l'épargne de François1er*, Revue du Trésor novembre 1998, p. 645.

[424] Voir Xavier CABANNES. *Le principe de l'unité de trésorerie en droit public financier*, thèse, préface de Paul AMSELEK, LGDJ – EJA, 2000, p. 17.

Puis, de nombreux autres textes sont intervenus pour donner un contenu normatif à l'unité de gestion de la trésorerie. Il en a résulté une complexité dans la gestion des liquidités du trésor public, qui ne peut qu'intriguer dans la mesure où l'unité proclamée est plus formelle que réelle. On s'en rend compte à travers les comptes que le trésor peut détenir auprès des banques.

Les relations entre le trésor public et les banques sont basées sur un partenariat strict. Ainsi, le trésor, avec les importants stocks de masse monétaire dont il dispose peut les déposer auprès d'institutions bancaires, dont la Banque centrale de l'Afrique de l'Ouest (BCEAO). Finalement l'unité de caisse n'est vraie qu'au regard de la centralisation des écritures, quel que soit le compte à partir duquel le paiement sera réalisé.

On rappelle qu'au cœur du système bancaire national, trône la BCEAO (Institut d'émission) qui est la clé de voûte de l'organisation de la gestion des mouvements de fonds. C'est à elle que revient le soin de fournir aux autres banques ainsi qu'à tous les organismes détenteurs d'avoirs monétaires les moyens pratiques d'opérer entre eux les transferts commandés par l'activité économique en levant les difficultés de paiement.

La BCEAO tient des comptes courants dans ses livres pour le compte de toutes les banques, établissements financiers publics ou privés et le trésor public. Ces comptes courants servent de canaux à travers lesquels circule la monnaie. Ainsi, la direction du trésor doit alimenter son compte du trésor afin qu'il présente un solde positif. Sans cela, il lui serait impossible de bénéficier de liquidité à la BCEAO. A cette fin, elle dispose d'un compte permanent à la BCEAO appelé : « Position Nette du Gouvernement » (PNG).

En revanche, le trésor a son propre circuit qui mérite d'être connu. La direction du budget sait que la nécessité de maintenir un solde positif sur son compte courant à la Banque centrale fait naître pour le trésor un besoin de liquidité qu'il résout en empruntant auprès des diverses personnes. En effet, il arrive souvent que des mouvements de caisse indépendants de l'exécution du budget provoquent des sorties de fonds hors du circuit du trésor. Dans de telles circonstances, le trésor tente de ramener dans ses caisses les liquidités mises en circulation dans l'économie par les dépenses de l'Etat. La stratégie de la direction du budget serait de motiver le trésor public à récupérer par l'intermédiaire du secteur bancaire les sommes équivalentes à celles qu'il a dépensées pour le secteur budgétaire. Le trésor crée ainsi un mécanisme qu'on désigne comme étant son circuit.

La notion de circuit du trésor est complexe et technique. Pour X. CABANNES[425], « *Le circuit du trésor est à la fois un circuit de collecte, un circuit monétaire et un circuit*[426] *de trésorerie* ». En électricité, un circuit est un ensemble de conducteurs parcourus par le courant et reliés entre eux. Un tel circuit implique l'existence d'une « boucle », d'un retour à l'origine. En économie[427], un circuit se réalise lorsque les flux de paiement qui sortent d'un groupe d'institutions financières sont à nouveau spontanément attirés vers elles. La notion de circuit du trésor public a commencé à être employée après la première Guerre Mondiale. En effet, l'Etat a alors compris que les excédents[428] de liquidité résultant des dépenses de la guerre pouvaient être récupérés par une émission de bons du trésor dont le produit ne serait pas dépensé.

Il est aisé de savoir que le déficit budgétaire a pour effet principal d'accroître les disponibilités monétaires de l'ensemble de l'économie. Lorsque l'Etat dépense plus qu'il n'encaisse, les sommes ainsi

---

[425] Xavier CABANNES, op.cit. p. 163-164

[426] Alain DANIEL : « Le mécanisme du circuit a beaucoup perdu de son importance depuis que MM.BLOCH-LAINE et DEVOGUE l'avait mis en lumière en 1961, parce que les possibilités d'appel du trésor aux marchés sont désormais, compte tenu de leur développement, pratiquement sans limites. Le circuit du Trésor n'en reste pas moins un mécanisme intéressant à étudier pour apprécier l'ensemble des mouvements de fonds qui aboutissent à l'équilibre de la trésorerie ». Cours sur le trésor et la politique financière Mai 1992, p. 175.

[427] Voir Alain BARRERE, *Economie financière*, « Le circuit financier est conçu comme une 'dérivation' du circuit économique, en ce sens qu'il trouve en lui son origine et qu'il le réintègre… Cette étude mettra à jour les liaisons existant entre les flux constitutifs du circuit économique : productions, revenus, dépenses et flux constitutifs du circuit financier : flux fiscaux, ressources d'emprunts, transferts, prêts publics »,deuxième édition revue et mise à jour, 1971, p. 20.

[428] M. de MORGUES, *La monnaie-système financier et théorie monétaire*, Economica, 1993, pp.151 et s.

déversées vont augmenter les avoirs liquides des particuliers et des entreprises dans les banques et autres structures à caractère bancaire.

La direction du budget sait que les banques et les institutions financières assurent une fonction macroéconomique de premier ordre qui est la création monétaire en vue d'alimenter le circuit. La création de monnaie est l'opération qui consiste à transformer des créances non utilisables sur le marché des biens et des services en moyens de paiement immédiatement utilisables sur ces marchés. Aussi, la direction du budget se soucie-t-elle très peu du décalage saisonnier entre les recettes et les dépenses budgétaires qui posent toujours un problème de trésorerie aux pouvoirs publics. C'est ce décalage associé au déficit budgétaire qui a conduit le trésor à être source de création monétaire.

A partir de ces développements, on imagine sans peine le fonctionnement du circuit du trésor. Celui-ci renforce l'interaction harmonieuse et permanente qui se noue entre les directions du budget et du trésor. En effet, la direction du budget suit aussi le niveau de la trésorerie de l'Etat qui varie en fonction des flux sortants et des flux entrants, pour mieux suivre l'exécution des dépenses budgétaires.

Une analyse du circuit du trésor permet de situer l'impact du budget de l'Etat sur le fonctionnement du circuit économique et financier et permet de comprendre comment l'Etat procède à des prélèvements sur les ménages et les entreprises pour les redistribuer aux agents économiques. Dans un tel contexte, la stratégie de la direction du budget est de satisfaire deux postulats symétriques à savoir : obtenir par tous les moyens les contributions des citoyens à la prise en charge des dépenses du budget de l'Etat, et en même temps réaliser des dépenses budgétaires pour assurer le bien-être des populations. Les deniers que le Trésor rassemble peuvent alimenter les comptes des créanciers de l'Etat chez le comptable public, les comptes des créanciers de l'Etat dans les banques ou tomber sous forme d'espèces sonnantes et trébuchantes entre les mains des créanciers reconnus par la Direction du budget. « *Lorsque les dépenses sont payées par virement aux compte des créanciers de l'Etat chez un comptable public ou chez un correspondant du trésor, et spécialement lorsqu'elles sont portées au crédit du compte de chèque postal d'un particulier, la fermeture du circuit est certaine.* »[429] écrivent Paul-Marie GAUDEMET et Joël MOLINIER. La fermeture du circuit est la condition qui permet au mécanisme du circuit de bien assurer avec efficacité le maintien de l'équilibre de trésorerie.

G.DEVAUX fait remarquer que la conception du circuit fermé n'est pas un « pactole ». Cet expert des finances publiques estime que le bon ministre des Finances n'est pas celui qui remplit les caisses de l'Etat, mais celui qui obtient une augmentation de la production avec une certaine stabilité des prix. « *Et c'est seulement s'il atteint cet objectif qu'accessoirement la bonne marche du trésor lui procure une bonne alimentation régulière et automatique des caisses publiques* ».[430]

De plus en plus, le mécanisme du circuit se relativise, sinon se démantèle. Le vent de la modernisation financière axée sur l'esprit managérial, qui a soufflé en France dans le milieu des années 2000, a atteint les finances publiques maliennes. Ce qui a eu comme conséquence, le déclenchement d'un processus de réforme en vue d'une profonde modernisation du système financier sous la houlette de la direction du budget.

Ainsi, le trésor est désormais mis en dehors des contrôles rigides des pouvoirs publics qui impliquaient un encadrement du crédit et le cloisonnement des marchés de capitaux. C'est ainsi que le trésor a le privilège de développer la conclusion des dettes négociables consistant à mettre en place des produits à la portée de la totalité des agents économiques, de mettre en place toute une gamme de titres variés sur des durées à court, moyen ou long termes. Mais il agit toujours en de telles circonstances avec l'accompagnement de son alliée, la direction du budget avec laquelle il participe au plan de trésorerie.

B – Le recours stratégique au plan de trésorerie

L'Etat du Mali, comme les autres pays du globe, éprouve toujours des besoins de financement importants dans le cadre de la gestion des

---

[429] Paul-Marie GAUDEMET et Joël MOLINIER, *Finances publiques. Budget et Trésor*, tome I, Montchrestien EJA, Paris, 1996, p. 4.

[430] G. DEVAUX, *Comptabilité publique,* PUF, 1957, p. 177

finances publiques. Il concerne le financement du déficit annoncé dans la loi de finances initiale. Or, en finançant le déficit par l'emprunt, il est obligé de prévoir des ressources pour l'amortissement des prêts. Par ailleurs, le trésor public qui est l'exécuteur des dépenses publiques, compte tenu de la complexité du circuit du trésor qui vient d'être décrit, connaît des moments de crise de liquidité pour faire face à l'exécution des dépenses budgétaires que la Direction du budget suit avec acharnement.

Avec les problèmes que soulève le financement des déficits budgétaires ou même de trésorerie, le Gouvernement du Mali a décidé de mettre en place un plan de trésorerie dont le suivi est assuré par un Comité Technique de Trésorerie (CTT).

L'objectif visé par le plan de trésorerie est de maintenir constamment un équilibre de trésorerie, signe tangible d'une gestion rigoureuse et prudente des deniers publics. Ce qui donne plus de confiance aux citoyens, et aux partenaires financiers dans les opérations d'exécution de la loi de finances. C'est là, un défi que doivent relever en priorité les directions du budget et du trésor, responsables du suivi et de l'exécution des opérations ciblées.

Le déficit, « *c'est-à-dire l'excès des dépenses publiques par rapport aux recettes fiscales*[431] », doit être financé par le trésor. Jadis condamné par les finances publiques classiques, il est devenu aujourd'hui un instrument stratégique de gestion budgétaire des Etats. Cependant, la plupart des déficits sont plutôt le reflet de l'incapacité des dirigeants et leurs directions du budget à maitriser l'exécution de leurs dépenses. A cela s'ajoutent certains cas de déficits imposés par une conjoncture économique erratique, se traduisant par un recouvrement aléatoire des impôts. Au même moment, indépendamment de la volonté des directions du budget ou du trésor, on assiste à une forte poussée inflationniste qui conduit à un gonflement monstrueux des dépenses budgétaires. D'où la nécessité pour le trésor de dégager une stratégie pour la prise en charge du déficit.

---

[431] John Kenneth GALBRAITH, *Pour une société meilleure*, Nouveaux Horizons, Editions du Seuil, avril 1997 pour la traduction française, p. 61

Lorsque le déficit[432] résulte d'un décalage entre les entrées de recettes et les dépenses, il devient un besoin de trésorerie et le mode de financement approprié est l'émission de bons ou le recours à des avances de trésorerie auprès du système bancaire.

Aussi, la direction du budget en de pareilles circonstances laisse toute la latitude à la direction du trésor de décider de la conduite à tenir. Le premier instinct consiste à neutraliser l'instrument budgétaire pour faire prévaloir l'orthodoxie budgétaire et fiscale qui est une caractéristique fondamentale des finances publiques classiques. Autrement dit, l'observation dogmatique du « triangle d'or » des finances publiques classique à savoir : équilibre budgétaire - limitation des dépenses-modération fiscale.

Dans tous les cas, le trésor va d'abord faire face à des besoins de financement temporaires. Il va commencer à s'occuper des besoins de financement découlant des fluctuations causées par le décalage créé entre le rythme d'entrée des recettes et d'exécution des dépenses. La majorité de ces fluctuations dépend de l'exécution du budget et se prête à des études statistiques au niveau du trésor. Aussi constate-t-on que le dernier trimestre de l'année est caractérisé par une augmentation des dépenses et une diminution des recettes. Par contre, l'existence de déficit budgétaire est le cas le plus inquiétant pour le trésor public. Ce cas dépasse le trésor qui doit chercher d'importants moyens pour le financer sur l'autorisation des pouvoirs publics. Généralement, les

---

[432] John Kenneth GALBRAITH,: « Il y a des moments dans l'histoire et même dans notre univers contemporain où le simple fait d'énoncer ce que l'on pourrait considérer comme l'expression la plus parfaitement banale du bon sens revêt un aspect d'excentricité, d'irrationalité, voire d'un léger dérangement mental..., veulent mettre en doute la sacro-sainte règle de la réduction ou de la disparition du déficit budgétaire...Qu'une dépense donnée puisse accroître le déficit budgétaire est une raison suffisante pour qu'elle soit rejetée sans plus de considération ; et ce, même si elle vise les besoins les plus élémentaires des citoyens les plus démunis - et cela de façon assez constante ces derniers temps, lors de l'examen de tels projets de loi... Il n'existe aucune loi ou tradition qui exige l'équilibre budgétaire – l'égalité des dépenses et des revenus publics sur la base d'une année calendaire. Mais cela ne veut pas dire que le budget et le déficit budgétaire doivent être traités, dans un Etat moderne, avec désinvolture ; tout au contraire même, car ils exigent un sens aigu de l'intelligence et du discernement. Ce qui est alors essentiel, c'est que cette intelligence et ce discernement puissent s'exercer dans un cadre de réflexion adéquat...». Idem, pp.61- 62.

auteurs des finances publiques pensent que si le déficit budgétaire est subi, il traduit davantage les difficultés de la politique budgétaire pour contre carrer les effets de la conjoncture économique. C'est pourquoi, il revient à la direction du budget d'attirer l'attention du ministre des Finances sur les difficultés que rencontre le trésor public dans l'exécution des dépenses.

Le recours à une loi de finances rectificative est le remède utilisé en de telle circonstance. Cette loi de finances a pour but de modifier, en cours d'année, les dispositions de la loi de finances initiale. Elle procède à des rectifications au niveau des postes budgétaires concernés.

On sait que les recettes budgétaires mensuelles sont habituellement fournies par les services d'assiette en fonction de la saisonnalité des recouvrements, et de la performance de leurs agents. Aussi, la répartition s'effectue-t-elle d'une manière empirique à partir d'une matrice établie sur la situation des années précédentes. Quant aux ressources extérieures, leur répartition est fonction des calendriers établis par les partenaires techniques financiers. Mais le plus souvent, les conditions rigoureuses de leur décaissement des fonds explique que de telles ressources sont exécutées en retard ou ne le sont même pas.

Concernant les dépenses, leur répartition est guidée par les résultats d'exécution des budgets antérieurs et la saisonnalité de certaines dépenses à défaut des prévisions mensuelles des départements dépensiers. Les hypothèses suivantes constituent la base d'estimation des flux de dépenses : (1) *Les charges de personnel* ainsi que les bourses sont réparties linéairement (les salaires sur 12 mois et les bourses sur 9 mois) ; (2) *Les achats de biens et services* sont répartis de manière sélective : les frais de carburant et les fournitures répartis linéairement par trimestre avec comme période de décaissement de premier mois du trimestre. Il faut aussi préciser que pour les fournitures et matériels une fraction du premier trimestre est reportée sur le dernier trimestre ; (3) Quant aux *dépenses liées aux évènements* dont les *dates sont connues* (fêtes nationales, examens universitaires ou scolaires), les décaissements sont conditionnés aux périodes exclusivement ; (4) les *dépenses de transferts et subventions*, ainsi que les crédits de l'Assemblée nationale suivent la même procédure que celle des carburants ; il en est de même pour les frais de communication et énergie ; (5) les *dépenses d'investissement* suivent le même rythme que celles des fournitures ; (6) la répartition des *services de la dette* est fournie par la DGDP et la BCEAO ; (6) enfin les *dépenses de trésorerie*, notamment les remboursements des bons, des avances et des emprunts sont fonction des échéanciers arrêtés avec les créanciers.

Telles sont les principales hypothèses, qui permettent au trésor de faire une mensualisation des dépenses, dont la comparaison avec les recettes permet de savoir s'il se dégage un besoin de financement ou une capacité de financement. A partir d'elle, la direction du budget établit une note de communication écrite au Ministre chargé des finances sur la base des hypothèses en présence. A partir de celles-ci, si le besoin de financement résulte d'un déficit qui impacte la trésorerie des budgets futurs, le mode de financement indiqué est l'émission des obligations du trésor. De façon récente, le Mali a organisé deux émissions d'obligations pour un montant total de 52,4 milliards de F. CFA. La première, d'un montant de 31,3 milliards a été organisée en juillet 2008, remboursable en dix ans avec un différé de 3 ans. La deuxième a été organisée le 2 janvier 2009, pour un montant de 21,1 milliards pour une durée de 5 ans. Son remboursement commence dès la première année. La direction du budget préfère les recours aux obligations à cause de leur efficacité.

Il faut préciser que les obligations du trésor sont des titres publics, comme les bons, auxquels recourent les Etats ; elles sont utilisées pour le financement des déficits budgétaires et non pour la couverture des besoins conjoncturels de trésorerie. Dans ce dernier cas, on fait appel aux bons du trésor. Elles ont l'avantage d'être remboursées à long terme, ce qui laisse à l'Etat le temps de voir venir. Par contre leur inconvénient découle du fait que les souscripteurs veulent ou proposent un taux d'intérêt élevé.

Sachant que le contrôle de l'information est vital en matière de stratégie, la direction du budget encourage celle du trésor à produire suffisamment de moyens d'information. Elle va tirer un grand profit des informations ou des communications qui accompagnent les opérations de trésorerie. Celles-ci sont de véritables instruments de prévision permettant de coordonner les actions d'exécution de la loi de finances. Parmi les instruments d'information figure la « Situation Résumée des

Opérations du Trésor » (SROT) destinée à opérer une synthèse rapide des opérations comptables de l'Etat. Ce système fut mis en place en France en 1936 par Jacques RUEFF[433]. Selon le témoignage d'André PAYSANT, la SROT qui était trimestrielle a fini par devenir mensuelle. L'article 164 de l'ordonnance française du 30 avril 1958 précisera ensuite que la publication est bien mensuelle et au journal officiel. Elle a trois destinataires : (1) les gestionnaires pour lesquels elle représente un tableau de bord complet de l'exécution du budget de l'Etat ; (2) le Parlement pour lequel elle est un instrument du contrôle a priori et (3) le public pour une large information des citoyens.

La direction du budget du Mali exploite, elle aussi, la « situation résumée des opérations de trésorerie » (SROT) ; elle est entrée dans les mœurs du trésor malien. Arrêtée chaque mois (au dernier jour du mois), elle se présente en trois tableaux de synthèse (patrimoniale, budgétaire et de trésorerie), avec les résultats comptables de l'exécution de la loi de finances et des opérations de trésorerie.

Selon Alain DANIEL, la SROT n'est pas significative de l'ensemble des opérations budgétaires de l'Etat. Elle présente les opérations budgétaires réalisées au sein du budget général et des comptes spéciaux du trésor, à l'exception de celles qui relèvent des budgets annexes ou des services non personnalisés de l'Etat (postes et télécommunications, journaux officiels monnaies, et médailles, légion d'honneur, ordres de libération, imprimerie nationale et navigation, d'autre part).

En dehors de la SROT, la direction du budget suit l'état d'exécution de la loi de finances au moyen d'un autre document d'informations du trésor dénommé : situation hebdomadaire (SHOT), situation résumée et situation mensuelle des opérations du trésor (SMOT) ainsi que le tableau synthétique des opérations du trésor (TSOT).

La situation hebdomadaire de trésorerie, qualifiée de « source d'information unique et irremplaçable » constitue un véritable tableau de bord pour la direction du budget et tous les membres du Comité technique de trésorerie (C.T.T).

---

433 Jacques RUEFF qui a initié la situation résumée des opérations du trésor (SROT) en 1936 a été aussi Directeur du mouvement général des fonds.

C'est un document, qui retrace le point d'exécution hebdomadaire des opérations prévues par la loi de finances et des opérations de trésorerie. Il est établi chaque semaine à partir des données comptables enregistrées les vendredis, lundi, mardi, mercredi, jeudi de la semaine précédente. Le traitement et la centralisation des écritures le jour « J » s'opère à l'agence comptable centrale (ACCT) à partir de J+1 à 17 heures. C'est-à-dire que les résultats du jeudi parviennent à l'Agence centrale comptable le vendredi dans l'après-midi.

La direction du budget est d'accord avec la direction du trésor pour que toutes les écritures soient enregistrées avec ponctualité par les postes comptables et soient vérifiées. A cet effet, elle insiste sur trois facteurs opérationnels : (1) l'organisation des services où les circuits internes de communication des documents comptables doivent être organisés de façon à permettre le traitement des écritures le même jour ; (2) le respect rigoureux des plannings de passation des écritures ainsi que toutes les conventions comptables (date de l'écriture comptable, les spécifications qui les accompagnent, les modalités particulières d'écritures rectificatives, etc.) ; (3) l'existence d'un contrôle interne régulier et efficace qui permet de détecter immédiatement toute anomalie et d'en opérer la régularisation dans les moindres délais.

L'attachement de la direction du budget à la situation hebdomadaire de trésorerie se justifie aussi par le fait qu'elle présente, de façon synthétique, l'intégralité des opérations financières de l'Etat, quels que soient leur dispersion, les circuits qu'elles empruntent, les comptables qui les constatent. De même la situation hebdomadaire de trésorerie reclasse les opérations comptables de la semaine dans les deux grandes catégories d'agrégats significatifs du point de vue de l'analyse, à savoir les agrégats de nature budgétaire qui permettent de calculer le solde d'exécution semaine par semaine, sous une forme permettant une comparaison aisée avec les tableaux d'équilibre de la loi de finances et les agrégats de nature financière qui permettent d'établir le tableau de financement de l'Etat, et les moyens qu'il met en œuvre pour y faire face.

Il est important de préciser que la situation hebdomadaire de trésorerie, contrairement à la situation résumée des opérations de trésorerie est strictement confidentielle. Elle n'est destinée qu'aux grands décideurs :

ministre de l'économie et des finances, ou du budget, cabinet du Premier Ministre et du Président de la République. Malgré tout, la Direction du budget, en tant qu'éminence grise du ministre de l'économie et des finances, en est immédiatement informée.

En revanche, la SROT qui permet une étude de longue période diffère de la situation hebdomadaire, parce qu'elle est beaucoup plus détaillée, notamment en ce qui concerne l'analyse de la dette et qu'elle délivre des informations en fin de mois à l'issue de la journée complémentaire, ce qui permet de s'affranchir des difficultés liées aux décalages calendaires.

Nous n'insisterons pas sur la situation mensuelle des opérations du trésor (SMOT) ou le tableau synthétique des opérations du trésor (TSOT) de même que de la situation mensuelle budgétaire (SMB). Tous ces documents sont très importants et consolident les relations entre les directions du budget et du trésor dans leurs missions respectives. Ils se révèlent comme des instruments de stratégie qui aident efficacement la direction du budget dans le suivi de l'exécution des dépenses budgétaires.

Afin de donner encore plus d'impact à ces documents, il a été créé par la décision n°10-152/MEF-SG[434] du 25 octobre 2010 un Comité Technique de Trésorerie (CTT).

Ce comité est chargé de proposer les arbitrages nécessaires au comité interministériel de suivi du cadrage macroéconomique, d'élaborer le plan de trésorerie et de suivre son exécution et de proposer au ministre de l'économie et des finances toutes mesures relatives à la gestion de la trésorerie. La présidence de ce comité [435] est assurée par le secrétaire

[434] Décision n° 10-152/MEF-SG du 25 octobre 2010 portant création, attributions et composition du Comité Technique de Trésorerie

[435] Les membres du comité technique de trésorerie sont les conseillers techniques chargés du budget du trésor et du contrôle financier ; le conseiller technique chargé des programmes ; le chargé de mission chargé de la trésorerie de l'Etat, le chargé de mission chargé du budget ; le directeur national du trésor et de la comptabilité publique, le directeur général du budget ; le directeur national du contrôle financier ; le directeur général des impôts, le directeur général des douanes ; le directeur général de la dette publique ; le directeur général de l'administration des biens de l'Etat ; le directeur national de la planification de développement ; le directeur national des

général du ministère de l'économie et des finances[436]. Notons au passage que le CTT a vocation à assurer à la fois un ajustement budgétaire d'une part et à proposer des solutions pour une croissance économique à partir d'une bonne gestion de trésorerie d'autre part. C'est dire une fois de plus le lien qui unit les finances publiques à l'économie.

Avec les directions du budget et du trésor et toutes les autres directions financières qui la composent, y compris les membres du cabinet du ministre, le comité technique de trésorerie représente indéniablement un système d'experts[437] et se présente comme un système interactif d'aide à la décision en proposant aux décideurs, dans un contexte d'incertitude, un éventail étendu de solutions, basées sur des données à jour. Cependant, la direction du budget en reste le noyau dur, avec la présence de ses membres en nombre. Et son travail n'est pris en compte par le ministre des finances que pour autant il est avalisé par la Direction du budget.

Ajoutons pour terminer que le suivi du plan de trésorerie et les conséquences qu'en tire le CTT est d'une importance capitale pour le budget, à cause de son impact extérieur. Grâce au plan de trésorerie et à son suivi rigoureux, l'Etat du Mali peut bénéficier d'appuis budgétaires[438], qui sont des aides au développement par des

---

domaines et du cadastre ; le coordinateur de la CARFIP ; l'agent comptable central du trésor ; le receveur général du district, le représentant de la BCEAO.

[436] Comme on le voit, le suivi de l'exécution de la loi de finances qui met en exergue la capacité de l'Etat à couvrir ses besoins dépasse largement les seules directions du budget et du trésor. Il implique la quasi-totalité des structures financières centrales et une partie du gouvernement. Cela traduit l'omniprésence et l'omnipotence de l'Exécutif dans la gestion des finances publiques.

[437] Voir D. BOURCIER et J-P. COSTA, *L'administration et les nouveaux outils d'aide à la décision*, STH 1992, évoqués par Jacques CHEVALLIER, *Science administrative*, op. cit. p. 493.

[438] Louis MICHEL (Commissaire européen au développement et à l'aide), *L'appui budgétaire. Et si on essayait le respect et la confiance* ? : « Ces aides permettent d'augmenter les ressources de l'Etat bénéficiaire pour exécuter son propre budget selon ses propres procédures. Les caractéristiques générales de l'appui budgétaire sont qu'il est directement fourni aux gouvernements partenaires et qu'il s'intègre dans leurs propres systèmes d'allocation, de passation de marchés et de comptabilité, et n'est pas relié à des activités de projets spécifiques. Tous les types d'appui (qu'ils soient généraux ou sectoriels) consistent en un transfert forfaitaire de devises

contributions d'Etats étrangers aux trésors des pays bénéficiaires, et ceci sans qu'une conditionnalité particulière d'affectation ne soit posée. Le plan de trésorerie révèle ainsi toute son importance. Son usage rigoureux permettra l'élaboration de budgets présentant de moins en moins des déficits et d'éviter de donner l'impression que toutes les dépenses inscrites dans la loi de finances doivent être obligatoirement exécutées. Il servira aussi d'instrument stratégique de coordination entre les différentes structures de la chaine des dépenses. La direction du budget encourage fortement la collaboration de tous à sa réussite.

Il découle des développements qui précèdent que les déficits sont la marque des budgets maliens. Leur couverture requiert le recours à des emprunts, mais aussi à la mise en œuvre de techniques propres à les contenir, à savoir le plan de trésorerie.

La direction du budget et la direction du trésor ont constitué un front commun pour réduire les dépenses, cause des difficultés de trésorerie. Ces difficultés de trésorerie résultent souvent de certaines décisions prises par les pouvoirs publics qui violent les règles de bonne gestion et contrarient les gestionnaires. Comme la mission de la direction du budget est de briser tous les obstacles au suivi et à la bonne exécution des dépenses budgétaires, elle va poursuivre son combat pour trouver les solutions appropriées. Au demeurant, elle continue à déployer des efforts et à prendre des initiatives pour amener les autorités publiques à respecter la discipline budgétaire et à l'imposer à tous ceux qui sont impliqués dans le processus de prévision et d'exécution de la loi de finances. Face à la difficulté d'éviter les déficits budgétaires pernicieux pour le système financier public, il faut réussir à imposer une discipline budgétaire de rigueur. La création du Comité Technique de Trésorerie chargé d'élaborer et de suivre le plan de trésorerie va dans ce sens.

étrangères ; les différences portent sur les objectifs poursuivis ainsi que sur le niveau de l'axe du dialogue sur les politiques et enfin sur les conditions et résultats attendus. L'appui budgétaire ne vise pas le financement d'un investissement spécifique mais vise à permettre aux gouvernements de mettre en œuvre leur politique, soit en portant sur l'ensemble de l'action gouvernementale s'il s'agit d'appui budgétaire général, soit en se limitant à un secteur s'il s'agit d'appui budgétaire sectoriel ». *Publication de la Commission européenne*, p. 17.

Ainsi, on constate un déplacement des préoccupations de la direction du budget dans la gestion des finances publiques. Celles-ci cessent d'être uniquement tournées vers la prévision des ressources pour davantage concerner les dépenses et leur exécution rationnelle. La trésorerie et la gestion de trésorerie, la maîtrise des dépenses (et des finances publiques tout court) deviennent des questions centrales. Dès lors, la direction du budget peut parfois sembler opportuniste ou machiavélique dans les stratégies qu'elle veut mettre en œuvre, par exemple un certain dédain par rapport au dogmatisme des règles classiques des finances publiques. Cela se manifeste aussi par les relations qu'elle entretient désormais avec toutes les structures financières sur des bases plus souvent empiriques que normatives. C'est pourquoi, il a été constaté qu'elle privilégie ses relations avec le trésor public qui conserve des méthodes de gestion « mystique » et n'est pas toujours disposé à des changements dans ses méthodes. Aussi, la direction du budget doit-elle accommoder ses stratégies à ces méthodes de la direction du trésor pour être en mesure de suivre toute la chaine de la dépense.

Au surplus, il a été constaté qu'il n'existe ni réponses spontanées ni solutions simples aux questions d'organisations et de gestion de trésorerie. D'ailleurs, il est apparu à travers l'observation des relations entre les directions du budget et du trésor qu'il n'y a en fait que des ensembles constitués par de nombreux systèmes tels que la division du travail, les structures administratives ou financières, les rémunérations des agents publics ou des particuliers, les systèmes financiers ou marchés monétaires avec des moyens de communication et d'information. Malgré la mise en action de tous ces systèmes par les directions du budget et du trésor, leurs autorités de tutelle ne sont point entièrement satisfaites de la gestion des dépenses budgétaires.

Or, tout dysfonctionnement dans le système d'alimentation courante du trésor obligerait celui-ci à se tourner à la fois vers le Parlement, les fournisseurs, les correspondants du trésor, le marché financier et le système bancaire, afin de pouvoir faire face aux exigences budgétaires. Dans ce contexte, il est à remarquer que les techniques du marché monétaire s'imposent autant à la direction du trésor qu'à la direction du budget. Mais, la direction du budget semble avoir plus voix au chapitre dans les prises de décisions financières, car même les crédits de fonctionnement du trésor sont prévus d'abord au niveau de ses services.

Il semble que l'on approche à un début de solution avec la mise en place du comité technique de trésorerie chargé prioritairement de l'élaboration du plan de trésorerie. Mais l'inquiétude reste de savoir quand cette nouvelle création serait-elle en mesure d'assurer un bon suivi de la gestion de trésorerie dans la durée. Car, il ne faut surtout pas perdre de vue qu'une bonne gestion de trésorerie efficace et efficiente requiert le dévouement des acteurs chargés de la gestion et du respect scrupuleux des principes budgétaires et comptables surtout.

S'il est vrai que gouverner c'est prévoir, on doit s'attendre au renforcement du front uni de la direction du budget et du trésor pour mieux maitriser la gestion de trésorerie. Pour y parvenir, il lui revient une fois de plus de définir le cadre de leur relation. Surtout, que le suivi de l'exécution des dépenses budgétaires transite forcément par des acteurs comptables compétents en qualité et un contrôle financier rigoureux. La direction du budget est tenue d'entretenir aussi des relations avec les services chargés de ce contrôle financier ; celles-ci ont conduit à un renouveau des finances publiques maliennes.

CHAPITRE II

LA DIRECTION DU BUDGET, LE CONTRÔLE FINANCIER ET LE RENOUVEAU DES FINANCES PUBLIQUES MALIENNES

La question de savoir quel rôle jouent les finances publiques dans l'administration des hommes va continuer à dominer les débats entretenus autour de cette discipline[439]. Depuis l'interrogation féconde de Marc Olivier BARRUCH de savoir si la direction du budget est maîtresse de l'administration, chercheurs, théoriciens et praticiens du droit budgétaire ne cessent d'y réfléchir.

Il est indéniable que la direction du budget n'est pas seulement une simple administration centrale subordonnée ; elle est aussi un centre d'impulsion, de conception, de coordination et de contrôle. L'étendue de sa compétence technique lui confère une grande marge de manœuvre dans ses relations avec le ministre des finances et d'autres acteurs, dont le contrôle financier. Sans la mise en œuvre de ses compétences, les politiques publiques (la lutte contre la pauvreté, les Objectifs de développement pour le millénaire, le programme d'autosuffisance alimentaire, la scolarisation des enfants, etc.) ne seraient que des vœux pieux. La direction du budget a son mot à dire dans les prises de décision budgétaire et même de politique publique. Ce n'est pas sans raison que Monsieur Jean CHOUSSAT[440] considérait les « budgétaires », entre autres, comme des « moines-soldats », les « ultimes défenseurs de l'Etat », « les détenteurs de l'intérêt général » face aux intérêts sectoriels.

---

[439] Voir Philippe BEZES et Alexandre SINE, Gouverner par les finances publiques, Presses de la Fondation nationale des Sciences politiques, 2011 ; ou Alexis SPIRE, le rôle politique des agents de l'administration dans l'application du droit. Frontière du droit, critique des droits. Billets d'humeur en l'honneur de Danièle LOSCHAK, Maison des Sciences de l'Homme, Réseau européen, Droit et société, textes réunis par Véronique CHAMPEIL-DESPLATS et Nathalie FERRE, LGDJ, 2007, p. 399.

[440] Voir Marc Olivier BARUCH : *Qui arbitre « les relations entre la Direction du budget, les Cabinets et la Présidence du Conseil »*. In *la Direction du budget et les années 50*, op.cit., p. 65.

En revenant aux relations de la direction du budget et du contrôleur financier, on cherche à montrer l'importance du rôle primordial que la direction du budget joue dans la prise de décision, c'est-à-dire dans l'exercice même du contrôle financier ***(Section I)***. Cet examen se doit de prendre en compte le fait que le contrôle financier a conduit à une remise en cause du fonctionnement des finances maliennes, pour entreprendre une action de renouveau ***(Section II).***

Section I : Les relations de la direction du budget et du contrôleur financier

En matière de contrôle financier, le vocabulaire n'est pas très assuré. On évoque tantôt le contrôleur financier, tantôt le contrôle financier, comme si les deux désignations étaient synonymes. Il est vrai que le premier vocable évoque davantage les personnes ou les structures, alors que le second renvoie à l'activité de ces personnes ou structures. Il ne faut donc pas s'étonner de nous voir les employer l'un pour l'autre. La fonction de contrôle financier est assurée au Mali par la direction nationale du contrôle financier. On la désigne souvent sous l'appellation de contrôleur financier. La direction nationale du contrôle financier est inscrite au deuxième rang sur la liste des directions financières qui forment le système financier au Mali. Ainsi, on pourra dire qu'elle est la deuxième direction importante après la direction du budget, qui est la première inscrite suivant l'ordre de préséance des directions financières.

La gestion des finances publiques, de la phase d'élaboration à celle de l'exécution, porte l'estampille des autorités légitimes, c'est-à-dire qu'elle se déroule sous la supervision des autorités investies par la loi, sinon des pouvoirs publics. Cela explique l'existence permanente de relations et interactions entre autorités légitimes ainsi que l'usage de moyens régaliens de la puissance publique. L'ensemble de ces éléments servent de clé de voûte à la gestion du système financier de l'Etat. Au Mali, la direction du budget qui a été investie du rôle stratégique de suivre et de coordonner les différentes phases inhérentes à cette gestion collabore étroitement avec d'autres services comme le contrôle financier afin de s'assurer de l'exécution des dépenses budgétaires dans les meilleures conditions possibles.

Autrefois, le cadre juridique de l'exécution des lois de finances était régi, en fonction de la souveraineté fiscale[441] ou des réalités budgétaires spécifiques de chaque Etat, par des lois propres à l'ordonnancement du système budgétaire national. Ainsi au Mali, l'ordonnance 46 bis du 16 novembre 1960, portant loi organique relative aux lois de finances, a organisé pendant longtemps la gestion de l'exécution des dépenses publiques. Plus tard, elle fut abrogée par la loi 96-060 du 4 novembre 1996 portant loi relative aux lois de finances appuyée par d'autres lois et directives, communautaires de l'UEMOA [442]».

Pour réduire les effets d'un quelconque malentendu entre la direction du budget et ses supérieurs (les ministres dépensiers) dans le processus relatif à l'exécution des dépenses budgétaires, la loi impose-t-elle-au Mali, l'exercice d'un contrôle financier de la comptabilité des dépenses

---

[441] Guy GEST, *Considérations générales sur la notion de souveraineté fiscale* : « Aux yeux des praticiens de la fiscalité, la souveraineté fiscale n'est pas un concept opératoire. Pour beaucoup d'entre eux, sans doute, il s'agit d'une « vieille lune », sur laquelle l'on peut sans dommage laisser gloser et vaticiner les théoriciens du droit ou, faute de mieux, quand ce ne sont pas les mêmes professeurs de droit...CARRE de MALBERG distinguait trois sens possibles du mot souveraineté. Dans le premier sens -qui est aussi le sens premier- le mot désigne le caractère suprême d'une puissance pleinement indépendante et en particulier de la puissance publique...En fin il sert à caractériser la position qu'occupe dans l'Etat le titulaire suprême de la puissance étatique... La souveraineté fiscale sera donc définie comme la compétence de la compétence fiscale dans l'ordre interne comme, international », *Mélanges à Paul AMSELEK*, Editions BRUYLANT 2005, Bruxelles, pp. 331-334.

[442] Loi 96-061 du 4 novembre 1996 portant principes fondamentaux de la comptabilité publique.

-Ordonnance n° 85-30 /P-RM du 19 décembre 1985 portant création de la Direction nationale du contrôle financier.

-Décret n°97-192 /P-RM du 9 juin 1997, portant règlement général de la comptabilité publique.

-Décret n°04-546 du 23 novembre 2004 portant organisation et modalités de fonctionnement de la Direction nationale du contrôle financier.

-Décret n°08-485 /P-RM du 11 août 2008 portant procédure de passation d'exécution et de règlement des marchés publics et de la délégation des services publics dans l'UEMOA.

-Directive n° 04/2005/CM/UEMOA du 09 décembre 2005 portant procédure de passation d'exécution et de règlement des marchés publics dans les Etats de l'UEMOA.

- Directive n°05/2005/CM/UEMOA du 09 décembre 2005 portant contrôle et régulation des marchés publics et délégation de services publics dans les Etats de l'UEMOA.

publiques. A son sujet, deux interrogations méritent de retenir l'attention : quels sont les organes du contrôle financier (***Paragraphe I***) et quelles sont ses prérogatives et comment la direction du budget en effectue-t-elle le suivi (***Paragraphe II***) ?

Paragraphe I : L'organisation du contrôle financier

Selon Jean-Marie BRETON, « *Le contrôle des finances publiques, c'est-à-dire le contrôle des dépenses de l'Etat pris dans son acception extensive, est soit confié à des services spécialisés rattachés à la Présidence de la République ou, le cas échéant, à l'autorité qui est responsable de la direction du gouvernement ; soit exercé par le ministre chargé des finances et des affaires économiques. Dans le premier cas, le statut des organes de contrôle est variable et détermine le degré d'autonomie auquel ils peuvent prétendre. Dans le second, il s'agit de contrôles internes, qui s'insèrent la plupart du temps dans l'exercice des pouvoirs hiérarchiques et de tutelle, et résultent de l'autorité dont dispose seulement ce département à l'égard des ministère s dépensiers* »[443].

Depuis cet écrit, la situation a beaucoup évolué dans l'administration des finances publiques maliennes. Créée en 1985 par ordonnance, la direction nationale du contrôle financier a été réorganisée pour la dernière fois par un décret de 2004, complété par un arrêté du 24 février 2005. Elle comprend des instances centrales (**A**) et les structures déconcentrées (**B**).

A – Les instances centrales de la Direction du contrôle financier

Selon l'ordonnance n° 85-30/P-RM du 19 décembre 1985 l'instituant, la direction nationale du contrôle financier est un service technique central du Ministère de l'économie et des finances. L'article 2 de cette ordonnance définit les missions de la direction nationale du contrôle financier ainsi qu'il suit : (1) *assurer le contrôle permanent des finances* publiques du Mali (budget d'Etat, budgets annexes, budgets des

---

443 Jean-Marie BRETON, *Le contrôle administratif et financier, in Les institutions administratives des Etats francophones d'Afrique noire,* Economica, 1979, pp. 259-260.

collectivités et tous les autres budgets et comptes publics ainsi que les opérations de trésorerie correspondantes) ; (2) *exercer un contrôle financier au sein des entreprises* nationales, des sociétés d'Etat, des offices, des régies, des sociétés d'économie mixte et des établissements publics ; (3) *informer et conseiller le ministre chargé des finances pour tout projet de réglementation*, d'instruction ou de décision ayant des répercussions sur les finances de la république du Mali.

Les règles d'organisation et les modalités de fonctionnement de la direction du contrôle financier sont fixées par le décret n° 04-546/P-RM du 23 novembre 2004[444]. Elle est dirigée par un directeur national nommé en conseil des ministres, tandis que son adjoint est nommé par arrêté du ministre chargé des finances. Il dispose d'un secrétariat et d'une cellule de documentation et de l'informatique.

La direction du contrôle financier comporte par ailleurs trois divisions : (1) la division contrôle des dépenses, (2) la division des organismes personnalisés, (3) la division Situations périodiques et analyses. Composée de quatre sections, la division contrôle des dépenses déploie son activité sur les dépenses de tous les ministères, de tous les budgets annexes, des comptes et fonds spéciaux et sur les charges communes.

La division des organismes personnalisés contrôle et suit les recettes et les dépenses des établissements publics administratifs ou à caractère industriel et commercial dotés d'un comptable public. Enfin, la division des situations périodiques et analyses collecte les états récapitulatifs des recettes, tant en prévisions qu'en émissions et recouvrements ainsi que les états récapitulatifs des dépenses, en engagements et ordonnancements. Ainsi, elle permet à la direction du budget d'avoir une vision globale de l'ensemble des recettes et des dépenses, tant en prévision, qu'en exécution. Le contrôle de toutes ces divisions portent sur les structures centrales de l'Etat. Les structures déconcentrées font également l'objet d'un contrôle.

---

[444] Voir *Journal officiel de la République du Mali* (JORM) n° 08 du 20 mars 2005, pp. 286 et s.

B – Les structures déconcentrées de contrôle

L'arrêté ministériel n° 05-0389/MEF-SG du 24 février 2005[445] détermine l'organisation et le fonctionnement des institutions du contrôle déconcentré. Ainsi est-il créé des directions régionales et des délégations locales du contrôle financier. Les premières sont établies dans les régions et les secondes dans les cercles.

A la tête de chaque *direction régionale* est placé un directeur régional, chargé « de l'animation, de la coordination et du contrôle des activités du service et de la supervision des activités des délégations locales du contrôle financier » (article 4).

La direction régionale comprend trois divisions : (1) la division des dépenses de personnel, (2) la division des dépenses de fonctionnement et d'investissement et (3) la division des collectivités territoriales et autres organismes personnalisés.

La division des dépenses du personnel vérifie les états nominatifs chiffrés du personnel, les états rectificatifs et les fiches signalétiques individuelles et elle contrôle les engagements et les mandats correspondants. Cette activité est très importante. Elle permet d'éviter de payer des fonctionnaires fictifs, comme cela arrive dans de nombreux Etats africains. Ce sont là des informations très importantes pour la direction du budget, qui lors des arbitrages, pourra se fonder sur des évaluations exactes des personnels en service dans les services déconcentrés de l'Etat.

La division des dépenses de fonctionnement et d'investissement contrôle les engagements et les mandats correspondants ; elle vise aussi les projets de marchés publics. Cette fonction permet également à la Direction du budget de connaître, par soustraction ou déduction, les besoins réels des services dans les localités.

Quant à la division des dollectivités territoriales et organismes personnalisés, elle vise leurs projets de budgets et contrôle leur exécution, en recettes et en dépenses.

---

[445] Voir *JORM* n° 22 du 10 août 2007, p. 855-857.

Pour leur part, chaque *délégation locale* est dirigée par un délégué local, nommé par décision du gouverneur de région sur proposition du directeur régional du contrôle financier. Il exerce toutes les attributions dévolues à la direction régionale du contrôle financier dans sa circonscription. Il suit l'exécution des dépenses de personnel, des dépenses de fonctionnement et d'investissement, l'exécution des recettes et des dépenses des collectivités territoriales et des organismes personnalisés. Le délégué local doit faire parvenir au directeur régional des situations périodiques d'exécution de tous ces budgets. Une source d'information supplémentaire pour la direction du budget.

Une coordination est établie entre le contrôleur financier, les directeurs régionaux du contrôle financiers et les délégués locaux. Ainsi, le directeur régional est tenu de faire parvenir au contrôleur financier les situations périodiques d'exécution des budgets qu'il a établies, accompagnées de ses observations et commentaires.

Mieux, une réunion annuelle de concertation rassemble tous les directeurs régionaux, les délégués, les chefs de division et de section autour du contrôleur financier et de son adjoint à la fin de chaque exercice budgétaire afin de recenser et discuter les recommandations nécessaires pour une bonne gestion des finances publiques et d'élaborer les dispositions à prendre pour améliorer la gestion budgétaire.

Les résultats de ces travaux sont communiqués à la direction du budget pour sa gouverne personnelle. Ils l'aideront dans son activité de suivi de l'exécution de la loi de finances, dans ses préconisations de recettes et de dépenses pour la loi de finances à venir et dans ses conseils en matière de politiques publiques.

Paragraphe II : Le champ du pouvoir du contrôleur financier

Aux termes de l'article 122 du Décret 97-192/P-RM du 9 juin 1997 portant règlement général de la comptabilité publique, le contrôleur financier exerce le contrôle permanent *a priori* des finances publiques sur le territoire national. Contrôle permanent : c'est sûrement la raison pour laquelle certains auteurs ont estimé que « *malgré plusieurs réformes, qui ont pour objet de mieux circonscrire le champ de ses interventions, le contrôleur financier est longtemps demeuré un personnage redouté au sein des ministère s* »[446]. Ainsi, par la volonté du législateur, le contrôleur financier, qui avait comme titre original celui de contrôleur des dépenses engagées, contrôle l'engagement et l'ordonnancement de l'exécution des dépenses budgétisées. Le contrôle financier des dépenses est une tâche difficile à assumer compte tenu de la rigueur avec laquelle il doit s'exercer à tous les niveaux et sur tous les acteurs impliqués dans la chaîne de la dépense : ministre s, administrations financières diverses, ordonnateurs. Mais « *quis custodiet custodes ? Qui gardera les gardiens ?* »[447]Cependant, c'est là une autre histoire ! Quoi qu'il en soit, on peut s'interroger sur sa nature (**A**) et sur son étendue (**B**) pour mieux l'appréhender.

A – La nature du contrôle financier

S'interroger sur la nature du pouvoir du contrôleur financier n'est pas sans importance, car cela détermine également sa portée. La matière des finances publiques constituent, selon Jean-Marie BRETON, « *le domaine où les contrôles internes continuent à l'heure actuelle, à revêtir en Afrique le plus d'importance. C'est en ce domaine également que les procédures classiques ont été le plus fidèlement reproduites* »[448].

La nécessité de veiller à la régularité des engagements des dépenses effectuées par les ministres, ordonnateurs principaux, conduisit, en 1890, à la création, en France, d'un service de contrôle des dépenses engagées, ancêtre des contrôleurs financiers, avant que le Mali ne les institue à son tour.

Trois traits essentiels permettent ainsi de caractériser la nature du contrôle financier : contrôle interne, administratif et de régularité. Contrôle interne, le contrôle financier, au Mali, se déroule au sein des administrations. Cependant, il excède le cadre connu en France, dans la mesure où il s'étend aux recettes et aux dépenses des collectivités territoriales. En France, les actes d'engagement et de mandatement des

---

446 Charles WALINE, Pascal DESROUSSEAUX, Bertrand PELLE, *Contrôle et évaluation des finances publiques*. La documentation Française, Paris, 2009, p.1

447 Expression du poète satirique latin Juvénal (vers 60-vers 130 ap. J-C), Satire VI, versets 347-348).

448 Jean-Marie BRETON, op. cit., p.265.

maires ne sont pas soumis au contrôle financier ou plus exactement, il est exercé par le comptable supérieur sous la responsabilité duquel s'effectuent les opérations de recettes et de dépenses des collectivités territoriales. Au Mali, c'est l'exécutif local qui assure la tutelle sur les collectivités territoriales qui joue le rôle d'ordonnateur. C'est pourquoi le contrôle financier qui s'exerce sur ses actes a une autre signification. Le contrôle interne s'oppose au contrôle externe. En matière financière, le contrôle externe est soit parlementaire, soit juridictionnel. En l'occurrence, il ne s'agit ni d'un contrôle opéré par le Parlement par ses instances, ni d'un contrôle du juge.

Cette dernière assertion permet aussi de caractériser le contrôle financier comme un contrôle administratif. Il s'agit d'un contrôle effectué par une administration, dont la finalité est administrative et la portée, pareillement administrative. L'auteur contrôlé ne peut faire l'objet que d'une sanction administrative et ses actes peuvent être redressés selon les procédures administratives habituelles, à savoir l'exercice d'un pouvoir hiérarchique, de substitution, de rectification, d'annulation, de réformation.

Enfin, le contrôle financier est un contrôle de régularité. Cela signifie qu'il s'agit de vérifier si les formes régulières requises ont été mises en œu vre dans l'opération de recette ou de dépense. Jamais il ne peut s'agir d'un contrôle d'opportunité. En somme, la dépense peut couvrir une opération dont l'utilité n'est pas prouvée, le contrôle financier apposera toujours sa signature, l'essentiel étant que les règles applicables à ladite dépense soient respectées. On voit ainsi les limites de ce contrôle. Celles-ci doivent être prises en compte par la direction du budget lorsqu'elle évalue les crédits à accorder à un service donné. En effet, elle peut avoir constaté que certaines dépenses n'étaient pas nécessaires – par exemple des achats de thé à infuser pendant les heures de service ; elle pourra donc ne pas les renouveler pour l'année suivante. Si telle est la nature du contrôle financier, quelle en est l'étendue ?

B – L'étendue du contrôle financier

Le contrôle financier concerne certaines personnes et certains de leurs actes. On se rappelle que l'exécution des opérations de recettes et de dépenses des personnes publiques suppose toujours l'intervention de deux acteurs : l'ordonnateur qui prescrit et le comptable public qui exécute. Le contrôle financier ne concerne que les ordonnateurs ou toutes les personnes qui en assument partiellement les fonctions, tels les administrateurs de crédits. Ainsi donc, les contrôleurs financiers exercent leurs contrôles sur les ministres, en tant que délégataires de la fonction d'ordonnateur. On se souvient que, selon le droit de la comptabilité malienne, seul, en principe, le ministre des finances est ordonnateur, mais celui-ci peut déléguer ses compétences, en particulier à ses collègues ministres pour les crédits de leurs ministères. Les administrateurs de crédits peuvent également être concernés, tels les directeurs de cabinet ministériels, les gouverneurs de régions ou même les préfets de cercles. Les officiers généraux qui gèrent les crédits des armées, les présidents des juridictions, y compris la Cour suprême ou la Cour constitutionnelle et les recteurs des universités maliennes entrent tous dans le champ d'application du contrôle financier. Sont donc exclus du contrôle financier toutes les personnes ayant la qualité de comptables publics.

Le contrôle porte ensuite sur deux catégories d'actes : les engagements et les ordonnancements. Mais il faut être plus précis. En effet, il existe une différence entre le droit malien et le droit français en la matière. Le contrôle financier malien concerne non seulement l'exécution des opérations de dépenses, mais il peut aussi concerner les opérations de certaines recettes. Dans le cas des recettes, le contrôle financier va apposer son visa, non seulement sur l'acte de constatation de l'existence de la recette, mais également sur l'ordre de mise en recouvrement. Cela est surtout vrai pour les collectivités territoriales et pour les organismes personnalisés. En revanche, le droit malien suit la tradition française en matière de dépenses. Celles-ci, on s'en souvient, sont exécutées en quatre étapes, l'engagement, la liquidation, l'ordonnancement, tous actes effectués par l'ordonnateur ou ses préposés administrateurs de crédits et le paiement dont la compétence exclusive appartient au comptable public. Le pouvoir du contrôle financier consiste en l'apposition de son visa[449] sans lequel aucun engagement ni

[449] L'article 123 du décret n° 97-192/P-RM du 09 juin 1997 disposait à cet effet : « le contrôleur financier vise tous les engagements de dépenses, les mandats de paiement correspondants et les projets de marchés publics. Il tient une comptabilité des engagements et exerce son contrôle sur l'exécution de tous les budgets des organismes publics ».

ordonnancement ne saurait avoir de validité à l'égard du comptable public. Ainsi, tous les actes, toutes les décisions destinés à engager une dépense, sont soumis au visa préalable du contrôleur financier. Ce visa sera apposé suite à un contrôle de régularité externe et interne, sur la compétence de l'organe émetteur, sur l'imputation de la dépense au chapitre correspondant, le montant probable de la dépense.

Après l'exécution par le cocontractant de son obligation, une évaluation est faite de ses droits de créance ; l'ordonnateur doit encore émettre un acte à l'intention du comptable public afin qu'il paie. Cet acte, appelé ordonnancement pour l'ordonnateur principal et mandatement ou mandat pour tous les autres est également soumis au contrôle financier. Suite à sa transmission, accompagnée des fiches d'engagement, le contrôleur financier procède à certaines vérifications, tels le respect des dispositions financières légales et règlementaires, l'exacte imputation de la dépense sur les crédits concernés, l'existence et la disponibilité des crédits, l'exacte évaluation de la dépense. Si aucun reproche ne peut être formulé, le contrôleur appose alors son visa ; l'acte ordonnant le paiement peut alors être transmis au comptable public.

Si le visa est refusé, aucun paiement ne peut être effectué, conformément à l'article 16 de l'arrêté n°4588/MCF-DNCF du 04 novembre 1988 selon lequel il est interdit aux comptables assignataires de payer une dépense qui n'a pas été visée par le contrôleur financier sauf accord ou arbitrage prévu à l'article 8. Les deux visas du contrôleur financier sont complémentaires et visent à rassurer une fois de plus la direction du budget que ses préconisations de dépenses sont suivies à la lettre. En cas d'anomalie constatée sur un document, c'est le rejet. Ce rejet est également revêtu de la signature du contrôleur financier, et adressé aux directeurs des finances et du matériel et des ressources humaines concernés par les fiches d'engagement et au bureau central des soldes (BCS), pour les fiches signalétiques individuelles.

Tout cela peut paraître de la mesquinerie bureaucratique pour le bénéficiaire du paiement, mais c'est une procédure normale que la direction du budget soutient et encourage. Le contrôleur a le devoir de se préoccuper de l'impact que la mesure proposée peut avoir sur les finances publiques sans pour autant qu'il puisse juger l'opportunité de la dépense.

Enfin, le contrôleur financier tient une comptabilité des dépenses ordonnancées et dresse des situations périodiques. Tous ces documents servent à l'information de la direction du budget qui en a besoin pour ses prévisions futures.

Quelle évaluation peut-on dresser des prestations du contrôle financier ? De nos jours, l'évaluation paraît à la fois comme un instrument prospectif et rétrospectif, permettant de mesurer l'impact d'une décision[450]. Un document retraçant le plan de performance des administrations financières, rédigé à l'initiative de la direction du budget, décrit les réalisations de la direction nationale du contrôle financier. Ainsi, un effectif de quatre-cent-soixante-dix-sept (477) agents ont été formés, afin de doter l'institution de cadres et d'agents compétents[451].

La formation a été financée par le Plan d'action gouvernemental pour l'amélioration et la modernisation de la gestion des finances publiques (PAGAM/GFP). Un manuel des procédures a été élaboré à cette occasion ; il aide désormais les agents à mieux exercer leurs tâches et à maîtriser les techniques de contrôle. Un dispositif statistique a été également conçu à leur intention afin de permettre l'évaluation des activités suivant des indicateurs de performance. Sa mise en application a permis de procéder à une évaluation statistique, à la date du 3 septembre 2007 : sur la base de soixante-seize mille six cents (76.600) dossiers traités par la direction du contrôle financier, 54 % portent sur

---

[450] Voir Jacques CHEVALLIER : « *Le thème de l'évaluation est apparu en effet corrélativement au développement d'une nouvelle approche, à la fois scientifique et pratique, de l'action publique : à savoir l'analyse des « politiques publiques», qui entend prendre une vue globale de cette action en s'interrogeant sur ses déterminants et sur ses résultats. L'évaluation remplit dans cette perspective une fonction essentielle, puisqu'elle vise à mesurer les effets des décisions prises, à apprécier leur impact social au regard des objectifs fixés et des moyens mobilisés : à partir de là pourront être mis en œuvre des processus de correction destinés à améliorer l'efficacité des choix collectifs* », in *Contrôle Parlementaire et évaluation, l'évaluation législative, un enjeu politique*, La documentation française, Paris, 1995, p. 13.

[451] La direction du budget organise périodiquement, avec l'accompagnement de bailleurs de fonds, des formations à l'intention des cadres ou agents des administrations financières. De telles initiatives ont fait leur preuve dans la mise à niveau des cadres et le renforcement de leur capacité. La cellule d'appui à la réforme des finances publiques (CARFIP) contribue efficacement dans ce domaine

des engagements, 34 % sur des ordonnancements, 7 % sur des notifications et 5 % sur des justifications de régie d'avances. Cette évaluation aurait pu être plus pertinente si les statistiques avaient fait cas des dossiers de rejet, indépendamment de la simple présentation de la quantité des dossiers. Certaines indiscrétions ont permis de savoir que les taux de rejet ont augmenté à la date du 30 septembre 2007 de 15,80% contre 10,86 % au 30 septembre 2006. De telles informations n'ont pu être données dans les documents statistiques à cause de leur portée hautement confidentielle. Ce taux est le reflet d'une dégradation de la qualité de la gestion administrative en amont. En revanche, la diminution des délais de traitement des dossiers est un facteur positif à renforcer.

Malgré tout, l'arbre ne doit pas cacher la forêt, car la direction du contrôle financier, comme toute organisation, recèle des lacunes que la direction du budget souhaite voir corriger. La première lacune réside dans le choix de contrôleurs financiers insuffisamment formés. Aussi, il serait souhaitable qu'il y ait une filière de formation spécifique qui leur soit dédiée. Celle-ci serait axée à la fois sur l'expertise professionnelle et sur les règles de la déontologie et d'éthique. Cela permettrait d'éviter qu'un ministre propose la nomination d'un directeur national du contrôle financier uniquement sur la base de considérations subjectives ou politiques. Ensuite, de tous les ministères, seuls six (6) départements disposent d'un délégué du contrôle financier : ministères (1) des finances, (2) de l'administration territoriale et des collectivités locales, (3) de la santé, (4) de l'agriculture, (5) de l'éducation et (6) de la défense. Les autres ministère s en sont dépourvus alors qu'ils brassent d'importants crédits budgétaires annuels ; par exemple, le ministère des affaires étrangères et de la coopération internationale : *vingt* milliards de F. CFA en 2007 et *vingt-deux* milliards de F. CFA en 2008 ; le ministère de l'équipement et des transports : *quatre-vingt-sept* milliards de F. CFA ; le Ministère des mines, de l'énergie et de l'eau : *cinquante-quatre* milliards de F. CFA ; et le ministère de l'élevage et de la pêche : *vingt* milliards en 2007 et *dix-huit* milliards de F. CFA en 2008.

Enfin, l'accent doit être mis sur l'informatisation des services du contrôle financier, avec des opérateurs bien qualifiés. Certes, le contrôle financier dispose d'un parc informatique appréciable, qui a beaucoup facilité le traitement des dossiers, mais celui-ci n'est pas sans poser de problème, ne serait-ce qu'à cause des ruptures régulières d'électricité, sans compter qu'il peut y avoir des discordances entre le système informatique et l'organisation humaine chargée de son application. A titre d'exemple, l'ordinateur traite les dossiers des mandats à autoriser pour le paiement suivant les numéros d'enregistrement des dossiers. Les enregistrements sont effectués manuellement par les secrétaires, qui peuvent suite à une instruction d'un chef, ou par erreur, intervertir le numérotage des dossiers. Ainsi, en voulant transgresser l'ordre de classement pour introduire un dossier n° 100 avant le dossier n° 99 qui le précède, on bloque le système informatique. Tant que l'ordre n'est pas respecté, aucun autre dossier ne sera traité et visé.

Malgré ces lacunes, force est de reconnaître que la simple existence du contrôle peut influencer positivement le comportement des acteurs chargés de l'exécution des dépenses budgétaires.

En conclusion, on retiendra que la direction du budget trouve un appui très solide dans la direction nationale du contrôle financier. Par divers apports de documents, elle lui permet d'obtenir des informations indispensables pour l'exécution de sa mission de suivi des lois de finances et de leur mise en œuvre. Le contrôle de régularité a montré ses limites dans de nombreux pays, au tournant des années 1990. Il a conduit à une nouvelle vision des finances publiques où le contrôle vise à vérifier l'efficacité de la dépense publique. Le Mali n'a pas échappé à cette démarche ; il s'y est engagé dès le début des années 2000 ; aujourd'hui, avec ses partenaires de l'UEMOA, il poursuit la mise en place de nouveaux modes de gestion et de nouvelles modalités de rendre compte de cette gestion. L'effort d'harmonisation entrepris en la matière mérite de retenir maintenant notre attention.

Section II : Les relations financières communautaires harmonisées

Depuis près de trois décennies, la direction du budget du Mali a réalisé que l'exercice de son rôle d'instrument stratégique de prévision et d'exécution des finances publiques ne saurait s'accomplir efficacement sans tenir compte des mutations profondes que subit la gestion du système financier public à l'échelle internationale en général et nationale en particulier en cette ère dite « *de la globalisation*[452] ».

« *La globalisation se caractérise par un double mouvement de raréfaction des ressources disponibles pour alimenter les politiques budgétaires et donc une adaptation des outils afin de donner plus d'efficacité à la dépense publique. Ce que traduit la notion de performance, tout en visant à un désendettement des collectivités publiques. Aux préoccupations traditionnelles en finances publiques, s'ajoute la prise en compte d'une dimension gestionnaire, ainsi que l'illustre en France l'avènement de la loi organique du 1er août 2001. Désormais, l'idée de la "bonne gestion" devient un critère central d'appréciation des politiques budgétaires, avec une référence systématique aux résultats. Ce faisant, le concept déjà ancien d'Etat-stratège se trouve placé au premier plan, entrainant une remise en cause du cadre administratif traditionnel*[453] ».

Dans l'une de ses publications, le professeur Eloi DIARRA, décrit une telle remise en cause du système antérieur en ces termes : « *En somme, les circonstances actuelles exigent que les pouvoirs publics doivent viser à la transparence de la gestion publique, face à des citoyens de plus en plus informés et parfois bien avertis des questions fiscales et financières. Ils doivent donc donner l'impression que l'effort fiscal consenti par chacun est utilisé dans un intérêt général dont on peut voir le résultat et mesurer l'impact sur l'organisation et la cohésion sociale.*

452 Marc LEROY, *Sociologie des finances publiques* : « L'impact de la mondialisation. Selon une argumentation à rapprocher de l'analyse marxiste de la crise, la globalisation économique mine l'Etat-providence : elle favorise la fuite des capitaux, le dumping fiscal, les délocalisations, affaiblit le pouvoir des partis politiques et des syndicats et réduit la marge de manœuvre des Etats qui tendent à privatiser le risque. Cette théorie est celle de l'efficience du marché (financier) qui sanctionne les dépenses sociales (non compétitives) ; elle s'oppose à la théorie de la compensation par l'Etat pour les perdants de la globalisation ; elle insiste sur la résistance de l'Etat-providence…L'autonomie institutionnelle de l'Etat le conduit à limiter les effets négatifs… de la globalisation pour satisfaire les forces de travail, des intérêts acquis, le véto des pouvoirs constitués ou la dépendance aux réglementations passées. La vérification empirique des effets de la globalisation économique donne des résultats contrastés». La Découverte, Repères, éditions 2007, Paris, pp. 23-24.

453 Jean-Pierre DUPRAT : *La dynamisation des réformes budgétaires: globalisation des problèmes, unification des outils et adaptation nationale des solutions*. RFFP n° 98. Juin 2007, Logique de performance et pays en développement LGDJ. p 9.

Cette "obligation du temps présent" justifie largement l'évaluation au 1er euro, la désignation de responsables des programmes, l'utilisation d'indicateurs de performance, le recours à une approche contractuelle dans l'utilisation des ressources publiques et même l'éclatement des finances publiques[454] ».

Remettant en cause les traditionnelles méthodes des « budgets de moyens », les financiers internationaux que sont la Banque mondiale et le Fonds monétaire international ont cherché à promouvoir et à généraliser la méthode du « budget programme » appelée encore « Gestion Axée sur les Résultats » (GAR)[455]. Dès le début des années 1990, ils sont suivis par des Etats tels que le Canada, l'Australie ou la Nouvelle-Zélande.

La gestion axée sur les résultats est définie comme une approche du management des organisations tant du secteur public (administrations,…) que du secteur privé (entreprises commerciales,…) orientée vers la performance et l'amélioration par l'atteinte de résultats. Elle participe surtout aux méthodes de rationalisation budgétaire en établissant une relation entre les ressources affectées (crédits) aux organisations et les résultats attendus dans des conditions d'efficacité et d'efficience, d'offre de biens et services de qualité répondant à des besoins réels de développement, de responsabilité et de reddition des comptes (transparence). Précisément, elle aide les pouvoirs publics et

---

[454] Eloi DIARRA, *Finances publiques et institution étatique ou institution et désinstitutionalisation des finances publiques : deux moments de l'Etat en France*. In *L'institution. Passé et devenir d'une catégorie juridique*. L'Harmattan, 2008, pp. 282-283.

[455] En fait, la budgétisation axée sur les résultats ou sur la performance a été recommandée pour la première fois aux Etats-Unis en 1949, par la Commission Hoover. Au fil du temps, il est né un mouvement global de la communauté internationale vers l'adoption de la gestion axée sur les résultats avec en toile de fond l'objectif d'améliorer l'efficacité de l'aide au développement.
Désormais la gestion axée sur les résultats s'inscrit dans les politiques de réforme du secteur public pour améliorer l'efficience et l'efficacité de l'utilisation des ressources publiques. Les mots d'ordre étaient donnés sous forme de slogans tels que : « Réinventer le Gouvernement » ; « Faire plus avec moins tout en maintenant la qualité » ; « démontrer des résultats valables pour les citoyens ». Extrait tiré de l'exposé des consultants Aliou NDIAYE et Jean TESSOUGUE, lors de l'atelier de formation en gestion axée sur les résultats organisé à Bamako du 08 au 19 octobre 2012 par la CARFIP, dans le cadre de la mise en œuvre du PAGAM/GFP II.

les acteurs du développement à faire face aux multiples demandes de services, d'une part, et à évaluer leur performance en termes de résultats, d'autre part.

Selon Pierre CLICHE, il s'agit de « *mettre l'accent sur les résultats de l'administration publique tout en laissant plus de flexibilité aux gestionnaires. Voilà sommairement résumée la gestion axée sur les résultats. Elle implique évidemment que les résultats soient mesurés, intégrés dans le processus décisionnel et utilisés pour améliorer concrètement les choses.* »[456]. Il s'agit surtout de bien appréhender ce que l'organisation vise à moyen terme comme changement sur le plan du développement et qui se traduit par des résultats appelés effets, changements ou développement pour les bénéficiaires ou destinataires.

A la suite des premiers pays, ceux d'Europe du nord ont également entrepris de réviser leurs méthodes de prévision, d'exécution et de gestion de leurs dépenses publiques, suivis par ceux d'Europe de l'Ouest et les Etats africains. Eux aussi ont cherché à promouvoir et à généraliser la méthode du « budget-programme » appelée encore la « gestion axée sur les résultats ». C'est l'ère d'un changement[457] profond pour la modernisation des finances publiques. En Afrique de l'Ouest, l'Union économique et monétaire ouest-africaine (UEMOA) adopte, en 2009, une directive relative aux lois de finances dans les Etats membres.

Le Mali figure parmi les premiers Etats africains à s'intéresser au budget-programme dès la fin des années 1998-1999[458]. En sa session

---

[456] Pierre CLICHE, *Gestion budgétaire et dépenses publiques. Description comparée des processus, évolutions et enjeux budgétaires du Québec*. Presse de l'Université du Québec, 2009. p 179.

[457] Antoine CHOLLET, *Les temps de la démocratie* : « Le changement n'est ni déterminé, ni pleinement connaissable, ni chaotique, comme nous l'avons déjà observé. Si nous avons choisi de nommer cet entre-deux incertitudes, c'est d'abord parce que le terme lui-même dénote généralement la co-présence irréductible de l'imprévisible et du probable, mais aussi parce qu'il permet de se figurer aisément des degrés d'incertitude », thèse éditions Dalloz, Paris 2011, p.422.

[458] En effet, à la session budgétaire de 1998, la Commission des finances de l'Assemblée nationale du Mali et la Direction du budget se sont engagées à expérimenter le système du budget-programme, en vue d'un meilleur suivi de l'exécution de la loi de finances. Cela a permis, par la suite, de doter la Commission

du 20 avril 2005, le conseil des ministres adopte un Plan d'action gouvernemental pour l'amélioration et la modernisation de la gestion des finances publiques (PAGAM - GFP) ; il veut concrétiser l'amorce de cette révolution budgétaire et financière. C'est dans une telle optique que le Gouvernement du Mali fait adopter la loi créant la cellule d'appui à la réforme des finances publiques (CARFIP) [459]et dont la mission est d'animer et de coordonner les activités se rapportant à la politique de réforme des finances publiques.

Malgré les réformes institutionnelles envisagées et malgré la solidité des relations harmonieuses entre les différents acteurs du système budgétaire, malgré leur volontarisme affiché d'évoluer vers le nouveau système, des problèmes réels se sont dressés en obstacles devant le projet de budget-programme.

Cependant, la direction du budget du Mali n'a cessé de manifester son envie d'explorer cette nouvelle technique budgétaire. Elle doit d'autant plus se hâter que l'UEMOA vient d'intimer aux Etats membres – dont le Mali – d'intégrer le dispositif communautaire d'harmonisation des systèmes budgétaires, d'ici l'horizon 2014. Inspiré de la loi organique française du 1er août 2001, ce dispositif reprend en grande partie le contenu du budget-programme.

En tout cas, le Mali vient de déférer à l'injonction communautaire en adoptant une loi nationale qui intègre les principes de la Directive n° 06/2009/CM/UEMOA du 26 juin 2009 dans le système financier du Mali. Il s'agit de la loi adoptée par l'Assemblée nationale le 20 juin 2013[460].

En définitive, le vent du changement est entrain de balayer le champ des finances publiques maliennes, en vue d'une purification de la

---

des finances d'une structure d'appui et de contrôle dénommée Unité d'analyse, de contrôle et d'évaluation du budget de l'Etat du Mali (UNACEM) : Voir Décision n° 09-071/P-AN-RM du 1er octobre 2009 du Président de l'Assemblée nationale portant organisation et fonctionnement de l'Unité d'Analyse, de Contrôle et d'Evaluation du Budget de l'Etat du Mali- Assemblée nationale (UNACEM-AN).

[459] Voir Loi n° 06-035 du 3 août 2006 portant création de la cellule d'appui à la réforme des finances publiques du Mali.

[460] Le projet de loi avait été adopté par le Conseil des ministres le 14 novembre 2012.

gestion des dépenses publiques. L'objectif recherché est de réussir l'expérimentation de la gestion axée sur les résultats[461]. Il devrait permettre à la direction du budget d'assurer un meilleur suivi de l'exécution des recettes et des dépenses du budget de l'Etat.

Concernée par ce phénomène, et consciente des avantages qu'il offre, la direction du budget du Mali essaie de s'adapter et d'intégrer le nouveau système dans ses repères. Elle est encouragée en cela par des partenaires techniques financiers comme le FMI, La Banque mondiale, l'Union européenne, l'OCDE[462]. Elle s'inspire surtout de l'expérience française initiée par la loi organique relative aux lois de Finances pour tenter ses premiers pas en la matière. Afin de mieux s'approprier les nouvelles techniques de gestion budgétaire et financière, la direction du budget compte de plus en plus sur la capacité d'adaptation et l'expertise d'un large éventail d'acteurs, notamment les organisations non gouvernementales, la société civile ainsi que les agents du gouvernement et du parlement. C'est pourquoi, malgré quelques difficultés rencontrées dans la mise en œuvre des nouvelles règles et procédures, elle ne cesse d'opérer de profondes réformes institutionnelles et de procéder à la relecture de certains textes fondamentaux en vue d'orienter le système financier public vers une nouvelle dynamique de gestion.

Elle a surtout obtenu l'adoption par l'Assemblée nationale des Directives n°01/2009/CM/UEMOA portant Code de transparence et n° 06/2009/CM/UEMOA portant loi de finances au sein de l'UEMOA. Cette Directive complète ce qui avait déjà été entrepris dans le cadre du

---

[461] Jacques Mariel NZOUANKEU, *l'impact des stratégies et reformes des procédures budgétaires sur la performance des fonctions publiques dans l'espace francophone africain.* Revue française de finances Publiques, n° 98, juin 2007,p. 105.

[462] Il convient de préciser que l'OCDE (l'Organisation de Coopération et de Développement Economiques) qui regroupe les pays développés attachés à la démocratie et à l'économie de marché, a été créée pour faire progresser les politiques intergouvernementales et élaborer des recommandations au sujet des meilleures pratiques. Elle comptait jusqu'à la date de la fin de l'année 2000 trente (30) pays membres, et entretenait des relations avec soixante-dix (70) pays non membres, notamment dans le cadre de vastes programmes de coopération avec la Russie, la Chine et le Brésil. Cf. : « Les Colloques du Sénat. Les actes. » 24 et 25 janvier 2001, Processus budgétaire vers un nouveau rôle du Parlement, p. 12.

budget-programme et la loi adoptée ne fait que consacrer son parachèvement.

On peut donc légitimement s'interroger sur l'impact de ce changement dans la gestion des finances publiques, car il y introduit de nouveaux concepts (***Paragraphe I***) et propose de nouvelles modalités d'élaboration des lois de finances (***Paragraphe II***).

Paragraphe I : La direction du budget et le concept de budget-programme

La direction du budget est déterminée à relever les défis et obstacles susceptibles d'entraver la modernisation des méthodes de prévision et de gestion stratégique des finances publiques. Plus qu'un phénomène de mode, la réforme budgétaire à laquelle s'attèle la direction du budget[463] est devenue aujourd'hui une préoccupation pour tous les pays désireux de mettre en œuvre des politiques publiques visant le développement humain durable. Dans les pays de l'OCDE ou dans les pays en développement, notamment ceux de l'U.E.M.O.A, une énorme vague de réformes budgétaires est engagée. Tous ces pays ont été fascinés par le système du budget programme qui consiste à installer une nouvelle méthode de budgétisation axée sur les résultats.

Pour sa part, depuis 1998, suite à une exigence des députés formulée à travers les recommandations de la commission des finances lors de la présentation du rapport sur la loi de finances 1997, le Gouvernement malien s'est résolu à adopter le budget programme. Mais compte tenu de l'adage qui affirme que l'administration est allergique au changement, ce projet de budget programme du Mali en est encore à ses balbutiements. Ainsi la direction du budget présente chaque année deux projets de loi de finances selon deux versions : celle du budget comptable dit budget de moyens, toujours d'application, et celui du budget-programme qui n'a pas fini d'être expérimenté.

---

[463] Félix TANO, *la rationalisation de la gestion budgétaire en Afrique : l'exemple de la Côte d'Ivoire* : « Même si le schéma théorique prévu par les textes n'est pas toujours respecté dans la pratique, il n'en demeure pas moins qu'une politique prudente est mise en œuvre par la Direction du budget de l'Etat à travers une régulation au stade de l'engagement », in *Revue française de finances publiques*, n° 98, juin 2007, p. 59.

Pour Frank MORDACQ, par le budget-programme, « *il s'agit de questionner les missions de l'Etat, la pertinence et la performance des politiques publiques pour les refonder dans une triple exigence d'efficacité, de qualité et d'économie. Cet exercice de révision générale des politiques publiques n'épuise pas à lui seul le sujet de la réforme de l'Etat. Il en est toutefois le cadre qui donne sens à toutes les actions de modernisation à mettre en œuvre : simplification du droit et des procédures, développement de l'administration électronique, qualité des procédures de gestion et des systèmes d'information, organisation de l'Etat à l'échelon local et professionnalisation de la gestion des ressources humaines* »[464].

Alors, la question qui se pose est de savoir quelle est la spécificité de la nouvelle méthode ? Pour y répondre, il faut examiner, d'une part, le budget-programme comme une budgétisation axée sur les résultats (**A**) et le budget-programme comme un budget lisible et transparent (**B**).

A – Le budget-programme, un budget axé sur les résultats

On l'a vu : le budget de l'Etat, jadis utilisé comme un instrument pour résoudre des contraintes et risques de tous ordres, est aujourd'hui assujetti à des contraintes systémiques à la fois dynamiques et pernicieuses. Aux contraintes économiques conjoncturelles ou structurelles habituelles se greffent d'autres difficultés aussi diverses que les revendications sociales, les conditions environnementales (changements climatiques), les conditions de décaissement des fonds obtenus des partenaires financiers, la dématérialisation monétaire, la substitution des guichets automatiques aux ordonnateurs et comptables, etc. Compte tenu de tous ces phénomènes qui peuvent compromettre gravement l'exécution de la loi de finances, il est logique que la direction du budget opère des choix stratégiques. On le sait, les systèmes politique, juridique ou financier, sont des systèmes ouverts[465],

[464] Frank MORDACQ, *Modernisation et réforme de l'Etat, au service des finances publiques,* in *Revue française de finances publiques*, n° 100 novembre 2007, pp. 303 à 312.

[465] Ludwig Von BERTALANFFY, *théorie générale des systèmes* : « Un système ouvert doit tendre « de façon active » vers un état mieux organisé, c'est-à-dire qu'il doit passer d'un état peu ordonné à un état plus ordonné par suite des conditions du

qu'ils ne sont pas des organisations immuables ou figées, appelées à exister *ad vitam aeternam* (pour la vie éternelle). Ils sont créés pour des buts précis en fonction des réalités du moment. Ainsi il arrive un temps où le choix d'une réforme s'impose comme une nécessité indispensable à leur survie.

En effet, il est désormais reconnu que l'exécutif a souvent abusé de son monopole de fait dans la préparation et l'exécution de la loi de finances. C'est sûrement la raison pour laquelle des lamentations constantes fusaient du côté des parlementaires pour dénoncer le caractère unilatéral de l'initiative gouvernementale du projet de loi de finances. C'est pourquoi, après avoir constaté certaines anomalies dans la présentation des documents budgétaires (par exemple le manque de lisibilité et de transparence ou le manque de suivi des projets financés par le budget spécial d'investissement (B.S.I), l'augmentation importante des restes à recouvrer en recettes et des dépenses extrabudgétaires, l'évolution économique et financière mondiale avec les phénomènes d'intégration économique et les réformes budgétaires, les parlementaires maliens[466] ont exigé l'adoption par le Gouvernement du modèle des budgets-programmes[467].

---

système. Un mécanisme de rétroaction peut atteindre « de façon réactive» un état d'organisation plus poussée par suite de sa « connaissance », c'est-à-dire de l'information qui lui a été fournie.... Au contraire dans la théorie des systèmes ouverts (et sans généralisation, la théorie générale des systèmes) apparaissent des principes d'interaction multivariable (par exemple cinétique des réactions, flux et forces en thermodynamique irréversible), une organisation dynamique des processus et une extension possible des lois physiques au royaume biologique. Ces développements prennent ainsi part à la nouvelle formulation de la vision scientifique du monde », Dunod, Paris 1973, pp. 154-155-158.

[466] Alain PARIENTE et Abou-Saïb COULIBALY, *Programme et mesure de la performance en France et dans les pays africains*: « Plus précisément, c'est le Burkina et le Mali qui, au sein de ce groupe de pays, vont en premier lieu décider de se lancer en 1997 dans l'expérience des budgets de programmes. Suivront ensuite le Bénin en 2000 et le Sénégal en 2001. C'est donc dire qu'il s'agit d'expériences toutes récentes. » Article publié dans la Revue Française de Finances Publiques, n° 98, p. 35.

[467] Ils semblent avoir mis en cause la méthode budgétaire en cours qui est appelée budget comptable ou de moyen car certaines de ses limites étaient flagrantes même au plan comptable. En effet ce système comptable ne se souciait ni des résultats des dépenses réalisées, ni de leur impact sur l'évolution qualitative des institutions bénéficiaires. Ainsi la budgétisation selon le système du budget comptable dit de

Face aux phénomènes d'endettement et de déficits publics chroniques, les pays de l'organisation de coopération pour le développement économique (OCDE), exigent des pays bénéficiaires de leurs aides au développement une réelle assurance que leur argent est utilisé de façon transparente, efficiente et efficace. Ainsi, de plus en plus, ils imposent aux pays bénéficiaires de leurs soutiens financiers un engagement ferme de procéder à l'évaluation des projets et programmes de développement.

Il faut préciser également que « *l'OCDE comme le FMI ont proposé des codes de bonne conduite en matière de gouvernance financière. Parmi les propositions formulées figurent notamment celles relatives au renforcement du pouvoir financier du Parlement, à la plus grande responsabilité des ministre s gestionnaires par rapport au Ministre des finances, à la transparence en matière d'informations budgétaires ou à la mise en place d'une comptabilité en droits constatés proche de celle des entreprises* »[468].

Le budget-programme est un nouveau système de budgétisation, qui décompose l'activité administrative en un certain nombre d'éléments, qui sont organisés en fonction d'une structure hiérarchique appelée structure de programmes. C'est un nouveau système de gestion budgétaire qui a fait ses preuves aux Etats-Unis graduellement à travers diverses techniques le Planning Programming Budgeting System (PPBS). Il est transposé progressivement en France, à travers la Rationalisation des Choix Budgétaires (RCB), les budgets de programmes et surtout la loi organique relative aux lois de finances (LOLF) du 1er août 2001, entrée intégralement en vigueur le 1er janvier 2006.

Ce qu'il faut retenir, c'est que le système du budget-programme s'est bâti sur une somme d'expériences qui consistent à introduire les techniques du management dans les opérations de gestion budgétaire. Les gestionnaires se voient fixer des objectifs clairs et précis, pour le financement et l'exécution des politiques publiques avec une grande

---

moyen se réduisait à un mécanisme routinier dominé par la notion de « services votés » ou la reconduction des dépenses.

468 Voir Frank MORDACQ (sous la dir.), *la LOLF : un nouveau cadre budgétaire pour reformer l'Etat*, LGDJ, 2006, p. 4.

marge de manœuvre dans la liberté de gestion. Ce qui devrait éviter d'avoir à annuler simplement les crédits non consommés en fin d'exercice budgétaire. Dans cette optique, la direction du budget a moins de souci à se faire pour la prévision et la gestion des finances publiques. La nouvelle réforme introduit de nouveaux modes de gestion : une déconcentration des décisions, un accroissement de la décentralisation. De telles actions sont déterminantes pour atténuer l'angoisse des citoyens, qui cherchent de plus en plus à être convaincus de l'utilité de la dépense publique. Les concepteurs de ce nouveau système ont pu démontrer que pour atteindre ses objectifs, la budgétisation doit pouvoir se faire avec l'apport des techniques de gestion et de comptabilité générale, qui sont appliquées au niveau des entreprises privées. C'est pourquoi, ils ont voulu privilégier l'analyse du système qui rassemble à la fois les moyens politiques et les stratégies appropriées pour prendre la décision budgétaire. Or, il s'agit là d'un domaine complexe éclaté de dimensions diverses, selon Marc LEROY[469]. Ce système financier est comme « *tout objet structuré, composé d'éléments abstraits ou concrets en interaction et ouvert sur un environnement* ». Cette nouvelle approche de la notion de système, appliqué aux finances publiques, n'est pas sans rappeler les travaux de BERTALANFFY ou les travaux de David EASTON, avec sa formule des inputs et outputs. L'input (ou intrant) traduit les demandes initiales de crédits pour les biens et services ; les informations les concernant proviennent de l'environnement, qui les fournit au système organisationnel afin d'être transformées à travers un processus interne pour produire l'output (ou extrant), c'est-à-dire le résultat ou la décision.

Dans cette démarche, le système organique est qualifié de « boîte noire », parce que l'environnement ou le public ignore en général la

[469] Marc LEROY. « Sociologiquement, le processus de la décision budgétaire est structuré par le système financier qui est désormais éclaté entre les financiers interdépendants de l'Etat, les finances sociales, les finances locales et les finances communautaires. Les théories de la contrainte, comme celle de l'incrémentalisme (qui signifie selon P. BRAUD : Politique de changement social fondée sur une action limitée à la marge (par exemple : redistribution des fruits de la croissance, plutôt que transformation du mode de production) qui insiste sur le poids des dépenses passées, mettent l'accent sur l'absence de marge de manœuvre. Pourtant des choix politiques caractérisent bien les politiques publiques budgétaires menées par les acteurs du pouvoir financier. », *Sociologie des finances publiques*, collection Repères, la Découverte, 2007, p. 31.

dynamique interne du processus au sein du système. En choisissant le budget programmes comme réforme de l'ancienne méthode de budgétisation, la direction du budget a voulu prouver que l'avantage à en tirer serait la recherche de la performance avec des résultats concrets.

La performance[470] avec des résultats appréciables est l'objectif recherché à travers le budget-programme au Mali. Cependant, il semble que cette vision se pose en termes de dilemme :

- l'application du principe d'efficacité à l'administration aura-t-il un sens si celle-là n'est pas en parfait accord avec son environnement économique, social et culturel et de manière réciproque ?,
- les systèmes de management des entreprises privées seront-ils en mesure de servir de cadre de référence aux responsables chargés des politiques publiques sans intégrer les méthodes propres à l'Etat ?

Il semblerait que l'une des prémisses à cette interrogation se fonde dans le principe de la gestion axée sur les résultats.

Le principe de la gestion axée sur les résultats, au Mali, conformément aux directives communautaires, est de mettre en place un mécanisme qui crée un lien itératif entre l'affectation des ressources budgétaires et les objectifs fixés par les autorités publiques représentées par la direction du budget. Il s'agit donc de bâtir, à partir de la loi de finances, un projet qui matérialise le passage d'une logique de moyens à une logique de résultats[471]. Un tel projet qui doit traduire l'engagement du

---

[470] Marc SIMMONY, *La démarche de performance dans le cadre des finances publiques* : « Depuis la loi de finances 2006, le volet « performance » du budget français est désormais retracé dans les projets annuels de performance fixant des objectifs de performance, mesurés au moyen d'indicateurs précis et comportant des cibles de résultats à moyen terme. Ces projets annuels de performances sont l'illustration la plus visible de l'introduction de la mesure de la performance des politiques publiques », Revue française de finances publiques, n°98 juin 2007, p, 25.

[471] Il faut souligner que tous les modèles de gestion axée sur les résultats empruntent un enchaînement logique de résultats, appelé chaîne de résultats, qui repose sur les deux exigences suivantes : (1) la notion de changement qui implique une prise de mesure. Ce qui permet d'évaluer le résultat attendu, changement descriptible ou mesurable, (2) le lien de causalité entre les activités d'un projet/programme et le changement perçu. Ce qui nécessite la combinaison de deux facteurs : les moyens et les activités.

gouvernement permettra entre autres de décrire l'action (ou les actions) du programme, de mesurer les coûts, de définir les objectifs au triple plan de *l'efficacité socio-économique* requérant le point de vue du citoyen, *de la qualité du service* rendu à partir du point de vue de l'usager, de *l'efficacité de gestion* estimée à partir d'un point de vue du contribuable. La doctrine a résumé ces effets recherchés par l'expression des ***3 e*** (économie, efficacité, efficience). En outre, il permettra de fournir des indicateurs de mesure de résultats pour chaque objectif et fixer les niveaux de performances.

Par conséquent, tout financement de dépenses doit être justifié par la réalisation d'un objectif précis. Il découle de là que cette nouvelle méthode de budgétisation procède à une présentation des crédits budgétaires par décomposition des politiques publiques, en fonction desquelles les crédits ont été affectés. Cette décomposition ou segmentation permettra donc d'évaluer, au juste prix, le coût de chaque fragment de politique publique. On voit ainsi l'intrusion des instruments scientifiques dans la prise de décision budgétaire qui se décidait en fonction des critères purement politiques ou sociologiques. La budgétisation axée sur les résultats permet à la direction du budget d'évaluer[472] les politiques publiques. « Evaluer une politique publique,

---

Cette chaîne de résultats est une suite de relations de cause à effet qui mène d'une action de développement à l'atteinte des objectifs. Elle commence par la mise à disposition de ressources, se poursuit par les activités et leurs produits. Elle conduit aux effets et aboutit à l'impact.

A titre illustratif, il faut retenir que les objectifs traduisent la demande des populations à satisfaire comme l'expression de leurs besoins. Exemple : besoins en eau potable, en éducation, en soin de santé. Les résultats traduisent l'offre de services publics destinés à satisfaire cette demande (moyens). C'est le choix des projets pouvant satisfaire des groupes cibles. Ainsi, pour la satisfaction d'un besoin en eau potable, les projets sont ceux de l'adduction d'eau, de la construction de citernes pour la collecte des eaux de pluie et du creusage de puits. Aussi, les moyens mis en œuvre doivent-ils être dimensionnés à la proportion des objectifs visés (demande).

[472] Jean LECA, *Le Conseil scientifique de l'évaluation.* « Classiquement, voici la définition la plus simple de l'évaluation : apprécier, ou mesurer, quelque chose par rapport à un critère. En ce qui concerne des programmes d'action politique, ou des lois - pour les organisations, c'est plus compliqué - l'évaluation consiste à essayer d'en mesurer les conséquences, si elles sont identifiables et isolables, et de les imputer, à travers des mécanismes bien identifiés, à des causes ou à des effets de système». Contrôle parlementaire et évaluation. La documentation française, Paris 1995, p.101

c'est chercher si les moyens juridiques, administratifs ou financiers mis en œuvre permettent de produire les effets attendus de cette politique et d'atteindre les objectifs qui lui sont fixés ». Cette disposition du décret français du 22 janvier 1990 relatif à l'évaluation des politiques publiques pourrait s'appliquer au Mali.

Il faut donc comprendre par évaluation une opération expresse menée dans le contexte d'une méthodologie précise, par un groupe d'experts. Une bonne évaluation doit s'étaler sur une durée pouvant se situer entre douze (12) et dix-huit (18) mois et doit être sanctionnée par une conclusion soutenue par un rapport. Aussi, une évaluation des politiques publiques doit-elle tendre à prendre en compte les multiples aspects de la politique faisant intervenir plusieurs acteurs (Etat, collectivités territoriales, société civile, partenaires techniques et financiers,...). Certes, l'évaluation de la performance ne vise pas seulement les actions financées sur crédits budgétaires, mais elle va au-delà pour apprécier annuellement les effets de l'action de l'Etat réalisée grâce aux crédits de la loi de finances. L'évaluation permet à la direction du budget de guider et de réviser les choix des objectifs socio-économiques ou politiques.

Etant donné que le processus met surtout l'accent sur la recherche de l'efficacité, l'évaluation sera donc un des facteurs déterminants. C'est pourquoi, on insiste sur la notion de coût-efficacité. Dans cette optique, le budget-programme consiste à réaliser pour chaque département ministériel, une structure de programme où se mettent en symbiose les activités, les objectifs, les moyens et les résultats recherchés par ledit département ministériel. Ainsi la budgétisation tend à se rationaliser de plus avec l'analyse coût-efficacité ou coût-avantage. Une telle analyse se base sur des règles d'affectation des ressources, associées à des règles d'antériorité, c'est-à-dire les choix prioritaires de projets ou objectifs. En mettant les projets d'action en concurrence, la meilleure allocation des ressources sera celle qui permettra la réalisation du projet ciblé avec efficacité et efficience. La notion de coût-avantage consiste à faire une évaluation systématique et quantifiée d'un projet public en vue de déterminer quel avantage il pourra procurer à ses bénéficiaires quels que soient les cas de figure.

L'objectif de toutes les méthodes d'évaluation des dépenses publiques est de réduire, si possible au strict minimum les charges de l'Etat, ou de réduire les activités qu'il mène (comme le prévoient les plans d'ajustement structurel). Cependant, les différents axes de performance peuvent présenter des divergences, ou même entrer en conflit, l'économie avec l'efficacité et l'efficience et réciproquement. Mais, en fonction des cibles de résultats, l'analyse pourra se fonder sur une pondération des trois axes d'examen de la performance et pourra varier en fonction de l'objectif spécifique recherché.

On le voit, le budget-programme, au Mali, intègre tous les ingrédients internationaux et communautaires de la logique de performance ou d'efficacité de la dépense publique. Il se donne comme ambition de permettre aux pouvoirs publics de « dépenser moins, mais de dépenser mieux »[473], au meilleur coût pour le meilleur bien-être.

Quoi qu'il en soit, malgré la difficulté de la bonne gestion macro-économique optimale qui exige des apports multiples (en moyen humain, environnemental…), la direction du budget ne manque pas d'occasion pour convaincre le Gouvernement à l'adaptation définitive et irréversible de la méthode budget programmes incessamment[474]. Aussi, mène-t-elle constamment des séminaires de formation et de sensibilisation, pour initier ou convaincre qui de droit aux nouveaux concepts du budget programme pour plus de lisibilité et de transparence.

B - Le budget-programme, une budgétisation plus lisible et plus transparente

Outre la performance, l'autre philosophie que la direction du budget développe par le système du budget-programme réside dans la transparence et la lisibilité dans la présentation de la loi de finances. L'option du budget programme semble être dictée par le souci de plus de transparence et de plus de lisibilité du document budgétaire. Ce souci a pu être observé rien qu'en se référant aux différents Etats qui ont

[473] Selon l'expression chère à l'ancien président du Sénégal, M. Abdou DIOUF.
[474] L'UEMOA s'est engagée à généraliser et harmoniser la pratique du budget programmes ou gestion axée sur les résultats dans les différents Etats membres d'ici 2014.

vulgarisé des systèmes semblables comme les Etats-Unis, le Canada ou la France.

Ainsi, en passant d'une logique de moyens à une logique de résultats, la pratique de l'autorisation par nature des dépenses est remplacée par un budget présenté par grandes politiques publiques, des missions, des programmes et des actions. Il est question d'autoriser les moyens en fonction des objectifs, c'est-à-dire des résultats à atteindre. C'est ce qui est désigné par l'expression de budgétisation orientée vers les résultats, ou encore de gestion axée sur les résultats.

Il faut noter que le budget-programme est dans une dynamique d'expansion. Il est considéré tantôt comme une « nouvelle gestion publique » ou une « nouvelle gouvernance financière[475] ». Malgré ses objectifs bien définis, la direction du budget qui est son « maître d'œuvre » au Mali, a du mal à imposer le nouveau système bien qu'apprécié par tous les acteurs concernés. Au demeurant, le système du budget-programme est forgé avec des outils modernes de gestion. Bientôt, la nouvelle structure budgétaire présentera les crédits par finalité ou par destination. Ce qui exigera de la direction du budget l'adoption d'une nouvelle nomenclature pour une répartition judicieuse des dépenses.

Le souci d'une budgétisation plus lisible et plus transparente apparaît à travers l'usage d'un certain nombre de concepts. La structure du budget ne sera plus organisée par ministère et par chapitre. Elle sera plutôt bâtie sur des missions, des programmes et des actions qui vont désormais servir de piliers à toute la procédure budgétaire mais aussi à la nomenclature budgétaire. Cependant, dans la Directive de l'UEMOA relative aux lois de finances, il n'est pas question des missions. On ne connaît que deux niveaux de stratification : les programmes et les

---

[475] François-Roger CAZALA, *Structures et procédures pour le renforcement de la discipline et de la responsabilité financière.* « La FONDAFIP, que je remercie de m'avoir associé à son université de printemps, m'a demandé de présenter les 'standards de gouvernance financière de l'OCDE'. Il s'agit pour l'essentiel de bonnes ou meilleures pratiques, par exemple en matière de transparence budgétaire, de redevances dues par les usagers ; de calcul des dépenses fiscales », in *La bonne gouvernance des finances publiques dans le monde*, LGDJ, 2009, Lextenso éditions, p.33.

actions. Dans le cas français, la mission se présente comme la fondation stratégique de la nouvelle structure budgétaire[476]. Elle est la base de la structure du budget-programme, comme le ministère l'était dans le cadre du budget comptable. Aux termes de l'article 7 alinéa 2 de la LOLF, la mission se définit comme « un ensemble de programmes concourant à une politique publique définie ». Seul un projet de loi de finances peut créer une mission. Les missions sont les unités de vote des crédits, selon l'article 43 alinéa 3 de la même loi organique. Dès l'abord, on constate déjà une lisibilité du budget, car à partir de la répartition en missions, on reconnaît les priorités des politiques publiques du Gouvernement.

Imitant la loi organique française, le système des budgets-programmes en phase expérimentale à la direction du budget, autorise que des missions soient pour le compte d'un ou de plusieurs services ou d'un ou de plusieurs ministères. Ce qui veut dire qu'un ministère aura la faculté de participer à plusieurs missions, tout comme certaines missions peuvent revêtir une dimension interministérielle (c'est-à-dire partagée entre plusieurs départements ministériels). Si la mission était prévue, dans la phase expérimentale par la direction du budget, il reste qu'elle a peu compté dans la budgétisation des crédits. Tout a été organisé autour du programme.

En effet, dans sa nouvelle terminologie, la direction du budget n'utilise que l'expression de programme, au lieu du chapitre. Dans le langage courant, le programme désigne l'indication des détails d'un spectacle, des objectifs d'une activité politique ou des matières sur lesquelles porte un examen. Dans le domaine informatique, un programme désigne l'ensemble des instructions et des données, enregistrées sur un

---

[476] Damien CATTEAU, *la LOLF et la modernisation de la gestion publique. La performance fondement d'un droit public financier rénové*: « En combinaison avec cet article, l'article 47 de la loi organique assimile la notion de charge à la mission, de sorte que c'est au niveau de l'enveloppe que constitue la mission que sera appréciée la recevabilité des amendements parlementaires. La loi organique précise que les missions relèvent « d'un ou de plusieurs services d'un ou de plusieurs ministère s », un ministère peut aussi contribuer à plusieurs missions et certaines missions peuvent avoir un caractère interministériel. Enfin seul le gouvernement peut créer une mission puisque « seule une disposition de la loi de finances d'initiative gouvernementale peut créer une mission », préface de Xavier VANDENDRIESSCHE, Prix de Thèse 2006 du Sénat, éditions Dalloz, 2007, pp.48-49.

support et nécessaires à l'exécution d'une suite d'opérations demandées. La notion de programme se rapporte donc à un ensemble de moyens avec l'idée sous-jacente d'objectifs ou de finalités.

Dans le langage administratif et budgétaire, l'expression programme désigne un processus d'action, comportant un ensemble cohérent d'activités, ayant pour finalité de transformer des moyens en résultats. Selon Damien CATTEAU, « *le programme est l'élément charnière entre le niveau stratégique et le niveau opérationnel. Le programme est ainsi le premier niveau où sont déterminés les objectifs à atteindre ainsi que les indicateurs permettant de mesurer la performance* »[477]. C'est donc le programme que l'on qualifie de noyau dur qui va supporter les crédits budgétaires, comme c'était le cas du chapitre budgétaire en fonction duquel les crédits étaient spécialisés dans le cadre du budget de moyens.

Pour sa part, la Directive n° 08/2009/CM/UEMOA, en son article 8, dispose que « Conformément à l'article 12 de la Directive relative aux lois de finances, les crédits budgétaires sont décomposés en programmes [478]à l'intérieur des ministères. Un programme peut regrouper, tout ou partie des crédits d'une direction, d'un service, d'un ensemble de directions ou de services d'un même ministère. Chaque programme est identifié par deux (2) caractères. La codification des programmes définie ci-dessus peut être enrichie par des éléments issus notamment du premier niveau de classification fonctionnelle. »

La Directive de l'UEMOA réserve au programme le premier niveau de classification dans l'architecture des dépenses, contrairement à la LOLF française qui le réserve à la mission. Dans son contexte budgétaire, les ministères sont constitués d'ensemble de programmes. Ces programmes forment le périmètre de fongibilité des emplois au sein

[477] Damien CATTEAU : *La LOLF et la modernisation de la gestion publique*, Dalloz 2007, p. 51. (Thèse de doctorat droit public soutenue le 3 décembre 2005 à l'Université du droit et de la santé Lille 2, honorée du prix de la thèse 2006 du Sénat).
[478] La Directive n° 6 en son article 12, alinéa 3 dispose : « Un programme regroupe les crédits destinés à mettre en œuvre une action ou un ensemble cohérent d'actions représentatif d'une politique publique clairement définie dans une perspective de moyen terme ».

duquel sont définies les catégories d'emplois et entre lesquels il est possible de procéder à des virements de crédits.

On se doit de remarquer que, dans la structure des deux systèmes (UEMOA et LOLF), c'est le programme qui regroupe les crédits destinés à mettre en œuvre une action ou un ensemble cohérent d'actions. Il relève d'un seul ministère et permettra de piloter la gestion des administrations, en vue de l'atteinte des résultats identifiés pour chaque politique.

Les programmes rassemblent tous les moyens d'une politique et comprennent même les personnels qui les exécutent. Aussi, sont-ils considérés par la direction du budget, comme la charnière entre le niveau politique et le niveau opérationnel pour faciliter la réalisation des objectifs poursuivis. C'est à eux que sont également associés les indicateurs servant à l'évaluation de la performance.

Quant aux dépenses de personnel affectées à un programme, elles ne correspondent qu'aux personnels œuvrant pour la réalisation dudit programme. Pour ce qui concerne les services polyvalents au sein desquels les personnels sont appelés à travailler sur différentes politiques du ministère, ils ont été rassemblés dans des programmes de « gestion de politiques publiques ».

En définitive, c'est au niveau du programme que la politique publique envisagée est clairement explicitée, en termes de finalités, de responsabilités mais aussi de résultats à atteindre.

Il est le premier niveau où sont déterminés les objectifs à atteindre ainsi que les indicateurs permettant de mesurer sa performance. Les objectifs mentionnés sont les objectifs stratégiques conformes à ceux arrêtés à partir de l'expertise de la direction du budget.

En outre, les programmes renferment les actions qui seront mises en œuvre. A cet effet, un responsable de programme sera désigné pour l'organisation générale de l'exécution des différentes actions qui composent le programme. Aussi, peut-on remarquer que c'est le programme qui est l'unité opérationnelle d'exécution du budget-programme, et qu'il sert en même temps de courroie de transmission entre sa budgétisation et son exécution.

Au plan strictement budgétaire, la direction du budget va désormais présenter les programmes à la place des chapitres dans les projets de loi de finances. Par conséquent, chaque programme du budget général sera rattaché à un ministère.

Les périmètres ministériels au sens du budget-programme sont présentés, à titre d'illustration, en affaires étrangères, agriculture, défense et anciens combattants, économie, finances et industrie, éducation nationale et recherche, justice, service du Premier ministre.

Le programme se subdivise en actions. L'action [479]est la boussole d'orientation de la dépense. Elle a pour objet de préciser les services rendus et les finalités des politiques publiques. Les actions permettent de préciser les activités et de rassembler les moyens des services qui y contribuent.

Elles sont la décomposition d'un programme ; elles complètent la segmentation des politiques publiques. A titre d'exemple, le Programme Police nationale peut être décomposé dans les actions suivantes : (1) ordre public et protection de la souveraineté, (2) sécurité et paix publiques, (3) sécurité routière, (4) police des étrangers et sûreté des transports internationaux, (5) police judiciaire et concours à la justice et (6) commandement, ressources humaines et logistiques.

---

[479] L'article 12 de la Directive 06/ 009/CM/UEMOA, alinéa 3 dispose que : « Un programme regroupe les crédits destinés à mettre en œuvre une action ou un ensemble cohérent d'actions représentatif d'une politique publique clairement définie dans une perspective de moyen terme ». En outre concernant l'action, on lit ceci dans le Guide méthodologique : « De la classification inférieure au programme. Le sous-programme (action). Au sens du Guide didactique de la directive n°6/2009/CM/UEMOA, « En général une action (sous-programme) rassemble les crédits d'un programme visant un public particulier d'usagers ou de bénéficiaires ou un mode particulier d'intervention de l'administration. Le découpage d'un programme en actions devra faciliter l'analyse du programme dans le Projet annuel de performance (PAP). Ce critère de lisibilité conduira en général à limiter le nombre d'actions. Voir le Guide, idem, p.22.

Selon la LOLF, l'action constitue le troisième degré de la nomenclature ; selon la Directive de l'UEMOA qui prend effet au Mali avec le vote de la loi d'intégration dans le système financier du pays, elle en est le deuxième degré, comme manifesté dans le schéma ci-dessous :

degré de la nomenclature	1°	2°	3°
France	MISSION	PROGRAMME	ACTION
UEMOA/MALI	=	PROGRAMME	ACTION

On constate une augmentation considérable du périmètre de la gestion budgétaire, par comparaison avec le chapitre. La gestion financière du programme autorise à mettre en œuvre la fongibilité. La fongibilité des crédits permet aux ministre s de disposer d'une large marge de manœuvre dans la gestion de leurs crédits sans être obligés de se référer constamment à la direction du budget. Ainsi, le ministre de la Justice au lieu de consommer ses crédits par chapitres spécialisés peut désormais les utiliser dans le cadre des actions « justice judiciaire », « administration pénitentiaire », « protection judiciaire de la jeunesse », « accès au droit et à la justice » et « conduite et pilotage de la politique de la justice et des organismes rattachés ». Toutes ces actions concourent globalement à la réalisation de la politique publique de distribution de la justice. Une telle globalisation des crédits, au sein d'un programme, favorise un redéploiement des crédits entre les différentes natures de dépenses. Ces dépenses concernent principalement le personnel, le fonctionnement, les investissements et les interventions. Cependant, la fongibilité des crédits interdit d'abonder le titre des dépenses de personnel à partir des autres titres des dépenses. C'est ce que l'on qualifie par l'expression de « fongibilité asymétrique » car le titre des dépenses de personnel [480]est plafonné, ce qui n'est pas le cas des autres titres.

[480]Stéphanie DAMAREY, *Finances publiques*, « Cette liberté accordée au gestionnaire au travers de la globalisation et de la fongibilité des crédits trouve néanmoins une limite avec la gestion des crédits du personnel. En effet, l'article 7 de la LOLF indique que si la présentation des crédits par titre est indicative, en revanche, s'agissant des crédits ouverts sur le titre des dépenses de personnel de chaque

La présentation du budget en programmes et actions permet d'identifier aussitôt les politiques publiques mises en œuvre ainsi que les crédits qui leur sont affectés. Pour le citoyen, la qualité de l'information est beaucoup forte que lorsque le budget n'était divisé qu'en chapitres et que les dépenses n'étaient réparties que selon un critère fonctionnel, en dépenses de personnel, de fonctionnement, d'investissements ou de transferts. Si elle introduit de nouveaux concepts dans la gestion financière de l'Etat, la Directive n° 06/2009/CM/UEMOA du 26 juin 2009 qui vient d'entrer dans le dispositif national financier malien, elle fait également obligation à l'Etat du Mali d'utiliser de nouvelles méthodes pour élaborer ses futures lois de finances[481].

---

programme, ils constituent le plafond des dépenses de cette nature. Autrement dit, la fongibilité des crédits est asymétrique », op.cit. p.392.

[481] Pour qu'on nous comprenne bien, nous sommes obligés de faire ici une longue parenthèse qui permet de mieux saisir les nouveaux concepts qui vont être utilisés. On se rappelle que, dès les années 1998, le Mali a entrepris d'expérimenter le budget-programme (calqué sur les normes financières internationales en matière de nouvelle gestion publique). Lorsque la France a adopté la loi organique du 1er août 2001, elle est un peu en retard par rapport au Mali, mais son influence financière et politique sur l'Union économique et monétaire ouest-africaine –UEMOA pousse cette dernière à imposer l'utilisation de règles communes en matière de préparation et d'exécution des finances publiques. Ces nouvelles règles sont inspirées de la LOLF. En somme, le Mali qui était en avance avec ses budgets-programmes doit s'aligner sur le système de LOLF allégé repris par la Commission de l'UEMOA. Elle doit intégrer le nouveau vocabulaire et les nouvelles pratiques, mais qui ne changent pas fondamentalement ce que le Mali avait commencé à expérimenter. Pour satisfaire aux exigences de l'UEMOA, au Mali, un Comité national de transition, chargé d'élaborer un texte de transition combinant ce qui était expérimenté et la Directive n° 6 de l'UEMOA, a été créé. Ses propositions furent acceptées par les instances communautaires. C'est dans ce cadre qu'un projet de loi intégrant le dispositif de la Directive a été adopté en Conseil des Ministre s en décembre 2012. Ce projet est voté par l'Assemblée nationale en sa séance du 20 janvier 2013. C'est donc l'économie de cette loi, combinaison des éléments de l'expérience passée et de ceux des Directives n° 6 et n° 7, qui fera l'objet des développements qui vont suivre. On va cependant résumer ci-dessous les innovations reprises dans la nouvelle loi malienne relative aux lois de finances. *Au plan des techniques budgétaires*, on constate : l'introduction du principe budgétaire de la sincérité ; la présentation du budget par politiques publiques ; deux nouvelles classifications : la classification programmatique et la programmation fonctionnelle ; l'attribution à chaque ministre et à chaque chef d'institution la qualité d'ordonnateur principal des crédits de leur département ministériel ou de leur institution ; le principe de la fongibilité asymétrique; le document de programmation budgétaire et économique pluriannuel. *Au plan de la procédure législative*, l'introduction de la procédure du budget-programme est consacrée ; le vote du budget par programme et

Paragraphe II : La Direction du budget et les nouvelles modalités d'élaboration des lois de finances

On entend souvent dire dans les coulisses de la direction du budget que le budget-programme va substituer à une logique de moyens une logique de résultats[482]. Dans le contexte malien, concernant la Direction

---

en deux phases distinctes (le vote de la deuxième partie qui consacre la discussion des programmes étant subordonné au vote de la première partie relative à l'établissement des recettes, le plafond des dépenses et l'équilibre budgétaire) ; la possibilité de l'ensemble des programmes d'un même ministère après leur discussion en séance plénière ; permettre à chaque ministre de défendre les programmes de son département et d'établir leur cohérence et leur pertinence ; autoriser le Parlement à procéder à l'audition des responsables de programme, en plus de celle du ministre concerné ; enfin, la consécration du programme comme unité de vote à la place du chapitre. *Au plan du renforcement des contrôles parlementaire et juridictionnel*, on note comme innovation : l'introduction du débat d'orientation budgétaire (DOB) ; l'extension des compétences de la juridiction des comptes ; accroissement de la compétence des contrôleurs financiers et plus d'exigence de leur responsabilité pour des fautes disciplinaire, civile, ou pénale. *Au plan de la responsabilité des responsables des pouvoirs publics constitutionnels*, les innovations portent sur les sanctions contre les membres du Gouvernement et les présidents des institutions constitutionnelles en cas de faute de gestion. Cependant, la direction du budget est consciente de la nécessité d'affiner davantage les dispositifs de cette loi placée sous le label de la réforme budgétaire, pour le changement. Car la navigation d'une réforme budgétaire révolutionnaire, ne saurait se réduire seulement à une compilation de textes normatifs, de concepts ou même de conditionnalités objectives plus hypothétiques que pratiques. Surtout qu'il s'avère que les concepts, procédures et techniques utilisés sont plus axés sur des procédés de rationalisation scientifique, laissant peu de place au subjectivisme basé sur des considérations plus humanistes. La modernisation du système financier public apparaît, certes comme une exigence du changement, qui nécessite le concours de tous les concepts et techniques attachés aux résultats. Mais, il est indispensable que l'homme qui est à la fois l'acteur principal de sa mise en œuvre et bénéficiaire de ses résultats, soit aussi conforté par son succès.

[482] L'ambition de la direction du budget est bien sûr, celle de passer d'une logique de moyens à une logique de résultats. L'accent est mis sur les résultats concrets qui peuvent être attendus de la mobilisation et de l'utilisation des moyens financiers, et non plus sur les moyens financiers eux-mêmes. Car, jusqu'à présent, les règles encadrant la formulation des budgets se focalisaient sur le volume des moyens consacrés à l'action des pouvoirs publics. Désormais, le budget doit mettre en avant, non seulement les moyens liés à l'activité des pouvoirs publics, mais également justifier la répartition des allocations par rapport à la réalisation d'objectifs définis *ex ante*. Ainsi, la nouvelle orientation de la gestion budgétaire sur la base des CDMT, permettra aux administrations publiques de réformer leurs organisations et leurs modes de fonctionnement.

du budget, ne conviendrait-il pas de soutenir plutôt que le budget-programme va chercher à compléter une logique de moyens par une logique de résultats. En tout cas, au regard de la situation française, Damien CATTEAU avait pu émettre le jugement suivant : « *En effet, par l'introduction d'un axe par destination, la loi organique ne fait qu'ajouter un niveau supplémentaire, en amont, qui cible une politique publique, un programme d'action et, au niveau le plus fin, une action concrète, puis détermine l'objectif ciblé, à la présentation des moyens mis en œuvre pour la réalisation de cet objectif, selon une déclinaison par nature de dépenses* ».

Pour conforter cette opinion, on peut soutenir que la recherche de la performance exige de la direction du budget un meilleur suivi et un meilleur contrôle comptable. Il convient de rappeler, ici, que la direction du budget du Mali avait déjà affuté sa stratégie nationale de budgétisation des finances publiques en fonction des priorités définies dans le document du CSCRP, cadre nécessairement pluriannuel. Cependant, la Directive de l'UEMOA va beaucoup plus loin, car elle concerne la gestion financière de l'Etat en général. Elle impose une vision plus globale et plus étalée dans le temps. Selon elle, la programmation budgétaire se doit d'être pluriannuelle si elle veut atteindre l'objectif de performance (**A**), de même qu'elle impose une nouvelle comptabilité budgétaire pour des dépenses publiques performantes (**B**).

A -La budgétisation pluriannuelle des dépenses publiques

Au Mali, depuis l'indépendance, des réformes se sont succédé, et ont enregistré des succès mitigés, surtout dans le domaine budgétaire. Paradoxalement, la budgétisation pluriannuelle ou gestion axée sur les résultats n'a fait que des émules au sein des acteurs de politiques publiques. Dès lors, il y a lieu de se demander si la réforme en cours et ses concepts seraient en mesure de guérir le système financier et budgétaire de tous ses maux.

Si en France le gouvernement a créé une Direction de la réforme budgétaire en 2003, le Mali a mis en place parallèlement au Commissariat au développement institutionnel (CDI) un Plan d'actions gouvernemental pour l'amélioration et la modernisation de la gestion des finances publiques (PAGAM/GFP). A la direction du budget revenait la redoutable mission[483] d'assurer la mise en œuvre de ce plan et l'amélioration de l'ancien système de gestion financière, par une budgétisation plus cohérente et rationnelle. La Directive n° 6/2009/CM/UEMOA du 26 juin 2009, intégrée désormais au droit financier malien, lui offre de nombreux instruments pour mieux assurer sa mission, dans l'avenir. Ils sont assortis d'indicateurs de performance.

1 - Les nouveaux documents de programmation pluriannuels et de performance

La Cellule d'appui à la réforme des finances publiques (CARFIP)[484] a été créée dans le cadre du PAGAM-GFP, en vue d'harmoniser et de faciliter l'exercice du budget programme avec la maîtrise des outils appropriés. Cette cellule technique était chargée, à la fois, d'expérimenter, d'améliorer, d'accompagner, de sensibiliser et de

---

[483] Décision n° 00073/MEF-SG, portant création du Comité technique du Plan d'action gouvernemental relatif à l'amélioration et à la modernisation de la gestion des finances publiques : Article 2. Le Comité Technique est chargé de :
- suivre la mise en œuvre du Plan d'action gouvernemental relatif à l'amélioration et à la modernisation de la gestion des finances publiques ;
- procéder au cadrage, à l'analyse et à l'évaluation des activités ;
- examiner les problèmes rencontrés dans le cadre de la mise en œuvre du PAGAM/GFP et proposer des solutions ;
- donner des orientations à la Cellule d'appui à la réforme des finances publiques (CARFIP) ;
- assurer l'articulation du Plan d'action avec le Programme de développement institutionnel (PDI) et le Cadre stratégique de lutte contre la Pauvreté (CSLP).

[484] Loi n° 035 du 3 août 2006 portant création de la Cellule d'appui à la réforme des finances publiques.
Article 2 : La Cellule d'appui à la réforme des finances publiques (CARFIP) a pour mission d'animer et de coordonner les activités se rapportant à la politique de réforme des finances publiques. A cet effet, elle est chargée de :
- mener des études et proposer les mesures de réforme visant à accroître la performance de la gestion des finances publiques ;
- suivre la mise en œuvre des réformes entreprises dans le domaine des finances publiques et en évaluer les résultats ;
- suivre la mise en œuvre du Plan d'action gouvernemental relatif à la gestion et à la modernisation des finances publiques ;
- assurer la communication et veiller à la formation des personnels dans le domaine de la réforme des finances publiques.

former les structures concernées par la mise en œuvre du budget programme. Elle apparaît comme le précurseur de tous les documents de la Directive. Cela facilitera l'appropriation des concepts nouveaux et la maîtrise des nouveaux documents à intégrer dans la prévision budgétaire. Il s'agit des documents de programmation budgétaire et économique pluriannuelle (DPBEP), qui sont à distinguer des documents de programmation pluriannuelle des dépenses (DPPD), des projets annuels de performance par programme (PAP) et rapports annuels de performance (RAP). Ces documents de programmation pluriannuelle et de performance, prévus dans le cadre de la mise en œuvre de la Directive n° 06 de l'UEMOA portant harmonisation des lois de finances se présentent ainsi qu'il suit.

Le document de programmation budgétaire et économique pluriannuelle (DPBEP)

Le document de programmation budgétaire et économique pluriannuelle, objet de l'article 52[485] de la directive n° 6/2009/CM/UEMOA, donne les orientations pour la préparation de la loi de finances. L'article 57 de ladite directive dispose que ce document sera soumis au Conseil des ministres puis au Parlement avant la fin du deuxième trimestre pour un débat d'orientation budgétaire (DOB). Ensuite, il est annexé au projet de loi de finances.

Ce document qui couvre une période minimale d'au moins un an fixe des objectifs d'équilibre budgétaire et financier sur le moyen terme, conformément aux dispositions du Pacte de convergence, de stabilité,

---

[485] L'article 52 de la Directive n° 06/2009 de l'UEMOA dispose entre autres, que le projet de loi de finances de l'année est élaboré par référence à un document de programmation budgétaire et économique pluriannuelle couvrant une période minimale de trois ans. Sur la base d'hypothèses économiques précises et justifiées, le document de programmation budgétaire et économique pluriannuelle évalue le niveau global des recettes attendues de l'Etat, décomposées par grande catégorie d'impôts et de taxe et les dépenses budgétaires décomposées par grande catégorie de dépenses.
Ce document de programmation budgétaire et économique pluriannuelle évalue également l'évolution de l'ensemble des ressources, des charges et de la dette du secteur public en détaillant en particulier les catégories d'organismes publics visés à l'article 55 de la présente Directive…

pour la croissance et la solidarité[486]. Dans le souci d'une meilleure réalisation des DPBEP, la direction du budget élabore des projets en amont du processus de budgétisation et de programmation financière. Leur coût doit être chiffré avec réalisme, sans une quelconque obligation de prendre en compte les récents développements de la conjoncture économique. Les DPBEP contiennent également un tableau des opérations financières de l'Etat (TOFE) prévisionnelles, une évaluation de l'évolution de l'ensemble des ressources, des charges et de la dette des administrations publiques et une prévision de la situation financière des entreprises publiques. Ce TOFE prévisionnel, inclus dans les DPBEP, définit l'enveloppe globale des ressources en tenant compte des objectifs macroéconomiques et de l'évolution de la conjoncture économique. En fonction de ses propres stratégies, la Direction du budget effectuera l'allocation intersectorielle de l'enveloppe globale des ressources.

Selon les observations de Mohamed MOINDZE[487], le budget est toujours établi pour une année, en vertu du principe de l'annualité budgétaire. Malgré tout, il est placé dans une perspective pluriannuelle qui permet de renforcer la discipline budgétaire globale, l'efficacité de l'allocation intersectorielle des ressources et d'améliorer la performance opérationnelle. Pourtant, il demeure indéniable que la budgétisation pluriannuelle permet d'accroître la transparence budgétaire et d'améliorer le lien entre le budget d'investissement et le budget de fonctionnement.

C'est pourquoi, l'usage du budget pluriannuel est encouragé par les partenaires techniques et financiers, qui y voient une bonne pratique permettant d'établir un lien entre les buts et les objectifs des projets nationaux de développement à moyen terme et le processus budgétaire annuel.

L'article 52 de la Directive N° 06/2000/CM/UEMOA ne précise pas que le DPBEP doit comprendre des projections de dépenses pluriannuelles par secteur et par ministère, ce qui était le cas de l'ancien

---

[486] On désigne ainsi le projet communautaire de l'UEMOA de parvenir à une harmonisation des politiques économiques et budgétaires mutuellement profitables.

[487] Mohamed MOINDZE, *Les budgets nationaux au service du développement et de la réduction de la pauvreté*. Hermann 2012.

CBMT (cadre budgétaire à moyen terme) en application dans la procédure du budget-programme en expérimentation au Mali. Aussi, la Direction du budget a-t-elle élaboré un guide[488] méthodologique qui retient cette option. Un tel constat nécessite la présentation des autres concepts comme les DPPD, les PAP et les RAP, qui sont considérés comme des documents ministériels[489].

Les documents budgétaires : DPPD, PAP, RAP

Les documents de programmation pluriannuelle des dépenses (DPPD) sont annexés au projet de loi de finances, en cohérence avec le DPBEP et conformément aux objectifs d'équilibre financier du Pacte de convergence. Ils doivent également prévoir sur une période minimale de trois ans, à titre indicatif, l'évolution des crédits et les résultats attendus sur chaque programme en fonction des objectifs poursuivis, selon l'article 53 de la Directive.

Un projet annuel de performance (PAP) de chaque programme est également annexé au projet de loi de finances. Dans ce document[490]

---

[488] Voir direction générale du budget: *Guide méthodologique sur la programmation budgétaire pluriannuelle des dépenses*, ADE (Analysis for Economic Decisions), juillet 2011, p. 10.

[489] Au niveau des ministères, la directive O6/2009/CM/UEMOA propose la préparation d'un document de programmation pluriannuelle des dépenses (DPPD) par ministère, des projets annuels de performance (PAP) et des rapports annuels de performance (RAP) par programme. Voir Guide méthodologique, p. 11.

[490] L'article 46 du Guide souligne que « le projet de loi de finances de l'année est accompagné d'annexes explicatives développant pour l'année en cours et l'année considérée, par programme ou par dotation, le montant des crédits présentés par nature de dépense. Ces annexes sont accompagnées du projet annuel de performance de chaque programme qui précise :

a) La présentation de chacune des actions et de chacun des objectifs prévus par le programme, des coûts associés, des objectifs poursuivis, des résultats obtenus et attendus pour les années à venir mesurés par des indicateurs de performance ;
b) La justification de l'évolution des crédits par rapport aux dépenses effectives de l'année antérieure ;
c) L'échéancier des crédits de paiement associés aux autorisations d'engagement ;
d) Par catégorie d'emploi, la répartition prévisionnelle des emplois rémunérés par l'Etat et la justification des variations par rapport à la situation existante ».

figure les énoncés des objectifs et des indicateurs de performance chiffrés montrant les résultats attendus ; de même que les éléments de programmation financière, notamment l'échéancier des crédits de paiement associés aux autorisations d'engagement. Les PAP et DPPD sont complémentaires, car les PAP comprennent l'information financière qui complète celle les DPPD ; tandis que les DPPD sont tenus de faire référence aux objectifs des programmes définis dans les PAP. On constate une relative similitude entre le document CBMT 2007-2011, que la direction du budget du Mali avait conçu, et le DPBEP.

Leur différence découle du fait que le DPBEP, à l'antipode du document CBMT, couvre, au-delà du budget de l'Etat, certains aspects financiers du secteur financier public.

De même, on constate que les DPPD, contenus dans la directive UEMOA, sont certes des CDMT (cadre des dépenses à moyen terme)[491], mais sont surtout des CDMT ministériels encadrés.

Afin d'éviter des duplications et de garantir une bonne cohérence des documents, la direction du budget envisage de consolider le DPPD et les PAP d'un ministère dans un document unique. Enfin, il est prévu un Rapport annuel de performance (RAP), qui contient les réalisations et les résultats.

Il est à annexer au projet de loi de règlement qui doit être présenté au Parlement au plus tard pour la session budgétaire suivant l'année sous revue.

Pour la direction du budget, l'objectif d'un rapport sur la performance est de fournir une évaluation concise et standardisée de la gestion des finances publiques illustrée à l'aide des indicateurs.

---

491 Martial LAURENT, *Les réformes budgétaires vues par les institutions internationales*, « La nouvelle approche consista à placer la gestion budgétaire dans un cadre stratégique de moyen terme. Le cadre de dépense à moyen terme (CDMT) est devenu depuis la fin des années 90 et le début des années 2000 un nouvel axe ou outil de la gestion des dépenses publiques. La Banque mondiale et le FMI ont été moteurs dans l'appui à la mise en œuvre de cet instrument », *RFFP* 2007, *Réforme des finances publiques : La conduite du changement*, p.119.

Ainsi, les données contenues dans ce rapport serviront à alimenter le dialogue indispensable entre les autorités nationales et les bailleurs de fonds.

Les indicateurs de performance Une difficulté réside dans la définition du concept d'indicateurs [492]tout comme il en existe dans la mesure[493] de la performance de l'administration. La mesure de l'évaluation des coûts ou des résultats n'a de sens que si elle permet de valoriser ou de quantifier la performance dans un processus de décision.

Aussi, compte tenu de la complexité de la question, est-il mieux indiqué de se situer dans la logique des promoteurs de la LOLF française selon lesquels « à chaque objectif doit pouvoir être associés un ou plusieurs indicateurs chiffrés qui permettent d'apprécier objectivement les résultats de l'action publique et les cibles qui définissent la valeur que

---

[492] Qu'est-ce qu'un indicateur ? Un indicateur permet de mesurer un résultat, de prouver qu'un résultat a été obtenu ou d'indiquer que des progrès sont accomplis vers l'obtention d'un résultat. Un indicateur permet de mesurer les résultats réels par rapport aux résultats prévus ou escomptés des points de vue de la qualité, de la quantité et de l'actualité des données…Les indicateurs doivent être directement liés au résultat qu'ils permettent de mesurer…Les indicateurs quantitatifs sont des mesures de quantité, comme le nombre de femmes et d'hommes occupant des postes décisionnaires, le pourcentage de filles et de garçons qui fréquentent l'école primaire, ou le revenu par année, selon le sexe, par rapport au niveau de base…Les indicateurs qualitatifs traduisent le jugement, les opinions, les perceptions et les attitudes des gens dans une situation donnée. Ils comprennent les changements sur les plans de la sensibilité, de la satisfaction, de l'influence, de la qualité de la participation, de la nature du dialogue, et du sentiment de bien-être. Voir *Cahier du participant.* Atelier de formation en gestion axée sur les résultats organisé par la CARFIP à Bamako dans le cadre de la mise en œuvre du PAGAM/GFP, du 08 au 19 octobre 2012, pp. 68-69.

[493]« Le cadre de mesure de la performance de la gestion des finances publiques est un cadre de suivi intégré qui permet de mesurer la performance de la gestion des finances publiques et son évolution dans le temps. Il a été mis au point par les partenaires du Programme PEFA en collaboration avec le Groupe sur la gestion des finances publiques du CAD/OCDE, afin de disposer d'un outil permettant de fournir des données sur la performance des systèmes, des procédures et des institutions de gestion des finances publiques au fil du temps…Il est conçu pour mesurer l'évolution de la performance des systèmes de gestion des finances publiques des pays qui sont à des stades de développement très différents. Le Cadre comprend une série d'indicateurs de haut niveau », Voir *PEFA* (Public Expenditure and Financial Accountability ou Dépenses publiques et responsabilité financière), *Cadre de mesure de la performance de la gestion des finances publiques*, juin 2005, p.1.

doit atteindre l'indicateur à l'issue d'une période à déterminer, de un à cinq ans ».

L'indicateur est ainsi conçu comme la mesure qui permet de quantifier le résultat acquis par un service. A cet effet, il doit présenter au moins les qualités suivantes :

- être pertinent en permettant d'apprécier les résultats attendus et obtenus, d'avoir un lien logique avec l'objectif qu'il mesure, de se rapporter à un aspect essentiel du programme, enfin de permettre de porter un jugement sur l'amélioration de la situation visée par l'objectif ;
- être utile pour être disponible à intervalle régulier (annuellement), faciliter des comparaisons dans le temps, l'espace et entre acteurs, être immédiatement exploitable par les administrations et compréhensible ou clairement formulé ;
- être solide, c'est-à-dire pérenne et indépendant des aléas d'organisation, élaboré à un coût raisonnable avec une fiabilité irréprochable, être vérifiable et contrôlable.

Ainsi donc, les indicateurs de performance se présentent comme une évaluation annuelle ou à moyen terme de l'action d'un service. Ils sont des instruments de la programmation pluriannuelle.

2 - La procédure de programmation pluriannuelle

Pendant longtemps, le principe de la pluri-annualité budgétaire a été présenté dans l'enseignement des finances publiques comme une exception au principe de l'annualité. Ainsi, l'annualité est la règle et la pluri-annualité l'exception. Dans la réalité pratique, on découvre que la pluri-annualité a été souvent observée, ne serait-ce que de manière occulte[494]. Pour l'illustrer, il suffit de noter que la direction du budget estime qu'une création d'emploi dans la fonction publique oblige implicitement l'Etat à faire une prévision budgétaire pluriannuelle pour la durée de l'emploi nouvellement créé, car il s'engage, sur plusieurs années, à assurer le paiement régulier des rémunérations et,

494 Voir J.L.PAIN, *Les techniques de pluri-annualité budgétaire en France* », *RFFP*, n° 39- 1992.

ultérieurement, les pensions de l'agent recruté. Au demeurant, il ressort des études de Jocelyn BENETEAU[495] que l'annualité budgétaire est remise en cause aujourd'hui par le développement rapide et considérable de la pluri-annualité budgétaire, qui résulte de la recherche d'un double objectif de maîtrise des finances publiques et d'amélioration de la gestion publique. Suivant la procédure suivie par la direction du budget, il s'agit spécifiquement d'une pluri-annualité glissante [496] programmée sur trois ans, par tacite reconduction. Selon la Directive n° 06, la pluri-annualité s'inscrit normalement dans le cadre du DPBEP, document qui doit être examiné dans le débat d'orientation budgétaire (DOB) avant fin juin.

La direction du budget insiste sur le fait que ce DOB doit rester un débat d'orientation au sens strict, qui ne saurait se substituer à l'examen et au vote de la loi de finances. C'est pourquoi des dispositions sont prises pour que ce DOB n'intervienne qu'après la phase du cadrage, afin que le Parlement puisse discuter des orientations proposées par l'exécutif en ce qui concerne les objectifs budgétaires globaux (le TOFE prévisionnel) et l'allocation intersectorielle des ressources (le CBMT). D'autres dispositions du genre, confortant la direction du budget dans une quête permanente de la performance, sont prévues dans la nouvelle comptabilité budgétaire.

---

[495] Jocelyn BENETEAU, *La remise en cause du principe de l'annualité budgétaire.* «L'expression *pluri-annualité budgétaire* nécessite quelques précisions terminologiques. En effet, la pluri-annualité budgétaire peut se décliner selon plusieurs modalités. On peut distinguer tout d'abord la pluri-annualité dite ferme et la pluri-annualité dite glissante. La pluri-annualité budgétaire ferme consiste à établir des prévisions et/ou délivrer des autorisations pour une période intangible. La pluri-annualité glissante réside en revanche dans la répétition chaque année de l'établissement de prévisions et/ou de l'octroi d'autorisations pour une période pluriannuelle définie... Il s'agit en réalité d'une continuité puisque le cycle pluriannuel de référence ne s'achève jamais ». Thèse de Doctorat soutenue le 14 novembre 2008. Université Paul Cézanne-Aix-Marseille, Faculté de Droit et de Science politique, p. 24.

[496] « Les procédures de programmation financière pluriannuelle, dont celle des DPPD définis par la directive n° 06/2009 de l'UEMOA sont en général « glissantes ». L'année *t,* le programme indicatif de dépense des années t + 1 à t+ 3 est préparé, l'année t + 1 celui des années t + 1 à t + 3 est préparé, l'année t+ 1 celui des années t +2 à t +4, etc.

B – La nouvelle comptabilité budgétaire

La nouvelle comptabilité que veut promouvoir l'UEMOA repose sur deux piliers, un texte consacré au système comptable lui-même (2) et des principes généraux de conduite que les gestionnaires financiers se doivent de respecter (1). On les présentera successivement.

1– Les fondements idéologiques et politiques de la nouvelle comptabilité

Ces principes généraux sont inscrits dans le code de transparence adopté par le Conseil des Ministre s de l'UEMOA, dans une première version en 2000 et dans la seconde, en 2009, sous la forme d'une directive, à savoir la Directive n° 01/2009/CM/UEMOA du 27 mars 2009[497]. Ce Code vise à protéger l'argent public, en imposant l'observation de certains principes tels que la légalité, la transparence, le contrôle démocratique et la responsabilité. Les missions et responsabilités des institutions de l'Etat, gardiennes des biens communs que sont les deniers publics, y sont définies en vue de leur préservation et leur protection. Dans le détail, les sept points majeurs de ce code se présentent comme suit :

- *La légalité des opérations financières publiques* signifie que les règles relatives à l'assiette et au recouvrement des impôts sont définies par la loi, loi facilement lisible et compréhensible par tous ; la passation des marchés publics et les délégations de services publics doivent être conformes à la loi ; les contestations relatives aux obligations fiscales sont organisées et réglées selon la loi et les juridictions compétentes dans ces matières doivent être nettement identifiées à l'intention du public ; la dépense publique est engagée et payée selon des règles définies par la loi ou le règlement. Cette légalité est accompagnée d'opérations de publicité tant en ce qui concerne les contrats entre l'administration et les entreprises qu'en ce qui concerne les partenariats entre le public et le privé.
- *Au titre des attributions et responsabilités des institutions,* le code demande que la répartition des compétences entre les différents

[497] Voir sur le site www.uemoa.int le texte de la Directive n° 01/2009/CM/UEMOA du 29 mars 2009 portant code de transparence dans la gestion des finances publiques au sein de l'UEMOA.

niveaux de collectivités publiques soit claire et fasse l'objet d'une information auprès du public ; il en va de même des relations qu'elles sont appelées à tisser. Sur le plan financier, le Parlement doit adopter chaque année la loi de finances : cette procédure doit être respectée. Le calendrier de la préparation et du vote de cette loi doit être publié ; les grandes orientations de politique budgétaire sont arrêtées collégialement par le conseil des ministres.

- Afin d'éclairer *le cadre économique national,* le Gouvernement indique à l'opinion publique les hypothèses économiques qu'il retient lors de la préparation du projet de loi de finances ; il établit et publie, au moins tous les cinq ans, un rapport sur les perspectives d'évolution des finances publiques ; le solde budgétaire (déficit ou excédent) est arrêté dans la loi de finances ; le gouvernement publie des informations sur le niveau et la composition de la dette publique.
- Afin d'assurer la transparence des budgets publics, le code insiste sur *les conditions de leur élaboration et de leur présentation.* Ainsi, tout d'abord, ils doivent être réalistes et sincères dans leurs prévisions des recettes et des dépenses ; ils doivent couvrir l'ensemble des opérations budgétaires et extrabudgétaires de l'Etat ; les recettes certaines doivent être mises en évidence à côté des recettes de trésorerie ; des informations sur le budget de l'année précédente sont fournies afin de permettre les comparaisons ; les mesures de dépenses sont présentées en face des missions et des politiques publiques qu'elles doivent couvrir ; les recettes des ressources naturelles et les ressources de l'assistance financière extérieure doivent apparaître dans les budgets publics ; les exonérations, les prêts, avances et garanties font l'objet d'une présentation détaillée à l'occasion de l'adoption de la loi de finances.
- Le code insiste sur *la mise en œuvre des recettes et des dépenses.* Ainsi, leur exécution fait l'objet de rapports rendus publics en courant d'année ; les comptes définitifs, après contrôle, donnent lieu également à des rapports ; l'évolution du patrimoine de l'Etat doit y apparaître ; la Cour des comptes assure le contrôle externe de ces comptes en toute indépendance et établit des rapports soumis au Parlement, au Président de la République et ouverts à l'opinion publique.

- Le code insiste sur *l'information du public* sur les questions financières, au moment de la préparation, de l'exécution et du contrôle des finances publiques.
- Mais le point capital pour le code, c'est *l'intégrité des acteurs*. Les pouvoir publics de tous ordres, les élus, députés ou élus locaux, les hauts fonctionnaires, tous doivent faire une déclaration de leur patrimoine en début et en fin de mandat ou de fonction ; les comportements des agents de l'Etat ou des administrations publiques doivent être régis par des règles déontologiques claires et connues de tous ; des sanctions doivent frapper ceux qui assurent la gestion des deniers publics en cas de détournements, d'usages indus ou de favoritismes. Afin d'éviter la corruption des agents des impôts ou des douanes, ceux-ci doivent disposer de bonnes conditions financières, matérielles et morales dans l'exercice de leurs fonctions ; ils sont également protégés par la loi. En revanche, ils se doivent de les exercer avec la plus grande probité. Enfin, les modalités, les conditions et les sources de financement des partis politiques sont fixées par la loi.

La finalité de tout ce dispositif est d'assurer un environnement sain à la gestion des finances publiques. En vue de justifier l'intérêt d'un Code de transparence, la direction du budget rappelle que le FMI et la Banque Mondiale attachent une grande importance à la transparence des finances publiques et ont déterminé une douzaines de normes internationales dans ce domaine. Cet ensemble de normes est considéré comme une composante de la bonne gouvernance financière après la crise subie par certains marchés émergents[498]. La transparence des finances publiques qui est la base du Code, est définie comme : « ... *l'information sans réserve du citoyen sur la structure et les fonctions des administrations publiques, les objectifs de la politique de finances publiques, les comptes du secteur public et les projections budgétaires. Cette transparence permet que le débat public ait lieu sur la base d'informations fiables. Elle renforce en outre la responsabilisation et la crédibilité des pouvoirs publics* ».

---

[498] Mexique (1994-95), Crise asiatique (Indonésie, Corée du Sud, Malaisie, Thaïlande, Philippines), 1998, Crise russe, Crise brésilienne, 1998, Crise turque (2000), Crise argentine (2001). In La bonne gouvernance des finances publiques dans le monde. LGDJ, 2009, Lextenso éditions, p. 16.

Enfin, le Code de transparence apparaît comme un complément indispensable au renforcement du système juridique financier, tant dans la législation que dans le suivi des procédures d'exécution. Il énonce les principes et les bonnes pratiques susceptibles d'améliorer la gestion transparente des finances publiques ; enfin, il crée les bases d'élaboration d'un « budget citoyen », comme le préconise Pablo GUERRERO[499], expert de la Banque mondiale, intervenant, le vendredi 15 février 2011, devant le Commissariat au développement institutionnel (C.D.I) du Mali.

Au total, le code de transparence veut une saine gestion des finances publiques assise sur un changement des comportements des acteurs de la gestion publique. Il souhaite qu'un contrôle rigoureux soit appliqué à leurs actes et s'ils sont délictueux qu'ils en soient châtiés. Ceci n'est possible que s'il existe un bon système comptable.

2- Le nouveau système comptable voulu par la Directive de l'UEMOA

La Directive n° 06 entend promouvoir un nouveau système comptable plus compatible avec les objectifs d'une gestion axée sur les résultats. A la suite du budget-programme, elle propose la combinaison de trois types de comptabilité, à l'image de ce qu'a fait la LOLF en France[500].

---

[499] Voir correspondance n° 11-037/MTFPRE-CDI du Commissaire au développement institutionnel en date du 8 février 2011, à Monsieur le Président de la Commission des Finances de l'Assemblée nationale : « J'ai l'honneur de vous informer que dans le cadre de la poursuite de la collaboration entre le Commissariat au développement institutionnel et l'International Budget Partenership, Jean Pablo GUERRERO effectuera une mission au Mali du 14 au 18 février 2011 en vue de la présentation du premier draft du budget citoyen qui est un dépliant sur la forme simplifiée du document du budget devant faire l'objet de large diffusion ».
Ce budget dit citoyen, résume en treize pages l'ensemble du contenu du projet de loi de finances. C'est, là une opportunité pour les citoyens attachés aux questions budgétaires, de connaître facilement le contenu de la loi de finances et les éléments de la politique budgétaire de l'Etat avec plus de facilité, et une grande précision des actions prioritaires. Désormais, la Société civile malienne entend s'approprier cette méthode simplifiée de présentation du budget de l'Etat et de la vulgariser à l'attention des citoyens, afin que ceux-ci puissent mieux comprendre la programmation des politiques budgétaires.

[500] Nathalie MORIN : *La réforme de la comptabilité publique en France.* « On peut estimer que la réforme comptable a amélioré la gouvernance publique d'un triple point

Le budget-programme avait adopté une logique de comptabilité de caisse pour les opérations budgétaires (surtout pour les dépenses), c'est-à-dire une comptabilité des obligations en droits constatés ; en revanche, il avait réservé aux opérations de recettes ou de trésorerie les principes d'une comptabilité d'exercice. Enfin, le budget-programme avait exigé que l'Etat se conforme aux principes comptables appliqués par les entreprises privées, c'est-à-dire l'adoption d'une comptabilité générale[501]. Ces idées sont reconduites par la Directive de l'UEMOA. Ce qui fait dire que la nouvelle comptabilité de l'Etat aura pour fonction de retracer, en toute transparence et lisibilité, les comptes selon les trois dimensions suivantes : (1) une dimension comptable pour l'enregistrement, (2) une dimension budgétaire par la comptabilisation des engagements et (3) une dimension d'analyse des coûts.

Désormais, la pratique de la comptabilité publique sera combinée avec la comptabilité budgétaire[502] et la comptabilité générale. A cette fin, il

---

de vue. Elle a d'abord permis à l'Etat français de passer d'une comptabilité que je qualifierais de redditionnelle à une comptabilité décisionnelle. Elle a ensuite incité l'administration à mettre en place de nouveaux processus de gestion, plus efficaces que ceux qui prévalaient sous l'ordonnance de 1959. Enfin, et c'est sans doute le point le plus important, la réforme comptable a placé la notion de risque au cœur des préoccupations et a poussé les administrations à renforcer leurs dispositifs de contrôle interne », in *La bonne gouvernance des finances publiques dans le monde*, LGDJ, 2009, Lextenso éditions, pp. 253-257.

[501] C. PEROCHON, *TQG 1 Comptabilité générale* :

- « La comptabilité est une technique d'information quantitative décrivant, en unités monétaires, l'activité et la situation de toute entité économique (et plus spécialement de l'entreprise).
- Dire que c'est une technique (c'est souligner sa nature d'outil, conçu avec une finalité : l'information utile (pertinente) des dirigeants et des gestionnaires de l'entreprise (cadres, personnel), mais aussi de ses partenaires économiques.
- Les informations, exprimées en unités monétaires du pays où se situe l'entité (…) sont destinés à ces divers utilisateurs en vue de prise de décision ». Editions Foucher, décembre 1995, p. 5.

[502] La Directive n° 07/2009/CM/UEMOA, portant règlement général sur la comptabilité publique au sein de l'UEMOA, réserve un chapitre 2 consacré à la comptabilité budgétaire à la place de comptabilité publique. Aux termes de l'article 72, la comptabilité budgétaire a pour objet de retracer, pour l'exercice concerné, les opérations d'exécution du budget de l'Etat et des autres organismes publics en recettes et en dépenses et conformément à la nomenclature de présentation et de vote du budget ou de l'état des prévisions … La comptabilité budgétaire dégage un résultat

s'agira de créer une adéquation entre les principes fondamentaux de la bonne gestion publique et la moralité des comptables, même si cela doit entraîner un bouleversement des règles traditionnelles appliquées jusque-là.

Pour se faire une bonne idée sur la nouvelle religion financière à laquelle adhère positivement la direction du budget, il convient d'étudier les principes de la nouvelle comptabilité publique, de même que ses caractéristiques.

Le budget-programme, qui semble être l'importante trouvaille de la direction du budget, a introduit de profonds changements dans le processus budgétaire. Ils se traduisent par une comptabilité à trois dimensions avec plus de responsabilité[503] des comptables publics.

A l'image de la situation française, la nouvelle gestion publique qu'entendent promouvoir la Directive et la direction du budget *« abandonne la "classique et parfois courtelinesque logique de moyens[504]" qui ne s'attache qu'au montant des crédits alloués et lui substitue, une logique de résultats[505], empreinte d'une philosophie d'entreprise s'intéressant aux objectifs à atteindre. Les décideurs publics doivent satisfaire, à cette fin, à une obligation de transparence.*

---

correspondant à la différence entre les recettes encaissées et les dépenses ordonnancées sur le budget général et les comptes spéciaux au titre de l'année considérée ».

503 A. BARILARI, note que « *le mot « responsable » vient du latin respondere c'est-à-dire « se porter garant ». La responsabilité a donc une originalité juridique et caractérise une personne admissible en justice. C'est par extension qu'elle est devenue la faculté de rendre compte de ses actes et de ceux de personnes qui sont sous sa dépendance. (...) Cette évolution doit beaucoup à l'utilisation, au XVIIIe siècle du mot responsability par les constitutionnalistes anglais pour qualifier le mécanisme politique de la responsabilité gouvernementale devant le Parlement ». Si le terme « responsabilité » trouve difficilement dans la langue française un autre synonyme, il est en revanche plus aisément associé au terme accountability qui, en anglais, correspond à l'obligation de rendre des comptes ». Réforme de la gestion publique et responsabilité des acteurs*, AJDA, n° 13, 4avril 2005, p. 698.

504 Michel BOUVIER, La loi organique du 1er août 2001 relative aux lois de finances, AJDA n° 10, 20 octobre 2001, p. 876.

505 Cette logique de résultats, selon Farhana AKHOUNE, se réalise au travers de programmes et de rapports annuels de performance remis par le gouvernement et discutés par le Parlement.

Rechercher le résultat nécessite de pouvoir en rendre compte et la comptabilité, en permettant de présenter ces résultats au travers des données chiffrées, devient l'outil d'information, de gestion et de contrôle par excellence. C'est à travers ce triptyque que s'articule le mouvement actuel de la réforme comptable »[506]. Un arsenal de règles et normes comptables a été conçu pour adapter la comptabilité d'entreprise à la comptabilité publique ; d'ailleurs, c'est la comptabilité d'entreprise[507] qui sert de référentiel. Ainsi, la nouvelle comptabilité publique repose sur deux éléments principaux. Selon l'article 71 de la Directive n° 6 : « L'Etat tient une comptabilité budgétaire et une comptabilité générale ». A ce titre, elle est en retrait par rapport au système du budget-programme qui avait prévu, à l'image de la situation française, une comptabilité budgétaire, une comptabilité générale et une comptabilité d'analyse des coûts ; ce qui avait fait dire que le système du budget-programme avait engendré des triplés, comme le décrit si bien F. AKHOUNE[508]. Cependant l'article 84 de la Directive n°

---

[506] Farhana AKHOUNE, *Le statut du comptable en droit public financier*, LGDJ, Montchrestien, 2008, p. 223.

[507] Nicaise MEDE, *L'établissement d'une comptabilité patrimoniale de l'Etat au Bénin* : « L'établissement de la situation patrimoniale de l'Etat requiert des outils et une technique d'élaboration du bilan…Une entreprise productrice de biens et de services marchands, élabore en début d'exploitation un bilan d'ouverture : un état des lieux de ses créances et de ses dettes, de ses stocks et de ses immobilisations. Le bilan d'ouverture est donc un référent, le socle sur lequel se construisent les bilans successifs des exercices ultérieurs….La méthode d'évaluation reste ainsi lacunaire dans le schéma strict du récapitulatif des biens … *A fortiori,* cette évaluation mérite une réflexion plus systématique lorsque le patrimoine devra prendre en compte des biens non-marchands comme le trône du roi d'Abomey, la forêt sacrée de Ouidah ou encore (pourquoi pas) les cendres à valeur touristique du prince Wanilo, fils du roi Béhanzin et ancien avocat au barreau de Bordeaux ! Ces insuffisances ne doivent point occulter le travail de fond qui est actuellement fait par la direction générale du budget pour recenser et évaluer le patrimoine de l'Etat, dans le cadre du programme dit Programme Unique de Modernisation (PUM) ». Op.cit, pp. 110 à 113.

[508] Farhana AKHOUNE, *Le Statut du comptable public financier,* « La LOLF définit un système d'information comptable en trois dimensions. L'article 27 de ce texte distingue en ce sens, la comptabilité budgétaire de la comptabilité générale de l'Etat en disposant que ce dernier « (…) tient une comptabilité des recettes et des dépenses budgétaires, et une comptabilité générale de l'ensemble de ses opérations ». La comptabilité budgétaire retrace l'exécution du budget de l'Etat dans une optique d'encaissement et de décaissement. La comptabilité générale devient par, par ailleurs, la pierre angulaire du système comptable étatique en inversant la logique traditionnelle qui privilégiait l'approche budgétaire…Ainsi, dans le cadre d'une

7/2009/CM/UEMOA portant règlement général sur la comptabilité publique évoque une « comptabilité analytique des coûts » ; ce qui nous ramène aux trois comptabilités du système français.

A ces trois comptabilités, la Directive n° 7/2009/CM/UEMOA ajoute une quatrième, en son article 81, à savoir « la comptabilité des matières, valeurs et titres, comptabilité d'inventaire ayant pour objet la description des existants, des biens mobiliers et immobiliers, des stocks et autres que les deniers et valeurs de l'Etat ».

Chacune de ces comptabilités recherche des effets bien précis. Selon l'article 72 de la Directive, « la comptabilité budgétaire a pour objet de retracer, pour l'exercice concerné, les opérations d'exécution du budget de l'Etat en recettes et en dépenses, conformément à la nomenclature de présentation et de vote du budget ». Selon le même article, la comptabilité générale de l'Etat « a pour objet de décrire le patrimoine de l'Etat et son évolution. Elle doit être sincère et refléter une image fidèle de la situation financière de l'Etat. Elle est fondée sur le principe de la constatation des droits et obligations. Les opérations sont prises en compte au titre de l'exercice auquel elles se rattachent indépendamment de leur date de paiement ou d'encaissement ».

La comptabilité générale permet donc d'établir un bilan de l'Etat et un compte de résultat. Ainsi, le bilan de l'Etat sera la photographie de son patrimoine à un instant « t » donné et mentionnant :

- *les droits* : la totalité des biens, droits et créances compose l'actif (Exemple : immeubles, œuvres d'art, brevets, véhicules, ordinateurs, stocks, sommes disponibles, etc.) ;
- *les obligations* : l'ensemble des dettes et obligations forme le passif (Exemples : emprunts, dettes de fonctionnement, etc.).

Le compte de résultat permet de mesurer l'activité au cours d'un exercice donné. Il permet l'analyse des variations du bilan d'une année à l'autre. Il présente (1) le tableau des charges nettes, (2) le tableau des

---

gestion publique plus performante, la réforme comptable doit être en mesure de rendre compte de l'exécution budgétaire dans un système de caisse, de l'état du patrimoine et de la situation financière dans un système d'exercice, et enfin, de produire une analyse des coûts de l'activité publique », op.cit, pp. 226-227.

produits régaliens nets et (3) le tableau de détermination du solde des opérations de l'exercice. Pour sa part, selon l'article 84 de la Directive n° 07/2009/CM/UEMOA portant règlement général sur la comptabilité publique, « la comptabilité analytique des coûts a pour objet de faire apparaître les éléments de coûts des services rendus ou de prix de revient des biens produits et des services fournis ainsi que de permettre le contrôle des rendements et performances des services, notamment dans le cadre des budgets de programmes et de la gestion axée sur les résultats ».

La vision que donnent les deux premières comptabilités de la situation de l'Etat est plus large et plus efficace que ce que laissait entrevoir la simple comptabilité de caisse. Pour la France, Ph. SEGUIN le résumait assez bien en disant : « *en somme, la comptabilité budgétaire est comme une loupe grossissante sur les dépenses de l'année ; la comptabilité générale, c'est la loupe et la longue vue... pour saisir tout ce que la comptabilité budgétaire peut masquer ou empêcher de voir* »[509].

Quelles sont les caractéristiques essentielles de cette nouvelle comptabilité ?

La comptabilité générale est assise sur de nouvelles normes comptables qui sont décrites dans la nouvelle nomenclature [510]budgétaire, proposée par la Directive n° 09/2009/CM/UEMOA portant Plan comptable de l'Etat, divisé en deux tomes. Selon le Guide didactique émis par la Commission de l'UEMOA, le tome 1 est relatif aux normes comptables applicables aux Etats membres et le tome 2 relatif au fonctionnement des comptes. De façon plus précise, le tome 1 décrit « le cadre conceptuel de la tenue de la comptabilité générale de l'Etat et regroupe les dispositions de la directive portant Plan comptable de l'Etat en *treize normes* touchant le périmètre des opérations qui y sont enregistrées »[511].

[509] Philippe SEGUIN, *Intervention du Premier président,* Conférence de presse du 30 mai 2006, présentation du Rapport sur les résultats et la gestion budgétaire et du rapport sur les comptes, www.ccomptes.fr.
[510] Voir Directive *n°08/2009/CM/UEMOA*, portant nomenclature budgétaire de l'Etat au sein de l'UEMOA.
[511] Voir Guide didactique de la Directive portant plan comptable de l'Etat, tome 1. Doc. UEMOA, 2009, p. 3.

En second lieu, la comptabilité générale se doit d'être « sincère et refléter une image fidèle de la situation financière de l'Etat » (Directive n° 6, article 71). On notera au passage que la sincérité voulue par la Directive se contente d'exiger qu'elle donne une « image fidèle sur la situation financière de l'Etat » ; pour sa part, la LOLF, en son article 27, alinéa 3 veut qu'elle donne une « image fidèle de la situation patrimoniale et financière » de l'Etat.

La sincérité des comptes et la qualité du comptable sont deux préoccupations de la direction du trésor et de la comptabilité publique, partagée avec la direction du budget. Cette sincérité des comptes est une obligation qui s'impose aux comptables publics. Cela signifie que toutes leurs opérations, tant en recettes qu'en dépenses, doivent être enregistrées ; aucune ne doit être omise. Elles doivent être enregistrées aux dates de leur survenance et non pas être reportées sur des dates ou des exercices ultérieurs. Cette sincérité ou plus exactement l'absence de cette sincérité est susceptible d'être sanctionnée par le juge des comptes ou le Ministre des finances, supérieur hiérarchique des comptables. Elle suppose plus de rigueur dans l'attribution de la qualité du comptable.

Les informations issues de cette comptabilité ont des finalités strictement comptables et financières, mais elles sont aussi destinées aux citoyens et à leurs représentants. L'objectif visé est de permettre aux gestionnaires et responsables, chargés des missions et activités de l'Etat, d'exploiter judicieusement toutes les informations comptables. Par principe, toutes les informations doivent être acceptées et utilisées suivant une norme standard par les institutions publiques internationales, les marchés financiers, les investisseurs, bref tous les acteurs intéressés.

En outre, il convient de reconnaître que l'objectif de sincérité visé par le budget programme honore le comptable dans la gestion des deniers publics. Ce qui fait que le statut du comptable va beaucoup évoluer avec le budget programme, comme ce fut d'ailleurs le cas en France ou dans de nombreux Etats de l'OCDE[512].

[512] J.R. BLÖNDAL, *La réforme budgétaire dans les pays membres de l'OCDE : tendances communes* ». *Revue de l'OCDE sur la gestion budgétaire*, volume 2, n° 4, 2003, p.10.

De même, l'objectif d'efficacité de la gestion publique exige que le comptable public ait plus de communication avec les ordonnateurs et les gestionnaires. En effet, la nouvelle comptabilité interdit que les deux acteurs de l'exécution budgétaire que sont l'ordonnateur et le comptable public se regardent en chiens de faïence et s'ignorent. Ils sont appelés à travailler davantage en lien dans la gestion des ressources publiques. Mieux, il est exigé de l'ordonnateur qu'il ait un comportement « managérial », c'est-à-dire de stratège dans l'utilisation des deniers publics ; ce comportement doit être partagé avec le comptable public. L'expression qui est particulière dans la gestion publique est tirée du domaine de la gestion du secteur privé où, « *la responsabilité managériale est simple à caractériser, (car) elle repose sur la jonction dans une même main d'objectifs (cibles et résultats) et de moyens (enveloppe de crédits) et dans la liberté d'emploi de ces moyens (fongibilité et marge de manœuvre) avec pour contrepartie le fait d'assumer ces résultats, c'est-à-dire les conséquences du succès et de l'échec* »[513]. Qu'il dispose ou non de tous les éléments en main, l'ordonnateur ou l'administrateur de crédits se doit d'être un manager. Aussi, la logique du résultat entraîne la responsabilité managériale qui doit se conjuguer avec la traditionnelle responsabilité inhérente à la manipulation des fonds publics.

La réforme des règles d'exécution des dépenses budgétaires doit être affinée, afin de permettre aux principaux acteurs impliqués dans le processus de mieux réussir leurs missions. Aujourd'hui, avec les multiples métamorphoses qui caractérisent le développement des institutions, des hommes et de leur milieu naturel, il est indispensable de disposer d'un organe de réflexion stratégique. Ainsi en matière de prévision et de suivi budgétaire, une direction comme la direction du budget doit être investie d'une telle tâche. Il s'agira de coordonner les interactions entre les différents acteurs pour les amener à collaborer, à échanger sur leurs activités et à réaliser ensemble des buts communs. Cela ne peut que déboucher sur des prises de décisions difficiles et courageuses, mais nécessaires pour le changement et la modernisation.

---

[513] A. BARILARI, « *Vers la réforme de la responsabilité des gestionnaires publics* », Dossier « Finances publiques et responsabilité, l'autre réforme », AJDA, n° 13, 2005, p. 698.

La tâche n'est pas facile pour un début, parce qu'elle se présente d'abord sous l'angle du changement. Comme dans toute approche organisationnelle, il s'agira de mettre l'accent sur la valorisation des différents acteurs à travers la motivation au travail et le renforcement des capacités. Cela aura pour effet de pousser chacun à être plus performant. La direction du budget doit s'approprier toutes les réflexions stratégiques, qu'elles portent sur les recettes ou sur les dépenses. Elle doit veiller au fonctionnement de l'ensemble du système financier afin d'orienter son évolution dialectique[514], selon l'analyse systémique de BERTALANFFY et qui a favorisé l'émergence du budget-programme.

Le succès du budget-programme est assez encourageant au regard des premiers résultats au Mali, en référence au cadre des dépenses à moyen terme (CDMT). Cela est perceptible dans le suivi de l'exécution des dépenses de certains départements ministériels qui maîtrisent la procédure du budget-programme. Mais la méthode doit impérativement être généralisée par la direction du budget, pour ne pas fausser le respect des principes budgétaires, en créant des inégalités entre départements bénéficiaires ou non des méthodes CDMT.

En effet, on a constaté que certains départements ministériels, notamment ceux de la santé et de l'éducation maîtrisent bien les nouveaux outils de la budgétisation. Ce qui se traduit à leur niveau, en particulier à celui du secteur de la santé, par de grandes améliorations du cadre de travail, des infrastructures, de la qualité et de la quantité des prestations fournies.

La direction du budget doit en être félicitée, car son premier coup d'essai fut un coup de maître en la matière. Cependant, tel n'est pas le cas au niveau du secteur de l'éducation où on constate un grand paradoxe. Certes, le budget-programme a contribué à élever le taux de scolarisation et à réduire les taux d'échecs scolaires. Mais le raisonnement systémique n'a pas été développé dans la gestion des flux

[514] Raymond ARON, *Introduction à la philosophie de l'histoire, essai sur les limites de l'objectivité historique* : « L'existence humaine est dialectique, c'est-à-dire dramatique, puisqu'elle agit dans un monde incohérent, s'engage en dépit de la durée, recherche une vérité qui fuit, sans autre assurance qu'une science fragmentaire et une réflexion formelle », Editions Gallimard, 1986, Paris, p.521

et de l'environnement. Ainsi, on assiste à une croissance exponentielle des populations scolaires au niveau de tous les cycles, sans qu'il n'y ait suffisamment d'infrastructures pour les accueillir et encore moins d'encadreurs pour les former.

Aussi, est-il impérieux de trouver plus de financement pour construire de nouvelles infrastructures scolaires, assurer leur entretien ou prise en charge et former des formateurs ! C'est là une autre forme d'organisation qui se pose au système financier et que la direction du budget doit prendre en compte dans sa stratégie.

Le système du suivi et du contrôle de l'exécution des dépenses budgétaires est devenu le cheval de bataille du gouvernement et de toute la classe politique de façon générale. Et l'opinion publique, malgré la difficulté de la maîtrise de la matière des finances publiques, s'intéresse de plus en plus à tout ce qui y touche à cause de leur lien avec la vie quotidienne et avec le développement économique.

Face au problème de la dette publique, les aides publiques demeureront toujours insuffisantes pour assurer le développement malgré les efforts constamment déployés par les partenaires technique et financiers et pays amis qui se sont toujours montrés généreux envers le Mali. Alors, il devient impératif d'imposer une gestion rationnelle et exempte d'abus ou de détournements des finances publiques.

C'est le sens dans lequel pousse la direction du budget qui, à l'instar des organismes financiers internationaux ou de certains pays développés, exigent un suivi et contrôle rigoureux dans l'utilisation des ressources de l'Etat. C'est la meilleure voie pour asseoir les bases d'une gestion viable des finances publiques, apte à impulser un développement durable.

Le contrôle de l'exécution[515] budgétaire au Mali, ainsi que dans la plupart des pays africains francophones, est surtout une question de volonté politique ; celle-ci doit s'imposer tant au niveau des contrôles

[515] Moussa OUOLOGUEM. *La portée du contrôle de l'exécution budgétaire au Mali.* Mémoire pour le Diplôme d'Etudes Approfondies de la Faculté des Sciences Juridiques et Politiques de l'Université de Bamako. Promotion 2000-2001, p. 62.

internes qu'à celui des contrôles externes de l'exécution budgétaire. Cela permettrait d'améliorer sensiblement la soutenabilité des finances publiques dans ces différents Etats, notion qui selon Pierre CLICHE, *« s'intéresse à la capacité du gouvernement de rester solvable, c'est-à-dire de conserver des marges de manœuvre budgétaires suffisantes pour couvrir le niveau de la dette et le dynamisme de la dépense. La difficulté tient dans l'appréciation des limites de cette capacité de rester solvable »*[516]. Or, cette question de soutenabilité préoccupe peu de responsables chargés de la gestion des finances publiques, qui, en plus ont tendance à penser à leur propre épanouissement. D'où la nécessité d'une volonté politique ferme pour imposer le maximum de contrôles requis.

En l'occurrence, le système de contrôle des deniers publics est très démuni. L'absence de tout engagement de la responsabilité ou pour être plus précis de toute sanction effective [517]directe du comptable au plan civil, pénal, administratif ou même pécuniaire contribue à dénuder le contrôle de toute efficacité, et à saper tout effort de sécurisation des deniers publics. C'est pourquoi, il n'est pas étonnant de compter de plus en plus de milliardaires dans les rangs des hauts fonctionnaires de l'Etat malien. Ils ne puisent leur richesse que dans une exploitation éhontée et sans scrupule du système financier public, c'est-à-dire dans le

---

516 Pierre CLICHE, *Gestion budgétaire et dépenses publiques*. Presses de l'Université du Québec, 2e trimestre 2009, p. 289.

517 Farhana AKHOUNE et Stéphane THEBAULT, *Vers une responsabilité pour faute devant les juridictions financières* : « La garantie de la régularité des opérations financières publiques est marquée par le choix du législateur de confronter ordonnateurs et comptables publics à des régimes de responsabilité juridictionnelle différents, aux antipodes l'un de l'autre. Les ordonnateurs sont soumis à un régime hétérogène de responsabilité, ...au point que l'on peut estimer qu'il n'existe pas véritablement une responsabilité s'attachant directement à la qualité d'ordonnateur...A l'inverse, exorbitante du droit commun, la responsabilité des comptables publics découle de la qualité même de ces derniers. Personnelle et pécuniaire, leur responsabilité repose sur l'effectivité d'un mécanisme répressif et réparateur. Bien que distincts, les régimes de responsabilité de l'ordonnateur et du comptable ne sont pas figés. Au contraire, leur évolution constitue même un véritable enjeu dans le cadre de l'exigence de bonne gestion des fonds publics et l'on peut considérer, en ce sens, qu'elle s'oriente dès à présent vers une responsabilité pour faute ». RFFP, spécial n° 100, *Nouvelle gouvernance financière publique : grands enjeux de demain*, LGDJ, novembre 2007, p. 259.

détournement systématique des maigres ressources du pays ou de l'aide internationale.

Le comble, c'est qu'aucun texte juridique ne donne avec précision une définition exacte du concept de corruption[518]. Il importe de signaler qu'au plan social il est inimaginable qu'un citoyen ait le courage de dénoncer son compatriote pour avoir commis des actes délictuels de ce genre. Car malgré leurs faibles salaires, rangés parmi les plus bas du continent, il n'est plus rare de constater que certains agents publics parviennent, du fait de leur position dans l'appareil administratif et financier, à s'illustrer par une opulence insultante. Tout semble vouloir dire que voler l'Etat n'est pas voler ou que la dilapidation des fonds publics par un agent public n'est point blâmable. La question de ces abus et détournements ne pouvait pas ne pas être évoquée à ce stade de notre étude. Hélas ! La direction du budget est totalement impuissante face à ce phénomène, étant donné qu'elle ne détient ni le contrôle sur l'exécution des recettes et des dépenses ni le pouvoir de sanction. Ne disposant d'aucun outil d'investigation propre en la matière, il ne lui est même pas possible de porter plainte contre des agents indélicats.

Pour preuve, n'est-il pas incroyable de constater un empilement énorme de textes relatifs aux contrôles des finances publiques, textes plus séduisants, plus sévères les uns que les autres, de recenser une prolifération des organes de contrôle, sans que pour autant la

---

[518] Michel VERON classe la corruption dans le cadre des crimes et délits contre la Nation, l'Etat et la paix publique, surtout ceux considérés spécifiquement comme des atteintes commises par des personnes exerçant une fonction publique, ou par les particuliers.
Ainsi située, « la corruption est une infraction qui suppose que des actes frauduleux sont accomplis par deux personnes agissant de concert-le corrupteur et le corrompu-et véritablement complices l'un de l'autre. Mais la loi française a prévu deux infractions distinctes. On parle alors de corruption « passive» lorsqu'on envisage l'infraction du côté du corrompu et de corruption « active», lorsqu'on se place du côté du corrupteur, quel que soit celui des deux qui a pris l'initiative de l'acte délictueux. La multiplication des « affaires » politico-financières liées à la corruption ou au trafic d'influence a conduit le législateur à intervenir pour tenter d'enrayer un phénomène devenu politiquement explosif. Ce fut l'œuvre de la loi du 29 janvier 1993 (JO 29 janv. 1993) relative à la prévention de la corruption et à la transparence de la vie économique et des procédures publiques ». In *Droit pénal spécial*, Armand Colin, 9e édit., juin 2002, pp. 305-306.

délinquance financière recule ! Quant aux jugements des auteurs d'actes délictueux par les cours et tribunaux, ils sont exceptionnels. Les sages du terroir malien ont beau rappeler que sous la Première République (1960-1968) une « opération Taxis » avait été initiée avec succès pour enrayer le drame de la corruption et de l'enrichissement illicite, rien n'y fait ! Aussi, l'histoire retiendrait-elle qu'un Président [519]nommé Thomas SANKARA, au Burkina-Faso, a su afficher une volonté si ferme dans le combat contre la corruption et prouver la véracité de l'adage qui affirme que « vouloir, c'est pouvoir », qu'en un laps de temps, il a rétabli l'équilibre des comptes publics, en recourant très peu aux aides extérieures et prouver que le déficit budgétaire chronique et pernicieux n'est pas une fatalité en Afrique.

Tout ceci n'est pas que simple imprécation de notre part. En effet, des perspectives nouvelles se dessinent à travers l'harmonisation des systèmes financiers au sein de l'UEMOA, avec le budget-programme, les indicateurs de performance, le code de la transparence et la nouvelle comptabilité. En principe, il s'agit d'instruments qui doivent aider tous les Etats membres et donc le Mali à mieux gérer leurs finances publiques et à vaincre la mal-gouvernance financière. Si donc les instruments existent, la volonté politique suivra-t-elle ?

[519] Durant ses deux mandats de 1992 à 2002, le Professeur Ali Nouhoum DIALLO, premier Président de l'Assemblée nationale du Mali, a su imposer aux députés et agents de l'administration financière et comptable de l'hémicycle, une obligation d'intégrité et d'éthique dans la gestion des finances et deniers publics. Pour le matérialiser, il a fait reverser au Trésor public 60 millions fcfa de crédits budgétaires non utilisés par son Questeur Baby SACKO à la fin de l'exercice de 1992. Un tel exemple d'intégrité et de bonne gestion des fonds publics aurait du service de code de conduite aux responsables maliens chargés de la gestion des ressources publiques.

CONCLUSION GÉNÉRALE

L'étude du rôle de la direction du budget au Mali dans la prévision et le suivi de l'exécution de la loi de finances qui vient d'être développée suscite autant d'optimisme que de pessimisme, quant à l'avenir de cette institution stratégique.

En effet, au terme de ces développements, il a été constaté que la direction du budget s'acquitte bien de son rôle. Le fait d'assumer ses prérogatives à la hauteur des souhaits exprimés lui a valu une place de leadership au sein du système financier national.

Au plan de la gestion budgétaire, une louable amélioration dans la qualité des indicateurs macroéconomiques peut être relevée, car le pays progresse dans la satisfaction des critères de convergence de l'UEMOA. Comme cela a été souligné dans le rapport de la commission des finances de l'Assemblée nationale quant à la satisfaction des deux critères de convergence de l'UEMOA[520].

Ainsi dans la satisfaction des quatre critères de premier choix, dans la période de 2007 à 2010, le premier critère, à savoir le ratio solde budgétaire de base par rapport au PIB a été satisfait en 2008 et 2009, mais non respecté en 2007 et 2010. Le second critère est relatif au ratio de la dette publique par rapport au PIB : il a été satisfait sur la période, tout comme le troisième pour lequel il y a eu une seule défaillance en 2008. Enfin, le quatrième critère, qui est celui de la non-accumulation d'arriérés de paiements aux entreprises, il a été totalement satisfait sur la même période. Il faut rappeler que l'accumulation d'arriérés de paiements intérieurs réduit la capacité d'investissement des entreprises, et ralentit la croissance économique ; quant à l'accumulation d'arriérés de paiement extérieurs, elle réduit à la fois la marge de confiance et de crédibilité dont l'Etat jouit parmi ses pairs de l'UEMOA, ainsi qu'au sein de la communauté des bailleurs de fonds..

---

[520] Critères relatifs au déficit budgétaire annuel et à la dette publique par rapport au produit intérieur brut.

En outre, il existe quatre critères de second rang ; on ne traitera pas des trois derniers (investissements publics financés sur ressources intérieures rapportées aux recettes fiscales ; solde extérieur courant hors dons sur PIB ; taux de pression fiscale) pour ne retenir que le premier qui concerne le ratio de la masse salariale sur les recettes fiscales. Sa norme est fixée à 35 % des recettes fiscales. Le Mali l'a respecté, en étant parfois en dessous, sinon légèrement au-dessus, avec un taux de 35,8%, ce qui est insignifiant.

On doit en conclure que l'action de la direction du budget en prévision des recettes et des dépenses a été suivie d'effet par la pratique des autres administrations financières, à savoir la direction des douanes, la direction des impôts et la direction du trésor et de la comptabilité publique.

Ces critères de convergence sont des règles de contrôle de la gestion budgétaire auxquelles les Etats de l'UEMOA ont accepté de se soumettre pour mieux piloter leurs politiques macroéconomiques. A l'instar des Etats de l'Union européenne, ils ont décidé de prendre des critères communs de convergence au détriment des gestions budgétaires autonomes conduites par des décisions discrétionnaires difficilement évaluables. Cet engagement s'est matérialisé par l'adoption du Pacte de convergence, de stabilité, de croissance et de solidarité (PCSCS). Celui-ci permet de suivre l'évolution des critères et d'encadrer la politique macro-économique des Etats avec l'institution de programmes triennaux.

Forte de ces résultats, la direction du budget, lors du dépôt du projet de budget 2011 à l'Assemblée nationale, a fait une profession de foi dans son introduction en ces termes : « Le projet de budget d'Etat 2011 a été élaboré sur la base du projet de développement économique et social, du cadre stratégique pour la croissance et la réduction de la pauvreté (CSCRP), de la poursuite des efforts de maîtrise des instruments de paiement, du programme économique et financier convenu avec les Institutions de Bretton-Woods, de la surveillance multilatérale des politiques budgétaires au sein de l'Union Economique et Monétaire Ouest Africaine (l'UEMOA), des critères de convergence et des conventions bilatérales et multilatérales ». Basée sur des faits, elle vise à obtenir l'adhésion totale des députés à son projet au contraire de ce qu'a pu écrire le Professeur Salif YONABA qui estime : « *Plus généralement, il existe de nombreuses zones d'ombre dans la gestion du budget de l'Etat qui contrastent avec l'esprit de transparence qui est ressassé à l'envi. Au fond, c'est la crédibilité même du document budgétaire qui se trouve parfois en cause du fait du caractère parfois surréaliste des données qui y sont contenues. Il n'est pas du tout évident qu'il répertorie l'intégralité des opérations et activités financières de l'Etat* »[521].

Malgré tout, la direction du budget doit renouveler sa stratégie de gestion budgétaire car l'embellie attendue est souvent sans lendemain. En effet, les objectifs fixés dans le projet de loi de finances sont souvent trop nombreux et contradictoires : améliorer le niveau de vie des populations, élever le taux de pression fiscale ; lutter contre la pauvreté, mener des politiques d'ajustement structurel ; encourager le développement des hautes technologies, lutter contre le chômage ; soutenir les investissements, régler les arriérés accumulés des créanciers aux plans interne et externe, attirer des investisseurs de fonds pour créer ou renforcer des infrastructures de base, etc. Sans être grand clerc, on se rend vite compte que le contraste est grand entre les bonnes volontés des autorités politiques que la direction du budget traduit dans le projet de loi de finances et les réalisations concrètes. Certes, on sait que de telles intentions sont formulées dans le sens de l'idéologie de l'Etat-providence qui veut corriger les inégalités sociales. Mais à partir d'un certain seuil, si elle n'est pas révisée en fonction des réalités sociopolitiques, cette idéologie conduit à de nouvelles inégalités sociales (en créant une société d'assistés) et produit un déficit chronique des finances publiques, pour ne pas dire la faillite de l'Etat.

Cette dérive possible a inspiré Philippe BEZES qui a pu écrire : « *En un sens, l'accroissement ininterrompu du pouvoir administratif lié au développement de l'Etat-providence a étendu les attentes démocratiques à l'égard de la machinerie administrative, puisque c'est à elle, plus qu'aux exécutifs politiques, qu'incombe la mise en œuvre des politiques publiques. L'extension des idéaux démocratiques de transparence, d'accessibilité et de mesurabilité du champ bureaucratique se matérialise par la montée du point de vue*

[521] Salif YONABA, op.cit, pp. 295-296.

gestionnaire en politique. Le « souci de soi de l'Etat" et l'avènement de l'Etat néo-managérial traduisent cette nouvelle attention que les gouvernants doivent témoigner aux arcanes et mécanismes de fonctionnement de l'appareil administratif et à leur mise en visibilité. Cette rationalité politique inédite repose sur la production de savoirs et d'instruments réflexifs sur l'administration et l'activité de gouvernement (affichage d'objectifs, contrôle de gestion, mesure de performance)... »[522].

Aussi, la direction du budget doit-elle orienter davantage sa gestion financière vers les nouveaux concepts comme la bonne gouvernance, qui implique les différents partenaires dans le processus budgétaire avec plus de transparence et de lisibilité.

En effet, la bonne gouvernance est devenue aujourd'hui l'un des critères de la gestion financière. Les bailleurs de fonds en ont fait une des conditionnalités essentielles pour accorder leur soutien financier. Désormais, le FMI, la Banque mondiale, l'Union européenne et le Canada qui se sont fortement impliqués dans la bonne gestion des finances publiques au Mali font de la bonne gouvernance un des critères-clés de leurs concours aux politiques publiques nationales. Pour divulguer cette exigence, ils ont synthétisé les principes de la bonne gouvernance financière publique dans un code de bonnes pratiques en matière de transparence des finances publiques.

Cependant, le fait d'exiger les critères de bonne gouvernance dans la gestion budgétaire, suscite du pessimisme dans le contexte malien. Car certains indicateurs contenus dans les programmes des partenaires techniques et financiers (égalité hommes/femmes, protection des enfants contre la violence des parents, limitation des naissances, participation ou information de la société civile etc.) peuvent se trouver en contradiction avec les us et coutumes maliens.

L'implication de la société civile dans le processus des décisions budgétaires est souvent vivement souhaitée par les mêmes ; cependant celle-ci demeure très hasardeuse. Ses animateurs ont souvent des divergences fondamentales entre les acteurs chargés de la vie financière

---

[522] Philippe BEZES, op. cit, pp.477-478

et ils donnent l'impression de s'organiser uniquement pour mieux bénéficier de l'appui des bailleurs de fonds et des gouvernements étrangers. L'idéal serait de permettre à la « société dite civile » de s'exprimer dans le cadre des collectivités territoriales de leur ressort. Les questions relatives aux décisions budgétaires doivent être réservées uniquement à trois catégories d'acteurs : les agents légitimes de l'exécutif, les élus parlementaires ou conseillers, les experts en finances publiques et gestion budgétaire.

La gestion budgétaire est si vitale dans la vie de la nation, qu'elle ne doit pas souffrir de pusillanimité ou d'amateurisme. Compte tenu des divergences profondes qui existent entre les sociétés occidentales développées et celles des anciens pays colonisés moins développés, les autorités budgétaires doivent avoir le courage d'expliquer aux bailleurs de fonds la dimension réelle de certains tabous sociaux à ne pas négliger. La direction du budget qui assure le relais entre le ministre des finances et les partenaires techniques et financiers (appelés souvent les PTF) doit pouvoir prendre telle décision ou telle décision, si elle est nécessaire comme solution pérenne à la couverture des dépenses budgétaires. Car, comme l'estime Guy VIDAL, « *les plaies d'argent ne sont pas mortelles mais elles ne guérissent jamais... et les problèmes budgétaires ne pourront être résolus véritablement que par des choix extrêmement graves et particulièrement fermes* »[523].

Cependant, il reste que le statut d'administration centrale subordonnée de la direction du budget apparaît comme un handicap, sinon un frein à sa capacité d'agir avec efficacité et performance, dans un système financier complexe du fait de la mondialisation et des innovations technologiques sophistiquées. Avec la poussée fulgurante de l'informatique, les transactions financières ou budgétaires se font de plus en plus par des systèmes cybernétiques, en dehors des structures organiques et des organisations humaines. Il y a donc une nécessité impérieuse de réussir la mise en place d'une organisation dotée d'une capacité d'anticipation et apte à maîtriser l'environnement et les connaissances techniques et scientifiques.

---

[523] Guy VIDAL : *La direction du Budget face aux grandes mutations des années cinquante, acteur ou témoin* ? op.cit. p. 795.

C'est la condition pour ouvrir les voies visant l'équilibre budgétaire et le désir de réaliser un bien-être et un bonheur collectif. La direction du budget a toujours été considérée à la fois comme le technicien de l'équilibre budgétaire et l'explorateur de la croissance dans le respect des normes budgétaires. C'est d'ailleurs pourquoi, de manière unanime, les observateurs et praticiens s'accordent tous pour reconnaître que rien d'important ne se produit dans la vie de l'Etat sans l'implication de cette direction. Certes, les décisions budgétaires relèvent toujours de la volonté du Premier Ministre ou du ministre des finances. Mais compte tenu de la complexité des questions budgétaires, c'est toujours la Direction du budget qui est sur la brèche.

Malgré tout ce qui précède, l'évolution effective de la politique financière de l'Etat vers le changement est inéluctable ; elle doit asseoir la bonne gouvernance financière sur la base de l'évaluation et l'objectif de performance. Il faut afficher une volonté politique ferme dans la mise en œuvre des réformes, et mettre l'accent sur le contrôle afin d'être en mesure de punir les coupables éventuels. Déjà, le système de gestion par le budget-programme et l'expérimentation de ses instruments comme le CDMT ont donné des résultats encourageants. Cependant, l'évaluation des systèmes de gestion semble peu préoccuper les différents responsables impliqués dans le pilotage des politiques financières.

Quant aux partenaires techniques et financiers, ils font de leur mieux pour contribuer au changement souhaité. C'est ainsi que chaque année la direction du budget rassemble les différents services financiers et d'autres institutions impliquées dans l'évaluation et le contrôle des finances publiques[524] comme la commission des finances de l'Assemblée nationale pour évaluer les gestions publiques dans le cadre du PEFA (Public Expenditure and Financial Accountability), programme institué en 2001, par la Banque mondiale avec le cofinancement de plusieurs institutions de développement. Malgré tout,

---

[524] Mais qu'est-ce qu'il est difficile d'innover ! Voir MACHIAVEL : « *Il n'y a de chose à traiter plus pénible, à réussir plus douteuse, ni à manier plus dangereuse que de s'aventurer à introduire de nouvelles institutions, car celui qui les introduit a pour ennemis tous ceux qui profitent de l'ordre ancien et n'a que des défenseurs bien tièdes en ceux qui profiteraient du nouveau* ».

le changement semble bien lent à se manifester. Mais qui d'autre que la direction du budget pour le poursuivre, qui d'autre qu'elle pour procéder aux analyses et aux choix stratégiques nécessaires aux pouvoirs publics, qui d'autre qu'elle pour procéder à la prévision et au suivi de la loi de finances, toujours et sans relâche ?

Il n'ya qu'elle, ce moine-soldat qui a toujours défendu au corps à corps son projet de budget à toutes les étapes. Elle est le vrai capitaine des finances publiques, capable de vaincre toutes les adversités susceptibles de compromettre les équilibres macroéconomiques, en usant de la stratégie nécessaire. Certes, il ne s'agit pas de la stratégie au sens militaire, mais il s'agit d'actions intelligemment coordonnées, entre finances publiques, économie et politiques publiques, selon la belle expression de Pierre BELTRAME : « *Alors que la décision dans la stratégie militaire ou commerciale ne prend en considération la partie adverse que pour mieux l'éliminer ou la supplanter, la décision publique vise essentiellement à concilier les intérêts divergents* »[525].Aussi, tous les acteurs concernés joueront-ils leur partition en fonction de leurs compétences intrinsèques, selon l'expression populaire : « Que chacun apporte sa pierre à la réalisation de l'édifice commun ! » Et dans le cas présent, ce n'est rien d'autre que la production d'un budget réaliste et performant. La stratégie utilisée est plus proche de celle des jeux et de leurs combinaisons. Dans cette optique, la mise en œuvre de la réforme du système budgétaire, telle qu'entreprise par l'UEMOA, devient inéluctable. A cet effet, le projet de budget-programme doit passer de la phase expérimentale à une phase définitive. Le Mali a commencé à s'inscrire dans ce mouvement, mais il faudra qu'il le fasse avec sérieux et rigueur. La direction du budget a ainsi l'opportunité de poursuivre ce qu'elle a déjà commencé et mené avec efficacité. Il suffit que les nouvelles autorités politiques[526] continuent à lui faire confiance ainsi qu'aux hommes qui l'animent et

[525] Pierre BELTRAME, *Complexité et rationalité dans la gestion du système financier public*. Mélanges en l'honneur de Paul Marie GAUDEMET, Economica, 1984, p. 39.
[526] Depuis le 4 septembre 2013, le nouveau président, élu le 11 août 2013, a prêté serment et a formé un nouveau gouvernement le 8 septembre. Tout cela fait suite à la grave crise politique, sécuritaire et militaire connue par le pays entre janvier 2012 et ce mois de septembre 2013. Pour sauver l'Etat malien de l'entreprise de groupes terroristes, narco-trafiquants et djihadistes, il a fallu l'intervention militaire, rapide et efficace de l'armée française.

qu'ils n'amoindrissent pas ses prérogatives. Ils pourraient même les accroître dans certains domaines, en particulier dans la mise en œuvre des sanctions contre les abus et la mal-gouvernance financière.

Tout au long de notre recherche, l'analyse systémique théorisée par des auteurs comme BERTALANFFY a guidé nos pas ; elle nous a permis de mieux cerner les liens entre les institutions, liens allant souvent au-delà de ce que prévoient les textes. Son intégration dans l'approche des problèmes financiers par la direction du budget serait certainement un bon apport, pour elle, comme pour les autres administrations financières. Elle devrait permettre d'éviter les étanchéités entre administrations et rendre l'information plus fluide. Elles pourraient ainsi mieux envisager les diverses possibilités de réformes et éviter, au milieu d'un réseau parsemé d'interactions, les embûches et opérer les bonnes options, celles qui permettront d'arriver à l'optimum d'efficacité au coût minimal.

Bref, « *il existe des interactions entre tous les éléments et tous les constituants de la société. Tous les facteurs essentiels, dans les problèmes publics, toutes solutions, les politiques et les programmes, doivent toujours être considérés et évalués comme les composantes liées d'un système global* »[527]. Comme pour baliser la voie à la direction du budget dans ses missions de prévision, de suivi et de gestion stratégique, BERTALANFFY avait également écrit : « *Partout autour de nous, (il n'y a que) des systèmes*[528] » d'interactions sur lesquels il faut compter pour que la décision soit une réussite.

Au total, la place de la direction du budget dans la gestion du système financier de l'Etat n'est pas usurpée. Sa fonction prévisionnelle du budget est celle que l'on connaît le plus, son rôle stratégique dans le suivi de l'exécution des recettes et des dépenses est moins connu. Pourtant il est très important ; c'est lui que nous avons essayé de mettre en évidence. La direction agit comme un superviseur général qui dispose d'un droit de regard sur l'action de toutes les autres administrations financières. Sans doute aurait-il fallu que cette fonction

---

[527] Ludwig Von BERTALANFFY *: théorie générale des systèmes*, Dunod, Paris, 1973 et 1980, p. 2.
[528] Idem, p. 1.

soit accompagnée d'un pouvoir de proposition de sanction lorsqu'elle constate des manquements dans la gestion des deniers publics. Peut-on espérer des ouvertures dans ce sens : pourquoi pas ?

BIBLIOGRAPHIE

I. OUVRAGES GENERAUX DE FINANCES PUBLIQUES

ABATE B., *La nouvelle gestion publique*, Paris : LGDJ, 2000 coll. Systèmes.

ADAM. F., **FERRAND**. O. **RIOUX** R., *Finances publiques*, Paris : Presses de Sciences po. Dalloz, 2e édition 2006.

ADAM. (Patricia), **BEAUDOUIN** (Patrick) et **FROMION** (Yves), Rapport d'information n° 1378 sur l'exécution de la loi de programmation militaire pour les années 2003 à 2008, Paris, Assemblée nationale, 2009.

ADOLPHE-LACAN R., **LEGER** B., *Finances publiques*, Paris, LGDJ, 1935.

AGOSTINI A., *Les options fiscales*. Thèse. LGDJ 1983.

AGRON L., *Histoire du vocabulaire fiscal*, Paris : LGDJ, tome 36, 2000, Bibliothèque de science financière ; texte remanié de sa thèse de doctorat en droit, soutenue à Paris II en 1998.

AKHOUNE F., *Le statut du comptable en droit public financier*, LGDJ, Montchrestien, 2008, p. 223.

ALBERT J-L, *Faut-il conserver la spécificité douanière* ? RFFP N° 113 - LGDJ février 2011, Lextenso éditions

ALLIX. E, *Traité élémentaire de science des finances et de la législation financière*, Edition Rousseau 1931.

AMSELEK P., *le Budget de l'Etat sous la Ve République*, LGDJ 1966.

ARDANT G, *Histoire de l'impôt*, Paris, Fayard, 1972, 2 volumes.

ARDANT G, *Théorie sociologique de l'impôt*, Paris, Fayard, 1965, 2 volumes.

ASTIER F., *Finances publiques, droit budgétaire : le budget des collectivités locales*, Paris : Ellipses, 1996, Universités.

AUDIFFRET M.D, *Système financier de la France*, tome II, P. Dufart, 1840.

AYRAULT L., *Le contrôle juridictionnel de la régularité de la procédure d'imposition*, l'Harmattan, Paris, 2004.

BALLY O., *Le formalisme des dépenses budgétaires*, in *Le Budget de l'Etat*. Economica 1988.

BARILARI A., Les *contrôles financiers, comptables administratifs et juridictionnels des finances publiques*, Paris : LGDJ, 2003, Systèmes, Finances publiques.

BARILARI A et **BOUVIER M**., *La nouvelle gouvernance financière de l'Etat*, LGDJ, coll. Systèmes, 2e édition, 2007.

BARRERE A. *économie financière*. Deuxième édition revue et mise à jour 1971.

BASLE M., *le budget de l'Etat*. Repère. Editions loi découvertes 1993.

BAUDU A., *Contribution des pouvoirs budgétaires du Parlement en France*. Eclairage historique et perspectives d'évolution. Editions Dalloz 2010.

BAYARD F. *Le monde des financiers au XVIIe siècle*, Paris : Flammarion, 1988. Nouvelle bibliothèque scientifique.

BAYLAC C., *Le formalisme du droit fiscal*, coll. Finances publiques, l'Harmattan, 2000, Paris.

BEAUCHAMPS X., *Un Etat dans l'Etat, le ministre de l'Economie et des Finances,* Paris BORDAS, 1976.

BELTRAME P., **MEHL** L., *Techniques, politiques et institutions fiscales comparées*. PUF, 2ème édition refondue, Coll. Thémis droit public, 1984.

BERR C. J., et **TREMEAU** H., *Le droit douanier communautaire et national*, 6ème éd., Economica, 2004

BERTRAND L., *Le contrôle parlementaire des finances publiques*, Clermont-Ferrand imprimerie, 1963.

BESSE P., *Finances publiques, budget et politique budgétaire*, Paris, Les Cours de droit, 1954, 3 vol., Université de Paris, Institut d'études politiques.

BEZES P., *Réinventer l'Etat. Les réformes de l'administration française (1962-2008)*, PUF, 1ère édition, avril 2009.

BEZES P., et **SINE** A., *Gouverner (par) les finances publiques.* Presses de Sciences Po. Editions, Paris, 2011.

BIGAUT Christiane, *Finances Publiques - Droit Budgétaire. Le Budget de l'Etat*. Collection Université, Ellipses, 1995.

BIGAUT C., *Finances publiques - Droit Budgétaire,* Paris, Eyrolles, 1991

BLOCH-LAINE F., et **DEVOGUE** P., *le trésor public et le mouvement général des fonds* PUF, 1960.

BOEHLER E., *Des rôles respectifs des ordonnateurs et des comptables à l'occasion des procédures de réalisation des recettes et des dépenses*, thèse pour le doctorat en droit, université de Paris II, 1981

BOTTIN M., *Histoire des finances publiques*, Economica, 1997.

BOUQUIN H., *Les fondements du contrôle de gestion*, Paris, PUF, 3e édition, 2005.

BOUVIER M., *Introduction au droit fiscal général et à la théorie de l'impôt*, LGDJ, 8ème éd., Collection Système fiscalité 2007.

BOUVIER M, *Les finances locales*, Paris, LGDJ, 11e édition, 2006, Coll. Systèmes.

BOUVIER M., **ESCLASSAN** M-C., **LASSALE** J-P., *Finances publiques* 10e Edition. LGDJ Lextenso éditions 2010.

BOUVIER M., **ESCLASSAN** M-C, **LASSALE** J-P, *Finances Publiques*, 9e édition L.G.D.J. Lextenso éditions. 2008.

BOUVIER M., **ESCLASSAN**, M-C., **LASSALE** J-P : *Finances Publiques*. Manuel.6e édition LGDJ, 2002.

BROLLES R. et **STRAUB** B., *Budget des communes, gestion et comptabilité*, Paris, Berger-Levrault, 16e édition, 2006, Les indispensables.

BRETON J-M, *Le contrôle administratif et financier*, in Les institutions administratives des Etats francophones d'Afrique noire. Economica, 1979.

BROUZES A., *l'organisation des services fiscaux*. Revue Française des Finances Publiques N°15 l'administration fiscale LGDJ 1986.

BRUGUIERE M, *Histoire financière et histoire administrative*, in *Histoire de l'Administration Française depuis 1980 : problèmes et méthodes*, Acte du colloque organisé le 4 mars 1972 par l'Institut français des sciences administratives et la IVe section de l'Ecole pratique des hautes études, Genève, Droz ; Paris, Minard, Diffusion Champion, 1975.

BRUGUIERE M, *Pour une renaissance de l'histoire financière XVIIIe-XXe siècles*, Paris, Ministère de l'Economie et du Budget, Comité pour l'histoire économique et financière de la France, Imprimerie nationale, 1992, Histoire économique et financière de la France, Animation de la recherche.

BUISSON J., *Le sursis au paiement de l'impôt*, thèse, LGDJ, 1996.

CABANNES X., *Le principe de l'unité de trésorerie en droit public financier*, thèse de doctorat avec la préface de Paul AMSELEK, LGDJ-EJA 2000.

CADART J., *Finances publiques, résumé du cours de M. Jacques Cadart*, [licence en droit 2e année, 1969-1970], Paris : Les Cours de droit, 1969-1970, 221 p. multigr.

CARONM.**,** *Budget et politiques budgétaires***,** *thèmes et débats*. Boréal 2007.

CARRE de **MALBERG N., BLÖNDAL** J. R., *Réforme des finances publiques : La conduite du changement,* in *La réforme budgétaire dans les pays membres de l'OCDE, tendances communes*. Revue de l'OCDE sur la gestion budgétaire, volume 2, N° 4, 2003.

CATTEAU D., *La LOLF et la modernisation de la gestion publique*, Dalloz, 2007, thèse de doctorat droit public soutenue le 3 décembre 2005 à l'Université du droit et de la santé Lille 2, honorée du prix de la thèse 2006 du Sénat.

CHEMILLIER-GENDREAU M., *Finances publiques et santé publique*. Mélanges en l'honneur de monsieur le Professeur Paul-Marie GAUDEMET, Economica.

CHATAIL C., *Finances publiques*, Paradigme, 7e édition, 2005.

CHOUVEL F., *Finances publiques 2010. Cadre juridique du budget - Conception. Vote - Ressources et dépenses- Exécution. Contrôle -*

Budget social de la nation, 13e édition. Gualino. Lextenso éditions, 2010.

CIAUDO E., *La fiscalité de l'urbanisme et l'aménagement régional du territoire français*, thèse de doctorat en Droit. L.G.D.J. 1981.

CLICHE P., *Gestion budgétaire et dépenses publiques. Description comparée des processus, évolutions et enjeux budgétaires du Québec.* Presse de l'Université du Québec 2009.

COEURE B., (Directeur général adjoint de l'agence France Trésor) : *l'agence France Trésor, quatre ans après.* Revue Française de Finances Publiques n°89, LGDJ, février 2005.

COHEN A-G., *Contrôle interne et audit publics.* Institut de l'audit interne. LGDJ, EJA-Paris, 2005.

COSTEA L., *Harmonisation de la fiscalité du revenu et du capital dans l'Union européenne*, thèse de doctorat, Université de Rouen, 10 décembre 2003.

CROS R., *Finances publiques. Institution et mécanismes économiques* - Editions CUJAS 1994.

CRUCIS H-M., *Finances Publiques*, Editions Montchrestien –EJA, Focus droit, 2003,

CRUCIS H-M., *Droit des contrôles financiers des collectivités territoriales*, AJDA -Le Moniteur, 1998.

DAMAREY S., *Finances publiques : finances de l'Etat, finances locales, finances sociales, finances européennes* (*Manuel),* Gualino Lextenso édition, Paris, 2008.

DAMAREY S., *La loi organique du 1er août 2001 relative aux lois de finances*, Ellipses 2 004.

DAMAREY S., *Le juge administratif, juge financier.* Thèse de doctorat. Editions Dalloz 2001.

DELVOLVE P., et **LESGUILLONS** H., *le contrôle parlementaire sur la politique économique et budgétaire*, travaux et recherches de la Faculté de Droit et des Sciences Economiques de Paris, Série « Droit Public », N° 1. P.U.F. 1964.

DERUEL F., *Finances publiques*, budget et pouvoir financier, 10e édition, Mémentos Dalloz, 1993.

De MARCE V., *Le contrôle financier*, in Nouveau dictionnaire d'économie politique, sous la direction de Léon SAY. Paris, Guillaumin, 1891.

DEVAUX G., *Comptabilité publique* PUF, 1957.

DE VOGÜE P., *Finances publiques, le Trésor et les fonctions de la trésorerie*, Université de Paris-IEP, Les cours de Droit, 1969-1970.

Di QUAL L., *Droit de la comptabilité publique*. Collection U., Armand COLIN, Paris 1971.

DUCROS J-C, *L'emprunt de l'Etat*, L'Harmattan, 2008.

DUMONT R., *Un monde intolérable. Le libéralisme en question.* Editions du Seuil, octobre 1988.

DUSSART V., *l'autonomie financière des pouvoirs publics constitutionnels*, CNRS Droit mars 2000.

DUVERGER M., *Finances publiques,* PUF, Thémis Science Politique, 11ème édition, 1982.

DUVERGER M., *Institutions financières*, Thémis 1957, PUF.

ECK F., *La direction du trésor,* Qui sais-je ? PUF novembre 1986.

ESCLASSAN M-C., *Le modèle français de finances publiques à l'épreuve de l'internationalisation du droit et de la politique*, LGDJ, 2004.

EUZEBY A., **HERSCHTEL** M-L., *Finances publiques : une approche économique*, Dunod, Paris 1990.

EYMAR D., *La politique financière sous la Restauration 1815-1830*, PUF, 1924.

FABRE F J., *Le contrôle des finances publiques*, Paris, PUF, Thémis, 1961.

FABRE F J., et **FROMENT-MEURICE** A., *Les Grands arrêts de la jurisprudence financière*, Paris, Dalloz, 4e édition, 1996.

FABRE F J., *Le contrôle des finances publiques*, Paris, PUF, 1968.

FADIDA J-M, *Le contentieux douanier. Que sais-je ?*, 1ère édition, 2000.

FIGERE M., *La pratique actuelle en matière budgétaire*, Paris, 1951.

FLECHER D., et **FORT** H., *Les finances locales*, édition Masson, 1986.

FORESTIER G., *Les douzièmes provisoires*, thèse, Lyon, 1908.

FRANC-VALLUET F. -P., *Recherche sur le contrôle des dépenses de l'Etat*, thèse multigr., Bordeaux 1, 1976.

GAUDEMET P-M.,/**MOLINIER** J., *Finances publiques. Budget/Trésor*. Tome 1. Domat Droit Public, 7e édition Montchrestien E.J.A., Paris1996.

GAUDEMET P-M., et **MOLINIER** J., *Finances publiques/Fiscalité.* Tome 2, Montchrestien 6e édition, 1997.

GEST G., et **TIXIER** G., *Manuel de droit fiscal*, 4e édition, LGDJ, 1986.

GICQUEL J., *La bonne gouvernance des finances publiques dans le monde*, Actes de la IVe Université de printemps de Finances Publiques, LGDJ, 2009, Lextenso éditions.

GILLIS M., **PERKINS** D.H. **ROEMER** M., **SNODGRASS** D R., *Economie du développement*: De Boeck Université. 2e édition française, traduction de la 4e édition américaine, 1998.

GIRAULT A., et **PISSALOUX** J-L., *Les trésoriers généraux de la cinquième République*, Paris, éditions du Trésor, 1996.

GIRAULT A., *Manuel de législation financière*, 1ère partie : *les budgets et le Trésor*, Paris : Librairie du Recueil Sirey, 2e édition, 1928.

GRARD L., *L'emprise du droit européen de la concurrence sur les financements publics apportés aux transports.* Revue : Gestion et finances publiques, financements et transports publics. N° 2 février 2009.

GREFFE X., *Economie des politiques publiques*, Dalloz, 2e édition, 1997.

GREFFE X., *Gestion publique*, Paris, Dalloz, 1999.

GROBESCO A, *Droit public général : Institutions politiques, administratives et communautaires, droit administratif, finances publiques*, Litec LexisNexisSA, 4e édition, 2009.

HERMET G., **KAZANCIGIL** A, et **PRUD'HOMME** J-F., *La gouvernance : un concept et ses applications*. Editions Karthala, 2005.

HERTZOG R., *Réformes des finances publiques,* Economica 2011.

HITTE M., *Le contrôle des dépenses engagées*, thèse, Bordeaux, 1923.

HUCK B., *Le contrôle des dépenses engagées en France*, thèse, Paris, 1937.

HUME D., *Du crédit public*, in *Œuvre économique*, Paris, Guillaumin 1888.

ISAIA H., *Finances publiques : Introduction critique* », Paris, Economica, 1985.

ISAIA H., et **SPINDLER** J., *Histoire du droit des finances publiques,* Economica, coll. Finances publiques, 3 vol., 1986, 1988 et 1989.

JACOMET R., *La réforme budgétaire*, Paris, Edition de l'épargne, tome 1 et 2, 1954.

JEZE G., *Cours de science des finances et de législation financière française*, 6e édition, Paris, Giard, 1922.

JEZE G., *Cours élémentaire de science des finances et de législation financière française*, 2e édition, Giard, 1931.

JEZE G., *Le Budget*, Paris, 1910.

JEZE G., *Cours élémentaire de science des finances et de législation financière française*, Paris, V. Giard et E. Brière, 4e édition, 1909-1910.

JEZE G., *Traité de Sciences des Finances*, Paris, 1910.

JOSEPH-BARTHELEMY J., *L'introduction du régime parlementaire en France sous Louis XVIII et Charles X*, Paris, Giard et Brière, 1904.

JULLIEN G., *Le contrôle préventif des engagements de dépenses*, thèse, Paris, 1911.

JULIEN-LAFERIERE F., et **WALINE** M., *Traité élémentaire de science et de législation financière*, Paris LGDJ, 1952.

JURGENSEN P., et **LEBEGUE** D., *Le Trésor et la politique financière*, Paris, Montchrestien, 1988, Domat économie.

KATZ-BLAMNT E., *L'Assemblée consultative provisoire*, Alger, 1945.

KEYNES J. M., *Théorie générale de l'emploi, de l'intérêt et de la monnaie*. Traduction de J. de LARGENTAYE, Payot, 1968.

KIMMEL A., *L'Assemblée nationale sous la cinquième République,* Presse de la Fondation Nationale des Sciences Politiques 1991.

KLEIN J. S., *La procédure des fonds de concours, ou l'art de tourner les règles budgétaires*, RA 1981.

KRIER H., *La charge des impôts sur l'économie*, thèse, Nancy, 1944.

LAFERRIERE J., et **WALINE** M, *Traité élémentaire de science et de législation financières*, LGDJ, Paris, 1952.

LAGARENNE A., *Un expédient budgétaire : le compte provisionnel dans le budget de 1912*, Dijon Impr. Darantière, 1921.

LALUMIERE P., *Les Finances Publiques*, Coll. U. Edition Armand COLIN 2e édition refondue, 1973.

LALUMIERE P., *L'inspection des finances,* thèse, Presses Universitaires de France, 1959.

LALUMIERE P., et **DEMICHEL**, A., *Les finances publiques*, A. Colin, 1986.

LAMARQUE J., *Cours de droit fiscal général*, Litec, coll. Les cours de droit, Licence fiscalité. Tome 1. 1991.

LAMBERT T., *Contrôle fiscal*, PUF, 2e édition, 1998.

LAMIOT D., *la réforme des comptes de l'Etat.* R.F.F.P. Spécial n° 100, novembre 2007. Nouvelle gouvernance financière publique : Grands enjeux de demain. L.G.D.J.

LAMY, *Gestion et finances des collectivités locales*, éditions Lamy, 1998.

LASCOMBES M., et **VANDRENDRIESCHE** X., *Les finances publiques*, 2e édition, 1995.

LAUFENBERGER H., *Traité d'économie et de législation financière*, 4 volumes, Paris, Sirey, 1947-1948.

LAVIGNE P., *le contribuable comme usager de l'administration fiscale*. R.F.F.P. n°15 *l'administration fiscale* LGDJ 1986.

LEGRAND G., *le recouvrement de l'impôt* ; Litec LexisNexis SA, Paris, 2006.

LEQUERET P., *Le Budget de l'Etat : préparation, exécution, contrôle,* La Documentation française, Paris, 1982.

LEROY-BEAULIEU P., *Traité de la science des finances*, tome II, Guillaumin et Alcan, 7e édition, 1906.

LEROY M., *Sociologie des finances publiques*, Coll. Repères, la Découverte, 2007, Paris.

MAÎTRE C., *La mise à disposition des crédits budgétaires*, Préface de Lucile TALLINEAU Paris 1989.

MAGNET J., *les comptables publics*, Paris LGDJ, 1995, Coll. Systèmes finances publiques.

MAGNET J., *Droit budgétaire et comptabilité publique : lexique*, Paris, P.U.F., 1980.

MAGNET J., *Eléments de comptabilité publique* », LGDJ, collection Systèmes, 3e édition, 1996.

MAMOU Y., *Une machine du pouvoir : la Direction du Trésor*, Paris, La Découverte, 1988.

MARION M., Histoire financière de la France depuis 1715, tome V, Arthur Rousseau, 1928.

MARTINEZ J-C., *La fraude fiscale*. PUF, 2ème édition, mise à jour, novembre, 1990.

MARTINEZ J-C., et Di **MALTA** P., *Droit budgétaire : Budget de l'Etat, Budgets locaux, Budget de la Sécurit é sociale, Budget européen.* 3e édition entièrement refondue. Litec 1999.

MARTINEZ J-C., et Di **MALTA** P., *Droit fiscal contemporain*, tome 1, Litec 1986, Paris.

MATT J-L., *La sécurité sociale : organisation et financement*, LGDJ, 2001.

MAUCHANT H., *La Commission des finances de la Chambre des députés*, thèse, Université de Nancy, 1927.

MEHL L., **BELTRAME** P., *Science et technique fiscales*, PUF Thémis, 1re édition, 1984.

MEKHANTAR J., *Finances publiques. Le budget de l'Etat*, Hachette, 3e édition, 2001.

MENY Y., et **THOENIG** J-C., *Politiques publiques*. Thémis. Presses Universitaires de France. Paris, 1989.

MERRIEN F. -X., **PARCHET** R. et **KERNEN** A., *L'Etat social, une perspective internationale*, Dalloz, 2005.

MESSAGE H., *L'Assemblée nationale et les lois de finances*. Connaissance de l'Assemblée, 2e édition, 2000.

MILOT J-P, *les nouvelles normes comptables de l'Etat*, RDT, n° 8-9 août-septembre 2004.

MINISTERE DE L'ECONOMIE, DES FINANCES ET DU PLAN, *Le budget de l'Etat. De la préparation à l'exécution*, Les éditions de Bercy, 1995.

MONTAGNIER G., *Principes de comptabilité publique*. Précis Dalloz, deuxième édition, 1981.

MONTAGNIER G., *contribution à l'étude du trésorier payeur général*, thèse pour le doctorat en droit ; université de Lyon, 1963 ; Paris, LGDJ, 1966.

MORDACQ F., *Modernisation et réforme de l'Etat au service des finances publiques* RFFP, n° 100, novembre 2007.

MORIN N., *La réforme de la comptabilité publique en France*. Actes de la IVe Université de printemps de finances publiques organisée par FONDAFIP : *La bonne gouvernance des finances publiques dans le monde*, LGDJ. Lextenso éditions.

MOUBACHIR Y., *Impositions et régime fiscal : Vers de nouvelles catégories d'impositions,* thèse, LGDJ. EJA 2007.

MOUILLART M., *Réalité et efficacité des réseaux et mécanismes du financement public du logement.* RFFP, n° 49 *Le financement public du logement.* L.G.D.J. 1995.

MUZELLEC R., *Finances publiques* **:** *Etat - Collectivités locales-Union Européenne.* 15ème édition 2009, SIREY

MUZELLEC R., *Finances Publiques.* Concours administratifs Catégorie A IPAG-IRA. 11ème édition Sirey « Notions essentielles » 2000.

NECKER J., *De l'Administration des finances de la France*, (S.I), 1784, 3 volumes.

NERVO G., *Etudes historiques. Les finances françaises sous l'ancienne monarchie, la République, le Consulat et l'empire*, Paris, Michel-Lévy, 1863, 2 volumes.

NERVO G., *L'administration des finances sous la Restauration*, Paris, 1865.

NERVO G., *Les finances sous la Restauration*, Paris, Michel Lévy Frères, 1867.

NEURISSE A., *le trésorier payeur général*, thèse pour le doctorat en droit, université de Paris II, Paris LGDJ, 1988, Bibliothèques de science financière.

NGAOSYVATHN P., *Le rôle de l'impôt dans les pays en voie de développement*, thèse. LGDJ, 1980.

NICOLAS, *Les budgets de la France depuis le commencement du XIXe siècle*, Paris, 1882.

NIOCHE J-P., et **POINSARD** R., *L'évaluation des politiques publiques*, Economica, 1984.

NIOCHE J.-P., **POINSARD** R., *L'évaluation des politiques publiques*, Economica, 1984.

NITTI F. S., *Principes de sciences des finances*, Paris, Giard et Brière, 1904.

NOGARO B., *Problèmes contemporains de finances publiques - Equilibre budgétaire et finances de guerre* », Paris, Domat-Montchrestien, 1940.

NOTES BLEUES, *Modernisation de la gestion budgétaire : La réforme du contrôle financier déconcentré*, Les Notes Bleues de Bercy, n° 95, 16 au 30 septembre 1996.

OCDE, *Processus budgétaire. Vers un nouveau rôle du Parlement,* OCDE-Sénat, 2001.

OLIVA E., *Finances Publiques*, Paris, Sirey, Aide-mémoire, 2001.

ORSONI G., *Science et législation financières. Budgets publics et lois de finances*, Economica, 2005.

ORSONI G., *L'exécution de la loi de finances*, Paris, Economica, 1998. Poche, Finances publiques.

ORSONI G., *Finances publiques*, Publisud, 1989.

ORSONI G., *La Cour des comptes des communautés européennes*, Paris, Economica, 1983.

ORSONI G., *L'exécution de la loi de finances*, Paris : Economica, 1998. Poche, Finances publiques.

ORSONI G., *Finances publiques*, Publisud, 1989.

ORSONI G., *La Cour des comptes des communautés européennes*, Paris, Economica, 1983.

ORSONI G., et **VIESSANT** C, *Eléments de finances publiques*, Paris : Economica, 2005, Finances publiques.

PALLEZ G., *Finances publiques : le budget et la politique budgétaire*, Paris, Les cours de droit, 1970, 2 fascicules, multigr., Université de Paris, Institut d'études politiques, 1969-1970.

PALYART M, *De l'initiative en matière de propositions budgétaires*, thèse, 1902.

PATAT J-P., *Monnaies, institutions financières et politique monétaires*, Paris, Economica, 1987.

PAUL M., *Les finances publiques de A à Z, Dictionnaire de droit budgétaire et comptabilité publique.* Eska, Droit public et sciences politiques. Paris, 1998.

PAUL M., *Les finances de l'Etat, budget, comptabilité publique.* Paris, Economica, 1981.

PAYSANT A., *Finances locales*, PUF, collection Droit fondamental, 1993.

PAYSANT A., *Finances publiques.* Armand Colin, Paris 1992 et 1997

PAYSANT A., *Finances publiques*, Masson, 4e édition, 1997.

PELLET R., *La Cour des comptes.* Paris, La Découverte, 1998, Repères 240.

PERCEBOIS J, *Economie des finances publiques,* Armand Colin Editeur, Paris, 1991.

PERREAU-PRADIER, *L'équilibre budgétaire*, Paris, 1934.

PERRON J-L., *Le Ministre des finances, les avants postes*, Revue Pouvoirs, n°53, 1990

PERROT G., *Le contrôle des dépenses engagées*, thèse, Aix, Roubaud, 1926.

PHILIP L., *Finances publiques*, Paris, Cujas, 5e édition, 1995.

PICARD J-F., *Finances publiques*, Litec, 1997.

PICARD J. F., *Finances publiques*, Litec Lexis Nexis SA 2006.

PIETRI F J, *Le Financier*, Paris, Hachette, 1931, Les caractères de ce temps.

PLAGNET B., *Droit financier, droit fiscal*, 2e édition Sirey 1992.

PHILIP L., *L'ordonnance organique du 2 janvier 1959 relative aux lois de finances : modifiée par la loi organique du 1er août 2001*, Paris : La Documentation française, 2001, n° de Documents d'études. Finances publiques.

PHILIP L., *Finances publiques*, tome I, *Les dépenses publiques, le droit budgétaire et financier*, Paris, Cujas, 1999.

PHILIP L., *Finances publiques*, Paris, CUJAS, Quatrième édition entièrement revue, 1992.

PHILIP L., *Les fondements constitutionnels des finances publiques*, Paris, Economica, 1995, Coll. Poche finances publiques

PONS B., *Le droit d'amendement en matière budgétaire*, thèse, Toulouse, 1936.

PRADA M., et **SONRIER** A., *La comptabilité publique*, Paris, Berger-Levrault, 2e édition, 1985, coll. l'Administration nouvelle.

QUENNOUËLLE-CORRE L., *La direction du Trésor, 1947-1967. L'Etat-banquier et la croissance*, Comité pour l'Histoire économique et financière de la France, Paris 2000.

QUEROL F., *La parafiscalité*, édition CNRS Droit, 1997.

QUEROL F., *L'élaboration de la loi de finances*, Paris, Economica, 1998.

QUINET (Alain), « Quels dividendes de la paix », Revue française d'économie, 12 (3), 1997.

RAYNAUD J., *Les chambres régionales des comptes*, Editions Sorman, 1995.

RAYMOND P., *La préparation et le vote du budget en Angleterre et aux Etats-Unis*, thèse, Paris, 1891.

RIVOLI J., *Le budget de l'Etat*, Paris, Editions du Seuil, collection « Point », 1975.

RIBLIER J, *Le contrôle préventif du budget de l'Etat*, thèse, Paris, 1903.

ROBBEZ-MASSON C., *Notion d'évasion fiscale en droit interne français*, thèse, Grenoble, 1987, L.G.D.J, 1990.

ROLLAND R., et **EYGOUT** J., *Législation financière et comptabilité publique*, Paris, Institut pédagogique national, 1962. Collection des guides pratiques.

ROURGEAUX J-P., *Finances publiques*, Paris, coll. Les Cours de Droit, 1999.

ROUSSE F., *Normalisation comptable, principes et pratiques*, Paris, Ministère de la Coopération et du Développement, 1990, Méthodologie.

SAÏDJ L. et **ALBERT** J-L, *Finances Publiques,* Dalloz, 5e édit. 2007.

SAÏDJ L., *Finances publiques*, Dalloz, collection Cours, 3e édition, 2003.

SARASSORO H. *La corruption des fonctionnaires en Afrique* (étude de droit pénal comparé. Préface de Georges Levasseur. Paris, Economica, 1980. VII-230 p. (La vie du droit en Afrique). Thèse de doctorat : Paris 2 : 1977.

SAY L., *Les finances de la France sous la Troisième République*, tome 1, Calmann-Lévy, 1898.

SAY L., *Les finances (la vie nationale)*, Léon Chailley, 1896.

SAY L., *Dictionnaire des finances*, Paris, Berger-Levrault, 1894.

SCHMIDT J., *les principes fondamentaux du droit fiscal*, Paris, Dalloz, 1992.

SCHPILBER-KATZ J., *la caisse des dépôts*. Que sais-je ? P.U.F, 1ère édition, octobre, 2008.

SEMPE H., *Budget et Trésor : analyse économique des finances de l'Etat,* Paris, Cujas, 1973.

SINE (Alexandre), « Politique ou management public : le temps de la politique et le temps de la gestion publique », 14e colloque de la revue Politique et Management public, IEP de Bordeaux, 17 et 18 novembre 2005.

SINE (Alexandre), L'Ordre budgétaire. L'économie politique des dépenses de l'Etat, Paris, Economica, 2006.

SINNASSAMY (Christophe), Finances publiques de la défense. Objectifs budgétaires et gestion publique des politiques d'armement, Paris, l'Harmattan, 2004.

SOULIER M.-A., *L'article 17 de la Constitution et ses incidences sur la réforme budgétaire*, in R.JACOMET (prés.), *La réforme budgétaire*, tome II, Les éditions de l'Epargne, 1954.

STOURM R., *Le Budget*, 4e édition, Paris, Guillaumin, 1900.

STOURM R., *Les finances du Consulat,* Paris, Guillaumin, 1902.

STOURM R., *Le Budget*, Paris, Félix Alcan, 7e édition, 1913.

SUDURE C., *Les finances de la France au XIXe siècle*, Paris, Plon, 1883, 2 volumes.

TABAREAU G., *De l'extinction des dettes de l'Etat par la déchéance quinquennale*, thèse, Paris 1906.

TAILLANDIER R., *Des attributions financières du Sénat français*, thèse, Nancy, 1900.

TAVERNIER J., *Du contrôle préventif en matière budgétaire*, thèse, Paris, 1910.

TEITGEN-COLLY C., *La légalité de l'intérêt financier dans l'action administrative*, thèse, Paris, Economica, 1981.

TEITGEN P-H., *Cours de finances publiques*, Les Cours de droit, 1962-1963.

THOMAS Y., *Essai sur le consentement à l'impôt aux derniers siècles de l'Ancien Régime*, 1974.

TOULOUSE J - B., **LEUSSE** J- F de, **ROLLAND** Y., **PILLOT** X., *Finances publiques et politiques publiques*, préface de Raymond **BARRE**, Economica, 1987.

TOUZERY J., *La règlementation du contrôle des dépenses engagées*, thèse, Paris, Jouve, 1924.

TROTABAS L., *Les finances publiques et les impôts de la France*, A. Colin, 1987.

TROTABAS L., et **COTTERET** J-M., *Droit fiscal*, Paris, Dalloz, 5ème éd., 1985.

TROTABAS L., et **COTTERET** J-M., *Droit budgétaire et comptabilité publique*, Paris, Dalloz, coll. Précis, 5e édition, 1995.

VAÏSSE (Maurice), La Grandeur. Politique étrangère du général de G aulle.1958-1969, Paris, Fayard, 1998.

VARIN L., *La préparation du budget en France et en Angleterre*, thèse, Paris, Giard et Brière, 1904.

VARIN-BERNIER M., *L'application actuelle des principes de droit budgétaire*, thèse, 1944.

VEDEL G., *Cours de législation financière*, Les Cours de droit, 1954-1955.

VEDEL G., *Cours d'institutions financières rédigé d'après la sténotypie du cours de M. Georges Vedel*, [Licence 2e année. 1961-1962], Paris, Les Cours de droit, 1962, 523 p., multigr.

VILLAIN J., *Le recouvrement des impôts directs sous l'Ancien Régime*, Paris : M. Rivière, 1952.

VOGUET G., *Règlement général sur la comptabilité publique* : décret du 31 mai 1862 et actes modificatifs intervenus jusqu'au 31 décembre 1927, Paris, Nancy : Berger-Levrault, 3e édition, 1928.

VOITURIEZ A., *Des comptes d'administration et de leur contrôle*, thèse, Paris, 1899.

VUHRER A., *Histoire de la dette publique en France*, Paris, 1886, 2 volumes.

WAGNER A.H.G., *Traité de la science des finances*, Paris, V. Giard et E. Brière, 1913.

WALINE Ch. ; (sous la direction), **DESROUSSEAUX** P., **GODEFROY** S., *Le budget de l'Etat : nouvelles règles, nouvelles pratiques*. La Documentation française, 2006.

WALINE M., *Cours d'institutions financières rédigé d'après les notes et avec l'autorisation de M. Waline*, [licence, 1re année, 1955-1956], Paris : Les Cours de droit, 1956, multigr.

WALINE M., *Traité élémentaire de science et de législation financière*, 1952.

WALINE M, *Cours de législation financière*. Les cours de droit, 1951-1952

YONABA S., *les finances publiques de l'Etat Burkinabé* Collection précis de droit Burkinabé. PADEB Décembre 2006.

II. OUVRAGES OU MEMOIRES CONSACRES AUX FINANCES PUBLIQUES AFRICAINES

ADJAHO Richard, *La faillite du contrôle des finances publiques au Bénin (1960-1990)*. Les Editions du Flamboyant, mars 1992, pp.19 à 20.

AMIN S. : *Trois expériences africaines de développement : le Mali, la Guinée et le Ghana*. PUF 1965.

ATANGA FONGUE R., *Contrôle fiscal et protection du contribuable dans un contexte d'ajustement structurel, le cas du Cameroun*, thèse, préface du professeur Yves BRARD, l'Harmattan, 2007.

AMPBELL. B, *Stratégie de lutte contre pauvreté et espaces politiques ; quelques interrogations*, in *Qu'allons-nous faire des pauvres* ? L'Harmattan. Paris, 2005.

BRETON J-M, *le contrôle administratif et financier*, in *Les institutions administratives des Etats francophones d'Afrique noire*, Economica 1979.

COULIBALY A. B. *le système du Budget Programme en République du Mali*, Editions JAMANA 4ème Trimestre 2004.

DIAGNE M., *L'efficacité du contrôle contentieux exercé sur l'administration sénégalaise*, (Thèse), Aix-en-Provence, 1990.

DIALLO A., *L'évolution des dépenses sur l'initiative PPTE et leur impact dans les budgets d'Etat du Mali de 2004 à 2008*. Mémoire de maîtrise en droit public. Université de Bamako, 2010.

DIARRA E., *Coopération ou intégration fiscale au sein de l'Union économique et monétaire ouest-africaine (UEMOA)*, in Revue burkinabè de droit, n° 45. 1er semestre 2004.

DIARRA E., *Droit budgétaire*, Cours de Master 2, Services et politiques publics, Université de Rouen, 2005-2006.

DIARRA E., Cours de DEA (Droit Public, non publié) à l'Université Cheick Anta DIOP de Dakar 2009.

DIARRA E., *Les aspects financiers de la Communauté économique de l'Afrique de l'Ouest (C.E.A.O.)*, thèse, Université de Paris II, juin 1982.

DUFRENOT G., **HOUESSOU** E., **NONFODJI** E., *Politique budgétaire et dette dans les pays de l'UEMOA.*, Economica 2007, préface de Frédéric A. **KORSAGA**

FOURRIER C., *Finances publiques du Sénégal, analyse systémique*, A.Pédone, Paris, 1975.

GNANSOUNOU S C., *Endettement et financement autonome dans l'économie sous-développée, de nouveaux arguments en faveur de l'Epargne intérieure : finance formelle et informelle au Bénin*, thèse, Université d'Orléans, 3 mars 1989

KEITA L.A., *L'intégration ouest africaine : bilan et perspectives*, Mémoire de DEAG. Faculté des sciences juridiques et économiques. Université de Bamako, 2000.

MEDE N. (ss.dir.), *La réforme de l'Etat au Bénin : états de la réforme et perspectives.* Sous la Direction de MEDE Nicaise. Centre des publications universitaires de l'Université d'Abomey-Calavi, 2013-486 p.

MESPLE-SOMPS. S., et **RAFFINOT.** M. *Réforme budgétaire et gestion par objectifs dans les pays à faible revenu (Burkina Faso et Mali),* document de travail Dial/Unité de recherche Cipré, nov. 2003, inéd.

MOINDZE M. *Les budgets nationaux au service du développement et de la réduction de la pauvreté. Référence méthodologique*. HERMANN 2012.

NGUYEN C. T. Finances publiques sénégalaises, L'Harmattan, Paris, 1990.

OUATTARA T.A., *Les Finances Publiques du Mali et la théorie générale des Finances Publiques. Première édition. Editions des Imprimeries du Mali (EDIM).*

OUATTARA T.A., *L'Economie des Finances Publiques et le système budgétaire malien*, Jamana, Seconde Edition, 4e trimestre, 2002.

SAWADOGO M., et **DEMBELE** S., *Précis de droit fiscal Burkinabé*, Université d'Ouagadougou. UFR des Sciences Juridiques et Politiques, 1ere Edition 1991.

SISSOKO S., *Les Finances Publiques. De la théorie générale. Des expériences du Mali.* Editions M'Ballou mars 2004.

TOURE A., « *Principes et pratiques de l'union douanière : impact à court et moyen termes sur l'économie malienne* ». Mémoire de DEAG. Faculté des sciences juridiques et économiques. Université de Bamako, 2002.

TOURE S., *Le Budget du Mali-Sa conception ses fonctions,* JAMANA. 3e Trimestre 1994.

TUBAWIDI B., *Le recouvrement des impôts directs en République démocratique du Congo.* Sous la Direction de Eloi DIARRA. Thèse de doctorat : droit public. Université de Rouen 2001.

YONABA S., *les finances publiques de l'Etat Burkinabé* Collection Précis de droit Burkinabé. PADEB Décembre 2006.

III. AUTRES OUVRAGES

AMELLER.M., *Les questions instrument du contrôle parlementaire*, LGDJ, 1964.

AMIN S., *Trois expériences africaines de développement : le Mali, la Guinée et le Ghana.* PUF, 1965.

ARDANT P., *Institutions politiques et droit constitutionnel*, LGDJ, 18e édition 2006.

ARON R., *Introduction à la philosophie de l'histoire, essai sur les limites de l'objectivité historique* : Editions Gallimard 1986, Paris.

ATTALI J., *Au propre et au figuré. Une histoire de la propriété.* 1988, Librairie Arthème Fayard

ATTALI J., *Analyse économique de la vie politique.* Quadrige, PUF, 2e édit. 2e trimestre 1981.

AUBY (J-F) *Management public : introduction générale*, Paris, Sirey, Notions essentielles, 1996.

AUBY (J-M) **DRAGO** (R.), *Traité de contentieux administratif*, Paris, LGDJ, 3eédition 1984, tomes I et II.

AVRIL P., **GICQUEL** J., *Droit parlementaire* Paris, Montchrestien-EJA, 3e édition, 2004.

BALTHAZARD B. L., *Le développement durable face à la puissance publique*, L'Harmattan, Questions contemporaines, avril 2006.

BARILARI A., *L'Etat de droit : réflexion sur les limites du juridisme*, Paris, LGDJ, 2000, coll. systèmes Droit public.

BATOKO O., *L'administration régionale de développement au Bénin*, thèse, Université Panthéon - Assas, Paris II, 1992.

BERCHE T., *Anthropologie et santé publique en pays dogon.* APAD-KARTHALA. Edition Karthala, 1998.

BERGERON G., *Fonctionnement de l'Etat.* Seconde édition. Librairie Armand Colin, 1er trimestre 1969.

BERNOUX P., *La sociologie des organisations.* Essais. Editions du Seuil, octobre 1985

BERTALANFFY L.V*: théorie générale des systèmes : physique, biologie, psychologie, sociologie, philosophie,* Paris, Dunod, 1973 et 1980.

BIRNBAUM P.**,** *La fin du politique* .Collection Sociologie politique aux éditions du Seuil, Paris 1975

BLEOU M., *Cours de Droit constitutionnel.* Cours de D.E.A., la Faculté des Sciences juridiques et Economiques de l'Université Bamako, 2000.

BOUQUIN H., *Les fondements du contrôle de gestion*, Paris, PUF, 3e édition, 2005.

BOUVIER M, *L'Etat sans politique, tradition et modernité*, Paris, LGDJ, 1986.

BRAIBANT G., *Le droit administratif français*, Paris, Presses de la F.N.S.P. et Dalloz, 1984.

BRUGUIERE M, *Histoire financière et histoire administrative*, in *Histoire de l'Administration Française depuis 1980 : problèmes et méthodes*, Acte du colloque organisé le 4 mars 1972 par l'Institut français des sciences administratives et la IVe section de l'Ecole pratique des Hautes Etudes, Genève, Droz ; Paris, Diffusion Minard, 1975.

BURDEAU G., *L'Etat*, Seuil, 1970.

BURDEAU G., *Traité de science politique, la dynamique politique*, tome 3, LGDJ, 1968.

CARBONNIER J., *Sociologie juridique*. Quadrige, 1ère édition 1994, avril/P.U.F. Paris

CATHERINE R., *Introduction à une philosophie de l'administration*, Paris, A. Colin, 1969

CATHERINE R., **UBAUD-BERGERON** M., **CLAMOUR** G., **WEIL** L., *Leçons de droit public*. Ellipses Optimum, Edition Marketing SA, 2006.

CHAPUS R., *Droit administratif général*, tome 1, Montchrestien, 1994.

CHEVALLIER J., *L'Etat post-moderne*, Paris, LGDJ, 2003, Droit et société, Série politique.

CHEVALLIER J., *Science administrative, Thémis* droit, PUF, 1998.

CHEVALLIERJ. *L'évaluation législative, un enjeu politique*. La documentation française, Paris, 1995.

CHEVALLIER J., *La gouvernance et le droit* Mélanges en l'honneur de Paul AMSELEK. Editions BRUYLANT, Bruxelles 2005.

CHEVALLIERJ., et **LOCHAK**D., *Science administrative, théorie générale de l'institution administrative,* tome I, L.G.D.J. 1978.

CHEVALLIERJ., **LOCHAK**D., *Science administrative, l'administration comme organisation et système d'action*, tome 2, L.G.D.J, 1978.

CHAPUS R., *Droit administratif général*, tome 1, Montchrestien, 11ème édition, 1997.

CHOLLET A., *Les temps de la démocratie,* thèse, Dalloz, Paris 2011.

COTTERET J-M., *Le pouvoir législatif en France*, Paris, 1962.

CROZIER M., *Le phénomène bureaucratique*, Editions du Seuil, 1963.

CROZIER M., **FRIEDBERG** E., *L'acteur et le système*, Editions du Seuil 1977.

DEBBASCH C., *Institutions et droit administratif*, tome 2, *L'action et le contrôle de l'administration*, PUF, 4ème Edition refondue, 1998.

DEBRE J-L., *Qu'est-ce l'Assemblée nationale*. L'information citoyenne. L'Archipel, 2007.

DE LA MAUDIERE C., *Recours pour excès de pouvoir et contentieux administratif*, thèse. LGDJ., 2002.

DE LAUBADERE A., *droit public économique*. Précis Dalloz

DE LAUBADERE (A), **VENEZIA** (J.C) et **GAUDEMET** (Y), *Traité de droit administratif*, LGDJ, 1994, tome 1, Paris, LGDJ, 1994 ; tome 2, Paris, LGDJ, 1995 ; Tome 3, Paris, LGDJ, 1993.

DIAGNE M., *L'efficacité du contrôle contentieux exercé sur l'administration sénégalaise*, thèse, Aix-en-Provence, 1990.

DIAGNE N., *Les méthodes et les techniques du juge sénégalais en matière administrative*, thèse, Dakar 1995.

DIARRA E., *Les administrés et l'administration*, in La France face à la charte des droits fondamentaux de l'Union européenne, sous la direction de Laurence BURGORGUE-LARSEN, Bruylant, Bruxelles, 2005.

DIARRA E., *L'histoire constitutionnelle du Mali*. Revue Juridique et Politique des Etats Francophones, n° 2, avril-juin, 2010 Paris.

DIARRA N. *La situation de l'individu face à l'administration malienne. Etude administrative et constitutionnelle*. Thèse 1984. Université de Paris X.

DJREKPOCY., *Le pouvoir règlementaire dans les Etats d'Afrique noire d'expression française (cas du Bénin, du Cameroun, de la Côte d'Ivoire et du Sénégal), t*hèse, Université d'Orléans, avril 1992.

DREYFUS S., *Droit des relations internationales*, Cujas, Synthèse. Quatrième édition revue et augmentée. 4è trimestre 1992

DUGUIT L., *Traité de droit constitutionnel*, tome 3, Dalloz, 3e édition.

DUGUIT L., *L'Etat, les gouvernants et les agents*. Editions Dalloz, 2005.

DUMONT R., *Démocratie pour l'Afrique* (en collaboration avec Charlotte Paquet). Collection de « l'histoire immédiate », Editions du Seuil, 1991.

DUMONT R., *Un monde intolérable. Le libéralisme en question.* Editions du Seuil, octobre 1988.

DUMONT R., *L'Afrique noire est mal partie*, Editions du Seuil, Coll. Point Politique, 1966

DUVERGER M., *Institutions politiques et droit constitutionnel, Les grands systèmes politiques*, tome I, PUF 1990.

EISENMANN C., *Centralisation et décentralisation.* LGDJ 1948

EISENMANN C., *Cours de droit administratif*, tome I, LGDJ 1982

EISENMANN C., *Cours de droit administratif*, tome II, LGDJ 1983

ELA J-M., *Afrique. L'irruption des pauvres. Société contre ingérence, pouvoir et argent* ? L'Harmattan, 1994.

ENGELS F., *La question du logement*, Editions Sociales, Paris, 1976

ESMEIN A., *Précis élémentaire de l'histoire du droit français de 1789 à 1814, Révolution, Consulat, Empire*, Paris, Sirey, 1908.

FALL A. B., La *responsabilité extracontractuelle de la puissance publique : essai de transposition du droit administratif français dans un pays d'Afrique noire*, Bordeaux, 1994, thèse, 2 volumes.

FAURE A., **JAUBERT** B., **MERIAUX** O., **MULLER** P., **POLLET** G., **SMITH** A., **SUREL** Y., et **WARIN** P., *La construction du sens dans les politiques publiques. Débats autour de la notion de référentiel.* Coll. Logiques Politiques (LP), L'Harmattan, 1995.

FOFANA A., *Afrique Noire. Les enjeux d'un nouveau départ*, l'Harmattan, Paris, 1998.

FOUCART E-V., *Elément de droit public et administratif*, 4e édition, Paris, A. Marescq et E. Dujardin, 1856, T.II.

FOUCAULT M., *Surveiller et punir*, Paris, Gallimard, 1975.

FOUCAULT M., *La Volonté de savoir* Paris, Gallimard, 1977

FOURQUET F., *Richesse et puissance, une généalogie de la valeur, XVIe - XVIIIe siècle*, Paris, La Découverte, 1989.

FRIEDBERG E., *Le pouvoir et la règle. Dynamique de l'action organisée*, Deuxième édition revue et complétée, Seuil, 1997

GALBRAITH J. K., *Anatomie du pouvoir*, Seuil, 1985

GALBRAITH J. K., *Pour une société meilleure*, Nouveaux Horizons, Editions du Seuil, avril 1997 pour la traduction française

GALBRAITH J. K., *La république des satisfaits*, Seuil, 1993.

GALBRAITH J K., *Le nouvel Etat industriel.* Essai sur le système économique américain. Troisième édition revue et augmentée. Gallimard 1978.

GALBRAITH J. K., *Le temps des incertitudes*. Gallimard, 1978.

GALBRAITH J K., *La science économique et l'intérêt général*; Gallimard, 1974.

GALBRAITH J. K., *Fraternité, finances et fantaisie*, Denoël, 1971.

GALBRAITH J. K., *Le capitalisme américain*. Editions Génin, 1966.

GALBRAITH J. K., *Les conditions actuelles du développement économique*. Denoël, 1962.

GALBRAITH J. K., *La crise économique de 1929*. Payot, 1961.

GALBRAITH J. K., et **SALINGER** N., *Théorie de la pauvreté de masse*. Gallimard 1980.

GALBRAITH J. K., et **SALINGER** N., *La Voix des pauvres*. Gallimard 1974.

GAUDEMET Y., *La fonction publique, aspects juridiques et statistiques,* Notice 19 de « Pouvoirs, Structures, Moyens de l'Administration », Paris, La documentation française, 1972.

GAZIER F., *La fonction publique dans le monde*, Paris, Cujas, 1972

GENEREUX J., *Introduction à la politique économique,* Seuil, 2e édition, 1997.

GEORGES P., et **SIAT** G., *Droit public, Droit constitutionnel. Droit administratif général*. Col. Intégral concours, 14e édition, Dalloz, 2004.

GICQUEL J., et **HAURIOU** A., avec la participation du doyen GELARD P., *Droit constitutionnel et Institutions politiques*, Paris, Editions Montchrestien, 8e édition, 1985.

GICQUEL J., *Droit constitutionnel et institutions politiques*, Montchrestien, 20e édition, 2005.

GIMALAC A., *Droit Public,* col. Concours administratifs, Librairie Belin, 1986.

HAMELIN (Fabrice), « Le combattant et le technocrate. La formation des militaires à l'aune du modèle des élites civiles », Revue française de science politique, 2003.

KUPPERMAN F., et autres, « *La corruption* », n° 31 de la « revue livre » du politique : *Pouvoirs*, Paris, PUF, 1e édition, 1980.

LECA J., *Le Conseil scientifique de l'évaluation. Contrôle parlementaire et évaluation.* La documentation française, Paris 1995.

MAUCOUR-ISABELLE A., *La rénovation des pouvoirs du Parlement sous la Ve République*, Dalloz, 2005.

MENY Y., et **THOENIG** J-C., *Politiques publiques*, PUF, col. Thémis, Paris, 1989

MESSAGE H., *Assemblée nationale et les lois de finances. Connaissance de l'Assemblée*, 2e édition, 2000.

MEUNIER N. et **SOLLOGOUB** T., *Economie du risque pays*, La Découverte, 2005.

MOREAU DEFARGES P., *La mondialisation*, PUF, 6e édition, 2005.

MUCCHIELLI A., *Approche systémique et communicationnelle des organisations,* Armand Colin, 1998

NEUMANN J-Von., **MORGENSTERN** O., Theory *of Games and Economic Behavior* New York 1944.

NIETZSCHE F., *Considérations inactuelles I et II, David Strauss, l'apôtre et l'écrivain, De l'utilité et des inconvénients de l'histoire pour la vie* [1873-1874], Paris, Editions Gallimard (traduit par Pierre RUSCH) 1992. Folio essais.

NIOCHE J-P., et **POINSARD** R., *L'évaluation des politiques publiques*, Economica, 1984.

NISTCH N., *l'inflation juridique et ses conséquences*, Archives de philosophie du droit, tome 27

ODENT R., *Contentieux administratif*, Paris : Les cours de droit, 1981, 6 volumes,… Institut d'études politiques 1980-1981.

ONISOR T., *Les décrets-lois et le droit de circonstance au cours de la Guerre Mondiale*, thèse, Paris, 1933.

ORLANDO V.-E., *Principes de droit public et constitutionnel*, Paris, Fontemoing, 1902.

PACTET P., et **MELIN-SOUCRAMANIEN** F., *Droit constitutionnel*, Dalloz, 29ème éd., août 2010.

PAYETTE A., *Ethique et management*, in Management public, Presse de l'Université du Québec, 1992.

PERCEAU H., *Le Sénat sous le Second Empire*, Paris, Imprimerie Jouve, 1909.

PINTO R, *Eléments de droit constitutionnel, Le milieu social et le droit, la société politique et l'Etat, les Etats fédéraux, histoire constitutionnelle de la France*, Lille, Morel et Corduant, 2e édition, 1952.

PLANE J-M, *Théorie des organisations*. Dunod, Paris, 2000.

PONTEIL F., *Histoire des Institutions françaises de 1814 à 1870*, Paris, PUF, 1966.

QUERMONNE J. L., *Le gouvernement de la France sous la Ve République,* Paris, Dalloz, 1980, avec mise à jour au 1er juillet 1981.

QUERMONNE J. L., *L'évolution de la hiérarchie des actes juridiques en droit public français*, thèse, Caen, 1952.

QUOC DINH N., **DAILLIER** P., **PELLET** A., *Droit international public,* Paris L.G.D.J., E.J.A, 1992,

RENARD, *La théorie de l'institution. Essai d'ontologie juridique*, Premier volume-partie juridique, Librairie du recueil Sirey, vol. 1, Paris, 1930

RIGAUD J., et **DELCROS** X., *Les institutions administratives françaises*, cours de l'I.E.P. de Paris, 1980-1981.

RIVERO J., **WALINE** J. *Droit Administratif*, Précis Dalloz 17e édition, 1998.

ROSANVALLON P., *L'Etat en France de 1789 à nos jours*, Paris, Edition du Seuil, 1990. L'univers historique.

ROSANVALLON P., *La crise de l'Etat-providence*, Seuil, 1981.

SAINT-BONNET F., **SASSIER** Y., *Histoire des institutions avant 1789*, 2e édition, Montchrestien, 2006.

SAINT-GIRONS A., *Manuel de droit constitutionnel*, Paris, Larose et Forcel, 1884.

SALON S., *Délinquance et répression disciplinaire dans la fonction publique*, Paris, L.G.D.J., 1969.

SALON S., et **SAVIGNAC** J.C., *Fonction publique, Agents de l'Etat, des collectivités locales et des grands services publics*, Paris, Dalloz, 1976, mise à jour de 1979.

SALON S., et **SAVIGNAC** J.C., *Fonction publique,* Paris, Sirey, 1985.

SEDJARI A. (sous la dir.), *Quel Etat pour le XXIe siècle* ? L'Harmattan, GRET, 2001

SEILLER B., *Droit administratif. 2- L'action administrative*. Flammarion, 3e édition. Champs Université 2010.

SHARKANSKY I., *L'administration : un catalyseur*, Collection tendances actuelles, Paris, 1978.

SILVERA V., et **SALON** S., *La fonction publique et ses problèmes actuels*, Paris, Editions de l'actualité juridique, 2e édition, 1976.

SIMON H. A., *administration et processus de décision*. Economica, Coll. Gestion. 1983.

SIWEK POUYDESSEAU J., *Le personnel de direction des ministère s*, Paris, Armand Colin, 1969.

SOLER-COUTEAUX P., *Droit de l'urbanisme*, col. Cours. Dalloz, 1995.

SOMMAIN P., *La Paire en France au XIXe siècle*. Etude sur la chambre des pairs de la monarchie constitutionnelle, thèse de droit, imprimerie H. Jouve, 1905.

SOUBEYROL J., *Les décrets lois sous la Quatrième République,* thèse, Bordeaux, 1955.

SUEUR P., *Histoire du Droit Public français XVe-XVIIIe siècle*, 2 tomes, PUF, 1989.

SULEIMAN E.N., *Les hauts fonctionnaires et la politique*, Paris, Seuil, 1978.

SULEIMAN E.N., *Les élites en France, Grands corps et grandes écoles*, Paris, Seuil, 1979.

TARDIEU A., *La profession parlementaire, la révolution à refaire*, Paris, Flammarion, 1937.

THIRY J., *Le Sénat de Napoléon 1800-1814*, Paris, Berger-Levrault, 1932.

THUILLIER G., *Conscience et Pouvoir*, Paris, Montchrestien, 1974.

THIRY J., *Le Sénat de Napoléon 1800-1814*, Paris, Berger-Levrault, 1932.

THULLIER G., *Regards sur la haute administration en France*, Paris, Economica, 1979.

TIMSIT G., *Le rôle de la notion de fonction administrative en Droit administratif*, thèse LGDJ, 1963.

TOCQUEVILLE (DE) A., *De la démocratie en Amérique*, Robert Laffont, 1986.

TOCQUEVILLE (DE) A., *L'Ancien Régime et la Révolution*, Robert Laffont, 1986.

TOULABOR M., *le Togo sous Eyadema*, édition Karthala, 1986.

THOENIG J-C., *l'ère des technocrates*. Logiques sociales, L'Harmattan, 1987

TROPER M., *La séparation des pouvoirs et l'histoire constitutionnelle française*, 2e édition, Paris, LGDJ, 1980.

TOURNAY V., *Sociologie des institutions*, PUF, 1ère édition, 2011.

TRAORE S., *Droit des propriétés publiques*, Librairie Vuibert - janvier 2008.

TRICOT J-C. D B., **HADAS-LEBEL** R., *Les institutions politiques françaises*. Presses de la Fondation nationale des Sciences Politiques et Dalloz, 1985.

TÜRK P., *Les commissions parlementaires permanentes et le renouveau du Parlement sous la Ve République*, Dalloz, 2005.

VERON M., *Droit pénal spécial,* Paris, Armand Colin, 9e édition, 2002

VEDEL G., *Manuel élémentaire de droit constitutionnel*, Dalloz, 2002 (réédition de l'édition originale de 1949).

VEDEL G., **DELVOVE** P., *Droit administratif*, PUF 1984.

VENEZIA J-C., *Le pouvoir discrétionnaire*. Thèse. L.G.D.J. 1959

VIGNEUX M-C., *Recherches sur la jurisprudence relative au contrôle de la légalité des actes des autorités locales décentralisées*, Poitiers, 1990.

WALINE J. et **RIVERO** J., *Droit administratif*, Paris, Dalloz, 20e édition, 2004, Précis Dalloz, droit public, science politique.

WEBER F., *Max WEBER*, Paris, Hachette, coll. Prismes, 2001.

WEBER M., *L'éthique protestante et l'esprit du capitalisme*, Paris, Flammarion, 2000.

WEBER M., *Le savant et le politique*, préface de Raymond Aron, éditions 10/18 ; nouveau tirage mai 1995.

WEIL P., *Le droit administratif*, Paris, PUF, « Que sais-je ? », 7e édition, 1978.

WEINER C., *Recherche sur le pouvoir réglementaire des ministre s*, Paris, L.G.D.J., 1970.

XAVIER G., *Economie des politiques publiques*, Dalloz, 2e édition, 1997

YONABA S., « *La pratique du contentieux administratif en droit burkinabè : de l'indépendance à nos jours*». 2e édition - Janvier 2008.

ZOLLER E., *Droit constitutionnel*, PUF, 2e édition, 1999.

IV. ARTICLES ET CONTRIBUTIONS

ABBAS M., « Mondialisation *et développement. Quelle soutenabilité au régime de l'organisation mondiale du commerce ? », in Mondes en développement, vol 39, n°154, 2011.*

ADJOVI R, « *L'Union Africaine : étude critique d'un projet ambitieux* », in RJPIC, Janvier-Avril 2002.

BALMOND L., « *Les instruments juridiques des relations extérieures* », in RMC, n° 296, Avril 1986.

BLIN O., « *La stratégie communautaire dans l'organisation mondiale du commerce* », in JDI, 2008.

BOGOUMA O., « *La dimension commerciale des accords de partenariat économique : quelle stratégie pour l'Afrique de l'Ouest* ? », in JDI, Avril-Mai-Juin 2011.

BOY L., « *La prise en compte du développement entre bi-et multilatéralisme : la question de l'agriculture* », in REMICHE Bernard et RUIZ-FABRI Hélène (ss.dir.). Le commerce international entre Bi et Multilatéralisme, pp. 219-305.

CHEYSSON C., « *La coopération minière dans Lomé II* », in RMC, Février 1980, n°234, pp.59-62.

DELAPLACE D., « *L'Union européenne et la conditionnalité de l'aide au développement* », in RTDE, Juil-Sept, 2001, pp. 609-626.

ESTIEVENART G., « *Les aides financières de la Communauté aux pays du Tiers Monde : évolution, perspectives* », *in Le Tiers Monde et la Communauté économique européenne*, série Tiers Monde en marche, tome 1 dirigée par GONIDEC P.F. et JOUVE E, Paris, éd. Berger-Levrault, 1978, pp.44-55.

FOUCHER V. et **JEZEQUEL** J-H., « *Conflits d'Afrique subsaharienne, structuration et faiblesse du nouvel interventionnisme* », *in* LEGAULT Albert, FORTMANN M. et HERVOUET G. (sss.dir.), *Les conflits dans le monde 2004*, Quebec, Les Presses de l'Université Laval, 2004, 238 pp. 145-175.

GNAHOUI R-D, « *Le principe du respect de la situation particulière des pays en développement et de l'assistance au développement* », *in RIDE*, 3/2003, (t XXVII), pp.273-286.

GOYBET C. « *Aide au développement, démocratie et droits de l'homme* », *in RMCUE*, n°372, 1993, pp. 775.777

LEBULLENGER J. « *La portée des nouvelles règles du GATT en faveur des pays en développement* », RGDIP, 1982, pp.255-304.

LO G. « *L'initiative du NEPAD : un nouvel élan pour le développement de l'Afrique ?* », *in Revue juridique et politique des Etats francophones*, printemps 2004, pp. 372-385.

MAHIOU A : « *Nouvel ordre international et ordres internes des pays en développement* », in L'Etat moderne, horizon 2000 : aspects internes et externes, Mélanges offerts à P.F. GONIDEC Paris, LGDJ, 1985, pp. 511-522.

TOUSCOZ J., « *Réflexion sur la transparence en droit international économique* » *in* **RIDEAU** Jöel (ss.dir). La transparence dans l'Union européenne. Mythe ou principe juridique, Paris, LGDJ, 1999, pp. 225-236.

V. REVUES

Actualité juridique, Droit administratif (AJDA)

Revue burkinabé de droit

Revue française d'économie

Revue française de finances publiques

Revue ivoirienne de droit

VI. TEXTES CONSTITUTIONNEL, COMMUNAUTAIRE, LEGISLATIF ET REGLEMENTAIRE.

Constitution de la République du Mali, adoptée par référendum le 12 janvier 1992 et promulguée par le décret n° 92-073/P-CTSP du 25 février 1992

Directive n° 01-2009/CM/UEMOA du 27 mars 2009 portant code de transparence dans la gestion des finances publiques au sein de l'UEMOA

Directive n° 06-2009/CM/UEMOA portant loi de finances au sein de l'UEMOA

Directive n° 07-2009/CM/UEMOA portant règlement général sur la comptabilité publique au sein de l'UEMOA

Directive n° 08-2009/CM/UEMOA portant nomenclature budgétaire de l'Etat au sein de l'UEMOA

Directive n° 09-2009/CM/UEMOA portant plan comptable de l'Etat au sein de l'UEMOA

Directive n° 10-2009/CM/UEMOA portant tableau des opérations financières de l'Etat au sein de l'UEMOA

Ordonnance n° 46 bis du 19 novembre 1960 portant loi organique relative aux lois de finances du Mali

Loi n° 67-12/AN-RM du 13 avril 1967 portant fixation de la liste des directions nationales des services publics

Loi n° 86-100 AN-RM du 9 février 1986 portant création de la Direction nationale du budget

Ordonnance n° 90-58 du 10 octobre 1990 portant création de la Direction nationale des douanes

Loi n° 93-077 du 29 décembre 1993 portant création d'une direction générale de la dette publique

Loi n°96-060 relative aux lois de finances du Mali

Loi n° 96-061 relative à la comptabilité publique du Mali

Loi n° 00-065 AN-RM du 29 septembre 2000 portant création de la Direction nationale des domaines et du cadastre

Ordonnance n° 00-051/P-RM du 27 septembre 2000 portant création du contrôle général des services publics.

Ordonnance n° 00-59/P-RM du 28 septembre 2000 portant création de l'inspection des finances

Ordonnance n° 02-030/P-RM du 04 mars 2002 portant création de la Direction nationale du Trésor et de la comptabilité publique

Ordonnance n° 02-031/P-RM du 04 mars 2002 portant création de l'Agence comptable centrale du Trésor

Ordonnance n° 02-058/P-RM du 5 juin 2002 portant création de la Direction générale des impôts

Loi n° 6-03 du 6 janvier 2006 portant création de la Direction générale du budget

Loi n° 09-010 du 9 juin 2009 portant ratification de l'ordonnance n° 09-010 P-RM du 4 mars 2009 portant création des Directions des finances et du matériel

Loi n° 09-011 du 9 juin 2009 portant ratification de l'ordonnance n° 09-009 P-RM du 4 mars 2009 portant création des Directions des ressources humaines

Loi n° 09-015 du 26 juin 2009 portant institution du régime d'assurance maladie obligatoire

Loi n°9-016 du 26 juin 2009 portant création de la Caisse nationale d'assurance maladie (CANAM)

Loi n° 09-025 du 27 juillet 2009 portant ouverture d'un compte d'affectation spéciale sur les ressources de l'or

Loi n° 09-026 du 27 juillet 2009 portant règlement général du budget d'Etat 2005

Loi n° 09-032 du 27 juillet 2009 portant ratification de l'ordonnance n° 09-016 P-RM du 20 mars 2009 portant création de l'institution national de la statistique

Loi n° 09-45 du 19 novembre 2009 portant ratification de l'ordonnance n° 09-030 P-RM du 25 septembre 2009 portant création de la Direction des moyennes entreprises

Loi n° 09-46 du 19 novembre 2009 portant ratification de l'ordonnance n° 09-029 P-RM du 25 septembre 2009 portant création de la Direction des grandes entreprises

Décret n° 91-047 P-RM du 5 février 1991 fixant organisation et modalités de fonctionnement de la Direction nationale du budget

Décret n° 93-485/P-RM du 29 décembre 1993 fixant l'organisation et les modalités de fonctionnement de la Direction générale de la dette publique

Décret n° 95-056/P-RM du 15 février 1995 portant organisation et modalités de fonctionnement de la Direction générale des douanes

Décret n° 95-071 du 15 février 1995 déterminant le cadre organique de la Direction générale des douanes, modifié par le décret n° 97-392 du 4 décembre 1997

Décret n° 97-391/P-RM du 4 décembre 1997 portant abrogation partielle du décret n° 95-056/P-RM du 15 février 1995 fixant l'organisation et les modalités de fonctionnement de la Direction générale des douanes

Décret n° 00-530/P-RM du 26 octobre 2000 fixant l'organisation et les modalités de fonctionnement de la Direction nationale des domaines et du cadastre

Décret n° 01-067/P-RM du 12 février 2001 fixant l'organisation et les modalités de fonctionnement du contrôle général des services

Décret n° 01/P-RM du 12 février 2001 fixant l'organisation et les modalités de fonctionnement de l'inspection des finances

Décret n° 02-127/P-RM du 15 mars 2002 fixant l'organisation et les modalités de fonctionnement de la Direction nationale du Trésor et de comptabilité publique

Décret n° 02-128/P-RM du 15 mars 2002 fixant l'organisation et les modalités de fonctionnement de l'agence comptable centrale du Trésor

Décret n° 050 P-RM du 6 février 2006 portant création de la Division des prévisions budgétaires

Arrêté n° 1330/MFC-SG du 27 juin 1995fixant l'organisation et les modalités de fonctionnement des Direction générale, des bureaux, brigades, postes des douanes et des services extérieurs.

Arrêté n° 04-2584/MEF-SG du 17 décembre 2004 portant création d'un guichet unique du dédouanement des véhicules.

VII. SITES INTERNET PERTINENTS

http://www.europa.eu/index_fr.htm

www.uemoa.int

www.finances.gouv.ml

www.dgi.gouv.ml

douanes.gouv.ml

TABLE DES MATIÈRES

Structures éditoriales du groupe L'Harmattan

L'Harmattan Italie
Via degli Artisti, 15
10124 Torino
harmattan.italia@gmail.com

L'Harmattan Hongrie
Kossuth l. u. 14-16.
1053 Budapest
harmattan@harmattan.hu

L'Harmattan Sénégal
10 VDN en face Mermoz
BP 45034 Dakar-Fann
senharmattan@gmail.com

L'Harmattan Cameroun
TSINGA/FECAFOOT
BP 11486 Yaoundé
inkoukam@gmail.com

L'Harmattan Burkina Faso
Achille Somé – tengnule@hotmail.fr

L'Harmattan Guinée
Almamya, rue KA 028 OKB Agency
BP 3470 Conakry
harmattanguinee@yahoo.fr

L'Harmattan RDC
185, avenue Nyangwe
Commune de Lingwala – Kinshasa
matangilamusadila@yahoo.fr

L'Harmattan Congo
67, boulevard Denis-Sassou-N'Guesso
BP 2874 Brazzaville
harmattan.congo@yahoo.fr

L'Harmattan Mali
Sirakoro-Meguetana V31
Bamako
syllaka@yahoo.fr

L'Harmattan Togo
Djidjole – Lomé
Maison Amela
face EPP BATOME
ddamela@aol.com

L'Harmattan Côte d'Ivoire
Résidence Karl – Cité des Arts
Abidjan-Cocody
03 BP 1588 Abidjan
espace_harmattan.ci@hotmail.fr

L'Harmattan Algérie
22, rue Moulay-Mohamed
31000 Oran
info2@harmattan-algerie.com

L'Harmattan Maroc
5, rue Ferrane-Kouicha, Talaâ-Elkbira
Chrableyine, Fès-Médine
30000 Fès
harmattan.maroc@gmail.com

Nos librairies en France

Librairie internationale
16, rue des Écoles – 75005 Paris
librairie.internationale@harmattan.fr
01 40 46 79 11
www.librairieharmattan.com

Lib. sciences humaines & histoire
21, rue des Écoles – 75005 Paris
librairie.sh@harmattan.fr
01 46 34 13 71
www.librairieharmattansh.com

Librairie l'Espace Harmattan
21 bis, rue des Écoles – 75005 Paris
librairie.espace@harmattan.fr
01 43 29 49 42

Lib. Méditerranée & Moyen-Orient
7, rue des Carmes – 75005 Paris
librairie.mediterranee@harmattan.fr
01 43 29 71 15

Librairie Le Lucernaire
53, rue Notre-Dame-des-Champs – 75006 Paris
librairie@lucernaire.fr
01 42 22 67 13

www.ingramcontent.com/pod-product-compliance
Lightning Source LLC
LaVergne TN
LVHW021130061026
849535LV00002B/202